献给生命中出现过的那些过往……

民意与司法

多元维度下的美国死刑及其适用程序

李立丰 著

中国政法大学出版社

2013·北京

教育部人文社会科学研究青年基金项目"刑罚的科学设定与适用：基于比较法的一种技术性反思"（11YJC820057）

吉林大学基本科研业务经费项目"美国刑法中犯罪构成体系与基本概念范畴"（450060444027）

吉林省高校优秀青年科研人才春苗培育计划首批资助项目"民意与司法：多元维度下的美国死刑与适用程序"

吉林大学哲学社会科学青年学术骨干支持计划"量刑规范化的优化路径研究：以比较法视阈下的立法技术为视角"

叫我什么都好。

　　只要知道我在叙述一个故事就够了，我之所以讲故事是因为故事创造了整个世界。

　　任何事情都是故事，无论历史，信仰，国家，乃至上帝。

　　我们每个人都有一个故事，我们也都是其他人的故事当中的一个角色，或许我们只是同一个故事当中的不同角色。

——无名氏

学院生活是一场疯狂的赌博。
　　　　　　　　——马克斯·韦伯

当学术沦为职业（代序）

入世：学者的宿命

学者，首先是作为人存在的。

人，需要生存，特别是在这样一个什么都可以用金钱购买的年代。于是，固守某种清念潜心研究似乎成为一种奢望，学者需要学会如何在这样一个崇尚交换的社会生存，别无选择。

这个世界，越来越像一个大市场。

不管多么扭捏和惆怅，学者，像这个世界的其他人一样，需要将自己彻底地投身于这个无比庞大的交易体系当中，通过某种形式的价值评估体系进行评估和兜售，从而换取生存所需的资源。

无比简单，无比现实。

游戏似乎从开始就是注定了要按照这种规则进行的，没有例外。从这个意义上而言，学者（姑且假定存在这样的一个群体）和其他人一样，从步入社会的那一刻开始，就注定了要面对这铁一般的戒律。

于是，入世，或者更为直白一些，入市，就成为我们每个人的宿命，无论是，抑或不是学者。

贩卖自己：以学术的名义

其实学者是可悲的。

和性工作者一样，学者除了自己，一无所有。

在残酷的生存压力面前，如何更好地贩卖自己，就成了学者更好生存的不二法门。既然入世，既然是作为一种职业，自然学者需要兜售学问，不卖学问，敝帚自珍的人自是极少，中国目前更少，偶有几位特立独行的学人，最终也不免被招安的命运。

或许对于什么是职业有种种抑或高尚，抑或低俗的解读，但似乎无法否认的是职业与安身立命之间的密接与关联。虽然职业不能完全与生计等同，但二者实质无异。

从这个意义上而言，贩卖自己，具体来说，贩卖自己的思想或者理念，就成为学者的职业。

学者的职业是学术，学术的目的或许有很多，但其中肯定包括相当程度的现实意义的考量。因此，从宏观上认为学术在当今中国社会已经成为学者与各种欲念满足之间的纽带似乎并不为过。

现实面前，学术本身或许永远都不再是学者的存在理由和终极理想，而仅仅是谋生的一种手段。

人性当中有很强烈的比较情结。

现代社会的一大弊端就是为人类这种与生俱来的比较欲念提供即时全面的信息支持，包括学者在内的每个人每天都在自愿或者不自愿地比较，以及被比较。

商品社会中交易的基本前提就是不同商品之间的比较。

于是，人性与冥冥中的某种力量无比巨大的规则在商品经济社会的场域中诡异而完美地结合起来。

"不学有术"：学术职业化的今生与来世

学术的职业化将蒙在作为一个人群存在的学者身上最后一丝所谓的尊严毫无温情地扯去。

在生存面前，人人平等。

职业化本无可厚非，问题是直到今天，中国学术职业化几乎没有任何行之有效的职业规则。

选择学术作为职业的人会发现自己仿佛置身于一个蛮荒时代的屠宰场，生存是一切，没有规则是唯一的规则。

这是一种何等奇异的风景？！

没有进入门槛限制，没有评价规则，没有违规制裁机制，没有职业退出模式，有的只有生存，哪怕不择手段。

学者要生存，或者说更好地生存，必须让自己在这场残酷的赌博当中掌握胜算。

既然是赌博，于是底牌是什么变得不是十分重要，而赌术的精湛与否似乎决定了最终的结局。

而这也就决定了学术在当今中国的必然分裂。姑且可以称之为一种异化吧。

于是在如今的中国，多见的似乎是"学"与"术"的渐行渐远，似乎更昌明的已不再是"学"，"术"却愈发地大行其道。

于是，学术界内"关系"盛行，剽窃盛行，诋毁与中伤盛行……

学术的职业化很难说是学术的悲哀，或许我们只是对于学术有过一些不切实际的期待而已。

李立丰

2012 年 12 月

目 录

Preface

前 言

1972 年，美国联邦最高法院前大法官斯图尔特（Potter Stewart）在著名的福尔曼诉佐治亚州案（*Furman v. Georgia*）中提出，"死刑的残忍与不寻常程度与遭遇雷击的残忍和不寻常程度别无二致。"[1]

2011 年，"美国死刑信息中心"（Death Penalty Information Center）发表了题为"遭遇雷击：美国死刑自 1976 年恢复 35 年后依然充斥大量司法任意性"[2]的年度报告。这份报告援引 FBI 的统计数据，提出在过去的 10 年当中，美国每年大致发生 15 000 起谋杀案件[3]，与此形成鲜明对比的是，美国每年的死刑执行数量显得微乎其微。根据《纽约时报》的报道，2010 年美国共执行 46 起死刑，换句话说，平均每 326 起谋杀中只有 1 名犯罪分子最终会被执行死刑。更为重要的是，目前美国每年死刑执行数量呈现出显著的连续下降的趋势。例如，2010 年度，美国死刑执行数量相较 2009 年下降了 12%，这一数字和 2000 年度的 85 起死刑执行相比，更是存在明显的差距。[4]

即便面对如此刻薄的批判，即便在司法实践中已不具有广泛适用的可能，死刑依然鲜活地存在于美国社会生活的方方面面。事实上，没有任何一种刑罚能够像死刑一样，一直牵动着上至政治人物，下至贩夫走卒的道德神经与价值

---

〔1〕 *Furman v. Georgia*, 408 U. S. 238（1972）.

〔2〕 Richard C. Dieter, "Struck by Lightning：The Continuing Arbitrariness of the Death Penalty Thirty - Five Years after Its Re - instatement in 1976", 载 http：//www. deathpenaltyinfo. org/home, 最后访问日期：2011 年 6 月 24 日。

〔3〕 参见 "Crime in the United States", 载 http：//www. fbi. gov/about - us/cjis/ucr/ucr, 最后访问日期：2011 年 6 月 25 日。

〔4〕 参见 "Capital Punishment", 载 http：//topics. nytimes. com/top/reference/timestopics/subjects/c/capital_ punishment/index. html? scp = 1 - spot&sq = death% 20penalty&st = cse, 最后访问日期：2011 年 6 月 25 日。

判断。不仅台面上的政治人物在竞选支票中往往将死刑存废列为重要的选项[1]，就连美国教授邀请笔者参加的家庭聚会，死刑的个案也往往成为"餐桌辩论"的热议话题。

　　无独有偶，长久以来，死刑这一话题一直都是美国影视作品青睐的对象。以电影为例[2]，这种大众话语的终极媒介通过银幕上的情节与人物深刻地影响着美国民众对于死刑的感知与体悟，同时，社会一般民众对于死刑的复杂情感又反作用于影片的制作方，从而形成了一种复杂的价值互动关系。"从希腊悲剧开始，对于正义的否定与背叛，以及对于正义的追逐与实现就一直被视为是戏剧的核心要旨。"[3]法律题材的影片并不仅仅为观众提供娱乐，更触及了很多形而上的价值反思，其中就包括死刑适用与死刑存废等深层次命题。[4]最为重要的，法律题材影片所折射出来的是整个死刑法律体系在大众流行文化当中的映像与观感。无论是反思死刑执行方式的《绿里奇迹》(*The Green Mile*)[5]，还是杂糅死刑中种族因素、律师道德与亲情的《杀死一只知更鸟》(*To Kill a Mocking*

---

　　[1]　2011年3月，曾经长期支持死刑的美国伊利诺斯州州长、民主党人奎因（Pat Quinn）宣布在该州废除死刑，并将其称之为"人生中最难作的抉择"。与此同时，在2009年废除死刑的新墨西哥州，新上任的州长、共和党人苏珊娜·马丁内兹（Susana Martinez）却誓言将在该州恢复适用死刑。参见Christopher Wills，"Illinois Gov. Pat Quinn abolishes death penalty, clears death row"，载http：//www. wash-ingtonpost. com/wp – dyn/content/article/2011/03/09/AR2011030900319. html，最后访问日期：2011年6月21日。

　　[2]　曾经有人问一位美国法学教授，如果想成为电影编剧有无捷径，对方回答，做律师吧，因为只有这样你才可以十分缜密地掌握建构戏剧化情节的能力。法律和电影一样，都充满着戏剧性的冲突，也充斥着我们可以借以了解人性与社会的冲突与遭遇。一旦仔细观察流行文化，就会发现似乎到处可以发现法律的痕迹。更为重要的是，我们会发现区分法律与流行文化要比想象的困难。See Suzanne Shale，"The Conflicts of Law and the Character of Men：Writing Reversal of Fortune and Judgment at Nuremberg"，30 *U. S. F. L. Rev.* 991（1996）.

　　[3]　Aid Parush，"the Courtroom as Theater and the Theater as Courtroom in Ancient Athens"，35 *Israel L. Rev.* 118（2001）.

　　[4]　从这个意义而言，法律题材影片就成为法律与电影在对于社会正义与社会秩序诉求方面完美结合的具体体现。事实上，法律题材电影的戏剧冲突主要通过清空观众对于正义与非正义的认知来加以实现，因此为我们提供了一个见证或者理解作为人性或者社会实质组成要素的"冲突"的理想场所。See Richard K. Sherwin，*Nomos and Cinema*，48 *UCLA. L. Rev.* 1519（2001）.

　　[5]　《绿里奇迹》一片由美国华纳兄弟影业公司于1999年拍摄完成，曾获多项奥斯卡奖提名，影片主要讲述美国大萧条时期一位监狱看守和一名死刑犯之间的故事，后者最终被执行电刑。——笔者注

bird)〔1〕，都在某一层面拟制着有关死刑的大众话语。或许可以套用美国著名法经济学家，同时也是联邦法院法官的波斯纳（Posner）所说的一句话，"我们或许应该能够从关于法律的流行文学当中获得某些社会公众对于法律的一般认知。"〔2〕

作为一个被拟制的概念范畴，大众话语并不存在一个具体的对应范围，而对于这种被抽离出来的概念对象最为有效的研究途径就是择取其中最具有代表性的范例加以研究。虽然在这一概括与还原的过程当中一定存在着失真，但这种失真却是无可避免，也是可以接受的。

死刑，本身就是一个被拟制出来的象征性符号。

如果承认这一前提，那么针对美国死刑问题的研究，似乎也不应该徒劳地尝试去探求某种价值判断的优先性，或者某种观点的压倒性。相反，应该从当下这一时空条件出发，尽可能地充分考虑与美国死刑存在影响与互动关系的变量，尽可能地还原特定时点美国死刑的基本样态，并将其作为对话与研究的始点，反思死刑在大众话语中的拟制过程与影响因素。

不仅死刑是拟制性符号，就连民意也是一种被拟制，并且可以被操纵的概念。合理地疏导、影响民意，建立针对死刑的有效民意建构与表达机制，才是研究美国死刑问题的应然进路，也是得出某种具有现实合法性根据结论的唯一前提。

---

〔1〕《杀死一只知更鸟》拍摄于1962年，由美国布兰特伍德公司（Brentwood）出品，改编自1961年曾获普利策新闻奖的同名小说。这部电影曾获得过包括"最佳男主角"在内的三项奥斯卡奖。后被美国国会图书馆评选为"文化上非常重要"的一部电影，并在1995年入选《国家电影目录》（*National Film Registry*）。2003年美国电影学会评选"百年电影百大英雄和恶棍"，由美国已故著名影星格里高利·派克扮演的电影主人公律师阿提格斯·芬奇（Atticus Finch）击败诸如007系列影片主角邦德在内的其他好手成为第一英雄。银幕上为被诬陷犯有强奸白人妇女而被判处死刑的黑人农民提供法律辩护的芬奇律师已经成为一个符号与一种象征。——笔者注

〔2〕　Richard A. Posner，"Law and Literature：A Relation Reargued"，72 *Va. L. Rev.* 1351（1986）.

第一章

美国死刑问题研究维度之设定

Pain is inevitable, Suffering is optional.[1]

用有限的篇幅对于庞杂得近乎无限的美国死刑问题进行研究无疑是场冒险。正如上面这句谚语所言,对于这种敏感、宽泛命题进行研究不可避免地要承担以偏概全、流于形式的风险,但却可以通过设定视角与研究维度的方式将这种风险降至最低。事实上,通过设定美国死刑问题研究的基本语境,考察死刑与若干重要变量之间的互动关系,可以为反思美国死刑问题提供一种可供参考的近似性样本。

第一节 美国死刑的适用史程与现状

对于美国死刑问题的历史考察,至少可以满足如下两个基本目的:首先,通过考察美国死刑在不同历史阶段的流变过程及其在不同阶段所呈现出来的特点,可以探求其在历史发展过程中的演化规律,从而为研究当今美国死刑问题提供基本的历史背景与话语框架。其次,考察美国死刑的历史镜像,可以为"当今"美国死刑问题研究提供设定的参照,并以此为依据设定美国死刑问题研究的时空条件。

一、美国死刑适用的不同阶段

1608 年,在弗吉尼亚杰姆镇,乔治·堪德尔(George Kendall)成为第一个

---

〔1〕"其微妙的含义难以正确地翻译,明知其不可而硬译,不妨译成最为简单的'痛楚难以避免,而磨难可以选择'。"[日]村上春树:《当我跑步时我谈些什么》(第 2 版),施小炜译,南海出版公司2010 年版,第 3 页。

在北美被执行死刑的人。[1]就此,美国死刑的大幕徐徐开启。

根据学者的总结,从北美殖民地时期开始,直到 21 世纪初,保守估计美国已经执行过 18 000 余起死刑。[2]具体年份与对应死刑执行数量的关系,参见下图。

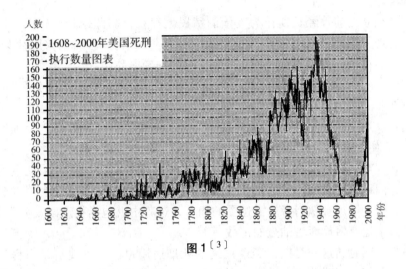

图 1 [3]

虽然上述图表相对客观直接,但却无法说明是哪些因素共同作用抬升,抑或压低美国每年死刑执行的数量。换个角度,这些数据并不是冰冷的符号,而是一个个曾经鲜活的生命!

因此,划分美国死刑适用不同阶段的标准,必须能够影响到不同时期美国死刑的执行数量,并且应该具有客观的分析价值,而不是单纯的历史纪年。综合考虑,从历史流变的宏观层面来看,殖民地传统、宪法与联邦主义等三个因素大概可以被合并起来,作为客观影响美国死刑发展进程的阶段性坐标。因此,这里对于美国死刑适用阶段的划分,并非单纯地采取一种类型标准,而是杂糅了上述因素作出的综合判断。

〔1〕 准确地说,乔治·堪德尔是历史上留有记载的第一个在北美殖民地被执行死刑的人。参见 Francis X. Clines, "The Grim List of Those Put to Death", *N. Y. Times*, Nov. 18, (1992), at A16. 转引自 http://www.deathpenaltyinfo.org/history – death – penalty, 最后访问日期: 2010 年 4 月 20 日。

〔2〕 See John P. Rutledge, "The Definitive Inhumanity of Capital Punishment", 20 *Whittier L. Rev.* 283 (1998).

〔3〕 根据 M. Watt Espy and John Ortiz Smylka's database, "Executions in the U. S. 1608 ~ 1987: The Espy File" 编辑而成,载 http://www.deathpenaltyinfo.org/history1. html, 最后访问日期: 2010 年 7 月 23 日。

（一）美国死刑的早期适用（1608～1910 年）

研究死刑问题的美国学者也承认，虽然对于美国死刑历史的标准理解是将其视为过去的"恩赐"，但是 17 世纪和 18 世纪的美国人并没有获得类似于今天的独立性，而是需要更多地背负政治和宗教传统的束缚，这些束缚往往很少为人所关注。[1]

美国独立之前曾经长期作为英国的殖民地存在，因此，其在死刑问题上也不可避免地受到了英国司法实践的深刻影响，但又因为其独特的移民社会文化、宗教传统与社会环境等因素，呈现出一种自己的专属品性。

例如，随着 18 世纪英国法典的严苛化倾向，大量犯罪被规定为死刑犯罪。这一时期北美殖民地也承其衣钵，将大量财产犯罪作为死刑犯罪处理。根据学者的调查，这一时期在达拉威尔，盗窃 5 英镑的人将被处死。马里兰地区更对于盗窃 12 便士以上财产的盗窃犯适用死刑。[2]与此类似，北美地区还曾经一度效法英国，对于某些最受谴责的罪犯，如杀死丈夫的妻子，或者杀死主人的奴隶等，专门设计了现在看起来十分残酷的死刑执行方式，以期最大限度延长死刑执行时间，增加被执行者所需遭受的痛苦，这其中就包括火刑以及分尸等[3]，当时甚至还有将偷渡者油烹的记载。[4]

但与此同时，这一时期北美殖民地的死刑适用也已经呈现出相当程度的独立属性。例如，当时北美南北地区的死刑实践就已经开始呈分野趋势。早期的北部殖民地在针对死刑适用的态度方面就要比英国和南部殖民地来得更为宽容。和南部地区不同，北部地区对于所有的财产犯罪，甚至某些暴力犯罪都不适用死刑。根据学者的考证，早期马萨诸塞、纽约和宾夕法尼亚等地的强奸罪都不是死刑犯罪，在宾夕法尼亚以及西新泽西地区，甚至连过失杀人犯也不处死刑。但是针对所谓的道德犯罪，北方殖民地所采取的观点就更为冷酷。鸡奸和兽奸在整个北部地区都是死刑犯罪。除此之外，在康涅狄格、马萨诸塞等地亵神与偶像崇拜行为，在康涅狄格、马萨诸塞与纽约等地的通奸行为也都是死

---

〔1〕　See Stuart Banner, *The Death Penalty: An American History*, Harvard University Press (2003), p. 5.

〔2〕　See Michael Millemann and Gary W. Christophe, "Preferring White Lives: The Racial Administration of the Death Penalty in Maryland", 5 *RRGC* 1 (2005).

〔3〕　对此，可参见曾荣获多项奥斯卡奖的影片《勇敢的心》（*Brave Heart*），美国派拉蒙影业公司 1995 年出品。影片主人公在反抗英王的起义失败后被残忍地分尸处死，而其在弥留之际高呼"自由"的形象更将当时英国死刑执行方式的残忍映衬得刀刀见骨。——笔者注

〔4〕　See Allan D. Johnson, "The Illusory Death Penalty: Why America's Death Penalty Process Fails to Support the Economic Theories of Criminal Sanctions and Deterrence", 52 *Hastings L. J.* 1101 (2001).

刑犯罪。[1]

对于这一时期北美地区死刑执行的复杂情势，似乎可以简单地用不尊重人权或者漠视生命价值来加以总结。但或许这并不是答案的全部。

对于盗窃少量财物的行为人判处死刑，对于搞偶像崇拜或者所谓"邪教"的信徒判处死刑[2]，与对于屠戮无辜的谋杀者判处死刑这种不考虑犯罪的不同、一律适用极刑的做法究竟在向我们暗示什么？

对于同一问题，可以从不同视角，基于不同立场进行不同方式的解读，甚至得出不同的价值判断，是一个必须被正视，同时也必须被接受的事实。对于北美地区早期死刑适用的上述特征，有学者就结合当时当地的具体时空条件，提出了令人耳目一新的解读。在这些学者看来，除却当时这一地区独特的社会文化与价值观之外，对于死刑的"无差别适用"还存在现实的"不得已"性。早期移民社会的经济窘困性使得北美地区的监狱等监管改造设施建设远远滞后于同时期犯罪的发展速度。换句话说，在数量充裕、设施完善的监狱出现之前，当时北美社会除了死刑之外并没有大规模使用监禁刑或者经济刑的可能性与可行性。可以想象，殖民地时期，甚至建国之初的美国社会都根本没有经济能力为大量罪犯提供基本的生存保障。[3]

美国独立之后直至20世纪初，其死刑制度的反思与改革主要集中于立法与执法等层面，法院本身很少直接触及死刑适用以外的其他问题。这些反思与发展具体表现为如下的两个方面：

首先，死刑政策与执行方式的改革。

必须肯定的是，在美国，很早就出现了主张限制死刑适用，甚至废止死刑

---

〔1〕　See Joseph Margulies, "Tinkering Through Time: A History of America's Experiment with the Death Penalty", 92 *Geo. L. J.* 369 (2004).

〔2〕　描写这一时期针对"巫术"等异端邪说进行杀戮清剿的描写，可参见美国著名作家、戏剧家，同时也是著名影星玛丽莲·梦露（Marilyn Monroe）的前夫阿瑟·米勒（Arthur Miller）所著小说《熔炉》[*The Crucible*, Penguin Books Ltd (1970)]。本书又被译为《萨勒姆的女巫》，因写于美国历史上臭名昭著的"麦肯锡时代"，因此具有十分强烈的暗喻色彩与批判精神。笔者在"霍普金斯大学中美中心"（The Hopkins University Nanjing Center）学习期间，曾修过由美国当代法文学领军学者之一的维斯博格教授（Richard H. Weisberg）的法文学课程，其间他曾让我与其他学长分饰其中的角色共同朗读这部小说，虽已此去经年，但每每想起，仍历历在目，不免些许唏嘘。——笔者注

〔3〕　例如，1785年马萨诸塞地区才建立了历史上第一座监狱设施，1805年，第一座真正意义上的州立监狱才最终出现，而其也仅仅能够容纳300名罪犯。See Adam Jay Hirsch, *The Rise of the Penitentiary: Prisons and Punishment in Early America*, Yale University Press (1992), pp. 11~12.

的声音。[1]但这种声音在这一时期并未产生太大的影响。换句话说,这一时期的死刑制度改革是在承认死刑正当性的基础上,作为当时美国刑事司法改革的一部分展开的。

从18世纪末到19世纪的中期,受到欧洲启蒙运动及宗教改革的双重影响,美国开始效法欧洲,反思政府运行机制以及整个刑事法体系所存在的问题。从现在的视角来判断,当时针对死刑改革的前提性假设即为犯罪人是可以改造的,因此无需将犯罪人加以消灭。而这一前提假设与同时期美国在监狱制度方面所进行的改革成为了理解这一时期美国死刑政策与执行方式改革的话语背景。[2]

19世纪早期,很多州减少了死刑犯罪的数量并且建立起州立教化机构。在1846年,密歇根州成为第一个对于叛国罪之外所有的犯罪废止死刑的州,后来,罗德岛和威斯康星州废止了所有犯罪的死刑适用。与此同时,尽管少数州开始废止死刑,但更多的州认为死刑具有正当性,反而选择增加死刑犯罪的种类。这一时期死刑制度改革的另一进展就是越来越多的州开始在死刑厘定过程中引入自由裁量,从而建构所谓"柔性"死刑适用,避免死刑的刚性适用。在死刑厘定过程当中引入自由裁量在改革派人士看来实属一种胜利,因为在此之前,犯有死刑之罪的犯罪人都必须伏法,并不考虑具体的案件情节。[3]

同时,死刑执行方式的改革也在这一时期取得了一定进展。这种试图在死刑过程中体现人性化的努力在美国北部各州体现得尤为明显。"1834年,宾州成为第一个将死刑非公开执行的州。"[4]

饶有意味的是,事实上在此之前的很长一段时间内,美国一直存在所谓死刑执行的巡回演示活动,而这多少有些类似于我国当年的公审大会,被判决死刑的罪犯脖子上套着绳索,并被带到不同的市镇进行展示,从而震慑犯罪。[5]

---

[1] 当时,美国"国父"之一的托马斯·杰斐逊(Thomas Jefferson)在修改弗吉尼亚州死刑法的时候,曾建议大幅度削减死刑犯罪,仅将其适用于叛国和谋杀犯罪。但这种努力在当时多少有些太过超前,因此并未获得通过。See R. Bohm, *DeathQuest: An Introduction to the Theory and Practice of Capital Punishment in the United States*, Anderson Publishing (1999), pp. 24~25.

[2] 例如这一时期有学者认为,为了重塑犯罪人的道德感知,必须将其从自己所处的环境当中脱离出来并且监禁到一个美德实验室当中,在这个美德实验室当中社会可以改造其心灵,并且重塑其道德本性。See Michael Meranze, *Laboratories of Virtue: Punishment, Revolution, and Authority in Philadelphia*, 1760~1835, University of North Carolina Press (1996), p. 131.

[3] See R. Bohm, *DeathQuest: An Introduction to the Theory and Practice of Capital Punishment in the United States*, Anderson Publishing (1999), p. 27.

[4] History of Death Penalty, 载 http://www.deathpenaltyinfo.org/history-death-penalty,最后访问日期:2010年4月20日。

[5] 参见 Stuart Banner, *The Death Penalty: An American History*, Harvard University Press (2003), p. 23.

除了死刑执行趋向不公开之外，死刑执行方式的改革也在这一时期凸显出来。其中以俄亥俄州死刑执行方式的改革最为传奇。该州自建州开始，死刑执行方式一直都是公开绞刑。虽然后来死刑执行不再公开，而是转入监狱内部进行，但绞刑的执行方式并未改变。直到 1897 年，俄亥俄州的死刑执行才进入了一个新的时代。当时俄亥俄州效法纽约，选择看似可以瞬间致人于死地的电刑作为替代绞刑的"人性"死刑执行方式。[1]电刑在当时被视为人类死刑执行方式上的一种进步，从而很快超越当时较为流行的绞刑以及枪决，成为美国主流的死刑执行方式。[2]

其次，联邦与相关各州死刑执行的分野。

美国的政治体制具有所谓"双重性"（Dual System Government）的特点。具体而言，美国具有典型的联邦政治体制，其中，联邦与各州保持着某种意义上的相对独立性，各自具有立法、司法与执法机构。而联邦与各州[3]的法律体系也分别来源于各自的宪法、成文法与普通法以及行政规范等。[4]

从法律现实的角度来看，在 1787 年美利坚合众国诞生之前，作为其组成部分的很多州就已经存在了。单就死刑问题而言，美国联邦政府最初显然并没有将其作为一个"问题"看待。这一点可以通过美国宪法第五修正案的制定过程加以证明。[5]虽然当时美国联邦对于制定刑法的关注度并不足够，但据学者统计，截至 1790 年，也已经有大概 12 种联邦犯罪可以适用死刑，其中就包括叛国、谋杀、伪造货币及海盗等犯罪。[6]如前所述，这些犯罪都是强制适用死刑的犯罪。

---

〔1〕 对于电刑这种死刑执行方式的鲜活描绘，可参看美国华纳兄弟影业公司 1999 年出品的电影《绿里奇迹》（*The Green Mile*）。——笔者注

〔2〕 See Capital Punishment in Ohio，载 http：//www. drc. state. oh. us/public/capital. htm，最后访问日期：2011 年 5 月 20 日。

〔3〕 与州相关的概念还包括所谓"司法区"（Jurisdiction）。司法区一词含义相当复杂，司法区虽然在常态表达当中大致与州相当，但除此之外，联邦本身也属于一种司法区，而且在联邦司法区内部，还可以分为联邦上诉法院管辖的司法区以及联邦地区法院管辖的司法区，各州内部也包括不同的司法区，除此之外，美国军方的司法管辖也较为复杂。为了避免不必要的困扰，这里对此不作详述。但需要牢记的是，各司法区对于死刑的态度或者做法往往不同，而这种区别的存在往往超越了单纯的各州的物理界限，本书所指的所谓司法区，其范围仅为所有美国各州加上美国联邦与美国军事管辖权。——笔者注

〔4〕 See Deborah B. McGregor and Cynthia M. Adams, *The International Lawyer's Guide to Legal Analysis and Communication in the United States*, Wolters Kluwer (2008), p. 4.

〔5〕 美国宪法第五修正案规定："非经大陪审团提起公诉，人民不应受判处死罪或会因重罪而被剥夺部分公权之审判；惟于战争或社会动乱时期中，正在服役的陆海军或民兵中发生的案件，不在此例；人民不得为同一罪行而两次被置于危及生命或肢体之处境；不得被强迫在任何刑事案件中自证其罪，不得不经过正当法律程序而被剥夺生命、自由或财产；人民私有产业，如无合理赔偿，不得被征为公用。"

〔6〕 See Rory K. Little, "Myths and Principles of Federalization", 46 *Hastings L. J.* 1029 (1995).

众所周知，1787年参加美国联邦立宪会议的代表在费城起草联邦宪法取代联邦条例时所提出的主张根据的就是各州的宪法，这一点在涉及个人权利的方面体现得尤为明显。随后，设定"权利法案"的主要目的也在于限制联邦政府而不是州政府的权力。这种限制联邦权力的倾向直到后来美国联邦最高法院开始将"权利法案"的相关规定适用于各州时才得以改观。准确地说，这是由美国联邦最高法院保护在各州被审判罪犯的权利来实现的。在此之前，死刑的判决仅仅由州法院审理，缺乏美国联邦最高法院的监督。

在美国死刑适用的早期阶段，美国联邦死刑发展的另一个重要里程碑出现在1897年。在此之前，截至1829年，全美范围内共进行过138次联邦死刑审判，19世纪末期，因当时限制死刑的形势与压力，美国国会通过了旨在限制死刑适用的法律，其主要改革措施一方面限制了死刑犯罪的数量，另一方面将刚性死刑适用改变为选择性适用，即赋予陪审团以针对联邦犯罪适用死刑的决定权。[1]

与此不同的是，同一时期美国各州的死刑适用在死刑犯罪种类、死刑适用程序、执行数量以及执行方式等方面都显现出与联邦死刑适用相当不同的特征，问题更涉及联邦与各州司法管辖冲突如何解决的问题。[2]限于篇幅以及研究的重点，这里暂不对具体的区分加以详述，但无论如何，美国双层级的政治体制预先注定了在讨论美国死刑问题的时候需要关注联邦与各州相关做法的差异。在恩格斯看来，美国没有经历欧洲工业国家普遍经历过的封建时代，而美国的特征也因此可以被概括为一种较为独特的"普通法、宗教信仰以及地方主义"。[3]

在某种意义上，死刑更是一种具有显著地方属性的立法与司法活动。而这种死刑的地方主义或许在很大程度上与种族问题相关。这种地方主义的后果之

---

〔1〕　See Rory K. Little, "The Federal Death Penalty: History and Some Thoughts about the Department of Justice's Role", 26 *Fordham Urb. L. J.* 347 (1999).

〔2〕　"事实上，在很多时候很难将州和联邦区分开来。在美国，州和联邦在管辖范围上存在重合和冲突。例如各州的监狱可能同时关押着联邦罪犯与违反州法的罪犯。各州打击犯罪的努力也在共同消耗州与联邦的资源。但在某种程度上，联邦法又与关乎美国大多数民众日常生活的州法格格不入。在很多人看来，联邦对于国民生活的干涉，基本上针对的都是特殊甚至紧急的情况。对此特别需要注意的是，公民的日常生活，包括法律生活，大多可以被视为是一种属于地方层级的活动。" See John Brigham, "New Federalism: Unusual Punishment: The Federal Death Penalty in the United States", 16 *Wash. U. J. L. & Pol'y* 195 (2004).

〔3〕　Engels to Sorge, September 16, 1886, "unpublished letters," p. 358. 转引自 Seymour Martin Lipest and Gary Marks, *It didn't happen here: Why socialism failed in the United States*, W. W. Norton & Company (2000), p. 167.

一，就是死刑改良运动的结果虽然横扫北部，但其对于美国南部的影响却微乎其微，或者说只影响到了生活在美国南部的白人，对于黑人并没有产生任何积极作用。

（二）美国死刑的中期适用（1910～1976年）

如前所述，在长达三百余年的时间里，死刑与美国司法机关的关系十分简单，后者单纯地适用既存的成文法或者判例，而将死刑的限制适用等问题视为与己无关的事项。

在这一时期，死刑的合宪性，准确地说，任何刑罚的合宪性都从来未受过质疑。这一点似乎很好理解，毕竟宪法第五修正案承认了死刑的适用，而后来作为质疑死刑合宪性的宪法第八修正案长期以来与第五修正案并存，相安无事。[1]

但1910年美国联邦最高法院在威姆士诉美利坚合众国案（*Weems v. United States*）[2]中的判决改变了既有的平衡，也掀开了对于美国死刑进行司法反思的新阶段。在本案当中，美国联邦最高法院援引宪法第八修正案中禁止"残忍且不寻常"的刑罚的规定，认定对于伪造政府文件这样的犯罪判处12年的监禁并罚苦役构成了"残忍且不寻常"的刑罚。

现在来看，在威姆士案之前，美国死刑问题在很大程度上是执法和立法问题，围绕死刑的所有争议，例如谁该当死刑、死刑审判应遵循何种程序，以及采取何种方法等都在法院之外进行。换句话说，威姆士案标志着对于死刑问题司法反思的肇始。从此开始，法官开始主动地使用包括宪法第八修正案在内的宪法武器，介入死刑这个敏感问题。也是从此开始，死刑在实质层面已经过渡为一个司法问题，法院，特别是美国联邦最高法院等联邦司法系统，开始逐渐掌握美国死刑问题的最终话语权。

美国死刑的早期司法反思阶段呈现出如下两个主要特征：

首先，这一阶段美国联邦与各州对于死刑的司法反思受到了民权运动与实证犯罪学研究成果的双重影响，从而开始偏向于限制死刑，甚至废止死刑。20

---

〔1〕　美国宪法第八修正案规定："不得要求过多的保证金，不得处以过重的刑罚，不得施加残酷且非常的刑罚。"

〔2〕　*Weems v. United States*, 217 U. S. 349 (1910).

世纪60年代开始兴起的民权运动虽然主要与黑人等有色人种争取平等权利相关[1]，但受到包括"美国有色人种协进会"（NAACP）采取渐进式变革措施的启发，死刑的改革派人士也试图通过聚沙成塔的办法，通过个案诉讼逐渐换取最终的宪法性胜利。与民权运动对这一时期美国死刑所产生的示范作用相比，同一时期实证犯罪学的研究结果的影响则多少显得更为直接。当时非常有影响的一份犯罪学调查考察了1907～1963年纽约州死刑执行与谋杀犯罪之间的对应关系，得出了一个貌似奇怪的结论。根据这份研究报告，死刑适用之后谋杀率不降反升。导致这种奇怪现象出现的原因被相关学者解读为政府长期、高强度适用死刑导致犯罪人或者潜在犯罪人对于死刑丧失了敏感，从而使其不再具有阻遏犯罪的功能。[2]

其次，美国死刑的早期司法反思在联邦与州层级呈现出来的是部分重合的复杂样态。换句话说，虽然各州与联邦死刑发展的阶段性颇为类似，但在宪法的自觉性上，联邦司法体系，尤其是美国联邦最高法院显然来得更为积极，更为坚决。从阶段性来看，以德克萨斯州为例，从1924年到1964年，该州共有506人被判处死刑，361人被执行死刑。[3]而该州这一阶段的死刑执行又可以进一步细分为如下几个阶段[4]：第一阶段截至1923年，这一阶段德州的死刑全部为绞刑，并且大部分在县一层级执行。当时死刑犯罪的范围很广，其中就包括叛国、谋杀、强奸、抢劫、夜盗以及纵火等犯罪。第二阶段又被称为电椅时期，大致从1923年一直持续到20世纪60年代末。1923年，德州的立法机构迫于舆论压力，开始着手修改立法，以期改变当时德州死刑执行的任意性。改革措施之一即为改变死刑执行方式，所有死刑都改为电刑，并且在统一地点非公开执行。同时，缩小死刑犯罪范围，仅保留针对谋杀与强奸这两种死刑犯罪。

虽然法院对于死刑的改革努力始于1932年，但一直到了1963年，对于相关

---

[1] 笔者受美国政府US AID资助赴美攻读LLM期间，曾翻译过笔者所在学校著名宪法学者布莱恩·兰斯伯格（Brian K. Landsberg）的著作《终获自由：1965年选举权法的阿拉巴马源流》（*Free at Last to Vote：The Alabama Origins of the 1965 Voting Rights Act*, Univ Pr of Kansas, 2007）。兰斯伯格教授曾在民权运动期间供职于美国司法部，并且亲身参与了为美国黑人争取平等选举权的司法诉讼。据兰斯伯格教授回忆，当年他和其他美国司法部民权事务部的政府律师就是采取了逐县诉讼的方式，最终在阿拉巴马州结束了选举过程中的种族歧视。——笔者注

[2] See Allan D. Johnson, "The Illusory Death Penalty：Why America's Death Penalty Process Fails to Support the Economic Theories of Criminal Sanctions and Deterrence", 52 *Hastings L. J.* 1101 (2001).

[3] See Peggy M. Tobolowsky, "What Hath Penry Wrought：Mitigating Circumstances and the Texas Death Penalty", 19 *AM. J. Crim. L.* 345 (1992).

[4] See Guy Goldberg and Gena Bunn, "Balancing Fairness & Finality：A Comprehensive Review of the Texas Death Penalty", 5 *Tex. Rev. Law & Pol.* 49 (2000).

宪法条文的司法解读才将死刑确切地纳入了宪法考量的范围之内。[1]在这个时期，美国全国范围内死刑执行数量已经由于上面讨论过的原因呈现出逐年递减的趋势。同时，美国更面临其他主要西方国家废止死刑所带来的巨大外部压力，正是在此复杂的情境下，1963年，美国联邦最高法院前大法官古德博格（Goldberg）发表了自己著名的不同意见，即认为死刑和强奸之间罪刑比例失衡。[2]

其中最为典型的事件莫过于美国死刑历史上非常著名的福尔曼诉佐治亚州案。[3]该案之所以具有如此重要的标志性，不仅仅因为本案在历史上暂停了美国所有死刑的适用，使得六百余名之前已经被联邦以及各州判决死刑的候刑者免于被处死的命运，得以被改判终身监禁，还因为本案通过适用宪法第八修正案和第十四修正案，认定了之前很多州的死刑成文法违反宪法。这种将死刑与宪法绑定的做法，其意义甚至可以等同于布朗诉教育委员会案（*Brown v. Board of Education*）[4]之于美国种族问题。但福尔曼案也存在致命的缺陷，这就是美国联邦最高法院法官在究竟是死刑本身违反宪法，还是特定的死刑认定或者执行方式违法上存在严重分歧，所有法官都罕见地对于这一问题独立发表了自己的看法，据有的学者考证，这些意见堪称美国联邦最高法院史上最长的意见，并且当时只有两名美国联邦最高法院大法官，即布里南（Brennan）与马歇尔（Marshall）对于死刑本身直接表达了反对意见。[5]美国联邦最高法院不同大法官在福尔曼案中意见的分歧使得美国死刑没有彻底地走向历史的终结，在包括德克萨斯州[6]在内的支持死刑各州[7]根据本案修正了各自的死刑适用法律之后，美国死刑得以重新恢复执行，州得以创制新的成文法规则从而使得其满足

〔1〕　See Robert A. Burt, "Disorder in the Court: The Death Penalty and the Constitution", 85 *Mich. L. Rev.* 1741 (1987).

〔2〕　See *Rudolph v. Alabama*, 375 U. S. 889 (1963).

〔3〕　*Furman v. Georgia*, 408 U. S. 238 (1972)

〔4〕　*Brown v. Board of Education of Topeka*, 347 U. S. 483 (1954). 本案堪称美国宪法历史中具有里程碑意义的经典判例，本案直接宣告了美国南方各州公立教育体系中对于不同种族进行隔离制度的终结。——笔者注

〔5〕　Wayne A. Logan, "When the State Kills: Capital Punishment and the American Condition. By Austin Sarat", 100 *Mich. L. Rev.* 1336 (2002).

〔6〕　以德克萨斯州为例，该州的新死刑成文法要求陪审团针对和谋杀犯的故意程度以及其未来危险性相关的所谓"特别事项"进行表决。另外，该法还限制了死刑适用的数量。如果陪审团对于这些特别事项达成一致意见，那么死刑就需要被自动适用。德州是第一个将注射作为新的死刑执行方式，将未来的危险性作为量刑因素的州。See Michael Kuhn, "House Bill 200: The Legislative Attempt to Reinstate Capital Punishment in Texas", 11 *Hous. L. Rev.* 410 (1974).

〔7〕　截至1976年，已有35个州重新制定了死刑法。See Jonathan R. Sorensen & James W. Marquart, "Prosecutorial and Jury Decision – Making in Post – Furman Texas Capital Cases", 18 *N. Y. U. Rev. L. & Soc. Change* 743 (1991).

州最高法院的要求。随即美国联邦最高法院在 1976 年审结的杰里克诉德克萨斯州案（*Jurek v. Texas*）[1]中承认了德州新死刑成文法的合宪性。

（三）美国死刑的当代适用（1976 年至今）

1976 年美国死刑恢复适用，并一直适用至今。这一时期美国死刑判决数量呈现如下趋势，见下图：

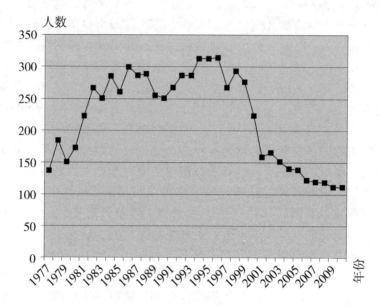

图 2 [2]

总体来看，这一阶段美国死刑适用的情况大体上呈现出如下两个特点：

首先，美国各州死刑适用的差异性扩大。

这一时期美国死刑适用呈现出了明显的地区性差异，即绝大多数死刑集中于美国传统南部地区，而在南部地区，死刑的执行也多寡不均。例如，加利福尼亚州虽然属于美国西南部地区，并且死刑候刑者人数众多，但死刑执行却十分少见。事实上从 1976 年起，直到 1992 年该州才第一次执行死刑，且从数量而言，加州执行死刑数量极少。与此同时，截至 2003 年的不完全统计，德克萨斯州、弗吉尼亚州、密苏里州与佛罗里达州自 1976 年起已经累计执行了 521 起死

---

〔1〕 *Jurek v. Texas*, 428 U. S. 262（1976）.

〔2〕 Richard C. Dieter, "The Continuing Arbitrariness of the Death Penalty Thirty – Five Years After Its Re – instatement in 1976", 载 http：//www. deathpenaltyinfo. org/documents/StruckByLightning. pdf, 最后访问日期：2011 年 5 月 21 日。

刑，大约占全美死刑执行人数的 60%。[1]与之相比在北部州当中死刑适用最为积极的伊利诺斯州从 1976 年起总共才有 12 个人被执行死刑。[2]

除了地方层级死刑执行的区域性差异之外，1976 年以后美国联邦死刑的适用虽然多少有些显得微不足道，[3]但却也呈现出一种与地方差异性相呼应的状态。总体上，联邦死刑判决的数量在稳步增加，从 1990 年的 20 起左右，发展到 1999 年的 34 起。在 2004 年，联邦死刑候刑者名单上有大概 31 个人，但需要强调的是，在这 30 多人当中，绝大多数仍然来自于传统中南部各州，如密苏里州、路易斯安那州以及弗吉尼亚州都有超过 2 个人入选，而德克萨斯州更"贡献"了其中的 6 人。[4]

除此之外，美国联邦死刑还呈现出某种独特的"矛盾性"，一方面美国联邦政府不断通过立法的方式增加联邦死刑犯罪的类型与数量，[5]另一方面又试图通过程序设计等方式保证联邦死刑适用免遭社会公众的指摘与诟病。[6]

----

〔1〕　德克萨斯州的死刑适用频率为美国之冠，死刑执行的数量约占到美国死刑执行数量的 1/3，且大幅领先于其他南部适用死刑的各州，其死刑执行数量甚至是美国第 2 大死刑适用司法区弗吉尼亚州的 3 倍，而德州死刑执行的人数也是剩下美国前 5 名死刑执行州的数量总和。See James E. Harrison，"The Juvenile Death Penalty in Florida：Should Sixteen － Year － Old Offenders Be Subject To Capital Punishment？"，1 *Barry L. Rev.* 159（2000）.

〔2〕　参见 Death Penalty Information Center，Commutations in Capital Cases on Humantarian Grounds，载 http：//www. deathpenaltyinfo. org/ article. php? did = 126，最后访问日期：2010 年 2 月 5 日。

〔3〕　与全美数千名死刑候刑者相比，联邦在死刑执行数量上的确显得不成比例。但即使如此，联邦死刑的规定及适用仍然成为美国政治生活，特别是联邦政治生活的核心争论点之一。1988 年共和党候选人老布什在竞选总统期间就曾以死刑问题为手段攻击对手。无独有偶，1992 年民主党候选人克林顿也将死刑问题作为自己的竞选策略充分加以运用。导致这种情况出现的原因，与美国特别的选举体制，以及死刑适用大州，如德克萨斯州、加利福尼亚州等在美国联邦选举中所占重要地位不无关系。See Norman J. Finke，"Prestidigitation，Statistical Magic，and Supreme Court Numerology in Juvenile Death Penalty Cases"，1 *Psych. Pub. Pol. and L.* 612（1995）.

〔4〕　参见 Death Penalty Doubts，N. Y. Times，Dec. 12，2000，载 http：//www. nytimes. com/2000/12/12/opinion/death － penalty － doubts. html，最后访问日期：2011 年 6 月 30 日。

〔5〕　联邦刑法中有超过 60 种不同的死刑犯罪，其中包括间谍罪、叛国罪、谋杀特定的政府官员、绑架并且造成他人死亡、雇凶杀人、性虐待导致他人死亡、危险驾驶并且同时开枪射击、劫持汽车导致他人死亡以及一些不涉及具体致人死亡的犯罪，如操纵或者组织规模庞大的犯罪组织等行为。See Robert Woll，"The Death Penalty and Federalism：Eighth Amendment Constraints on the Allocation of State Decision making Power"，35 *Stan. L. Rev.* 787（1983）.

〔6〕　如法律规定，联邦死刑被告有权雇佣两名律师，并且其中至少一人需要具有死刑辩护经验。联邦死刑被告人除了可以获得通常意义上的程序性权利保护之外，还可以享受额外的联邦诉讼程序保护。例如目前美国司法部掌握着所有联邦死刑案件的审查权，包括起诉权。如果联邦检察官（即所谓的政府律师）想要起诉某人死刑的话，就必须向位于华盛顿特区的美国总检察长办公室死刑委员会提出申请，并在获得批准后方可提起。对此，死刑被告人的辩护律师得向该委员会提出己方反对意见的根据。See John H. Blume and Sheri Lynn Johnson，"Killing the Non － Willing：Atkins，the Volitionally Incapacitated，and the Death Penalty"，55 *S. C. L. Rev.* 93（2003）.

其次，美国联邦最高法院对于死刑适用形式的宪法性主导与细分。

如前所述，自 20 世纪初的威姆士案开始，美国联邦最高法院开始逐渐掌握了美国死刑的主导性话语权，这种话语权在 1976 年之后开始愈发显明，并呈现出不断细化的趋势。

一般都将 1976 年美国联邦最高法院审结的格雷格诉佐治亚州案（*Gregg v. Georgia*）[1]作为当前美国死刑适用的阶段性起点。在本案当中，美国联邦最高法院认定佐治亚州根据修改后的死刑认定程序对于谋杀罪适用死刑并不违反宪法第八修正案及宪法第十四修正案。事实上，除格雷格案之外，最高法院同时还在杰里克案[2]与普利弗特案[3]中认定修改后的德州以及佛罗里达州有关死刑的法律合宪。但相较而言，最高法院在格雷格案中所提出的观点最具有代表性。

格雷格案被认为在美国死刑适用历史上具有里程碑意义。一方面，格雷格案肯定了死刑本身的正当性。正如美国联邦最高法院大法官斯图尔特（Stewart）所言，尽管围绕死刑一直存在道德性或者功利性的争论，但毫无疑问的是一直以来大多数美国人都将死刑视为一种适当且必要的刑事制裁措施。[4]另一方面，在肯定死刑正当性这一前提的基础上，格雷格案明确了符合宪法的死刑适用成文法应满足的具体条件。格雷格案从宪法角度确定了死刑成文法需满足的宪法性要求。根据美国联邦最高法院的多数派观点，死刑成文法的规定必须十分明晰；对于陪审团认定被告人实施了相关死刑犯罪能够提供具有操作性而非任意性的指导意见；被判处死刑的行为人必须具有十分严重的可责性，在满足犯罪构成要素的同时还需要具备法定的加重情节等。[5]自此，美国各司法区的死刑认定基本上都开始采取后格雷格案时代的标准范式，即要求死刑适用采用两阶段的定罪与量刑程序，法官必须对于陪审团决定是否适用死刑时对加重和减轻情节的衡量进行指导，各州最高法院必须对于每起死刑判决的适当性进行审查等。

基于美国联邦最高法院的上述"背书"，在格雷格案之后，至少 37 个州通过了效法佐治亚州的新的死刑成文法，这些新的成文法试图通过建构复杂的程序，减少死刑裁判与执行的任意性与错案的发生。[6]在有些学者看来，这就导

---

〔1〕　See *Gregg v. Georgia*, 428 U. S. 153 (1976).

〔2〕　See *Jurek v. Texas*, 428 U. S. 262 (1976).

〔3〕　See *Proffitt v. Florida*, 428 U. S. 242 (1976).

〔4〕　See *Gregg v. Georgia*, 428 U. S. 153 (1976).

〔5〕　See *Gregg v. Georgia*, 428 U. S. 153 (1976).

〔6〕　格雷格案所设定的标准是十分严格的，因此哪怕是十分接近这一要求的成文法也无法满足美国联邦最高法院的要求。例如俄亥俄州于 1974 年制定的死刑成文法内容十分贴近格雷格案中所设定的要求，但美国联邦最高法院仍在 4 年之后，即 1978 年的罗切特诉俄亥俄州案（*Lockett v. Ohio*）认定其违宪。See David L. Hoeffel, "Ohio's Death Penalty: History and Current Developments", 31 *Cap. U. L. Rev.* 659 (2003).

致了一个问题，即美国死刑判决人数与死刑实际执行人数之间出现了巨大的落差。而这种落差的存在，给美国民众造成了某种奇怪的错觉，似乎死刑仅仅是一种华而不实的样子货。[1]

总之，格雷格案为日后美国死刑的适用与发展设定了一个非常重要的基调，"死刑作为刑罚在其严重性与不可撤销性方面存在独特性。"[2]换句话说，"死刑，是特殊的。"[3]正是从这一前提出发，结合美国宪法的相关规定，美国联邦最高法院开始通过个案甄别的方式，不断地明确死刑的适用范围与适用程序，以期增加死刑适用程序的可靠性。

1977年，美国联邦最高法院在库克诉佐治亚州案（*Coker v. Georgia*）[4]中明确，对于强奸犯罪适用死刑违反了美国宪法第八修正案。库克案的意义在于明确了美国联邦最高法院对于死刑适用范围的基本态度，即仅对于剥夺他人生命的犯罪适用死刑，在刑罚与犯罪之间应建立一种直接的对应关系。

1982年，美国联邦最高法院在艾蒙德诉佛罗里达州案（*Enmund v. Florida*）[5]中明确，对于造成死亡结果的共同犯罪中没有亲自实施杀人行为，没有实施杀人未遂行为，并且没有杀人故意的参与人，不得适用死刑。

---

[1] See Allan D. Johnson, "The Illusory Death Penalty: Why America's Death Penalty Process Fails to Support the Economic Theories of Criminal Sanctions and Deterrence 2001", 52 *Hastings L. J.* 1101 (2001).

[2] *Gregg v. Georgia*, 428 U. S. 187 (1976).

[3] "死刑特殊论"可以被视为是当今美国死刑问题研究的基本话语前提。但美国学界对此一直多有质疑。例如有学者提出，在制度设计上死刑特殊论反而会造成对于死刑被告的程序性权利设置少于其他类型的被告人。See James S. Liebman, "The Overproduction of Death", 100 *Colum. L. Rev.* 2030 (2000). 更有学者担心联邦最高法院在本案中的固执坚持反而会使得立法机关可以在立法技术上满足相关宪法性要求之后，恣意地扩大死刑适用范围以及使用数量，而不用担心任何来自司法方面的阻遏。See Douglas A. Berman, "Appreciating Apprendi: Developing Sentencing Procedures in the Shadow of the Constitution", 37 *Crim. Law Bull.* 627 (2001).

[4] See *Coker v. Georgia*, 433 U. S. 584 (1977). 本案的被告库克（Erlich Anthony Coker）曾因犯强奸、绑架以及一级谋杀入监服刑，后成功脱狱。在潜逃过程中，库克闯入佐治亚州某地的一户人家，强奸了女主人并抢劫了她的汽车逃离。本案的审理过程当中，陪审团认定被告所实施的强奸行为应被判处死刑，因为其满足了至少两项加重情节，即之前曾经犯过死罪后又实施重罪，以及在抢劫的过程当中实施强奸行为。

[5] See *Enmund v. Florida*, 458 U. S. 782 (1982). 艾蒙德（Earl Enmund）伙同他人实施入户抢劫，而其负责在现场外把风开车。他的同伙在实施抢劫过程中遭遇受害人反抗，因此枪杀了受害人。后艾蒙德等人驾车逃离现场。根据佛罗里达州法律，在抢劫或者抢劫未遂过程中又实施杀人行为的，构成了一级谋杀。虽然艾蒙德向佛罗里达上诉法院提出了上诉，主张自己并未实施杀人行为，也没有杀人的故意，但被驳回。最后，案件被提交至美国联邦最高法院。

1986 年，美国联邦最高法院在福特诉温瑞特案（*Ford v. Wainwright*）[1]中明确，宪法第八修正案应当"与时俱进"，与社会的进步与发展保持同步。因为对精神耗弱人士执行死刑违反了普通法传统，并且从现在的时点来看无法实现刑罚目的，因此针对精神耗弱的人执行死刑违反了美国宪法第八修正案。另外，在本案当中美国联邦最高法院还明确对于精神耗弱的认定不能由行政部门专权，而是应该通过司法程序加以认定，在针对被告人或者被执行人精神状况的认定过程当中，必须充分保证其应该享有的宪法性程序权利，如律师辩护以及交叉质证等。

1988 年，美国联邦最高法院在汤普森诉俄克拉荷马州案（*Thompson v. Oklahoma*）[2]中明确，根据"与时俱进"的观点，美国大多数司法区以及主要的西方国家都已经不再对犯罪时不满 16 周岁的行为人适用死刑，因此俄克拉荷马州对犯罪时年仅 15 岁的行为人判处死刑的做法违反了美国宪法第八修正案，属于"残忍且不寻常的刑罚"。

2002 年，美国联邦最高法院在阿特金斯诉弗吉尼亚州案（*Atkins v. Virginia*）[3]中明确，对于第八修正案含义解读的所谓"与时俱进"标准，最佳的参考指标就是各个司法区立法机构的规定。针对智力低下人士的死刑适用，美国大多数司法区都已经明确表示反对，因此，可以认定，美国国民在禁止对智力低下犯罪人适用死刑这一问题上已经达成了共识。因为对于智力低下的犯罪行为人执行死刑无法满足任何合理的刑罚目的，因此这样的一种做法违反了美国宪法第八修正案，构成了所谓"残忍且不寻常的刑罚"。

---

　　[1]　See *Ford v. Wainwright*, 477 U. S. 399（1986）. 福特（Alvin Bernard Ford）1974 年因谋杀罪被判处死刑，在候刑期间，他的精神状况出现了问题，表现出明显的偏执型幻想症状。但佛罗里达州的一个精神疾病评估委员会鉴定认为福特虽然罹患精神失常，却仍然可以理解死刑的本质以及对其自身的意义。后来本案被提交至美国联邦最高法院。

　　[2]　See *Thompson v. Oklahoma*, 487 U. S. 815（1988）. 汤普森（William Wayne Thompson）在实施绑架、杀人犯罪的时候年仅 15 岁。因为长期受到自己姐夫的虐待，汤普森伙同其他三人残忍地将自己的姐夫杀死。俄克拉荷马州地方法院对汤普森进行了精神状况评估之后，认为其符合相关资质要求，因此将其作为成年人进行了审判，后被陪审团认定罪名成立，并判处死刑。

　　[3]　See *Atkins v. Virginia*, 536 U. S. 304（2002）. 1996 年，18 岁青年阿特金斯（Daryl Atkins）在酗酒、吸毒后，伙同他人抢劫了一名美国空军军人，因不满所获赃款的数额，阿特金斯等人随后残忍地杀死了受害人。本案的证据十分充分，唯一有意思之处在于阿特金斯与另外一名被告都宣称是对方实施的枪杀行为。但从证言来看，阿特金斯的供述存在前后矛盾之处。并且有其他人作证，阿特金斯曾经承认过自己实施了杀人行为。在本案的量刑过程中，被告律师提供了相关证据以及鉴定报告，试图证明被告人阿特金斯的 IQ 为 59，稍微低于正常值 60。但被告还是被认定罪名成立，被判处死刑。

2002 年，美国联邦最高法院在林格诉亚利桑那州案（*Ring v. Arizona*）[1]中明确，宪法第六修正案要求由陪审团，而不是由法官来认定对于被告人是否适用死刑所需要的加重情节。本案的重要意义在于美国联邦最高法院对此问题意见摇摆不定的局面得到了解决。事实上本案推翻了之前美国联邦最高法院 1990 年在沃顿诉亚利桑那州案（*Walton v. Arizona*）[2]中允许法官独自认定被告人是否具有死刑适用的加重情节的做法。另外，本案也在实际上否定了之前美国联邦最高法院在斯皮吉亚诺诉佛罗里达州案（*Spaziano v. Florida*）[3]中允许法官在陪审团建议终身监禁的情况下独自决定使用死刑的决定。从刑罚适用的角度，在本案之前，美国联邦最高法院一般对于犯罪构成要件与量刑情节加以区分，并认定美国宪法第六修正案要求陪审团认定犯罪构成要件，而法官可以认定量刑情节。但这一范式在日后受到了一系列质疑，并最终在 1999 年美国联邦最高法院审结的阿皮兰蒂诉新泽西州案（*Apprendi v. New Jersey*）[4]中被间接推翻，在本案中，美国联邦最高法院认定任何使得被告人所遭受刑罚超过法定最高刑的量刑情节都必须经过陪审团排除合理怀疑地证明，或者经过被告人的自愿承认。美国联邦最高法院的多数派意见承认死刑的适用也应适用阿皮兰蒂案所划定的基本框架。

2005 年，美国联邦最高法院在罗珀诉西门斯案（*Roper v. Simmons*）[5]中明确，根据"与时俱进"原则，对于犯罪时不满 18 岁的行为人适用死刑违反了宪法第八修正案。从这个角度看，本案将之前美国联邦最高法院在汤普森案中所设定的死刑适用年龄提高了 2 岁。本案的意义在于代表本案多数派意见的肯尼迪（Kennedy）大法官[6]通过援引相关社会学数据，提出了著名的"青少年特

---

[1]　See *Ring v. Arizona*, 536 U. S. 584 (2002). 1994 年，林格（Timothy Ring）伙同他人在亚利桑那州抢劫了一辆运钞车，并杀死了运钞车司机，劫得数十万美金现钞。后来被人举报，林格落网。根据该州的法律，特别是重罪谋杀规则，林格的行为构成了一级谋杀。根据该州法律，在决定是否对其适用死刑的过程中，可由法官自行对于是否存在加重情节进行认定。本案中，法官认定林格的行为满足两项法定加重情节，即图财害命以及犯罪手段特别残忍，最终判决其罪名成立，适用死刑。

[2]　See *Walton v. Arizona*, 497 U. S. 639 (1990).

[3]　See *Spaziano v. Florida*, 468 U. S. 447 (1984).

[4]　See *Apprendi v. New Jersey*, 530 U. S. 466 (2000).

[5]　See *Roper v. Simmons*, 543 U. S. 551 (2005). 1993 年，时年 17 岁的西门斯（Christopher Simmons）伙同他人，事先策划，预谋实施夜盗，并杀人灭口。计划是半夜闯入他人家中，洗劫财物后将受害人绑架并运至荒野，推入河中溺毙。虽然计划执行过程中出现了一些状况，但基本上实施完毕。本案的证据确凿充分，因此陪审团认定被告罪名成立，并向法官建议适用死刑。西门斯提出上诉。

[6]　笔者在美留学期间，肯尼迪法官是笔者所在法学院的兼职教授，每年美国联邦最高法院休庭期间，肯尼迪大法官都会回到这里给学生上课。笔者深深为其睿智与"孩子气"所折服。对于肯尼迪大法官的描述，可参见 Jeffrey Toobin, "The Nine: Inside the Secret World of the Supreme Court", *Anchor* (2008). 国内上海三联书店曾出版过该书的译文。

殊论",即强调未成年人与成年人在心智、控制能力以及可责性等方面的巨大差异。因此几乎美国各个州都规定了 18 岁以下的未成年人在包括选举、结婚等方面不享有与成年人完全类似的权利。对此,可以认定美国国内存在共识,并且这种共识也符合世界上主流民主国家的做法。

2008 年,美国联邦最高法院在肯尼迪诉路易斯安那州案(Kennedy v. Louisiana)[1]中明确,宪法第八修正案禁止路易斯安那州对于没有导致受害者死亡,且行为人并没有造成受害人死亡意图的强奸幼儿行为适用死刑。通过考证国内各司法区的做法,美国联邦最高法院认为对于这样的一种观点已经形成了一致意见。本案的重要意义在于最高法院对于故意实施的一级谋杀,与其他没有导致受害人死亡的犯罪进行了区分。虽然后者在严重程度上可能会令人发指,但从公民一般道德的层面判断,仍然无法与杀人相提并论。因此,美国联邦最高法院明确承认,在受害人个人的生命未受剥夺的情况当中不得适用死刑。但颇具深意的是,与此同时,美国联邦最高法院的多数派意见将毒品犯罪、叛国、间谍以及恐怖主义犯罪等标注为针对国家的犯罪,而不是所谓针对个人的犯罪,因此不在本案规范之列。

不难看出,在这一阶段,美国联邦最高法院已经牢牢掌握起美国死刑问题的最终话语权,并且开始通过个案司法审查的方式对于美国死刑的实际运行进行细化,取得了一定的进展。但对此也有学者诟病,认为目前美国联邦最高法院所建构起来的整个死刑框架存在成本高昂、程序复杂的弊端,并且没有从根本上扭转死刑认定的恣意性。[2]

在这一阶段,与美国联邦最高法院上述司法活动伴生的还包括死刑执行方式以及立法机关的相关活动。如 1982 年,德克萨斯州率先适用注射死刑执行方式[3];1988 年联邦立法规定毒品犯罪可以适用死刑,1994 年美国联邦将死刑罪名扩大到六十余个;1996 年,美国国会通过立法,限制死刑上诉,削减死刑上诉国家救助等资源投入;等等。

---

〔1〕 See *Kennedy v. Louisiana*, 554 U. S. 407(2008). 肯尼迪(Patrick O. Kennedy)采取令人发指的手段,残忍地强奸了自己年仅 8 岁的继女,造成了女孩终身残疾。陪审团认定被告罪名成立,并判处其死刑。被告认为自己仅仅实施强奸幼女的行为不应被判处死刑,对于自己判处死刑的做法违反了宪法第八修正案,属于"残忍且不寻常"的刑罚。但受理上诉审的路易斯安那州最高法院认为,美国联邦最高法院在库克案中认定对于成年女性实施强奸行为不该当死刑,但本案与库克案不同,而对于以残忍手段强奸幼女的犯罪适用死刑并不违反罪刑相适应原则。

〔2〕 See Scott W. Howe, "The Failed Case for Eighth Amendment Regulation of the Capital – Sentencing Trial", 146 *U. Pa. L. Rev.* 795(1998).

〔3〕 美国联邦最高法院在贝泽诉里兹案〔(*Baze v. Rees*), 553 U. S. 35(2008)〕中,维持了注射这种死刑执行方式的合宪性。围绕美国死刑执行方式的论争,将在后文加以详述。

二、2010 年美国联邦及各司法区的死刑适用情况

如果将当今美国联邦及各司法区死刑适用的基本样态作为研究的时空基点，似乎可以对其从如下几个方面加以把握：

（一）2010 年美国联邦与各州死刑犯罪立法概述

根据美国司法部 2009 年统计，联邦立法当中存在如下死刑立法，见下表：

表 1[1]

序　号	联邦法典编号	罪状描述
1	8 U. S. C. 1342	走私人口过程中实施谋杀的
2	18 U. S. C. 32 – 34	破坏飞机、机动车或者交通设施导致他人死亡的
3	18 U. S. C. 36	吸食毒品后驾驶机动车恣意开枪谋杀他人的
4	18 U. S. C. 37	在民用航空站内实施谋杀的
5	18 U. S. C. 115（b）（3）	基于报复心理谋杀执法人员直系亲属的
6	18 U. S. C. 241，242，245，247	实施侵犯民权犯罪致死他人的
7	18 U. S. C. 794	间谍罪
8	18 U. S. C. 844（d）（f）（i）	与运输爆炸物品、损害政府财产或者损害其他与外国或者其他州商贸活动相关的
9	18 U. S. C. 924（i）	实施暴力或者毒品犯罪过程当中通过使用枪支而实施谋杀的
10	18 U. S. C. 930	在联邦政府设施内实施谋杀的
11	18 U. S. C. 1091	种族屠杀
12	18 U. S. C. 1111	一级谋杀
13	18 U. S. C. 1114	谋杀联邦法官或者执法官员的
14	18 U. S. C. 1116	谋杀外国政府官员的
15	18 U. S. C. 1118	谋杀联邦狱政官员的

————————

〔1〕 参见 http：//www. deathpenaltyinfo. org/federal – laws – providing – death – penalty，最后访问日期：2011 年 5 月 21 日。

（续表）

序　号	联邦法典编号	罪状描述
16	18 U. S. C. 1119	在外国谋杀美国公民的
17	18 U. S. C. 1120	被判处终身监禁的罪犯脱狱后实施谋杀的
18	18 U. S. C. 1121	谋杀州或者地方执法官以及其他联邦调查人员的，谋杀州矫正机构官员的
19	18 U. S. C. 1201	绑架过程中实施谋杀的
20	18 U. S. C. 1203	劫持人质过程中实施谋杀的
21	18 U. S. C. 1503	谋杀法庭官员或者陪审员的
22	18 U. S. C. 1512	基于防止证人、受害人或者线人作证的目的实施谋杀的
23	18 U. S. C. 1513	对于证人、受害人或者线人实施报复性杀人的
24	18 U. S. C. 1716	基于杀人或者致死目的邮递具有杀伤性物品的
25	18 U. S. C. 1751	刺杀或者绑架总统、副总统致其死亡的
26	18 U. S. C. 1958	受雇杀人的
27	18 U. S. C. 1959	敲诈勒索过程中实施谋杀的
28	18 U. S. C. 1992	故意致使列车脱轨致人死亡的
29	18 U. S. C. 2113	抢劫银行过程中实施谋杀或者绑架的
30	18 U. S. C. 2119	劫持汽车过程中实施谋杀的
31	18 U. S. C. 2245	强奸或者猥亵儿童过程中实施谋杀的
32	18 U. S. C. 2251	对于儿童实施性剥削过程中实施谋杀的
33	18 U. S. C. 2280	侵害海事航行犯罪过程中实施谋杀的
34	18 U. S. C. 2281	在海上钻井平台犯罪过程中实施谋杀的
35	18 U. S. C. 2232	在其他国家对于美国公民实施恐怖袭击致其死亡的
36	18 U. S. C. 2232a	使用大规模杀伤性武器实施谋杀的
37	18 U. S. C. 2240	谋杀过程中使用酷刑的

（续表）

序　号	联邦法典编号	罪状描述
38	18 U. S. C. 2281	叛国
39	21 U. S. C. 848（e）	犯罪集团活动过程中实施谋杀的，或者与谋杀联邦、州或者地方执法官员相关的
40	49 U. S. C. 1472 – 1473	劫持飞机致人死亡的

根据美国司法部 2009 年统计，目前美国各州存在如下死刑立法，见下表：

表 2[1]

序　号	州　名	法条编号	死刑罪状
1	阿拉巴马	Ala. Stat. Ann. 13A – 5 – 40（a）（1）–（18）	故意杀人（至少满足法定的 18 种加重情节之一）
2	亚利桑那	A. R. S. § 13 – 703（F）	一级谋杀（至少满足法定的 14 种加重情节之一）
3	阿肯色	Ark. Code Ann. 5 – 10 – 101	死罪谋杀（至少满足法定的 10 种加重情节之一）；叛国
4	加利福尼亚	California Penal Code § 37；§ 128；§ 190 and 190.1；§ 219	一级谋杀（需满足特定情节）；寻衅破坏；颠覆列车致人死亡；叛国；作伪证致使无辜的人被处死；被判终身监禁的罪犯实施的伤害致死的
5	科罗拉多	8 – 3 – 101, et seq；18 – 3 – 301, et seq；18 – 1. 3 – 1201 et seq	一级谋杀（至少满足法定的 17 种加重情节之一）；一级绑架且致人死亡的；叛国

[1]　参见 http：//www. deathpenaltyinfo. org/federal – laws – providing – death – penalty，最后访问日期：2011 年 5 月 21 日。

（续表）

序　号	州　名	法条编号	死刑罪状
6	康涅狄格	C. G. S. § 53a - 54b	实施重罪致人死亡的； 故意杀人（需具备法定的8种加重情形之一）
7	达拉威尔	11 Del. C. § 4209	一级谋杀（至少满足法定的加重情节之一）
8	佛罗里达	775. 082, 782. 04（1）；921. 141；922. 07；922. 10 et seq. ；921. 142；922. 08	一级谋杀； 重罪谋杀； 贩毒致死他人； 性殴打致死他人
9	佐治亚	17 - 10 - 30, et seq.	谋杀； 绑架勒索赎金或者殴打受害人致其死亡的； 劫持飞机； 叛国
10	爱达荷	Idaho Code § 18 - 4004A	满足加重情节的一级谋杀； 一级绑架； 因伪证致死他人
11	印第安纳	IC 35 - 50 - 2 - 9	一级谋杀（至少满足16种法定加重情节之一）
12	堪萨斯	KSA 21 - 3439, KSA 21 - 4625, KSA 21 - 4636	死罪谋杀（至少满足8种法定加重情节之一）
13	肯塔基	KRS 532. 025	符合加重情节的谋杀； 符合加重情节的绑架
14	路易斯安那	La. R. S. 14：30 and 14：113	一级谋杀； 叛国
15	马里兰	Md. Code, Art. 27, § 413(d)；	事先预谋或者发生在重罪过程中的一级谋杀，同时还需满足特定的法定情节
16	密西西比	Miss. Code Ann. § 97 - 3 - 19(2)；Miss. Code Ann. § 97 - 25 - 55(1)	重罪谋杀； 劫持飞机

（续表）

序 号	州 名	法条编号	死刑罪状
17	密苏里	565. 020 RSMO 2000	一级谋杀
18	蒙大拿	Mont. Code Ann. § 46 – 18 – 303；Mont. Code Ann. § 45 – 5 – 503	死罪谋杀（至少满足 9 种法定加重情节之一）；非合意性行为的加重犯
19	内布拉斯加	28 – 105，et seq.；28 – 303；29 – 2519，et seq	至少满足一种法定加重情节的一级谋杀
20	内华达	NRS 200. 030，200. 033，200. 035	一级谋杀（至少满足 15 种法定加重情节之一）
21	新罕布什尔	RSA 630：1，RSA 630：5	在强奸、绑架以及毒品犯罪过程中实施的谋杀；杀害执法官员；受雇杀人；被判处终身监禁不得假释的罪犯实施的谋杀
22	北卡罗莱纳	NCGS §14 – 17	一级谋杀
23	俄亥俄	O. R. C. secs. 2903. 01，2929. 02，and 2929. 04	谋杀的加重犯（至少满足 10 种法定加重情节之一）
24	俄克拉荷马	Tit. 21 § § 701. 10，et seq.；Tit. 22 § § 1005，et seq.	一级谋杀（至少满足 8 种法定加重情节之一）；针对不满 14 岁儿童实施的性犯罪
25	俄勒冈	ORS 163. 095	谋杀的加重犯
26	宾夕法尼亚	Tit. 18 § 1102；Tit. 42 § 9711；Tit. 61 § 3004	一级谋杀（至少满足 18 种法定加重情节之一）
27	南卡罗莱纳	§ 16 – 3 – 20 （C）（a）	谋杀（至少满足 12 种法定加重情节之一）
28	南达科他	22 – 16 – 4；23A – 27A – 1	一级谋杀（至少满足 10 种法定加重情节之一）

（续表）

序 号	州 名	法条编号	死刑罪状
29	田纳西	Tenn. Code Ann. § 39 - 13 - 204	一级谋杀（至少满足 15 种法定加重情节之一）
30	德克萨斯	Tex. Penal Code § 19.03	杀人（至少满足 9 种法定加重情节之一）
31	犹他	Utah Code Ann. § 76 - 5 - 202	谋杀的加重犯 注：该州 2008 年修改的程序法规定得针对谋杀的加重情节单独提起诉讼
32	弗吉尼亚	VA Code § 18.2 - 31	一级谋杀（至少满足 15 种法定加重情节之一）
33	华盛顿	10. 95. 010；10. 95. 180；9. 82. 01	一级谋杀的加重犯
34	怀俄明	6 - 2 - 101；7 - 13 - 901	一级谋杀； 性攻击犯罪过程中实施的谋杀； 对于未成年人实施的性虐待； 纵火； 抢劫； 脱狱； 拒捕； 绑架； 虐待不满 16 周岁的未成年人

　　综合分析，美国联邦与保留死刑的 34 个州在死刑成文法的规制方面体现出如下几个特点：

　　首先，美国联邦死刑与各州死刑成文法基本上都可以分为针对个人法益与针对公共法益的两大类[1]。虽然针对个人法益的犯罪貌似数目众多，但其基本上都以非法剥夺他人生命为最终表征。换句话说，虽然并不是所有的谋杀都会被判处死刑，但判处死刑的犯罪一定会出现非法致人死亡的结果。除此之外，联邦与州并未将死刑严格限定在导致死亡结果的侵犯个人法益犯罪之内，而是

---

〔1〕 对于美国军事管辖范围内死刑的适用，这里未作讨论。——笔者注

保留了部分并未直接导致死亡结果的侵犯公共法益死罪，典型的如叛国、间谍等。

其次，遵照美国联邦最高法院之前的相关判例，当前美国各司法区的死刑犯罪基本上都符合基础犯罪加法定加重情节的模式。这就意味着即使实施了客观上剥夺他人生命的普通谋杀犯罪，如果没有法定加重情节，也仍将无法被判处死刑。

最后，部分司法区，如怀俄明州等，在死刑成文法中规定了拒捕、脱狱、纵火等犯罪为死刑犯罪，其合宪性是受到质疑的，当然，可以将这些反对理解为针对公共法益的犯罪，但在这些成文法没有得到美国联邦最高法院的司法审查之前，尚不能得出确切的结论。

（二）2010 年美国联邦与各州死刑犯罪的司法适用

根据"全美有色人种协进会"2010 年年底的统计，截至 2010 年 10 月，美国全国范围内共有 3242 名死刑候刑者，其中白人约占总数的 44%，黑人约占 42%，其余的 12% 为拉美裔等。值得一提的是，在 3000 余名死刑候刑者当中，只有 60 名女性候刑者。加利福尼亚州的死刑候刑者人数最多，共有 714 人，佛罗里达州的死刑候刑者位居其次，约为 394 人，其余依次为德克萨斯州的 322人，宾夕法尼亚州的 220 人以及阿拉巴马州的 204 人。[1]

2010 年，全美统计口径共执行死刑 46 人次，其中德克萨斯州执行人数最多，为 17 人，顺次分别为俄亥俄州 8 人，阿拉巴马州 5 人，密西西比州、俄克拉荷马州以及弗吉尼亚州各 3 人，佐治亚州执行 2 人，佛罗里达州、路易斯安那州、亚利桑那州、犹他州以及华盛顿州分别为 1 人。这些人中有 44 人是被注射执行死刑的，另外弗吉尼亚州执行过一次电刑，犹他州执行过一次枪决。[2]

截至 2010 年年底被执行死刑的 1228 名罪犯种族分布如下，见下表：

表 3[3]

白　人	689（56.11%）
黑　人	427（34.77%）
拉美裔	90（7.33%）

〔1〕　参见 http：//naacpldf. org/files/publications/DRUSA_ Fall_ 2010. pdf，最后访问期期：2011 年 7月 2 日。

〔2〕　Bureau of Justice Statistics，"Capital Punishment, 2009—Statistical Tables"，载 http：//bjs. ojp. us-doj. gov/content/pub/pdf/cp09st. pdf，最后访问期期：2011 年 2 月 2 日。

〔3〕　参见 http：//naacpldf. org/files/publications/DRUSA_ Fall_ 2010. pdf，最后访问期期：2011 年 7月 2 日。

（续表）

| 印第安人 | 15（1.22%） |
| 亚　裔 | 7（0.57%） |

上述罪犯致死受害人种族分布，见下表：

表4[1]

白　人	1399（77.38%）
黑　人	268（14.82%）
拉美裔	102（5.64%）
印第安人	5（0.28%）
亚　裔	34（1.88%）

上述罪犯性别分布，见下表：

表5[2]

| 男　性 | 1216（99.02%） |
| 女　性 | 12（0.98%） |

上述罪犯致死受害人性别分布，见下表：

表6[3]

| 男　性 | 918（50.77%） |
| 女　性 | 890（49.23%） |

---

〔1〕　参见 http：//naacpldf. org/files/publications/DRUSA_ Fall_ 2010. pdf，最后访问日期：2011 年 7 月 2 日。

〔2〕　参见 http：//naacpldf. org/files/publications/DRUSA_ Fall_ 2010. pdf，最后访问日期：2011 年 7 月 2 日。

〔3〕　参见 http：//naacpldf. org/files/publications/DRUSA_ Fall_ 2010. pdf，最后访问日期：2011 年 7 月 2 日。

除了体现出明显的死刑地方化倾向之外，据美国相关研究机构的调查，美国死刑适用的最终定案率并不高，事实上大约 2/3 的死刑判决最终都以某种理由，或依据某种程序而被推翻。[1]

第二节　美国死刑问题研究之语境预设

在明确目前美国各司法区死刑法律规制及其适用的整体趋势与具体客观情况的基础上，还需要设定研究美国死刑问题的具体语境。所谓语境，是指理解美国死刑设置与适用的话语背景。换句话说，一切法律规制与运行都是在这些话语背景所设定的框架内进行的。如果不理解这些语境，将无法从实质上理解美国死刑的基本样态。

一、美国死刑问题研究的宪法语境

如前所述，美国死刑当代适用的核心特征之一即为美国联邦最高法院对于死刑问题话语权的主导。事实上不仅仅是死刑，几乎所有美国社会生活中的重要事项，如民权、同性恋等问题最终都被交由最高法院作出决断。甚至连谁当总统都是由美国联邦最高法院的 9 位法官说了算。[2]

保障美国联邦最高法院掌握包括死刑在内上述重要问题话语权的主要武器即所谓"司法审查"（Judicial Review）。司法审查是指法院通过具体个案对于既存成文法或者具体单位的公务行为的"合宪性"进行审查，从而影响相关法规的规定方式或者相关机关的作为方式。[3]

一直以来，围绕司法审查的合法性与争当性都存在着大量的反对声音。包括美国历史上的知名人士，如托马斯·杰斐逊（Thomas Jefferson）、林肯（Abra-

---

〔1〕　参见 J. Liebman, et al., "A Broken System: Error Rates in Capital Cases, 1973 – 95 (2000)"，载 http://www2. law. columbia. edu/instructionalservices/liebman/，最后访问日期：2011 年 7 月 4 日。

〔2〕　See *Bush v. Gore*, 531 U. S. 98 (2000). 2000 年美国总统大选候选人布什与戈尔相持不下，最终求助于美国联邦最高法院，后者作出了对于布什有利的判决，从而改变了美国乃至整个世界的发展方向。——笔者注

〔3〕　司法审查虽然强调是一种"合宪性"审查，但事实上却在美国宪法出台之前就已经存在。根据有些学者的考证，很多州在 1787 年美国制宪会议之前就已经开始出现了实质意义上的"司法审查"，当时美国的 13 个州当中就有 7 个州已经出现了通过审查相关法律的合宪性而对其加以调整甚至否定的做法。这些州的法院认为，州宪法是该州的基本法，其效力优先于州立法机构制定的其他法律，也就是说所有与州宪法不符的法律都必须作出相应的调整。而法院掌握着如何解读宪法的权力。相信后来美国联邦最高法院采用的司法审查方法也在很大程度上借鉴了这些地方上的实践措施。See Prakash, Saikrishna, and Yoo, John, "The Origins of Judicial Review", 70 *U. Chicago Law Review* 887 (2003).

ham Lincoln）等都担心由法官，甚至是未经选举的法官来独掌近乎专断的认定权不仅缺乏合法性，而且极容易导致司法擅断。例如杰斐逊就曾辛辣地提出，"宪法就像司法机关手里玩弄的蜡泥，可以任由其捏成想要的形状。"[1]不仅如此，美国联邦最高法院的司法审查所面临的更为严重挑战在于其合法性的根源。美国宪法中并没有对于司法审查的正当性进行明确规定，而一般认为这种权力产生于美国特定的三权分立结构以及宪法的合理推定。[2]

虽然面临种种诟病，但因为存在美国宪法第3条与第6条的扩张性解读，[3]美国联邦最高法院还是通过著名的马布里诉麦迪逊案（*Marbury v. Madison*）[4]提出，联邦法院有义务对于国会制定的法律进行审查，并确保这些法律与宪法之间不存在矛盾与冲突。

正是利用了这种司法审查工具，美国联邦最高法院才牢牢地掌握美国社会中包括死刑在内重大问题的话语权，也更为对于美国死刑问题的研究预设了话语背景。

二、美国死刑问题研究的程序法语境

如果说美国死刑是一部大戏的主角，那么这个主角的精彩演出需要一个能够充分体现其表演功力的舞台，而这个舞台，就是死刑的适用、执行程序。

对于美国死刑的司法适用，即使没有亲身经历，也可以从很多脍炙人口的影视或者文学作品当中窥以一斑。以影片《杀死一只知更鸟》为例，片中的白人律师芬奇接手为黑人罗宾逊被指控的强奸案件之后并没有太多的时间对案件加以准备。相反，其所面对的是一个几乎完全孤立无援的境遇。不仅仅无法从受害人那里得到任何有价值的信息，而且家人还受到了白人暴民的威胁、敌视。

---

〔1〕 参见 http://ezekiel33. powweb. com/ThomasJefferson. htm，最后访问日期：2010年6月22日。

〔2〕 See Barnett, Randy, "The Original Meaning of Judicial Power", 12 *Supreme Court Economic Review* 115 (2004).

〔3〕 美国宪法第3条规定，"第1款，合众国的司法权属于最高法院以及由国会随时下令设立的低级法院。最高法院和低级法院的法官，如果尽忠职守得继续任职，并应在规定时间获得服务报酬，此项报酬在他们继续任职期间不得减少。第2款，司法权适用的范围如下：一切基于本宪法、合众国法律以及根据合众国权力所缔结的及将缔结的条约而产生的普通法的及衡平法的案件；一切涉及大使、其他使节及领事的案件；一切有关海事法和海事管辖权的案件；以合众国为当事人的诉讼；两个州或数个州之间的诉讼；一州与另一州的公民之间的诉讼；一州公民与另一州公民之间的诉讼；同州公民之间对他州让与土地的所有权的诉讼；一州或其公民与外国或外国公民或国民之间的诉讼。"美国宪法第6条规定，"本宪法生效前所负的一切债务和所签订一切契约在本宪法生效后对合众国仍然有效，其效力一如邦联时代。本宪法及依照本宪法所制定之合众国法律以及根据合众国权力所缔结或将缔结的一切条约，均为全国的最高法律；即使与任何一州的宪法或法律相抵触，各州的法官仍应遵守。任何一州宪法或法律中的任何内容与之抵触时，均不得违反本宪法。"

〔4〕 See *Marbury v. Madison*, 5 US (1 Cranch) 137 (1803).

可以理解，芬奇所代理的被告是20世纪30年代生活在种族歧视十分严重的美国南部乡村的一名黑人，更为严重的是这名黑人被指控强奸了一名白人少女，实施的是对于白人少女的强奸犯罪！

这种孤立给芬奇带来的不仅仅是心灵上的孤独，更为重要的是其并没有时间和足够的资源收集对于罗宾逊有利的事实证据。事情发生的时候，只有当事人双方在场，如何能够证明究竟发生了什么？

就是在这种毫无希望的情境之下，芬奇以一名出色律师的敏感与职业素养在交叉质证以及庭审辩论的过程当中展开了近乎完美的绝地反击。针对少的可怜且对于自己当事人全然不利的事实，展开了自己逻辑缜密、几乎无可辩驳的逻辑推理，而正是这种推理，足以让一个具有通常理性的人，包括我们在内，怀疑罗宾逊是否真的实施了强奸，以及在强奸的过程当中殴打了玛利亚，或者换句话说，玛利亚是否在说谎。

……

（芬奇对于当地的警长泰特就其赶到事发地所看到的事实进行质证）

泰特：受害人头部被人殴打，当时其手臂已经呈现遭人殴打后的瘀伤，并且受害人的左眼呈现瘀血症状……（经过回忆和纠正）……芬奇先生，我想起来了，被害人是右眼受伤……受害人还让我看了她受伤的颈部，在她的颈部有手印，应该说是被人扼颈之后所呈现出来的典型特征……

（芬奇接下来对于受害人的父亲就其对于事发时所看到的事实进行质证）

鲍伯：我看到我的女儿倒在地板上……

（芬奇随即递给鲍伯一支笔和一张纸，让鲍伯把自己的名字写在上面，鲍伯用自己的左手签下了自己的名字，而这时，鲍伯似乎意识到了什么）……

鲍伯：阿提格斯·芬奇一定在搞什么鬼，他要打我的主意，法官大人你要对于像芬奇这样的家伙加些小心……

（芬奇接下来对于宣称自己被害的玛利亚进行了质证，玛利亚一口咬定被告人汤姆·罗宾逊借自己被雇佣做工的机会试图对其实施强奸行为，并且在这个过程当中对自己实施了殴打。同时，其也承认自己的父亲酗酒，并且在酒后会变得脾气暴躁……在质证的最后阶段，芬奇对于被指控实施了强奸行为的罗宾逊进行质证，而在质证的过程当中，芬奇让被告接住自己递过去的一杯水，罗宾逊用右手接住了杯子，事后证明，罗宾逊的左臂早已残疾）

罗宾逊：我的左手不听使唤。我12岁的时候左手被卷进了棉机。我左臂所

有的肌肉都已经萎缩了……[1]

很明显，芬奇运用自己敏锐的嗅觉，令人信服地向包括陪审团在内的所有人证明一个左手丧失功能的人无法用双手紧紧扼住玛利亚的脖颈，也很难伤害到受害人的右眼。如果这样的逻辑推理可以成立，那么如果坚持认为罗宾逊就是实施了危害的行为人，显然存在很大的疑问。如果陪审团是公正的话，几乎一定无法排除合理怀疑的认定罗宾逊就是实施了相关侵害行为的行为人。

之所以能够产生如此戏剧化的庭审效果，除了戏剧渲染的成分之外，在很大程度上与美国独特的刑事司法体系、刑事证据规则与刑事案件的庭审模式有关。

如前所述，作为联邦制国家，美国的司法体系分为联邦司法体系与各州独立的司法体系两个层级。两个司法体系之间保持着很大意义上的相互独立性，同时依据特定的规则，特定案件或者特定犯罪人可以在两个司法体系之间进行转移，见下图：

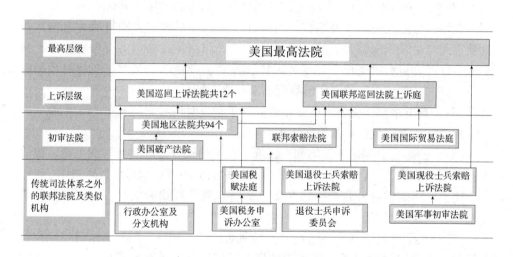

图 3　美国联邦司法体系[2]

而美国各州的司法体系大体结构类似，以加利福尼亚州司法体系为例加以说明，见下图：

---

[1]　以上对白为笔者根据《杀死一只知更鸟》影片摹听翻译所进行的总结。准确译文可参见同名小说的中译本。——笔者注

[2]　参见 http://www.library.unt.edu/govinfo/assets/images/judicialorg.gif/image_view_fullscreen，最后访问日期：2011 年 7 月 5 日。

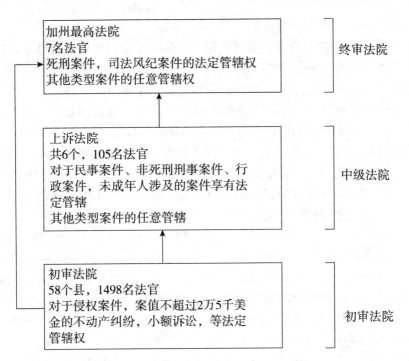

图 4　加利福尼亚州司法体系[1]

　　如果说美国联邦与各州的司法体系属于死刑案件审理的硬件[2]，那么证据规则与庭审模式就可以被理解为美国死刑适用的软件，并且在很大程度上这些无形的部分才真正决定了美国死刑实际适用的最终结果。

　　刑事审判的关键即在于证据。庭审律师通过收集、准备、出示以及质证等环节将案件事实呈现在事实裁判者，即陪审团面前，从而使其相信或者质疑检方的指控。为了规范证据的适用，防止人为操纵证据，经过长期的总结，1975

　　〔1〕　State Court Structure Charts，载 http：//www. ncsconline. org/d_ research/csp/2003_ Files/2003_ SCCS_ Charts1. pdf，最后访问日期：2011 年 7 月 5 日。

　　〔2〕　通常情况下，州司法体系与联邦司法体系之间案件的移转通过个案当事人向美国联邦最高法院申请所谓申请"调卷令"（certiorari），并在后者同意调取州法院案件的情况下得以实现。最高法院同意调取州司法体系审理的案件之后，会针对案件的法律部分进行审查，从而确定州法官在案件审理过程当中是否存在可以导致案件改判或者发回重审的法律错误。一般来说，美国联邦最高法院 9 名法官当中的 4 人联署即可批准申请调卷令。限于美国联邦最高法院法官人数较少，因此绝大多数调卷申请都被驳回，据不完全统计，2009 年美国联邦最高法院仅批准大致 80~150 起申请，而同时期的申请则多达 8241 件，批准率仅为 1.1%。See Melanie Wachtell & David Thompson，"An Empirical Analysis of Supreme Court Certiorari Petition Procedures"，16 *Geo. Mason U. L. Rev.* 237（2009）。

年，美国出台了《联邦证据规则》（Federal Rules of Evidence），用来规范诉讼当事人在案件审理过程中对于证据的使用。虽然各州可以建构自己独立的证据规则，但基本上都部分或者全部采取了《联邦证据规则》的相关规定。[1]证据规则的实际意义固然是为了保持对抗式庭审模式的公平性与效率性，但更为重要的是，证据规则赋予了法官控制案件的技术性手段。众所周知，美国重大刑事案件多由陪审团审理，而陪审团也被称之为所谓"事实认定者"（the Fact Finder）。但这并不意味着法官失去了其在庭审过程中的作用，法官的作用就是通过运用证据规则，控制呈现在陪审团面前的具体证据，从而间接地影响陪审团对于事实的判断。而《联邦证据规则》以及各州的证据规则的确也赋予了法官控制证据进出案件审理过程的能力。

美国死刑案件的审理模式属于"对抗式庭审模式"（Adversary System），所谓对抗式庭审模式，是指一种与所谓"纠问式庭审模式"（Inquisitorial System）相对应的诉讼模式，在对抗式庭审模式当中，控方与辩方在中立的第三方，如陪审团面前提出案件事实及诉讼主张，并由后者进行判断的司法模式。[2]

正是由于这种对抗式庭审模式的本质属性使然，才导致了美国死刑案件的审理进程宛如一出跌宕起伏的大戏，检方或者辩方都竭尽所能在法官或者陪审团面前"表演"得更为可信，使其相信自己的故事。同时，死刑被告得有权保持沉默，不自证有罪，检方必须排除合理怀疑地证明被告有罪，等等。

对抗式庭审模式与证据规则之间互相结合，共同构成了美国死刑审判的程序背景。除此之外，陪审团审理模式更是承载了针对死刑个案的民意拟制与表达功能，而这一点对于美国死刑的存在与适用来说至关重要。

三、美国死刑问题研究的全球化语境

针对美国死刑问题的研究不能无视全球化视野当中的死刑适用与发展趋势。虽然美国一直俨然以国际秩序的缔造者而非遵守者的形象示人，但至少从如下两点根据出发，美国死刑问题应该被纳入死刑的全球化发展趋势当中加以反思。

首先，掌握死刑最终话语权的美国联邦最高法院开始逐渐重视国际社会，尤其是主要西方国家对死刑的态度，并将其反映在自己的判决当中。[3]以肯尼迪大法官为首的民主派法官曾经在很多判例当中援引了国际社会的做法或者观

---

[1] See Christopher B. Mueller, Laird C. Kirkpatrick. *Evidence*, Aspen Treatise Series (4th ed. , 2009), p. 2.

[2] See Sandra Beatriz, *The Discourse of Court Interpreting*: *Discourse Practices of the Law, the Witness and the Interpreter*, John Benjamins publishing, 2004, p. 31.

[3] 例如，在 *Penry v. Lynaugh*, 492 U. S. 302 (1991) 当中，美国联邦最高法院就曾就针对智障的行为人执行死刑是否存在国际上的一般合意进行过考察。——笔者注

点，并将其作为所谓"与时俱进"的社会一般认识的来源之一。[1]

其次，随着国际交往的日益深入，美国不仅需要面对如何处理与其他非死刑国家之间死刑罪犯的引渡等技术性难题，更要面临来自于国际人权法的指摘。毕竟根据一份统计，"目前美国死刑候刑者当中有来自于 30 多个国家的 118 名外国死刑候刑者。"[2]另外，作为所谓"民主"、"人权"的旗手，美国必须要在对他国死刑问题横加指责与本国死刑适用面临的种种难题之间寻求平衡。正如某些美国学者所担心的那样，如果美国继续无视国际人权法，那么很有可能因此失去其对于国际人权事务的道德话语权与实际主导权。[3]事实上恰恰是因为死刑这一敏感问题，美国对于很多重要的国际人权条约或者持暧昧的态度，不积极参加，或者在签署条约的同时提出诸多保留意见。[4]

根据相关国际组织的统计，目前全世界已经有 96 个国家或地区针对所有犯罪废除了死刑，有 9 个国家针对普通犯罪废除了死刑，另外还有 34 个国家实际上已经废除了死刑。因此，大体上已经有 139 个国家或者地区实际上不再适用死刑，与之相比，只有 58 个国家或者地区坚持适用死刑。继续适用死刑的国家大多与所谓西方主流"进步"国家无缘，无论是中国、伊朗、埃及、日本还是新加坡等，或者属于长期受到西方"人权"国家所批判的国家，或者属于东方儒家文明体系。而类似于英国、德国、法国、荷兰、意大利、俄罗斯等主流西方国家都已经不再适用死刑，唯一的例外即为美国。[5]

正是这种鲜明而强烈的对比，赋予了美国死刑问题研究独特的理论价值与实践意义。反过来，如果不将美国死刑问题纳入全球化死刑问题的语境当中，而单纯地作为一种孤立的对象加以研究，将会导致一种缺乏参照系的单纯描绘，不仅无法对美国死刑问题本身进行深入理解，更无法理解美国死刑存在的根据

---

〔1〕 例如，在阿特金斯诉弗吉尼亚州案〔(*Atkins v. Virginia*)，536 U. S. 304（2002）〕中，美国联邦最高法院就曾引用过欧盟的相关做法作为自己最终观点的佐证。当然，这种观点也受到了来自于以斯卡利亚大法官（Scalia）等保守派法官的激烈抵制。由于最近几年美国联邦最高法院法官的人员构成发生了极大变化，目前美国联邦最高法院保守派与民主派法官之间的博弈还未最终定型，需要经过具体案例的磨合在相当长的一段时间内逐渐磨合成型。——笔者注

〔2〕 Richard C. Dieter，"International Influence on the Death Penalty in the U. S."，载 http：//www. deathpenaltyinfo. org/node/984，最后访问日期：2011 年 5 月 12 日。

〔3〕 参见 Richard C. Dieter，"International Perspectives on the Death Penalty：A Costly Isolation for the U. S."，载 www. deathpenaltyinfo. org/Oxfordpaper. pdf，最后访问日期：2011 年 7 月 5 日。

〔4〕 参见 Richard C. Dieter，"The US Death Penalty and International Law：US Compliance with the Torture and Race Conventions"，载 http：//www. deathpenaltyinfo. org/us - death - penalty - and - international - law - us - compliance - torture - and - race - conventions，最后访问日期：2011 年 6 月 22 日。

〔5〕 See Randeall Coyne and Lyn Entzeroth，*Capital Punishment and the Judicial Process*，Carolina Academic Press（2006），p. 1033.

及存在的问题。

四、美国死刑问题研究的实用主义语境[1]

实用主义是美国人的一种生存哲学。作为一种近乎于直觉的价值选择与判断标准，实用主义深刻地影响着美国法学理论与实践。对于美国死刑问题的研究当然也不能超越实用主义这一话语背景。

（一）美国实用主义的发展阶段与理论背景

在 19 世纪末 20 世纪初，美国经历了所谓的"进步时期"（Progressive Era）。具体而言，"1897～1914 年这段时间被视为美国发展的黄金时代。这一时期，社会持续繁荣，社会绝大多数阶层的生活标准普遍提高。这是一个社会运行健康良好、充满希望的时代。因为对于修正之前社会中存在各种不平等现象的能力充满自信，在 20 世纪早期，美国开始了一场声势浩大的在各个层级政府推行民主，寻找根治贫穷以及社会特权等丑恶现象的运动。"[2]而实用主义恰恰就诞生在这样一个非常具有活力、充满乐观主义且急剧变革的时代。

伴随着社会的激烈变革，理论层面的冲击与振荡也从未停歇，各种观点不断推陈出新、层出不穷。这一次理论思潮的发展方向旨在通过理论建构，试图为正在进行的社会变革及其未来的发展提供根据。尤其是"通过赫尔博特·斯宾塞（Herbert Spencer）的著作，很多学者开始用达尔文的社会进化理论来解释社会变革并为其寻找根据。根据社会达尔文学派的观点，新的社会所秉持的是和动物或者植物进化过程当中所遵循的一样的优胜劣汰、物竞天择规律"[3]。

除此之外，有中国学者还将实用主义认做所谓"美国精神"的哲学反映。[4]但笔者并不认同这样一种提法。从事后的评价角度当然可以将实用主义和我们所拟制的所谓"美国精神"加以联系，但是如果从理论背景的角度出发，这样的联系未免太过牵强。据作者初步考证，实用主义的缘起的直接理论背景在于当时美国若干领军哲学家对于其所面对的哲学现状的不满。在他们看来，当时占据主导地位的哲学思想，即彼此对立的德国的理性主义和英国的经验主义使得当时的美国哲学界无所适从，甚至面临分裂。

面对这种极端对立观点所造成的不可调和的对立，"威廉·詹姆士（William James）与约翰·杜威（John Dewey）开始在查尔斯·萨德尔·皮尔斯（Charles

---

〔1〕　亦可参见李立丰：《美国刑法犯意研究》，中国政法大学出版社 2009 年版，第 298 页。

〔2〕　Arthur S. Link, American Epoch, *A history of The United States since* 1890s, *Knopf* (1962)，p. 17.

〔3〕　Anthony E. Cook, "the Death of God in American Pragmatism and Realism: Resurrecting the Value of Love in Contemporary Jurisprudence", 82 *Geo. L. J* 1431 (1994).

〔4〕　杨寿堪、王成兵：《实用主义在中国》，首都师范大学出版社 2002 年版，第 2～3 页。

Sanders Peirce）理念的基础上，构建其所认为正当的哲学理论"。[1]

（二）实用主义对于美国刑事政策的影响

相较于之前的诸多哲学流派，实用主义在美国法学理论与实践，包括刑事政策的拟定过程当中都占据了特别重要的地位。换言之，实用主义对于包括死刑在内的美国刑法的具体构建和走向产生了深远影响。

20 世纪，前苏联法学家对于所谓美国资产阶级刑事政策的批判的炮口主要针对的就是实用主义的刑法化。"并无犯罪行为就可以适用刑罚的理论，以及对于所有'潜在的'罪犯适用刑罚，作为预防性的措施，是意味着美国法学家完全放弃了资产阶级的一些民主的刑法原则。"[2]而这些被其所攻击为反动的、反科学的，甚至在没有罪过的情况下也适用刑罚的所谓"预防性"刑法倾向所反映的恰恰是实用主义的某些理念。虽然从现在的角度评判，上述批评多少有些严苛和偏颇，但从我们对于美国刑法犯意研究的经验看，这样说也并非指鹿为马，实用主义对于美国刑法理论和现实的深远影响至今仍随处可见。美国著名刑法学家保罗·H. 罗宾逊在其为《美国刑法典及其评注》中文译本所作序言当中就指出了体现在这部为"代表美国刑事政策良心的杰出学者"[3]耗时数十年精心构建的法典当中的"原则性的实用主义"。[4]而有人针对美国怀俄明州刑法典个

---

[1]　在二者看来，当时哲学的一个极端就是理性主义，即以康德（Kant）、黑格尔（Hegel）和其他德国哲学家为代表的理论体系，当然，也有若干其他国家的哲学家对此持支持态度。这些学者十分看重秩序、抽象、理念、次序、确定性等基本概念范畴。理性主义试图从日常生活的混乱、偶然现实中寻找出某种更为绝对的真实。但另一方面，恰恰是因为理性主义崇尚抽象，因此持此种观点的学者将"绝对"视为终极现实，即所谓隐藏在混乱经验之后的真理和秩序。这也导致理性主义者无法为现实生活提供具有实用性的指引或者帮助。因此，詹姆士和杜威才会认为这些哲学家所建构的分析模式完全是虚幻或者人为拟制的，从而可以使其逃避残酷的现实。与理性主义相对的另一个极端是所谓经验主义，所指的主要是发端于英国的经验学派，其领军人物是大卫·休谟（David Hume）。以休谟为代表的这一派哲学家更多关注的是事实、客观世界与多元主义，其所表现出来的哲学倾向偏于悲观主义、反宗教主义与怀疑论。经验主义强调对于直接的现实的关注而不考虑任何进一步的其他问题。从这个层面来看，哲学意义上的实用主义在很大程度上更接近于经验主义，这就不难理解为什么詹姆士和杜威基本上攻击的都是理性主义，而其对于经验主义批判的大部分集中于后者过分倾向于将分离的感觉作为其获得知识的基础。在实用主义者看来，经验本身具有就具有联系性或者组织性的特征。另外经验主义否认传统、习俗对于经验的影响。而且，经验主义者过分绝对地否定了概念和对概念的概括。抽象对于经验的习得和组织都十分重要。如詹姆士所指出的那样，实用主义本身并不拒绝抽象，但是也并没有将其纳入某种较高的层级。最后，詹姆士和杜威否认了经验主义的怀疑论调，而认为社会改革可能向好的方向进行。See Brian Z. Tamanaha, "Pragmatism in U. S. Legal Theory: Its Application to Normative Jurisprmative Jurisprudences, Socio legal Studies, and the Fact – Value Distinction", 41 *Am. J. Juris* 315 (1996).

[2]　[苏] 斯·勒·齐扶斯：《美国刑法的反动本质》，李浩培译，法律出版社 1955 年版，第 33 页。

[3]　Herbert L. Packer, "the Model Penal Code and Beyond", 63 *Colum. L. Rev* 594 (1963).

[4]　参见刘仁文等译：《美国刑法典及其评注》，法律出版社 2005 年版，第 7 页。

案的考察也得出了其所根据的是"实用主义"这一结论。[1] 还有学者从美国教育立法当中发现了实用主义的主导影响。[2] 同时，有学者指出，"在以博格（Burger）为首席大法官时期，美国联邦最高法院被认为分为较为虚弱的民主派以及由 5 个法官为核心组成的实用主义的小集团这样的两个方向。"[3]

可见，无论是立法还是司法，实用主义的影踪无处不在。而针对理论研究，实用主义更是被列为一种基本的研究方法。那么，究竟什么是刑事政策当中的实用主义呢？

（三）美国实用主义刑事政策的基本特征

刑事政策似乎可以被认为是实用主义无出其右的试验田。而基于工具主义这一大的理论背景，可以将美国刑事政策实用主义的基本特征作如下概括：

1. "向前"的研究向度。刑事政策实用主义者的视角是向前的。无论是律师，还是法官，抑或是纯理论的研究者，在面对某一问题出现的时候，似乎很少有人会拘泥于某一特定的理论而将问题的解决屈居次席。"一个好的学者或者律师不能沉迷于某种单一的理论，相反，其试图将自己的视野敞开，从而其可以接受不同的解决该问题的方法。刑事政策是实用的，因为其在分析上并没有开始，也没有结束。"[4]

依笔者看来，或许法学与实用主义密接之处就在于二者研究向度的重合。或许我们都无法否认针对刑事政策的研究有的时候会是回溯性质的，但这回溯似乎永远无法被认为是根本意义上的追问或者倒退，向后看，为的仅仅是为更好的前行寻找路标。我们的研究绝对不可以是为了使其符合某种过往的标准或者满足某种尘封的渴望，我们希望自己提出的见解或者主张可以在现在的时代，乃至今后尽可能长的时空段落内被加以尊崇和延续。

从这个意义上而言，刑事政策原则应该被理解为工具性的，事实上，如果某一刑事政策原则被认为不能用于实现其目的，那么我们很难想象其存在的意义到底为何。

而从原则上这样的看法是符合实用主义的基本理念的。"实用主义的方法，不是什么特别的结果，只不过是一种确定方向的态度。这个态度不是去看最先

---

[1] 姚云旺："美国怀俄明州刑法述评——以比较法为视角"，载《安徽警官职业学院学报》2005年第2期。

[2] 黄明东："试析实用主义思想对美国教育立法的影响"，载《法学评论（双月刊）》2003年第6期。

[3] William S. Fields, "Assessing the Performance of the Burger Court: The Ascent of Pragmatism", 129 *Mil. L. Rev* 223 (1990).

[4] Catharine Pierce Wells, "Why Pragmatism Works For Me", 74 *S. Cal. L. Rev* 347 (2000).

的事物，原则、范畴和假定是必需的东西；而是去看最后的事物，收获、效果是事实。他们所说的真理的意义不过如此：只要观念（它本身只是我们经验的一部分）有助于使它们与我们经验的其他部分处于圆满的关系中，有助于我们通过概念的捷径，而不用特殊现象的无限相继性，去概括它，运用它，这样，观念就变成真实的了。"[1]

但依论者的观点，向前看绝对不意味着对于所有恢复性正义的否定，或者说不回溯地考察所谓衡平的概念。相反，这里所说的所谓向前看所指的是对于人类需要的满足。如果对于公平的需求需要满足的话，那么实然角度的回溯性考察并不违背刑事政策实用主义的理念。

2. 对于事实和情境的尊重。受实用主义的影响，刑事政策实用主义也不关心那些所谓的"根本原则"或者"基本理念"，而是着重考察特定问题的解决。这样的一种理念在上面对于美国刑事政策实用主义研究向度的探讨当中已经有所介绍。而根据这种理念所导致的必然结论就是刑事政策实用主义对于特定对话或者讨论所处境遇的尊重和固守。即"无论我们将某种事态视为工具或者目的，完全取决于其所处在的情景"[2]。

正如美国刑事政策实用主义者自己所言，"思考总是在一定境遇或者情境下进行的，这样的一种体验对于相关知识或者理念的活动至关重要，我们需要紧盯事实，意识到结果的重要性"[3]。

我们在之前对于美国刑法中犯意问题的研究当中经常发现，很多美国学者之间的争论，很多司法实践当中的不同观点乃至判决冲突，都是基于对于特定刑事政策文本的不同解读基础上的。虽然持有不同的观点，但各方的争论和指责并不是基于所谓至上的理念或者原则，而是基于对于特定刑事政策文本的不同解读，对于特定事实的不同看法。这样的一种对于刑事政策文本的尊重，对于事实的尊重，就是上面我们提到的刑事政策实用主义的体现。当然，就实用主义对于现实或者情境的尊重这一问题存在不同的看法，甚至有些实用主义者也承认这样的一种主张在某些情况下是较为矛盾的。[4]甚至对于具体事实或者情境的尊重所导致的实质正义理念可能会在某些情况下与该原则或者刑事政策文本的整体适用效力产生冲突，但这并不妨碍将此作为美国刑事政策实用主义的特征而加以表述。

---

〔1〕　[美]威廉·詹姆士：《实用主义》，陈羽伦、孙端禾译，商务印书馆 1979 年版，第 76 页。

〔2〕　Ruth Anna Putman，"Justice in Content"，63 *S. Cal. L. Rev* 1797（1990）.

〔3〕　M. Minow and E. Spelman，"In Context,"63 *S. Cal. L. Rev* 1597（1990）.

〔4〕　See Brian Z. Tamanaha，"Pragmatism in U. S. Legal Theory：Its Application to Normative Jurisprmative Jurisprudences，Socio legal Studies，and the Fact－Value Distinction"，41 *Am. J. Juris* 315（1996）.

概括而言，"将实用主义的解说关注的是'情景主义'这一命题——即认为思想实际上在于社会实践的内容或者情景，是截然区分传统科学实证主义者与实用主义的关键所在。实际上，这样一点使得实用主义进行了最具创新性的哲学上的革新，即拒绝哲学上的原教旨主义，或者说本源主义。"[1]

3. 经验主义的行为模式。由于美国刑事政策实用主义对于所谓根本主义或者本源主义的摒弃，导致其在具体适用过程当中并不过分依据所谓的原则或者理念，而是从事实出发，以经验作为前进的风向标。正如詹姆士所言："原则是共相，事实是殊相，因此说理性主义的思想方法最愿意从整体走向部分，而经验主义的思想方式最愿意从部分走向整体，这也许是说明这两种倾向特点的最好的办法。"[2]

美国法学家们如果持有刑事政策实用主义观点的话，通常不会去探究什么事物的本质，而是研究如何通过逻辑和经验对于自己针对事实的陈述提供合理性根据。具体到法学研究，其关注"语言，并且因为语言本身十分复杂，他们还要考察背后的逻辑结构。这样的一种交换是公平的。而反过来为了弥补从大规模上放弃哲学的思考，他们希望达成较为一致的经验哲学"[3]。

这样一种经验论的研究范式所导致的结果，一方面会直接影响研究者具体使用的研究方法以及研究方向。"我们所采用的范式影响到我们对于世界的看法和解读。在很大程度上其决定了我们听取何种声音以及我们听到的内容。而其也决定了我们所询问的问题以及我们所寻求的回答。"[4]另一方面，其也直接决定了我们对于所谓理论"正当性"的标准。由于坚持的是经验主义，导致实用主义法学理论对于理论正当性的评价并不基于任何所谓外在客观世界的标准，这样一种结论似乎并不难以理解，毕竟"经验，就其认知存在而言，只能提供给我们一些偶然的盖然因素。经验不能为我们提供必然的真理；即完全通过理性来加以证明的真理。经验的结论是特殊的，而不是普遍的"[5]。在实用主义者看来，对于宏大理论的否认多少来自实用主义对于本源主义的拒绝。对于某些刑事政策实用主义者而言，任何试图将某种特定的刑事政策规范建构在外显的价值或者政策之上的努力都是容易失败的。那种将正当性的评判标准归结于

---

〔1〕 Thomas C. Grey, "Holmes and Legal Pragmatism", 41 *Stan. L. Rev* 787 (1989).

〔2〕 ［美］威廉·詹姆士：《彻底的经验主义》，庞景仁译，上海人民出版社 1965 年版，第 2 页。

〔3〕 Catharine Pierce Wells, "Why Pragmatism Works For Me", 74 *S. Cal. L. Rev* 347 (2000).

〔4〕 Joseph W. Singer, "Should Lawyers Care About Philosophy?" 1989 *Duke L. J* 1752 (1989).

〔5〕 ［美］约翰·杜威：《确定性的寻求》，傅统先译，上海世纪出版集团 2005 年版，第 20 页。

某种外在规范的做法被实用主义者归于形式主义一类加以驳斥。[1]

第三节 小结：影响美国死刑存在与适用的多重变量

如果说美国宪法、司法与执行程序以及全球化视野为美国死刑问题研究建构了立体的话语背景，那么在这一框架内美国死刑的存在、适用与发展则取决于诸多变量的共同作用与共同影响。这些变量都围绕死刑对象展开，都非常客观、具体，都可以被用来作为检验美国死刑存在与适用正当性的标准。

经过梳理与总结，本书将影响美国死刑存在与适用的变量厘定为性别、种族、年龄、宗教信仰与精神状态等五项，并尝试从这五种变量出发，对于美国死刑的运行实态进行多重维度下的还原与重建。同时还是从上述五种变量出发，对于被还原出来的美国死刑实态进行反思。

概括而言，一方面通过语境建构为美国死刑问题研究夯实宏观话语背景，另一方面通过变量考察为美国死刑问题研究刻画微观细节实态。借此从一个更加丰满、更加立体、更加贴近真实的层面研究、反思美国死刑问题。

---

[1] See Thomas F. Cotter, "Legal Pragmatism and the Law and Economics Movement", 84 *Geo. L. J* 2071 (1996).

第二章

宪法语境中的美国死刑

当代美国死刑经历了从 20 世纪中期的逐渐衰落到 20 世纪 70 年代重新复苏这一曲折进程。而这一进程的标志性特征之一即在于司法对于死刑存废及发展的决定性影响。[1]美国司法机关对于死刑的话语权主导又进一步建构在宪法语境当中，通过"司法审查"机制具体实现。暂且不论围绕司法审查制度本身存在正当性的不同看法，仅从其在死刑问题上的适用经验，仍存在缺乏统一标准，适用结果差异巨大等问题。[2]而这也让我们不得不去思索几个非常重要的问题：在死刑案件中需要何种形式的司法审查？在死刑案件中进行何种司法审查才可以减少司法擅断？

---

〔1〕　See Stuart Banner, "Tinkering Through Time: A History of America's Experiment with the Death Penalty", 92 *Geo. L. J.* 369 (2004).

〔2〕　1982 年 12 月 7 日布鲁克斯（Charles Brooks, Jr.）在德克萨斯州被执行注射死刑。本案之所以具有标志性，是因为布鲁克斯是美国自 1976 年恢复死刑执行以来被执行死刑的第一名黑人，也是第一位被执行注射死刑的人。陪审团认定布鲁克斯及其同案谋杀罪名成立，并判处二人死刑。但是因为检方无法证明究竟是哪个被告实施了杀人行为，因此，布鲁克斯的同案在上诉过程中通过诉辩交易，被判处 40 年徒刑。但基于同样的证据，同样的犯罪，布鲁克斯却被判处死刑。对此，甚至连检方都质疑是否存在刑罚适用的不公，但美国第五巡回上诉法院却认为，如果要改变本案的判决，将会导致司法运行出现灾难性结果，即对于其他从事相同犯罪的被告或者从事类似犯罪的被告进行司法审查将无休无止。与此形成鲜明对比的是，在加州，罗伯特·哈里斯（Robert Harris）绑架了两名 16 岁的少年，后将两名受害者残忍地杀死，令人发指的是，哈里斯还向死去的两个人头上各补了一枪，并且在现场吃下了两个少年吃剩下的汉堡包。实施杀人行为之后，哈里斯随即驾驶受害人的车抢劫了银行。被捕后，哈里斯对于自己的罪行供认不讳。加州的一个陪审团判处其死刑，但美国第九巡回上诉法院暂停了哈里斯的死刑执行。该法院判决，哈里斯的判决必须和类似的案件进行对比，从而确定是否显失公平。从这个方面来看，第九巡回上诉法院的做法与第五巡回上诉法院的做法显然存在巨大差别。See Gary Goodpaster, "Symposium on Current Death Penalty Issues: Judicial Review of Death Sentences", 74 *J. Crim. L. & Criminology* 786 (1983).

第一节　美国的司法审查机制

托克维尔（Alexis de Tocqueville）曾十分尖锐地指出，"在美国很少有什么事情最终没有演变成为司法事件"[1]。这句近似箴言的话语其实彰显着美国宪法学中的一个难题，即如何梳理美国联邦最高法院与经民主选举产生的立法机构之间的关系。正如一些美国宪法权威所提出的那样，民主体制如何能够容然一群未经选举产生的法官挑战甚至推翻经民主选举产生的官员所作出的决定？[2]半个世纪过去了，这一问题仍然被视为是美国宪法学研究的核心问题之一。具体而言，作为一种事实，美国法官通过"司法审查"制度[3]获得的巨大权力是否篡夺了立法或者行政的权力一直是一代代学者试图回答的问题。[4]从本书的研究目的出发，考察美国司法审查制度对于美国死刑适用的影响更成为把握美国死刑运行实态，特别是其无可回避的宪法语境的核心要旨。

一、美国司法审查制度的缘起与适用

（一）美国司法审查制度的流变

一般认为，马布里诉麦迪逊案（*Marbury v. Madison*）[5]建构了当代美国司法审查制度的基本雏形。[6]美国联邦最高法院在本案中首次明确了自己享有所

---

　　[1]　Alxis De Tocquville, Democracy in American, *Doubleday & Co.* (1966)，270，转引自 Barry Friedman，"The History of the Countermajoritarian Difficulty, Part Four: Law's Politics"，148 *U. Pa. L. Rev.* 971 (2000).

　　[2]　See Barry Friedman, "The History of the Countermajoritarian Difficulty, Part One: The Road to Judicial Supremacy", 73 *N. Y. U. L. Rev.* 333 (1998).

　　[3]　司法审查，一般认为包括如下两个层面的含义：①法院有权针对个案所适用的成文法是否合宪作出具有约束力的判断，这一判断必须为其他政府部门所遵守；②任何政府部门的行为都必须受到司法审查的制约。——笔者注

　　[4]　See Herbert Wechsler, "Toward Neutral Principles of Constitutional Law", 73 *Harv. L. Rev.* 1 (1959).

　　[5]　*Marbury v. Madison*, 5 US (1 Cranch) 137 (1803).

　　[6]　See Edward L. Rubin and Malcolm Feeley, "Federalism: Some Notes on a National Neurosis", 41 *UCLA L Rev* 903 (1994).

谓司法审查权，即推翻违反宪法的联邦法律的权力。[1]

　　时任美国联邦最高法院首席大法官的马歇尔（Marshall）借由马布里案提出，美国宪法第3条赋予法院享有涉及外交事务、涉及州际争端的管辖权，以及受理上诉案件的审查权。在马歇尔看来，只有法院才应该有权决定立法是否合宪。根据非常简单，首先，任何法律都不得与宪法相冲突，而成文法的建构方式导致必须对其进行司法审查；其次，马歇尔认为法官曾经宣誓捍卫宪法，因此应被赋予进行司法审查的权力；再次，马歇尔根据宪法第3条第2款提出，司法部门有权力确定法律的适用范围，事实上根据这一规定，对于所有和宪法有关的案件都可以进行司法审查；复次，马歇尔认为司法活动中对于法律进行解读是再正常不过的事情，而这就要求法官在日常案件审理的过程中对于宪法进行解读；最后，马歇尔认为宪法的至上性也保证了司法审查的正当性。[2]

　　但从历史考察的角度来看，实质意义上的司法审查制度并非美国所独创，而是大体上借鉴自英国的相关传统。[3]而这一传统亦几乎为所有制宪会议的代表所接受。换句话说，在马歇尔通过马布里案在美国确立司法审查制度之前，

---

　　〔1〕　将马布里案作为美国司法审查制度的正式发端并不是没有任何争议的。据相关学者考证，1794年美国联邦最高法院在美利坚合众国诉耶鲁·托德案（United States v. Yale Todd）中就已经在开始使用司法审查推翻联邦法律的合宪性了。而在马布里案之前，美国联邦最高法院至少进行过5起类似的司法审查。而1789~1961年美国联邦最高法院司法审查案件的数量及结果参见下图：

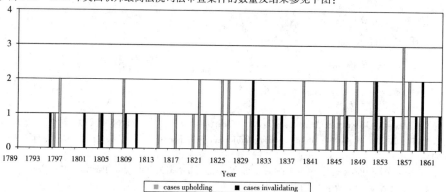

See Keith E. Whittington, "Judicial Review of Congress before the Civil War", 97 Geo. L. J. 1257 (2009).

　　〔2〕　See Danielle E. Finck, "Judicial Review: The United States Supreme Court Versus the German Constitutional Court", 20 B. C. Int'l & Comp. L. Rev. 123 (1997).

　　〔3〕　对于美国的司法审查制度源自英国的观点，也存在有力的反驳，即认为如果美国的缔造者们想照搬英国的做法的话，为什么还要劳神建构一部的新的宪法？种种迹象表明，这些缔造者们想建构一部具有自己特点的宪法。See G. Edward White, "The Lost Origins of American Judicial Review", 78 Geo. Wash. L. Rev. 1145 (2010).

这一制度其实已经被较为充分地讨论过了。[1]例如，虽然没有证据表明在17世纪或者18世纪法官将自己对于相关法律是否违宪的判决称之为所谓"司法审查"，[2]但在《联邦党人文集》（*Federalist Papers*）当中，麦迪逊（James Madison）认为应该保持宪法的稳定性与至上性，从而使得美国的民主体制免受政党更迭或者人事变迁的影响，[3]而这就为最高法院权力的扩张埋下了伏笔。宪法赋予司法机关审理案件、处理纠纷的权力，这一规定暗含着让司法机关适用法律，包括宪法的意思。[4]反之，如果其他政府部门的做法违反了宪法，法院当然不能选择袖手旁观。由此，通过司法审查，可以维护超越立法与行政机关的相关规定存在的重要的道德、政治与法律原则。[5]换句话说，美国宪法起草酝酿之初就有让最高法院监督各州立法机构的意图，而这也使得法官后来通过判例赋予了自己司法审查权。[6]从这个意义上来讲，司法审查甚至可以被视为美国建国之初联邦与州权力洗牌过程的一部分。[7]

概言之，虽然普通法系传统认为法官不应该是披着法袍的政客，更不是哲学家或者媒体面前的名人，[8]但美国制定的《1789年司法法》（the Judiciary Act of 1789）中规定联邦法院可以对于各州司法机关的判决进行审查的规定显然表明美国国会希望联邦法官，特别是最高法院法官能够扮演某种政治角色的明确意图。[9]

随着美国联邦最高法院的司法审查权进一步得以稳固。后来，最高法院将司法审查的范围进一步加以扩展，在德雷德·斯科特诉桑德福德案（*Dred Scott*

---

[1] See Shawn Gunnarson, "Using History to Reshape the Discussion of Judicial Review", 1994 *B. Y. U. L. Rev.* 151 (1994).

[2] See Philip Hamburger, "Judicial Review: Historical Debate, Modern Perspectives, and Comparative Approaches: Law and Judicial Review: A Tale of Two Paradigms: Judicial Review and Judicial Dut", 78 *Geo. Wash. L. Rev.* 1162 (2010).

[3] See Rebecca L. Brown, "Accountability, Liberty, and the Constitution", 98 *Colum. L. Rev.* 531 (1998).

[4] 美国宪法第3条第2款规定，"在一切有关大使、公使、领事以及州为当事一方的案件中，最高法院有最初审理权。在上述所有其他案件中，最高法院有关于法律和事实的受理上诉权，但由国会规定为例外及另有处理条例者，不在此限。"

[5] See Herbert Wechsler, "Toward Neutral Principles of Constitutional Law", 73 *Harv. L. Rev.* 1 (1959).

[6] See Charles A. Beard, "The Supreme Court – Usurper or Grantee?" 27 *Pol. Sci. Q.* 1 (1912).

[7] See Gordon S. Wood, "The Origins of Judicial Review Revisited, or How the Marshall Court Made More Out of Less", 56 *Wash. & Lee L. Rev.* 787 (1999).

[8] See Craig S. Lerner and Nelson Lund, "Judicial Duty and the Supreme Court's Cult of Celebrity", 78 *Geo. Wash. L. Rev.* 1255 (2010).

[9] See Maeva Marcus, "Is the Supreme Court a Political Institution?", 72 *Geo. Wash. L. Rev.* 95 (2003).

v. Sandford)[1]之后，联邦法院开始对州法进行司法审查。[2]

概括起来，以美国联邦最高法院为代表的司法审查活动发展到 19 世纪末已经基本成型。[3]但随着美国联邦最高法院独占宪法的解释权，一个必然的问题随之出现，即司法审查以何种形式进行？基于何种取向？能否获得其他与之具有权力竞争关系的部门的接受与认可？

最初，美国联邦最高法院的司法审查活动往往关注于对经济活动的调整，但这一趋向在 19 世纪末出现了革命性的变革，此后，美国联邦最高法院对于宪法的解读转而倾向于对公民个人权利的保护。[4]应该说，这种转向符合民主的基本原则。通常情况下，民主被理解为规制政治竞争的程序性保证。从这个意义上来讲，司法审查不仅可以用来保障公民对于公权力机关权力运行的合理质疑，而且也有助于保护社会中无法通过立法改变自身权利分配现状的弱势群体。

从历史的发展脉络来看，虽然美国司法审查制度不断趋于强化，[5]但这绝不意味着美国司法审查的发展过程毫无波折。例如美国历史上曾经有数位总统宣称自己才具有解读宪法的权力，其中就包括著名的罗斯福总统（Roosevelt）。在罗斯福新政时期，事实上一直到 1936 年，美国联邦最高法院还一直坚守政治与法律的分野，并因此推翻了罗斯福总统的很多新政措施，从而使得罗斯福总统认识到，必须对美国联邦最高法院进行改革，从而保证自己摆脱大萧条的努力能够成功。在诸多的选项当中，罗斯福选择了增加美国联邦最高法院大法官人数的做法。[6]虽然最后的结果未能尽如人意，但自此，美国联邦最高法院的行事风格开始发生显著转变。具体而言，这一时期美国联邦最高法院实际上对

----

〔1〕　*Dred Scott v. Saudford*, 60 U. S. 393 (1857).

〔2〕　See D. Brooks Smith, "Judicial Review in the United States", 45 *Duq. L. Rev.* 379 (2007).

〔3〕　See Larry D. Kramer, "The Supreme Court 2000 Term, Foreword: We the Court", 115 *Harv. L. Rev.* 4 (2001).

〔4〕　See David M. Gold, "The Tradition of Substantive Judicial Review: A Case Study of Continuity in Constitutional Jurisprudence", 52 *Me. L. Rev.* 355 (2000).

〔5〕　例如，根据目前仍然适用的《1925 年司法法》，对于司法审查美国联邦最高法院几乎享有完全的自由裁量权。根据本法，通过申请调案卷令，几乎所有案件都可以被提交给美国联邦最高法院进行司法审查。从这个意义上来讲，美国联邦最高法院决定是否对于某一个案件进行司法审查的根据已经不再是是否对于该案件具有管辖权，而是该案件是否有进行司法审查的价值。这也导致了另外一个后果，即对于大多数申请人来说，申请调卷令的被驳回意味着自己司法诉讼之路的彻底终结。See Scott Graves and Paul Teske, "State Supreme Courts and Judicial Review of Regulation", 66 *Alb. L. Rev.* 857 (2003).

〔6〕　罗斯福总统试图给美国联邦最高法院大法官中"掺沙子"的做法影响极其深远，在 1937 年宪法改革运动之后，美国不同政治派别就开始试图通过将相关案件提交给最高法院，并通过影响最高法院的大法官人选达成自己的政治目的。See Laurence H. Tribe, "The Puzzling Persistence of Process - Based Constitutional Theories", 59 *Yale L. J.* 1063 (1980).

于政府，特别是行政部门及立法部门的决定采取了默认、不干涉的态度，同时将这一时期对于相关案件的审查标准确定为较为宽松的所谓"理性标准审查"（Rational basis scrutiny）。到了20世纪50年代，对于财产权的保护又获得了新的发展方向，即保护少数族裔的根本权利。[1]这一时期，沃伦大法官（Earl Warren）在布朗诉教育委员会案（*Brown v. Board of Education*）[2]中的观点，以及美利坚合众国诉卡洛琳公司案（*United States v. Carolene Products Co.*）[3]中的注解4标志着美国司法审查发展的新阶段。[4]

但到了20世纪六七十年代，面对汹涌而至的司法审查申请，美国联邦最高法院根本无力应对。这也导致了到20世纪70年代末，美国联邦最高法院开始收紧司法审查的标准，采取更为严格的审查样式。[5]

（二）美国司法审查的特征及基本适用范式

根据学者的总结，美国的司法审查具有几个基本特点[6]：其一，最高司法机构在解读宪法方面具有最高权力。换句话说，没有人或机构有权力推翻美国联邦最高法院作出的宪法解释。其二，所有的法院都有权力解读宪法和其他法律，换句话说，司法解释权并非美国联邦最高法院所独享。其三，美国司法审查的结果是决定特定法律的合宪性与否。这样的一种认定将通过普通法系中的"遵从先例原则"（Stare decisis）影响到将来出现的类似案件。其四，如前所述，基于美国的联邦制政体，各州法院在行使司法审查时，可以适用美国宪法，还可以适用该州的宪法。其五，除法院之外，任何机关或者个人都无权宣称某项法律违宪，即司法审查权是司法机关独享的权力。其六，法院对于是否启动司法审查机制具有最终的决定权。其七，法院在进行司法审查时，无需受到太多

---

〔1〕 See Michael Kent Curtis, "History Teaching Values: William E. Nelson, Marbury v. Madison: The Origins and Legacy of Judicial Review", 5 *Green Bag 2d* 329 (2002).

〔2〕 See *Brown v. Board of Education*, 347 U. S. 483 (1954).

〔3〕 *United States v. Carolene Products Co.*, 304 U. S. 144 (1938). 该案注解4在美国宪法发展历史当中一直扮演着十分重要的作用。准确地说，注解4明确了美国联邦最高法院司法审查的标准。因为当时美国正处于罗斯福新政时期，因此对于与经济政策相关的立法通常采取较为宽松的"理性标准审查"（Rational basis scrutiny），即只要求美国国会或者各州的经济立法与合法的国家利益之间具有合理性。而对于其他类型的立法，即明显违反宪法规定的立法、试图干扰政治程序的立法以及歧视少数族裔，特别是那些没有力量通过政治手段维护自身利益的少数族裔的立法，美国联邦最高法院则采取了"严格审查标准"（Strict scrutiny）。

〔4〕 See Larry Alexander and Lawrence B. Solum, "The People Themselves: Popular Constitutionalism and Judicial Review", 118 *Harv. L. Rev.* 1594 (2005).

〔5〕 See Patrick M. Garry, "Judicial Review and the 'Hard Look' Doctrine", 7 *Nev. L. J.* 151 (2006).

〔6〕 See Philip P. Frickey and Steven S. Smith, "Judicial Review, the Congressional Process, and the Federalism Cases: An Interdisciplinary Critique", 111 *Yale L J* 1707 (2002).

司法程序的限制。

因此，从概念厘定的层面总结，美国的司法审查其实是一种二元基础上的择一过程。具体而言，司法审查本身需要在司法擅断或者司法至上之间进行选择。如果说司法审查绝非司法擅断，那么就需要进一步追问司法审查本身的价值取向是维持宪法至上，还是维持群众至上。如果说司法审查追求的是宪法至上，那么就必须保证司法审查的主体，即法官能够克服主观偏见而客观地适用宪法。同时，在具体的案件中，宪法条文的语言表述具有充分的解读可能性。如果说司法审查制度追求的是民意，或者社会一般民众的认同，那么就必须保证宪法条文所承载的宪法价值事实存在，与此同时，这些客观价值具有穿越时空的普遍适用性，可以一代代地加以传承。[1]

正是基于上述矛盾的冲突与妥协，以美国联邦最高法院为代表的司法机关在进行宪法解读的过程中，一般存在如下几种解读范式：

1. 文本主义（Contextualism）[2]。文本主义解读范式否认单独的概念本身具有意义。换句话说，对于任何两个不同的人来说，同样的一个句子所具有的意味绝不相同。事实上即使对于同一个人来说，不同时期看到同样的一种表述可能都会感受不同。因此，文本主义者呼吁对于宪法进行解读时，对于其中的任何一个单字都必须根据其所处的更为宏观的语言结构以及用词的意图来加以判断。

从这一角度而言，坚持文本主义宪法解读的学者认为单字并没有绝对以及一致的参照。特定单字或者一组单字的特定意义随着语境、随附情状以及使用者的经验乃至读者内心的变化而变化。从这个意义上说，独立的宪法条文个体本身没有客观的意义，或者真正的意义，即文本主义者相信单字不能孤立于其所存在的文本而单独考虑。

文本主义的理论基础在于，如果不考虑法律文本而关注所谓立法原意，就会导致宪法解释权的滥用，甚至遭到相关利益团体的人为操纵。

从实质的层面判断，文本主义具有相当程度的合理性，因为文本主义关注的不是立法者立法时难以准确把握的所谓初衷，或者宪法文本应该如何关注某些个体的主观意图，而是关注普通人如何能够准确理解宪法的条文。正如美国联邦最高法院大法官斯卡里亚所言，法律（包括宪法）含义的判断依据绝对不

---

〔1〕　See Sotirios A. Barber, "Judicial Review and the Federalist", 55 *U. Chi. L. Rev.* 836 (1988).

〔2〕　See Michael S. Moore, "Philosophy of Language and Legal Interpretation：Article：A Natural Law Theory of Interpretation", 58 *S. Cal. L. Rev.* 279 (1985).

是国会议员的理解，而是法律文本及对于法律文本所使用概念范畴的通常理解。[1]因此，文本主义坚持宪法文本是法律唯一的有效来源。

极端的观点带来的或许是深刻，但绝对不是全面，也不意味着在现实社会当中的适用性。社会本身就是一场妥协。极端的文本主义当然是不具有实践的意义，因为如果遵守严格的文本主义，那么对于宪法的解读事实上将根本无从展开。从这个意义上来看，极端的文本主义甚至可以被认为是一种认识论上的怀疑主义，而无法附着解读者可以发现的客观属性。[2]

文本主义解读范式[3]曾一度主导了美国联邦最高法院在司法审查过程中对于宪法的解读。但随着时势的更迭，特别是最高法院人员构成的变化，文本主义解读范式的主导地位也渐趋动摇，甚至有法官直言不讳地指出，没有比从字面上对于成文法加以解读更错误的解读方式了。[4]

2. 原意主义（Intentionalism）。相对于文本主义，另外一部分美国学者认为应当将立法机构在制定宪法时的本源意思作为司法审查中宪法解读的基本范式。[5]

所谓原意主义解读范式偏重于考察宪法的立法目的和立法历史，从而试图弄清楚立法机构在将某一种特定的单词或者短语纳入制定法的时候其意图为何。这种理论可以用来断定通过此项成文法的国会的精确意图，或者用来分析立法历史和立法目的来认定法律如何满足立法机构在立法之前的目的。

从一个动态的视角还可以将原意主义解读范式细分为静态意义上的原意主义和动态意义上的原意主义。

所谓静态的原意主义不考虑影响到成文法的后续情势变更，也不考虑变更了的社会环境。这样的一种观点多为所谓的法经济学派所持有。法律经济学派应用公共选择理论来建构一种可以用来重构立法者意图的解释模式。这个模式

[1] See Green v. Bock Laundry Mach. Co., 490 U.S. 504 (1989).

[2] See William N. Eskridge, Jr., "Dynamic Statutory Interpretation", 135 U. Pa. L. Rev. 1479 (1987).

[3] 文本主义在这里被定义为使用不同的工具，包括字典定义以及解释规则，来试图对于包括在成文法当中的单字或者术语赋予被认定是客观的意义。引自 Lori L. Outzs, "A Principled Use of Congressional Floor Speeches in Statutory Interpretation", 28 Colum. J. L. & Soc. Probs. 297 (1995).

[4] 马歇尔大法官在马布里诉麦迪逊一案中的解读方法就属于所谓"文本主义"。See Robert C. Post and Reva B. Siegel, "Equal Protection by Law: Federal Antidiscrimination Legislation after Morrison and Kimmel", 110 Yale L J 441 (2000).

[5] See Richard T. Bowser, "A Matter of Interpretation: Federal Courts and the Law", 19 Campbell L. Rev. 209 (1997).

被用来判断如果现在的案例发生在立法者立法的时候其该如何判决。[1]

动态的原意主义分析使用哈特（Hart）法律过程目的解释来判断成文法的意义。[2]动态的意图理论关注国会的关注与目的，并不关注立法历史，而是转而关注立法者在立法时试图解决的问题以及各种解决方案。对于宪法的动态解读因此着重考察宪法缔造者所关注的问题与解读者目前所遇到问题的类似性，从而厘定宪法解读的范围与方式。

从实然的角度来看，原意主义也曾一度主导过美国各级法院的主流解读模式。以美国联邦最高法院为例，其在 1988 ~ 1989 年任期内所审结的 133 起案件当中有 53 起参照了立法历史。[3]在美国司法实务当中，采用原意主义解读范式往往需要满足下列条件：[4]

条件1：立法之后出现了立法时不可预见的情况。

条件2：不可预见情况的出现使得如果继续按照字面理解该法律，将会与立法初衷出现背离的情况。

条件3：排除立法机构因为情势变更，不再倾向于继续适用该法的可能性。

条件4：法院可以发现能够体现立法意图的最佳解读方式。

不可否认，原意主义解读范式具有很多优点，如可以避免案件审理结果明显不合理，可以发现法律制度过程中存在的错误，明确立法者的真正意图，在存在政治纷争的情况下选择合理的解读路径，等等。[5]

但和文本主义一样，原意主义解读范式也需要面对十分尖锐的指控。首先，根据原意的解读模式是偏离确定性的。立法机构是由多人组成的，而法院缺乏直接探究立法者的原意的途径和方法。[6]政治科学提出立法通常是妥协的产物，因此不太可能聚集立法者的主观意图。其次，这样做会非民主地授权法院来援引解释性的意图而实际上篡夺立法机构的修正其成文法的权力。律师、法官、

---

〔1〕 See Richard T. Bowser, "A Matter of Interpretation: Federal Courts and The Law", 19 *Campbell L. Rev.* 209 (1997).

〔2〕 See Paul Campos, "That Obscure Object of Desire: Hermeneutics and the Autonomous Legal Text", 77 *Minn. L. Rev.* 1065 (1993).

〔3〕 See Lori L. Outzs, "A Principled Use of Congressional Floor Speeches in Statutory Interpretation", 28 *Colum. J. L. & Soc. Probs.* 297 (1995).

〔4〕 See Paul Campos, "That Obscure Object of Desire: Hermeneutics and the Autonomous Legal Text", 77 *Minn. L. Rev.* 1065 (1993).

〔5〕 See Paul Campos, "That Obscure Object of Desire: Hermeneutics and the Autonomous Legal Text", 77 *Minn. L. Rev.* 1065 (1993).

〔6〕 See Kenneth A. Shepsle, "Congress is a 'They', Not an 'It': Legislative Intent as Oxymoron", 12 *Int'l Rev. L. & Econ.* 239 (1992).

学者和教授，开始重新检视这样的容易受到攻击的实践，通常是采用较为批判的眼光。很多学者都指摘原意主义解读范式的恣意性。[1]另外还有人坚持，从法律文本之外寻找法律的意义是不符合宪法的规定的，或者寻找立法意图是类似于在黑暗中狩猎一样的准神秘的活动。包括美国联邦最高法院在内的司法机关通常情况下不承认自己具有任何修正立法机构制定的法律的权力。宪法的至上性决定了曲解宪法即可被视为修正宪法，而后者被认为是立法机构的特权。在民主社会当中，这样一种做法是无法规避分权理论这一壁垒的。从而，也导致了包括最高法院在内的成文法解读模式的反复。

3. 折衷主义。从对于文本主义和意图主义解读范式的正反意见分析可以看出，美国法院在宪法解读模式上所经历的正是一条自觉或者不自觉的折衷主义的道路。从最开始偏向文本主义模式到后来的偏向意图主义模式，再到最近的事实上的折衷模式。这样的过程从理论自足的角度而言是痛苦也是存在缺陷的。但从实然的角度来看，宪法本身也是立法者之间的妥协，即使宪法条文看起来是明晰、不存在含混性的，但其所用的词语本身也不能够说明宪法的发展历程，特别是为了达成这种用语各方进行了何种妥协。因此，只有考察立法历史才可以为更好地理解宪法提供一个完整的图景。因此，不难理解为什么有学者宣称守法的公民一定不能仅仅读法律文本，而且还包括考查所有的报告、听证、辩论，从而才能更为适当地对其加以理解。[2]但又有谁有时间和精力这样做呢？

文本主义所关注的核心仅仅是成文法，而不是其他与立法相关的历史资料。但非常令人好奇的是，尽管文本主义解读范式虽然一直否认立法历史，但同时却在大量地使用字典。对于字典的使用并没有任何的倾向性，似乎在法官对于字典的类型和年代的选择背后没有什么特别的原因。从对于立法历史的脱离到对于字典的沉溺，似乎永远是一个没有尽头的死循环。

坚持对于成文法的文本主义解读认为，在任何情况下从文本转向立法历史都违反了分权原则。然而，对于字典的迷信使得文本主义也无法逃脱这样的一种批评，因为如果不参照立法历史的话，其会有更大的机会以及自主权来寻找和其自身偏好相一致的字面含义而不是求助于民主选举的机构。

法院在解释法律的时候首先应当关注的就是法律的文本，因为其是国会所通过的最终合意。但是当法律的文本不明确的时候，法官必须援引立法历史，

---

〔1〕 See Orrin Hatch, "Legislative History: Tool of Construction or Destruction", 11 *Harv. J. l. & PUB. POL'Y* 43 (1988).

〔2〕 See Orrin Hatch, "Legislative History: Tool of Construction or Destruction", 11 *Harv. J. l. & PUB. POL'Y* 43 (1988).

因为其是国会推理的记录，是国会有意留存下来说明自己行为的记录，而文本主义所依据的字典或者其他的材料不是国会所提出的。因为文字不能一直传达精确的意义，就需要议会辩论或者听证材料。[1]

在现实的层面，在沙龙诉自然资源保护协会案（*Chevron v. Natural Resources Defense Council*）[2]中，美国联邦最高法院限制了自己对于成文法的解释权，承认自己只能针对规定清楚的成文法进行司法解读，这就意味着，如果成文法规定得较为含混，则需要在可能的情况下求助于其他政府机关的介入。

除了上述三种典型的宪法解读范式之外，还存在其他的解读范式，如有学者提出针对司法解读的代表性强化观点，在这种观点看来，宪法的某些规定太过具有弹性，从而使得可以从此发展成各种不同观点，因此有必要要求最高法院对此规定的解读严格限制在宪法性文件之中。还有人提出所谓规范性解读的观点，强调解读者，即法官应为自己的解读负责等。[3]

二、美国联邦最高法院司法审查过程中的5∶4原则

最高法院由九名法官组成，但在极少数情况下，最高法院的合议庭组成人员可以少于9人，但最少不应少于6人。[4]而如果出现了势均力敌的情况，下级法

---

〔1〕　See Peter J. Henning, "Supreme Court Review: Foreword: Statutory in Interpretation and The Federalization of Criminal Law", 86 *J. Crim. L. & Criminology* 1167 (1996).

〔2〕　See *Chevron U. S. A. Inc. v. Natural Resources Defense Council*, 467 U. S. 837 (1984).

〔3〕　See Robert C. Post and Reva B. Siegel, "Equal Protection by Law: Federal Antidiscrimination Legislation after Morrison and Kimmel", 110 *Yale L. J.* 441 (2000).

〔4〕　美国联邦最高法院的九名大法官依照职位及资历，简介如下：

1. 小约翰 G. 罗伯茨（John G. Roberts, Jr., ），美国联邦最高法院首席大法官，1955 年 1 月 27 日出生于纽约州水牛城。1996 年，罗伯茨与苏利文结婚，并有两个孩子。1976 年罗伯茨毕业于哈佛大学，获文学学士，1979 年，毕业于哈佛大学法学院。1979～1980 年，罗伯茨曾担任美国第二巡回上诉法院弗雷德利法官的法律助理，1980 年，罗伯茨出任美国联邦最高法院大法官伦奎斯特的法律助理。1981～1982 年，罗伯茨担任美国总检察长特别助理，1982～1986 年，担任里根总统白宫办公室助理律师。1989～2003 年，担任美国司法部副总检察长助理。1986～1989 年，及 1993～2003 年，罗伯茨在华盛顿特区从事律师执业。2003 年，罗伯茨被任命为美国哥伦比亚特区联邦巡回上诉法院法官，后经布什总统提名，于 2005 年年底出任美国联邦最高法院大法官。

2. 安东尼·斯卡里亚（Antonin Scalia），美国联邦最高法院大法官。1936 年出生于新泽西州。后与麦卡锡结婚，育有九名子女。斯卡里亚先后于乔治城大学与瑞士弗莱堡大学获得文学学士，并于哈佛大学法学院获得法学学士学位。1960～1961 年，斯卡里亚曾执教于哈佛大学。1961～1967 年，斯卡里亚在俄亥俄州克里夫兰地区进行律师执业。1967～1971 年执教于弗吉尼亚大学。斯卡里亚在 1977～1982 年担任芝加哥大学法学院教授，期间还担任斯坦福大学及乔治城大学客座教授。1981～1982 年，斯卡里亚曾出任美国律师协会行政法分会主席，以及该委员会 1982 年年会主席。1971～1972 年，斯卡里亚曾担任负责电信行政政策方面的政府法律顾问。1972～1974 年，斯卡里亚出任美国行政大会主席，1974～1977 年，斯卡里亚担任美国律师办公室主任助理。1982 年，斯卡里亚被提名担任哥伦比亚特区联邦上诉法院法官。1986 年，里根总统提名其担任美国联邦最高法院大法官。

院的判决将具有约束力。根据美国宪法，总统提名最高法院法官，经过参议院

_____

　　3. 安东尼·M. 肯尼迪（Anthony M. Kennedy），美国联邦最高法院大法官，1936 年出生于加利福尼亚州萨格拉门托。后与玛丽·戴维斯结婚，育有三名子女。肯尼迪先后在斯坦福大学与伦敦政经学院获得文学学士，从哈佛大学法学院获得法学学士。1961～1963 年，肯尼迪在旧金山，1963～1975 年在萨格拉门托地区做执业律师。1965～1988 年，肯尼迪担任太平洋大学麦克乔治法学院宪法学专职教授。肯尼迪还曾兼任过诸多社会与专业职务。1988 年 2 月，里根总统提名其担任美国联邦最高法院大法官。

　　4. 克莱伦斯·M. 托马斯（Anthony M. Kennedy），美国联邦最高法院大法官。1948 年，托马斯出生于佐治亚州。1987 年，托马斯与弗吉尼亚结婚，并共同抚养其与前妻生育的一名孩子。托马斯从圣十字大学获得文学学士，并于 1974 年毕业于耶鲁大学法学院。1974 年托马斯开始在密苏里州执业，同年至 1977 年，托马斯担任密苏里州总检察长助理，1977～1979 年，出任某大型企业法律顾问。1979～1981 年，托马斯担任参议院丹佛斯的法律顾问。1981～1982 年，托马斯担任美国教育部民权事务部副书记，1982～1990 年，托马斯担任美国平等就业保障委员会主席。1990 年，托马斯被提名担任哥伦比亚特区联邦上诉法院法官。1991 年，布什总统提名其出任美国联邦最高法院大法官。

　　5. 露丝·佩德·金斯伯格（Ruth Bader Ginsburg），美国联邦最高法院大法官。1933 年，金斯伯格出生于纽约布鲁克林。1954 年与康奈尔结婚，育有一子一女。金斯伯格毕业于康奈尔大学，获文学学士，后先后就读于哈佛大学法学院与哥伦比亚大学法学院，于哥伦比亚大学获得文学学士学位。1959～1961 年，担任美国纽约南区联邦地区法院法官埃德蒙顿的法律助理。1961～1963 年，担任哥伦比亚大学国际法项目助理。1963～1972 年，金斯伯格担任罗杰斯大学法学院教授，1972～1980 年担任哥伦比亚大学法学院教授。1973～1978 年，金斯伯格还担任美国民权解放联盟 ACLU 的律师。1980 年，金斯伯格被提名担任哥伦比亚美国联邦上诉法院法官。1993 年，克林顿总统提名其出任美国联邦最高法院大法官。

　　6. 史蒂芬 G. 博瑞尔（Stephen G. Breyer），美国联邦最高法院大法官。1938 年，博瑞尔出生于加利福尼亚州旧金山。后与乔安娜结婚，育有 3 名子女。博瑞尔自斯坦福大学获得文学学士，牛津大学获得文学学士，哈佛大学法学院获得法学学士。1964 年，博瑞尔曾担任美国联邦最高法院大法官谷德伯格的法律助理，1965～1967 年，担任美国总检察长负责反垄断事务特别助理。1973 年，曾担任负责水门事件的政府特别律师团成员。1974～1975 年，担任美国参议院司法委员会特别顾问，1979～1980 年还曾出任该委员会主席。1967～1994 年，博瑞尔还曾执教于哈佛大学法学院及哈佛大学肯尼迪行政学院。并曾担任过悉尼大学、罗马大学的客座教授。1980～1994 年，博瑞尔被提名担任美国第一巡回上诉法院法官。克林顿总统于 1994 年提名其担任美国联邦最高法院大法官。

　　7. 小萨缪尔·安东尼·阿力托（Samuel Anthony Alito, Jr.），美国联邦最高法院首席大法官，1950 年出生于新泽西州，后与马萨安结婚，育有两名子女。毕业于普林斯顿大学，曾于 1976 年担任美国第三巡回上诉法院罗纳德法官的法律助理，并于 1977～1981 年担任新泽西州政府律师，1981～1985 年，担任美国司法部总检察长助理，1985～1987 年，阿力托担任美国司法部副总检察长。1990 年，阿力托被提名担任美国第三巡回上诉法院法官，2006 年，布什总统提名其担任美国联邦最高法院大法官。

　　8. 索尼亚·索托梅尔（Sonia Sotomayor），美国联邦最高法院大法官，1954 年生于纽约，1976 年以全校第一的成绩毕业于普林斯顿大学，获得文学学士，1979 年毕业于耶鲁大学法学院，在校期间还曾担任《耶鲁法律评论》编辑。1979～1984 年，索托梅尔担任纽约县政府律师，1984～1992 年，担任纽约县某知名律师事务所合伙人。1992～1998 年，索托梅尔被提名担任纽约南部美国地区法院法官，1998～2009 年担任美国第二巡回上诉法院法官，2009 年，奥巴马总统提名其担任美国联邦最高法院大法官。

　　9. 艾琳娜·卡干（Elena Kagan），美国联邦最高法院大法官，1960 年出生于纽约。1981 年毕业于普林斯顿大学，获得文学学士，1983 年毕业于牛津大学，获哲学硕士学位。1986 年，卡干毕业于哈佛大学法学院，并担任《哈佛大学法律评论》编辑。1986 年，卡干担任美国联邦最高法院大法官马歇尔的法律助理。1989～1991 年，卡干就职于华盛顿某知名律师事务所，1991 年，卡干担任芝加哥大学法学院教授。1995～1999 年，卡干出任克林顿总统的法律顾问，负责国内法律事务部分咨询。1999 年，卡干开始在哈

多数表决通过即可获任。在担任最高法院法官期间，如果言行端正，则可终身任职。除此之外，法官可以因自动退休，或者遭遇弹劾而在生前退休。[1]

美国联邦最高法院的职能在于确保美国社会的法治化，防止政府行为的任意性，防止权力的过分集中，避免制度性腐败的发生。[2] 1787 年美国宪法之所以确立联邦法官得享有终身制的初衷也在于保证司法权的行使免受正当轮替或人事更迭的影响。与此形成鲜明对比的是，美国立法及行政部门每隔几年就会进行人员调整与人事变动。但恰恰因为终身制的存在，联邦法官，特别是最高法院法官的自由裁量权失去了可见的外部约束，[3] 而其内部的决策动机与决策方式就成为考察美国联邦最高法院司法审查运作机制的关键所在。

从形式上来看，法官在进行司法审查的时候有时会将宪法解读的范围控制在宪法允许的范围之内，有的时候却又将其扩展至宪法的字面含义之外。在某种程度上，宪法本身是否具有实体上的正当性也是存疑的。换句话说，在司法审查与实质正义之间没有对等关系。[4] 而在承认法官终身制的情况下，实际影响美国联邦最高法院对于具体问题态度的变量只有两个。其一，同一法官，针对同一问题的态度发生了改变。其二，如果同一法官针对同一问题的态度自始至终保持一致，那么，不同法官之间的合纵连横就成为影响最高法院最终态度的决定性机制，而这，就是著名的 5:4 原则。

事实上，在决定关乎美国社会重大发展方向或者价值取向的敏感问题时，一方面因为法官本身对于宪法的理解不同，另外也是出于尽快解决问题的功利主义考量，因此往往出现的都是 5 票对 4 票的表决结果。大体上美国联邦最高法院法官的分野根据的是其对于宪法解读态度的"保守"或者"民主"。而辨别某位美国联邦最高法院大法官是保守派，还是民主派的根据其实大可不必去考证其在个案中的相关观点，因为绝大多数情况下，共和党总统提名的最高法院大

佛大学法学院执教。并于 2003 年担任哈佛大学法学院院长。2009 年，奥巴马总统任命其为美国总检察长，2010 年提名其担任美国联邦最高法院大法官。参见 http：//www. supremecourt. gov/about/biographies. aspx，最后访问日期：2011 年 7 月 15 日。

〔1〕　See Bradley W. Miller, "A Common Law Theory of Judicial Review", 52 *Am. J. Juris.* 297 (2007).

〔2〕　See Philip B. Kurland, "Judicial Review Revisited：'Original Intent' and 'The Common Will'", 55 *U. Cin. L. Rev.* 733 (1987).

〔3〕　但有学者通过对于美国联邦最高法院进行历史考察，发现最高法院与主流民意之间一直保持着密切的对应关系，很少作出背离民意的选择，更不会长期背离民意的选择。从这个意义上，最高法院一直是人民手中的傀儡，而人民，牢牢地控制着法院的所有举动。See Jenna Bednar, "The Dialogic Theory of Judicial Review：A New Social Science Research Agenda", 78 *Geo. Wash. L. Rev.* 1178 (2010).

〔4〕　See Louis Michael Seidman, "Acontextual Judicial Review", 32 *Cardozo L. Rev.* 1143 (2011).

法官基本上都属于保守派，而民主党总统提名的最高法院大法官则可以划入民主派一类。但如果细细考证的话，包括现在这一届美国联邦最高法院法官的构成，往往是保守派略占上风。

这种相对优势的哲学在美国联邦最高法院审查相关死刑案件的合宪性方面体现得尤为突出。其中，最为典型的莫过于 1972 年美国联邦最高法院审理的福尔曼案。美国联邦最高法院的九名法官罕见地分别对此提出了自己的看法，并且最终以 5：4 的表决结果，认定当时佐治亚州的死刑法中对于死刑的量刑规定了太过宽泛的自由裁量权，因此违反了宪法第八修正案中禁止残忍且不同寻常刑罚的规定。这一判决导致全美死刑判决的暂停，也正是因为这个原因，当时美国全国 629 名死刑候刑者因为既存的死刑法违宪而获得减刑。

但众所周知的是，福尔曼案并未彻底终结美国死刑的适用，导致美国联邦最高法院在死刑问题上态度出现反复的理由固然很多，但不可否认的是 1975 年，一直反对死刑适用的道格拉斯（Douglas）退休，而接替他的斯蒂文斯（Stevens）却对于死刑的适用持赞成态度。这本身就可以推翻福尔曼案中两派大观点间微妙的力量对比。除此之外，斯图尔特大法官（Stewart）和怀特（White）大法官虽然在福尔曼案中最终支持了对于当时死刑适用方式的质疑，但他们的态度是暧昧，甚至是软弱的。换句话说，在相关各州修改了相关法律的情况下，他们的态度可能会出现转变。

一般而言，美国联邦最高法院法官就特定问题的态度轻易不会发生改变，因此，如果某位法官可以较为灵活地在观点较为固定的法官之间合纵连横，就能在很大层面实际控制美国联邦最高法院对于很多问题的最终看法。

前美国联邦最高法院大法官奥康纳（Sandra Day O'Connor）在最高法院当中以意见左右摇摆而著称。据统计，1994 年至 2005 年期间，在美国联邦最高法院所有 5：4 的表决结果的案件当中，奥康纳站在多数派一边的几率高达 75％。[1]

2005 年，随着最高法院首席大法官伦奎斯特的病逝，以及奥康纳的病退，使得长达 11 年未变的美国联邦最高法院法官组成出现了前所未有的改变机会。通过考察其对于同性恋、宗教以及堕胎等敏感问题的态度，布什总统先后提名罗伯茨以及阿里托担任美国联邦最高法院大法官。而这两个人的提名及通过代表着几十年来保守派人士试图掌控美国联邦最高法院努力的一个阶段性胜利。[2]

---

〔1〕　Linda Greenhouse, "Consistently a Pivotal Role", 载 http://query. nytimes. com/gst/fullpage. html? res = 990CE2DD113AF931A35754C0A9639C8B63，最后访问日期：2011 年 5 月 21 日。

〔2〕　See Miguel Schor, "Squaring the Circle: Democratizing Judicial Review and the Counter - Constitutional Difficulty", 16 *Minn. J. Int' l L.* 61 (2007).

但随着民主党候选人奥巴马当选总统，随着苏特等退休，民主派大法官的数量也没有发生变化。目前，美国联邦最高法院保守派与民主派法官之间的力量对比似乎并没有发生根本性的转变，依然维持在5∶4的水平，保守派略占优势。

因为目前美国联邦最高法院的法官组成还没有形成一个稳定的局面，因此要在这个时候预测其对于之前出现的5∶4或者6∶3表决结果的案件态度是否会因为法官人选的更迭而发生改变显然是不切实际的。[1]

虽然像目前美国联邦最高法院的首席大法官罗伯茨以及阿里托等人在一般民众的眼中偏于保守，偏于支持死刑的适用，[2]但在美国联邦最高法院法官组成没有最终稳定下来之前，美国联邦最高法院会相当慎重地处理类似于死刑之类的敏感案件。

三、美国司法审查制度的存在前提与批判

针对美国司法审查制度的反思与评判需要从其建构的前提入手。对于前提的追溯是无穷尽的，如果对此不加以控制，那么这样的追逐无疑是不可能的，也是无意义的。因此，较为可行的研究路径应该是在我们需要且可能控制的范围之内对于我们所研究的刑法问题的直接前提加以固化，并以此为基础展开分析。[3]

（一）美国司法审查制度的理论前提

事实上，在思考所谓司法审查问题的时候，需要意识到一个至关重要的前提性问题，即谁有权决定在美国社会当中哪些问题是根本性的重要问题？

美国司法审查制度依赖于三权分立理念。应该说，美国宪法的缔造者采取的是一种实用主义的分权哲学，即在宪法当中对于分权理论，以及立法、行政及司法的精确界分未作规定[4]。虽然一般认为总统代表行政、议会代表立法、法院代表司法，但三者之间的相互制衡又模糊了这一界限，例如，总统通过否决法案，可以实质行使立法权；参议院对于相关提名的通过与否实质上在行使行政权；议会在进行弹劾时又在行使行政及司法权；等等。

美国宪法中对司法机关的规定相对于其对其他机关的规定多少显得有些语

---

〔1〕 以针对死刑案件的审理为例，对于死刑类型案件的审理，类似于伦奎斯特或者奥康纳等大法官的态度也并没有一以贯之，他们在某些案件站在多数派一边，而在某些案件当中又站在少数派一边。例如，伦奎斯特和奥康纳都不是 Roper 案的多数派法官。而这，更增加了预测未来美国联邦最高法院大法官之间博弈结果的困难程度。——笔者注

〔2〕 See Erwin Chemerinsky, "The Rehnquist Court and the Death Penalty", 94 *Geo. L. J.* 1367 (2006).

〔3〕 参见李立丰：《美国刑法犯意研究》，中国政法大学出版社 2009 年版，第 66 页。

〔4〕 See Samuel W. Cooper, "Note, Considering 'Power' in Separation of Powers", 46 *Stan. L. Rev.* 361 (1994).

焉不详。对于司法机构的权利与义务分配，虽然存在不同意见，但学者一般都认为法院审查其他政府部门的行为是否符合宪法的权力十分重要。从这个意义上来讲，司法审查已经成为司法的标签。[1]

美国宪法结构特别着力于限制政府权力的初衷，进一步支持了司法审查制度的存在。[2]同时，对于司法审查制度的历史考察证明宪法的起草者已经意识到承认司法审查的必要性。[3]首先，从分权与制衡的角度来看，司法审查可以保护对于民主来说至关重要的基本权利，如言论自由、政治参与等权利；其次，司法审查可以将问题集中于宪法问题，从而使得各方面都有机会参与其中；最后，如罗尔斯所言，司法审查为民主机制试图通过公开辩论的方式解决宪法问题提供了逻辑分析的范式。[4]换句话说，司法审查的存在根据就在于维护分权机制、防止立法擅断、抵御来自政治利益群体的压力等。[5]正如有学者提出的那样，司法审查在适当运用的情况下，有助于实现美国宪法践行自然法的理念。虽然从形式上来看司法审查可能会在某种程度上借由解释宪法的名义篡夺立法权，但动机却不能作为指摘司法审查本身合法性的借口。[6]相反，从民主运行的机制来看，因为法官终身任职，不用为迎合某些政治利益而曲意逢迎，因此法官要比立法者更为适合捍卫原则。[7]

正是由于美国司法审查制度与三权分立的政治制度之间存在如此密切的对应关系，才导致很多学者认为司法审查可以为政治少数派提供抵御多数派暴政的工具，而美国联邦最高法院的司法审查权只能针对个案被动地启动，并且美

---

〔1〕 See Laura E. Little, "Envy and Jealousy: A Study of Separation of Powers and Judicial Review", 52 *Hastings L. J.* 47 (2000).

〔2〕 根据传统的三权分立学说，法官应该消极地适用法律。但美国的缔造者们并未全部照搬这一理论，而这也为日后法官享有司法审查权提供了摆脱传统分权模式窠臼的法理基础，因为宪法本身并未明确法官适用法律的机制，因此很有可能导致法官拒绝适用法律的情况出现，从而事实上改变三权分立的状态。——笔者注

〔3〕《联邦党人文集》为司法审查提出了三点支持意见：①司法审查不等于司法擅断或者司法主导；②司法审查的实质在于宪法至高性的拓展；③宪法的至上性确保了人民凌驾于政府之上。See Saikrishna B. Prakash and John C. Yoo, "The Origins of Judicial Review", 70 *U. Chi. L. Rev.* 887 (2003).

〔4〕 See Joseph M. Farber, "Justifying Judicial Review: Liberalism and Popular Sovereignty 2003", 32 *Cap. U. L. Rev.* 65 (1993).

〔5〕 See Frank B. Cross, "Shattering the Fragile Case for Judicial Review of Rulemaking", 85 *Va. L. Rev.* 1243 (1999).

〔6〕 See Robert P. George, "Colloquium Natural Law: Colloquium Natural Law, the Constitution, and the Theory and Practice of Judicial Review", 69 *Fordham L. Rev.* 2269 (2001).

〔7〕 See Scott M. Noveck, "Is Judicial Review Compatible with Democracy?", 6 *Cardozo Pub. L. Pol'y & Ethics J.* 401 (2008).

国的司法审查权是受到限制的，是受到权力制衡控制的。[1]司法的独立性在存在政治上的竞争关系时更为具有可能性。而政治上的竞争也可以限制司法人员个人的政治倾向。[2]

总而言之，当法院能够价值无涉地扮演民主体制中不同政治力量的居中裁判者时，司法审查就具有正当性。

（二）美国司法审查制度之反思与批判

从司法审查制度赖以存在与发展的前提入手，目前美国学界针对司法审查制度本身的合法性及其适用范围存在着诸多不同意见。

例如，美国著名宪法学者比克尔（Alexander Bickel）就曾将司法审查形容为美国民主机制中的一种异化了的存在。[3]之所以将司法审查称之为"异化"，是因为目前美国社会中很多具有巨大分歧性的敏感问题都被演化成了宪法问题并交由司法审查机制解决。但事实上上述敏感问题中的绝大多数都属于道德问题，或者与宗教信仰相关的问题。很多人都质疑马歇尔大法官在马布里案中在没有宪法根据、没有历史根据的情况下建构司法审查制度。如果真的如此，那么司法审查似乎可以被认为是美国法律当中最大的异类之一。诸如死刑、堕胎、安乐死、同性恋等问题不仅涉及美国社会的道德底线，而且还涉及为数众多的公民个体的基本权利与实际生活。从这个角度来说，由非民选的少数几位法官通过司法审查方式决定上述重大社会问题，显然与所谓民主机制不能兼容。换句话说，这样的一种解决方式与民治的理念相去甚远。

美国司法审查机制经常被批评为反民主。而民主派的批评者往往认为司法审查是一群未经选举的法官跳过民选机制执行法律的奇怪做法。换句话说，通过非民选的法官来拟制民意的做法非常蹩脚。事实上，即使法官是民选出来的，当其作出的判决有违一般民意的时候，唯一能够改变判决的做法只能是通过十分苛刻的程序修改宪法。即使这些法官日后因此落选，但其决定也将在一段时间，甚至很长时间内影响人们的生活。[4]

另外，因为美国宪法中并未明确规定所谓司法审查制度，因此很多学者直

---

[1]　See Malvina Halberstam, "Judicial Review, A Comparative Perspective: Israel, Canada, and the United States", 31 *Cardozo L. Rev.* 2393 (2010).

[2]　See Matthew C. Stephenson, "When the Devil Turns … ": The Political Foundations of Independent Judicial Review", 32 *J. Legal Stud.* 59 (2003).

[3]　See Ronald C. Den Otter, Democracy, "Not Deference: An Egalitarian Theory of Judicial Review", 91 *Ky. L. J.* 615 (2002 / 2003).

[4]　See Matthew D. Adler, "Judicial Restraint in the Administrative State: Beyond the Countermajoritarian Difficulty", 145 *U. Pa. L. Rev.* 759 (1997).

接质疑司法审查制度本身存在的正当性。[1]恰恰因为宪法没有规定，因此最佳的宪法解读方案只能是由民选机关负责。但美国司法审查的制度却恰恰相反，有权最终确定宪法含义的联邦法官不仅享有终身制，更为重要的是未经选举产生。和民选官员不同，联邦法官几乎可以完全不用考虑自己的退场机制。同时因为宪法本身的模糊性，因此对于宪法加以解读时不可避免地要加入解读者本人的价值判断，而这就使得判断法官是否在解读宪法的时候滥用了权力变得更加难以辨识。因此美国就有学者主张干脆彻底取消最高法院的司法审查权，这种观点固然前卫，但绝非没有市场。

与之形成鲜明对比的是，很多知名学者对于上述指摘颇不以为然，其中甚至有些学者还试图为司法审查寻找正当性。例如有学者提出法官主导的司法审查可以确保政治上的平等，总结起来，相较于立法与行政机关，司法机关更适合扮演对于社会道德至关重要的决断角色。[2]除此之外，还有学者认为，司法审查有促进公共参与政府管理、有助于促进司法寻求和解、协作及稳定的本质。更为重要的是，司法审查的机制性功能理论在于提供一种内在连贯且具有科学操作性的理论。[3]

一直以来美国宪法学理论都在试图解决未经选举产生的法官与民主责任之间的矛盾关系。对于这一前提，有学者就曾支持，这或许反映出我们对于民主责任概念的理解存在偏差。在其看来，之所以很多美国联邦最高法院的法官对于司法审查安之若素，理由就在于他们将责任的对象视为针对某些目标，而非针对某些人。和普通人相比，法官应该更为重视基本的价值理念。在一个选民将过多的宪法考量纳入自己投票行为的社会，是一个超越了司法审查的社会。[4]

因此，目前美国学界主流观点是在承认司法审查的存在基础上，主张对其加以限制，即将某些短时期内不可能解决的问题排除出短命的相对多数法官意见的掌控。[5]还有学者主张只有在立法机构的立法存在明确无误的错误的时候，最高法院才可以适用司法审查。[6]至于司法审查制度内部存在技术性难题，如不同层级法院对于宪法解读不一致等，可以通过普通法系中的"遵从先例"原

---

[1]　See Joyce Lee Malcolm, "Whatever the Judges Say It Is? The Founders and Judicial Review", 26 *J. L. & Politics* 1 (2010).

[2]　See Owen M. Fiss, "Objectivity and Interpretation", 34 *Stan. L. Rev.* 739 (1982).

[3]　See Tsvi Kahana, "The Easy Core for Judicial Review", 2 *J. of Legal Analysis* 227 (2010).

[4]　See Cass R. Sunstein, "Naked Preferences and the Constitution", 84 *Colum. L. Rev.* 1689 (1984).

[5]　See Larry Alexander & Frederick Schauer, "On Extrajudicial Constitutional Interpretation", 110 *Harv. L. Rev.* 1359 (1997).

[6]　See Wallace Mendelson, "The Influence of James B. Thayer upon the Work of Holmes, Brandeis, and Frankfurter", 31 *Vand. L. Rev.* 71 (1978).

则加以规避。[1]

第二节　司法审查语境下的美国死刑的合宪性考辨

美国联邦最高法院在适用司法审查的过程当中往往会通过解读美国宪法，特别是"权利法案"[2]的相关规定来对于具体个案进行决断。总结 1976 年后美国联邦最高法院针对死刑问题的相关判决，可以发现美国联邦最高法院对于死刑案件的司法审查标准十分严格，虽然相关死刑判决的宪法根据看似庞杂，但概括起来，大体上包括如下内容[3]：①宪法第八修正案中的所谓"残忍且不寻常刑罚"条款意义并不确定，而只能通过参照当前的社会规范来对其加以确定，换句话说，死刑判决必须反映案件判决时的社会理念；②死刑的适用必须建立在客观而非主观任意的原则基础上；③死刑的适用机制必须能够减少死刑的擅断与任意性；④因为每个被告人都具有各自的特点，并且死刑具有不可撤销性，因此，宪法第八修正案要求对于被告的死刑判决必须能够具有罪责该当性等。

下面，就分别对于美国联邦最高法院死刑案件司法审查中主要适用的几处宪法规定进行说明。

一、美国宪法第八修正案与美国死刑适用

（一）禁止"残忍且不寻常刑罚"条款的流变

禁止"残忍且不寻常刑罚"条款是作为美国宪法第八修正案的实质组成部分存在的。[4]

一般认为，美国宪法第八修正案与 1689 年的英国《权利法案》之间具有某种亲缘关系。从字面上看，这一规定取自 1776 年弗吉尼亚州的《权利宣言》，

---

〔1〕　See Ruth Colker and James J. Brudney, "Dissing Congress", 100 *Mich L Rev* 80 (2001).

〔2〕　美国宪法最初起草时，其中并未包括对于公民个人权利的保护条款，因此遭到了当时社会民众与精英人士的普遍质疑。以杰斐逊等人为代表的联邦党人努力争取，要求在宪法中增加诸如保护信仰、言论自由、建立陪审制度等条款。在各方压力下，美国第一届国会授权詹姆斯·麦迪逊起草相关法案，后者效仿《弗吉尼亚权利法案》，提出了包含言论、新闻、宗教与集社等方面的自由与权利的权利法案，但同时也强调，权利法案仅仅列举了美国人民应该享有的最重要权利，而非其应享有的全部权利。——笔者注

〔3〕　See Hertz & Weisberg, "In Mitigation of the Penalty of Death: Lockett v. Ohio and the Capital Defendants' Rights to Consideration of Mitigating Circumstances", 69 *CAL. L. Rev.* 317 (1981).

〔4〕　美国宪法第八修正案规定，"不得要求过多的保释金，不得处以过重的罚金，不得施加残忍且不寻常的惩罚。"——笔者注

而后者又实际效仿的是英国《权利法案》。[1]从这种历史流变的实际出发，考察英国《权利法案》中禁止"残忍且不寻常刑罚"条款的产生依据及基本含义就不可避免地成为理解美国宪法第八修正案的起始步骤。

根据相关学者的历史考证，有两大历史事件共同催生了英国禁止"残忍且不寻常刑罚"的做法。首先，17世纪末，英国统治者在镇压反对英国国王詹姆士二世的起义过程中，对于数以百计所谓的叛国者用极其残忍的方式执行死刑，诸如在被执行者死亡之前将犯人身体切开并肢解，将其内脏焚毁，活活杀死女性叛国者等。[2]其次，同时期英国还发生过一起非死刑案件，在本案中被告被认定犯有伪证罪。虽然当时英国对于伪证罪不能使用死刑，但因为案情特殊，审理本案的法官判处被告终身监禁，每年上4次颈手枷，并在公开场合对其一路执行鞭刑。[3]简言之，英国所谓禁止"残忍且不寻常刑罚"条款的设定本身似乎偏重于刑罚的执行方式，而较少考虑到对于特定刑罚本身的禁止或者限制。

事实上，在美国权利法案的起草过程当中，就有代表明确提出，立法机构或许有能力制定犯罪标准，但却在设定刑罚方面缺乏水平。即便如此，却也没有太多的历史证据证明当时围绕设定禁止"残忍且不寻常刑罚"条款时究竟对其中的相关概念有何考虑。[4]

虽然对于宪法第八修正案的相关含义缺乏了解，但这种情况却在相当长的一段时间内未获关注。如前所述，直到20世纪初，美国联邦最高法院才通过威姆士案[5]实质赋予宪法第八修正案禁止"残忍且不寻常刑罚"条款以实际意义。通过本案，美国联邦最高法院确立了罪刑相适应原则，更为重要的是，美国联邦最高法院明确提出，对于什么是"残忍且不寻常刑罚"的理解不应该被束缚在某种过时的理念之上，而是应该随着时代的发展而向前发展。自此，在适用这一原则的时候，最高法院的法官往往选择寻找某种标志着成熟社会进步的适当性标准，并将其作为厘定特定行为是否违宪的标准。[6]

威姆士案作为美国历史上第一次承认罪刑相适应原则具有宪法意义的案例，[7]

---

〔1〕 See Chris Baniszewski, "Comment, Supreme Court Review of Excessive Prison Sentences: The Eighth Amendment's Proportionality Requirement", 25 *Ariz. St. L. J.* 930 (1993).

〔2〕 See "Note, What is Cruel and Unusual Punishment?", 24 *Harv. L. Rev.* 54 (1910).

〔3〕 See Charles Walter Schwartz, "Eighth Amendment Proportionality Analysis and the Compelling Case of William Rummel", 71 *J. Crim. L. & Criminology* 378 (1980).

〔4〕 See Youngjae Lee, "The Constitutional Right Against Excessive Punishment", 91 *Va. L. Rev.* 677 (2005).

〔5〕 See *Weems v. United States*, 217 U. S. 349 (1910).

〔6〕 See Edmund P. Power, "Too Young to Die: The Juvenile Death Penalty After Atkins v. Virginia", 15 *Cap. Def. J.* 93 (2002).

〔7〕 See Note, "Disproportionality in Sentences of Imprisonment", 79 *Colum. L. Rev.* 1119 (1979).

对于后续的案件，特别是死刑案件产生了极其深远的影响。而美国联邦最高法院也的确在一系列的死刑案件当中，通过对于宪法第八修正案的解读，尝试廓清"残忍且不寻常刑罚"的具体范围。[1]

（二）禁止"残忍且不寻常刑罚"条款的含义

根据之前介绍的美国联邦最高法院宪法解读范式，对于宪法第八修正案的解读应该遵从"文本主义"，即应该从宪法文本的字面解读入手。

从字面上解读，美国宪法禁止所谓"残忍且不寻常刑罚"需要同时满足"残忍"与"不寻常"两大特征。但在司法实践中，兼具"残忍"与"不寻常"两大特征的刑罚固然可以被认为违宪，但却不具有排他性。换句话说，正如斯卡利亚大法官在哈默林诉密歇根州案（*Harmelin v. Michigan*）[2]中所指出的那样，虽然被认定为违宪的刑罚一定具有"残忍"的特征，但却并不一定总是具有"不寻常"的特征。

这一点，也可以从宪法第八修正案的发展历史得到印证。据学者考察，在宪法第八修正案通过之前，美国各州的相关规定多有不同，例如，其中的 5 个州的宪法禁止"残忍"及"不寻常"的刑罚，而仅 2 个州禁止"残忍"的刑罚。[3]残忍性不是一个很难满足的门槛，根据宪法第八修正案的直接法源，即英国《权利法案》的规定，"残忍"这个词的意义可以等同于严厉抑或严重。[4]因此，死刑或者长期苦役的判决或许是严厉的刑罚，因此或许是满足所谓"残忍"的特征，但是，却并不是不寻常的。[5]换句话说，刑罚是否"残忍"与是否"不寻常"之间不具有全然的等价关系，不能因为满足了"残忍"条件就认为其一定是"不寻常"的，反之亦然。

对此，可以通过美国联邦最高法院在凯美利案（*In re Kemmler*）[6]中认定通过电椅执行死刑的方式不违反宪法第八修正案禁止"残忍且不寻常"条款的分析加以说明。在本案中，美国联邦最高法院明确提出，在 1890 年，虽然电椅因

---

[1] See Nancy Keir, "Solem v. Helm: Extending Judicial Review Under The Cruel and Unusual Punishments Clause to Require 'Proportionality' of Prison Sentences", 33 *Cath. U. L. Rev.* 479 (1984).

[2] See *Harmelin v. Michigan*, 501 U. S. 957 (1991).

[3] See John L. Bowers, Jr. & J. L. Boren, Jr., "The Constitutional Prohibition Against Cruel and Unusual Punishment – Its Present Significance", 4 *Vand. L. Rev.* 680 (1951).

[4] See Anthony Granucci, " ' Nor Cruel and Unusual Punishments Inflicted' : The Original Meaning", 57 *Cal. L. Rev.* 839 (1969).

[5] See Michael J. Zydney Mannheimer, "*When the Federal Death Penalty Is 'Cruel and Unusual'*", 74 *U. Cin. L. Rev.* 819 (2006).

[6] See *In re Kemmler*, 136 U. S. 436 (1890), 转引自 "Note, The Cruel and Unusual Punishments Clause and the Substantive Criminal Law", 79 *Harv. L. Rev.* 635 (1966).

为刚刚发明，因此并不常见，但设计电椅的初衷并非为了增加死刑执行的残忍性，而是用来减少其残忍性。这被后来的学者总结为将所谓"不寻常"视为修饰"残忍"的副词，而不是作为和后者并列，共同修饰刑罚的形容词。[1]

（三）禁止"残忍且不寻常刑罚"条款在死刑案件中的适用

从总体上来看，针对美国宪法第八修正案的此类解读衍生出很多实体性原则[2]。首先，禁止"残忍且不寻常刑罚"条款禁止适用法律没有规定的刑罚；其次，禁止"残忍且不寻常刑罚"条款禁止立法机构批准特定形式的刑罚；再次，禁止"残忍且不寻常刑罚"条款禁止显失公平的刑罚；最后，禁止"残忍且不寻常刑罚"条款概括性地禁止对于特定种类的犯罪适用死刑。而在分析过程当中，美国联邦最高法院采取了三步走的比例性测试方法，即首先考察犯罪的本质与刑罚的严重程度，然后考察同一司法区对于其他更为严重犯罪所适用的刑罚，考察不同司法区针对相同犯罪规定的刑罚。[3]

如果专注于死刑适用过程中禁止"残忍且不寻常刑罚"条款的理解与适用，那么可以得出如下两点基本结论：首先，从1976年美国重新恢复死刑执行开始，到可以预见的未来，美国联邦最高法院对于宪法第八修正案的解读都不会承认死刑本身属于"残忍且不寻常刑罚"并因此违反宪法；其次，美国联邦最高法院会继续通过解读宪法第八修正案，对于死刑的适用与执行范围进行严格限制，为其设置所谓的类型性限制标准。

准确地说，死刑与宪法第八修正案禁止"残忍且不寻常刑罚"的要求之间存在某种非常微妙的紧张关系。虽然从整体上来讲，死刑作为刑罚的一种，需要被纳入宪法第八修正案的法理适用范围，但是，美国联邦最高法院坚持认为，死刑是一种特殊的刑罚，不同于其他任何刑罚，即死刑是特殊的，因此，宪法第八修正案在死刑适用过程中的作用是受到一定限制的。[4]

---

[1] See Laurence Claus, "The Antidiscrimination Eighth Amendment", 28 *Harv. J. L. & Pub. Pol'y* 119 (2004).

[2] 根据笔者在美国留学时的老师、美国著名死刑问题研究学者卡特教授的观点，自1972年福尔曼案开始，针对美国联邦最高法院审理的死刑案件，可以从实体与程序两个视角进行梳理。而和实体性适用规则不同，所谓第八修正案的程序性适用在于实现如下两个目标：①消除死刑案件审理过程中的任意性；②确保对于死刑被告人做到个性化处遇。See Linda E. Carter & Ellen Kreitzberg, *Understanding Capital Punishment Law*, West Publishing (2004) pp. 178~181. 但对此，有学者认为所谓程序性适用和宪法第八修正案没有关系，而是所谓的"适当程序"案件。See Margaret Jane Radin, "Cruel Punishment and Respect for Persons: Super Due Process for Death", 53 *S. Cal. L. Rev.* 1143 (1980). 有鉴于此，本书在这里仅仅就实体性适用部分进行研讨。——笔者注

[3] See Nancy Keir, "Solem v. Helm: Extending Judicial Review Under The Cruel and Unusual Punishments Clause to Require 'Proportionality' of Prison Sentences", 33 *Cath. U. L. Rev.* 479 (1984).

[4] See *Rummel v. Estelle*, 445 U. S. 263 (1980).

美国联邦最高法院对于宪法第八修正案禁止"残忍且不寻常刑罚"的解读所衍生出来的"罪刑相适应"原则在其对于死刑案件的司法审查过程当中体现的结果之一就在于对于死刑犯罪的类型及死刑犯罪人的类型的双重限制。

例如,通过一系列适用宪法第八修正案的判例,美国联邦最高法院将常规死刑犯罪限制在导致死亡结果出现的犯罪,即通常所说的谋杀罪[1],并且进一步将"重罪谋杀"(Felony Murder)[2]排除出去,美国联邦最高法院认为,虽然被告人参与了导致死亡结果的共同犯罪,但如果其本人没有亲手实施杀人行为,并且没有对于其他共同犯罪人实施杀人的结果表现出轻率不顾的心态,对其适用死刑就违反了宪法第八修正案所要求的罪刑相适应原则。[3]除此之外,美国联邦最高法院还通过另外一系列判例对于该当死刑的犯罪人进行类型化限缩,将实施犯罪时精神耗弱[4]或者实施犯罪时未成年犯罪人[5]排除出死刑的适用范围,从而将传统对于宪法第八修正案禁止"残忍且不寻常刑罚"的解读从强调罪责相适应,进一步扩展到"罪责刑相适应"。

总结美国联邦最高法院根据宪法第八修正案对于死刑案件的系统性限制,在不同案例当中虽然体现出的观点或有差别,但其所采用的分析模式却大体类似。具体而言,美国联邦最高法院在判定某种死刑犯罪、死刑执行方式或者死刑适用对象的法律规制是否符合宪法第八修正案相关禁止性规定的时候,大体上采用了两步走的分析模式。

首先,美国联邦最高法院坚持对于宪法第八修正案的解读应该与时俱进,反映案件审理时社会对于特定刑罚处遇是否属于所谓"残忍且不寻常刑罚"的一般认知。对于所谓反映"成熟社会一般认知"的考察就需要参照所谓客观的证据。例如美国联邦最高法院在派瑞诉里瑙案(*Penry v. Lynaugh*)[6]中就明确

---

[1] See *Coker v. Georgia*, 433 U. S. 584 (1977).

[2] 什么是重罪谋杀规则?围绕这个问题存在大量的混淆意见。从最广义的形式而言,"重罪谋杀原则规定在推定任何重罪的过程当中出现的杀人行为构成了谋杀",See Erwin S. Barbre, Annotation, "What Felonies Are Inherently or Fore see ably Dangerous to Human Life for Purposes of Felony – Murder Doctrine", 50 *A. L. R.* 3*d* (1973). 简单来说,"如果其是在从事特定重罪的过程当中造成他人的死亡,那么重罪谋杀规则认为行为人犯有谋杀罪,而不考虑其针对杀人的实际态度或者意图。See Guyora Binder, "Felony Murder and Mens Rea Default Rules: A Study in Statutory Interpretation", 4 *Buff. Crim. L. R* 32 (2000). 以其非常经典的形式,该原则的实施所沿用的是一种十分简单,几乎是数学性的逻辑等式:"重罪 + 杀人 = 谋杀"。See James J. Tomkovicz, "the Endurance of the Felony – Murder Rule: A Study of the Forces That Shape Our Criminal Law", 51 *Wash. & Lee L. Rev* 37 (1994).

[3] See *Tison v. Arizona*, 481 U. S. 137 (1987) and *Enmund v. Florida*, 458 U. S. 782 (1982).

[4] See *Atkins v. Virginia*, 536 U. S. 304 (2002).

[5] See *Roper v. Simmons*, 543 U. S. 551 (2005).

[6] See *Penry v. Lynaugh*, 492 U. S. 302 (1989).

提出，"我们必须通过客观证据考察当今社会对于某种特定刑罚处遇的看法"。进一步而言，所谓的客观证据，一般是指与厘定社会一般认识相关的客观指标，美国联邦最高法院对此通常考察的是美国内部各司法区对于这一问题的相关立法情况。[1]在此基础上，在很多适用宪法第八修正案进行司法审查的死刑案件当中，美国联邦最高法院的法官会进一步统计针对具体问题持不同态度的司法区数量及具体司法处遇，并通过对比关系来确定是否存在具体的合意。例如，美国联邦最高法院在斯坦福德诉肯塔基州案（*Stanford v. Kentucky*）[2]中就对美国司法区对于犯罪时年龄为17岁的死刑被告人是否执行死刑的做法进行了统计，明确当时全美有25个州对此持支持态度，并且有22个州还允许对犯罪时为16岁的犯罪人执行死刑，从而认定对犯罪时年满17岁的未成年犯罪人执行死刑存在一般合意。在某些极端情况下，美国联邦最高法院甚至还会进一步考察特定司法区内部对于特定死刑问题是否存在一般合意。例如在库克案[3]中，美国联邦最高法院就提出，佐治亚州内部超过90%的陪审员拒绝对没有导致死亡结果的强奸犯适用死刑，从而用来支持反对对普通强奸适用死刑违反宪法第八修正案的判决。

其次，美国联邦最高法院对于所谓"社会一般合意"的看法和考证并非一味屈从，而是将其作为支持自己看法的有力佐证。换句话说，只要满足了5∶4这一相对多数的博弈理论，那么即使这一结果明显有悖于社会合意，判决仍然可以成立。对此，美国联邦最高法院在库克案[4]中就为自己不受客观标准的束缚埋下了伏笔，提出虽然客观证据具有极强的说服力，但却不可以全然地作为决定争议的唯一标准。换句话说，即使从客观指标来看，多数司法区的做法似乎具有某种合意，但法官还是可以从发展的眼光来看，超越目前存在的合意，认定某种做法违反宪法第八修正案。例如，在阿特金斯案[5]中，虽然当时38个保留死刑的州中有20个州允许对于智力低下的罪犯适用死刑，从比较的层面来看，存在所谓一般社会合意[6]，但审理本案的美国联邦最高法院却没有寘臼

---

〔1〕　美国联邦最高法院前大法官奥康纳就曾提出，美国立法机构的决定应该被认为是认定对此问题美国一般民意最可靠的参照。See *Thompson v. Oklahoma*, 487 U. S. 815 (1988).

〔2〕　See *Stanford v. Kentucky*, 492 U. S. 361 (1989).

〔3〕　See *Coker v. Georgia*, 433 U. S. 584 (1977).

〔4〕　See *Coker v. Georgia*, 433 U. S. 584 (1977).

〔5〕　See *Atkins v. Virginia*, 536 U. S. 304 (2002).

〔6〕　在本案中，还有法官认为虽然在38个保留死刑的州当中有20个支持对于智力低下的被告执行死刑，具有相对多数，但相对于全美50余个司法区来说，20个州所占的比例仍然无法被认定为具有相对多数。这样的一种认知显然十分讨巧，但却不符合既往美国联邦最高法院对于所谓社会一般认知的厘定方法，因此并未产生太大影响。——笔者注

于这一客观现实，反而从自身对于宪法第八修正案的理解出发，认定对于智力低下的人执行死刑属于宪法第八修正案所禁止的"残忍且不寻常"刑罚。

二、美国宪法其他规定与死刑适用

虽然从案件判决数量及相关影响力角度判断，美国宪法第八修正案对于美国死刑的适用产生的影响巨大，但除此之外，美国联邦最高法院在对美国死刑进行司法审查的过程中还适用过其他一部分宪法条文。因为这些宪法规定在死刑案件的司法审查过程中所起作用不大，且限于篇幅，这里仅加以简介。

（一）"适当程序"条款（Due Process）与美国死刑适用

美国宪法第十四修正案第 1 款规定，"不经正当法律程序，不得剥夺任何人的生命、自由或财产。"

这样的一种保护适用于一切公权剥夺私权的情况，其中当然包括可能剥夺被告人人身权、财产权甚至生命权的刑事程序。在这个意义上，程序意义上的适当程序宪法保护与宪法第八修正案出现了某种意义上的竞合。

从历史上来看，美国联邦最高法院与 1934 年在辛德诉马萨诸塞州案（*Snyder v. Massachusetts*）[1]中对此设定了所谓"根本权利"（Fundamental Rights）测试，具体而言，美国联邦最高法院在艾尔里奇诉威廉姆斯案（*Eldridge v. Williams*）[2]中提出了著名的"平衡测试"。根据这种平衡测试，公权错误剥夺私权的危险性与此种剥夺可能给国家带来利益之间相比，后者占据优势地位。[3]

毫无疑问，生命权属于根本性权利，而试图剥夺生命权这种根本性权利的死刑必须满足适当程序要求。宪法适当程序保护的实质在于告知被告可能面临丧失根本权利的危险，并给予其应对这一危险局面的机会。因此，司法实践中对于程序性保护的要求基本上都要求保证被告享有知情权。因为死刑的特殊性，学界与实务界都承认对于死刑案件审理的程序性保护应该更加严格。也就是说，死刑被告不仅应当享有普通刑事案件被告应该享有的宪法适当程序权利，而且在权利范围和强度上还应强于非死刑案件。

从司法实务的角度来看，相关方对于死刑案件审理的全过程、死刑执行的全

---

〔1〕 See *Snyder v. Massachusetts*, 291 U. S. 97 (1934).

〔2〕 See *Eldridge v. Williams*, 424 U. S. 319 (1976).

〔3〕 本书主要关注所谓程序性适当程序。与此相对，美国宪法学中还存在所谓实体性适当程序一说。对于什么是实体性适当程序多有学说，但基本上都认同作为与程序性适当程序相对应的一组概念，实体性适当程序保护关注于美国联邦最高法院根据适当程序对于所谓根本性权利的范围认定。基本上，目前美国联邦最高法院依据其在美利坚合众国诉卡洛琳公司案〔（*United States v. Carolene Products Co.*），304 U. S. 144 (1938)〕注解 4 中所列明的三大类，即所谓权利法案前 8 条中规定的权利、包括选举、结社等政治权利以及"非主流、孤立的少数族裔"。因为生命权属于根本性权利并无异议，因此对于实体性程序性保护权利不作讨论。——笔者注

过程几乎都可以借由适当程序条款来对其合宪性加以质疑。虽然质疑的范围很广，但基本上还是集中于保障被告人或者被执行人的执行权与对抗公权的权利。例如有学者就质疑伊利诺斯州死刑法因为没有保证被告人享有被告知自己面临死刑指控的权利，以及没有保证被告人享有单独的死刑量刑程序，而违反了宪法保障被告人享有适当权利的规定。[1]

（二）"平等保护"条款与美国死刑适用

美国宪法第十四修正案第 1 款规定，"对于在其管辖下的任何人，亦不得拒绝给予平等法律保护"。根据平等保护条款，如果某种法律意义上的区分危及了公民个人的根本性权利，则其必须服务于具有压倒性的政府利益。而在没有此种根本性的政府利益的情况下，任何对于个人权利的剥夺都是违反宪法的。[2]目前美国联邦最高法院对于平等保护条款的审查标准为所谓的"中等严格审查"（Intermediate Scrutiny），即要求此类的区分与重要的政府目标之间具有实质联系。[3]从死刑的司法审查角度来看，与性别、种族相关的平等保护问题显得较为突出。但是从实质角度判断，这一问题显然超出了宪法考量的问题，也就是说还必须考虑道德和政治问题。就道德角度而言，对于平等的追求在关乎生命权的语境下显得分外敏感与迫切。从政治角度来看，单凭司法机关的介入，能否改变长期以来积弊已久的性别歧视或者种族歧视显然存疑。对于美国死刑案件中涉及的性别平等与种族平等问题，将在后章中详尽加以研讨。

（三）"律师有效帮助"条款与美国死刑适用

美国宪法第六修正案规定，在一切刑事诉讼中，被告享有下列权利：由犯罪行为发生地的州和地区的公正陪审团予以迅速而公开的审判，该地区应事先已由法律确定；得知被控告的性质和理由；同原告证人对质；以强制程序取得对其有利的证人；取得律师帮助为其辩护。

除了享受陪审及其他程序法意义上的保障权利之外[4]，美国宪法第六修正案

---

〔1〕 Gary Goodpaster, "Symposium on Current Death Penalty Issues: Judicial Review of Death Sentences", 74 *J. Crim. L. & Criminology* 786 (1983).

〔2〕 See Michael A. Cokley, "Whatever Happened to That Old Saying 'Thou Shall Not Kill?': A Plea for the Abolition of the Death Penalty", 2 *Loy. J. Pub. Int. L.* 67 (2001).

〔3〕 See *United States v. Virginia*, 518 US 515 (1996).

〔4〕 在威泽斯普恩诉伊利诺斯州案［（*Witherspoon v. Illinois*），391 U. S. 510 (1968)］中，美国联邦最高法院提出基于陪审员反对死刑的态度而将其在选择过程中加以排斥的授权法律规定不当地偏向于检方。17年之后，在温瑞特诉维特案［（*Wainwright v. Witt*），470 U. S. 1039 (1985)］中，美国联邦最高法院简化了合法的陪审团遴选标准，认定，如果陪审员的观点或者态度将在实质上损害其作为陪审员应该依法履行的相关义务时，得对其加以排除。See Patrick J. Callans, "Sixth Amendment——Assembling A Jury Willing To Impose The Death Penalty: A New Disregard For A Capital Defendant's Rights: Wainwright v. Witt", 105 *S. Ct.* 844 (1985).

特别明确了包括死刑被告在内的刑事案件被告人享有律师辩护权。律师的存在可以保障被告享有接受公平审判的根本性权利。美国刑事审判所奉行的对抗式庭审模式需要通过各种程序设置来保证审判力量的平均与公平。[1]

对抗式庭审的一个确定前提就是通过庭审前期以及质证阶段的言辞交锋为社会一般人提供一种对于特定事实发生的确信。从这个角度而言，这种庭审方式预定了律师的职责并不是追求事实真相，而是追求一种对于真相的拟制。[2]可以理解，对于充当事实发现者的社会一般人而言，只有其从控辩双方获得相应的信息，并且从控辩双方的互相攻击与应变过程中发现各自的可信性，才能获得最终的认知与确信。

在这个过程当中，大众话语对于律师职业所具有的诚信精神就成为一个被"边缘化"的选项。律师的诚信需要建立在对于事实真相的追逐和确认前提基础之上，而就对抗式庭审模式而言，律师的职责仅仅需要最大化地利用证据规则和程序规则，避免对己不利的结果，而尽可能攻击对方暴露出来的漏洞。这是对于一个事实不同版本故事的叙述与竞赛过程，而至于事实本身是什么，已经不是被考量的重点。

从这种角度而言，律师的角色仅仅是整个庞大证据链条或者整个证明体系的一个组成部分，在这个体系当中，律师没有能力单枪匹马地证明事实真相，而这与律师是否具有诚信的品性已经并不重要。虽然有学者坦言，"没有证据表明对抗式庭审模式和其他的庭审方式相比在证明力或者证明效率上有明显的优势。"[3]

但是这种已经成为既定事实的对抗式庭审模式的一个直接后果就是从实用主义的角度来看，律师只能关心如何让陪审团相信自己的故事，而并不关注事实真相如何。这一点可以通过律师在案件审理之前基本上不会雇佣调查员调查事实真相加以证明。

一般认为，对抗式庭审模式最早起源于罗马时代对于冲突的私力解决或者私力殴斗。这个理念发展到现代，演变为由中立者根据双方的表现或者实力来作出最终的判决。根据对于美国芝加哥诉讼情况的调查，大约1/3的案件是在当事一方或者双方没有提供可能的重要事实的情况下就审理终结了的。而在审理过程当中，由于要尽可能地说服陪审团相信己方的陈述，很多律师连消极的诚信理念都加以摒弃，在质证过程当中提供虚假的证言证人，或者采取不正当手段影响、干

---

[1] See Daniel S. Reinberg, "The Constitutionality of the Illinois Death Penalty Statute: The Right to Pretrial Notice of the State's Intention to seek the Death Penalty", 85 *Nw. U. L. Rev.* 272 (1990).

[2] See Frankel, "The Search for Truth: An Umpiral View", 123 *U. Pa. L. Rev.* 1031 (1975).

[3] See Kronman, "Forward: Legal Scholarship and Moral Education", 80 *Yale L. J.* 955 (1981).

扰对方对事实情况的提供。而对于这种情况，美国律师协会所采取的态度多少有些暧昧，甚至推脱认为确保审理公正的责任在于法庭，而不在于律师，如果某种虚假的证词被接受的话，那么责任也在于法官、陪审团或者没有聘请具有足够能力的律师的对方！[1]

而对抗式庭审模式所导致的另外一个副作用就在于这种仅仅根据案件审理结果作为对于律师素质以及能力的最终评价标准的"弱肉强食"模式所直接导致的就是律师对于自身观点的狂热坚持和捍卫。例如，《美国律师协会律师职业操守规则》的序言当中就明确指出，"在面对强有力的对手时，律师应该为自己所代理的当事人提供热忱的服务，同时确保司法公正的实施。"[2]

因此，大众话语中对于美国律师职业操守中的诚信预期的客观可能性已经被其所赖以生存的对抗式庭审模式所剥夺。难怪有学者明确指出，只要律师还在对抗式庭审模式下代理当事人的利益，那么其就需要在这种框架下竭尽全力去为当事人提供服务。从这个意义上而言，庭审更像是一个仪式，而其目的不再是提供一个公正或者理性的事实结果。

对于对抗式庭审模式对于律师职业精神的前提限制，有学者提出的辩护观点是，律师的价值体现在对抗式庭审模式这一体系的参与，而这一体系本身在确保司法公正与公平方面是有价值的。[3]但这种将个体价值建立在体系价值基础上的观点实际上就是使得律师本身的价值理念中立化，而这，间接证明了当今美国律师职业精神核心特质的消亡。

目前，美国律师所必须面临的一个现实就是因为律师执业商业化所导致的高度激烈竞争。导致如此激烈竞争的原因很多，一方面，美国律师的供给数量在过去的几十年当中成倍增加。据相关统计，仅仅从 20 世纪 70～90 年代，美国法学院的数量从 145 家增加到 182 家。[4]而与此同时，各个法学院的招生数量也在膨胀。两种情况的合并作用导致目前美国律师与美国民众的数量对比也发生了实质性的变化。据不完全统计，美国律师的数量规模在 1972 年大约为 32 万人，而这个数量在 1993 年猛增至 82 万。与此相对应，在 1972 年，律师数量与美国总人口的比例约为 1：656，而这个比例到 1991 年下降到 1：310。目前，美国每年新增律师数量都超过 38 000 名。而根据美国律师协会的不完全统计，2006 年全美注册律师

---

〔1〕 See Trubek, Sarat, Felstiner, Kritzer & Grossman, "The Costs of Ordinary Litigation", 31 *U. C. L. A. L. Rev.* 72 (1983).

〔2〕 See Kennedy, "Form and Substance in Private Law Adjudication", 89 *Harv. L. Rev.* 1685 (1976).

〔3〕 See Stephen Gillers, "1986 Survey of Books Relating to the Law: II. The Legal Process and Profession: Can A Good Lawyer be a Bad Person?", 84 *Mich. L. Rev.* 1011 (1986).

〔4〕 See Monroe H. Freedman, "Atticus Finch——Right and Wrong", 45 *Ala. L. Rev.* 473 (1994).

的数量为 1 116 967 名，而这个数字到 2007 年底上升为 1 143 358 人。[1]

与此相伴生的另外一种情况是目前超过美国执业律师总人数的 2/3 是为律师事务所服务的，而这个数量还在不断增加。在 1959 年，美国雇佣律师人数超过 50 人的律师事务所仅仅有 37 家，而 20 年后，这个数字超过 200 家，总雇佣律师人数超过 22 000 人。现在有大约 13% 的律师供职于雇佣人数超过 20 人的律师事务所。与此相对，从 1954～1975 年，独立执业的律师已经从所有律师的 2/3 下降到不足 1/3。[2] 而这种非独立执业方式所导致的弊病之一就在于律师个人自主权在很大程度上被机构意志所取代，而丧失了独立意志的律师个体自然没有太多的个人信念可言。

律师执业人数增加与独立执业情况减少背后的原因除了竞争激烈之外，另外一个非常重要的因素就在于律师对于经济利益的追求，而这种追求在资源相对稀缺的前提下必然导致的结果就是律师对于信念的丧失或者妥协。早在 1905 年就有人提出，目前律师界已经开始与商业界沆瀣一气，对抗公共利益。[3]

或许可以认为，由于社会经济情况的变化，律师竞争的激烈与律师独立执业空间的日益缩小，律师自主权不断丧失。而竞争所导致的物质收益的稀缺也迫使律师在对于案件的取舍，对于辩护技巧的适用方面没有太多的选择，而在这种生存都成问题的前提下，要求律师具备较高的职业精神更是妄谈。

大众话语对于律师职业精神的呼唤与渴求不得不面对的一个尴尬就在于"职业道德"这一科目几乎从来也没有成为美国法学院校的必修科目。对此，有人不无自嘲地提出，又有多少法学教授可以具备如此的职业精神从而可以成为学生学习的榜样呢？[4] 但实际上导致这种情况的真实原因一方面是因为美国法律教育界一般认为律师本身不应承载"好"与"坏"的价值判断主体，而如果律师要作这样的判断的话，实际上就篡夺了法官和陪审团应当具备的角色。换句话说，律师应该按其所代理的当事人的意志行事，而其所作的选择也应由当事人最终决定。但是影响当今美国律师职业精神的另外一个非常重要的原因是价值理念的多元，而这种价值理念的多元显然远远超越了芬奇所处的 20 世纪 30 年代的价值认同。所谓多元价值，是指"个人所寻求达成的目标较多，而这些目标的达成都合乎理性要求，一个完全意义上的人，可以对于不同的观点相互

---

〔1〕 参见 http：//www. abanet. org，最后访问日期：2009 年 10 月 1 日。

〔2〕 See Murray L. Schwartz, "Ethical Perspectives on Legal Practice：Comment", 37 *Stan. L. Rev.* 322 (1985).

〔3〕 See Deborah L. Rhode, "Ethical Perspectives on Legal Practice", 37 *Stan. L. Rev.* 589 (1985).

〔4〕 See Murray L. Schwartz, "Ethical Perspectives on Legal Practice：Comment", 37 *Stan. L. Rev* 333 (1985).

理解，相互同情，相互支持"[1]。

而这种价值的多元是解释律师之所以可以为某些臭名昭著的罪犯辩护的原因。根据这种理论，律师不仅不是价值的最终评判者，从实际的角度出发，律师甚至也不需要认同或者强迫自己认同自己所面对的当事人秉持和自己不同，甚至和社会大多数人不同的价值理念。价值的多元意味着律师可以容忍一切，或者几乎一切。

这种容忍或许可以调整律师的心理矛盾，但是其同时也葬送了律师作为一个"好人"的存在基础。

因此，在目前的美国，律师或许在做好事，但已经不可能像苏格拉底所希望的那样，做一个好人了。律师职业的崇高价值追求已经因为日益普遍地将律师仅仅视为一种服务提供者而丧失殆尽。

如果《杀死一只知更鸟》中的芬奇律师没有接受法官的指定去为黑人强奸犯进行辩护，或者仅仅对于这一指定辩护敷衍了事的话，会发生什么？大概什么都不会发生，甚至很多白人会认为他做的并没有错。

现实生活当中，美国普通民众所应享受到的律师辩护的宪法权利却日益被律师所侵犯。例如，德克萨斯州就至少有3名死刑被告由法庭所指定的律师在其所代理的当事人被宣布判处死刑的时候在庭上睡着。对此，一名休斯敦的法官如此解释，"宪法保障你在死刑判决的时候由律师辩护，但是并没有保证律师一定要在这个时候保持清醒。"[2]佐治亚州的一名死刑被告所面对的律师则更为离谱，当检方提供的证人提供关键证据的时候，他却因为迟到而正在外面停车！

对于这些明显失范，明显违背律师职业操守的行为，作为律师自治组织的美国律师协会又做了什么呢？

美国的律师协会最早出现在1895年的宾夕法尼亚州，而其成立的主要目的就是为了防止政府主导对于律师这一行业的控制权，在由其制定的美国最早的律师组织章程当中，主要目标包括提升法治，但这其中显然并不包括对于违反律师职业道德行为的律师进行惩戒的规定，或许，当时还并没有对于律师职业操守的任何明文要求。

除了上述明显的失范行为之外，当今律师违背大众对于律师职业精神预期的做法则显得较为隐蔽。《美国律师协会职业操守规范》第2条要求律师为社会

---

〔1〕　See M. H. Hoeflich, "Legal Ethics in the Nineteenth Century: The 'Other Tradition'", 47 *Kan. L. Rev.* 793（1999）.

〔2〕　See Stephen B. Bright, "Advocate in Residence: The Death Penalty as the Answer to Crime: Costly, Counterproductive and Corrupting", 35 *Santa Clara L. Rev.* 1211（1995）.

公众提供法律服务。但这种要求并不是强制性的，也就是说律师有其接受案件或不接受案件的自主权。[1]

而导致律师作出最终取舍的原因却显得无比简单，也无比现实。

那就是金钱。

面对这种因为当事人没有经济能力而无法得到律师服务的局面，美国律师协会更显得无能为力。在这一刻，笼罩在当今美国律师身上的最后一丝遮羞布被彻底地撕下。无比简单，无比现实。颇具嘲讽意味的是，美国律师协会还在自己的章程当中明确地规定，在律师接到法院作出的对于贫困当事人进行代理的要求的时候，如果"该当事人或者犯罪发生的原因无法令律师接受，从而可能损害当事人与律师之间的关系，或者削弱律师的代理能力的话，律师有权拒绝"。[2]如果说这是一种权利，不如说这是一种借口。

具体到死刑案件，美国联邦最高法院在 1989 年审理的墨里诉吉阿塔诺案（*Murray v. Giarratano*）[3]中认定，被判处死刑的候刑者有权要求各州为其提供律师，帮助其完成提起审后救济程序。肯尼迪法官在本案中提出，因为提起人身保护令的程序十分复杂，如果没有专业法律人士，如律师的帮助，根本无法完成，因此，死刑被告有权享有宪法第六修正案所保证的受辩护权。[4]

在斯蒂克兰德诉华盛顿州案（*Strickland v. Washington*）[5]中，美国联邦最高法院对于确认律师辩护不力，从而侵犯了相关人应该享有的宪法第六修正案权利建构了两步走的认定标准。首先，需要证明律师的执业表现低于合理的客观标准；其次，律师的不当执业导致一种合理的怀疑，即如果律师的表现得当，

〔1〕 See Stephen B. Bright, "Advocate in Residence: The Death Penalty as the Answer to Crime: Costly, Counterproductive and Corrupting", 35 *Santa Clara L. Rev.* 1211 (1995).

〔2〕 See William Simon, "Ethical Discretion in Layering", 101 *Harv. L. Rev.* 1083 (1988).

〔3〕 See *Murray v. Giarratano*, 492 U. S. 1 (1989).

〔4〕 See Andrew Hammel, "Diabolical Federalism: A Functional Critique and Proposed Reconstruction of Death Penalty Federal Habeas", 39 *Am. Crim. L. Rev.* 1 (2002).

〔5〕 See *Strickland v. Washington*, 466 U. S. 668 (1984). 本案的被告被指控犯有三项重罪谋杀，后其在佛罗里达州一法院受审期间与检方达成了认罪协议。在协商认罪期间，被告曾告知本案的主审法官，自己是因为背负抚养家属的巨大压力才实施了一系列夜盗犯罪，并因此在犯罪过程中失去控制。对此方面的信息，被告的辩护律师在准备量刑听证之前曾与被告进行过交流，但被告律师没有为此专门准备相关的证据，理由是，一方面可以通过认罪协议过程中被告向法官的忏悔作为对此问题的证据，另一方面，不提供相关人证言还可以从证据规则的角度防止检方对于自己的当事人或者相关证人进行交叉质询，或者由检方提供专家证人。另外，辩护律师因为被告人的前科累累，故也没有提供与被告有关的相关报告。因为在量刑过程中主审法官没有发现减轻情节，但是检方提供了若干加重情节，因此判定被告死刑。被告随后以自己的宪法第六修正案受律师有效帮助权遭受侵害为由申请人身保护令，并一再提出申诉要求。

案件的审理结果将出现很大不同。美国联邦最高法院通过本案，试图建构一种有效适用宪法第六修正案救济的标准，从而维护案件审理的公平性。斯蒂克兰德案对于之后美国司法机关通过宪法第六修正案对于死刑案件进行司法审查的实践产生了较为深远的影响。根据本案建构的双层次判定标准，司法实践中各方基本上关注的是在死刑案件的量刑程序中，律师是否有效、充分地准备、提供了与被告人相关的减轻情节。

但从另一方面，即使设定了上述标准，一旦允许被告以辩护律师的表现不专业为由对案件申请司法审查，对于自己寻求救济措施，便像打开了的潘多拉魔盒，很难排除某些死刑被告利用这一宪法救济措施进行缠讼、滥讼。

（四）"禁止双重告诉"条款与美国死刑适用[1]

美国宪法第五修正案规定美国公民得享有免受"双重告诉"（double jeopardy）的权利，换句话说，任何一个人不得因为同一罪行而受到两次起诉。

对"禁止双重告诉"条款在美国死刑案件中的适用，可以通过如下几个判例加以理解：

在美利坚合众国诉波尔案（*United States v. Ball*）[2]中，共有 3 人被指控实施了谋杀犯罪，一审时两名被告被认定罪名成立，另外 2 人被宣告无罪。但在后续过程中，一个大陪审团又改变了先前的看法，重新对于 3 人提出指控，并认定 3 人都犯有谋杀罪。本案相对较为复杂，因为这里事实上涉及了两个与禁止双重告诉有关的问题。首先，一审时被认定无罪的被告人应该享有的不受双重告诉的权利是否被侵犯；其次，其余两名二审被判有罪的被告避免双重告诉的权利是否受到了侵犯。对此，美国联邦最高法院认定，一审被判无罪的被告不应被再次审理。被告享有宪法保障的第六修正案禁止双重告诉的权利，因此不得被再次提出指控。但对于一审被判有罪的两名被告，美国联邦最高法院的多数派法官认为宪法第六修正案并不适用于他们所处的情况。在这些法官看来，尽管一审被判无罪可以用来作为阻遏再审的根基，但一审结果被搁置，而重新对于其罪行进行指控并审理的情况却并不违反宪法第六修正案。

在此基础上，1919 年，美国联邦最高法院又通过斯托德诉美利坚合众国案（*Stroud v. United States*）[3]将对宪法第六修正案禁止双重告诉的解读推向深入。在本案中，被告历经数次审判，第一次审判时，被告被认定谋杀罪名成立，但

---

[1]　See Jennifer L. Czernecki, "The Double Jeopardy Clause of the Pennsylvania Constitution Does Not Bar the Death Penalty upon Retrial After the Trial Judge Grants a Life Sentence on Behalf of a Hung Jury: Commonwealth v. Sattazahn", 40 *Duq. L. Rev.* 127 (2001).

[2]　See *United States v. Ball*, 163 U. S. 662 (1896).

[3]　See *Stroud v. United States*, 251 U. S. 15 (1919).

却未能就其该当何种刑罚达成一致。本案因为出现程序上的严重瑕疵而再审，再审过程中，被告依旧被认定罪名成立，并被判处终身监禁。但再审还存在程序上的问题，因此本案第三次被提起审理，被告被认定罪名成立，并被判处死刑。对此，美国联邦最高法院认为根据之前其在波尔案中的相关判决，被告的宪法第五修正案权利并未受到违反，因为之前的两次审理都因为程序上的问题而被合法搁置。更为重要的是，在本案当中，美国联邦最高法院不仅肯定了波尔案的判决，还进一步提出，在合法再审过程中，法院可以判处任何合理的刑罚，至于是否比之前审理的结果更为苛重，并不是宪法考虑的问题。

第三节　小　结

死刑作为美国社会中聚讼纷纷的一个敏感社会问题，天生与美国联邦最高法院具有亲缘性。借由其独掌的司法审查机制，9 名非民选产生，与政治倾向和特定价值观有密切关系的大法官"篡夺"了本来应该由民意合法拟制机关，即立法机关享有的权利，将死刑的存废、死刑的厘定与适用、死刑的救济等全过程、全要素纳入宪法语境当中，从而为美国死刑问题的司法研究话语设定了基本的宪法语境。事实上，任何脱离了宪法语境的美国死刑问题研究，都是无法成立的。

第三章

美国死刑案件的审理程序

对于美国刑法，或者毫不夸张地说，所有美国法的理解，需要建立在宪法语境、程序法语境与证据法语境这三个前提基础上。美国刑事法的特点之一即在于其实体法与程序法的密接，而这一点被国内的学者称为"刑事一体化"。[1]事实上，相较于实体法，刑事程序法对于个案结果的影响更为直接，更具有决定性。美国法官在刑事审判过程中一直试图兼顾判决的准确性、程序的公正性、对于政府收集及使用证据的权力的限制，以及审判的效率等几大目标。[2]反之，程序对于刑事审判结果的影响也显而易见。以死刑为例，美国历史上唯一一次在全国范围内中止死刑适用的起因就在于对陪审团毫无限制地享有死刑裁量权的程序性质疑。1972年，在福尔曼案[3]当中，美国联邦最高法院大多数法官认定当时佐治亚州死刑程序法因为在死刑量刑过程中赋予陪审团较大自由裁量权而违反了美国宪法第八修正案及第十四修正案。福尔曼案后，美国各州开始反思，并重新修正其死刑成文法，特别是死刑程序法。而在这一时期，各州都没有太多可供借鉴的范本或者根据，因此，大多数州选择效法模范刑法典。模范刑法典死刑量刑范式的特征之一在于强调死刑案件定罪程序与量刑程序的分离，之所以强调这种两阶段的审理模式，主要的原因在于根据美国刑事程序法与证据规则，很多从人情或者常识角度与被告是否该当死刑相关的证据都无法在单一审理程序中被检方或者辩方提出。除此之外，还有一些州选择了另外一条改革路径，即对于特定的死刑犯罪规定了刚性的死刑适用，从而从根本上消除死

---

〔1〕 参见储怀植老师所著《美国刑法》及相关论文。——笔者注

〔2〕 See Joshua Dressler and George C. Thomas III, *Criminal Procedure: Investigating Crime*, West Publishing (2003), p. 42.

〔3〕 See *Furman v. Georgia*, 408 U. S. 238 (1972).

刑适用的任意性。[1]最终，美国联邦最高法院对于上述两种进路进行了最终选择。在罗伯特诉路易斯安那州案（*Roberts v. Louisiana*）[2]中，路易斯安那州对于一级谋杀、结果加重型强奸、结果加重型绑架及叛国罪的强制死刑适用被判违宪。1976年，美国联邦最高法院在格雷格案[3]中针对死刑量刑程序，规定了两大原则：首先，死刑量刑过程中的自由裁量权必须受到限制，必须为相关裁量权的行使建构客观标准，而这种客观标准必须可以在上诉审过程中被加以检验；其次，在死刑量刑过程中，量刑者必须将被告人的性格与相关个人信息考虑进来。在格雷格案中，佐治亚州相对宽泛，要求陪审团平衡加重情节与减轻情节的死刑程序法被认定合宪。但在后续的判例中，美国联邦最高法院又承认，州在规定死刑程序法的时候，不需要为陪审团综合评估加重情节与减轻情节提供任何衡定标准。[4]除此之外，对于所谓"准刚性死刑适用程序"，美国联邦最高法院也持一种暧昧的支持态度。[5]更有甚者，美国联邦最高法院还在斯皮吉亚诺诉佛罗里达州案（*Spaziano v. Florida*）[6]中认定宪法并未要求死刑判决一定要由陪审团作出，从而变相地否认了死刑案件被告享有陪审团量刑的权利主张。因此，正如一位美国学者所言，针对死刑量刑程序的反思与研究应该专注于如何从宪法第八修正案，特别是适当程序的角度反思如何对于死刑审理程序进行规范与限制，从而确保被告人享有宪法所保障的程序性权利。[7]

死刑案件作为一类特殊的刑事案件，其审理过程必须遵守一般的刑事程序，又因为死刑的特质性而具有不同于一般刑事程序的特点。根据学者的总结，按

---

［1］ 福尔曼案之后美国各司法区针对死刑案件的审理，出现了两种主要的量刑模式。有14个州采用了模范刑法典中列明的所谓"指导下的任意性死刑成文法"，即要求量刑者评价加重情节与减轻情节。另外一种模式是所谓的"刚性死刑成文法"，少数州规定对于某些特定的死刑犯罪，必须适用死刑。这说明，美国司法机关围绕死刑的司法适用路径产生了很强烈的分歧，主流意见认为陪审团必须考虑每个案件所涉及的单独情节，而且必须在评价这些要素的时候得到足够的指引，这样的一种做法被认为是死刑程序合宪的试金石。See Hertz & Weisberg, "In Mitigation of the Penalty of Death: Lockett v. Ohio and the Capital Defendant's Right to Presentation of Mitigating Circumstances", 69 *Calif. L. Rev.* 317 (1981).

［2］ See *Roberts v. Louisiana*, 428 U. S. 153 (1976).

［3］ See *Gregg v. Georgia*, 428 U. S. 153 (1976).

［4］ See *Zant v. Stephens*, 462 U. S. 862 (1983).

［5］ 例如，1990年，美国联邦最高法院在伯伊德诉加利尼亚州案（*Boyde v. California*）中认定州法中规定某些陪审员必须考虑的量刑情节的做法并不违反美国宪法。同年，在贝尔斯通诉宾西法尼亚州案（*Blystone v. Pennsylvania*）中，美国联邦最高法院认定要求陪审员在发现一个以上法定加重情节，同时没有发现任何减轻情节的情况下适用死刑的成文法合宪。See generally Stephen P. Garvey, "Note, Politicizing Who Dies", 101 *Yale L. J.* 187 (1991).

［6］ See *Spaziano v. Florida*, 468 U. S. 447 (1984).

［7］ See Conference: "The Death Penalty in the Twenty-First Century", 45 *Am. U. L. Rev.* 239 (1995).

照时间顺序，可以将美国死刑案件的一审程序做如下图示，见下图：[1]

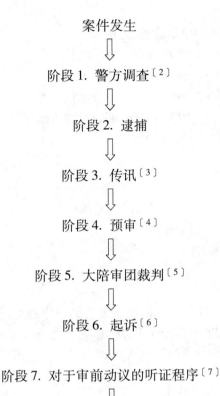

案件发生

⇩

阶段 1. 警方调查[2]

⇩

阶段 2. 逮捕

⇩

阶段 3. 传讯[3]

⇩

阶段 4. 预审[4]

⇩

阶段 5. 大陪审团裁判[5]

⇩

阶段 6. 起诉[6]

⇩

阶段 7. 对于审前动议的听证程序[7]

⇩

---

〔1〕　以下内容部分参见 http：//capitalpunishmentincontext. org/resources，最后访问日期：2011 年 10 月 10 日。

〔2〕　因为在美国死刑犯罪往往涉及震惊社会的残忍罪行，因此警方需要背负沉重的破案压力，因此，警方为了破案，往往会动用各种措施。甚至为了平息民怒，警方会围绕某个主观推断有罪的嫌疑人组织、收集证据。——笔者注

〔3〕　传讯，是所有刑事案件的最初阶段，在这一阶段，被指控犯罪的嫌疑人将被移送给司法机关，被告也将被明确告知其被起诉的罪名，也可以在这一阶段提出辩诉交易。——笔者注

〔4〕　大陪审团通常由 23 人组成，大陪审团的任期至少一个月以上，并由其决定是否对于被告提出起诉。如果确定证据确实充分，将会作出一个明确指控犯罪嫌疑人某项罪名的书面决定。——笔者注

〔5〕　预审的主要目的是来确定是否有足够的证据来证明被告人有罪。如果有足够的证据证明被告人有罪，则在这一阶段确定被告人是否提交给大陪审团。——笔者注

〔6〕　如果没有所谓大陪审团的决定，检方可以自行对于轻罪提出相关的指控，当然，这样的一种做法在某些情况下也可以适用于重罪。——笔者注

〔7〕　一般而言，这一程序主要明确案件审理过程中的重要法律问题，某些情况下，证人会出庭作证。——笔者注

阶段 8. 检方表达求处死刑的意愿〔1〕※

⇓

定
罪
阶
段
{
阶段 9. 陪审员遴选〔2〕※
阶段 10. 案情概述（开场陈词）〔3〕
阶段 11. 交叉质证
阶段 12. 观点陈述（结案陈词）〔4〕
阶段 13. 法官对于陪审团的法律指导〔5〕
阶段 14. 判决〔6〕
}

⇓

量
刑
阶
段
{
阶段 15. 受害人影响因素评估〔7〕
阶段 16. 被告人具有的加重减轻情节的评估※
阶段 17. 量刑建议〔8〕
阶段 18. 法官量刑〔9〕
}

图 5

从上述图示可见，相较于一般刑事案件的一审程序，死刑案件的审理程序在如下几个方面呈现出一定的特质性：首先，检方在定罪程序正式启动之前，需要明确表达求处死刑的意愿；其次，死刑案件陪审团的遴选过程中有不同于

---

〔1〕　在案件的审理过程中，检方明确提出，如果被告被认定有罪，将对其求处死刑。——笔者注

〔2〕　在陪审团的遴选过程中，法官或者律师决定某位陪审员候选人符合相关陪审员的资质条件，在死刑案件中，需要确定陪审员符合死刑案件审理的资格，即是否有能力考查相关的加重及减轻情节，并将其适用于具体的案件审理过程。——笔者注

〔3〕　在案件审理的最初阶段，双方律师将告知陪审团或者法官案件的大致事实情况及可能提起的相关证据。随即，检方、辩方分别就案件的事实部分提出自己的证据。一般来说，检方需要承担排除合理怀疑地证明被告的行为构成相关罪名的证据，虽然辩方一般不承担证明己方无辜的责任，但往往需要提出证据，削弱检方的观点，或者证明自己的无辜。——笔者注

〔4〕　在案件审理的最后阶段，检方与辩方都有机会结合案件的事实与法律，说服陪审团或者法官接受自己认定被告人有罪或者无罪的观点。——笔者注

〔5〕　所有上述程序结束之后，法官需要告知陪审员审理本案必须运用的法律进行说明。——笔者注

〔6〕　亦即陪审团认定是否可以排除合理怀疑地认定被告构成被指控之罪的阶段。——笔者注

〔7〕　主要在量刑过程中通过证言或者证人的方式介绍被害人及其家庭因为犯罪所受到的影响。——笔者注

〔8〕　在考察加重情节与减轻情节之后，陪审团就被告人的量刑提出建议，在死刑案件中，被告人可以选择建议对其适用死刑，或者适用终身监禁不得假释、终身监禁或者徒刑等。——笔者注

〔9〕　在考察了陪审团的量刑建议之后，法官最终正式对被告宣判。在某些州，法官必须接受陪审团的量刑建议，而在某些州，法官可以改变陪审团的量刑建议。——笔者注

一般刑事案件的特殊要求；最后，死刑量刑阶段需要评估被告人具有的加重及减轻情节。以此为出发点，可以从纵向与横向两个维度对于美国死刑的审理程序加以解析。其中，对于加重与减轻情节的评价属于案件审理的纵向阶段中需要重点考察的问题。而检方求处死刑的请求权及死刑案件的陪审团遴选程序因为涉及被告人之外的其他方面，因此姑且可以将其归于死刑案件审理程序的横向参与者这一维度当中加以反思。

第一节　美国死刑案件审理程序的纵向阶段

一、美国死刑案件的量刑：加重情节与减轻情节

从司法实践来看，在决定是否需要对死刑罪名成立的罪犯适用死刑的第二阶段，美国各司法区一般都选择由陪审团作量刑决定。[1]

具体而言，1976 年美国联邦最高法院在格雷格案[2]中认定修改后的佐治亚州死刑程序法符合宪法，自此，保留死刑各州开始纷纷效法，从而构建了当今美国死刑程序法的基本样态。以佐治亚州为代表的死刑程序法最为重要的特点之一即在于在量刑阶段，陪审团需要就与被告人相关的加重情节与减轻情节进行审查，只有具有一种以上加重情节的被告人，才可以被适用死刑。[3]加州的死刑成文法规定得更为具体。根据该州法律，如果陪审团认定被告实施了一级

---

〔1〕　也有个别州规定由法官对于死刑案件进行量刑。See Gillers，"Deciding Who Dies"，129 *U. Pa. L. Rev.* 1（1980）. 需要特别注意的是，虽然美国联邦最高法院 1984 年在斯皮吉亚诺案中认定被告人在死刑量刑阶段由陪审团量刑并不属于一种宪法性权利，但其后，美国联邦最高法院虽然在 2002 年通过林格案实际上否定了之前其在斯皮吉亚诺中作出的法官可以不顾陪审团作出的终身监禁不得假释建议独立作出死刑判决的认定，但仍然没有彻底改变被告人享有由陪审团排他性地作出死刑判决的权利。

〔2〕　See *Gregg v. Georgia*，428 U. S. 153（1976）.

〔3〕　佐治亚州修正后的死刑成文法又被称之为"综合定性体制"，换句话说，如果陪审团可以排除合理怀疑地发现一个以上法定加重情节，就可以据此判定可以对于被告人适用死刑。在此基础上，陪审团综合评价所有的相关情节证据，最终决定是否对于被告判处死刑，在这个过程中，陪审团不需要对于加重情节与减轻情节进行具体定量对比与平衡。因为佐治亚州死刑量刑模式中将法定加重情节的存在作为死刑适用的前提条件，因此，美国联邦最高法院认定这一模式能够有效地限制死刑适用的任意性，符合宪法。该州死刑成文法规定的 10 种法定加重情节包括：①被告之前曾因实施过死刑犯罪而被判刑，或者实施过其他严重犯罪；②被告所实施的本起死刑犯罪是在其实施其他死刑犯罪的过程中发生的；③被告的犯罪行为对于他人的生命安全造成了严重威胁；④被告实施犯罪的目的是为了谋取金钱或者其他财产性利益；⑤被告杀害正在执行公务的法官或者检察官；⑥被告雇凶杀人；⑦被告实施的犯罪行为涉及针对受害人所实施的丧心病狂、手段令人发指的残忍的折磨、殴打行为；⑧被告人杀害执行公务的警官、监狱看守或者消防员的；⑨脱狱者所实施的相关死刑犯罪；⑩在拘捕过程中实施死刑犯罪的。See James S. Liebman，"Slow Dancing with Death"，107 *Colum. L. Rev.* 1（2006）.

谋杀的犯罪行为，并且具有一个以上的加重情节的情况下，才可以完成死刑犯罪的定罪阶段；在量刑阶段，同一个陪审团对于犯罪人所具有的加重情节和减轻情节进行平衡，并且认定加重情节具有压倒性的情况下认定死刑成立。[1]无独有偶，纽约州的死刑成文法也规定在认定被告人一级谋杀罪名成立之后，必须单

---

[1] 加利福尼亚州死刑成文法中共规定了22种法定加重情节，为美国各司法区之最。加州刑法典规定（California Penal Code Section 190.2）：

（a）对于那些被判一级谋杀罪名成立的被告人，如果同时满足下列情节之一的，得被判处死刑或者终身监禁不得假释：

（1）谋杀行为属于被告有意为之，并且目的在于获得经济利益；

（2）被告人之前曾经被判决犯有一级或者二级谋杀罪。对于被告人在其他司法区所实施的犯罪，如果发生在加州，将会被作为一级或者二级谋杀罪的，可以被视为属于本项所规定的一级或者二级谋杀；

（3）被告人被同时判处一个以上的一级或者二级谋杀罪；

（4）实施谋杀的手段是通过隐藏在任何地点、地区、建筑物、住所或者建筑结构当中的破坏性装置、炸弹，并且被告知道，或者应该知道自己的行为将对于一个以上的人的生命构成威胁；

（5）谋杀行为的实施目的旨在避免或者抗拒合法抓捕，或者从事、意图从事从合法监禁状态脱逃；

（6）实施谋杀的手段是通过邮寄或者投送，或者试图邮寄或者投送破坏性装置、炸弹或者爆炸物的方式实施，并且被告知道，或者应该知道自己的行为将对于一个以上的人的生命构成威胁；

（7）被告人谋杀的受害人属于本法830.1，830.2，830.3，830.31，830.32，830.33，830.34，830.35，830.36，830.37，830.4，830.5，830.6，830.10，830.11，或者830.12当中所规定的执法人员，谋杀行为属于故意，被害人遇害时正在执行公务。并且被告人知道，或者应该知道被害人正在执行公务的执法人员。或者被害人属于，或者曾经属于上述条款中所规定的执法人员，因执行公务而遭遇报复被故意杀害；

（8）被告人谋杀的受害人属于联邦执法人员或联邦执法机构雇员，谋杀行为属于故意，被害人遇害时正在执行公务。并且被告人知道，或者应该知道被害人正在执行公务的执法人员。或者被害人属于，或者曾经属于上述条款中所规定的执法人员，因执行公务而遭遇报复被故意杀害；

（9）被告人谋杀的受害人属于本法245.1所界定的消防员，谋杀行为属于故意，被害人遇害时正在执行公务。并且被告人知道，或者应该知道被害人正在执行公务的消防人员；

（10）被告人谋杀的受害人是某起刑事犯罪的证人，谋杀行为属于故意，目的在于阻止其在一般刑事程序，或者青少年司法活动中出庭作证。或者受害人曾经是某起刑事犯罪的证人，因为曾出庭作证而被报复所故意杀害。而本项中所提到的所谓青少年司法程序的定义，可参见 Section 602 or 707 of the Welfare and Institutions Code；

（11）受害人是，或者曾任本州或者任何其他州，或者任何联邦检察官办公室的检察官，或者助理检察官，谋杀行为属于故意，目的在于报复，或者阻止受害人的公务行为；

（12）受害人是，或者曾任本州或者任何其他州法官，或者联邦法官，谋杀行为属于故意，目的在于报复，或者阻止受害人的公务行为；

（13）受害人是获选出任，或者受任命，出任州或者联邦政府公职的官员，谋杀行为属于故意，目的在于报复，或者阻止受害人的公务行为；

（14）谋杀手段极度凶恶、残忍、凶暴或者丧心病狂。本项所规定的所谓"凶恶、残忍、凶暴或者丧心病狂"主要指一种对于受害人造成不必要痛苦的无良，或者令人唾弃的犯罪；

（15）被告人通过截候的方式杀害被害人；

（16）被害人因为自己的种族、肤色、宗教、国籍或者原住地而被故意杀害；

（17）谋杀行为发生在被告人作为主犯或者共犯所实施的，或者试图实施的下列重罪过程当中：

独通过量刑阶段确定对其适用死刑还是终身监禁不得假释。绝大多数情况下，量刑阶段的审理必须由认定被告人有罪的同一陪审团作出。在定罪阶段，陪审团所考察的加重情节都是定罪阶段已经被排除合理怀疑地证明了的，对此，不得提出异议。除此之外，在量刑阶段，纽约州允许政府方面证明：（a）在本罪判决之前的 10 年间，被告人曾经被判两个以上的罪名成立，其中包括纽约州法所规定的 A 级或者 B 级重罪，或者在其他司法区发生，并且可能导致 1 年以上监禁刑，并且涉及使用、威胁使用致命性武器意图伤害或者杀害他人的情况。而根据纽约州的规定，如果能够证明上述情况，即可将其视为一种法定的加重情节。对此，陪审团必须排除合理怀疑地一致加以认定，同时允许控辩双方对此进行质证与反驳，检方也必须事先告知辩方自己意图提起此类证据的意愿。至于减轻情节，纽约州法律规定，辩方必须提出压倒性的证据，对于减轻情节加以证明。对此，检方只能在质证阶段对其提出证据，加以反驳。纽约州法承认的减轻情节包括：（a）被告人从未有过针对他人使用暴力的犯罪历史；（b）犯罪时被告人处于一种精神愚钝，或者因为精神障碍无法严格遵守法律的状态；（c）被告人当时处于遭人胁迫的状态；（d）被告人属于从犯；（e）被告人实施

　　（A）本法 211 或者 212.5 当中规定的抢劫罪；

　　（B）本法 207、209 或者 209.5 当中规定的绑架罪；

　　（C）本法 261 当中规定的强奸罪；

　　（D）本法 286 当中规定的鸡奸罪；

　　（E）本法 288 当中规定的针对不满 14 岁未成年人所实施的秽淫行为；

　　（F）本法 288 当中规定的口交行为；

　　（G）本法 460 当中规定的一级或者二级夜盗行为；

　　（H）本法 451 当中规定的纵火行为；

　　（I）本法 219 当中规定的颠覆列车行为；

　　（J）本法 203 当中规定的残害肢体行为；

　　（K）本法 289 当中规定的授意强奸；

　　（L）本法 215 当中规定的劫持汽车行为；

　　（M）为了证明本项（B）规定的绑架，或者（H）当中规定的纵火中的特殊情节，如果其中包括杀人的直接故意，只需要通过证明上述重罪的构成要素即可证明。这就是说，即使绑架或者纵火重罪的目的主要，或者只是用来实施谋杀，也可以采用此种证明方式。

　　（18）谋杀犯罪为故意实施，且行为手段涉及酷刑；

　　（19）被告通过投毒而故意实施杀害受害人的行为；

　　（20）受害人是，或者曾任本州或者任何其他州，或者任何联邦司法活动中的陪审员，谋杀行为属于故意，目的在于报复，或者阻止受害人的陪审行为；

　　（21）谋杀是通过从机动车当中使用武器，目的在于造成机动车之外的其他人死亡。本项当中所规定的机动车，主要参见 Section 415 of the Vehicle Code；

　　（22）被告人实施故意杀人的时候属于 186.22（f）当中所界定的帮派组织成员，而谋杀行为的目的在于实施帮派的犯罪活动。

谋杀犯罪时处于醉酒或者吸毒状态；并且（f）以及其他任何与犯罪或者犯罪人有关的减轻情节。在综合考查所有相关加重与减轻情节之后，如果陪审团能够一致排除合理怀疑地相信加重情节相对于减轻情节具有压倒性，就可以对被告人认定死刑，但必须明确对其决定产生影响的加重情节或者减轻情节。如果陪审团一致确认被告人该当终身监禁，则必须判处其终身监禁。而纽约州死刑成文法最为遭人非议的部分在于其规定，如果陪审团无法就适用死刑或者终身监禁得出一致意见，则由法官判处被告人 25 年监禁至终身监禁的刑罚，而这种规定在美国来说也算是较为另类的了。很多批评意见认为，这样的一种量刑程序缺乏逻辑，并且可能会导致被告人得到不当的宽待，因为根据这样的一种规定，被告人虽然被判处终身监禁，但仍有可能被提前假释。[1]

事实上，上述判例与成文法的核心特质即在于强调死刑量刑的具体化、个人化。这一点在与格雷格案具有同等意义的伍德森诉北卡州案（*Woodson v. North Carolina*）[2]中体现得尤为明显。在本案中，多数派法官认定量刑时，不仅要考虑犯罪事实，而且需要考虑和被告人性格、秉性以及犯罪情节相关的种种要素。伍德森案的意义在于从宪法的高度将死刑量刑的个别化固定起来。

简言之，美国死刑量刑的具体化、个别化是通过由陪审团综合考察针对被告人存在的所谓加重情节与减轻情节得以实现的。但司法实践中，针对加重情节与减轻情节的具体认定，仍然存在诸多问题。

（一）死刑量刑过程中加重情节的司法适用

任何接触过司法实践的人都会对相关事实细节的庞杂与无序感触颇深。事实上，围绕所谓加重情节的司法认定更是如此。其中，一个非常吊诡的问题是，大多数美国司法区在成文法当中都没有对于加重情节进行立法界定，而是采取列举的方式对其加以表述，同时，美国死刑案件的量刑阶段还会出现适用所谓非法定加重情节，即成文法规定之外的加重情节的情况。这就导致了在适用加重情节的过程中非常容易出现混淆。对此，美国联邦最高法院通过一系列判例对于死刑量刑过程中加重情节的司法适用进行了明确。

1. 死刑成文法中的加重情节规定应该尽可能明确，避免模糊。1980 年，美国联邦最高法院在古德佛瑞诉佐治亚州案（*Godfrey v. Georgia*）[3]中认定佐治亚州死刑成文法中对于加重情节的规定违反宪法。该州法律规定，如果陪审团可

---

〔1〕 See Deborah L. Heller, "Death Becomes the State: The Death Penalty in New York State——Past, Present and Future", 28 *Pace L. Rev.* 589 (2008).

〔2〕 See *Woodson v. North Carolina*, 428 U. S. 280 (1976).

〔3〕 See *Godfrey v. Georgia*, 446 U. S. 420 (1980). 本案的被告古德佛瑞（Godfrey）醉酒后与妻子发生口角，后者起诉离婚，古德佛瑞随后持枪前往其岳母家，枪杀了岳母及妻子。

以排除合理怀疑的认定某项犯罪"因为涉及对于受害人进行折磨或者丧心病狂的殴打，因而十分残暴或者恣意卑劣"（Outrageously or wantonly vile, horrible or inhuman in that it involved torture, depravity of mind, or an aggravated battery to the victim），即可判处被告人死刑。对此，联邦最高法院多数派法官认为，这样的一种规定因为语焉不详，较为模糊，因此并没有充分限制陪审团量刑的任意性，故判定其违反宪法第八修正案及第十四修正案。值得一提的是，在多数派意见中，有法官质疑本案被告古德佛瑞的行为与其他没有被判处死刑的一般杀人行为区别不大。而这也暗含了笔者前文所提到的死刑量刑过程中法定加重情节的模糊性问题。陪审团在审理本案时似乎将案件性质本身作为了一种加重情节加以考虑。8 年后，美国联邦最高法院在梅纳德诉卡特里特案（Maynard v. Cartwright）[1]中对于这一问题进行了进一步明确。在本案中，俄克拉荷马州的一个陪审团认定被告的犯罪行为符合两个法定加重情节，其中一个就认为被告人的犯罪行为"穷凶极恶，极端残忍"（Especially heinous, atrocious, or cruel）。对此，美国联邦最高法院认定此种法定加重情节因为太过模糊而违反宪法。在其看来，类似于这样的规定违反了福尔曼案以降试图通过明确死刑成文法，限制陪审团量刑自由裁量权的初衷，容易造成陪审团量刑阶段的自由擅断。事实上，俄克拉荷马州死刑成文法中的类似规定与之前美国联邦最高法院通过古德佛瑞案所否定的佐治亚州死刑成文法没有实质性区别。虽然诸如上面提到的佐治亚州与俄克拉荷马州死刑成文法因为对于加重情节规定得过于模糊而被判违反宪法，但一个无法否认的事实却是语言的特征之一即在于其本身所具有的模糊性，换句话说，只要存在语言，就一定会存在所谓模糊性的问题。也正是基于这样的一种前提，美国联邦最高法院在阿伍诉格里奇案（Arave v. Creech）[2]中对于加重情节的立法设定标准进行了明确。在本案中，控辩双方争议的焦点在于爱达荷州死刑成文法中所规定的法定加重情节"谋杀行为本身，或者与其相关的情节所表明的行为人针对他人生命的毫不在意"（Utter disregard for human life）。对此，美国联邦最高法院认定，爱达荷州死刑成文法中所规定的"对他人生命的毫不在意"这一法定加重情节本身符合宪法。在本案中，美国联邦最高法院明确提出，死刑成文法，尤其是法定加重情节必须符合"明确且客观的标准"（Clear and objective standards），从而为陪审团的死刑量刑提供明确且具有操纵性的指

---

〔1〕 See *Maynard v. Cartwright*, 486 U. S. 356（1988）。本案中，一位被一对夫妇炒鱿鱼的前雇员，进入该夫妇的家中，先是向女受害人连开两枪，随即枪杀了男主人，再反过来用刀将女性受害人的喉咙割断，并连续两次用刀剌击该受害人。

〔2〕 See *Arave v. Creech*, 507 U. S. 463（1993）。本案中，格里奇（Creech）本为正在服刑的重罪罪犯，后其在监狱当中残忍地杀害了一名狱友。

导，限制其自由裁量权。对于何谓"明确且客观的标准"，可以将其理解为三步走的判断方式。首先，法定加重情节本身是否含混、模糊，语焉不详；其次，如果法定加重情节较为模糊，立法机构是否对此进行过立法解释；最后，此种立法解释是否充分。

2. 非法定死刑加重情节的司法适用。除了上述法定加重情节之外，美国死刑适用过程中还会出现所谓的非法定加重情节，检方可以在庭审过程中提出某些作为死刑判决基础的和被告本人相关的要素。允许检方提出所谓的非法定加重情节理由似乎较为简单，因为成文法的概括性、事后性与固定性都无法涵盖具体犯罪发生过程中可能出现的具体情况。因此，允许在死刑量刑阶段适用非法定加重情节实际上可以通过给量刑者提供关于被告本人的信息来满足量刑的个性化。司法实践中最为常见的非法定加重情节主要指所谓人身危险性，即被告人对于社会未来可能造成的危险性。[1]对此，美国联邦最高法院也通过1976年的杰里克案[2]加以肯定。阿拉巴马、加利福尼亚、佐治亚、伊利诺斯、路易斯安娜、密苏里、蒙大拿、内华达、新墨西哥、北卡罗莱纳、俄亥俄、宾夕法尼亚、南卡罗莱纳以及犹他州都允许将人身危险性作为死刑量刑阶段的非法定加重情节。除此之外，亚利桑那州和佛罗里达州允许被告人主动提交能够证明自己缺乏人身危险性的证据，并将其作为减轻情节加以考量。在司法实践中，对于所谓人身危险性，主要通过被告人所实施的暴力威胁的证据，持续使用暴力的证据，使用武器的证据，以及能够证明被告人具有较低的教化可能、缺乏悔意、在假释的时候从事不端行为以及被告的精神状态等加以判断。[3]

(二) 死刑量刑过程中减轻情节的司法适用

和死刑量刑过程中加重情节所遇到的问题类似，减轻情节本身也面临着认定过程中存在模糊情况的困境。根据1994年加利福尼亚州以大学生为摹本所做的调查，只有不到一半的模拟陪审员可以解释什么是减轻情节。[4]1978年，通

〔1〕 从立法角度来看，虽然像德克萨斯州、弗吉尼亚州将人身危险性作为死刑适用的前提条件，但很多州，如爱达荷、俄克拉荷马以及怀俄明等州通过立法，明确将被告人的人身危险性作为死刑案件的加重情节。另外还有一些州，如科罗拉多、马里兰以及华盛顿州规定了所谓"反向"的法定加重情节，即明确将缺乏人身危险性规定为死刑量刑的减轻情节。See William W. Berry III, "Ending Death by Dangerousness A Path to the De Facto Abolition of the Death Penalty", 52 *Ariz. L. Rev.* 889 (2010).

〔2〕 See *Jurek v. Texas*, 428 U. S. 262 (1976).

〔3〕 See David J. Novak, "Trial Advocacy: Anatomy of a Federal Death Penalty Prosecution: A Primer for Prosecutors", 50 *S. C. L. Rev.* 645 (1999).

〔4〕 See Craig Haney & Mona Lynch, "Comprehending Life and Death Matters: A Preliminary Study of California's Capital Penalty Instructions", 18 *Law & Hum. Behav.* 411 (1994).

过罗凯特诉俄亥俄州案（*Lockett v. Ohio*）[1]，美国联邦最高法院明确了死刑量刑过程中对于减轻情节考察的基本原则。在本案中，俄亥俄州针对谋杀的结果加重犯规定了强制适用的死刑，并规定此种强制性死刑适用仅在法定的三种减轻情节存在的情况下才可以不适用。美国联邦最高法院认定俄亥俄州的上述立法因为对于死刑量刑阶段的减轻情节进行立法限制，因此违反了宪法第八修正案及第十四修正案。在此基础上，美国联邦最高法院进一步明确，美国宪法第八修正案及第十四修正案要求死刑的量刑者，除极特殊情况外，在所有死刑案件的量刑过程中，不得排除任何被告人所提出的用来减轻刑罚的性格或者犯罪事实等减轻情节。在本案中，因为俄亥俄州死刑成文法不允许陪审团考察法定减轻情节之外的与被告人有关的其他减轻情节，因此可能导致死刑适用的不适当。10年后，美国联邦最高法院通过米尔诉马里兰州案（*Mills v. Maryland*）[2]，对于减轻情节的适用标准进行了明确，即对于死刑案件中减轻情节的认定，不需要陪审团达成一致，也不需要排除合理怀疑地加以证明。

综合来看，在司法实践当中，未成年[3]、积极服刑改造[4]等都在某种程度上可以被用来作为死刑案件审理过程中的减轻情节。事实上，在希区柯克诉达格案（*Hitchcock v. Dugger*）[5]中，美国联邦最高法院已经明确，死刑案件审理阶段减轻情节不应被局限在法定减轻情节的范围内。

有学者批判，美国现行的死刑量刑模式存在如下几点致命缺陷：首先，法官没有对于陪审团进行明确的法律指导，从而使其充分地认定以及理解减轻情节，从而违反了美国联邦最高法院在福尔曼案的相关判决；其次，目前美国死刑案件的量刑阶段允许，甚至纵容不适当的加重情节的适用，从而违反了美国联邦最高法院在赞特案中的相关判决；最后，目前死刑量刑过程当中大量使用成文法规定之外的加重情节，从而违反了美国联邦最高法院在罗凯特案当中的判决。事实上，对于某些较为模糊的情节，其究竟是可以作为减轻情节，还是

---

〔1〕　See *Lockett v. Ohio*, 438 U. S. 586 (1978). 本案的被告被怂恿参与武装抢劫，并担任实行犯的接应者，后因为实行犯的抢劫行为导致了他人的死亡结果，因此被控谋杀罪，并被求处死刑。

〔2〕　See *Mills v. Maryland*, 486 U. S. 367 (1988). 在本案中，一名在马里兰州服刑的罪犯因为谋杀自己的狱友而被判处谋杀罪名成立。该名罪犯认为马里兰州的死刑量刑程序违反宪法，因为根据该州法律，如果陪审团无法就某一具体减轻情节达成一致意见，即使某些陪审员承认存在减轻情节，也仍然要求对其适用死刑。

〔3〕　See *Johnson v. Texas*, 509 U. S. 350 (1993).

〔4〕　See *Skipper v. South Carolina*, 476 U. S. 1 (1986).

〔5〕　See *Hitchcock v. Dugger*, 481 U. S. 393 (1987)

作为加重情节存在的可能性是模糊的。[1]

二、美国死刑案件的上诉阶段

一般而言，美国司法实践中的上诉程序十分复杂，而这一点在死刑案件的审理过程当中体现得更为明显。美国死刑案件的审理记录往往超过3000页，控辩双方的争议事项可能会数以十计。因为死刑案件的重要性、复杂性，一方面，美国死刑案件的上诉是法定的必然程序；另一方面，因为死刑上诉一般历时较长，可能会导致出现诸多问题。[2]

以德克萨斯州死刑上诉程序为例，从发展顺序来看，如果陪审团认定某人死刑罪名成立，并且判处其死刑，可能会导致出现两个结果。首先，被判处死刑的罪犯可以在发现新的事证的情况下，在一审判决作出30日内申请再审；其次，如果不申请再审，被判处死刑的罪犯必须向德州的最高刑事法院提出上诉，在上诉过程当中，和原审一样，地区检察官作为州的代表出席。[3]目前，德州为了加快程序，提高效率，采取了一种所谓的整合模式，即死刑案件的强制上诉程序与人身保护程序同时进行。在强制上诉过程中，上诉人只能根据案件记载范围内的法律问题进行主张，而不能提出一审范围之外的事实。但在人身保护程序当中，申诉方可以就案件审理的公平公正性提供新的证据：例如，辩护律师在审理过程中表现是否适当，检方是否隐藏了关键物证，陪审团的行为是否不当，等等。这些问题显然必须通过新的事实才能加以验证。例如，如果律师经过调查发现，检方没有提供一名关键证人曾经说谎的证据，那么就可以因此启动人身保护程序。[4]

一般而言，上诉审是程序审，即上诉法院不倾向于接触案件的实质部分。但事实是否确实充分，亦即司法机关是否在作出有罪判决时提出了足够的证据，一直是死刑案件审理过程中一个必须面对、无法回避的问题。对此问题，德州刑事上诉法院通过一系列判例认定自身有权力在包括死刑案件在内的刑事案件中对事实的充分性进行考察。

从反思的角度来看，对于德州，或者类似于德州的死刑上诉程序，存在不

---

[1] See Joshua N. Sondheimer, "A Continuing Source of Aggravation: The Improper Consideration of Mitigating Factors in Death Penalty Sentencing", 41 *Hastings L. J.* 409 (1990).

[2] See S. Adele Shank, "The Death Penalty in Ohio: Fairness, Reliability, and Justice at Risk——A Report on Reforms in Ohio's Use of the Death Penalty Since the 1997 Ohio State Bar Association Recommendations Were Made", 63 *Ohio St. L. J.* 371 (2002).

[3] See Guy Goldberg & Gena Bunn, "Balancing Fairness & Finality: A Comprehensive Review of the Texas Death", 5 *Tex. Rev. Law & Pol.* 49 (2000).

[4] *Brady v. Maryland*, 373 U. S. 83 (1963). 转引自 Andrea Keilen and Maurie Levin, "Moving Forward: A Map for Meaningful Habeas Reform in Texas Capital Cases", 34 *Am. J. Crim. L.* 207 (2007).

同的批评意见。其中一种观点就是认为死刑审理十分容易出现错误，而冗长的上诉程序让所有的错误都可能暴露无遗，从而事实上使得所有死刑判决在上诉阶段都被推翻。其他的一些人认为基于种种考量，上诉审法官一般不愿推翻死刑，从而造成死刑上诉程序往往流于形式。[1]

第二节　美国死刑案件审理程序的横向变量

一、美国死刑适用过程中的检方

检方在死刑案件中所起的作用是显而易见的，在某种程度上，检方的自由裁量权成为决定被告人生死的最为重要的因素。然而，当检方的自由裁量权受到某种非法要素的不当影响——如检察官的种族偏见、地方政治的干预、对于个人地位或者金钱利益的贪婪等——如何对于死刑案件中检方的自由裁量权加以限制与规范就成为一个非常现实，同时又非常重要的问题。[2]

一般而言，地方检察官在行使求处死刑的自由裁量权时主要考虑如下两点因素：首先，相关犯罪的具体情节，尤其是针对犯罪公众的一般法情感。如果罪行十分残忍，或者公众对于犯罪感到极度反感，如涉及多名受害人、杀人过程中还实施了强奸及其他重罪、滥杀无辜或者陌生人等案件，检方都容易对其实施者求处死刑。其次，求处死刑成功的概率。换句话说，检方需要综合考察已有证据的合法性与结论性。因为预算有限，加之对于个人政治前途的考量，地方检察官一般很担心自己会在死刑案件中落败，同时担心死刑上诉所引起的媒体关注和严格审查。因此，其往往会将有限的资源集中在少数最有可能获胜的案件，对其求处死刑。[3]在综合考量上述两点要素之后，如果检察官决定对被告人求处死刑，还需要履行特定的程序。以联邦地区检察官办公室求处死刑

〔1〕 See David Blumberg, "Habeas Leaps from the Pan and into the Fire: Jacobs v. Scott and the Antiterrorism and Effective Death Penalty Act of 1996", 61 *Alb. L. Rev.* 557 (1997).

〔2〕 例如在福尔曼案恢复死刑适用之后，德克萨斯州达拉斯县地区检察官办公室仅在1起死刑案件中败北，而导致其在死刑案件的起诉中几乎百战百胜的武器就在于为了胜诉不择手段，甚至包括故意干扰辩方提出减少被告可责性的证据，唆使证人作伪证等。在这些检察官看来，如果能够确认被告实施了杀人犯罪，那么用什么手段将其送上绞刑架就成为一个不是问题的问题。See Brent E. Newton, "A Case Study in Systemic Unfairness: The Texas Death Penalty", 1973~1994, 1 *Tex. F. on C. L. & C. R.* 1 (1994).

〔3〕 See Guy Goldberg & Gena Bunn, "Balancing Fairness & Finality: A Comprehensive Review of the Texas Death Penalty", 5 *Tex. Rev. Law & Pol.* 49 (2000).

的步骤为例[1]，基本上需要遵循如下三个步骤：首先，地方检察官办公室或者地方死刑检查委员会决定对于被告求处死刑；其次，将这一决定送交美国联邦总检察长办公室死刑检查委员会加以审查；最后，美国联邦总检察长对于是否对该被告人求处死刑的最终决定。[2]

和上诉问题相关的另外一个问题还在于检方是否应该在事先将求处死刑的意愿告知辩方。对此，在美国各司法区曾经出现过相关论争。例如，有人曾针对伊利诺斯州死刑成文法提出违宪指控，认为该州死刑成文法因为没有规定检方应该事先告知对于被告求处死刑的决定，因此剥夺了被告应该享有的宪法第十四修正案所规定的适当程序权。伊利诺斯州最高法院认为，适当程序是具有灵活性的，因此检方告知辩方求处死刑的具体时间与被告所享有的适当程序之间没有必然联系。[3]

应该承认，除了检方在求处死刑问题上作出的决定之外，在死刑适用过程中，检方还会通过遴选陪审员、交叉质证等具体手段执行其求处死刑的决定，限于篇幅，这一部分内容可参见本书相关部分的论述。

二、美国死刑案件审理过程中的律师

在很大程度上，辩护律师在死刑案件中发挥的作用是独一无二的。死刑辩护律师需要调查案件事实和与案件有关的法律，需要遴选陪审员，需要在陪审团面前作开篇立论和总结陈词，提出和反驳实体证据，询问及交叉询问证人，满足陪审团审理案件的其他要求。死刑案件对非死刑案件中初审律师的角色增添了一些重要且独特的标准和要求。辩护律师一开始介入案件，注意力就要集中在两个方面，即为定罪阶段和量刑阶段作准备。在死刑案件中，辩护律师在有罪判决后必须准备完整的"第二次审判"以决定当事人的生死。因此，辩护律师和对这种努力持批判态度的减刑专家一起工作是非常普遍的现象。另一个几乎是死刑案件特有的方面是律师必须不断地考虑真正死刑判决之前的每一步

---

〔1〕 美国联邦司法部一般认为死刑案件具有地方属性，因此，一般应该由案发所在州的司法系统来加以处理。在相关的工作规范当中，联邦检察官只有在对于特定案件求处死刑所能达成的联邦利益超过州或者地方的利益的时候才可以对于该被告求处死刑。在衡量联邦利益与州或者地方利益的时候，需要考量如下三点要素：（A）死刑起诉中能够在多大程度上体现州的利益；（B）犯罪在多大程度上超越了地方的司法管辖范围；（C）相关州对于该被告人求处死刑的意愿与能力。

See David J. Novak, "Trial Advocacy: Anatomy of a Federal Death Penalty Prosecution: A Primer for Prosecutors", 50 *S. C. L. Rev.* 645 (1999).

〔2〕 See Kevin McNally, "Race and the Federal Death Penalty: A Nonexistent Problem Gets Worse", 53 *DePaul L. Rev.* 1615 (2004).

〔3〕 See Daniel S. Reinberg, "The Constitutionality of the Illinois Death Penalty Statute: The Right to Pretrial Notice of the State's Intention to seek the Death Penalty", 85 *Nw. U. L. Rev.* 272 (1990).

的结果。在陪审团的挑选开始，被告人被判死刑之前，有希望成为陪审员的人会被仔细地询问对死刑的看法。控辩双方律师都已经为死刑辩论做了准备，所以陪审团的选择对审判阶段的结果是十分关键的。定罪阶段的证据出示和质证与量刑有关联，所以在定罪阶段，整个辩护技巧的设计旨在为量刑提供帮助。所有这些因素都表明，死刑案件中辩护律师的关键责任就在于一边关注时间，一边关注被告人最终是否应该被判死刑。[1]

美国死刑案件审理过程中一个经常遭人诟病的现象即在于死刑辩护过程中律师提供的法律服务质量不高的问题。导致这种情况出现的原因十分简单，一方面，死刑案件的审理程序及审后程序十分复杂，需要十分专业的律师付出大量时间、精力，需要大量的资源与金钱；另一方面，大量死刑案件的被告都经济拮据，根本无力支付高昂的律师费用。[2]以德克萨斯州为例，根据相关学者的

---

〔1〕　See Victor L. Streib, "Standing Between the Child and the Executioner: The Special Role of Defense Counsel in Juvenile Death Penalty Cases", 31 *Am. J. Crim. L.* 67 (2003).

〔2〕　一位曾代理死刑案件的知名律师曾如此回忆，"我的当事人1947年生于马萨诸塞，后被人收养，早年一直是一个问题儿童。他先后被判过27项罪名成立，其中包括盗窃、贩毒、攻击、私藏武器、轻率驾驶等。在我第一次看到他时，他37岁，是爱达荷州矫正机构的第18362号犯人，正在等待被执行死刑。我是他的现任律师，1985年我第一次在监狱会见了我的当事人。他体重300磅，呼吸困难，身带脚镣手铐，努力不让手捧一箱文件的自己失去平衡，而其所说的话也都是市井俚语，他的胳膊上纹着一只竖起的中指，旁边是大大的'Fuck You'二字。他一直在竭力掩饰自己的绝望，仿佛整个世界都是他的敌人，不仅自己的同伙背叛了自己，警官、检察官、法官甚至之前的律师也和自己过不去。他不希望再有任何律师为自己辩护。我一直在听他大放厥词，而其我发现自己并不喜欢他。我是来自纽约的律师，极少出庭辩护，更从来没有接手过死刑案件。我之所以同意我免费为他辩护的理由是因为我相信宪法当中的相关理念。当时很多州甚至对于没有律师辩护的人也判处死刑。或许对于我的当事人而言，我只是另外的一个会出卖他的律师而已。或许，只有在这种情况下，一位毕业于常青藤名校法学院的新人才可能被看做是会从事出卖行为的人。我告诉自己并不一定要喜欢这名当事人。然而，即使从来没有研究易变的死刑理论，我却丝毫不怀疑我可能是他人生当中的最后一个机会。但那个时候我并没有想到的是，在为这个愤怒的人辩护之后的16年当中，他会丰富我的生活并且成为我的一个朋友。无论当时我对我的当事人印象为何，我都分明能够感觉到自己将输掉这个死刑案件的挫败感，目睹自己的当事人被处死的无能为力的感觉。这样的一种担心经常在某些特别的时候来袭：在纽约地铁的人群当中、在中央公园漫步的时候、在和朋友在康涅狄格州共进午餐的时候、在晚上讨论公司法律问题的时候，等等。随着死刑执行期限的日益迫近，似乎诉诉的希望变得愈发渺茫，我自己对于美国司法体系存在的意义是为了维持公正的理念也在发生着动摇。我甚至认为我担任辩护律师的唯一作用仅仅是为爱达荷州处死的我的当事人提供形式合法性，如果没有我的介入，或许可以让爱达荷州的死刑执行显得更加难看。我越来越感觉到自己仿佛也成为一场杀人事件的直接参与者。我当时供职于一家世界级的律师事务所，从事的业务也几乎全部集中于不动产及金融，而非刑事案件，更遑论死刑案件的辩护了。因此，最开始我所供职的律师事务所并不支持我接手这起死刑辩护，甚至连我的父母也对我是否有能力处理刑事案件表示怀疑。而我在的律师事务所最开始的时候是反对我接手这样的案件的，理由很简单，我们律师事务所从不代理刑事案件，因此应该对于时间加以最大化利用，为律师事务所赚取最大化的利益。虽然经过争取，律师事务所的

调查，有大约 75% ~95% 的死刑被告人没有经济能力雇佣律师，因此需要法院为其提供免费的指定律师。而这个数字在死刑审后程序当中几乎可以达到 100%。[1] 上述两种因素共同作用的结果就导致律师在死刑案件的审理过程中往往无法提供高质量的法律服务。于是，在死刑案件的审理过程中，出现睡着或者喝醉了的律师，出现出庭前不做任何准备的律师，出现在庭审过程中噤声不语的律师，出现仅用一天就将死刑案件的陪审员遴选完毕的律师，以及出现在死刑量刑阶段不提出任何可能对于被告人有利的律师就显得再正常不过了。[2]

（一）死刑案件代理律师的遴选资格

因为死刑案件事关生死，且往往案情复杂，因此，对于代理律师的职业素质与执业经验也往往要求较高。即使法院对于经济拮据的死刑被告人所指定的律师，也必须满足特定的要求。对此，美国各司法区，甚至各司法区内部都做出了具体规定。例如，德克萨斯州达拉斯县规定，只有具备如下三个条件的律师才可以被法院指定担任死刑案件的辩护律师：其一，担任死刑案件的代理律师必须有 5 年以上代理严重刑事案件的执业经历；其二，在达拉斯县境内代理死刑案件的律师必须参加由该县法院组织为期 3 天的专门培训；其三，通过专门的执业资格测试。在另外的塔伦特县，如果要在死刑案件当中获得担任首席或者次席律师的资格，相关方必须满足如下的条件：其一，该律师必须具有德州或者其所执业的司法区所要求的律师资格；其二，该律师必须熟悉德州刑法；其三，该律师必须接受持续且十分严格的死刑辩护训练。除此之外，被指定担任死刑案件首席律师的人需要有 10 年以上刑事辩护经历，同时具备德州特殊法律事务委员会所出具的刑事案件执业资格的证明。因此，在塔伦特县，能够被法院指定担任死刑案件首席辩护律师的人必须具备相当丰富的刑事辩护经验，并且至少有一次曾担任过死刑案件辩护律师的经历。对于死刑审理阶段担任辅助作用的次席律师，以及代理上诉等审后程序的律师，要求相对宽泛，仅需要具备 5 年以上刑事辩护经历，并且对于担任第二律师或者上诉律师的要求则相比

执行委员会最终同意我的代理请求，但没有人，包括我在内，能够预想案件的诉讼过程会如此漫长，如此困难。从 1985 年接手案件一直到 2001 年案件终结，我从来没有后悔过。我很快就发现我不能自己单枪匹马地处理这起案件，在这 16 年当中，我所在律师事务所的大量律师都关注，并且帮助我代理本案。我在这个案件上花费了上千小时，放弃了夜晚和周末。年复一年，花费了大量的金钱，如果没有这样的一种无声的、毫不附带条件或者代价的帮助，以及那些受到 NAACP 法律辩护资金资助的律师的支持，我的当事人很有可能已经早就被执行死刑。" See Edwin Matthews, Jr. , "Death Penalty Symposium: Essay: What Justice Takes", 35 *U. Tol. L. Rev.* 625 (2004).

〔1〕 See Brent E. Newton, "A Case Study in Systemic Unfairness: The Texas Death Penalty, 1973 ~ 1994", 1 *Tex. F. on C. L. & C. R.* 1 (1994).

〔2〕 See Paul Calvin Drecksel, "The Crisis in Indigent Defense", 44 *Ark. L. Rev.* 363 (1991).

之下显得较为宽泛。这些律师必须有 5 年的刑事案件辩护经历，并且有处理重大疑难刑事案件的实际经验。[1]

（二）死刑案件代理律师执业情况的认定标准

由于司法资源的相对有限性，法院往往无法为死刑案件的被告聘请高质量的专业律师，也因此导致了很多问题的出现。很多当事人以政府指定律师表现不专业，甚至出现错误为由，要求推翻已决的死刑判决。对此，1984 年，美国联邦最高法院在斯蒂克兰德案[2]中，将宪法第六修正案规定被告享有律师辩护权的目的解读为确保审判公平，这也是为什么法庭需要为无力聘请律师的被告人指定辩护律师的原因。但律师本身的存在与否并不是宪法第六修正案的终极目的，换句话说，刑事案件中被告人所聘请的，或者法庭为其指定的律师必须具有能够与检方进行有效对抗的经验与能力。

因此，美国联邦最高法院通过本案，为评价被告人主张刑事辩护律师所提供的法律服务无效是否成立设定了两项客观评价标准：首先，被告必须证明律师的表现是存在重大缺陷的，因为没有完成宪法第六修正案对于律师职能的预期。其次，律师表现过程中出现的"重大缺陷"剥夺了被告享有公平审判的权利。只有在同时满足上述两个条件的情况下，被告人因为律师表现不力质疑自己所受死刑的正当性的主张才有可能被法院所支持。司法实践中，对于何谓"重大缺陷"必须依照客观理性标准加以判断，这意味着除非有客观且具有说服力的证据，否则美国法院一般推定律师的执业表现是符合相关要求的。在很大程度上，这样一种客观理性标准并未明确规定律师必须履行的特定辩护义务或者应该采取何种特定的辩护技巧，而是尊重律师在面对复杂的具体案情时应该享有的高度自由裁量权。但这并不意味着律师可以为所欲为，相反，律师必须承担合理决定是否进行调查，或者不进行特定调查的义务。在冗长的死刑案件审理过程当中，提起公诉的政府律师与辩护律师都有犯错的可能，因此，错误是不可避免的，也是必须接受的。换句话说，宪法保障刑事案件，特别是死刑案件中的被告人获得较为具有能力的律师代理其诉讼的权利，但并非保障其获

---

　　[1]　See Guy Goldberg & Gena Bunn, "Balancing Fairness & Finality: A Comprehensive Review of the Texas Death Penalty", 5 *Tex. Rev. Law & Pol.* 49 (2000).

　　[2]　See *Strickland v. Washington*, 467 U. S. 1267 (1984). 本案中，斯蒂克兰德在 10 年期间，作恶多端，实施过 3 起非常残忍的重罪谋杀、绑架及谋杀未遂。斯蒂克兰德对于自己的罪行供认不讳，并且与检方达成了诉讼交易，但辩称自己是因为无法供养自己的家人而遭受巨大的精神压力，不得已才从事犯罪。在庭审过程当中，他不顾辩护律师的反对，决定放弃陪审团量刑，由法官对其刑罚进行厘定。进入量刑阶段之后，辩护律师因为自己的当事人已经认罪，故仅仅提交了斯蒂克兰德遭受巨大精神压力这一减轻情节，并没有要求对于被告人进行精神状况评估，并没有提出任何其他的减轻情节。最终斯蒂克兰德被判处死刑，并以辩护律师提供辩护服务不力为由申请人身保护令。

得完美辩护的权利。[1]例如，在维金斯诉史密斯案（*Wiggins v. Smith*）[2]中，美国联邦最高法院认定，如果辩护律师没有有效地调查被告人儿童时期的不幸遭遇，就可以认定为构成了辩护过程中的"重大缺陷"。

三、美国死刑案件审理过程中的陪审团

在美国，陪审制度与其说是一种刑事司法体制，倒不如说是一种政治体制。美国的创建者痛感英国殖民时期不堪的历史回忆，坚持将被告人享有受陪审团审判的权利规定在宪法当中，旨在以此保护刑事被告人免受栽赃陷害，预防、限制法官的恣意擅断。但从本质上来说，宪法起草者希望借由陪审团防止联邦或者地方检方、法官甚至立法者沆瀣一气，陷害政治上的异议者。[3]这一点在当前体现得尤为明显，随着时间的推移，美国立法、行政、司法等权力机关都在试图削减陪审团所拥有的权力，从而扩展自己的权力空间，因此，目前陪审团在刑事案件中的审理频率与重要性都处于边缘的状态。[4]2008年，美国约有96.3%的刑事案件是通过辩诉交易，而非陪审团解决的。[5]

虽然陪审团在美国刑事司法当中的作用日益式微，但几乎所有的死刑案件却又都是由陪审团进行定罪量刑，在某种意义上，陪审团对于美国死刑案件的具体审理结果所产生的作用是具有决定性的，例如，陪审团有权选择是否应对被告适用死刑还是适用终生监禁不得假释[6]，并且陪审团选择适用死刑的原因也往往会出现背离宪法目的的情况。[7]因此，考察陪审团对于美国死刑发挥影响的作用机制与影响要素，就成为理解美国死刑适用的重要方面。

（一）死刑案件陪审团的遴选及其宪法意义

因为在死刑案件的审理过程当中，陪审团肩负认定被告罪名成立及是否适

---

[1] See Guy Goldberg & Gena Bunn, "Balancing Fairness & Finality: A Comprehensive Review of the Texas Death Penalty", 5 *Tex. Rev. Law & Pol.* 49 (2000).

[2] See *Wiggins v. Smith*, 539 U. S. 510 (2003).

[3] See Rachel E. Barkow, "Recharging the Jury: The Criminal Jury's Constitutional Role in an Era of Mandatory Sentencing", 152 *U. Pa. L. Rev.* 33 (2003).

[4] See William G. Young, "Vanishing Trials, Vanishing Juries, Vanishing Constitution", 40 *Suffolk U. L. Rev.* 67 (2006).

[5] See Douglas A. Berman, "Originalism and the Jury: Article: Making the Framers' Case, and a Modern Case, For Jury Involvement in Habeas Adjudication", 71 *Ohio St. L. J.* 887 (2010).

[6] See *Simmons v. South Carolina*, 512 U. S. 154 (1994). 美国联邦最高法院在西蒙斯诉默卡罗莱纳州案（*Simmons v. South Carolina*）中明确，在死刑案件的量刑过程中，陪审团应该被告知是否可以选择判处被告终身监禁不得假释。对此，联邦适当程序条款禁止政府律师以及审理法官误导陪审团。

[7] 据统计，在约160起死刑判决当中，有35名黑人被告被全部由白人组成的陪审团判处死刑。See Richard L. Wiener, "The Death Penalty in the United States: A Crisis of Conscience", 10 *Psych. Pub. Pol. and L.* 618 (2004).

用死刑的重大责任，并且需要对于案件事实，特别是证据进行考察，因此保证死刑案件由尽可能公正的陪审员进行审理就成为适用陪审团对于死刑案件进行审判的前提条件。

从美国司法实践来看，确保陪审员能够在死刑案件审理过程中保持相对公正的目的是通过正向（遴选）与负向（排除）两种措施来加以保障实现的。当然，陪审员的遴选过程与排除过程实际上是同时进行的，而且对于特定陪审员的排除也成为陪审员遴选机制的实质内涵。一般而言，审理死刑案件的美国法院允许控辩双方在审前陪审团遴选阶段通过特定的测试标准对于陪审员候选人加以排除。[1]当然，对于陪审团遴选程序的最终决定权取决于控辩双方及法官，同时，陪审团遴选程序需要满足如下几点要求：首先，考察陪审员候选人的总体背景与其对于死刑的一般看法；其次，陪审员的遴选标准应该尽量客观统一；最后，应该由法官，而不是控辩双方来主导陪审员的遴选过程，从而避免当事方通过选择陪审员来对案件审理结果事先进行不当干预。[2]

概况来说，目前美国死刑司法实践当中围绕排除陪审员候选人正当性的争论主要集中在两点，即所谓针对陪审员主观态度的排除，及针对陪审员客观特征的排除。[3]

1. 基于陪审员候选人对于死刑态度而进行的排除。显而易见，陪审员候选人对于死刑的信念很有可能影响其在死刑定罪量刑过程所作出的具体判断，因此，美国联邦最高法院明确承认，在陪审员遴选过程中需要对候选人对于死刑的态度进行考察，并且通过一系列判例建构起这样一种理念，即如果陪审员候选人的个人信念可能妨碍其在死刑案件的审理过程中公平地发挥作用，即可以在陪审员遴选过程中对其加以排除。

在1968年审结的维泽斯普恩案[4]中，美国联邦最高法院明确一项伊利诺斯州成文法中授权检方可以将任何表达对于死刑某种程度反对意见的候选人加

---

〔1〕　See David J. Novak, "Trial Advocacy: Anatomy of a Federal Death Penalty Prosecution: A Primer for Prosecutors", 50 *S. C. L. Rev.* 645 (1999).

〔2〕　1963年德克萨斯州达拉斯县检察官培训手册当中指出，"无论犹太人、黑人、墨西哥人或者其他任何少数族裔多么富有，或者受到过多好的教育，都不要选择其担任陪审员。"虽然这样的一种书面指导意见已经被废止，但不可否认，仍然有大量的检察官秉承这样一种理念来排除少数族裔陪审员候选人。参见 Richard C. Dieter, "Blind Justice Juries Deciding Life and Death with Only Half the Truth", 载 www. deathpenaltyinfo. org/BlindJusticeReport. pdf, 最后访问日期：2011年10月23日。

〔3〕　See Kenneth Miller and David Niven, "Mixed Messages: The Supreme Court's Conflicting Decisions on Juries in Death Penalty Cases", 5 *Crim. L. Brief* 69 (2009).

〔4〕　See *Witherspoon v. Illinois*, 391 U. S. 510 (1968).

以排除的规定违反宪法。后来在亚当诉德克萨斯州案（*Adams v. Texas*）[1]中，美国联邦最高法院进一步完善了之前在维泽斯普恩案中所表达的观点，认定一部德克萨斯州成文法所规定的要求陪审员宣誓死刑强制适用将不会干扰其对于被告人是否构成死刑犯罪的判断的做法违反了美国宪法。通过上面两个判例，美国联邦最高法院实际将排除陪审员的根据明确为不得以任何较之于遵守法律、服从陪审员誓言更为宽泛的理由。在摩根诉伊利诺斯州案（*Morgan v. Illinois*）[2]中，美国联邦上诉法院承认辩方有权将那些表示会对于死刑罪名成立的被告人直接适用死刑的陪审员候选人加以排除。在美国联邦最高法院看来，和那些无条件反对死刑的陪审员候选人必须被加以排除一样，那些对于死刑犯罪坚持适用死刑的陪审员候选人无法合理有效地听从并正确适用法官的法律指导，更不可能有效地考察死刑案件中必须考量的加重情节与减轻情节，因此违反了宪法适当程序公正审理案件的要求。

　　除了根据陪审员候选人对于死刑的主观态度对其加以排除的遴选机制之外，美国死刑司法当中还出现过针对陪审员候选人宗教信仰对其加以排除的做法。一方面，因为这种做法的最终目的仍然是考察陪审员候选人对于死刑的观点；另一方面，相关的叙述本书讨论宗教与死刑互动的一章当中多有涉及，因此这里不再详述。

　　2. 基于陪审员候选人的客观特征与属性而进行的排除。相较于考察陪审员候选人主观认知与态度的复杂情况不同，美国历史上还曾经长期出现过仅仅凭借陪审员的种族、肤色等客观属性对其加以排除的现象。对此，美国联邦最高法院在巴斯顿诉肯塔基州案（*Batson v. Kentucky*）[3]当中明确，不得单纯以陪审员的种族为根据在遴选过程中对其加以排除，并认为这样的一种做法违反了宪法第十四修正案所规定的平等保护条款。但对于这一判决的理解不应流于形式。1990年，在霍兰德诉伊利诺斯州案（*Holland v. Illinois*）[4]中，一名白人被告提出，审理本案的一个全部由白人组成的陪审团侵犯了其受到不同种族，特别是黑人行使陪审的权利。对此，美国联邦最高法院认为，巴斯顿案的真正含义在于，宪法保障的不是一个具有种族多元性的陪审团，而是一个具有公正性的陪审团。虽然如此，但美国联邦最高法院通过2003年审结的米勒诉库克里尔案（*Miller - El v. Cockrell*）[5]证明，虽然不能说陪审团与陪审员的种族之间存在某

〔1〕 See *Adams v. Texas*, 448 U. S. 38 (1980).

〔2〕 See *Morgan v. Illinois*, 504 U. S. 719 (1992).

〔3〕 See *Batson v. Kentucky*, 476 U. S. 79 (1986).

〔4〕 See *Holland v. Illinois*, 493 U. S. 474 (1990).

〔5〕 See *Miller - El v. Cockrell*, 537 U. S. 322 (2003).

种必然的对应关系，但绝对不应在陪审员的遴选过程中出现明显的种族歧视现象。在本案中，德克萨斯州达拉斯县检察官使用 10 次不需要说明原因的排除权，将全部黑人陪审员候选人加以排除。对此，美国联邦最高法院认为这样做明显是一种种族歧视行为。[1]这一态度也被贯彻在死刑案件当中。2005 年，在米勒案[2]中，美国联邦最高法院认为本案陪审团的选择过程违反了平等保护条款。在本案中，负责提起公诉的地区检察官办公室的内部工作规范要求在同等条件下，尽量排除黑人陪审员候选人，并详细规定了具有歧视性的排除技巧。对此，美国联邦最高法院认定这种工作规程违反了宪法平等保护条款。而这也传递了一种明确的信息，即对于陪审员遴选过程中对于少数族裔的排除应当十分谨慎，并且极有可能需要考察相关的记录与司法文件。[3]

（二）死刑案件中陪审团的职责及反思

用一句话概括死刑案件中陪审团的职能，就是在定罪阶段认定被告人罪名是否成立，在量刑阶段认定被告人是否该当死刑。[4]因此，在某种程度上，考察死刑案件中陪审团的职责及归属实际上就是针对宪法第六修正案相关条款的解读问题。[5]

从程序上来看，死刑的定罪阶段与量刑阶段包含了美国刑事司法程序的最基本要素，即犯罪要素与量刑情节，排除合理怀疑的认定标准[6]等。1970 年美国联邦最高法院在温席普案[7]中明确了我们所熟知的排除合理怀疑标准的证明标准，从本案开始，美国刑事案件的被告人只有在被指控罪名所有实质要素被排除合理怀疑地加以证明的情况下，才可以被认定罪名成立。1986 年，美国联

---

〔1〕 See Gary J. Simson & Stephen P. Garvey, "Knockin' on Heaven's Door: Rethinking the Role of Religion in Death Penalty Cases", 86 *Cornell L. Rev.* 1090 (2001).

〔2〕 See *Miller - El v. Dretke*, 545 U. S. 231 (2005).

〔3〕 See David S. Friedman, "the Supreme Court's Narrow Majority to Narrow the Death Penalty", 28 *Human Rights* 4 (2001).

〔4〕 某些司法区规定死刑案件的被告人可以选择在死刑的量刑阶段是否由陪审团来对其量刑，这里的表述属于一种概括性的描述。——笔者注

〔5〕 See Kenneth Miller and David Niven, "Mixed Messages: The Supreme Court's Conflicting Decisions on Juries in Death Penalty Cases", 5 *Crim. L. Brief* 69 (2009).

〔6〕 在那些适用排除合理怀疑认定标准的州，通常沿用的是 1850 年马萨诸塞州在韦伯斯特案（*Commonwealth v. Webster*）中所采用的标准："合理怀疑并不是一种单纯的怀疑，而是一种与人们行为方式有关的拟制意义上的道德怀疑。换句话说，所谓排除合理怀疑是指在充分比较证据，进行综合考察之后，陪审员认识到在这样的一种情况下自己不能认为特定的判决可以具有约束力的道德上的确定性。"另外，美国联邦最高法院在维克多诉内布拉斯加案（*Victor v. Nebraska*）中明确提出，排除合理怀疑并不需要一种"绝对或者数学上的确定性"。See Craig M. Bradley, "A (Genuinely) Modest Proposal Concerning the Death Penalty", 72 *Ind. L. J.* 25 (1996).

〔7〕 See *In re Winship*, 397 U. S. 358 (1970).

邦最高法院在麦克兰林诉宾西法尼亚州案（*McMillan v. Pennsylvania*）[1]中对于排除合理怀疑这一证明标准的适用范围进行明确，认定被告人所享有的宪法第六修正案的权利仅仅限于犯罪要素，而不限定在量刑情节。至于什么要素是构成要素，什么要素是量刑情节，则属于一种立法建构的问题。

2002年，美国联邦最高法院在林格案[2]中认定，阿皮兰蒂案[3]得适用于死刑案件，认定宪法第六修正案要求由陪审团认定死刑适用的加重情节。林格案实际上确定了美国联邦最高法院放弃了之前对于所谓犯罪实质构成要件与量刑情节的形式性划分，而是采用了一种更为功能性的实质性区分，换句话说，任何使得被告人可能被处以更高刑罚的事实，无论是所谓犯罪实质构成要件，还是量刑情节，都必须由陪审团对其加以认定。总之，被告有权要求陪审团认定自己被指控犯罪的犯罪构成要素，陪审团必须排除合理怀疑地对于这些犯罪构成要素加以确认，即便存在量刑指南的情况下，任何增加被告人法定刑的事实都必须被排除合理怀疑地加以认定。除了规范对于死刑案件中加重情节的认定程序与认定标准之外，美国联邦最高法院还通过一系列判例对于死刑案件中减轻情节的认定进行了规范。1988年美国联邦最高法院在福兰克林案[4]中认定，法官对于陪审团如何适用死刑的法律指导意见中对于加重情节的认定进行了明确，但却没有对陪审团如何认定减轻情节提出任何说明的做法，如果其中包括了要求陪审团的判决应建立在所有证据的基础上的规定，即可被认定符合宪法。

应该承认，美国死刑的司法适用过程绝对不应被理解为一种由陪审团主导的简单的加减法过程，被告人是否该当死刑，绝对不是加重情节与减轻情节数量上的单纯比较，而是陪审团对于案件及被告人的一种主观定性。换言之，即使死刑案件中陪审团发现加重情节压倒了减轻情节，仍然可以选择不适用死

---

〔1〕 See *McMillan v. Pennsylvania*, 477 U. S. 79 (1986).

〔2〕 See *Ring v. Arizona*, 536 U. S. 584 (2002). 本案中，林格（Ring）因在亚利桑那州实施武装抢劫运钞车并枪杀司机而被指控一级谋杀。最终，一个陪审团认定林格谋杀罪名成立。根据当时亚利桑那州的法律，可以由法官单独认定此类被告是否具有法定加重情节，从而判处其死刑。在本案中，法官认定林格满足两个法定加重情节，并且不具有压倒性的减轻情节，因此判定其死刑。2000年，美国联邦最高法院在阿皮兰蒂案中明确提出，对于任何导致被告人被判处法定最高刑以上刑罚的事实，都必须经由陪审团排除合理怀疑地认定，或者由被告人主动承认。但1990年，美国联邦最高法院在沃顿案中还曾明确提出，因为加重情节不属于犯罪实质要素，因此不需要陪审团排除合理怀疑地加以认定。从某种程度上，美国联邦最高法院之所以批准调取本案的理由也是为了解决这样的一种矛盾。

〔3〕 See *Apprendi v. New Jersey*, 530 U. S. 466 (2000).

〔4〕 See *Franklin v. Lynaugh*, 487 U. S. 164 (1988).

刑。[1]在某些极端情况下，即使客观上加重情节不具有压倒性，陪审团还是可能基于种族、性别或者其他非法定因素选择适用死刑。

应该承认，包括种族、性别等因素在多大程度上会影响陪审员在死刑定罪或者量刑过程中的判断或者决定极难评价。但似乎可以认定，作为民意的拟制与表达机制，作为陪审团决定所表达出来的最终意志，往往可以在很大程度上弱化陪审员个人的偏好，陪审员的个人特质往往会在集体决定的厘定过程中丧失殆尽。[2]或许，也正是在这个意义上，《失控陪审团》（*Run Away Jury*）[3]才永远只能存在于荧屏之上。

第三节 小 结

死刑审理程序是整个死刑问题研究的形式核心。

在某种程度上，作为刑罚一种具体表现形式的死刑问题必须纳入程序法当中进行研究，而这种情况在美国死刑问题研究中体现得更为明显。具体而言，美国死刑问题研究的最重要立足点应该是从程序法、证据规则视角切入的死刑审理程序。

在美国死刑审理过程中，检方、辩方、法官、陪审员及专家证人等多种变量共同作用，各自充分利用自身所具有的法定权利，围绕死刑的是否适用进行博弈。应该说，这种互动过程建立在死刑存在并且实际适用的前提基础上，因此，能够在很大程度上揭示美国死刑运行的实态及可能存在的问题，并从问题入手，探讨美国死刑量刑程序的补足机制与未来发展方向。

---

〔1〕 See Rory K. Little, "the Federal Death Penalty: History and Some Thoughts about the Department of Justice's Role", 26 *Fordham Urb. L. J.* 347（1999）.

〔2〕 See Theodore Eisenberg, "Stephen P. Garvey and Martin T. Wells, Forecasting Life and Death: Juror Race, Religion, and Attitude Toward the Death Penalty", 30 *J. Legal Stud.* 277（2001）.

〔3〕《失控陪审团》（*Run Away Jury*）一片由美国20世纪福克斯公司2003年出品，主要描绘了一起针对美国某枪支制造企业提起的侵权诉讼过程中，围绕陪审团的选择与控制，围绕人性的丑陋与善良所展开的生死博弈的故事。剧中主人公是审理本案的陪审员之一，并向辩诉双方提出要价，宣称可以通过利用其他陪审员人性的弱点，掌握陪审团最终判决的方向。——笔者注

第四章

美国死刑的审后程序

美国联邦最高法院前大法官布里南（William J. Brennan）曾耐人寻味地提出，"或许死刑最让人感到毛骨悚然之处不仅仅在于其适用过程中存在的歧视或者恣意，更在于在某些情况下，无辜者也很有可能被处死。"[1]这一观点显然不是无的放矢，据统计，从1973年至今，美国共有138名死刑候刑者被无罪开释。[2]其中，最具典型意义的案件莫过于特洛伊·戴维斯案（Troy Davis）。[3]在本案中，美国联邦最高法院罕见地动用了联邦人身保护令（Federal Habeas Corpus）的初始管辖权，责成佐治亚州的一个联邦地区法院收集能够证明戴维斯无辜，但在原审时无法收集到的相关物证、证言。虽然在2010年因为该联邦地区法院认为没有明确且具有说服力的证据证明戴维斯实属无辜，美国联邦最高法院驳回了戴维斯的人身保护令申请[4]，但本案却彰显出目前美国死刑审理过程中具有一整套具有一定操作性的审后救济程序，而当事人也可以借由这种法定程序尽可能地争取得到公正的判决。

---

〔1〕 See W. Brennan, Jr., "Neither Victims nor Executioners, 8 Notre Dame J. of Law", *Ethics & Public Policy* 1 (1994).

〔2〕 参见 "Innocence and the Death Penalty"，载 http：//www. deathpenaltyinfo. org/innocence – and – death – penalty，最后访问日期：2011年7月3日。

〔3〕 See *In Re Troy Anthony Davis on Petition for Writ of Habeas Corpus No. 08 – 1443*, 557 U. S. ____, (2009). 1989年8月，本案被告戴维被指控在佐治亚州谋杀了警官马克·麦克菲尔（Mark MacPhail）。1991年，戴维斯被判处死刑。在原审及上诉审的过程当中，戴维斯一直坚称自己无罪，并认为证人指证犯罪嫌疑人的时候出现了错误。在第一次上诉之前，9名曾指认戴维斯为杀人凶手的目击证人在私下里部分或者全部推翻了自己的证词。首先指认戴维斯并一直坚持这种看法的证人思瓦尔特本来是本案的主要犯罪嫌疑人。案发当晚，思瓦尔特形迹可疑，并且有人证明在一次聚会中，思瓦尔特曾夸口自己杀害了一名警官。2008年11月，戴维斯第二次向美国第十一巡回上诉法院申请人身保护令，理由是自己之前从未单独主张过自己是无辜的，并且其他法院也从来没有调查过那些改变自己证言的证人。在第十一巡回上诉法院驳回其申请之后，2009年，美国联邦最高法院很罕见地要求佐治亚州的一个联邦地区法院收集本案的相关证据，从而确定戴维斯的主张是否成立。

〔4〕 参见 "Judges Delay Execution in Disputed Georgia Case"，载 http：//www. washingtonpost. com/wp – dyn/content/article/2008/10/24/AR2008102403658. html，最后访问日期：2011年7月3日。

反观在我国轰动一时的"佘祥林案"[1]、"赵作海案"[2]，当事人因为没有行之有效的死刑案件审后救济途径，在所谓"被害人"活着出现之前只能坐以待毙。对于此类案件的反思，我国司法机关的通常习惯是"深刻反省"、"总结经验"以期"根本杜绝"，但笔者认为，刑事审判过程中所谓错案是无法根本杜绝的。窠臼于人类认识水平的有限性，以及相关资源的有限性，司法机关能做的仅仅是在既定的时空条件下，基于既定的证据，对于案件的性质进行界定，对于行为人进行归责。换句话说，求真绝对不是刑事司法的唯一价值追求，社会民众也没有理由苛求国家提供的刑罚服务毫无瑕疵。但恰恰是基于这样一种现实，对于死刑这样一种具有终局性、不可逆性的刑罚，才需要从制度上建构一种具有经济性、便宜性及可操作性的审后救济程序，从而在最大限度上减少死刑错案发生的几率。[3]

---

〔1〕 参见"湖北佘祥林'杀妻'案：冤案是怎样造成的"，载 http：//www. cnicw. gov. cn/info_disp. php? id=2079，最后访问日期：2011 年 7 月 3 日。佘祥林是湖北省京山县雁门口镇何场村人。1994年 1 月 20 日，佘祥林的妻子张在玉失踪后，其亲属怀疑是被佘杀害。同年 4 月 11 日，吕冲村一水塘发现一具女尸，经张的亲属辨认与张在玉的特征相符，公安机关立案侦查。因事实不清、证据不足，"杀妻"案迟迟未判。1998 年 6 月，京山县法院以故意杀人罪判处佘有期徒刑 15 年，同年 9 月，荆门市中级法院裁定驳回上诉，维持原判。11 年来，佘祥林在狱中写了厚厚的申诉材料，并记下了好几本日记，但冤情依旧。2005 年 3 月 28 日，被"杀害"的妻子张在玉突然归来，而此时，因"杀妻"被判处 15 年有期徒刑的佘祥林，已在狱中度过了 11 个春秋。张在玉突然回家后，当地一片哗然。慎重起见，公安机关通过DNA 鉴定，证实了她的身份。3 月 30 日，湖北省荆门市中级法院紧急撤销一审判决和二审裁定，要求京山县法院重审此案。4 月 1 日，39 岁的佘祥林走出了沙洋苗子湖监狱。

〔2〕 参见"铭记错案深刻教训 坚决杜绝错案发生"，载 http：//hnfy. chinacourt. org/public/detail. php? id=118875，最后访问日期：2011 年 7 月 3 日。1999 年，河南省商丘市柘城县老王集乡赵楼村人赵作海，因同村赵振响失踪后发现一具无头尸体作为疑犯被拘，2002 年，被商丘市中级人民法院以故意杀人罪判处死刑，缓刑 2 年。2010 年 4 月 30 日，"被害人"赵振响回到村中，2010 年 5 月 9 日，河南省高级人民法院召开新闻发布会，认定赵作海故意杀人案系一起错案，宣告赵作海无罪，同时启动责任追究机制。2010 年 6 月 2 日下午，河南省高级人民法院召开会议，将每年的 5 月 9 日确定为全省法院的"错案警示日"，组织广大干警围绕案件深刻反思，查找漏洞，避免错案再次发生，并作为一项制度长期坚持下去。河南省高级人民法院、法制日报社和北京师范大学刑事法律科学研究院还在第一个"错案警示日"来临之际，在郑州联合召开了"5·9"错案警示座谈会。

〔3〕 事实上所谓审后救济程序是一个概括性的概念，除了最为典型的"人身保护令"之外，还存在诸如"特赦"（Clemency）等其他救济措施，但特赦等救济措施虽然在客观适用效果上与人身保护令类似，但在性质上并不属于司法救济措施，而是一种行政措施。这种行政赦免权主要是指政府首长对于被判有罪之人部分或者整体地免除刑事责任的做法。虽然行政赦免的适用对象可以是任何类型的犯罪人，并不仅限于死囚，但一般都将这一概念理解为在任州长将该州的死刑被告减刑为徒刑，主要是终身监禁的做法。从法源上来看，美国总统与 50 个州长所享有的行政赦免权都来自于英国国王所享有的宽恕权。一般认为，在如下几种情况下，可以行使这种行政赦免权："①存在证明无辜，或者起码证明无辜的压倒

第一节 美国刑事司法中的"联邦人身保护令"

发源于英国的人身保护令曾被布莱克斯通称之为英国法中最应推崇的令状。[1]美国司法机关也将其视为"有史以来最佳且唯一能够充分保障人身自由的程序措施。"[2]但另一方面，美国刑事司法中的人身保护令也存在诸多问题，甚至有学者将其称之为处于混沌状态的"学术荒漠"，亟待改革。[3]从这个方面来看，如何准确地还原这一重要且复杂问题的基本样态，把握其适用的实际状况就成为研究人身保护令这一司法救济程序的基本前提。

性证据；②存在违反适当程序的问题。但这样的一种理论解读与现实相去甚远：①这与允许州长考虑多种非法定因素，并享有极大自由裁量权的现实不符；②与普通法及美国宪法语境下与赦免权的历史、法律以及道德角色存在冲突；③司法权与行政权的冲突也导致了特赦适用的局限性。特赦长久以来一直被视为一种高度政治化的活动，历史上，行政赦免一直被用来笼络政治支持者，或者作为竞选运动的口号，募集竞选基金的手段。毫不夸张地说，美国每个司法区都有一套专属的行政赦免程序，并且这些行政赦免程序在具体个案的适用过程中所取得的适用情况也不一致。具体而言，大多数州将行政赦免权下放给某些委员会或者类似的组织，其中，14个州几乎完全照搬联邦特赦体制，10个州允许州长不受任何团体或者机制限制的情况下自由裁量是否使用行政赦免，11个州采用分权模式，即要求州长和行政赦免委员会一道进行作出决定，还有3个州干脆规避了州长，由专业委员会负责行政赦免事务。以加利福尼亚州为例，申请行政赦免的人需要向位于萨哥拉门托市州长办公室提出申请，填写申请表。申请时间没有任何时效限制，申请内容包括申请人的个人信息、相关犯罪的信息、要求宽恕的请求、犯罪的情节、监禁期间的表现等。根据加州刑法典，相关的信息同时必须保送原审法院，而相关法院必须签署知情书。而在死刑案件中，相关法院应该是最高法院。如果死刑执行确定，那么在此之前必须进行听证，而在听证之前10天，申请人必须被告知。在听证之后的60日之内，可以确定执行日期。各方的官员都要参与听证过程。一旦执行日期确定，那么州长法律事务秘书就将询问申诉人的律师是否申请宽恕，并且确定日期，为准备申诉状，地区检察官的意见以及申诉方对于这一意见的反驳准备时间。州长可以随时将相关申请提交给刑期委员会（BPT），并要求其进行调查，建议。通过走访检方，法官以及其他当事人，其会准备一份包括案情、前科、服刑情况等综合信息的报告。虽然申请人可以申请听证，但却只能在州长的自由裁量权下享有这一权利。在听证之后，委员会可以做出不具有约束力的建议报告。除此之外，州长还可以自行听证。如果批准，则需要提交给司法部、调查局并最终提交给国务卿与立法机关，进入官方文档。See Onathan Harris and Lothlorien Redmond, "Executive Clemency: The Lethal Absence of Hope", 3 *Crim. L. Brief* 2 (2007).

[1] See Clarke D. Forsythe, "The Historical Origins of Broad Federal Habeas Review Reconsidered", 70 *Notre Dame L. Rev.* 1079 (1995).

[2] *Ex parte Yerger*, 75 U.S. (8 Wall.) 85, 95 (1868).

[3] See Joseph L. Hoffmann & Nancy J. King, "Rethinking the Federal Role in State Criminal Justice", 84 *N. Y. U. L. Rev.* 791 (2009).

一、美国死刑案件审理过程中的陪审团

从文本分析的角度来看，Habeas Corpus 基本上是一种拉丁文的表述，"你有权拥有自己的身体。"[1]虽然大宪章并没有明白无误地提出"人身保护令"这一概念，但却被学者视为是人身保护令的肇始。1215 年英国《自由大宪章》（the Magna Carta）规定，"在未经人民公正审判的情况下，任何人不得被拿获或监禁。"[2]

最初人身保护令的意义和我们现在对于这一概念的理解相去甚远。早期英国人身保护令种类繁多，但基本作用只是客观上将某一具体犯罪人从其他地方强制转移给作出人身保护令的法庭进行审理。换句话说，人身保护令的本原存在意义仅仅是确保某具体当事人能够亲自出席庭审。[3]这意味着在这一时期，所谓的人身保护令并不考虑监禁相关当事人的理由及其正当性，而仅仅是将其用来作为在不同司法体系，或者不同法院间争夺案件管辖权的工具。直到 14 世纪，英国法院才设计出一种考察监禁理由的令状。也正是这种对于监禁理由的考察与侧重，才正式赋予了人身保护令的现代意义。[4]这种强调兼顾实体自由与探究监禁正当性的组合性考察十分重要，因为通过具有此种特质的人身保护令，司法机关可以获得监督、控制包括行政机关在内其他部门行使剥夺、限制人身自由的权力。

16 世纪中后期，人身保护令已经成为英国普通法法庭抗制行政机关无理由地监禁他人的主要武器。1640 年，英国议会通过《1640 年人身保护令法》（the Habeas Corpus Act of 1640），该法明确规定在法院发出人身保护令的情况下，英国国王及行政机关必须向作出这一人身保护令的法院移交被其关押的人，并且提供监禁理由。但这一法案存在很多程序性问题，并且无法取得预期实效，例如，实施监禁措施的行政机关往往会最大限度地利用法律漏洞，规避这一法律规定，如利用法院的休庭期实施监禁、不停地转换监禁地点或者将被监禁者转

---

〔1〕 Marc D. Falkoff, "Back to Basics: Habeas Corpus Procedures and Long – Term Executive Detention", 86 *Denv. U. L. Rev.* 961 (2009).

〔2〕 Jonathan L. Hafetz, "The Untold Story of Non – criminal Habeas Corpus and the 1996 Immigration Acts", 107 *Yale L. J.* 2509 (1998).

〔3〕 See Alan Clarke, "Habeas Corpus: The Historical Debate", 14 *N. Y. L. Sch. J. Hum. Rts.* 375 (1998).

〔4〕 See D. H. Oaks, "Legal History in the High Court—Habeas Corpus", 64 *Mich. L. Rev.* 451 (1966).

押至人身保护令不适用的苏格兰地区，等等。[1]

在这一时期，英国殖民者将人身保护令带到了北美，事实上从 17 世纪开始，虽然在不同北美殖民地人身保护令的具体存在形式有差异，但不容否认的是，英国本土围绕人身保护令出现的论争也已经扩展到了这一地区。因此，当时北美居民对于人身保护令并不感到陌生，并且已经充分认识到了其在人权保护方面的重要价值，这就不难理解为什么美国独立之后，各司法区都在第一时间将英国"第二大宪章"，亦即《1679 年人权法》（Corpus Act of 1679）规定在各自的宪法当中。[2]然而，虽然北美殖民地存在人身保护令，但当时的北美殖民地居民只享有普通法意义上的人身保护令，而不享有成文法意义上的人身保护令，这也成为北美居民不满英国统治的原因之一。因此，在美国宪法制定的时候，才会将其上升为一种原则，而非将其简单地视为一种技术层面的简单程序。[3]

一般认为，美国最高法院在美利坚合众国诉汉弥尔顿案（*United States v. Hamilton*）中发出了美国历史上第一张人身保护令。[4]但真正具有当代意义的人身保护令却直到专门修正《1789 年司法法》（Judiciary Act of 1789）第 14 条的《1867 年人身保护令法》（Habeas Corpus Act of 1867）才真正出现。《1867 年人身保护令法》的重要性在于其正式赋予联邦法官借由人身保护令对于各州已

---

〔1〕 导致这一法案出台的历史性事件是著名的达内尔案（*Darnell*），在本案中，5 名贵族因为没有支持英国对法国和西班牙发动的战争而被投入黑牢，这些人向国王提出申请，要求其公开解释监禁自己的原因。查尔斯一世拒绝对此作答，在上诉过程中，法院认为国王有权对于囚禁他人的原因保持沉默。因为公众对此意见颇大，英国议会被迫进行了重新立法。1679 年，国会通过被布莱克斯通称之为第二大宪章的修正案，并且规定人身保护令可以适用于非刑事案件。到了 17 世纪后期，无论是英国普通法，还是成文法中的人身保护令，都已经开始发挥保障英国人免受行政机关的非法羁押的作用。在此基础上，英国人身保护令理论在 18 世纪得到了进一步发展，即开始对于行政机关提供的监禁理由是否正当进行审查，并将人身保护令的适用范围扩展到包括非刑事案件当中。See Frank W. Dunham, Jr., "The Thirty - Second Kenneth J. Hodson Lecture on Criminal Law: Where Moussaoui Meets Hamdi", 183 *Mil. L. Rev.* 151 (2005).

〔2〕 See James Robertson, "Quo Vadis, Habeas Corpus?", 55 *Buff. L. Rev.* 1063 (2008).

〔3〕 美国宪法第 1 条第 9 款规定，"不得中止人身保护令所保障的特权，惟在叛乱或受到侵犯的情况下，出于公共安全的必要时不在此限。"——笔者注

〔4〕 *United States v. Hamilton*, 3 U. S. （3 Dall.）17（1795）. 本案中，被告人的律师根据《1789 年司法法》（The Judiciary Act of 1789）提出自己被指控犯有叛国罪的当事人有权在地区法院法官批准逮捕令的情况下获得保释。一般意义上的人身保护令针对的都是行政机关对于当事人人身自由的剥夺或者限制，而本案的特殊之处在于地区法院法官在证据不足，且没有进行听证的情况下批准了对于当事人的监禁决定。美国联邦最高法院最终同意本案的当事人汉密尔顿获得保释，但并未就决定的具体原因，或者正反两方的观点进行任何评价或者说明。

决案件的管辖权。[1]虽然这样的一种表示看似颇为明晰，但评论者针对立法原意存在不同看法。某些持狭义解读的学者认为对于立法者设定本法的目的仅仅在于保证美国南部的黑人可以在当地享有充分且公平的审判，[2]而其他学者则认为本法为州刑事案件审理过程中所有与联邦法相关的问题提供审查机会。[3]

在 19 世纪中后期至 20 世纪早期，借由立法与司法途径，人身保护令从联邦法范围扩展到了几乎所有的刑事案件，[4]在此期间，美国联邦人身保护令的适用范围得到了进一步扩大，并在实际上直接强化了联邦的权威性。[5]美国内战结束后，联邦人身保护令的适用范围进一步扩展至任何被违宪剥夺人身自由的人。但在二战之前，美国人身保护令的适用频率不高。甚至还出现过四次大规模褫夺人身保护令的历史时期。[6]

20 世纪早期，美国联邦法院适用人身保护令的主要目的是用其纠正各州法院在刑事司法活动中漠视适当程序的态度。[7]20 世纪中期，美国联邦最高法院开始积极以人身保护令为武器，迫使各州在刑事司法活动中积极落实宪法权利法案规定的各项权利。[8]到了 20 世纪 70 年代，人身保护令大范围适用所导致的后遗症开始显现，一方面，联邦法院没有能力处理数目庞大的人身保护令案件，另一方面，很多当事人滥用人身保护令，缠讼、滥讼的情况比比皆是，严

---

[1]　See Steven Semeraro, "Two Theories of Habeas Corpus", 71 *Brooklyn L. Rev.* 1233 (2006).

[2]　See Neil McFeeley, "Habeas Corpus and Due Process: From Warren to Burger", 28 *Baylor L. Rev.* 533 (1976).

[3]　See Gary Peller, "In Defense of Federal Habeas Corpus Relitigation", 16 *Harv. C. r. - C. L. L. Rev.* 579 (1982).

[4]　See Marc D. Falkoff, "Back to Basics: Habeas Corpus Procedures and Long - Term Executive Detention", 86 *Denv. U. L. Rev.* 961 (2009).

[5]　See Jordan Steiker, "Incorporating the Suspension Clause: Is There a Constitutional Right to Federal Habeas Corpus for State Prisoners?", 92 *Mich. L. Rev.* 862 (1994).

[6]　美国历史上曾经四次大规模褫夺当事人应该享有的人身保护令权。第一次发生美国内战时期，由林肯总统主导。第二次发生在《三 K 党法》出台前后，由格兰特总统主导。第三次发生在 1902 年菲律宾叛乱时期。第四次出现在二战珍珠港被袭击事件之后。See Paul D. Halliday & G. Edward White, "The Suspension Clause: English Text, Imperial Context, and American Implications", 94 *Va. L. Rev.* 575 (2008).

[7]　在 1912 年和 1923 年，美国联邦最高法院审理了弗兰克诉麦格南姆案 (*Frank v. Magnum*) 和摩尔诉凡普赛案 (*Moore v. Dempsey*)。这两个判例的意义在于将人身保护令从一种仅限于在缺乏管辖权，或者成文法本身违宪的情况下才有限适用的救济手段，扩展为一种纠正程序不公正的救济手段。See Gerald L. Neuman, "The Habeas Corpus Suspension Clause After Boumediene v. Bush", 110 *Colum. L. Rev.* 537 (2010).

[8]　美国学界一般认为，直到 20 世纪 60 年代，华伦法官主导下的美国联邦最高法院通过人身保护令对于各州刑事实体法与程序法进行了实质性规范，州司法体系下的罪犯才获得了实质的人身保护权。华伦法庭的指导思想是应该通过额外设定的联邦审查方式来对于刑事司法程序加以完善。See Carol S. Steiker & Jordan M. Steiker, "The Seduction of Innocence: The Attraction and Limitations of the Focus on Innocence in Capital Punishment Law and Advocacy", 95 *J. Crim. L. & Criminology* 587 (2005).

重干扰了正常的司法活动，削弱了联邦人身保护令的正常作用，因此，联邦法院限制人身保护令的适用。[1]在时任美国联邦最高法院首席大法官伦奎斯特的主导下，一个专门委员就改革联邦人身保护令进行了长期调研。[2]在此基础上，1996年美国国会通过了《反恐与死刑增效法》（AEDPA），该法为联邦法院借由人身保护令对于州法院的刑事判决进行审查设定了很高的程序性标准，例如，其不仅仅规定了人身保护令的申请者穷尽性所有救济措施、程序性缺省原则，而且还为人身保护令的诉讼规定了时间限制。[3]

《反恐与死刑增效法》的出台，标志着美国人身保护令的适用进入了新的发展阶段。在这一阶段，特别是在"9·11"事件之后[4]，美国人身保护令制度的争议性暴露得愈发明显。很多学者认为随着相关限制措施的出台，刑事被告借由人身保护令制度洗刷自身冤屈的功能受到了极大的限制。[5]另外一些学者则认为人身保护令存在被滥用的可能，大量罪犯借由这样一种机制尽可能地拖延判决的执行，浪费大量的司法资源，动摇了刑事审判的严肃性与确定性。[6]目前，包括美国国会、美国司法部在内的相关部门，正在酝酿对美国人身保护令制度进行再次修改。

二、美国联邦人身保护令的理论构成

一直以来，针对人身保护令的价值取向与制度建构，特别是美国联邦最高

---

〔1〕 See Jennifer Ponder, "The Attorney General's Power of Certification Regarding State Mechanisms to Opt - in to Streamlined Habeas Corpus Procedure", 6 *Crim. L. Brief* 38 (2011).

〔2〕 在博格及伦奎斯特担任美国联邦最高法院首席大法官期间，美国联邦人身保护令的申请门槛开始显著提高，例如，美国联邦最高法院通过判例，明确不得以相关方违反宪法第四修正案为根据申请人身保护令。同时，申请者必须穷尽所有可能的救济措施，才可以申请联邦人身保护令。联邦法院不得考虑任何之前在州法院中没有提出，而是在联邦法院首次提出的违反宪法的人身保护申请情况。See Steven Semeraro, "Two Theories of Habeas Corpus", 71 *Brooklyn L. Rev.* 1233 (2006).

〔3〕 根据《反恐与死刑增效法》，只有在满足如下条件的情况下，联邦法院才可以受理人身保护令申请：①州法院之前的判决与美国联邦最高法院确定的联邦法相悖，或者涉及对于上述法律的不当适用；②州法院之前的判决在案件审理过程中对于事实的认定不合理。See 28. U. S. C. §2254 (d).

〔4〕 美国国会为了达成所谓"反恐目的"，先后通过了《2005年被监禁者处遇法》（DTA）及《2006年军事委员会法》（MCA），旨在剥夺被监禁在古巴关塔纳摩美军基地的所谓恐怖活动嫌疑人申请人身保护令的权利。最近，美国联邦最高法院通过布迈丁诉布什案[*Boumediene v. Bush*, 128 S. Ct. 2229 (2008)]等案例，否定了上述立法的合宪性，肯定了在特定情况下，在海外被非法限制自由的非美国公民仍然有权向美国联邦法院申请人身保护令。See Captain Arron L. Jackson, "Habeas Corpus in the Global War on Terror: An American Drama", 65 *A. F. L. Rev.* 263 (2010).

〔5〕 See Ursula Bentele, "The Not So Great Writ: Trapped in the Narrow Holdings of Supreme Court Precedents", 14 *Lewis & Clark L. Rev.* 741 (2010).

〔6〕 See Kent S. Scheidegger, "Habeas Corpus, Relitigation, and the Legislative Power", 98 *Colum. L. Rev.* 888 (1998).

法院对于这一制度的解读，理解多有不同。例如，针对 19 世纪美国联邦刑事司法活动中人身保护令制度的适用根据，就存在正反两方面意见。大多数学者认为美国联邦法院对于适用联邦人身保护令采取了十分谨慎的态度。[1]但也有少部分学者持相反意见，认为这一时期美国联邦司法机关，特别是美国联邦最高法院，对于联邦人身保护令采取了积极的扩张适用。[2]

事实上，对于人身保护令的扩张性解读，或者限制性解读都代表了美国人身保护令理论发展的两大原则。概括起来，决定不同理论走向的具体前提可以从实体与程序两个方面进行把握。从实体角度来看，是否应该将人身保护令的存在根据限定在证明申请人的实体性无辜这一层面。从程序角度考察，对于人身保护令的理论建构仍然存在不同看法，即是否将人身保护令的作用限定在保护犯罪人个人权利层面？如果不限于保护个人权利，那么人身保护令的功能究竟该如何限定？

从上述两个前提出发，可以将美国人身保护令理论概括为如下五大类：

（一）实体正义说

人身保护令与申请者实际无辜之间的关联似乎显而易见，因此保障无辜者不承担刑责也理应成为人身保护令理论建构的基本出发点。但在现实中，人身保护令作为审后救济程序，又在结构上并不具备重启调查的现实可能性。诚如美国联邦最高法院大法官斯卡利亚所言，"美国联邦最高法院从未判决宪法禁止一个经过程序完整、公正的司法审判被判处罪名成立，但后来在申请人身保护令的过程中可以被认定实际无辜的被告执行死刑。"[3]这种表述虽然与人们借由人身保护令保证无辜者免受不当刑责的直觉相悖，但却在技术上没有任何问题。1993 年，在赫里拉诉柯林斯案（*Herrera v. Collins*）[4]中，美国联邦最高法院明确认定，宪法第八修正案"禁止残忍且不寻常刑罚"条款不支持将死刑候刑者

---

〔1〕　有学者认为联邦人身保护令制度仅仅在原审法院事实上不具有对于申请者所涉及案件的管辖权的情况下才可以适用。See James S. Liebman, "Apocalypse Next Time?: The Anachronistic Attack on Habeas Corpus/Direct Review Parity", 92 *Colum. L. Rev.* 1997 (1992). 还有学者认为当时的联邦人身保护令是作为非法权力适用的最后救济手段存在的。See Ann Woolhandler, "Demodeling Habeas", 45 *Stan. L. Rev.* 575 (1993).

〔2〕　See Henry J. Friendly, "Is Innocence Irrelevant? Collateral Attack on Criminal Judgments", 38 *U. Chi. L. Rev.* 142 (1970).

〔3〕　See Joshua M. Lott, "the End of Innocence? Federal Habeas Corpus Law After in Re Davis", 27 *Ga. St. U. L. Rev.* 443 (2011).

〔4〕　1981 年，德克萨斯州的两名警员先后被人枪杀，受害人、证人都指认赫里拉是凶手，而这一认定也得到了包括赫里拉社会保障号码上的血迹、车牌号等物证的佐证。See *Herrera v. Collins*, 506 U. S. 390 (1993).

的实际无辜作为批准其人身保护令申请的根据。1982 年，赫里拉因为两起谋杀警官的指控出庭受审，一个陪审团判定赫里拉谋杀罪名成立，在另外一起谋杀罪审理过程中，赫里拉与检方达成了控辩协议。10 年之后，赫里拉向联邦法院申请人身保护令，根据是自己并没有实施杀人行为，并提出了两份证言，证明一名已经死亡的犯罪人才是真正的凶手。赫里拉提出，既然自己是无辜的，对于自己的死刑判决就违反了宪法第八修正案"禁止残忍且不寻常刑罚"条款。对此，以伦奎斯特为首的多数派法官认为，基于新出现的证明罪犯无辜的证据是无法主张人身保护令的，如果承认这样的一种做法，将会对美国联邦司法体系造成严重的损害。同时，赫里拉可以通过申请州长特赦的方式寻求司法救济。奥康纳法官也认为，因为陪审团对于赫里拉的审判符合程序合法性，没有任何违反宪法之处，因此，从法律上来讲，赫里拉就是有罪。布莱克曼、斯蒂文斯及苏特法官对此持反对意见，认为明知申请者无罪，仍然驳回其人身保护令申请的做法明显违背人类社会正当性。[1]

（二）纯粹程序说

和强调保证实体正义的少数派学说不同，相当程度的美国学者坚持认为应该对于人身保护令进行单纯程序性的法理解读。[2]换句话说，在这些学者看来，人身保护令本身并不属于一项实体性权利，而是一种保障个人自由的程序性建构，即通过设定程序，防止出现非法剥夺人身自由的情况。[3]在 1912 年和 1923年，美国联邦最高法院分别通过弗兰克诉麦格南姆案（*Frank v. Magnum*）[4]和摩尔诉丹普赛案（*Moore v. Dempsey*）[5]，将人身保护令从一种仅限于在联邦司法机关缺乏管辖权，或者地方成文法本身违宪的情况下才有限适用的救济手段扩展为一种纠正程序不公正的救济手段。[6]同"实体正义论"类似，"纯粹程序说"的适用范围也十分有限，换句话说，只有在州法院无法为申诉人的联邦宪法请求提供充分且公平的听证机会的情况下，才可以启动联邦人身保护令。[7]

---

〔1〕 虽然实体无辜本身不能作为联邦人身保护令的根据，但美国联邦最高法院通过玛雷诉凯瑞尔案[（*Murray v. Carrier*），477 U. S. 478（1986）] 和斯坎普诉德埃罗案 [（*Schlup v. Delo*），513 U. S. 298（1995）] 等案件明确如果对于被告人某种宪法性权利的侵犯导致其本来无辜，却被判处有罪的话，是可以规避相关程序性限制，获得联邦人身保护令的，但这种情况极其有限。——笔者注

〔2〕 See Paul M. Bator, "Finality in Criminal Law and Federal Habeas Corpus for State Prisoners", 76 *Harv. L. Rev.* 441（1963）.

〔3〕 See Alan Clarke, "Habeas Corpus: The Historical Debate", 14 *N. Y. L. Sch. J. Hum. Rts.* 375（1998）.

〔4〕 See *Frank v. Magnum*, 237 U. S. 309（1915）.

〔5〕 See *Moore et al. v. Dempsey*, 261 U. S. 86（1923）.

〔6〕 See Steven Semeraro, "Two Theories of Habeas Corpus", 71 *Brooklyn L. Rev.* 1233（2006）.

〔7〕 See Barry Friedman, "A Tale of Two Habeas", 73 *Minn. L. Rev.* 247（1988）.

例如，类似于没有遵从非法证据排除规则，或者在警方没有进行米兰达警告的情况下犯罪人的认罪等，都无法作为启动人身保护令的根据，只有像法官拒绝申诉人要求律师代理的要求并迫使其自行辩护等少数剥夺犯罪人充分且公平听证机会的情况才可以作为启动人身保护令的提请根据。[1]显而易见，根据"纯粹程序说"，人身保护令启动与否与申诉方是否有罪没有必然联系。[2]

（三）程序加实体说

相较于"实体正义说"与"纯粹程序说"对于实体或者程序的单方面强调，目前一种较为有力的学说认为不应采取非此即彼的简单二分法。但是对于实体和程序究竟采取择一制，还是采取兼容制，其所导致的联邦人身保护令的适用范围是不同的。如果承认在州没有为被告提供充分且公平的聆讯机会的情况下，即可启动人身保护令，或者，如果申诉人能够证明自己是清白的，也可以启动人身保护令。这就意味着在申请人程序权或者实体权遭受侵犯的情况下，都可以启动人身保护令。[3]这种看法固然可以具有广泛的适用性，但却会导致人身保护令案件申请数量的激增，拖垮整个联邦司法体系。1993 年，美国联邦最高法院在赫里拉案[4]中明确提出，为了限制人身保护令的滥用可能，必须将实体无辜与程序权利保障结合起来，进而在刑事判决的终局性、保护个人权利与防止联邦人身保护令滥用之间寻找一种微妙的平衡。根据"程序加实体说"，任何联邦人身保护令的申请者必须首先证明自己应该享有的宪法程序权利受到了侵犯以及如果人身保护令申请遭拒可能导致的严重后果，只有在申请者无法证明上述事实的情况下，才可以将实际无辜作为申请人身保护令的根据。[5]

（四）联邦主义说

应该承认，无论是"实体正义说"、"纯粹程序说"还是"程序加实体说"，都是围绕公民个人权利展开建构的。除此之外，还有一些学者认为人身保护令的价值取向事实上已经超越了个人权利的窠臼，而应该上升至更为宏观的层面。在这些学者看来，对于公民权利的保护只是捍卫美国三权分立的政治体制，强

---

〔1〕　See Paul D. Halliday & G. Edward White, "the Suspension Clause: English Text, Imperial Contexts, and American Implications", 94 *Va. L. Rev.* 575 (2008).

〔2〕　See Evan Tsen Lee, "the Theories of Federal Habeas Corpus", 72 *Wash. U. L. Q.* 151 (1994).

〔3〕　See Henry Friendly, "Is Innocence Irrelevant?: Collateral Attack on Criminal Judgments", 38 *U. Chi. L. Rev.* 142 (1970).

〔4〕　See *Herrera v. Collins*, 506 U. S. 390 (1993).

〔5〕　See Joshua M. Lott, "the End of Innocence?: Federal Habeas Corpus Law After In Re Davis", 27 *Ga. St. U. L. Rev.* 443 (2011).

化美国联邦对于地方司法事务制约的必然结果。[1]"准确地说，人身保护令不是保障个人生理自由的程序性工具，而是一种用来规制、分配司法管辖权的工具。"[2]显然，此种观点的成立需要建立在如下两个前提基础上：首先，各州作为审后救济程序的人身保护程序与联邦人身保护程序存在实质差异[3]；其次，地方层级的人身保护令不足以充分保障犯罪人的宪法性权利。因为地方通过选举产生的法官更乐于通过驳回申请者的人身保护令申请来体现自己打击犯罪的坚定决心，而让联邦法官收拾残局。[4]这种强调司法活动中联邦话语权的人身保护令理论固然可以突出联邦权威，却容易造成联邦法院不得不耗费大量司法资源审理几乎海量的人身保护令申请，往往会造成案件审理质量不高，或者久拖不决的情况出现。另外，"联邦主义说"很容易造成联邦与州司法权之间的紧张关系。1886 年美国联邦最高法院在罗傲案（*Ex Parte Royall*）[5]中明确提出，只有在穷尽所有的州内救济手段之后，才可以启动联邦人身保护申请程序。但现实中，州是否可以主动放弃相关穷尽性要求还是一个未决的敏感性问题。同时对于某些敏感案件，还容易造成州与联邦争夺人身保护令管辖权的现象。[6]

---

〔1〕 在这些学者看来，总体上，人身保护令具有如下两点作用：①宪法起草者认为并且希望将人身保护令作为确保民权，维护制衡分权原则的重要机制；②人身保护令最为重要，也最受争议的功能即保证已经被州法院审结定案的罪犯通过联邦法院质疑自己判决。See Michael E. Tigar, "Habeas Corpus and the Penalty of Death", 90 *Colum. L. Rev.* 255 (1990).

〔2〕 Larry W. Yackle, "Explaining Habeas Corpus", 60 *N. Y. U. L. Rev.* 991 (1985).

〔3〕 以美国死刑大州德克萨斯为例，该州为了加快程序，提高效率，采取了一种所谓的整合模式，即死刑案件的强制上诉程序与人身保护程序同时进行。在强制上诉过程中，上诉人只能根据案件记载范围内的法律问题进行主张，而不能提出一审范围之外的事实。但在人身保护程序当中，申诉方可以就案件审理的公平公正性提供新的证据：例如，是否辩护律师在审理过程中表现适当，是否检方隐藏了关键物证，是否陪审团的行为不当，等等。这些问题显然必须通过新的事实才能加以验证。例如，如果律师经过调查发现，检方没有提供一名关键证人曾经说谎的证据，那么就可以因此启动人身保护程序。另外，还可提供证明自己无辜的新物证，或者证明自己并不属于罪大恶极、该当死刑的那类人。而州人身保护程序也成为第一次就案外证据证明的律师表现蹩脚，检方行为不当，陪审员的错误行为，或者无辜的物证等加以审查。根据相关规则，联邦人身保护程序不得审查州人身保护程序没有审查的问题，而是只能审查那些已经被提出的指控与主张。因为联邦与州人身保护程序都不支持无休止的申请，因此如果州法院的人身保护程序进行得很糟糕，那么几乎也就宣告了联邦人身保护程序的死亡。See Andrea Keilen and Maurie Levin, "Moving Forward：A Map for Meaningful Habeas Reform in Texas Capital Cases", 34 *Am. J. Crim. L.* 207 (2007).

〔4〕 See Steven Semeraro, "Two Theories of Habeas Corpus", 71 *Brooklyn L. Rev.* 1233 (2006).

〔5〕 *Ex Parte Royall*, 117 U. S. 254 (1886).

〔6〕 See Lawrence S. Hirsh, "State Waive of the Exhaustion Requirement in Habeas Corpus Cases", 52 *Geo. Wash. L. Rev.* 419 (1984).

（五）震慑说

最后，一部分学者从功利主义出发，认为虽然人身保护令制度对于州和联邦的司法资源造成较大负担，但在另一方面却有助于震慑各州在司法过程中的违反宪法行为。可以想象，如果不存在人身保护令，很多州法院法官将会更加无所顾忌，认为只要审判定验，就不必担心其被联邦法院所推翻。[1]和"联邦主义说"类似，"震慑说"也认为人身保护令的目的在于行使权利，而非单纯的保障自由。的确，在某种程度上，包括英国在内，早期的人身保护令的确有确保当事人出庭以及监狱人员尊重国王的统治的震慑作用。[2]换句话说，当代人身保护令在很大程度上被用来作为防止各州在刑事司法的过程中侵犯公民宪法权。很多学者也认为主要用来作为阻遏工具的联邦人身保护令与证明犯罪人无辜的目标之间并不冲突。[3]这一观点甚至还得到了美国联邦最高法院法官意见的佐证。[4]事实上，当美国国会最早借由人身保护令制度赋予联邦法院享有对于州司法管辖下的罪犯的管辖权时，其目的即在于通过这一措施监督、规范各州的司法活动。毕竟，国会所面临的不仅仅是具体的个案，相反，是某些州系统性地拒绝适用联邦法律，包括宪法的现象。[5]从这个原因来看，联邦人身保护令绝对不应该是单纯地将被错误监禁的个人解放出来，更应该是震慑各州去保证当事人该当的宪法权利。[6]从实际运行效果来看，"震慑说"的正当性体现得并不明显，有很多地方法官丝毫不在乎自己的案件审理结果是否会被联邦司法体系推翻，甚至在案件审理的过程中抱着"对于这种程序性的缺陷未来会有联邦法官纠正"的心态从事司法活动。但在另一方面，又不是所有的申请者都会获得联邦人身保护令，因此，尽管人身保护令对于罪犯很少能够提供有意义的救济，并且对于各州司法活动也并无太大的震慑作用，但仍然占据了大量的司法资源。[7]

虽然美国联邦人身保护令理论存在诸多学说，聚讼纷纷，但却基本上属于一种在实体正义与程序正义、个人权利与联邦权力、实用主义与道德至上这种

〔1〕　See James Liebman, "Apocalypse Next Time？: The Anachronistic Attack on Habeas Corpus/Direct Review Parity", 92 *Colum. L. Rev.* 1997（1992）.

〔2〕　See Eve Brensike Primus, "A Structural Vision of Habeas Corpus", 98 *Calif. L. Rev.* 1（2010）.

〔3〕　See Evan Tsen Lee, "The Theories of Federal Habeas Corpus", 72 *Wash. U. L. Q.* 151（1994）.

〔4〕　See *Desist v. United States*, 394 U. S. 244（1969）.

〔5〕　See George C. Thomas III, "When Constitutional Worlds Collide: Resurrecting the Framers' Bill of Rights and Criminal Procedure", 100 *Mich. L. Rev.* 145（2001）.

〔6〕　See Ann Woolhandler, "Demodeling Habeas", 45 *Stan. L. Rev.* 575（1993）.

〔7〕　See Douglas A. Berman, "Originalism and the Jury: Article: Making the Framers' Case, and a Modern Case, For Jury Involvement in Habeas Adjudication", 71 *Ohio St. L. J.* 887（2010）.

二元对立价值目标之间的一种犹疑，任何一种学说本身都存在明显的不足之处。在不同的历史时期，基于不同的政治经济形势与政治氛围，以及联邦法官，特别是最高法院大法官不同的价值取向，美国联邦人身保护令理论及其具体表现形式也相应地呈现出不同的样态。但无论具体情况如何，联邦人身保护令都应被视为是对于上述对立价值的一种折衷与平衡。

三、美国联邦人身保护令的基本适用程序

根据相关法律规定，美国联邦最高法院、联邦巡回法院与联邦地区法院法官享有人身保护令申请的管辖权。[1]而任何被美国有权机关监禁的人都可以对于自己的"监禁行为违反了美国宪法、法律或者美国签署的条约"为由，向联邦司法机关申请人身保护令。[2]

美国联邦人身保护令适用程序中较为突出的特征在于如下几点[3]：

（一）诉讼时效条款[4]

美国联邦法律对于联邦人身保护令规定了一年的诉讼时效。对于这一诉讼时效的理解，可以从诉讼时效的起算时点的确定及诉讼时效是否中断等几个方面入手。根据相关法律规定，联邦人身保护令的起始时间一般被认为是原判经上诉审理定验之日。除此之外，如果犯罪人并未就原判提起上诉，则申请联邦人身保护令的计算时效起点为法定上诉期满之日。针对某些犯罪人主张自己申请联邦人身保护令的权利受到州法院的不当干涉，联邦人身保护令诉讼时效条

〔1〕 See 28 U. S. C. 2241 (a).

〔2〕 虽然根据28 U. S. C. 2241 (e) (1)，"对于被美国作为地方战斗人员所适当监禁，或者等待此类认定的外国人，任何法庭、法官无权听取或者接受其所提出的人身保护令申请。"与此相关，2002年布什政权将古巴关塔那摩海军基地作为军事监狱。2004年，美国联邦最高法院在罗素尔诉布什案（*Rasul v. Bush*）中认定联邦法院对于关塔那摩被监禁的人员具有管辖权。随即，美国政府很快成立了"作战人员身份审查委员会"（CSRTs），并试图以此为被监禁者提供一种"充分且有效"的人身保护令替代措施。2005年，美国国会通过《被监禁者处遇法》（Detainee Treatment Act），其内容大体类似于之前所提到的28 U. S. C. 2241 (e) (1) 的规定，旨在剥夺联邦地区法院对于此类案件的管辖权。然而，在2006年，美国联邦最高法院在哈姆丹诉拉姆斯菲尔德案（*Hamdan v. Rumsfeld*）中以违反相关国际法为由，判令军事委员会无权审理其所谓的恐怖分子。国会再一次试图通过制定《2006年军事委员会法》（Military Commissions Act of 2006）来限制联邦管辖权，剥夺被监禁者申请人身保护令的权利。2008年，最高法院在布迈丁诉布什案（*Boumediene v. Bush*）中认定这样的一种规定违宪，认为负责审理人身保护令的法院必须具有足够的权力对于行政机构的监禁权及监禁的理由进行有意义的审查，并明确将对于关塔那摩被监禁者的人身保护令申请权交给哥伦比亚特区管辖。在本案中，美国联邦最高法院重新肯定了被监禁者获得人身保护令的权利，在历史上首次不承认行政方面在军事行动过程中做出的判断。See Baher Azmy, "Executive Detention, Boumediene, and the New Common Law of Habeas", 95 *Iowa L. Rev.* 445 (2010).

〔3〕 See Randall Coyne and Lyn Entzeroth, *Capital Punishment and the Judicial Process*, Carolina Academic Press (2006), pp. 768~769.

〔4〕 See 28 U. S. C. 2244 (d).

款规定，如果某州违反宪法或者美国联邦法律对于申请者提起人身保护令的申请设置了障碍，并且导致犯罪人因此无法提起人身保护令申请的，为该障碍消除之日。在极少数情况下，如果美国联邦最高法院新晋承认了某项可以影响人身保护令的宪法权利，并且规定此项权利可以回溯性适用，则与该项权利有关的联邦人身保护令的申请时效起点为该权利被最高法院正式承认之日。最后，如果罪犯用来申请人身保护令的事实虽然在之前尽到了充分谨慎的发现义务却没有发现，之后又重新发现的，则该罪犯申请人身保留令的一年诉讼时效起点可以被确立在该事实被发现之日。值得一提的是，对于州已定验的判决审后提起的附带审查申请期间不得计算在这一年的诉讼时效之内。

（二）律师及相关资助条款

为了解决生活贫困罪犯无力支付律师及相关诉讼费用申请人身保护令的问题，《反恐与死刑增效法》也规定了相关的处理措施。例如，"如果在申请人身保护令的过程中，申诉方获得了作为贫民申诉的判令，那么任何一家美国法院的工作人员都应在审理人身保护令的法官的命令下，免费向其提供其所保管的相关的司法文书。"[1]除此之外，联邦法院还对其为符合条件的贫困人身保护令申请者提供法律服务的律师设定了收费的上限。因此，相关律师只有在能够合理证明自己获得了当事人授权的情况下，才可以单方面申请向相关证人或者调查活动提供资金，并且此类资金使用存在封顶数额限制。

（三）穷尽州救济措施条款[2]

《反恐与死刑增效法》坚持了将联邦人身保护程序作为各州刑事司法救济程序补救措施的看法，要求在一般情况下，申请者只有在已经穷尽了其所在州能提供的所有救济措施的情况下，才可以向联邦法院申请人身保护令。但如果申请者仅仅是根据该州法律所设定的某种程序，主张相关权利，并不得认为其已经穷尽了所有州法所提供的救济手段。只有在该州不存在有效的审后救济程序，或者虽然存在某种救济措施，却无法有效保障申请人该当的宪法权利的情况下，才可以不考虑所谓穷尽该州救济措施的规定。值得一提的是，《反恐与死刑增效法》明确规定，对于那些没有穷尽所有州所能提供的救济措施的申请者所提出的人身保护令申请，联邦法院可以选择根据申请本身的情况直接将申请加以驳回，从而节省司法资源。另外，只有该州通过明示的方式放弃穷尽本州司法救济措施的要求的情况下，联邦法官才可以对其加以认定。

---

〔1〕　28 U. S. C. 2250.

〔2〕　28 U. S. C. 2254（b）.

（四）连续申请人身保护令的限制

其对于人身保护令滥用的制度性预防，即非常重视联邦人身保护令决定的终局性。《反恐与死刑增效法》明确规定："除第 2255 节规定的情况之外，任何联邦巡回法院或者地区法院或者法官都无权受理被监禁者再次提起的之前已经由某个美国法院驳回了人身保护令申请。"这就意味着除法律明确规定的例外情况之外，不会出现重复申请人身保护令的情况。所谓例外情况，是指"根据国会立法，被监禁剥夺人身自由的罪犯，可以以判决违反美国宪法及法律、原审法院无权管辖该案或者量刑超过法律规定上限，或者合并上述根据，可以要求法院撤销原判，改判或者发回重审"[1]。另外，"对于根据本节规定申请人身保护令的申请者，如果申请者没有向原审法院申请过救济，或者虽然提出申请，但被该法院驳回的情况，不得向联邦法院提起人身保护令申请，除非能够证明相关救济措施无法有效、充分地改变其被监禁的合法性。"[2]

（五）对于联邦人身保护令审理结果的上诉[3]

虽然联邦人身保护令非常强调自己的终局性，例如《反恐与死刑增效法》明确规定，不得针对人身保护令诉讼过程中对于改变审理法院的命令的有效性进行上诉，不得对于改变申请人羁押地点的决定提出上诉。但这并不是说对于联邦法院作出的决定不得进行上诉，对于联邦地区法院针对人身保护令申请所作出的裁定，可以向对其有管辖权的联邦上诉法院提出上诉。需要注意的是，针对联邦地区法院对于人身保护令申请所作出的决定，申请人只有在获得联邦巡回上诉法院法官作出的可上诉批准书的情况下，才可以向上诉法院，即联邦巡回上诉法院提交上诉，而申请者只有十分明确地证明自己的宪法权利因为申请人身保护令未果而受到了严重伤害的情况下才能获得此类批准。

第二节　死刑案件中联邦人身保护令的适用与反思

不可否认，包括联邦人身保护令在内的审后救济程序所承载的价值诉求注定是多元的，甚至是矛盾的，但这种多元或者矛盾却又是一种无法忽视，不可改变的客观存在。虽然在本源意义上，刑事司法活动的运行应该高度可靠、高度客观、高度公正，并且在刑事司法体制内部与外部，都存在行之有效的纠错

---

〔1〕　28 U. S. C. 2255（a）.

〔2〕　28 U. S. C. 2255（e）.

〔3〕　28 U. S. C. 2253.

机制，从而确保其以一种不明显违背社会法情感的常态运行。

首先，从美国刑事司法本身的运行实态来看，存在着案件数量与案件质量反比运行的尴尬处境。目前，美国监狱中的犯罪人数已经从 20 世纪 70 年代的 33 万人左右飙升至 200 余万人。[1]可想而知，实际审判的案件数量要远远超过这一数字。案件数量的激增导致相对有限的司法资源不得不被摊薄，案件审理质量下降。面对如此之多的被告人，很多州显得有些应接不暇。甚至对于很多死刑案件，州法院指定的律师因为薪酬较低，加之职业道德的下降，导致大量刑事案件审理质量极低，最终导致极高的翻案率。但基于对于原审的尊重，以及审后救济措施的相对限制，因此在很多案件中，即使出现了辩护律师当庭睡着、在庭审的过程中表现出醉态或者对于相关法律一无所知的情况下，法官仍然维持了死刑判决。除此之外，警方及检方的滥权及玩忽职守也使得美国刑事司法体系的公正性出现了动摇。[2]其中一个非常著名的历史事件就是 2003 年，时任伊利诺斯州州长的瑞恩因为芝加哥南区警察局的警探通过刑讯逼供等方式使得 3 名死刑候刑者供认有罪，下令该州 163 名死刑候刑者全部减刑。除此之外，DNA 证据的大量适用也使得美国死刑体系开始动摇。[3]

其次，面对刑事司法活动可靠性及正当性方面存在的问题，以联邦人身保护令为代表的审后救济措施也处于一种两难境地。一方面，如果坚持联邦人身保护令的本源理念，无论是实体正义，还是联邦主义，抑或是震慑司法失范，势必导致大量案件会被再审或者被推翻，而这在司法资源绝对紧张的现实面前多少显得有些不切实际。事实上，虽然存在上述种种限制，但是申请联邦人身保护的数量还是与日俱增。同时，随着相关程序的日益繁冗，申诉个案进入联邦庭审程序的时间以及联邦司法体系用来解决这一申请的时间也都出现了大幅度的增加。因此，更多的努力被投入程序性游戏当中，而较少关注实体性问题。同时，在花费了如此大量的资源与时间之后，一般来说非死刑案件当中批准人身保护令的几率不高于 1%。[4]另一方面，如果承认司法资源的有限性，承认刑事司法活动存在的问题性，承认联邦人身保护令无法有效地阻遏各州的刑事司法擅断与滥权，承认惯常意义上联邦人身保护令申请程序因为拖冗而给司法机

---

〔1〕　See Bryan A. Stevenson, "Confronting Mass Imprisonment and Restoring Fairness to Collateral Review of Criminal Cases", 41 *Harv. C. R. - C. L. L. Rev.* 339 (2006).

〔2〕　See Joshua M. Lott, "the End of Innocence?: Federal Habeas Corpus Law After in Re Davis", 27 *Ga. St. U. L. Rev.* 443 (2011).

〔3〕　See Shawn Armbrust, "Reevaluating Recanting Witnesses: Why the Red - Headed Stepchild of New Evidence Deserves Another Look", 28 *B. C. Third World L. J.* 75 (2008).

〔4〕　See Margo Schlanger, "Inmate Litigation", 116 *Harv. L. Rev.* 1555 (2003).

关造成的不当负担，就应该从更为功利的角度，通过制度设计，限制人身保护令的适用范围，加速人身保护令的适用进程。这种设计，固然可以节约诉讼资源，提升申请处理速度，却在另一方面牺牲了联邦人身保护令的本质价值取向，从而使其沦为一种仅具有象征意义，适用范围与效果极其有限的"形式"救济措施。[1]

应该承认，上述两种倾向都不具有全然的压倒性，因此，包括美国联邦最高法院在内的联邦司法机关对于联邦人身保护令的适用态度多少是有些暧昧不明的。但无论如何，死刑案件一直是美国联邦最高法院及各级联邦法院适用人身保护令的主要关注类型。据统计，有超过40%的死刑案件判决通过人身保护令申请最终被推翻。[2]的确，和航空业与医疗业一样，死刑的适用无疑有将无辜的人置于生死边缘的绝对风险。因此，死刑人身保护程序就是死刑适用过程中的一种质量控制程序。作为一种最后的安全网，这种程序尽力将可能的无辜者打捞上来，防止其被误杀。[3]

虽然相较于其他类型的刑事案件，死刑案件因为其对于生命的剥夺而被认为具有特殊性，因此更需要通过诸如联邦人身保护令的审后司法救济方式加以确证。但另一方面，美国死刑的适用范围与适用程序却依然存在着相对宽泛[4]

---

〔1〕 尽管人身保护令对于罪犯很少能够提供有意义的救济，并且对于个州司法活动也并无太大的震慑作用，但仍然占据了大量的司法资源。应该说，虽然适用法律相同，但死刑案件的人身保护令与非死刑案件的人身保护令存在很大不同，其中最为突出的一点在于死刑候刑者中只有大约7%有律师帮助其申请人身保护。同时和非死刑案件相比，死刑案件的人身保护令当中的申请数量是非死刑案件的7倍，申请书有时长达百余页。超过80%的死刑案件人身保护令包括无效律师帮助的主张，而相同的主张在非死刑案件中只有不过50%。根据这项调查，联邦地区法院法官通常情况下要用3年多的时间才能完成1起死刑案件的人身保护令审查。这也并不奇怪，因为死刑案件人身保护令的申请者有律师代理的几率15倍于非死刑案件，提出的诉讼请求也7倍于非死刑案件。联邦法官每年都需要花费大量时间驳回几乎所有数以千计的非死刑案件人身保护令，同时，联邦法官也要花费特别长的时间审查并且驳回大多数死刑案件的人身保护申请。See Lee Kovarsky, "Original Habeas Redux", 97 *Va. L. Rev.* 61 (2011).

〔2〕 See Steven Semeraro, "Two Theories of Habeas Corpus", 71 *Brooklyn L. Rev.* 1233 (2006).

〔3〕 See Andrea Keilen and Maurie Levin, "Moving Forward: A Map for Meaningful Habeas Reform in Texas Capital Cases", 34 *Am. J. Crim. L.* 207 (2007).

〔4〕 虽然理论上来讲，一般情况下，目前美国各司法区针对剥夺他人生命的犯罪适用死刑，但根据德克萨斯州法律规定，共有9种犯罪该当死刑，其中包括重罪谋杀、受雇杀人、杀害警察、谋杀不满6岁的儿童等该当死刑。更有甚者，加利福尼亚州允许在认定法定的21种法定情节之一情况的一级谋杀判处死刑。据调查，大约87%的一级谋杀犯罪都将被判处死刑。See Steven F. Shatz & Nina Rivkind, "The California Death Penalty Scheme: Requiem for Furman?", 72 *N. Y. U. L. Rev.* 1283 (1997).

与绝对冗长〔1〕的痼疾。因此，一个不幸但必须正视的事实就是，现代意义上的美国联邦人身保护令制度的设计建立在尽可能加速死刑案件的结案与执行过程这一前提基础上。〔2〕2010 年美国第 111 届国会曾试图通过立法，允许死刑犯根据可以证明其"可能无辜"的证据申请联邦人身保护令，但最终未果。〔3〕这也从一个侧面证明了当前美国联邦人身保护令注重提升死刑案件审理效率的倾向并未发生实质性改变。事实上，1996 年《反恐与死刑增效法》的设定初衷即在于加速各州死刑的审理与执行进程，并通过立法将其具体化，同时规定了各州执行这一规定所应具备的条件。因为长期以来一直没有哪个州能够达到该法规定的相关条件，美国国会后来通过《美国爱国法完善与再授权法》（USA PATRI-OT Improvement and Reauthorization Act）对于相关的适格条件进行了调整。〔4〕

之所以强调加速死刑案件联邦人身保护令进程的必要性，根本原因还是在于死刑与联邦人身保护令之间的密切联系。和那些服监禁刑的人不同，任何一个等待被执行死刑的犯罪人都会穷尽一切可能，尽可能地拖延死刑的执行，并通过穷尽所有可能的法律救济措施，试图推翻死刑判决。因此，在某种程度上，

---

〔1〕 在完成一般意义上的定罪与量刑程序之后，被判死罪的犯罪人一般自动享有上诉权。例如在加州，被判处死刑的罪犯可以向加州最高法院自动提出上诉。如果加州最高法院批准了死刑判决，那么该罪犯可以向加州最高法院申请人身保护令，而该州最高法院的决定还可以申请美国联邦最高法院加以审查。该人还可以向美国联邦地区法院申请人身保护令，而该地区法院的决定又可以向美国第九巡回上诉法院以及美国联邦最高法院申请审查。

根据加州死刑调查委员会的报告，导致加州死刑体制失效的原因在于其诉讼过程的拖冗。美国全国平均死刑判决到执行为 12.25 年，而加州最长，约为 17.2 年。而那些死刑判决被联邦法院撤销的被告人需要等待 16.75 年，远远高于美国平均的 11 年。导致这种情况出现的原因不仅在于程序的繁冗，更在于州死刑审理程序存在大量违反宪法的情况，同时存在误判的可能。另外，对于很多死刑犯来说，等待政府为其指定的律师一般等待的时间约为 8 年到 10 年。同时，被告在申请联邦人身保护令之前，必须穷尽所有州的人身保护令。截至 2008 年 6 月，加州死刑罪犯提出的人身保护令未能及时处理的数量超过了 100 起。See Sarah Rose Weinman, "California Annual Review: Note: The Potential and Limits of Death Penalty Commissions As Tools for Reform: Applying Lessons from Illinois and New Jersey to Understand the California Experience", 14 *Berkeley J. Crim. L.* 303 (2009).

〔2〕 例如，美国联邦最高法院前大法官史蒂文斯曾经在雷奇案（Lackey）中指出，"政府故意或者过失造成死刑适用拖冗的行为违反宪法。"与此类似，美国国会通过立法授权总检察长有权批准各州为无钱聘请律师但又要申请人身保护令的罪犯提供律师，以期加速救济程序的进程。当然，对此有学者持不同意见，认为应该由联邦法院享有批准权。See Jennifer Ponder, "The Attorney General's Power of Certification Regarding State Mechanisms to Opt – in to Streamlined Habeas Corpus Procedure", 6 *Crim. L. Brief* 38 (2011).

〔3〕 参见 Charles Doyle, "Habeas Corpus Legislation in the 111th Congress", 载 www.fas.org/sgp/crs/misc/R41011.pdf, 最后访问日期：2011 年 9 月 23 日。

〔4〕 参见 Charles Doyle, "Federal Habeas Corpus: A Brief Legal Overview", 载 http://www.fas.org/sgp/crs/misc/RL33391.pdf, 最后访问日期：2011 年 9 月 23 日。

相较于较为固定的原审、上诉程序，较为灵活的联邦人身保护程序对于在死亡线上挣扎求生的死刑犯来说，无疑可以被视为是最后的救命稻草。因此，不考虑是否具有实质正当性的滥诉、缠诉自然显得无可避免。[1]然而，鉴于死刑的不可逆性，为了避免遭受司法擅断的诟病，负责审理、审查死刑案件的法官也往往十分谨慎，从而导致死刑案件最终被推翻的比率较高。根据学者的调查，1976～1985年，49%的死刑案件借由人身保护令得以最终翻案。但从较为实际的角度判断，除了上诉因素之外，真正制约美国死刑案件联邦人身保护令适用程序拖冗，死刑案件久拖不决，甚至大量出现翻案的症结还在于大多数死囚经济条件不佳，无力独立聘用符合资质的代理律师，而司法机关掣肘于资源的相对有限，无法同时为大量死刑候刑者安排指定律师。换句话说，等待适格律师的时间是造成死刑案件阻滞的根本所在。在《反恐与死刑增效法》出台之前，相关的联邦法律规定对于经济条件不佳的死囚，在人身保护令申请的任何阶段，都应为其指定辩护律师。为了避免因为等待指定律师而导致联邦人身保护令的审理程序过分拖冗，《反恐与死刑增效法》规定了一种所谓"选择性"适用条款，规定相关各州可以在符合条件的情况下建构为贫穷死囚提供律师及相关资源，从而避免等待律师情况的出现。对于那些选择建构这种机制的州，《反恐与死刑增效法》规定，申请人身保护令的死囚只能在申请期间享有一次死刑暂停的机会。[2]而这就彻底改变了之前死刑执行可以被屡次暂停的现象。同时，该法还对于那些选择适用之一条款的州规定了180天的诉讼时效，并对于申请者提出申请的根据等进行了严格限制。[3]

从这个意义而言，美国死刑案件中联邦人身保护令的适用处于一种较为尴尬的境地。一方面，联邦人身保护令的设定初衷与存在根据在于其所具有的纠错功能，而这一点在死刑案件中体现得重要性尤为明显。另一方面，联邦人身保护令的适用又需要面对司法资源有限，以及刑事司法活动的终局性方面的压力。虽然在不同历史时期，美国死刑案件中联邦人身保护令的适用对于上述两种截然相反目标的侧重多有不同，但大体上仍然试图在二者之间寻找平衡。换句话说，只要还存在死刑，就一定会存在某种司法救济措施，就一定会存在目前联邦人身保护令所面对的问题，也就一定会存在对于上述目标的折衷与平衡。

---

〔1〕 Kaplan, "The Problem of Capital Punishment", 1983 *U. Ill. L. Rev.* 555 (1983).

〔2〕 28 U. S. C. 2262.

〔3〕 See Charles Doyle, "Federal Habeas Corpus: A Brief Legal Overview", 载 http://www.fas.org/sgp/crs/misc/RL33391.pdf, 最后访问日期: 2011年9月23日。

第三节　美国死刑的执行方式与执行程序

如果死刑判决永远得不到执行，那么这样一种无法最终实现的死刑判决将会丧失其作为"死刑"的最终正当性。从这个意义而言，死刑能否执行，以及如何执行也成为"死刑"存在与否的根本性标志之一。如果说死刑本身是一种具有高度仪式性[1]的刑罚方式，那么死刑的执行，包括执行地点、执行方式等细节都将成为决定这一"仪式"是否成功的具体要素。

更为重要的是，在美国，死刑执行方式是否合宪还在很大程度上决定着死刑本身的可适用性。显而易见的是，虽然从根本上认定死刑本身违反美国宪法显得多少有些不切实际，但通过质疑死刑执行方式本身的合宪性从而事实上阻止死刑的实际适用，长期以来却一直被视为是一种具有可操作性的规避死刑办法。例如，早在1878年的威尔克森案[2]中，美国联邦最高法院就曾针对枪决这一死刑执行方式的合宪性进行过确认。

一、美国死刑执行方式的历史镜像[3]

从时间维度的发展顺次上来看，美国的死刑执行方式经历了一个所谓逐渐"人性化"、"无痛化"、"尊严化"的过程。以美国死刑大州德克萨斯为例，该州在1923年前也是将绞刑作为针对叛国、谋杀、强奸、抢劫、夜盗以及纵火等

---

〔1〕　死刑执行的这种仪式性，在1982年美国德克萨斯州死刑恢复后第一次执行死刑时体现得尤为明显。当时，黑人查理斯·布鲁克斯（Charlie Brooks）因为绑架、杀害了一名白人，成为1964年后在德克萨斯州被执行死刑的第一人。据报道，当时一群死刑支持者在得知这一消息之后打着标语，别着电椅图样的胸针，在死刑执行地点外聚集狂欢直到筋疲力尽。另外1起代表性事件发生在1983年12月4日，奥垂（J. D. Autry）因为枪杀一名便利店店员并且抢劫了6扎啤酒而被判死刑。虽然之前计划的死刑执行时间是午夜，但下午的时候大量死刑的支持者就开始在德克萨斯司法矫正部由红砖砌成的死刑执行室外集会，其中大多数人来自附近的休斯敦大学，并且主要来自培养未来警官和法官的刑事司法学院。随着死刑执行时间的临近，聚集的人群当中出现了上百个条幅，人们挥舞着酒瓶，欢庆奥垂生命的最终结束。在一个标语牌上，描绘了一个装满啤酒的注射器，同时配有解说，"嘿，J. D.，这是给你的啤酒。"据目击者回忆，在死刑执行室内部可以听到外面的欢呼声。但富有戏剧性的是，奥垂的死刑执行因被最后叫停，当负责死刑执行的狱方向等候在外面的人群宣布死刑执行将不再继续的时候，正在欢庆的人群变得十分尴尬。学生和庆祝的警官开始向这位司法官员大声嚷叫，并最终演变成一场骚乱。See Brent E. Newton, "A Case Study in Systemic Unfairness: The Texas Death Penalty, 1973 ~ 1994", 1 *Tex. F. on C. L. & C. R.* 1 (1994).

〔2〕　See *Wilkerson v. Utah*, 99 U. S. 130 (1878).

〔3〕　See Michael A. Cokley, "Whatever Happened to That Old Saying 'Thou Shall Not Kill?': A Plea for the Abolition of the Death Penalty", 2 *Loy. J. Pub. Int. L.* 67 (2001).

犯罪的死刑执行方式。[1]从 1923 年到 20 世纪 60 年代，德克萨斯州开始将电椅作为本州的死刑执行方式，并要求死刑在监狱内部非公开执行。1973 年，德州修订了死刑执行条例，在美国率先将注射刑确定为死刑的执行方式。[2]

无独有偶，俄亥俄州从 1803 年该州成立到 1885 年，一般采用在犯罪地对犯罪人公开实施绞刑的死刑执行方式。1885 年，俄亥俄州通过立法，将绞刑明确规定为该州唯一合法的死刑执行方式，同时规定，所有死刑执行均在监狱内部执行。1897 年，俄亥俄州采取了电刑，或者所谓"电椅"来更为"人性"地结束罪犯的生命。1993 年，鉴于越来越多的州将注射毒物作为死刑执行方式，俄亥俄州大国民会议通过立法，将注射刑作为除电椅之外的另一种合法死刑执行方式，并规定被执行死刑的罪犯有权对其进行选择。为了强调被告选择死刑执行方式的权利，俄亥俄州最高法院还通过俄亥俄州诉贝伊案（State v. Bey）[3]中提出，虽然法官可以判令对于死囚适用电椅执行死刑，但是被判决死刑的受刑人仍然可以选择将电椅或者注射作为死刑的执行方式。[4]

通过将德克萨斯州死刑执行方式的流变历程与俄亥俄州加以对比，就不难发现二者呈现出一种阶段性的类似性。事实上，虽然绞刑、电椅直到注射等不同死刑执行方式貌似具有替代性，但这种沿革特征仅仅体现在某一个司法区内部，而不同司法区对于死刑执行方式的选择多有不同，这也直接导致目前美国死刑执行方式的庞杂与多元。目前在美国，共存在有五种死刑执行方式：电刑、毒气、绞死、枪决和注射死刑。[5]

（一）绞刑

绞刑历史悠久，并且在 19 世纪之前一直是美国最为流行的死刑执行方式。一直作为 18 世纪和 19 世纪早期最为流行的一种死刑执行方式。据学者统计，自从 1778 年纽约州在全美率先将绞刑规定为法定死刑执行方式之后，共有16 000

---

〔1〕 因为缺乏确凿的史料记载，因此德克萨斯州早期死刑执行的相关记载并不详实，甚至有人考证当时在德州还出现过类似于"凌迟"的死刑执行方式。See Jonathan R. Sorensen and James W. Marquart, "Prosecutorial and Jury Decison-Making in Post-Furman Texas Capital Cases", 18 *N. Y. U. Rev. L. & Soc. Change* 743 (1991).

〔2〕 See Guy Goldberg and Gena Bunn, "Balancing Fairness & Finality: A Comprehensive Review of the Texas Death Penalty", 5 *Tex. Rev. Law & Pol.* 49 (2000).

〔3〕 See *State v. Bey*, 709 *N. E. 2d* 484 (Ohio 1999).

〔4〕 See David L. Hoeffel, "Ohio's Death Penalty: History and Current Developments", 31 *Cap. U. L. Rev.* 659 (2003).

〔5〕 See Roberta M. Harding, "The Gallows to the Gurney: Analyzing the (Un) constitutionality of the Methods of Execution", 6 *B. U. Pub. Int. L. J.* 153 (1996).

余人被绞死。[1]绞刑如此受欢迎是有其合理性的。一方面，绞刑的执行颇具
"观赏性"，公开执行时往往能够起到很好的"震慑"作用；另一方面，绞刑执
行成本低廉，且简便易行。例如，根据1885年俄亥俄州成文法，绞刑由监狱长
执行，如果监狱长无法出席，可由副监狱长执行。绞刑的执行地点为该州州立
监狱内部。在绞刑架四周应设置高于绞刑架的遮挡物，从而避免公众的围观。
死刑执行时间严格遵照法官判决中所规定的日期，但需要在该日日出之前执行
完毕。死刑执行完毕后，需要支付给执行死刑的监狱长或者副监狱长50美金。[2]
实施绞刑之前，需要称量被执行者的体重，从而确定绞索的长度，之后，行刑
者将被执行人引领至绞刑架前，将其手缚于身后，用黑色头套罩住其口鼻。受
刑者最后被引领到绞刑架前，行刑者其四肢被拉直后，将一个绳结套在被行刑
人的颈部，活扣在其左侧下颊。然后执行人拉动，借助被执行人身体的重力，
将被执行人颈部扭断，据说绞刑的致死效果十分迅速。[3]目前，仅有新罕布什
尔及华盛顿两个州保留绞刑，并仅将其作为注射刑的替代死刑执行方式，即一
旦注射刑被判违宪，还有可供其使用的死刑执行方式。[4]

（二）电刑

随着时代的发展，绞刑执行过程中暴露出来了很多技术性问题。与此同时，
人们对于绞刑的残忍性也感到厌倦。因此，在19世纪40年代，美国各地纷纷出
现所谓的"反绞刑运动"。纽约州这一次又走在了美国各司法区的前面，1886
年，该州指定了一个3人委员会，负责设计一种比绞刑更为人性化的死刑执行
方式。非常凑巧的是，其中一位委员，缥思维克博士（Dr. Alfred Southwick）因
为目睹了一个人因为触电而死亡的事实最终设计出电椅，因此也被称之为电椅
之父。1888年，纽约州成为第一个批准电椅死刑的州。在电椅死刑执行之前，
首先需要受刑人进行一系列准备，主要包括将受刑人头部及右腿部的体毛剃除，
再将其束缚在一个特制的椅子上，椅子通常是木质的，而被浸湿了的铜质的电
极被束缚在剃过毛后的部位。通常，3到4个执行人按动按钮接通电流，而仅仅
有一个人的按钮是真的通电的，由此谁是真正的执行人并不为人所知。另外，

---

〔1〕 See Robert J. Sech, "Note, Hang 'em High: A Proposal for Thoroughly Evaluating the Constitutionality of Execution Methods", 30 *Val. U. L. Rev.* 381 (1995).

〔2〕 Ohio Gen. CodeE § 7338 (1885). See David L. Hoeffel, "Ohio's Death Penalty: History and Current Developments", 31 *Cap. U. L. Rev.* 659 (2003).

〔3〕 See Roberta M. Harding, "The Gallows to the Gurney: Analyzing the (Un) constitutionality of the Methods of Execution", 6 *B. U. Pub. Int. L. J.* 153 (1996).

〔4〕 "Authorized Methods", 载 http://www.deathpenaltyinfo.org/methods - execution, 最后访问日期: 2011年9月25日。

州和州之间电流的强度不同，幅度在 500~20 000 伏不等，需要通电 30 秒以上。[1]美国当时选择设计电椅作为死刑执行方式，以期用来替代绞刑的初衷是相对于绞刑，电椅更为人道，但事实却并非如此。事实上美国历史上，也是纽约州历史上第一次执行电刑就没有成功，不得已又再次进行了一次才勉强将受刑人电死。[2]而俄亥俄州历史上第一把电椅更是由当时正在监狱服刑的一名略懂电气知识的抢劫犯所设计的，颇具讽刺意味的是，这名抢劫犯后来因为在监狱内部实施了杀人行为而被送上了自己亲手设计的电椅。[3]目前，美国有 9 个州，即阿拉巴马、阿肯色、佛罗里达、肯塔基、俄克拉荷马、南卡罗莱纳、田纳西及弗吉尼亚将电刑规定为注射刑的替代方式，即一旦注射刑被判违宪，还有可供其使用的死刑执行方式。从 1976 年美国恢复死刑至今，已有 157 人被执行电刑。[4]

（三）枪决

枪决作为死刑执行形式的一种，大致出现在 1852 年前后。一直以来，枪决都被认为是一种带有军事色彩的传统死刑执行方式。受刑人通常被置于一个特制的椅子当中，黑布罩头，白布蒙心，椅子后面覆以沙袋，由多名执行人同时

---

〔1〕 See Michael A. Cokley, "Whatever Happened to That Old Saying 'Thou Shall Not Kill?': A Plea for the Abolition of the Death Penalty", 2 *Loy. J. Pub. Int. L.* 67 (2001).

〔2〕 有学者曾如此描述 1890 年的一次电刑。"在最初的震动后，科姆拉的身体几乎一动不动……那些有那么一会转离科姆拉身体的目光重又转回来，恐惧地盯着他们所看到的景象。人们冲动的从椅子上站起来，因他们所感到的忧虑而呻吟着。'天啊！他还活着?'一个人说，'通电。'咔嗒声又起，失去知觉的可怜人的身体又一次在椅子里变得像青铜一样僵硬。这太可怕了，目击者被这可怕的景象吓得挪不开自己的眼睛。发电机似乎运转得不流畅。能听到电池尖锐的噼啪声。椅子里的可怜人脸上开始流血，就像汗水一样……一种可怕的气味开始在死刑室里弥散，然后，好像要给这可怕的景象加一个高潮似的，大家看到电极下面和其四周的头发以及脊骨上的电极下和四周的肌肉都烤焦了，恶臭让人无法忍受。而在 100 年之后的 1997 年 3 月 25 日，佛罗里达的一次电刑过程当中，在通电后，受刑者梅迪纳'马上向后倾倒在椅子里，手握成了拳'，这时，他的面罩'燃烧了起来'。据目击者们称，'梅迪纳先生的头部右侧射出一束长达一英尺的蓝色和橘色的火焰，闪烁了约 6~10 秒，使行刑室充满了烟。''肉烧焦的气味充满了目击者室。'4 分钟后，梅迪纳被宣布死亡。行刑部的女发言人凯瑞·弗莱克解释说：'一名维持管理人带着绝缘手套拍灭了火焰，而另一个行政人员打开窗以驱散烟。'目击者称该景象是'可怖的'。另一些人声称他们'因该景象和气味而作呕'。'太可怕了。固体的火焰整个覆盖了他的头部，从一边到另一边。我有一种有人被活活焚烧的感觉。'一个目击者如是说。"See Kenneth Williams, "The Deregulation of the Death Penalty", 40 *Santa Clara L. Rev.* 677 (2000).

〔3〕 See David L. Hoeffel, "Ohio's Death Penalty: History and Current Developments", 31 *Cap. U. L. Rev.* 659 (2003).

〔4〕 "Authorized Methods", 载 http://www.deathpenaltyinfo.org/methods-execution, 最后访问日期：2011 年 9 月 25 日。

向其开枪，其中一人的弹匣中没有子弹，从而减轻死刑执行人的道德负罪感。[1]但据有关被执行人的亲属回忆，1977 年犹他州的一次死刑执行过程中，5名自愿承担枪决行刑的警察在距离被执行人 6 米的距离使用 0.30 口径的来复枪向其发射子弹，但在验尸的时候，死者胸口赫然有 5 个弹孔，显然，这次死刑执行并没有遵循上述惯例。虽然适用范围有限，但也发生过被执行人基于宗教信仰试图通过诉讼的方式获得被枪决权利的案例。目前，美国仅有俄克拉荷马州将枪决保留作为注射刑的替代执行方式，从 1976 年至今，共有 3 人被执行枪决。另外，虽然犹他州也已经不再执行枪决，但却承认在该州立法机构废除枪决之前选择枪决的死因可以继续要求执行枪决。[2]

（四）毒气

随着时代的进步，美国死刑执行方式开始朝向"无痛化"的趋势发展。受到一战时期毒气战的启发，以及战后使用煤气自杀现象的频发，1921 年内华达州成为第一个适用毒气作为死刑执行方式的州。根据最初的计划，受刑者被置于特别的监号一个星期，然后在其睡觉的时候开放阀门，其将在无意识的情况下死去。但这种做法显然不可行，后来的事实地证明这样的做法不可行，因为无法在一个通常的号房当中释放毒气并且将死亡效果严格地控制在受刑者本身。因此，改为设计一个特别的密闭死刑执行房间，即所谓的毒气室。毒气死刑执行方式的步骤为：受刑人被置于密封的号房当中，当执行信号发出的时候，行刑者开放阀门允许氯化氢流入一个盘子当中，再根据另外的一组信号，行刑者开放其他的一个阀门释放氰化钾或者氰化钠，这种物质和前面提到的氯化氢产生化学反应，反应出来的气体能够阻止受刑人体内血红蛋白生成，并导致受刑人在几分钟内丧失意识，最终死亡。当然，死亡的时间还取决于受刑人本身的身体状况与耐受性等其他因素。有证据证明受刑者在受刑时所呈现出来的状态极其恐怖，受刑者看起来十分痛苦，呈现出窒息的体表特征，如眼珠爆裂、皮肤变成紫色，开始流涎，等等。在 10~12 分钟后，受刑人的身体不再扭动，之后医生宣布他的死亡。[3]在 1976 年美国恢复执行死刑之后，共有 11 人被施以毒气刑，目前共有亚利桑那、加州、密苏里及怀俄明州还保留这一死刑执行方

---

〔1〕 See Michael A. Cokley, "Whatever Happened to That Old Saying 'Thou Shall Not Kill?': A Plea for the Abolition of the Death Penalty", 2 *Loy. J. Pub. Int. L.* 67 (2001).

〔2〕 "Authorized Methods", 载 http://www.deathpenaltyinfo.org/methods - execution，最后访问日期：2011 年 9 月 25 日。

〔3〕 See Kenneth Williams, "The Deregulation of the Death Penalty", 40 *Santa Clara L. Rev.* 677 (2000).

式，并将其作为注射刑的备份死刑执行方式。[1]

（五）注射

在20世纪60年代后期，美国经历了一个阶段的死刑暂停执行，并最终导致1972年美国联邦最高法院在福尔曼案中认定当时美国死刑的执行方式有违宪法。虽然本案的主要影响在于促使各州修改其死刑成文法，限制陪审员在死刑量刑阶段的自由裁量权、限制死刑适用范围，以及明确加重与减轻情节的法律被认定符合宪法等，但与此同时，某些州也开始未雨绸缪，反思对于死刑执行方式加以改革，从而避免未来死刑受刑人通过质疑具体死刑执行的合宪性来间接阻却死刑的实际适用。例如绞刑、电椅、毒气室或者枪决等死刑方式都暴露出了弊端。因此，各个州都开始寻找相较于之前各种死刑执行措施，更为具有人性化的死刑执行方式。[2]注射执行死刑的理念最早出现在1888年，当时纽约州曾考虑将注射刑作为绞刑的替代措施来执行死刑。1977年，奥克拉荷马州成为第一个正式将注射确定为死刑执行方式的州，而在1982年德克萨斯成为第一个实施注射死刑执行方式的州。一般而言，美国注射执行的程序一度是所谓的"三步法"。具体而言，注射执行死刑的程序类似于手术之前的准备，不同的是，需要通过皮带将被执行人的脚踝和手腕加以固定，同时，将一个心脏监控器和一个听诊器固定在被告的身上。一旦死刑执行程序正式启动，执行者首先在被执行者的肘部静脉插入盐水管，随后，用床单罩住被执行人，开始将一种强力安眠药诸如盐水当中，从而确保被执行人处于镇静状态；其次，向被执行人的体内注射一种肌肉松弛剂，从而使被执行人的呼吸功能丧失；最后，向被执行人体内注射一种能够停止心脏跳动的药物，使被执行人的心脏停跳，最终致其死亡。[3]从目前的司法实践情况来看，注射执行死刑已经成为美国各司法区的首选，甚至是唯一选择适用的死刑执行方式。从1976年至今，全美共有1096人通过注射被执行死刑，而目前包括美国联邦以及美国军方在内的37个司法区将死

---

[1] "Authorized Methods"，载 http：//www. deathpenaltyinfo. org/methods - execution，最后访问日期：2011年9月25日。

[2] See Jason D. Hughes, "Comment, The Tri - Chemical Cocktail: Serene Brutality", 72 *Alb. L. Rev.* 527 (2009).

[3] See Michael A. Cokley, "Whatever Happened to That Old Saying 'Thou Shall Not Kill?': A Plea for the Abolition of the Death Penalty", 2 *Loy. J. Pub. Int. L.* 67 (2001).

刑作为其首选，或者唯一适用的死刑执行方式。[1]

二、美国死刑执行方式的合宪性考证与反思

从目前美国各司法区死刑规定的模式来看，除少数州将注射规定为唯一的死刑执行方式之外，大多数司法区还是选择两种，甚至多种死刑执行方式并存的立法模式，用电椅或者枪决作为注射执行方式的备份。从这种立法实际，可以推断出三个基本前提。首先，绞刑、枪决、电椅、毒气以及注射等死刑执行方式目前都属于合法、合宪。其次，相较于其他死刑执行方式，注射执行死刑这一方式具有相对优越性，也更具有普遍适用性。最后，包括注射刑在内的死刑执行方式可能会受到合宪性质疑与挑战，而这也是很多州不选择单一死刑执行模式，而是采取多种执行方式并存备份的最根本原因。

事实上，姑且不论因为死刑存废而产生的巨大争论，假定死刑适用这一前提毫无疑问，只要死刑还在通过某种方式被加以执行，在美国，针对死刑执行方式合宪性的质疑也一定存在。早在 1890 年，在凯默尔案[2]中，美国联邦最高法院曾针对死刑执行方式是否合宪的判断，明确了三个需要考察的要素，即死亡是否是即刻发生的；死刑执行持续时间是否较长；死刑执行是否会对受刑人造成不必要的苦痛。在本案中，美国联邦最高法院还提出，类似于英国历史上曾经适用过的包括车裂、焚刑、钉在十字架上在内的死刑执行方式违反了上述三种原则，是不可接受的。[3]

自此，针对美国目前适用的各种死刑执行方式，一直有人试图以宪法第八修正案"禁止残忍且不寻常刑罚"条款为根据对其加以质疑。美国联邦最高法院曾批准了对于质疑佛罗里达州适用电椅作为死刑执行方式合宪性的案件批准调卷，但是却在佛罗里达州立法机构修改立法，将注射执行死刑方式作为首选，仅将电椅作为被执行人可以选择适用的死刑执行方式之后，将其作为一个未决问题而撤销了之前的调卷令。另外，虽然美国第九巡回上诉法院曾经判令加州适用毒气作为死刑执行方式的做法违反宪法，但美国联邦最高法院却最终推翻

---

〔1〕 适用注射刑的州包括阿拉巴马、亚利桑那、阿肯色、加州、科罗拉多、康涅狄格、达拉维尔、佛罗里达、佐治亚、爱达荷、印地安纳、堪萨斯、肯塔基、路易斯安那、马里兰、密西西比、密苏里、蒙大拿、内布拉斯加、内华达、新罕布什维尔、新墨西哥、北卡、俄亥俄、俄克拉荷马、俄勒冈、宾州、南卡、南达科他、田纳西、德州、犹他、弗吉尼亚、华盛顿、怀俄明。其中，虽然新墨西哥州于 2009 年废除了死刑，但这种规定并不具有溯及力，因此，之前的死刑判决依然需要被加以执行。参见 "Authorized Methods"，载 http：//www. deathpenaltyinfo. org/methods – execution，最后访问日期：2011 年 9 月 25 日。

〔2〕 See *In re Kemmler*, 136 U. S. 436, 447 (1890).

〔3〕 See Michael J. Zydney Mannheimer, "When The Federal Death Penalty is 'Cruel and Unusual'", 74 *U. Cin. L. Rev.* 819 (2006).

了这一认定，重新肯定了毒气作为死刑执行方式的合宪性。[1]

从逻辑便宜性的角度来看，因为所有死刑执行方式都必须经受合宪性检验，对于目前最为"人性"[2]，同时适用范围也最广的注射执行死刑方式的合宪性审查与反思就成为一种必然。反过来，如果连注射刑都无法满足宪法相关要求，那么其他死刑执行方式的合宪性必然被颠覆。

事实上，自从 1977 年斯坦利博士（Dr. Stanley Deutsch）改良注射死刑的执行方式之后，注射执行死刑这一方式就因其看似相较于传统的绞刑或者枪决更为人性化的特征而获得普遍适用。以密苏里州为例，根据其 2006 年制定的注射死刑执行操作规程，由符合资质的医生开出三支注射针剂，这些药剂通过静脉注射的方式顺次注入。首先是 5 毫克的喷妥撒钠，主要目的是使得被执行人丧失意识；其次，注射 60 毫克的溴化物，目的是使得被执行人的肌肉瘫痪；最后，注射 240 单位的氯化钾，促使其心脏停跳。这一操作规程不仅明确了相关药物的名称、计量及注射顺序，还对执行场所、执行人员的资质及其他相关程序性问题进行了明确。[3]

虽然这一规定看似明确且具有可操作性，但在实际运行过程当中，却暴露出诸多问题。综合起来，针对注射执行死刑方式的合宪性进行质疑的根据可以概括为如下几点：①相关药物是否会导致不必要的痛苦与折磨；②执行注射的行刑人员是否受过相关训练，是否具有专业资质，是否属于经过训练的医务人员；③相关执行程序的规定与适用是否可能导致受刑人遭受不必要的痛苦。[4]

例如，2008 年，在贝兹诉利兹案（*Baze v. Rees*）[5]中，和密苏里州使用同样死刑注射药物的肯塔基州有一位死刑候刑者提出诉讼，根据是肯塔基州在执行注射死刑的过程中存在违反执行程序，允许不具有相关资质的雇员来调配第一支药物的现象，而这很有可能导致其失效。但美国联邦最高法院认为，相关要素的调配非常简单，不需要操作者具备医学学位。并且，该州的注射执行程序具有很多相关的保障措施，包括对于操作者的相关经验、资质，以及紧急情况下的备份措施等。因此，最后美国联邦最高法院认为，任何与肯塔基州的死

---

〔1〕 See Gomez v. Fierro, 519 U. S. 918 (1996). Quoted from Kenneth Williams, "The Deregulation of the Death Penalty", 40 *Santa Clara L. Rev.* 677 (2000).

〔2〕 See Megan Greer, Recent Development, "Legal Injection: The Supreme Court Enters the Lethal Injection Debate: Hill v. McDonough", 126 *S. Ct.* 2096 (2006).

〔3〕 See Tanya M. Maerz, "Death of the Challenge to Lethal Injection? Missouri's Protocol Deemed Constitutional Yet Again", 75 *Mo. L. Rev.* 1323 (2010).

〔4〕 See Tanya M. Maerz, "Death of the Challenge to Lethal Injection? Missouri's Protocol Deemed Constitutional Yet Again", 75 *Mo. L. Rev.* 1323 (2010).

〔5〕 See *Baze v. Rees*, 553 U. S. 35 (2008).

刑执行操作规程具有类似性的州，都不会对死刑被执行者造成不必要的痛苦，因此不违背宪法第八修正案。

虽然在贝兹案后，质疑注射死刑执行方式的呼声暂时平息，但在 2009 年 12 月，俄亥俄州在对于罗默尔·布鲁姆（Romell Broom）执行注射死刑的时候却发生了意外，因为患有静脉栓塞，因此死刑执行人员在 2 个小时内连续刺了 18 针，都没有能够成功。最终，俄亥俄州不得不放弃对布鲁姆执行死刑。为了避免可能的民事诉讼，该州开始寻找有效执行死刑的办法，最终放弃了传统的"三步走"程序，而是采取了一针毙命的注射执行方式。2010 年 3 月，华盛顿州也采用了俄亥俄州一针执行死刑的方式，同时规定，如果被执行者坚持使用之前的三针方式，也可以选择适用。[1]

第四节　小　结

无论是以人身保护令为代表的死刑审后救济程序，还是以注射刑为代表的死刑执行程序，其所彰显出来的都是一种用来完善美国死刑的仪式性的形式性表征。

人身保护令的存在并不能彻底消灭错案，而注射刑从三步走改为一针致命也不可能消除受刑人生理、心理上所受到的痛苦与折磨。只要死刑存在，就一定会存在错案，也一定会存在因为执行死刑而给受刑人带来的痛苦。因此，从实质意义上，对于人身保护令，抑或注射死刑执行程序的完善与反思都不能纠结于其本身形式上的完美或者理论上的自足。相反，如何反思，将死刑审后救济程序、死刑执行程序的运行实效与社会一般公民的相关预期寻找到最大化的契合，或许才是一种应然的研究进路。

---

〔1〕 参见 Robert Mackey，"Botched Execution Described as 'Torture'"，载 http：//thelede. blogs. nytimes. com/2009/09/16/botched - execution - described - as - torture/？ scp = 1&sq = Romell% 20Broom&st = cse，最后访问日期：2011 年 9 月 27 日。

第五章

变量之一：女性与美国死刑

作为刑罚阶梯的最高层级，死刑一直以来都备受包括学界在内各方的关注。这不仅因为死刑本身的严苛，更因为死刑本身所表征的所谓正义与公理。但需要特别注意的是，虽然美国的司法体系一直在致力于为社会公众提供公平的刑事司法服务，而所谓公平在这个体系当中的具体表征就是不应因与事实本身无关的要素，如当事人的宗族、宗教和性别等，影响整个判决过程和结果，但一直以来，围绕美国死刑，因其所包含的歧视性，辩护律师能力与职业素养的缺失，以及相关的任意性、残忍性等特征，存在较大的争议。

针对这些批评与争议，包括美国联邦最高法院在内的司法以及立法机构也采取了若干措施，试图对其加以弥补和修正，并也产生了一定的效果。但是，仍然有相当多的问题亟待解决。其中一个十分突出的问题就是美国死刑当中存在的所谓"体系性"[1]的性别歧视问题。

所谓"体系性"的性别歧视，简单地说，就是指美国女性在死刑这个语境当中，相对于男性，所享有的某种特殊特权与失范的优待。而这种对于女性的特殊宽待被很多人认为构成了对于男性的歧视。根据相关学者从 1973 年 1 月 1 日~2007 年 6 月 30 日对于因犯有谋杀罪而被逮捕的女性数量的调查，发现女性被判死刑的案件占同时期全美死刑判决的总数的 2%，女性占死刑候刑者的1.4%，占被执行的人数的 1.1%。[2]正是由于死刑对象当中男性的绝对主导地位，导致目前针对美国死刑的大多数研究关注的是男性罪犯。[3]而从逻辑的完备性角度出发，我们不免也因此担心，仅仅从死刑候刑者或者死刑执行的数量

---

〔1〕 See Victor Streib, "Gendering the Death Penalty: Countering Sex Bias in a Masculine Sanctuary", 63 *Ohio St. L. J.* 433 (2002).

〔2〕 参见 http://www.deathpenaltyinfo.org/FemDeathDec2007.pdf，最后访问日期：2008 年 10 月 25 日。

〔3〕 See Kathryn Ann Farr, "Aggravating and Differentiating Factors in the Cases of White and Minority Women on Death Row", 43 *Crime & Delinq.* 260 (1997).

出发作出判断，认定女性在美国死刑当中受到了某种优待是否适当。

但实际上，根据相关调查，在一个相当长的时间内，美国女性实施的杀人犯罪大约占到了全美杀人案件的 8% ~ 10%[1]，而与此同时，无论是死刑判决还是死刑执行，都维持在 1% ~ 2% 的水准[2]。因此，上述批判是不成立的。甚至连美国联邦最高法院都意识到了这一点。[3]一位对于性别问题颇有研究的学者甚至曾经指出死刑问题是一个让女人走开的领域。[4]

美国宪法的核心原则之一就是所谓的平等保护，而刑事司法的公平正义原则也要求刑事处罚应该避免上述显失公平的情况存在。因此，基于对于刑事司法平等保护理念的推定与信赖，对于美国死刑过程当中这种所谓体系性的性别不平等加以系统研究也就显得尤为必要。

第一节　女性在美国死刑当中的历史映像

如果说对于美国法中"平等保护"原则的成立是作为一种前提而推定存在的话，那么对于不同时间维度中女性死刑历史镜像的解析则是对于事实的一种还原与尊重，但同时我们需要明确的是，这种不断流转变化的历史发展在不同历史时期，甚至是在同一历史时期之内，都会随着当时政治经济形势的变动而表征出不同的样态。而从某种程度上，对于导致女性死刑在不同历史阶段多元呈现背后原因的思索与探究会显得十分重要。

基本上，根据若干对于美国女性死刑[5]产生过重要影响的历史事件，可以将这一历史发展脉络作如下划分：

---

〔1〕 See Joan W. Howarth, "Executing White Masculinities: Learning from Karla Faye Tucker", 81 *Ore. L. Rev.* 183 (2002).

〔2〕 在当代美国，谋杀行为被认为是可能导致死刑判决的最重要缘由。对于可以适用死刑的犯罪，将在后文中加以介绍。——笔者注

〔3〕 美国联邦最高法院大法官马歇尔（Thurgood Marshall）曾经在福尔曼案中谈到，"有充分的证据证明死刑主要针对的是男性，而非女性。自从 1930 年以来，一共才有 32 位女性被执行死刑，而同时有 3827 名男性被处决。如果我们能够认同死刑可以同样适用于不同性别的人群的话，那么就很难理解为什么女性会被作如此的优待。" See *Furman v. Georgia*, 408 U. S. 238 (1972).

〔4〕 See Andrea Shapiro, "Unequal Before the Law: Men, Women and the Death Penalty", 8 *Am. U. J. Gender Soc. Pol'y & L.* 42 (2000).

〔5〕 在这一分析过程当中，笔者所援引的数据大多关于女性死刑执行，而这样做的原因主要是因为这类数据相对来说较为准确，事实上女性死刑判决的数据会因为死刑上诉、死刑赦免、死刑候刑者自然死亡等多种原因发生混淆和变化。——笔者注

一、殖民地法时期[1]

从 17 世纪殖民地时期开始，死刑就被认定成为美国历史的一部分[2]。1632 年，弗吉尼亚第一次针对女性执行死刑，被执行人为简·蝉聘（Jane Champion），但是其究竟因为从事了何种犯罪而被处以死刑以及其在被执行的时候多大年龄都没有记载。[3]

北美殖民地第一次有记录的死刑出现在 1632 年，而这片土地有记载的最年轻的被执行死刑的女性是汉娜·奥利什（Hannah Ocuish），一位智障的 12 岁印第安儿童，因为被指控杀死了一名 6 岁的白人女孩而被执行死刑。时间是 1786

---

〔1〕 对于北美大陆殖民地法律适用的终结，似乎可以有如下的几个选择，即①美国的法定独立日，1776 年 7 月 4 日，也就是大陆会议在费城正式通过《独立宣言》的日子；②1783 年 9 月，即美英双方正式签订和约，英国承认美国独立的日子；③1789 年 3 月 4 日，美国宪法正式生效的日子；等等。笔者认为，虽然历史的片段可以在瞬间终结，但是法律的实然运转决然不会在一夕之间发生质变。因此，从法律接续的立场，选择第三种观点，即以美国宪法最终确立的日子作为这一历史阶段的结束，该是较为合理的。

〔2〕 有学者曾考证在 1770～1868 年的英国，女性甚至可以因为盗窃一块布料而被处死。有一位名为玛丽·杜顿（Mary Dutton）的妇女在 1742 年因为盗窃一块表而被绞死，另外一位名为伊丽莎白·福克斯（Elizabeth Fox）的妇女因为盗窃了 5 枚硬币而被处死。汉娜·威尔逊（Hannah Wilson），一位街头小贩，因为盗窃布料而在 25 岁的时候被处死，而根据这些学者的调查，以 1740 年伦敦刑事检控为例，在当时因销赃罪被处死的人当中女性的比例超过了男性。导致当时英国出现这样一种死刑执行情况的根本性原因在于约翰·洛克（John Locke）学说当时在英国的影响。作为新教（New Protestant）运动的代表人物，洛克鼓吹政府的唯一作用在于保护财物所有权，而为了实现这样的一种目的，政府可以采取任何必要的方式，包括死刑。尽管其也认为公民的生命权不容侵犯，但是如果行为人实施了侵犯财产的行为的话，那么这样的权利就被撤销。正是基于这样的一种理念，英国才会对于即使是很微小的财产犯罪也适用死刑。而除了轻微的盗窃犯罪之外，当时在英国被执行死刑的女性当中有超过 10% 是因为实施了杀婴的行为，当然，在 1849 年之后，随着英国通过了《杀婴法》（Infanticide Act），这样的行为不再被处以死刑。而这些女性死刑犯的一个共同特点就是经济情况不佳，且在某种程度上被社会一般公众认定为缺乏道德。在英国，被处以死刑的犯罪往往具有宗教上的意味。而这种意味所要传递的理念就是这些人被执行死刑，不仅仅因为其违反了市民社会的法律，而且因为从道德意味而言，这些人已经不适合再继续存活在这个世界当中。从而，对于这些女性的死刑执行方式通常是绞刑之后在柴堆上加以焚烧，而这一切都是公开进行的。这种道德上的否定导致社会公众将女性死刑犯视为洪水猛兽，即使往往也存在不同的声音，每当死刑执行的时候，还是会在当地的公告栏上出现类似广告的新闻，而被执行死刑的女性越年轻可人，就越具有轰动效应。一份 1847 年的宣传海报将针对一位 16 岁女孩的死刑称之为 "道德大审判"，并且对于死刑的执行过程加以十分详尽的描述。而 1786 年对福碧·哈里斯（Phoebe Harris）的死刑执行观众人数超过了两万。当时对于绞刑的狂热可以说是无以复加。但是对于火刑，则争议颇多，当时有人就提出，对于女性执行火刑是否稍微有违人性？然而，有些人提出对于女性尸体的焚毁虽然看似恐怖，但是因为是尸体，故并没有在事实上造成任何的痛苦。除了对于女性死刑被执行人的尸体加以焚毁之外，在某些特定的情况，如对于叛国罪的女性罪犯，也会处以火刑。出于人道考量，英国议会在 1790 年废止了这样的一种死刑执行措施。See Kathleen A. O'Shea, *Women and the Death Penalty in the United States*, 1900～1998, Praeger Publishers (1999), pp. 133～140.

〔3〕 See David V. Baker, "A Descriptive Profile and Socio - Historical Analysis of Female Executions in the United States: 1632～1997", 10 *Women & Crim. Just.* 57 (1999).

年 12 月 20 日。[1] 死刑经常在南部殖民地出现，而适用对象最多的是奴隶。例如在弗吉尼亚从 1706～1784 年，至少判处了 555 起死刑，而殖民地时期死刑最多发生的地区是 1741 年的纽约。

除了上述较为特殊的事例之外，如果用概括性的视角对于美国在殖民地时期，也就是大概 17、18 世纪的死刑，特别是针对女性的死刑执行加以描述的话，那么大体可以做如下表示，见下表：

表 7　根据被执行死刑的女性种族与所犯罪行进行的划分[2]

世纪	行为人种族				犯罪			
	黑人	白人	其他	不知	杀人	其他	不知	总计
1600s	2	36	0	8	15	30	1	46
	（5%）	（95%）	（0%）		（33%）	（67%）		
1700s	55	18	6	31	72	27	11	110
	（70%）	（23%）	（8%）		（73%）	（27%）		

如果对于北美殖民地在针对女性死刑这一历史区段作进一步概括的话，大体可以认为其具有如下特点：

1. 殖民地初期，即 18 世纪之前北美女性死刑的特点从犯罪人的种族和其所犯之罪两个方面来看，表现为，女性死刑受刑人占据女性死刑整体的绝大部分，而这些白人女性所实施的犯罪并不是我们传统认为的杀人犯罪，而是其他类型的犯罪。事实上，这些所谓其他类型的犯罪主要是指当时北美殖民地对于女巫

---

〔1〕　美国历史上最为年长的一个被执行死刑的女性是一位奴隶，而现在只知道她姓格林（Greene），因为犯有谋杀罪，其在 1857 年被判处死刑。See Paula C. Johnson，"At the Intersection of Injustice：Intersection of Injustice：Experience of African American Women in Crime and Sentencing"，4 *Am. U. J. Gender & Law* 1 (1995).

〔2〕　See *Victor L. Streib*，"Death Penalty for Female Offenders"，58 *U. Cin. L. Rev.* 845 (1990).

的绞杀[1]。尽管并不是所有巫者都是女性，但是起码大多数都是女性。[2]

2. 而在北美殖民地的后期，也就是18世纪初到美国宪法的最后生效这一区间，北美殖民地女性死刑的样态发生了很大的改变。这种改变突出体现在如下的两个方面，即女性死刑候刑者的种族从白人为主，转变成为以黑人为主；而导致死刑判决的主要犯罪类型，也已经从巫术行为转变为以杀人罪为主。

从某种层面，这样的一种转变在殖民地期间的北美是十分奇特的。因为在当时，奴隶被认为是奴隶主的财产，与此相矛盾的是，奴隶在犯罪问题上或许获得的是最为和人权相接近的待遇。因此只有在刑事审判当中法律认为奴隶才被认为是应该负责的个体，从而可以承担与此相应的严苛刑罚。

导致这种现象的根本原因可以被认为是当时北美居民对于社会阶层以及不同种族的一种标准性认知。即认为当时犯罪数量的激增是与处于社会最底层的黑人紧密相关的。而在这个阶层当中，黑人女性的地位又最低，这是因为黑人女性兼具了劣势性别与劣势种族的双重眷顾。[3]

二、美国女性死刑发展的蒙昧期[4]

表8　根据被执行死刑的女性种族与所犯罪行进行的划分[5]

每10年	行为人种族				犯　罪			
	黑人	白人	其他	不知	杀人	其他	不知	合计
1630～39	0	1	0	2	3	0	0	3
1640～49	0	6	0	0	3	3	0	6
1650～59	0	6	0	0	0	6	0	6

----

〔1〕　See Margaret Vandiver & Michel Coconis, "Sentenced to the Punishment of Death: Pre - Furman Capital Crimes and Executions in Shelby County, Tennes", 31 *U. Mem. L. Rev.* 861 (2001).

〔2〕　根据当时的一般看法，巫术被认定为是对于神以及自然法则的违反，而此种违反如果是被男性实施的话，则很少被加以审判，即使被审判，也很少被判处较为严苛的刑罚。而如果是女性实施的话，那么可能会被判处十分严苛的刑罚，即死刑。See Andrea Shapiro, "Unequal Before the Law: Men, Women and the Death Penalty", 8 *Am. U. J. Gender Soc. Pol' Y & L.* 427 (2000).

〔3〕　See Paula C. Johnson, "At The Intersection of Injustice: Experiences of African Women in Crime and Sentencing", 4 *Am. U. J. Gender & Law* 1 (1995).

〔4〕　所谓美国女性死刑的蒙昧期，是指美国宪法施行到20世纪70年代这个期间，在这个时间段，美国的女性死刑执行是原生态的，即未加理性反思，只是在以一种历史的惯性进行的状态。——笔者注

〔5〕　See Victor L. Streib, "Death Penalty for Female Offenders", 58 *U. Cin. L. Rev.* 845 (1990).

（续表）

	行为人种族				犯 罪			
1660~69	0	3	0	2	2	3	0	5
1670~79	0	1	0	0	1	0	0	1
1680~89	1	3	0	1	1	4	0	5
1690~99	1	16	0	3	5	14	1	20
1700~09	2	1	0	2	4	1	0	5
1710~19	6	0	1	1	4	3	1	8
1720~29	0	1	0	1	1	1	0	2
1730~39	3	5	3	7	14	2	2	18
1740~49	4	4	0	2	7	2	1	10
1750~59	2	2	0	5	6	2	1	9
1760~69	10	1	1	6	11	6	1	18
1770~79	7	1	0	3	8	2	1	11
1780~89	10	3	1	3	10	5	2	17
1790~99	11	0	0	1	7	3	2	12
1800~09	16	1	0	1	11	3	4	18
1810~19	8	4	1	0	11	1	1	13
1820~29	18	2	0	1	17	4	0	21
1830~39	25	2	0	2	21	5	3	29
1840~49	16	4	0	0	11	4	5	20
1850~59	29	1	0	2	23	5	4	32
1860~69	26	5	2	1	23	5	6	34
1870~79	3	1	0	0	4	0	0	4
1880~89	8	4	0	1	13	0	0	13
1890~99	8	5	0	1	13	0	1	14
1900~09	1	2	0	0	3	0	0	3

（续表）

	行为人种族				犯　罪			
1910~19	1	0	0	0	1	0	0	1
1920~29	1	2	0	0	3	0	0	3
1930~39	3	7	0	1	10	0	1	11
1940~49	6	5	0	0	11	0	0	11
1950~59	1	7	0	0	7	1	0	8
1960~69	0	1	0	0	1	0	0	1

这一时期的美国女性所呈现的是一种较为平稳的运转态势。在这一历史过程当中，作为常态出现的美国女性死刑执行在数量上变化不大，而在死刑被执行女性的种族，以及所犯罪行方面都没有发生太大变化。在这一时期，妇女一直都在被执行死刑。女性占所有死刑执行的大约3%。[1]

三、美国女性死刑发展的反思期[2]

在这一时期，包括学者在内的很多人开始注意到历史上美国死刑对于女性与男性所作的区别对待。[3]而这种区别对待是对于当时美国社会性别差异讨论的一种具体化。[4]

20世纪70年代，美国死刑历史经历了一次重大的变革。即1972年美国联邦最高法院在福尔曼案当中对于当时的死刑进行了司法否定。[5]尽管死刑在1976年被加以恢复，但是当年并没有发生一起死刑执行。而自从死刑恢复之后，

---

〔1〕 与美国女性死刑执行的统计数据并不是从一开始就存在的。事实上虽然从1632~1962年，共有1632人被执行死刑。但仅仅是从1930年开始的一段时间，联邦政府才开始收集关于死刑的相关信息，直到1962年，美国司法部所清查的死刑执行也仅仅才超过所有死刑执行的2/3。See Yeemee Chan, "Abolishing Capital Punishment：A Feminist Outlook and Comparative Analysis of the Death Penalty Using Equal Protection and Gender Discrimination Law", 31 *Nova L. Rev.* 339 (2007).

〔2〕 所谓反思阶段，是指伴随着美国社会民权保护运动的兴起，死刑开始被置于反思与批判认知的视野之下，而伴随着这样的一种反思，美国针对女性的死刑的社会舆论也逐渐开始趋于理性且多元。这一时期大概可以从20世纪60年代末起算，一直持续到现在。

〔3〕 See Sheila J. Kuehl, "Why a Women's Law Journal / Law Center Experience：Episode XV / The Sequel / The Movie / Film at 11：00", 1 *Ucla Women's L. J.* 11 (1991).

〔4〕 See Joan Howarth, "Deciding to Kill：Revealing the Gender in the Task Handed to Capital Jurors", 1994 *Wis. L. Rev.* 1345 (1994).

〔5〕 See *Furman v. Georgia*, 408 U. S. 238 (1972).

共有 4 名妇女被执行死刑。1977 年，死刑恢复之后的第一个男性被执行死刑。
而在 1984 年，后福尔曼案时代的第一个女性，威尔玛·巴甫雷德（Velma Barf-
ield）被执行死刑。她是北卡罗莱纳州执行的第二例死刑，也是全国在恢复死刑
之后执行的第 29 起死刑。而其被执行死刑的那年，也是历年死刑执行最多的一
年，共 21 起死刑被执行。[1]

　　上面曾经谈到，很长一段时间，美国由女性实施谋杀犯罪的比例约为男性的
1/8，而这些人当中也只有 2.1% 被判处死刑，更只有 1.4% 的女性现在被纳入了死
刑候刑者名单之中[2]。再进一步，只有大约 1.1% 的女性被实际执行死刑。[3]
而从 1973 年开始对于女性进行的 157 起死刑判决当中，只有 49 起仍然生效。[4]
在另一方面，自从 1976 年以来共有 1018 名男性被处以死刑，而尚有 3309 名男性
位列死刑候刑名单之上。而这样的一种趋势到现在仍然没有太多的改变[5]。

　　在这一时期对于美国女性死刑的反思大体上可以被分为如下三个具体阶段[6]：

　　阶段一被称之为平权时代。这一阶段大致被划定在 20 世纪 70 年代，也就是
死刑合宪性遭遇严重挑战的那个时期。在这一时期，女性意识开始觉醒，附和
在当时民权运动的方兴未艾，女权主义者将男女平等视为是一种应有的常态，
而男女平等在死刑问题上的表征就是这些女权主义者认为女性不应在死刑这一
法律问题上得到任何的优待。从 1976 年起算，有大概 1018 名男性被执行死刑，
而同时期只有 11 名女性被执行死刑[7]。即使对于那些实施了可以适用死刑犯罪
的女性，法官、陪审员以及州长等都会以不同的理由对其网开一面。[8]而恰恰
是基于对于此种优待的不满，鼓吹性别平等的女权主义者主张改革当时的死刑

　　〔1〕　参见 http：//www. deathpenaltyinfo. org/part – ii – history – death – penalty，最后访问日期：2008
年 10 月 12 日。

　　〔2〕　参见 http：//www. deathpenaltyinfo. org/FactSheet. pdf，最后访问日期：2008 年 7 月 23 日。

　　〔3〕　参见 Victor L. Streib，Death Penalty for Female Offenders，January 1，1973，Through June 30，2006，
参见 http：//www. law. onu. edu/facultystaff/facultyprofiles/FemDeathJune2006. pdf，最后访问日期：2008 年 8
月 4 日。

　　〔4〕　参见 Victor L. Streib，Death Penalty for Female Offenders，January 1，1973，Through June 30，2006，
参见 http：//www. law. onu. edu/facultystaff/facultyprofiles/FemDeathJune2006. pdf，最后访问日期：2008 年 8
月 4 日。

　　〔5〕　See Janice L. Kopec，"Avoiding a Death Sentence in the American Legal System：Get a Woman to Do
It"，15 *Cap. Def. J.* 353（2003）.

　　〔6〕　See Yeemee Chan，"Abolishing Capital Punishment：A Feminist Outlook and Comparative Analysis of
the Death Penalty Using Equal Protection and Gender Discrimination Law"，31 *Nova L. Rev.* 339（2007）.

　　〔7〕　参见 http：//www. deathpenaltyinfo. org/article. php? did = 230&scid = 24#facts，最后访问日期：
2008 年 1 月 13 日。

　　〔8〕　See Melinda E. O'Neil，Note，"The Gender Gap Argument：Exploring the Disparity of Sentencing
Women to Death"，25 *New Eng. J. On Crim. & Civ. Comment*，213（1999）.

政策与执行方式，以和对待男性被告一样的方式对待女性死刑被告。而作为死刑男女平等的最终体现就是女性死刑判决与死刑执行数量的显著增加。

导致这种反思出现的根本原因除了美国20世纪60年代开始，20世纪70年代发展到顶峰的民权运动之外，更为重要的是在这一时期，死刑的执行已经陷入了某种停顿的状态，也就是无论男性还是女性被执行人，死刑都变得十分稀少，整个20世纪60年代，女性死刑只发生了一次，而有192名男性在这一期间被处死。事情发展到20世纪70年代，没有女性被执行死刑，而男性死刑执行也锐减到仅仅3起。受到来自民意对于死刑存在合理性的质疑以及最高法院对于死刑合宪性的反复，死刑执行，包括女性死刑执行都限于停滞。虽然主张平权的学者乐见的结果是男性和女性之间在死刑这一问题上被加以等同对待，但司法现实是女性和男性会因为性别本身的不同导致不同的处遇结果，而这，是为主张平等的人们是所不乐于见到的。

阶段二是所谓的区隔时代。这一时代大约可以等同于20世纪80年代。概括来说，这一时期由于女性地位的逐步提高，以及对于女性本身认识的加深，之前单纯主张男性之间绝对平等的主张开始式微。相反，学者开始主张应该根据男女性别的不同，对于二者进行区隔对待。持区隔说的学者根据文化态度、认识论、社会化程度以及组织结构对于性别之间的差别加以分析。与此类似，因为女性被认为具有珍视人际关系并且具有同情心、理解力强等积极价值观。

阶段三是所谓多元时代[1]。这一区间从20世纪90年代开始，一直持续到现在。在区隔时期，对于性别的研究已经由单纯强调男性和女性的可区分性发展到将女性作为一个类别加以对待，即将其视为具有独特人格的一个群体，并且会根据研究背景的不同在这一群体当中对其进行进一步的划分为女同性恋群体以及有色妇女群体等亚群体。从理论上来讲，多元理论似乎应该乐见于死刑的决策者们将女性看做是多元构成的，而非是一个式微、从属、依附以及消极的性别。如果决策者承认不是所有的女性都具有类似的性格特征的话，那么死刑的决策或许就会发生很大的改变。[2]

如果将目前美国女性死刑执行归属到所谓的多元时代，那么在这个对于女性认知与界定日趋庞杂繁复的时期，应该如何对于具象的美国女性死刑执行加以把握呢？

美国联邦调查局（FBI）每年都会就美国犯罪进行较为详尽的调查与统计。

---

〔1〕 See Patricia A. Cain, "Feminist Jurisprudence: Grounding the Theories", 4 *Berkeley Women's L. J.* 191 (1989—90).

〔2〕 See Victor L. Streib, "Death Penalty for Female Offenders", 58 *U. Cin. L. Rev.* 845 (1990).

根据 2007 年统计数字，可以从如下的几个视角对于当今美国女性死刑执行的现状加以分析：

2007 年，全美统计口径项下共发生谋杀案件 17 040 起，其中确定由女性实施的犯罪共有 1206 起，约占 7.1%。在这部分女性实施的谋杀犯罪当中，不满 18 岁的女性共有 80 人，而不满 22 岁的有 264 人。如果以受害人的性别作为参照，2007 年针对白人受害人实施谋杀的有大概 352 人，针对黑人受害者实施杀人行为的有大概 302 人[1]。而 2007 年度全美死刑判决大约为 110 起，死刑执行 42 起，而与此形成鲜明对比的是，截至 2007 年 12 月 31 日，美国死刑候刑者名单上总共才有 51 人，而这仅占美国整个死刑候刑者人数的不到 1.5%。从 1976 年起算，一共也只有 11 名女性被执行死刑。

由此似乎可以这样认为，尽管美国女性死刑发展过程可以做不同阶段的分解，但是其中一个很明显的共性就是女性被判死刑以及被执行死刑的数量与其所实际实施犯罪之间，以及与同时期男性被判决死刑以及被执行死刑数量之间的巨大差异。

第二节 美国死刑对于女性差别对待的理论归因

对于上面提到的关于美国死刑对于不同性别对象在处置结果上存在一定差异的问题，美国学界也进行了一定的研究，概括起来，可以将其对于此种现象的解释概括为如下几类：

一、骑士精神理论

骑士理论的一个基本前提就是美国死刑当中女性数量的相对稀缺。而和这种数量上的稀缺相对应的是一种被民众所拟制出来的一般认知，即认为女性是弱者，而其作为一个群体，是消极被动地服从男性的。[2]从历史上来看，美国的男性和女性就被认为是两种具有根本不同性质的人群。而那些实施了死罪的女性也被毫无例外地推定为具有一般女性情感与意志等方面的惯常特征。[3]因为女性被认定具有的消极被动、弱势等特征，使得社会公众一般认为女性犯罪人的可责性较低，对于社会的危险性较小，再犯可能性较低。而这样的一种态

---

〔1〕 参见 http://www.fbi.gov/ucr/cius2007/index.html，最后访问日期：2008 年 10 月 12 日。

〔2〕 See Jenny E. Carroll, "Images of Women and Capital Sentencing Among Female Offenders: Exploring the Outer Limits of the Eighth Amendment and Articulated Theories of Justice", 75 *Tex. L. Rev.* 1413 (1997).

〔3〕 See Elizabeth Marie Reza, "Gender Bias in North Carolina's Death Penalty", 12 *Duke J. Gender L. & Pol'y* 179 (2005).

度被包括法官在内的很多人所接受，或者潜意识所接受。

对此，有学者[1]尖锐地提出，恰恰是死刑候刑者名单上女性的稀少或者不常见性导致了包括社会舆论在内对于此种"失衡"现象的集中关注。而这种集中关注又会导致一系列衍生效果，其中较为核心的就是基于对女性弱势地位的假设而产生的一种对女性的保护性的观点。[2]

在刑事司法体系当中，特别是关于生死的死刑问题面前，女性所具有的这种被推定的弱势特性使得其不太可能被作为死刑的适用对象。因为在那些推定自己处于强势的社会群体[3]看来，女性的可责性较低，并且更容易被加以教化。从这样的一种理论背景出发，如果死刑被视为是对于违反社会最基本价值的最终保护手段，而死刑候刑者名单上女性的短缺也证明了其不具有充分的道德、社会以及法律角色，并应享有特定的社会保护。而相反，如果选择对于女性适用死刑的话，那么会使得有权主体以及男性群体蒙上有悖人性的羞辱标签，而这种社会印象对于美国有权主体而言几乎是致命的。可以想见，被社会公众认定为向那些楚楚可怜、本属弱势的女性痛下杀手的候选人怎么会在民主选举过程当中获得优势支持？而即使那些终身制的法官可能会依据事实与法律，依据自身的确信对于女性作出死刑判决，但是美国地方行政当局仍然可以从政治利益的角度出发对于死刑加以赦免。

简而言之，这一理论可以根据传统的对于女性的保护的观点来解释死刑候刑者当中女性的稀缺。一方面骑士理论可以使得很多女性借此避免被判处死刑或者被执行死刑的噩运，另一方面又使得那些明显背离了传统或者典型女性弱势形象的女性犯罪人被判处或者被执行死刑。

但是，不可否认的是，如果女性接受的这种所谓隐忍或者骑士精神，那么需要付出十分高昂的代价。因假设女性接受这样的一种所谓怜悯或者帮助，那么其也就同时接受了自身在道德上的劣势以及完全人格的丧失。因此，此种观点受到了美国女权组织的高调反对，在这些主张男女平等的人士看来，彻底解决上述问题的办法与其是被动地接受所谓男性所恩赐的特殊对待，倒不如干脆

---

〔1〕　See Elizabeth Rapaport, "Equality of the Damned: The Execution of Women on the Cusp of the 21st Century", 26 *Ohio N. U. L. Rev.* 581 (2000).

〔2〕　事实上，这样的一种对于女性的弱势认知或者保护性态度是较为普遍的。例如包括美国在内的大多数国家都认为在战争当中女性无法担当一线作战任务，而仅仅能够从事例如文秘、医疗等辅助性工作。——笔者注

〔3〕　在美国死刑语境当中，所谓的"强势"群体是指可以对于死刑案件的进程与结果产生影响的美国司法、行政以及死刑赦免委员会等机构。——笔者注

就彻底地废除死刑。[1]

二、邪恶女性理论

根据上面我们所进行的研究，不难发现，即使到现在，美国仍然在继续其对于女性适用死刑的司法实践。这说明在特殊情况下，美国陪审团还是会放弃其所标榜的对于女性的所谓骑士精神，而对女性执行死刑。而对于这种情况的理论解释被称之为"邪恶女性理论"（Evil Woman Theory）。这里所说的邪恶女性指的就是那些被判处死刑的女性。

对于这种被认定为邪恶的女性，法官和陪审团都已不再考虑其所具有的性别特征。而这样的一种理论主要关注的是女性在实施犯罪时所扮演的角色，而这些角色包括妻子、母亲、护士和妓女。而被执行死刑的10个人当中有9个是这种传统意义上的女性角色，而对于这些社会角色，也寄予了社会的某种预期和信任。而所谓的邪恶女性都背离了这种角色而杀死了那些对于这些女性的角色有权加以预期的人。学界一般认为，由于没有忠实履行上述义务，因此也就剥离了社会赋予其的女性身份，也就不能再享有相应的豁免权。[2]

这个理论试图在一个更大的政治社会背景下对于女性的死刑执行提供解释。这种运行死刑理论把死刑作为用来进行社会清理的工具。如果我们承认这样的一种理论前提，那么似乎可以允许社会公众集体行使惩罚权力，从而确保社会所期冀保护的价值。在这个层面，被判处死刑的女性被认定为违反了两种社会希望保护的价值体系。首先，和男性所实施的同类犯罪一样，女性所实施的严重暴力犯罪同样侵犯了社会的集体安全；其次，其实际上还违反了社会对于女性惯常角色的认知。由于违反了此种社会禁忌，这些女性才被认定为是道德邪恶的。因此对于这些女性的死刑判决与其说是根据罪刑法定原则，倒还不如说是因为来自社会公众的压力。因为社会不仅仅希望将所有的社会成员纳入特定的检控范围之内，而且同时希望将女性纳入其被预期的角色当中。因此，死刑的执行就是确保男性和女性都时刻处于社会对其所预期的角色当中。同时，将违反角色预期的人士从社会当中清除出去，还具有种族和社会阶层的意义。如果从总体上来看，超过2/3被执行死刑的女性是黑人，而被执行死刑的女性一般都较为贫困，受教育程度低，属于社会较低阶层。

因此，似乎可以认为，所谓邪恶女性理论认为当一个女性在法官或者陪审

---

[1] See Jenny E. Carroll, "Note, Images of Women and Capital Sentencing Among Female Offenders: Exploring the Outer Limits of the Eighth Amendment and Articulated Theories of Justice", 75 *Tex. L. Rev.* 1413 (1997).

[2] See Jenny E. Carroll, "Images of Women and Capital Sentencing Among Female Offenders: Exploring the Outer Limits of the Eighth Amendment and Articulated Theories of Justice", 75 *Tex. L. Rev.* 1413 (1997).

团看来可以被毫无疑问地处以极性的时候，其已经不再具有社会一般公众赋予女性的一般特征。从另外一个层面看，一旦女性因为某种原因被认定不再具有所谓女性的特质，那么其就会丧失所有死刑赋予女性的保护和关照，反而有可能对其造成适得其反的效果。这种对于既定女性角色期望的落空似乎可以用来解释为什么那些实施了严重暴力犯罪的女性可能会被判处严重于从事了类似行为的男性的刑罚。也就是说，一旦女性因为其所实施的犯罪被认定为不再具有女性的典型特质，那么其就不再继续享有社会赋予女性的某种刑事特权，反而会被加以更为苛重的刑罚，主要是因为其违反了社会公众的预期。[1]

　　美国司法实践当中的减刑也可以用来说明死刑可能被用来作为厘定女性角色预期的工具。因为和男性相比，女性的死刑判决更为容易被减刑或者被改判，而这样的一种实践所反映出来的，是因为性别角色的预期而导致的对于不同性别犯罪人可以被改造或者未来人身危险性的不同认知。

三、关注女性本身实施犯罪类型的理论

　　总体来看，上述两种理论很好地解释了美国死刑体系当中女性所处的地位。然而，这些以性别为基础的解释并不是没有任何漏洞的，这两种理论过于关注性别以及与之相关的衍生概念，而忽视了更为根本的美国女性所实施的犯罪本身。

　　根据相关学者的统计，美国历史上被执行死刑的女性当中有大约76%实施了杀人犯罪。死刑发展到现代阶段，即在福尔曼案之后，所有的针对女性的死刑判决都是根据其所实施的谋杀行为作出的。[2]

---

〔1〕　See Jenny E. Carroll，"Images of Women and Capital Sentencing Among Female Offenders: Exploring the Outer Limits of the Eighth Amendment and Articulated Theories of Justice"，75 *Tex. L. Rev.* 1413 (1997).

〔2〕　See Victor L. Streib，"Death Penalty for Female Offenders"，58 *U. Cin. L. Rev.* 845 (1990).

截至 1989 年 12 月 31 日女性被执行死刑的罪名统计

犯罪类型	被执行死刑数量	占百分比
杀　人	274	75.90%
女巫行为	27	7.47%
杀人未遂	21	5.81%
纵　火	20	5.54%
盗　窃	5	1.38%
夜　盗	3	0.83%
叛　国	3	0.83%
共　谋	2	0.55%
通　奸	1	0.27%
攻　击	1	0.27%
纵火未遂	1	0.27%
流　放	1	0.27%
间　谍	1	0.27%
叛国未遂	1	0.27%
合　计	361	100%
罪名不明	37	
总　计	398	

　　事实上，现今美国刑法将谋杀行为与死刑判决直接对应并不是一种对于女性的特殊优待。虽然理论上应由美国立法机构设定死刑的适用范围，但由于其所掌控的司法审查权，导致实际上美国联邦最高法院几乎将所有该当死刑的犯罪都限制为谋杀。[1]

　　虽然从形式上来看，男性与女性都可以实施所谓的谋杀犯罪，因此，在形式上美国司法机构的此种做法并没有明显的性别区隔，但是实际上由于美国男性与女性实施谋杀犯罪具体形式上的不同，导致二者在法定刑适用方面存在实然不同的结果。

　　如果我们仔细考察这些被判处死刑或者被执行死刑的女性以及其所实施的谋杀犯罪，就会发现下列共性：受教育程度较低、贫困、社会阶层较低；而这些人即使在实施的犯罪当中并非主犯，仍然积极参与；其所杀害对象当中的相当高一部分是自己的爱人或者家庭成员，而几乎所有的女性杀人者与其所杀害的对象都彼此熟知。[2]

　　而如果死刑的目的在于清除那些具有未来危险性的犯罪行为人，那么似乎对于自己所熟知的人实施了谋杀行为的女性不应该被纳入死刑的惩处队伍当中。因为，因为这些人所实施的犯罪大多数是对象高度特定化的，因此，其再犯的可能性较低。但是根据有些学者的调查，有9名女性因为在实施武装抢劫的过程当中实施的杀人行为被判处死刑，15名女性因为杀死了自己的家庭成员或者其他熟人而被判处死刑，另外有12名女性因为其所实施的图利行为而杀人，另有2名女性因为实施杀害执法人员而被判处死刑，5名女性实施的谋杀行为发生在与男性、女性或者儿童共同实施的涉及强奸、性虐待以及对于受害人加以折磨的犯罪行为当中，2名女性实施的杀人行为是在自己的丈夫指使下实施的，2名女性实施的是谋杀多人的残忍犯罪。那么一个核心的问题就在于，究竟是什么导致了实施了上述行为的女性被判处死刑？[3]

　　如果我们从女性批评者的视角出发考察，不难看出所谓的特殊保护并没有针对家庭生活或者家庭关系。即使是最为恶劣的家庭暴力，在犯罪的严重程度上一般也无法与抢劫等该当死刑的犯罪相比。[4]

────────

〔1〕　See *Tison v. Arizona*, 481 U. S. 137 (1987); *Coker v. Georgia*, 433 U. S. 584 (1977).

〔2〕　当然，在美国历史上，也有个别女性因为实施了叛国行为而被判处死刑，而也有少部分女性因为实施所谓巫术而被判处死刑。——笔者注

〔3〕　See John Blume, Theodore Eisenberg & Martin T. Wells, "Explaining Death Row's Population and Racial Composition", 1 *J. Empirical L. Stud.* 165 (2004).

〔4〕　See Elizabeth Rapaport, "The Death Penalty and Gender Discrimination", *Law & Society Review*, Vol. 25, No. 2 (1991).

在美国的刑事法当中，一般认为，如下三种杀人行为被认为是可以适用死刑的犯罪[1]：①事先预谋的杀人；②针对执法人员所实施的谋杀；③过度残忍的谋杀。

由于这些女性所实施的犯罪都十分严重，因此这些女性被认为不再具有一般认为的女性特征，而这种女性符号的剥夺，导致某些法官及陪审团在作出相关司法判断的时候避免对于女性身份的特殊注意。从某种程度上，正是由于这种对于女性既定角色预期的落空，导致最终对于女性极刑判决的作出。在过去的25年当中，美国只有大约2%的谋杀会导致死刑判决。[2]

这种巨大的落差所折射出来的是美国死刑体系所具有的任意性以及区别对待的特征。事实上，美国死刑体系当中对于死刑起诉方的决定十分关键，这是因为尽管福尔曼案和格雷格案的判决主要关注的是量刑阶段的任意性，但是还是存在一种暗示的推定，即格雷格案当中所批准的成文法的推定不仅仅适用于陪审团量刑阶段的任意性，而且还适用于检方对于死刑的选择权。[3]除了法律所列明的要素之外，其他的要素，如种族、性别和地点等都是和检方试图求死刑的独立事实。总之，检方较为宽广的自由裁量权为将法律之外的要素纳入死刑厘定过程当中提供了机会。[4]

法院认为，为了使得死刑适用符合宪法，其必须包括如下的三种要素：①两阶段的定罪与量刑程序；②陪审团必须在认定是否适用死刑的时候对于加重和减轻要素进行指导；③州最高法院必须对每起死刑判决的适当性进行审查。具体而言，根据现今美国通行的死刑成文法，如果要判处特定对象死刑的话，必须首先认定被告实施了谋杀行为；其次，必须认定其行为当中具有特定的加重情节；最后，认定减轻情节无法抗制加重情节。

尽管当代死刑成文法基本上列举了一系列明示的要素来作为加重或者减轻情节，但是似乎都没有包括性别问题。而有很多其他国家（主要是前苏联加盟共和国）却一般规定女性不适用死刑，或者对其规定了明确的减轻情节（如怀孕

---

〔1〕　See Victor L. Streib, "Women as Perpetrators of Crime: Rare and Inconsistent: The Death Penalty for Women", 33 *Fordham Urb. L. J.* 609 (2006).

〔2〕　See Jenny E. Carroll, "Images of Women and Capital Sentencing Among Female Offenders: Exploring the Outer Limits of the Eighth Amendment and Articulated Theories of Justice", 75 *Tex. L. Rev.* 1413 (1997).

〔3〕　See Tom R. Tyler, "Public Trust and Confidence in Legal Authorities: What Do Majority and Minority Group Members Want from the Law and Legal Institutions?", 19 *Behav. Sci. & L.* 215 (2001)

〔4〕　See Michael J. Songer and Isaac Unah, "The Effect of Race, Gender, and Location on Prosecutorial Decisions to see k the Death Penalty in South Carolina", 58 *S. C. L. Rev.* 161 (2006).

以及母亲的身份）〔1〕。美国死刑当中没有此类明确的规定。〔2〕

如果仔细分析美国刑法当中的死刑加重情节以及减轻情节，我们不难发现，大多数加重情节当中虽然并不明显地包括性别因素，但是其中的很多都在现实生活当中只能，或者基本上由男性所实施。例如，加重情节之一就是以接受对方金钱对价为理由受雇杀人，而现实生活当中绝大多数杀手都是男性。另外，一个十分普遍的加重情节就是要求在实施其他重罪过程当中实施的杀人行为，而这些重罪，如抢劫、强奸以及绑架等犯罪，也基本上都由男性所实施。由此可见，美国刑事成文法为了使得死刑判决符合宪法的要求而规定的所谓加重情节的要求，在实质上排除了大量由女性实施的类似犯罪，从而间接地赋予女性某种显著区别于男性的优待与特权。

再看所谓的减轻情节。作为抗制加重情节的最后手段，减轻情节却在很大程度上对于女性有利。例如，一个非常重要的减轻情节就是所谓的被告的行为

---

〔1〕　See Roger Hood, *The Death Penalty*: *A World - Wide Perspective*, Oxford University Press（rev. ed. 1996）. pp. 91～92.

〔2〕　See Jill M. Cochran, "Courting Death: 30 Years Since Furman, Is the Death Penalty Any less Discriminatory?: Looking at the Problem of Jury Discretion in Capital Sentencing", 38 *Val. U. L. Rev.* 1399（2004）. 根据该学者总结，美国目前定罪与量刑阶段的加重以及减轻情节可以总结如下：定罪阶段加重情节举例：①受害人不满 15 岁；②受害人年逾 60 岁；③受害人的怀孕状况凸显；④受害人因为年龄、身体或者心理的原因较易受到伤害；⑤受害人在因他人实施的劫持飞机、火车、船舶等公共交通工具的过程当中而被杀害；⑥受害人是执行任务过程当中的执法人员、监狱矫正机构人员或者消防员；⑦受害人因为其所具有的法官或者检察官的身份而被谋杀；⑧有多名受害人同时存在；⑨谋杀犯实施的杀人行为涉及酷刑，严重身体、精神虐待等特别残忍情节；⑩谋杀实施的方式是行为人建造、隐匿、邮寄以及投递等方式通过大规模杀伤性工具、炸弹或者类似装置，经证明故意实施造成；⑪考虑到行为人所选择使用的武器，因为谋杀行为所选择的时机、地点等会对其他人造成严重死亡威胁；⑫谋杀实施的场所是公立或者私立的学校，或者公立、私立学校组织的活动当中，或者在隶属于公立、私立学校的校车当中。量刑阶段的加重情节包括：①被告之前因为实施包括谋杀、强奸、抢劫以及绑架等暴力犯罪而被判处过；②被告实施谋杀的起因是非抢劫、夜盗或者侵占等犯罪相关的图利；③被告在获得他人金钱对价，或者此类对价的承诺的情况下实施杀人行为；④被告实施犯罪的目的在于妨碍或者干扰政府部门的执法行为；⑤谋杀发生在纵火、夜盗、绑架、犯罪团伙行为或者大规模的毒品走私过程当中，而在这个过程当中，被告或者实施了谋杀行为，或者是相关犯罪的主脑；⑥被告实施的谋杀行为发生在其实施脱狱、起诉或者抓捕，或者上述行为的未遂过程当中；⑦被告在服刑过程当中实施谋杀行为；⑧受害人是因为被告意图防止其作证而被杀害；⑨谋杀是预谋或者故意实施的；⑩被告表现出了未来从事暴力犯罪的倾向；⑪受害人在谋杀发生时具有保护令；⑫被告作为谋杀行为实施的指使者或者操纵者。量刑阶段的减轻情节包括：①被告在实施谋杀犯罪时，不满 18 岁；②被告处于极度的精神或者情绪不稳定的情况下实施的；③被告是谋杀共犯，并且所起作用较小；④被告无犯罪前科；⑤被告罹患精神疾病，尽管还没有上升到精神耗弱抗辩的程度；⑥被告处于极度的精神压力或者波动的情况下；⑦受害人是被告行为的参与者；⑧被告不能合理地预见到其从事的犯罪行为将会导致他人死亡的严重危险；⑨被告不太可能在未来继续实施危害社会的行为；⑩被告在之前因为受到受害人生理、性或者精神虐待而实施此类谋杀行为；⑪另外从事相同犯罪的被告没有被判处死刑；⑫被告在政府对于其他人的指控过程当中提供了实质性的帮助。

是基于精神或者心理上的波动，而这种心理状态的认定更多时候是出现在女性行为人身上。另外，如被告在之前因为受到受害人生理、性或者精神虐待而实施此类谋杀行为等减轻情节的规定也在实质上倾向于对于女性被告人有利。

而这样的一种操作办法对于男性犯罪人和女性犯罪人来说都造成了很大的影响，并且也影响到了法学理论研究。与此类似，对于杀人行为本身加以限制的做法也势必会将女性排除出死刑候刑者名单，而这样所导致的一个问题就是如果你杀死了不认识的便利店店员，可能会被判处死刑，而如果你杀死了自己的孩子，往往将不会被判处死刑。[1]

由此我们看出，男性和女性所实施的犯罪通常是不同种类的，因此，将死刑判决和谋杀的类别联系起来会导致对于男性和女性死刑判决结果的不同。与此类似，检方对于某些谋杀案件求死刑的努力不同于其他类型的谋杀也会对于男性和女性的死刑判决产生影响。陪审团在面临这些问题的时候也容易被上述因素所影响。

第三节 "性别平等"的拟制与批判

通过之前对于美国女性死刑不同发展阶段所呈现出来的不同样态，以及造成此种死刑表征的深层次原因的分析，我们或许会发现所有问题的症结都在于这样的一个前提性的推定：死刑或者刑事语境当中的男女平等。

在很大程度上，这样的一种推定是作为一种即成的定理存在并运转的，并且很少为人所质疑。相反，在更多时候，包括美国联邦最高法院在内的司法机构，都在试图对于法律领域当中的所谓性别平等加以捍卫和正名。

美国法律当中和性别平等相关的著名案例似乎可以追溯到里德诉里德案（*Reed v. Reed*）[2]。在本案当中美国联邦最高法院第一次因某一性别为基础的成文法剥夺了女性受法律平等保护的权利而将其加以推翻。10 年之后，美国法院

---

〔1〕 See Richard A. Rosen, "Felony Murder and the Eighth Amendment Jurisprudence of Death", 31 *B. C. L. Rev.* 1103 (1990).

〔2〕 See *Reed v. Reed*, 404 U. S. 71 (1971). 在本案当中，当时的爱荷华州相关成文法规定在死者父母享有平等继承权的情况下，却明确作了对于男性有利的规定。最后，美国联邦最高法院认定该成文法违反了宪法第十四修正案，因为这样的一种立法选择强制对于社会不同性别之间加以任意地区别对待，而这样的一种做法违背了宪法第十四修正案的平等保护条款。

在科奇博格案（*Kirchberg v. Feenstra*）[1]当中进一步对于法律试图保护不同性别公民之间的平等权利的观点加以说明，第五巡回上诉法院认定相关成文法对于女性十分明显地构成了歧视，由于本法并没有表明任何实质性促进政府利益的功用，因此其违反了宪法第十四修正案所规定的平等保护条款。而第三个重要的判例是美利坚合众国诉弗吉尼亚州案［*United States v. Virginia*（*VMI*）][2]。当本案最终诉至美国联邦最高法院，在审理过程当中，金斯伯格大法官（Ginsburg）提出本案的实质问题在于弗吉尼亚军事学院将入学机会完全赋予男性而非女性是否违反了宪法的平等保护条款。而因为弗吉尼亚军事学院的做法实质上剥夺了女性入学的机会，因此违反了法律的平等保护原则。

一方面，虽然在20世纪60~90年代，美国在男女平等的法律保护方面取得了较为长足的进步，但大多集中于私法领域，很少涉及刑法。因此在这个时期，死刑当中的性别差异问题仍然存在。虽然这一时期的美国法院在死刑适用观念上发生了一些改变。例如，美国联邦最高法院已经判决不得对精神耗弱者[3]以及智障患者[4]执行死刑，但这种对于死刑的反思尚未触及性别平等这一层面。尽管在亚利桑那诉怀特案（*Arizona v. White*）[5]中，一位男性被告对于死刑当中的性别平等问题加以质疑，但是并没有成功。[6]

对此，美国内部存在不同的声音，一方面，就像亚利桑那诉怀特案当中的那位男性被告，很多人对于美国死刑体系当中女性所受到的所谓特殊保护或者

---

〔1〕　See *Kirchberg v. Feenstra*，450 U. S. 455（1981）. 在本案当中，夫妻双方共同拥有一处房产，然而，在妻子对于丈夫提出某项刑事指控之后，为了支付相关的律师费用，丈夫在妻子不知情的情况下抵押了夫妻共有的房产。根据路易斯安那州成文法，丈夫作为男性可以在未经配偶同意的情况下享有单方处置夫妻共有财产的权利。随后，妻子就该成文法的合宪性提出了质疑。虽然后来路易斯安那州对于该法作出了修正，但是我们似乎可以预见如果本案诉至美国联邦最高法院的话会出现什么样的结果。

〔2〕　See *United States v. Virginia*，518 U. S. 515（1996）. 在本案当中，一位高中女校毕业生试图得到州立院校"弗吉尼亚军事学院"的录取，但是追溯到本诉提请之前的两年，该院共收到了共计347起女性的入学申请，但是该校都对其加以搁置。对此，第十四巡回上诉法院判令弗吉尼亚军事学院或者同意女生入学，或者变为私立，或者在不同的校区为女性提供一个与弗吉尼亚军事学院类似的学习场所。弗吉尼亚军事学院单独设立了一个弗吉尼亚女性领袖学院（VWIL）。

〔3〕　See *Ford v. Wainwright*，477 U. S. 399（1986）.

〔4〕　See *Atkins v. Virginia*，536 U. S. 304（2002）.

〔5〕　See *Arizona v. White*，815 P. 2d 869（1991）. 本案中被告就自己的一级谋杀判决以及后续的死刑判决提出上诉。其所提出的理由之一就是宣称自己所应享有的受平等保护的权利被侵犯了，因为自己的共犯，身为一名女性，被判处终身监禁。但是亚利桑那州最高法院并不同意上诉人的观点，认为陪审团发现被告具有加重情节，而没有发现其具有减轻情节，故足以判处其死刑。与此相反，对于其女性的共犯发现了减轻情节，故对其加以轻缓处理。

〔6〕　See Andrea Shapiro，"Unequal Before the Law：Men，Women and the Death Penalty"，8 *Am. U. J. Gender Soc. Pol' y & L.* 42（2000）.

所拥有的所谓特权深感不满，认为应该大幅度增加对于女性的死刑判决以及执行。而另一方面，包括女权主义者在内的一些力量也为女性在死刑当中所受的与男性不同的对待感到不满，但其这样认定的主要原因是因为如果女性接受此种特殊对待，那么就暗示了女性相对于男性的劣势地位。因此，其主张或者干脆废止死刑，或者大幅度增加女性死刑执行或者判决数量。

但死刑的废止在美国绝对不是一个十分简单的问题。甚至在可以预见的将来，死刑作为一种极端的刑罚方式，是不会在美国消失的。而这，可以从美国每年进行数目众多的对于死刑的民调当中对于死刑的显著支持中窥以一斑。或许正是由于美国仍然没有形成这样的一种共识，那么即使死刑在很大程度上表征出残忍且任意的特征，但是仍然无法对其加以简单废除。在美国这样一个标榜民主的社会，任何政治力量都不会根本无视主流民意对于死刑的认知。

但是，如果不从根本上扭转美国死刑在性别上的差异对待，那么社会公众，或者说相当部分的社会公众就会认为美国人无法公平地适用死刑，而如果出现了十分严重的不公平现象，那么对于很多案件的判决结果会产生十分严重的影响，并且直接影响到将案件交由法院审理的公民对于司法的信心。但是否可以简单地对于现行美国女性死刑司法实践加以改变仍然是一个相当困难的命题。因为死刑作为最为苛重的刑罚，是不可加以改变或者反悔的，而对于如此重要的刑罚，当然需要兼顾平等，又要考虑个案公平，而对于现行量刑体系加以根本性的修正显然是不切合实际的。但如果不对现行死刑量刑过程当中考虑加重情节以及减轻情节的量刑模式加以改变，或者对具体的加重情节及减轻情节的内容加以变更，那么对现行美国死刑当中的性别差异加以改变就无从谈起。

第四节　小　结

事情似乎陷入了两难，一方面死刑仍然会长期存在，另一方面从实际操作性而言，目前美国死刑当中存在的所谓性别差异问题也会继续。那么，这是否是说问题真的积重难返了呢？

笔者认为，从形式上来看，可以认为造成目前美国死刑当中的性别差异问题主要是由于女性所实施的犯罪本身造成的。正是由于女性与男性所实施的具体在情节等方面存在实质性的差别，以及女性实施死刑犯罪本身数量的相对稀少，才造成了表现在数目上的男女性别之间的差异。但在实质上，导致男性与女性在死刑问题上的差别待遇的深层次原因则是社会一般公众对于女性所具有角色的概括性认定，以及社会一般公众对于男性与女性法律平等的某种错误认知。

男性与女性之间无论在心理还是生理上都存在显著差异，这是一个事实前提，毋庸置疑。姑且不论二者之间的优劣与强弱，但当社会文明发展到一定程度时，势必开始对所谓性别平等的追求。笔者认为，从人权保护的角度，对于弱势群体的法律权利进行某种特殊的倾斜本身并无问题，但一定要明确这种所谓的特殊性保护是拟制的。从这个意义上而言，性别平等本身是一个拟制的命题，因此当面对特殊的义务冲突，而非权利保护时，是可以加以摒弃的。如果我们能够更加全面科学地坚持和认识性别平等这一命题，那么就可以从根本上纠正社会一般公众对于性别以及性别关系、角色的认知，就可以更为深刻、科学地对现行美国死刑当中与性别相关的量刑程序加以批判和修正，从而更为科学、更为平等地在死刑既存的这个语境当中对其加以执行。

第六章

变量之二：种族与美国死刑

自 1976 年美国联邦最高法院恢复死刑适用至今已经过去了 35 年，为此，《纽约时报》专门撰文，文章认为，在这段期间，美国死刑适用的突出特征之一就在于其十分突出的种族主义色彩。[1]作为佐证，这篇文章列举了前爱荷华州立大学教授鲍德斯（David C. Baldus）在 20 世纪 80 年代所做的一项实证调查。鲍德斯教授跟踪了超过 2000 起谋杀案件的审理，发现在这些案件当中，黑人被告被判处死刑的几率是白人被告的 1.7 倍。同时，谋杀白人的罪犯被判死刑的几率是谋杀黑人被告的 4.3 倍。虽然这一实证研究结果颇具影响力，但在 1987 年审结的麦克克莱斯基诉坎普案（*McCleskey v. Kemp*）[2]当中，美国联邦最高法院却以标准的 5:4 的表决结果，认定种族歧视存在的事实不足以用来作为认定个案中存在种族歧视的根据。

麦克克莱斯基诉坎普案彰显的是一幅近似怪诞的图景。一方面，甚至连美国联邦最高法院都承认在死刑适用问题上的确存在十分明显的种族歧视；另一方面，最高法院又拒绝将这一歧视事实作为认定个案存在种族歧视，违反平等保护原则的根据。从这个意义上分析种族因素在美国死刑适用过程中所产生的影响，对于深刻理解美国死刑的适用实态，特别是其中存在的相关问题十分重要。

第一节　美国死刑适用过程中种族歧视的历史与现状

如果说美国法中"平等保护"原则是作为一种前提而存在的，那么美国的

---

〔1〕　参见 David R. Dow，"Death Penalty, Still Racist and Arbitrary"，载 http：//www. nytimes. com/2011/07/09/opinion/09dow. html，最后访问日期：2011 年 7 月 24 日。

〔2〕　See *McCleskey v.* Kemp，481 U. S. 279（1987）.

种族歧视就是对于这一前提的经典否定。[1]死刑，由于其特有的残酷性，导致在其适用过程中出现的种族歧视显得不容忽视。事实上，恰恰是因为死刑适用过程中种族歧视问题的严重与普遍，才促使美国联邦最高法院1972年在福尔曼案中认定当时佐治亚州死刑成文法违宪。[2]

一、历史影像中的美国黑人与死刑

无论是南北战争前将黑人与财产等同的时期，还是之后针对黑人的私刑泛滥时期，美国的死刑适用都深深地烙印着种族的痕迹。就好像吸烟容易导致心脏病一样，种族因素对于美国死刑适用的影响也是致命的。虽然对于种族歧视问题的反思已经开始逐渐影响美国的社会生活与法律建构，但其对于死刑问题的影响却并未受到应有的重视。[3]

事实上，从有死刑统计开始，种族因素就成为影响死刑适用的决定性变量之一。以马里兰州为例，在殖民地时期，这个地区私刑适用十分普遍，据统计，从19世纪到20世纪中期，至少有29位马里兰州公民，几乎全部是黑人，被处死。进入20世纪，从1923～1962年，该州共对79人执行过死刑，其中黑人就有62人。[4]

这种现象绝非特例，在其他适用死刑的州，行为人与受害人的种族因素也成为陪审团或者法官决定是否适用死刑的主要参考。在美国死刑的适用大州德克萨斯，从1924～1964年共判处506人死刑。经过分析可以发现，这段时期德州死刑适用的对象几乎专门针对少数族裔等设置，而这些案件的受害人几乎全部是白人。[5]

---

〔1〕 笔者在美国求学期间，也深深地感受到看似"和谐"的美国社会中根深蒂固的种族差异。初到美国，有学校的工作人员善意告知，夜里最好不要到学校附近一条马路的右侧活动。当时并不理解。但随着对于周遭情况的熟悉，才渐渐弄清楚原委。道路的右侧，基本上居住的是黑人和其他少数族裔，治安较差，帮派横行。盛夏，看着道路两侧颇为形似的住宅前一侧是郁郁葱葱，一侧是垂死挣扎的草坪，颇有所感。（在加州的一个笑话就是看谁家有没有钱只要看门前的草坪是否始终保持绿色即可，因为加州夏季缺水，因此能毫不吝惜天天浇灌草地的人家自然不缺钱）。——笔者注

〔2〕 美国联邦最高法院前大法官马歇尔曾在本案中指出，美国死刑适用过程中种族歧视现象由来已久，且死刑案件审理的结果往往取决于被害人和被告人的肤色。See *Furman v. Georgia*, 408 U. S. 238 (1972).

〔3〕 参见 Richard C. Dieter, "The Death Penalty in Black and White: Who Lives, Who Dies, Who Decides", 载 http://www.deathpenaltyinfo.org/death-penalty-black-and-white-who-lives-who-dies-who-decides#3, 最后访问日期：2011年7月25日。

〔4〕 See Michael Millemann and Gary W. Christopher, "Preferring White Lives: The Racial Administration of the Death Penalty in Maryland", 5 *RRGC* 1 (2005).

〔5〕 See Rubert C. Koeninger, "Capital Punishment in Texas, 1924～1964", 15 *Crime & Delinq* 32 (1969).

　　或许，可以通过美国司法史当中非常著名的一个判例，即鲍威尔诉阿拉巴马州案（*Powell v. Alabama*）[1]来加以理解。作为一起引发美国内部极大分歧与争议的事件，综合了种族、私刑、漏洞百出的审理程序、律师的缺位等因素的鲍威尔案一直被认为是代表着美国司法不公、种族歧视的典型案例。本案中，共同搭乘一辆货运火车的一群年轻黑人与年轻白人发生了冲突。白人年轻人报警之后，警方出动逮捕了这些黑人，并找来了两名白人女孩，指控这些黑人实施了强奸犯罪。在没有得到有效律师辩护的情况下，本案在阿拉巴马州的一个地方法院被草草审结。除一名被告之外，其余的 8 名黑人被判处强奸罪名成立，并被判处死刑。在美国共产党的帮助下，被告提出上诉，但阿拉巴马州最高法院维持了其中 7 人的判决。阿拉巴马州最高法院首席大法官安德森坚持认为原审程序上存在重大瑕疵，因此将本案发回重审。虽然更换了再审法院，并且再审期间有一名所谓的被害人公开承认自己编造了被强奸的故事，但陪审团仍然认定被告强奸罪名成立。主审法官搁置了这一认定，重新审理本案，但结果新的陪审团还是认定被告有罪。第三次，在陪审团中终于出现一名黑人的情况下，仍然认定被告有罪。最终，9 名被告中的 5 人最终获刑，除 1 人被判死刑之外，其余被判处 75 年以上的监禁。[2]

　　本案中，美国联邦最高法院明确指出，在死刑案件当中，如果被告无法聘请律师，并且因为自身的无知、心神的耗弱、教育的缺乏等因素而没有能力自行辩护的话，无论是否受到相关的申请，根据宪法"适当程序条款"的要求，审理此案的法院都有义务为其指定代理律师；而如果对于律师指定的时机实际上排除了其在案件前期准备以及审理过程当中有效发挥作用的话，这样的指定不能作为法院免除相关义务的理由。[3]导致美国联邦最高法院作出如此判决的事实基础就在于原审法院在审理前仅仅笼统地指派"所有当地律师协会的律师为其辩护"！等到案件开庭的时候，法官曾询问控辩双方是否已经准备好开庭，检方对此的回答是已经准备好了，而辩方居然无人应答！直到最后，一位来自田纳西州的律师才提出有人曾经问过其是否愿意代理被告出庭，当法院问及其本人的决定时，这位律师的回答是"如果法院能够指派另外一位律师的话，他原意提供协

---

　　[1]　See *Powell v. Alabama*, 287 U. S. 45 (1932).

　　[2]　See Douglas Linder, "Without Fear or Favor: Judge James Edwin Horton and the Trial of the 'Scottsboro Boys'", 68 *UMKC L. Rev.* 549 (2008).

　　[3]　See *Powell v. Alabama*, 287 U. S. 45 (1932).

助"[1]。事实上鲍威尔一案当中的几名被告人也险些被私刑处死，多亏了当地的警长报告阿拉巴马州州长，调动了国民卫队，才最终没有导致悲剧发生。[2]

鲍威尔案只是这一时期美国死刑适用过程中针对黑人存在的种族歧视现象所催生出的一个典型代表。而这一案件也非常鲜活地表明了早期美国死刑适用过程中普遍存在的种族歧视与差别对待问题。

早在殖民地时期，在佐治亚州，奴隶或者自由黑人攻击白人两次以上，并且留下青瘀以上痕迹的，即可以判处死刑，在某些情况下，黑人的伤害行为即使没有造成客观伤害，也可被处死。在马里兰州，对于黑人实施的阴谋叛乱、强奸白人妇女或者纵火烧宅的黑人皆判处死刑。在 20 世纪 50 年代之前，弗吉尼亚针对黑人共规定了 66 种死刑犯罪，但只对白人实施的谋杀行为规定了死刑。换句话说，对于很多享有人身自由的黑人和白人实施只会被判 3 年徒刑的犯罪，黑人奴隶可能要付出生命的代价。肯塔基州的规定也与此类似。这种明显的歧视性规定甚至在美国内战之后仍然长期存在。[3]

以马里兰州为例，该州从 1923 ~ 1962 年共处死 79 人，其中 62 位为黑人，17 位是白人，这一事实导致 1962 年修法时，该州立法机构也不得不承认，黑人比白人更为容易被判处死刑。[4]

一般认为，美国联邦最高法院 1972 年通过福尔曼案认定当时死刑适用方式违宪的根本原因之一就在于种族歧视。诚如前美国联邦最高法院大法官斯图尔特在本案中提出的那样，"如果能够为之所以选择某些人处以死刑提供标准的话，那么这些标准只能是宪法所无法承认的种族因素。"[5]

二、现阶段美国死刑适用中的种族歧视现状

如前所述，美国联邦最高法院在 1972 年暂停美国死刑适用的初衷虽然是为了消除当时死刑适用过程中大量存在的种族歧视问题，但这一问题却一直延续至今。

1990 年，美国统计机关曾经就当时针对死刑与种族问题的 28 份学术研究进

---

〔1〕　根据美国的相关法律，在各州没有相互承认职业资格等前提下，律师一般只能在其考取律师资格的州和联邦执业，而不能到其他司法区进行相关执业活动。因此本案田纳西州律师在阿拉巴马州法庭的出现和发言则多少显得有些意味深长。——笔者注

〔2〕　See James Goodman, *Stories of Scottsboro*, Vintage Press (1995), pp. 13 ~ 16.

〔3〕　See Joseph Margulies, "Tinkering Through Time：A History of America's Experiment with the Death Penalty：The Death Penalty：An American Hisotory. By Stuart Banner", 92 *Geo. L. J.* 36 9 (2004).

〔4〕　See Michael Millemann and Gary W. Christopher, "Preferring White Lives：The Racial Administration of the Death Penalty in Maryland", 5 *RRGC* 1 (2005).

〔5〕　See *Furman v. Georgia*, 408 U. S. 238 (1972).

行过统计与调查。[1]根据这份调查，绝大多数研究成果都认为，在条件可控的对比情况下，即被告人前科类似、犯罪情况类似的情况下，被告人如果是黑人，被害人如果是白人，那么这位黑人被告就更有可能被判处死刑。尽管这些研究所针对的地域不同，时间跨度不同，数据采集或者分析的手段不同，但结果却惊人的相似。在很多地方，死刑案件的公诉与审理过程中已经深深地打下了系统性种族歧视的烙印。[2]例如，阿拉巴马州的一名检察官在遴选陪审员的过程中提出，因为有几位陪审员候选人隶属于黑人占主导地位的阿拉巴马州立大学，因此应将其加以排除。[3]这就不难理解为什么有学者慨叹，"当我们谈论破坏了的死刑体系的时候，我们谈论的不仅仅是抗辩律师，或者选举的州法官，或者联邦法官，我们讨论的是整个系统，从头到脚。"[4]

根据相关调查，在超过九成保留死刑的州中可以发现死刑适用与受害人种族之间的因果关系。以佛罗里达州为例，在相同的情况下，如果受害人是白人，那么被告被判处死刑的几率是受害人是黑人的 4.8 倍。这一数据在俄克拉荷马州是 4.3 倍，在北卡罗莱纳州是 4.4 倍，在密西西比州是 5.5 倍。可见，这样的一种差异性是具有普遍性和长期性的。根据一份最新的研究成果，路易斯安那州某地杀害白人的被告被判处死刑的几率是同样情况下杀死黑人受害者的被告判处死刑几率的 2.6 倍。[5]而在一份针对南卡罗莱纳州所进行的调查发现，该州的检察机关在 865 起涉及白人受害者的谋杀案件中针对其中的 7.6% 提出了死刑指控，却只针对 1614 起涉及黑人受害者的谋杀案件中的 1.3% 提出了死刑指控。换句话说，在南卡罗莱纳州，杀害白人受害人的被告被判处死刑的几率是杀死黑人受害人被告的 5.8 倍。[6]

根据统计，1976 年至 1998 年，共有 4 名白人因为谋杀黑人而被判死刑，而

---

〔1〕　参见 U. S. Gen. Accounting Office，"Death Penalty Sentencing: Research Indicates Pattern of Racial Disparities (1990)"，载 http://archive. gao. gov/t2pbat11/140845. pdf，最后访问日期：2011 年 7 月 28 日。

〔2〕　See David C. Baldus, George Woodworth, David Zuckerman, Neil Alan Weiner & Barbara Broffitt, "Racial Discrimination and the Death Penalty in the Post – Furman Era: An Empirical and Legal Overview, with Recent Findings from Philadelphia", 83 *Cornell L. Rev.* 1638 (1998).

〔3〕　See B. Stevenson & R. Friedman, "Deliberate Indifference: Judicial Tolerance of Racial Bias in Criminal Justice", 51 *Wash. & Lee L. Rev.* 509 (1994).

〔4〕　David Dow, "Teague and Death: The Impact of Current Retroactivity Doctrine on Capital Defendants", 19 *Hsting Const. L. Q.* 23 (1991).

〔5〕　See Glenn L. Pierce & Michael L. Radelet, "Death Sentencing in East Baton Rouge Parish, 1990 ~ 2008", 71 *La. L. Rev.* 647 (2011).

〔6〕　Richard C. Dieter, "Struck by Lightning: The Continuing Arbitrariness of the Death Penalty Thirty – Five Years After Its Re – instatement in 1976", 参见 http://www. deathpenaltyinfo. org/home，最后访问日期：2011 年 6 月 24 日。

有84名黑人因为谋杀白人而被判处死刑。难怪有人根据分析，认为"被告是黑人"已经事实上成为排名第三的死刑加重情节，见下图：

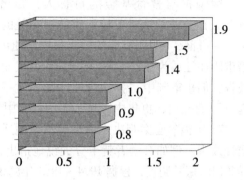

谋杀手段残忍　　　1.9
谋杀造成较大社会危险　　1.5
被告人是黑人　　1.4
导致受害人遭受巨大痛苦　1.0
实施多次打击致人死亡　0.9
实施其他重罪过程中致死他人　0.8

0　0.5　1　1.5　2

图6　陪审团适用死刑时考虑到加重情节权重排序及分布[1]

事实上，在解读美国死刑适用过程中存在的种族歧视问题时，一个必须面对、不能回避的前提性问题即是美国死刑适用中出现的如此一种种族差异统计分析方法有误。例如就有学者质疑无法对于谋杀案件进行精准分析，因为每起案件的具体情况，包括案件事实、加重情节、受害人是否存在过错、被告人的犯罪前科等都不尽相同，因此不存在可以比较的平台。这种观点虽然十分有力，但事实上很多针对美国死刑的实证研究的确考虑到了诸如犯罪的本质、行为人的犯罪前科等变量，并将其纳入统计分析的过程当中。在这些高质量的分析当中，只有那些犯罪类型与情节类似，被告人的相关情况类似的案件才被用来作为比较的基础。[2]例如，很多研究的分析过程都是，通过数学模型控制了所有其他变量之后，再来考察种族因素对于死刑适用的影响。[3]

因此，种族因素成为影响美国死刑适用的一个变量这一事实是成立的。

美国的象征不仅仅是美国梦、牛仔、好莱坞与汉堡包，还包括很多负面的

---

〔1〕　参见 Richard C. Dieter，"The Death Penalty in Black and White：Who Lives, Who Dies, Who Decides"，载 http：//www. deathpenaltyinfo. org/death - penalty - black - and - white - who - lives - who - dies - who - decides，最后访问日期：2011 年 7 月 28 日。

〔2〕　See Conference，"Death Penalty in the Twenty - First Century"，45 *Am. U. L. Rev.* 238（1995）.

〔3〕　See Michael Millemann and Gary W. Christopher，"Preferring White Lives：The Racial Administration of the Death Penalty in Maryland"，5 *RRGC* 1（2005）.

东西，例如，种族歧视。[1]这种歧视像癌症一样，深入美国政治肌体与社会生活的骨髓当中，无处不在。具体到刑事司法领域，曾担任"全美有色人种协进会"法律辩护与教育基金的负责人，知名民权律师杰克·格林伯格（Jack Greenberg）公开承认对于与种族歧视相关的刑事案件进行诉讼较为困难，在其看来，一方面，"明明有罪的被告很容易便可获得陪审团的同情"；而另一方面，大陪审团往往认为此类案件的被告不构成犯罪。与此同时，面对具有公职身份的被告，刑事审判中"排除合理怀疑"这一证明标准几乎成为检方无法逾越的鸿沟。[2]而死刑，更集中彰显了美国社会中无法消弭的此种种族歧视。

1972年福尔曼案判决之后，美国死刑适用过程中的种族歧视现象并未出现实质性改观。例如有学者就十分尖锐地指出，在德克萨斯州种族主义像牛和石油一样普遍。据其调查，根据1974～1983年的统计数据，德州51%的谋杀案件涉及白人受害人，这部分案件当中有85%的犯罪人被判处死刑，反过来，谋杀案件中有23.4%涉及黑人受害人，但这部分案件中只有3.6%的犯罪人被判处死刑。[3]

---

〔1〕 1955年前后，居住在美国南部的黑人所应享有的选举权并未受到实质上的法律保护。事实上，白人把持的地方政府根本不允许绝大多数黑人行使自己的选举权。少数获得投票资格的黑人也往往并非依法，而是通过类似于"特别恩赐"的途径获得选举的权利。当时所谓的"人头税"（Poll Tax）将包括很多白人在内的穷困民众一并排除出选举活动之外。前景似乎不容乐观。当时美国南部白人政治势力对于1954年美国联邦最高法院在布朗诉教育委员会案（*Brown v. Board of Education*）中要求废除公立学校中的种族隔离制度的历史性判决颇为不满，由此催生出来的抵制甚至超越了教育体系，扩散到了社会生活的诸多方面。很多被用来保证宪法第十五修正案中所承诺的选举权不受种族歧视影响的立法被实质搁置起来。虽然偶有个人通过诉讼的方式成功地挑战过某些极端歧视性的立法，如"祖父条款"（the Grandfather Clause）与"白人初选制"（White Primary）等条款，然而对于选民登记资格标准的质疑却似乎始终无法撼动。1903年美国联邦最高法院奥利弗·温德尔·霍尔姆斯（Oliver Wendell Holmes）法官代表最高法院所作出反对此类观点的判决。同时，仅有的少数民权律师手上满是关于种族隔离问题的案子，因此很少有涉及种族歧视的案件可以最终进入诉讼程序，而当时美国司法部的民权保障部门也没有就选举权的不平等问题提起民事诉讼的管辖权。虽然从理论上来讲，司法部可以就选举权登记标准的差别待遇问题提起刑事诉讼，但这就意味着在美国南部检方需要排除合理怀疑地说服一个全部由白人组成的陪审团相信当地的白人官员故意违反了选举登记制度。杜鲁门总统曾下令相关部门就扩大对于民权，特别是选举权的联邦保护进行调研，但事实上美国国会自1875年之后就再也没有通过任何一项民权法案，而国会中颇具影响力的南方各州参议员更是会连类似于禁止民间私刑的法律都会竭力阻挠。虽然某些民间团体对于选举过程中种族歧视问题的程度与危害多有陈情，但这种做法对于美国选民的感知影响不大，更谈不上促使选民就此问题对于立法机构施加任何像样的压力。就在1955年前后，似乎前途看起来依旧十分渺茫。[美] 布莱恩·兰斯伯格：《终获自由：美国〈1965年选举权法〉的阿拉巴马源流》，李立丰编译，上海三联出版社，待出，前言。

〔2〕 See Jack Greenberg, *Race Relations and American law*, New York Columbia Univ. Press（1959），pp. 137～138.

〔3〕 See Sheldon Eckland - Olson, "Structured Discretion, Racial Bias, and the Texas Death Penalty", 69 *POL. SCI. Q.* 853（1988）.

自 1976 年美国联邦最高法院通过格雷格案（*Gregg v. Georgia*）[1]恢复死刑以来，根据全美有色人种协进会 2010 年底的统计，累计被执行死刑罪犯的种族情况与其相对应的受害人种族情况，见下表：[2]

表9　1976 年后全美被执行死刑人数共计 1228 名之种族分布

白　人	689	56. 11%
黑　人	427	34. 77%
拉美裔	90	7. 33%
印第安	15	1. 22%
亚　裔	7	0. 57%

表10　1976 年后全美被执行死刑犯罪对应受害人共计 1808 名之种族分布

白　人	1399	77. 38%
黑　人	268	14. 12%
拉美裔	102	5. 64%
印第安	5	0. 28%
亚　裔	34	1. 88%

目前美国死刑候刑者种族情况分布如下，见下表：

表11　1976 年后全美被执行死刑人数共计 3242 名之种族分布[3]

白　人	1416	43. 68%
黑　人	1355	41. 80%
拉美裔	391	12. 06%

---

〔1〕 See *Gregg v. Georgia*, 428 U. S. 153（1976）.

〔2〕 See "NAACP, Death Row U. S. A. Fall 2010"，载 http：//naacpldf. org/files/publications/DRUSA_ Fall_ 2010. pdf，最后访问日期：2011 年 8 月 9 日。

〔3〕 参见 "NAACP, Death Row U. S. A. Fall 2010"，载 http：//naacpldf. org/files/publications/DRUSA _ Fall_ 2010. pdf，最后访问日期：2011 年 8 月 9 日。

（续表）

印第安	37	1.14%
亚 裔	42	1.30%
种族不明	1	0.03%

表 12　已执行死刑犯罪人与被害人种族关系分布[1]

被 告	白人受害人		黑人受害人		拉美裔受害人		亚裔受害人		印第安受害人	
黑 人	645	52.52%	15	1.22%	16	1.30%	4	0.33%	0	0
白 人	251	20.44%	139	11.32%	17	1.38%	11	0.90%	0	0
拉美裔	40	3.26%	3	0.24%	42	3.42%	2	0.16%	0	0
亚 裔	2	0.16%	0	0%	0	0%	5	0.41%	0	0
印第裔	13	1.06%	0	0%	0	0%	0	0%	2	—
总 计	951	77.44%	157	12.79%	75	6.11%	22	1.79%	2	—

表 13　美国各司法区死刑候刑者种族分布[2]

州	人数	白人候刑者		黑人候刑者		拉美裔候刑者		印第安候刑者		亚裔候刑者		不明族裔候刑者	
阿拉巴马	203	101	50%	98	48%	3	1%	0	—	1	0.5%	0	—
亚利桑那	137	18	13%	90	66%	24	18%	4	3%	1	0.7%	0	—
阿肯色	43	25	58%	17	40%	1	2%	0	—	0	—	0	—
加利福尼亚	714	256	36%	257	36%	165	23%	12	2%	24	3%	0	—

---

〔1〕 参见"NAACP, Death Row U. S. A. Fall 2010"，载 http：//naacpldf. org/files/publications/DRUSA _ Fall_ 2010. pdf，最后访问日期：2011 年 8 月 9 日。还有 21 名被执行死刑的被告人曾谋杀了多名受害人，其中 11 人为白人，7 人为黑人，3 人为拉美裔（1.71%）。

〔2〕 参见"NAACP, Death Row U. S. A. Fall 2010"，载 http：//naacpldf. org/files/publications/DRUSA _ Fall_ 2010. pdf，最后访问日期：2011 年 8 月 9 日。7 名死刑候刑者在一个以上的州被判处死刑。——笔者注

（续表）

州	人数	白人候刑者		黑人候刑者		拉美裔候刑者		印第安候刑者		亚裔候刑者		不明族裔候刑者	
科罗拉多	4	3	75%	0	—	1	25%	0	—	0	—	0	—
康涅狄格	9	6	67%	2	22%	1	11%	0	—	0	—	0	—
达拉威尔	20	10	50%	7	35%	3	15%	0	—	0	—	0	—
佛罗里达	394	141	36%	216	55%	34	9%	1	0.3%	2	0.5%	0	—
佐治亚	103	52	50%	48	47%	3	3%	0	—	0	—	0	—
爱达荷	16	0	—	16	100%	0	—	0	—	0	—	0	—
伊利诺斯	16	5	31%	9	56%	2	13%	0	—	0	—	0	—
印第安纳	14	4	29%	10	71%	0	—	0	—	0	—	0	—
堪萨斯	9	4	44%	5	56%	0	—	0	—	0	—	0	—
肯塔基	35	5	14%	29	83%	1	3%	0	—	0	—	0	—
路易斯安娜	86	56	65%	26	30%	3	3%	0	—	1	1%	0	—
马里兰	5	4	80%	1	20%	0	—	0	—	0	—	0	—
密西西比	59	33	56%	25	42%	0	—	0	—	1	2%	0	—
密苏里	50	21	42%	29	58%	0	—	0	—	0	—	0	—
蒙大拿	2	0	—	2	100%	0	—	0	—	0	—	0	—
内布拉斯加	12	2	17%	5	42%	5	42%	0	—	0	—	0	—
内华达	80	32	40%	39	49%	8	10%	0	—	1	1%	0	—
新罕布什尔	1	1	100%	0	—	0	—	0	—	0	—	0	—
新墨西哥	2	0	—	2	100%	0	—	0	—	0	—	0	—
北卡罗莱纳	166	88	53%	64	39%	4	2%	9	5%	1	0.6%	0	—
俄亥俄	160	82	51%	72	45%	3	2%	1	0.6%	2	1%	0	—

（续表）

州	人数	白人候刑者		黑人候刑者		拉美裔候刑者		印第安候刑者		亚裔候刑者		不明族裔候刑者	
俄克拉荷马	81	30	37%	42	52%	3	4%	6	7%	0	—	0	—
俄勒冈	34	4	12%	25	74%	3	9%	1	3%	0	—	1	3%
宾夕法尼亚	220	132	60%	68	31%	18	8%	0	—	2	0.9%	0	—
南卡罗莱纳	63	32	51%	29	46%	2	3%	0	—	0	—	0	—
南达科他	3	0	—	3	100%	0	—	0	—	0	—	0	—
田纳西	88	37	42%	46	52%	1	1%	2	2%	2	2%	0	—
德克萨斯	322	126	39%	97	30%	95	30%	0	—	4	1%	0	—
犹他	9	1	11%	5	56%	2	22%	1	11%	0	—	0	—
弗吉尼亚	11	5	45%	5	45%	1	9%	0	—	0	—	0	—
华盛顿	9	4	44%	5	56%	0	—	0	—	0	—	0	—
怀俄明	1	0	—	1	100%	0	—	0	—	0	—	0	—
美联邦	62	31	50%	24	39%	6	10%	1	2%	0	—	0	—
军方	6	4	67%	2	33%	0	—	0	—	0	—	0	—
总计	3249	1355	42%	1421	44%	392	12%	38	1%	42	1%	1	0.03%

应该说，虽然主流意见一直认为1976年至今美国死刑的适用中存在种族歧视现象，有学者认为，如果从事相同犯罪行为的黑人被判处死刑，而白人却没有被判处死刑，或者黑人更频繁地被判处死刑，都可以认定在死刑适用过程中存在种族歧视。"鉴于黑人占据了美国判处死刑人数的48%，而美国总人口当中黑人仅占12%，因此，目前这样的一种做法无疑类似于种族屠杀。"[1]但对此也有不同解读。一部分人虽然承认从数据上来看，平均人口系数下，黑人被判处死刑的几率高过白人，但导致这种几率出现的原因并不是歧视，而是黑人实施

---

〔1〕　See John C. McAdams, "Wisconsin Should Adopt the Death Penalty", 79 *Marq. L. Rev.* 707 (1996).

该当死刑的犯罪的几率高于白人。[1]更有一些学者认为在联邦司法区的死刑适用过程中，甚至没有任何数据能够证明存在种族歧视。[2]

　　虽然对于相关数据的解读和理解存在这样或者那样的不同，虽然对于美国死刑适用过程中是否存在系统性的种族歧视看法不一，但可以肯定的是，有证据证明，在大量的具体死刑个案之中，存在针对黑人的歧视现象。因此，如何准确把握这些个案中种族因素对于案件审理正当性的侵蚀，如何评价美国联邦最高法院借由司法审查对于上述做法所表现出来的态度，如何理解立法机关针对美国联邦最高法院的相关判例所作出的立法应对就成为司法语境下正确评价美国死刑审理过程中种族问题的关键。

第二节　死刑中种族歧视的宪法反思

　　对于死刑审理过程中种族因素的介入与影响应该作一个全过程、全要素的理解。具体而言，考察美国死刑适用过程中种族因素的影响，应该确定如下的一种基本理论模型。首先，需要考察的典型案件被告必须是以黑人为代表的少数族裔[3]针对白人受害人[4]实施的死刑犯罪，而公权力一方的代表，包括警方、检察官、陪审员以及法官应该为以非黑人或者少数族裔为主导；其次，种族因素对于死刑案件的审理影响始于警方调查阶段，直至执行阶段；最后，总体上，死刑案件审理阶段，检方和陪审团对于种族因素的考量是决定该因素在死刑案件中是否发挥作用和影响的关键力量与关键阶段。限于篇幅，本书仅对这一部分进行概括性的还原、描述与司法反思。

---

　　[1]　See Gary J. Simson & Stephen P. Garvey, "Knockin' on Heaven's Door: Rethinking the Role of Religion in Death Penalty Cases", 86 *Cornell L. Rev.* 1090 (2001).

　　[2]　See Kevin McNally, "Race and the Federal Death Penalty: A Nonexistent Problem Gets Worse", 53 *DePaul L. Rev.* 1615 (2004).

　　[3]　从 NAACP 的调查结果来看，拉美裔、亚裔以及原住民被判处死刑的数字极低，因此这里不做过度涉及。——笔者注

　　[4]　根据相关的调查结果，黑人针对白人受害人实施的死刑犯罪相较于针对黑人受害人实施的死刑犯罪更容易导致死刑判决。事实上，被害人的种族才是决定是否出现死刑的重要印象因素之一。从统计结果来看，美国刑事司法体系似乎更加在意通过死刑保护白人受害人。根据美国统计总署的报告，在超过80%的死刑案件中，死刑判决的产生与受害人的种族都具有直接关系。See Michael J. Songer and Isaac Unah, "The Effect of Race, Gender, and Location on Prosecutorial Decisions to see k the Death Penalty in South Carolina", 58 *S. C. L. Rev.* 161 (2006).

一、美国死刑适用过程中种族歧视现象的还原与模拟

（一）死刑案件中检方对于种族因素的考量

根据学者的调查，种族因素借由如下几种方式影响检方在死刑案件审理过程中的相关判断和决定。首先，种族因素对于白人检察官来说具有某种象征意义。在白人检察官的思维定势中，黑人属于劣等民族，因此更具攻击性，更容易危害社会。如果黑人犯罪人伤害的是白人受害人，那么这种主观印象将更为确定。这种同情自己种族的感情也得到了相关心理学调查的证实。对于那些杀死白人的黑人，白人检察官会更倾向于求处死刑。其次，检察官的工作绩效要求其在资源有效的前提下尽可能地赢得更多的诉讼。因此，即使对于死刑案件，检察官也存在某种意义上的取舍关系。在这种情况下，白人检察官很有可能会对黑人杀害白人的犯罪更为投入，收集更多有力的证据，从而确保针对黑人死刑起诉的成功概率。换句话说，在某种意义上，种族因素成为决定检察官分配诉讼资源的参照。这一点其实也可以适用于警方对于案件的第一手调查阶段。最后，法院对于检察官方面自由裁量权的尊重也成为其可以选择针对黑人求处死刑的护身符。检察官从来不用担心自己明显针对黑人求处死刑的决定会被法院所推翻，因为法院会接受检方提出的任何蹩脚的解释，而很少会考察这些解释是否真实，是否合理。总之，可以认为，美国检方倾向于在白人受害人案件而不是黑人受害人案件当中求处死刑。检方倾向于在黑人被告与白人受害人这样的一种组合，而非其他的组合当中使用死刑。[1]

在上述指导思想的统领下，为了实现求处死刑的目的，检方通常会在证据的收集与准备、陪审员的遴选以及庭审策略等方面"无所不用其极"。例如，长期以来，德克萨斯州达拉斯县地区检察官都会在培训过程中学习如何采取措施严厉打击少数族裔被告人的方法与策略，其中，就陪审员的遴选问题，培训手册教导说，"你不会找到一个公平的少数族裔陪审员……"[2]潜台词就是需要想尽办法保证对于被告，尤其是黑人被告的陪审团全部由白人组成。

（二）死刑案件中陪审团对于种族因素的考量

1791 年，美国通过宪法第六修正案，规定"被告享有由犯罪行为发生地的公正陪审团予以迅速和公开审判的权利"，美国宪法的第 3 条第 2 款则规定："除弹劾案外，一切犯罪由陪审团审判"，而这是美国 1789 年宪法规定的为数不

---

〔1〕　See Michael J. Songer and Isaac Unah, "The Effect of Race, Gender, and Location on Prosecutorial Decisions to Seek the Death Penalty in South Carolina", 58 *S. C. L. Rev.* 161 (2006).

〔2〕　See Peggy M. Tobolowsky, "What Hath Penry Wrought: Mitigating Circumstances and the Texas Death Penalty", 19 *AM. J. Crim. L.* 345 (1992).

多的对于个人权利保障的条款。[1]

在英国，尽管陪审员的资格没有像竞选下院议员那样严苛，但是有产的要求仍然使得3/4的成年男性不能成为陪审员。然而，在美国，因为土地价格低廉并且存量较大，情况就显得与英国完全不同。即使在全民的投票权成为现实之前，已经有至少过半数的成年白人男性可以参加选举，绝大多数有选举权的人同时有资格成为陪审员。[2]1789年通过的《联邦司法法》（The Federal Judiciary Act）将陪审员资格的厘定权从联邦法院转移到了州。[3]大多数情况下，州对于陪审员资格的规定参考其对于选举权的规定。然而，很多州又规定了额外的要求——诸如智力、品行之类，还包括特别的要求——诸如纳税或者持有财产。到了19世纪早期，美国经历了选举权从针对有产者到针对成年白人男性的普选制的变革。但这种对于选举权要求的民主化并没有伴随着对于陪审员适任资格规定的民主化。事实上陪审员资格的民主化总是非常严重地滞后于选举权的民主化。在很多州，很多没有财产的白人男性，黑人[4]以及妇女在其获得了

─────────────

〔1〕　［美］埃尔伯特·阿苏兰德："美国刑事陪审制度简史"，李立丰编译，载《社会科学战线》2010年第10期。

〔2〕　例如，1811年达拉威尔州法就要求征召那些清醒、有判断力以及合法财产的所有人来充当陪审员。参见达拉威尔州1829年法典第118条。——笔者注

〔3〕　1777年，佛蒙特州成为第一个建立白人男性普选制的州。See Chilton Williamson, "Property, Suffrage and Voting in Windham", 25 *Vt Hist* 135 (1957).

〔4〕　美国最初的13个州当中只有3个正式地否认美国黑人的选举权，而有一个时期自由的黑人的确在美国南部双方都大量地参与了选举。然而到了1830年，很多州剥夺了黑人的选举权。或许，正如黑人有的时候会具有选举的权利一样，少数美国黑人在早期陪审团当中的确也扮演了若干角色。据考证，1860年，黑人作为陪审员第一次出现在马萨诸塞州的沃塞斯特，而这也被认为是历史上美国陪审制度中第一次正式出现非洲裔美国人的身影。1864年，美国国会立法允许黑人在联邦审判中出庭作证，而内战结束之后，其又立法承认黑人在各州审判当中作证的权利。对于这种措施持反对意见的人认为如果允许黑人作证来指证白人的话会不可避免地导致以后将黑人纳入陪审团当中来。然而，支持者却对此嗤之以鼻。后者认为尽管儿童和妇女可以作为证人出庭，但其不可以作为陪审团成员，即否认黑人作为证人和作为陪审团成员之间的必然联系。战后，南方的黑人强调了对于陪审团整合的重要性。而战后重建时期某些司法区也开始承认黑人可以作为陪审员。这一时期，美国刑事陪审当中出现了四个值得注意的法律进展。首先，在1868年，宪法第十四修正案规定，州不能制定或者实施任何违反美国公民合法权利的法律。该修正案还禁止州否认任何人受法律平等保护的权利。其次，2年之后，宪法第十五修正案规定，"合众国公民的选举权，不得因种族、肤色或以前是奴隶而被合众国或任何一州加以拒绝或限制。"再次，1875年通过的《联邦民权法》规定美国公民不得因为所属种族而被剥夺在美国的任何州，或者任何法院担任大陪审团或者陪审团成员的资格。最后，1879年通过的《联邦陪审员遴选法》推翻了早期国会的法案，重新规定了在联邦司法体系当中种族歧视的陪审制度，从而将重建时期所进行的对于陪审团的改革推向了死胡同。直到1880年，美国联邦最高法院才在斯陶德案（*Strauder v. West Virginia*）中认定此类成文法违宪。参见［美］埃尔伯特·阿苏兰德："美国刑事陪审制度简史"，李立丰编译，载《社会科学战线》2010年第10期。

选举权之后很久才获得担任陪审员的资格。一直到 1946 年，美国联邦最高法院才运用自身对于联邦司法的监督权推翻了那些将工薪阶层排除出陪审团的规定，从而开始使得陪审制度逐渐摆脱之前一直被作为经济和社会上优势族群的特权工具的窠臼。[1]

如前所述，包括检方在内，所有诉讼参与人都知道宪法规定除了弹劾之外所有的刑事案件都由陪审团审理，同时，宪法还保证在刑事起诉当中被告享有及时且公开的由公正的陪审团审判的权利。除少数州外，基本上陪审团在包括死刑在内的刑事案件中负责对于事实部分以及量刑部分，而这两部分，其实也恰恰是死刑案件的关键所在，从这个意义上，陪审团才是死刑案件审理的真正决定者。根据调查，在不考虑被告种族因素的情况下，白人陪审员适用死刑的倾向性约为黑人的两倍，见下表：

表14　不同种族陪审员死刑案件表决倾向[2]

种族	监禁	未决	死刑	比例	数量
白人	25	11	64	64%	100
黑人	55	15	30	30%	100

由此，就不难理解为什么白人检察官会通过系统培训学会如何获得一个全部由白人组成的陪审团，为什么一个全部由白人组成的陪审团会做出明显违法的极端行为。[3]

二、死刑案件种族歧视问题的司法对策

针对上述死刑问题审理过程中容易导致种族歧视的若干关键环节，美国联邦最高法院通过判例作出了一些修正与预防。

---

〔1〕 See *Thiel v. Southern Pacific Co.* , 328 US 217 (1946).

〔2〕 See Theodore Eisenberg, Stephen P. Garvey and Martin T. Wells, "Forecasting Life and Death：Juror Race，Religion，and Attitude Toward the Death Penalty", 30 *J. Legal Stud.* 277 (2001).

〔3〕 在审理犹他州1名残忍杀害3名白人受害人的黑人男子的审判过程当中，陪审团全部由白人组成。在案件审判过程中，陪审团成员进餐时，一位陪审员递给法庭工作人员一块餐巾纸，上面画着一个人吊死在绞刑架上，下面有一行字，"绞死这个黑鬼"。审理本案的法官并未对此深究，只是要求陪审员当做这件事情没有发生。一审被告被判有罪，后分别上诉至联邦地区法院、美国第十巡回上诉法院，最后，美国联邦最高法院拒绝批准本案的调卷令申请。See Gerald F. Uelmen, "Justice Thurgood Marshall and the Death Penalty：A Former Criminal Defense Lawyer on the Supreme Court", 26 *Ariz. St. L. J.* 403 (1994).

在巴斯顿案[1]中，美国联邦最高法院明确检方不得基于候选陪审员的种族而对其使用不要求说明理由的强制排除权。这一判决实际上也推翻了之前的斯旺诉阿拉巴马州案（*Swain v. Alabama*）[2]要求证明在陪审员遴选过程中存在系统性种族歧视的规定，在巴斯顿案中，美国联邦最高法院降低了证明门槛，允许基于个案提出检方对于陪审员的遴选过程中存在有意识的种族歧视。指控方必须证明其本人属于可辨识的种族，而检方采用了不需说明理由的强制排除权将候选陪审员中与其同一种族的人排除。在此基础上，指控方还需要证明这样的一种排除使得那些具有歧视意图的人可以有机会实施此类歧视行为，最好还需要证明检方排除这些候选陪审员的原因在于这些人的种族。巴斯顿案之后，如果黑人被告能够证明检方有意识地排除了黑人陪审员人选，那么可以主张自己平等保护权利受到了侵犯。

虽然巴斯顿案在一定意义上表达了美国联邦最高法院对于检方滥用陪审员遴选权的不满与限制，并且从形式上否定了之前的相关做法，但却并未取得太大的实际效果，甚至受到了地方法官的抵制。例如德克萨斯州最高刑事法院的法官就拒绝无条件地适用美国联邦最高法院在巴斯顿案中所明确的相关规则，认为这样做会干涉检方对于种族问题的中立态度，并且允许检方以客观而言十分荒谬的理由排除黑人陪审员候选人。例如，在汤姆金斯诉德克萨斯案（*Tompkins v. State*）[3]中一名检察官提出的所谓种族中立主张可谓匪夷所思，他在排除一位黑人陪审员候选人的时候提出，"这是一位邮递员，而每次邮递员带给我的都是坏运气。"

对于美国死刑案件司法审理中种族问题产生影响更为深远的另外一个事件就是美国联邦最高法院于 1987 年审结的麦克克莱斯基案。[4]在本案中，美国联邦最高法院认为，相关社会学调查所证明的在佐治亚州死刑适用过程中存在种

---

〔1〕　See *Batson v. Kentucky*, 476 U. S. 79 (1986). 申诉人巴斯顿是一名黑人，因为夜盗犯罪在肯塔基州出庭，陪审团全部由白人组成。申诉人认为，本案的陪审员遴选程序存在违反宪法第十四修正案平等保护原则。在本案中，检察官动用无理由强制排除权，将四名黑人陪审员候选人排除之后，使得陪审员全部由白人组成。辩方律师提出，检方的做法违反了宪法第六及第十四修正案。但这一观点并未受到一审法官的支持。

〔2〕　See *Swain v. Alabama*, 380 U. S. 202 (1965).

〔3〕　See *Tompkins v. State*, 774 S. W. 2d 195 (Tex. Crim. App. 1987).

〔4〕　See *McCleskey v. Kemp*, 481 U. S. 279 (1987). 申诉人麦克克莱斯基因为两起抢劫、一起谋杀罪指控在佐治亚州受审。在量刑过程中，陪审员排除怀疑地认定了两个加重情节，没有发现任何减轻情节。加重情节包括在抢劫过程中杀人，以及杀害执法人员。根据该州法律，具有一种法定情节即可判处死刑。上诉过程中，麦克克莱斯基根据鲍德斯教授所进行的研究，指控佐治亚州的死刑适用具有种族歧视的危险，因此自己的宪法第十四修正案权利受到了侵犯。

族歧视的结论不足以作为推翻原判的根据，如果申诉方要证明自己的主张，必须提供检方或者法院的死刑运用基于种族歧视的目的。本案的多数派法官认为，对于死刑适用过程中存在种族歧视的相关统计研究并不足以作为推翻原判的证据。虽然爱荷华州立大学法学院鲍德斯教授针对佐治亚州超过 2500 余起死刑判决进行分析，认为杀害了白人的黑人被告较为容易被判处死刑。在排除其他变量影响的情况下，杀害白人受害人的黑人被告被判处死刑的几率是被指控杀害黑人的白人罪犯的 4.3 倍。在美国联邦最高法院看来，鲍德斯教授的解释说明了一些问题，但这些问题也是美国刑事司法体系运转所必须接受的一部分。

　　无论巴斯顿案还是麦克克莱斯基案，都是一种矛盾心态的产物，一方面，美国联邦最高法院清楚地认识到了种族歧视对于美国死刑案件司法审理的侵蚀；另一方面，美国联邦最高法院也清楚地认识到种族歧视无法根除，太过激进的改革不仅会导致大量类似案件涌入最高法院，使其不堪重负，而且还会动摇美国政治体制的根本。

第三节　小结："平等"的拟制与虚妄

　　有学者曾在全美范围内针对六百多位黑人受访者进行过调查，55% 的受访者赞成死刑。[1]这一态度也可以受到如下调查的印证，见下表：

表 15　针对不同各族就死刑态度问题进行的试验性调查数据[2]

	基本问题	涉及种族因素	涉及无辜因素
	是否反对对于实施谋杀犯罪的罪犯适用死刑	有些人认为美国死刑对于黑人有种族歧视的嫌疑，你是否会因此支持或者反对死刑	有些人认为死刑会将一些本来无辜的人处死，你是否会因此支持或者反对死刑
白　人			
强烈反对	17.95%	11.38%	20.09%

---

〔1〕　See Linda S. Lichter, "Who Speaks for Black America?", 84 *Pub. Opin.* 43 (1985).

〔2〕　See Mark Peffley and Jon Hurwitz, "Persuasion and Resistance: Race and the Death Penalty in America", *American Journal of Political Science*, Vol. 51, No. 4 (2007).

（续表）

	基本问题	涉及种族因素	涉及无辜因素
某种程序反对	17.09	11.79	15.63
某种程度支持	29.06	25.20	29.46
强列支持	35.90	51.63	34.82
％支持	55.90	76.83％[ab]	64.28％[b]
％支持 V，底线		+12％ favor[ab]	-.68％ favor[b]
N	117	246	224
黑　人			
强烈反对	34.17％	43.60％	45.98％
某种程序反对	15.83	18.48	20.09
某种程序支持	22.50	17.54	18.75
强烈支持	27.50	20.38	15.18
％支持	50％	37.92％	33.93％
％支持 V，底线		-12％ favor[a]	-16％ favor[a]
N	120	211	224

　　上述民调彰显出美国死刑适用过程中种族因素的复杂性。虽然无法否认某些个案中的确存在对于黑人被告的歧视性死刑追诉与判决，但这种歧视绝对不仅仅限于死刑，而是同样存在于终身监禁等非死刑，同样存在于检方、警方的调查活动，同样存在于立法、司法等方面，同样存在于美国政治、经济生活的方方面面。种族问题势必长期存在，只要美国还继续适用死刑，种族问题一定会以这样或者那样的方式继续影响着死刑的公平性与正当性。

第七章

变量之三：基督教与美国死刑[1]

半个世纪之前，美国联邦最高法院在扎里赫诉克劳森案（*Zorach v. Clauson*）中提出，"作为信众，我们尊崇上帝……而如果国家能够倡导教义或者积极为其提供方便，那么无疑这样做将会契合一直以来的历史传统。因为这尊重了人民的宗教认同，并且可为人民的精神诉求提供可能。"[2]

半个世纪之后，这种表述似乎仍未过时。根据权威民调机构"盖洛普"（Gallup）2008 年进行的全美调查，"近几年来，多数美国人（约 56%）一直认为宗教在其生活当中扮演着非常重要的角色。"[3]由此不难看出作为美国最为重要的宗教，基督教[4]对于美国社会各个方面影响之深。与此同时，美国又是目前西方所谓"民主"国家当中唯一保有死刑的国家。[5]而作为两个同样十分敏感的话题，死刑与宗教之间的关系就显得既十分重要，同时也十分微妙。事实上，美国国内围绕死刑进行的种种论争几乎都不可避免地要引入相关的宗教神学或者朴素信仰来作为佐证，因此对于二者互动关系的研究就显得十分必要。正如美国联邦最高法院前大法官布瑞南（Brennan）曾指出的那样，"从最为本源的角度而言，围绕死刑的所有争辩都是从道德的角度出发的。"[6]鉴于基督教与美国公众道德观的实质对应关系，有充分的理由认为从基督教的角度对美国

---

〔1〕 亦可参见李立丰："上帝与死囚：基督教视野中的美国死刑问题"，载《世界宗教研究》2010 年第 5 期。

〔2〕 *Zorach v. Clauson*, 343 U. S. 306 (1952).

〔3〕 参见 http://www.gallup.com/poll/113533/Americans – Believe – Religion – Losing – Clout. aspx，最后访问日期：2009 年 10 月 2 日。

〔4〕 这里所说的基督教（Christian）是一个概括称谓，由于基督教本身构成与认定十分复杂，本书中的基督教主要指美国境内作为主流宗教传播的"新教"（Protestantism）与"天主教"（Catholicism），由于东正教在美国境内并非主流，这里不作涉及。另外需要注意的是美国境内基督教的上述两大分支内部又往往教派林立，这些教派不仅所持神学观点各异，相互关系也极为微妙，限于篇幅，这里仅作笼统概述。——笔者注

〔5〕 参见 http://www.deathpenaltyinfo.org/，最后访问日期：2009 年 11 月 5 日。

〔6〕 *Furman v. Georgia*, 408 U. S. 238 (1972).

死刑问题加以研究具有正当性。

第一节 死刑在基督教中的历史映像

任何对于基督教与死刑关系的论证必须首先从对于圣经，特别是《旧约》的解读入手。"摩西五书"中规定了超过30种该当死刑的罪，其中甚至还包括"咒骂父母"之类现在看起来不具犯罪性的行为。[1]而在"创世纪"一篇当中，上帝宣告，"凡流人血的，他的血也必被人所流"[2]。这些观点一直以来都被基督教徒视为死刑的神学根据。[3]

似乎矛盾的是，《新约》中并没有明确涉及死刑问题[4]，相反，耶稣曾经挽救过一位因通奸而行将被处死的妇女的生命[5]，并且借此宣导宽恕与慈悲。[6]可另一方面，很多基督教徒强调在《新约》"罗马书"中耶稣使徒保罗的教诲，"他不是空空地佩剑，他是神的佣人，是申冤的"，而这一观点不仅赋予死刑以正当性，更为重要的是赋予标榜"神的佣人"的世俗政权行使求处死

---

〔1〕 "凡咒骂父母的，总要治死他，他咒骂了父母，他的罪要归到他身上。与邻舍之妻行淫的，奸夫淫妇都必治死。与继母行淫的，就是羞辱了他父亲，总要把他们二人治死，罪要归到他们身上。与儿妇同房的，总要把他们二人治死，他们行了逆伦的事，罪要归到他们身上。人若与男人苟合，像与女人一样，他们二人行了可憎的事，总要把他们治死，罪要归到他们身上。人若娶妻，并娶其母，便是大恶，要把这三人用火焚烧，使你们中间免去大恶。人若与兽淫合，总要治死他，也要杀那兽。女人若与兽亲近，与它淫合，你要杀那女人和那兽，总要把他们治死，罪要归到他们身上。人若娶他的姐妹，无论是异母同父的，是异父同母的，彼此见了下体，这是可耻的事，他们必在本民的眼前被剪除。他露了姐妹的下体，必担当自己的罪孽；妇人有月经，若与她同房，露了她的下体，就是露了妇人的血源，妇人也露了自己的血源，二人必从民中剪除。"——《圣经》"利未记"20：9 - 16。

〔2〕 《圣经》"创世记"9：6。

〔3〕 See Irene Merker Rosenberg & Yale L. Rosenberg, "The Erroneous Invocation of 'Eye for Eye' in Support of the Death Penalty", 35 *Crim. L. Bull.* 3 (1999).

〔4〕 See Rick Bragg, "Carolina Jury Rejects Execution for Woman Who Drowned Sons", *N. Y. Times*, July 29, (1995), at A1.

〔5〕 "文士和法利赛人，带着一个行淫时被拿的妇人来，叫他站在当中。就对耶稣说，夫子，这妇人是正行淫之时被拿的。摩西在律法上吩咐我们，把这样的妇人用石头打死。你说该把她怎么样呢？他们说这话，乃试探耶稣，要得着告他的把柄。耶稣却弯着腰用指头在地上画字。他们还是不住地问他，耶稣就直起腰来，对他们说，你们中间谁是没有罪的，谁就可以先拿石头打她。于是又弯着腰用指头在地上画字。他们听见这话，就从老到少一个一个地都出去了。只剩下耶稣一人。还有那妇人仍旧站在当中。耶稣就直起腰来，对她说，妇人，那些人在哪里呢？没有人定你的罪吗？她说，主啊，没有。耶稣说，我也不定你的罪。去吧。从此不要再犯罪了。"——《圣经》"约翰福音"8：3 - 11。

〔6〕 耶稣曾经说过，"你们听见有话说，以眼还眼，以牙还牙。只是我告诉你们，不要与恶人作对。有人打你的右脸，连左脸也转过来由他打。"参见《圣经》"马太福音"5：38 ~ 39。

刑的权力。[1]

造成上述纷争的原因固然可以归结为教义文本本身的含混，但从一种实然分析的层面来看，导致相对于同一文本所出现不同解读的根本原因绝对不应窠臼于文本本身，而应从一个更为宏观的动态文化历史演进的视角加以评析。

一、死刑与基督教的历史纠葛

对早期基督教而言，死刑是一个无比真切的问题，因为其经常成为罗马统治者死刑执行的对象，特别是在罗马皇帝德西乌斯至戴克里先统治期间，这一问题变得颇为尖锐。早期基督教作为深受罗马帝国迫害的少数派宗教，其本身对于死刑问题的教义解读当然无从影响帝国的死刑执行。一直到14世纪罗马皇帝康斯坦丁最终皈依基督并将其树为国教，基督教义对于死刑的解读才开始正式发挥作用。[2]

但是在康斯坦丁皈依基督之后，基督教对于死刑的观点发生了较大的变化，即越来越多的神学家开始主张死刑的正当性。[3]

从11世纪开始，使用死刑控制异端的做法开始泛滥。如有学者指出的那样：中世所见证的是教会近乎狂热地将死刑捧上圣坛，而将其作为铲除异端邪说的主要武器。[4]基督神学的杰出学者托马斯·阿奎那发展了中世纪对于死刑的神学正当性解析。阿奎那提出，"如果行为人由于某种原罪而具有不利于社会的人身危险性，那么将其处死就该当褒奖，因为这样做有助于确保社会的福祉。"[5]

---

〔1〕 See Glenn H. Stassen, *Biblical Teaching on Capital Punishment*, in Capital Punishment: A Reader, Pilgrim Press (1998), p. 126.

〔2〕 而在这个过程当中，康斯坦丁采取强硬措施，即通过罗马帝国的国家暴力对付那些拒不改变自己宗教信仰的异教徒，而这种国家暴力在绝大多数情况下体现为极刑。制定于5世纪的狄奥多西法典规定了超过120项死罪，其中包括前康斯坦丁时期罗马帝国的相关死罪，还包括后康斯坦丁时期针对异端邪说的新设死罪。而6世纪的查士丁尼法典则更进一步，公开适用死刑对付异教徒，3个世纪之后，利奥五世更大约处死了超过十万名保罗派异教徒。很多康斯坦丁时期的基督教学者都对死刑表示支持，如拉克坦提乌斯，指出"用剑杀人还是用刀杀人并无要紧，因为杀人本身就应当被禁止。对此上帝的意旨容不得些许马虎。杀死上帝所不容侵犯的人就是罪错"。See Davison M. Douglas, "God and the Executioner: The Influence of Western Religion on the Death Penalty", 9 *Wm. & Mary Bill of Rts. J.* 137 (2000).

〔3〕 如拉克坦提乌斯却对于国家适用死刑裁量采取了不同的观点，其认为作为上帝神圣的使徒，皇帝有权对于正义加以伸张，并对于邪恶者进行神圣的报复。另外很多基督教学者也支持对于移交徒适用死刑。朱利叶斯·费尔米卡斯·马特纳斯呼吁皇帝采取断然措施根绝异教。See James J. Megivern, *The Death Penalty: An Historical and Theological Survey*, Paulist Press (1997), pp. 33~35.

〔4〕 See John H. Blume & Sheri Lynn Johnson, "Don't Take His Eye, Don't Take His Tooth, and Don't Cast the First Stone: Limiting Religious Arguments in Capital Cases", 9 *Wm. & Mary Bill Rts. J.* 59 (2000).

〔5〕 See Aharon W. Zorea, *In the Image of God: A Christian Response to Capital Punishment*, University Press of America (2000), p. 136.

需要指出的是，在这期间，英格兰地区曾经根据其对于基督教义的理解在短时期内限制、甚至废止过死刑。如 10 世纪英格兰阿尔弗雷德大王就废止了很多其认为与基督教义不符的死罪，而 11 世纪征服者威廉干脆完全废止了死刑[1]。然而，这种情况并没有持续太长时间。随后，英国的死刑又死灰复燃。

16 世纪很多新教改革派指控教会通过死刑来反对异教，但同时却并没有质疑世俗政权的死刑适用权。英国教会建立在新教革新之后，表达的也是对于世俗政权求处死刑的支持态度。而且，由于死刑往往为社会民众所瞩目，从而通过死刑的执行可以加速其对于基督教的皈依，17 ~ 18 世纪英国对于国教徒与清教徒信众的死刑执行所追求的就是此类效果。[2]

不难看出，基督教经典文本中的相关表述存在一定可供灵活解释的空间。而不同解释的此消彼长更大程度上取决于特定的历史背景与文化背景。民众的道德观与基督教的成长模式与趋向之间存在着一种浑然的互动与影响关系，而随着社会世俗化进程的加剧，基督教对于社会生活中的重要事项（如死刑等）的影响渐渐变得间接与宏观，而这种间接影响的重要媒介就是宗教影响与先决意义上的民众朴素道德。

二、美国基督教发展过程中死刑观的流变

殖民地时期的北美，英国殖民者主张适用死刑。而定居于马萨诸塞州与康涅狄格州的清教徒尤其如此。因为视自己为以色列人的后裔，清教徒在建构全新社会的时候大量参照摩西律法，其中自然也包括关于死刑的相关规定。[3]这一时期，在以清教徒为主的地区，死刑执行既是世俗活动，更是宗教活动，法官与神父都会参与其中。死刑公开执行，其所扮演的社会职能是阻却他人实施同类行为，而其所扮演的宗教功能是推动对于被认为有悖教义的罪的憎恶。死刑执行之前往往都会举行宗教仪式，在这个过程当中神职人员会对被执行者进行谴责，并对与这一罪行相关的神学知识进行宣讲。而这种"刑场上的布道"在传播死刑的社会意义与宗教意义方面扮演了十分重要的作用。有历史学家就指出直到美国独立战争之前，死刑执行日对于神职人员而言都显得十分重要。[4]

---

〔1〕 See Harry Potter, *Hanging in Judgment: Religion and the Death Penalty in England*, Continuum Intl Pub Group (1993), pp. 2 ~ 3.

〔2〕 See V. A. C. Gatrell, *The Hanging Three: Execution and the English People*, 1770 ~ 1868, Oxford University Press, USA (1996), pp. 372 ~ 373.

〔3〕 See George Lee Haskins, *Law and Authority in Early Massachusetts: A Study in Design and Tradition*, MacMillan (1960), pp. 145 ~ 146.

〔4〕 See Davison M. Douglas, "God and the Executioner: The Influence of Western Religion on the Death Penalty", 9 *Wm. & Mary Bill of Rts. J.* 137 (2000).

在北美独立战争前后，受到欧洲启蒙思想，特别是反对恣意酷刑的孟德斯鸠与贝卡利亚所鼓吹的刑罚理论影响，美国人开始质疑对于犯罪原因理论以及既存死刑措施当中所暗含的刑罚目的。到18世纪末，美国的死刑犯罪数量已经大为减少。而且，因为贝卡利亚的影响，大量作为矫治机构的监狱取代了原有的死刑适用。同时，18世纪神学的重要进展也推动了对于死刑的批判。大量民主派宗教团体，如奎格派等都强调神的善与人性的自我完善能力，而非之前所强调的人性堕落与神的裁判。一神论派强调犯罪的社会诱因以及对于罪犯的教化可能。而这样的一种理解直接与那些主张犯罪并非社会导致，而是因为罪犯内心自有的邪恶所导致的福音派观点产生冲突。宾夕法尼亚州因为受到奎格教派的显著影响，大幅度减少了死刑的数量。而1786年宾夕法尼亚州刑法典的序言当中规定，"任何优秀政府的愿景都应在于唤回良知，而非一味摧毁。"这种观点所反映的正是奎格派的主张。[1]

然而，持传统观点的宗教人士捍卫作为死刑基础的报应理论。基于对民主教派观点的反对，福音教派与国教派的神职人员都支持死刑。在一个日趋世俗的社会，很多宗教人士担心对于宗教信仰的缺失会导致目无法纪的人增加，而对此，应该保持死刑作为一种限制措施。在某种程度上，19世纪基督教内部各教派之间围绕死刑废止所展开争论的关键在于对于人性不同的宗教理解。废除主义者认为人性本质上是具有道德属性的，可教化的，可救赎的，而加尔文主义所影响下的教派则认为人本质上存在罪的属性，并且人性本质上趋于堕落。与此类似，废除主义者强调上帝的悲悯，而捍卫死刑的教派则强调上帝的公正属性。另外一波全国范围内反对死刑的改革浪潮是在20世纪最初20年。而在这个过程当中一个较为突出的特点就是神学在论辩双方所起到的作用显著降低。19世纪死刑的捍卫者在很大程度上依赖于旧约。而到了20世纪早期，死刑的支持者却开始将论辩的根据建立在死刑的阻遏效果基础之上。[2]

20世纪50~60年代出现的一个显著变化是大量的新教徒公开放弃对于死刑的支持。对此推波助澜的是，1965年罗马教廷第2次梵蒂冈会议之后，开始彻底反对死刑。[3]在20世纪70年代，美国天主教对于死刑的反对日益增加。到20世纪90年代，主流新教学派、天主教学派以及大多数犹太教派都表态反对死

---

〔1〕 See Walter Berns， "For Capital Punishment: Crime and the Morality of the Death Penalty"， *Temple University Press* (1990)，p. 19.

〔2〕 See Davison M. Douglas， "God and the Executioner: The Influence of Western Religion on the Death Penalty"，9 *Wm. & Mary Bill of Rts. J.* 137 (2000).

〔3〕 See Robert M. Bohm， "Toward an Understanding of Death Penalty Opinion Change in the United States: The Pivotal Years，1966 and 1967"，16 *Human. & Soc'y* 524 (1992).

刑。一个较为突出的例外是保守新教派与南方浸礼会对于死刑的支持。[1]

美国围绕死刑宗教论争的一个突出特点是基督教内部不同教派，甚至不同个体之间围绕死刑所出现的不同观点。导致这种分歧意见的出现虽然仍与各派对于教义的选择性解读有关，但在这一特定时空背景下，美国基督教内部对于死刑问题的分歧更多地产生于包括犯罪学在内的社会科学与自然科学发展对于人观念的重塑。这一时期基督教各派死刑观念不同的实质原因其实是因为各派对于作为死刑存在的刑罚根据的不同解读。

第二节　基督教与美国死刑的存废

对于基督徒而言，耶稣，这位或许是世界历史上最为著名的死刑被告显然无法忽视。[2]千百年来国家对于圣人，抑或愚民的生命剥夺从来没有停歇，而对此的解释显然不能满足于所谓历史的惯性。

美国法学经典中的刑罚正当性取决于下列三项功能的实现程度：①报应，即恢复被破坏的秩序；②阻遏，即防止他人从事犯罪行为；③治疗，即帮助行为人对于自身加以教化。[3]

然而，很多学者相信死刑无法承载上述功能。[4]而丧失了刑罚合理功能预期的死刑是否还具有正当性就成为一个颇为棘手的问题。

具体而言，因为死刑的目的在于消灭犯罪行为人，故对于行为人道德品性的教化显然无从谈及。死刑因为消灭了行为人，因此无法承载所谓治疗功能。相比而言，死刑所承载的阻遏功能则显得较为复杂。美国国内一度对于死刑的阻遏功能具有较高的预期。事实上 1976 年当美国联邦最高法院在格雷格案[5]中承认相关死刑成文法的合宪性从而事实恢复死刑的时候，那些支持死刑的人所持有的主要根据是死刑的阻遏效用。[6]同时，死刑的阻遏效能似乎可以从

---

〔1〕　See John H. Garvey & Amy V. Coney, "Catholic Judges in Capital Cases", 81 *Marq. L. Rev.* 303 (1998).

〔2〕　耶稣，Jesus (4 BC? −29 AD?). See Damien P. Horigan, "Of Compassion and Capital Punishment: A Buddhist Perspective on the Death Penalty", 41 *Am. J. Juris.* 271 (1996).

〔3〕　See Joshua Dressler, "Understanding Criminal Law", *Matthew Bender & Co* (4d. ed. 2001), pp. 13 ~ 19.

〔4〕　See Andrea E. Girolamo, "Note, Punishment or Politics? New York State's Death Penalty", 7 *B. U. Pub. Int. L. J.* 117 (1998).

〔5〕　See *Gregg v. Georgia*, 428 U. S. 153 (1976).

〔6〕　See Michael L. Radelet & Ronald L. Akers, "Deterrence and the Death Penalty: The Views of the Experts", 87 *J. Crim. L. & Criminology* 1 (1996).

《圣经》文本中寻找到些许踪迹。[1]但对此有学者坚持认为没有充分的证据可以证明死刑的阻遏功效。实际上，大多数研究的结果恰恰相反。[2]而这样的一些改变发生的主要原因是因为围绕死刑争议问题进行的种种科学研究项目。[3]而对于死刑的阻遏效果产生怀疑的不仅仅是具有专业背景的学者。据统计，目前仅仅有大约8%支持死刑的美国人将自己的决策依据设定在阻遏的基础之上。[4]

在很大程度上，导致这种观点出现的根据并非是美国民众的宗教信仰出现明显改变的结果，相反，社会科学的研究结果成为影响民众特定观念的决定性原因。20世纪80年代开始，美国社会科学界进行了大量针对死刑的阻遏效果的研究项目。而根据这些研究结果，从数据统计分析的角度来看，死刑的阻遏效果和长期监禁的阻遏效果相比并没有太大的效果。[5]围绕死刑的阻遏效能所出现的争议从根本而言上属于刑罚功能设定本身所具有的问题。通过适用刑罚是否能够阻遏犯罪的发生，能够阻遏何种犯罪发生，能够在多大程度上阻遏犯罪的发生以及这样做的成本效益分析等都是存疑的，作为刑罚的一种具体表现形态，死刑自然不能例外。因此，围绕死刑的阻遏职能，在现有的社会科学研究与道德预期层面都无法得出一个确定的答案。

相对教化与犯罪预防职能而言，死刑的报应职能虽然看似有力，但却是晚近美国基督教内部聚讼纷纷的根源所在。旧约中曾经提出，"按着律法，凡物差不多都是用血洁净的，若不流血，罪就不得赦免了"。[6]而这种类似于同态复仇观念的死刑报应理论至今仍然为美国南部的很多基督教信众所秉持。在以陪审员是否属于浸礼会（美国南部基督教的著名保守教派，多为白人信众）为变量所进行的一项调查显示，接近80%的南方浸礼会教众在第一次投票的时候选择了死刑，而非浸礼会的教众在第一次投票的时候只有大约一半选择死刑，见下表：

---

[1] "该隐对耶和华说，我的刑罚太重，过于我所能当的。你如今赶逐我离开这地，以致不见你面。我必流离飘荡在地上，凡遇见我的必杀我。耶和华对他说，凡杀该隐的，必遭报七倍。耶和华就给该隐立一个记号，免得人遇见他就杀他。于是该隐离开耶和华的面，去住在伊甸东边挪得之地。"——《圣经》"创世纪"4：15.

[2] See Michele Cotton, "Back With a Vengeance: The Resilience of Retribution as an Articulated Purpose of Criminal Punishment", 37 *Am. Crim. L. Rev.* 1313 (2000).

[3] See Michael L. Radelet, "The Role of Organized Religions in Changing Death Penalty Debates", 9 *Wm. & Mary Bill of Rts. J.* 201 (2000).

[4] See Samuel J. Levine, "Capital Punishment and Religious Arguments: An Intermediate Approach", 9 *Wm. & Mary Bill of Rts. J.* 179 (2000).

[5] See Rudolph J. Gerber, "Death Is Not Worth It", 28 *Ariz. St. L. J.* 335 (1996).

[6] 《圣经》"希伯来书"9：22.

表16　陪审员首次死刑投票结果[1]

陪审员首次表决			
	监　禁	未　决	死　刑	数　量
非南方浸礼会教众	35	12	53	151
南方浸礼会教众	9	12	79	34

但基督教义的根据与部分教派的坚守似乎并没有导致对于死刑的支持成为当今美国基督教的主流观点。事实上在过去的25年当中，支持死刑的美国宗教领袖变得越来越少，我们可以这样认为，对于死刑的否定态度成为目前美国宗教组织当中一种十分有力、十分深入同时也十分宽泛的共识，而在这个问题上达成的共识超过了其他的任何问题。[2]

导致目前美国基督教主流观点与死刑渐行渐远局面的根本原因或许与死刑所具有的相关司法职能无关。事实上这个时候的死刑本身已经成为宗教作为一种社会力量在多方博弈中取得相对优势地位的一种工具或者手段。当公众还在思索什么是公平的该当性的时候，他们需要面对的是在个人正义感与群体正义感之间的区别。我们所看到的基督教内部不同教派，基督教与非基督教围绕死刑所进行的斗争与妥协似乎始终在围绕相关经典教义文本的不同解读展开，但这也许仅仅是一种表象而已。在一个多元价值社会当中，基督教无法孤立存在，而其实际上需要面对的是种种具有颠覆性的挑战。道德的世俗化是一种趋势。随着基督教影响力的减弱，其与公民一般道德之间的直接对应关系已经渐渐丧失。因此，如何在竞争的环境中争取道德市场的应有份额就成为美国基督教所不得不面对的一个迫切问题。而在获得信众支持与政治影响方面，堕胎与死刑是美国基督教几十年来都无法回避的两大致命挑战。相对于前者，对于死刑态度的松动或许是基督教所能采取的最佳应对措施。

这种挑战并不是美国基督教所独有的，而是一个全球性的问题。天主教最

---

[1] See Theodore Eisenberg, Stephen P. Garvey and Martin T. Wells, "Forecasting Life and Death: Juror Race, Religion, and Attitude Toward the Death Penalty", 30 *J. Legal Stud.* 277 (2001).

[2] See Andrea Shapiro, "Unequal Before the Law: Men, Women, and the Death Penalty", 8 *Am. U. J. Gender Soc. Pol'Y & L.* 427 (2000).

高教廷所颁布的《天主教廷问答录》[1]与《生命福音》[2]都明确表示了对于死刑的反对态度。美国天主教全国大会也于1999年正式号召废除死刑。[3]这种死刑观的变化实际上是应对时局变化的一种自我保护措施。事实上通过这种死刑观的转变，教会努力使得自己不逆潮流而动，而这种转变也会起到公关的作用，即使其在扭转死板过时形象的同时稳住颓势。

判断死刑该当性从很大程度上并不是一个单纯的犯罪学问题或者刑法问题。随着社会公众对各种信息的获取，他们越来越多地习得了关于报应性正义的道德与宗教限制。[4]但这并不意味着直接将宗教思维从对于美国死刑问题的研讨当中排除出去的做法是妥当的。相反，死刑存废问题上美国基督教影响力的减弱与态度的转变是死刑流变动态过程的重要组成部分，而其与其他影响要素直接的互动关系更在很大程度上决定了美国死刑今后的发展方向。

第三节　基督教与美国死刑的厘定

美国刑事案件的审理通常分为定罪与量刑两阶段。[5]死刑的审理也不例外。但和普通犯罪相比，死刑案件的审理也存在一些不同之处，其中较为突出的区别在于一方面，死刑案件的量刑阶段由陪审团进行，而非死刑案件的量刑由法官根据量刑指南自由裁量；另一方面，陪审团在酌定死刑判决的时候，享有较高的自主权。[6]

在死刑案件的实际审理过程当中，由于美国司法采取抗辩式庭审模式，故

---

〔1〕《天主教廷问答录》(*Catechism of the Catholic Church*, p. 1997)，载 http：//www. ewtn. org/John-Paul2/writings/encyclicals. htm，最后访问日期：2009年11月11日。

〔2〕《生命福音》 (*Catechism of the Catholic Church*, p. 2267)，载 http：//www. vatican. va/archive/ENG0015/_ _ P7Z. HTM，最后访问日期：2009年10月6日。

〔3〕 See Kevin M. Doyle, "Catholics and the Death Penalty Penal Discussion", 44 *J. Cath. Leg. Stud.* 297 (2005).

〔4〕 See Arnold H. Loewy, "Religious Neutrality and the Death Penalty", 9 *Wm. & Mary Bill of Rts. J.* 191 (2000).

〔5〕 See Christy A. Visher, "Juror Decision Making: The Importance of Evidence", 11 *Law & Hum. Behav.* 1 (1987).

〔6〕 加利福尼亚州各法院对于死刑陪审团的指导意见如下："对于加重情节与减轻情节的考量并不是二者机械的对比或者计算。对于被允许考虑的因素，陪审员有权适用任何其认为适当的道德或者价值判断。通过对于加重情节或者减轻情节的通盘考虑，根据相关的证据规则最终做出适当的决定。如果要作出死刑判决的话，陪审员必须充分认可加重情节和减轻情节相比占据主导性地位而足以支持死刑判决，而非终身监禁不得假释。""Comm. On Standard Jury Instructions, Criminal, of the Superior Court of L. A. County, Cal. , California Jury Instructions – Criminal 8. 88 (2005)", quoted from Scott E. Sundby, *A Life and Death Decision: A Jury Weighs the Death Penalty*, Palgrave Macmillan (2005), pp. 177~179.

理论上法官在整个过程当中扮演的是一种消极的"裁判"角色。[1]因此，从某种程度而言，美国死刑案件的审理实际上是检方、被告人与陪审团三方博弈的结果。

一、美国死刑案件审理过程中基督教对于检方活动的影响

检方在死刑案件的审理过程当中较为常用的手法包括[2]：①援引圣经中的"报应"理念，强调血债血偿。如有很多案件的检方援引"出埃及记"中"打人以致打死的，必要把他治死"的表述；引用"创世纪"当中"凡流人血的，他的血也必被人所流。因为神造人是照自己的形象造的"；有公诉方援引"民数记"中"故杀人的必被治死"的规定，另外还有检方援引"申命记"，即"暗中杀人的，必受咒诅。百姓都要说，阿门"等。②有些案件中，检方引用基督教义来解释对于被告求处死刑的做法没有篡夺上帝的相关权力。③另外一些案件当中检方通过将具体案件当中的当事人与圣经当中的人物加以对比，来突出被告行为的可憎与死刑该当。如援引圣经当中的该隐与亚伯的故事。④在一些受害人为未成年人的案件当中，有检方援引"马可福音"，"凡使这信我的一个小子跌倒的，倒不如把大磨石拴在这人的颈项上，扔在海里"，等等。

检方通常会在开场陈辞与结案陈辞时援引上述基督法谚，以求最大限度地在道德上抹黑被告，博取陪审团的认同，从而获得最佳的起诉效果。而在司法实践当中，这种做法所取得的效果往往十分具有杀伤力。在一起20世纪初纽约州知名医生毒杀自己妻子的案件当中，检方在总结陈辞的时候如是说：

"最后，我想请您想想死者。我请求您和我一起去墓地凭吊下这个孤苦的亡灵，或许应该在那里为这个无辜的年轻生命说点什么，她本来有权享受那花一般的年华，但却突然被从如锦的繁华嗖地抽离而被投入那无尽的黑暗。让我们在她的墓碑上刻下这样一段墓志铭：无辜受害者。先生们，我们能够呼唤上帝把她带回人世吗？上帝会将她重新带回她所深爱的人身边吗？上帝会宽恕这个罪人而让他们俩再次享受这人世繁华吗？一切都太迟了。她，已经走了。她可爱的魂灵早已飘散。覆水难收。被告必须面对他的宿命。我们现在所能做的，

---

〔1〕　美国联邦最高法院法官安东尼·斯卡里（Antonin Scalia）曾经指出："我会尽最大努力防止我个人的宗教信仰或者我的政治主张，乃至我的哲学诉求影响我个人对于法律的解读，而后者正是我的职责所在。"参见 Antonin Scalia, "Pew Forum Conference: A Call for Reckoning: Religion & the Death Penalty, Session Three: Religion, Politics, and the Death Penalty (Jan. 25, 2002)", 载 http://pewforum.org/deathpenalty/resources/transcript3.php, 最后访问日期：2009年11月15日。

〔2〕　See John H. Blume and Sheri Lynn Johnson, "Don'T Take His Eye, Don'T Take His Tooth, and Don'T Cast the First Stone: Limiting Religious Arguments in Capital Cases", 9 *Wm. & Mary Bill of Rts. J.* 61 (2000).

仅仅是聆听耶和华的教诲：'凡流人血的，他的血也必被人所流！'"[1]

目前美国国内不同司法区对检方对相关基督教义的运用态度不一，在部分司法区多有限制，甚至禁止使用。限于篇幅，这里不一一列举。但需要强调的是，这种做法在很多司法区目前仍在适用。据不完全统计，在过去的 15 年当中，至少报告有超过 100 起死刑案件涉及关于公诉方以宗教为导向的相关言论问题，而这个数字还在继续攀升。[2]

二、美国死刑案件审理过程中基督教对于被告活动的影响

美国刑事审判中被告及辩护人的主要职责是证明检方没有排除合理怀疑地证明自己的罪责，但是在量刑阶段被告及辩护人也往往提出与案件本身虽无关系，但和行为人自身相关的证据，以求得法官或者陪审团的同情，以获得对己有利的量刑结果。具体到死刑案件，因为死刑案件审理本身历时甚久，而死刑判决与死刑执行之间往往也相隔很长时间，在这个过程中被告有时会提出自己皈依基督的证据，从而证明自身已真心悔过，并不再具有人身危险性，从而求得免于死刑判决或者最终的死刑执行。

1986 年，美国联邦最高法院在斯基普尔诉南卡罗莱纳州案（*Skipper v. South Carolina*）[3]当中第一次明确承认犯罪实施之后出现的减轻情节应具有法律意义。根据这一认定，有部分死刑被告或者候刑人将后来自己皈依基督，真心悔过的情节作为减轻情节加以提出。

作为死刑被告将皈依基督作为减轻情节加以提出的典型案例是发生在加利福尼亚的公民诉佩顿案（*People v. Payton*）[4]。1980 年 5 月 26 日清晨，本案被告实施了 3 起惨绝人寰的攻击行为。首先，他强奸了一名被害人，然后用利刃连砍 12 刀将其残忍杀害。然后，他又试图杀死另外一名受害人和她 10 岁的儿子。被告总共对后两名受害人砍了 60 刀。被告后来提出自己不应该被处死，因为在监狱内等待审判的过程当中，他皈依了基督，甚至开始帮助其他罪犯重塑自己的宗教信仰。但是检方认为其在实施犯罪之后宗教信仰的改变与其之前所实施的犯罪无关，因此不应予以考虑。陪审团最终判处其死刑。虽然如此，但学界甚至部分司法实务界人士都承认本案被告在候审期间对基督教的皈依对于其量刑是有法律意义的。而在之后的一系列案件当中，最高法院也一再明确承认被

---

[1] Gary J. Simson & Stephen P. Garvey, "Knokin' on Heaven' Door: Rethinking the Role of Religion in Death Penalty Cases", 86 *Cornell L. Rev.* 1090 (2001).

[2] See Brian C. Duffy, Note, "Barring Foul Blows: An Argument for a Per Se Reversible - Error Rule for Prosecutors' Use of Religious Arguments in the Sentencing Phase of Capital Cases", 50 *Vand. L. Rev.* 1335 (1997).

[3] *Skipper v. South Carolina*, 476 U. S. 1 (1986).

[4] *People v. Payton*, 839 P. 2d 1035 (Cal. 1992).

告有向陪审团提出包括犯罪行为实施完毕之后被告与此相关证据的宪法权利。[1]

另外，美国死刑所特有的程序之一就是人身保护令以及州行政首长的特赦机制。根据这一机制，死刑候刑者可以在行刑前要求有关机构考虑自身的特殊情况，而对于有待实施的死刑加以撤销。因此，在司法实践当中，有些死刑候刑者将自己对于基督的皈依作为赦免理由提出。这种情况较为具有代表性的是塔克诉德克萨斯州案（*Tucker v. State*）。[2]1983 年，被告人塔克在抢劫的过程中用尖镐刨死了 2 名受害人。1 年之后，其被德克萨斯的一个陪审团判处死刑。在14 年的候刑期间，她皈依基督，变成了虔诚的基督徒。在自己死刑执行的前夜，她写信给当时德州州长小布什，历数了自己这些年的心路历程，"那天夜里，耶稣走进了我的心灵，在那瞬间，我所做的一切如万钧重担向我压来，我终于第一次认识到自己的所作所为。那个晚上，我第一次因为自己的罪刑而泪流满面，也是从那一天开始，泪水成为我生命的一部分"。[3]

无论是死刑被告还是死刑候刑者的宗教皈依，其所具有的价值属性判断因为往往摆脱了通常话语中的法治背景，从而导致其在一个更为明显的层面受到世俗道德体系的框定，也在一个更为明显的层面受到政治体系运作的影响。

三、美国死刑案件审理过程中基督教对于陪审团定罪量刑决定的影响

一旦陪审团发现死刑案件的被告是有罪的，那么量刑阶段就开始了，而在这个阶段起决定作用的是陪审团。[4]可以认为，陪审团在死刑案件审理的过程当中扮演着核心的决定作用。一方面因为陪审团所具有的特殊地位，另一方面也意味陪审团在死刑定罪量刑过程当中所具有的特殊自由裁量权[5]，因此研讨美国基督教与这个动态过程的杂糅过程就显得十分必要。

美国基督教对于死刑案件中陪审团的运作影响是全过程的，也就是说，从陪审团的遴选，到陪审团的相关讨论等都会产生影响。

根据美国刑事程序法，在陪审团的遴选阶段，检方与辩方都享有一定的选

---

〔1〕 See Michael A. Simons, "Born Again on Death Row: Retribution, Remorse, and Religion", 43 *Catholic Law.* 311 (2004).

〔2〕 Tucker v. State, 771 S. W. 2d 523 (*Tex. Crim. App. 1988*), See Paula M. Cooey, "Women's Religious Conversions on Death Row: Theorizing Religion and State", 70 *J. Am. Acad. Religion* 699 (2002).

〔3〕 See Walter C. Long, "Karla Faye Tucker: A Case For Restorative Justice", 27 *Am. J. Crim. L.* 117 (1999).

〔4〕 See James R. Acker & C. S. Lanier, "The Dimensions of Capital Murder", 29 *Crim. L. Bull.* 379 (1993).

〔5〕 陪审团在定罪量刑过程当中会考虑相关成文法所规定的加重或者减轻情节。但是这些情节仅仅具有指导性，陪审员可以作出任何其所认为是适当的判决。See James R. Acker & Charles S. Lanier, "Matters of Life or Death: The Sentencing Provisions in Capital Punishment Statutes", 31 *Crim. L. Bull.* 19 (1995).

择陪审团成员的自由裁量权。鉴于宗教对于陪审团成员的巨大影响，因此围绕是否可以仅凭陪审员的宗教信仰对其加以排除就成为一个十分敏感的问题。在巴斯顿案[1]中，美国联邦最高法院认为检方不能仅仅根据候选陪审员的种族而对其加以排除。但这一理念是否可以适用于候选陪审员的宗教信仰目前仍然是一个未有定论的问题。

虽然没有定论，但目前在美国死刑审理的陪审团遴选过程当中，陪审员通常都会被问及其所具有的宗教观点是否会影响其进行死刑的定罪与量刑。[2]在这个过程当中，如果某人表明自己的天主教徒身份的话，其就可能被追问是否认同《天主教廷问答录》当中的观点。[3]目前美国司法实践的做法一般只要候选陪审员不坚持因为自己的宗教信仰而无条件反对死刑，即不得被剔除。

但大多数情况下法院对于基于宗教信仰而对候选陪审员的自由排除权基本不予干涉。对此一个很好的例子就是詹姆士诉弗吉尼亚州案（*James v. Commonwealth*）[4]。本案审理过程当中，检察官运用自己的自由选择权排除了两名黑人陪审员。但是其对自己决定的解释并不是因为这些人是黑人，而是因为其中的一名黑人佩戴了一个约 2 英寸长的十字架，而这表明其由于宗教信仰可能会对被告进行不适当的同情或者怜悯，而弗吉尼亚最高法院对此加以维持。

除对于候选陪审员的遴选发挥作用之外，基督教对陪审员的影响更多发生在定罪量刑阶段，而这种影响也往往以一种非正式的方式进行。而最近出现的此类案件是加州的刘易斯案（*People v. Lewis*）[5]。在本案当中，被告质疑自己的死刑判决，理由是陪审员的不当行为，因为 12 名陪审员在进行讨论之前曾经手牵手，并且进行祈祷，更为关键的是，一名陪审员对另外一名较为迟疑的陪审员说，"他不知道自己的感受是否可以帮助这名陪审员，但是他自己认为如果将被告人交由上帝进行处理，并且无论发生什么，被告都可以获得新生的话，那么似乎可以做出最终的决定"。加州最高法院拒绝了这种观点。法院认为：

---

〔1〕　See *Batson v. Kentucky*, 476 U. S. 79（1986）.

〔2〕　See Gerald F. Uelmen，"Catholic Jurors and The Death Penalty"，44 *J. Cath. Leg. Stud.* 355（2005）.

〔3〕　教会的传统教义认为如果可以毫无疑问地认定犯罪行为人的身份以及其所应承担的责任的话，那么当死刑是唯一可行的抗制社会成员免受不法侵害的手段的时候，不应对其加以反对。但是相反，如果非极刑手段就足以抗制违法行为者，并且确保个人安全，那么公权力就应有所限制，因为公权力应该和公共福祉的具体条件相对应，并且应与人的尊严相一致。而现在，考虑到政府有效处置应予谴责行为能力的增加，可以采取非剥夺他人生命的方式达成对其加以救赎的目的，因此剥夺他人生命的情况变得十分罕见，如果不是绝对不存在的话。See "Catechism of the Catholic Church, P 2267"，载 http：//www. vatican. va/archive/ENG0015/＿＿P7Z. HTM，最后访问日期：2009 年 10 月 6 日。

〔4〕　See *James v. Commonwealth*, 442 S. E. 2d 396（Va. 1994）.

〔5〕　See *People v. Lewis*, 28 P. 3d 34（Cal. 2001）.

"陪审员在讨论过程当中谈及自己的宗教信仰是可以预期的。考虑到量刑的性质，我们认为这并非不适当，也就是说，陪审员可以分享各自的宗教体验。在本案当中，我们没有发现陪审员没有按照法律以及法庭的指导意见而适用其他的规则。"[1]

第四节 小 结

基督教作为美国的主要宗教在新的千年必将面临更为严峻的考验。但其式微的趋势却不能成为将其排除出对美国死刑问题研究考量范畴的依据。事实上基督教作为美国主流道德观的维护者，依然在包括死刑存废以及死刑具体运行过程在内的很多敏感社会问题当中扮演十分重要的角色。另外，基督教的死刑观也在很大程度上反映着美国基督教应对时代发展与进步所带来的诸多挑战的态度与应对措施。作为为数不多的发展资源，死刑问题在可以预期的将来一定仍然会继续成为美国基督教神学研究的重点，同时也还将继续扮演基督教与世俗社会互相钳制、互相整合的重要媒介。对于宗教与死刑的比较研究不应就此止步，而对于这一动态过程的把握也将为从文化层面更为深入地理解美国宗教与政治互动提供一种独特视角与研究平台。

---

[1] See Ronald J. Tabak，"The Death Penalty，Religion，& the Law：Is our Legal System's Implementation of Capital Punishment Consistent with Judaism or Christianity?"，4 *Rutgers J. Law & Relig.* 1（2002 / 2003）.

第八章

变量之四：未成年人与美国死刑

第一节　美国青少年司法模式

美国有着相对完善的犯罪数据统计系统，而其中又以美国司法统计局（the Bureau of Judicial Statistics）与美国联邦调查局（FBI）所作的相关统计最为权威，特别是后者每年度所做的"统一犯罪报告"（the Uniform Crime Reporting Program），因其根据不同的指标对于美国犯罪情况的详尽说明，已经成为学界权威的数据来源。本书中所涉及与美国未成年人[1]严重犯罪有关的数据如未特别标明，一般皆来自于上述机构官方网站。[2]

一、美国未成年人严重暴力犯罪的现状与特征：以性犯罪为例

根据相关统计结果，以暴力性犯罪为例，从实施性犯罪的绝对数量以及其在整体性犯罪当中所占相对比例这两种角度衡量，美国未成年人所实施的相关性犯罪都一直维持在一个相对稳定的高水平层面。例如在 1993 年，美国共报告强奸以及其他性攻击案例 485 290 起，其中由不满 18 岁的行为人单独实施的 52 900 起，约占上述犯罪的 10.9%，而由未成年人参与的多人实施的性犯罪为 21 352 起，约占上述犯罪总数的 4.4%。合计在 1993 年由未成年人实施或者参与实施的性犯罪共计约 74 262 起，占到了当年全美性犯罪总数的约 15.3%，见下图：

---

〔1〕 "未成年人"与"青少年"是两个不同的概念，不存在全然竞合的情况，对于美国法律意义上未成年人的界分，将在后文中涉及。但由于一般的语言习惯，这里姑且将二者互换使用。——笔者注

〔2〕 亦可参见李立丰："美国青少年性犯罪若干重要理论问题简析"，载《青少年犯罪问题》2009年第 1 期。

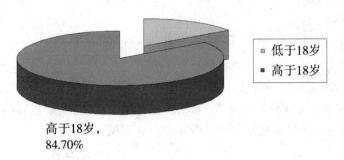

高于18岁，
84.70%

图7

　　而1995年度统计表明，由未成年人所实施的强奸以及其他性攻击犯罪而被逮捕的人数仍然分别占到了当年相关犯罪人总数的15%，见下图：

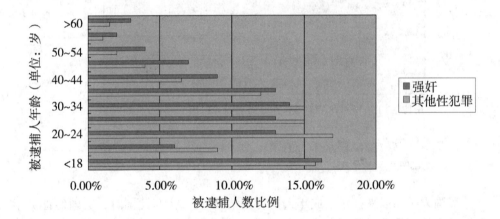

图8　1995年美国因强奸以及其他性犯罪而被逮捕的行为人年龄分布

　　虽然我们没有发现1995年及之后的相关数据，而且1995年的数据针对的也是被逮捕的犯罪人而非具体犯罪数量，但根据美国联邦调查局的相关统计，目前美国18岁以下的未成年人占到了城市地区强奸犯的17%。[1]而其中的大约7%是不满15岁的男性儿童。事实上男性未成年人实施的性犯罪则占到了未成年性犯罪的97.4%，女性未成年人则仅仅占了2.6%，而根据这些学者的调查，目前由未成年人实施的性犯罪在行为方式和行为强度上也开始和成年犯罪人

---

〔1〕 "F. B. I. , U. S. Dep't of Just. Uniform Crime Rep. for the U. S. 1993 242（1994）"，载 http：//bjs. ojp. usdoj. gov/content/pub/pdf/SOO. PDF，最后访问日期：2011年8月1日。

趋同。[1]

之所以将美国未成年人性犯罪作为例子加以提出的原因就在于通常会有类似谋杀等较为严重的犯罪与普通的性犯罪相伴生。就美国 1976～1994 年的统计数字来看，由 18 岁以下未成年人实施的与性犯罪相关的谋杀占到了所有此类犯罪的 10% 左右，而从总体上来看，从事与性犯罪有关的谋杀犯罪的行为人平均年龄要比普通谋杀犯罪的平均年龄低 6 岁，见下图：

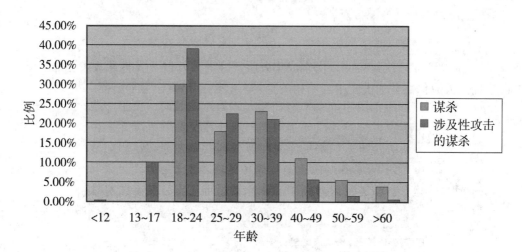

图 9 1976～1994 年美国已知涉及性犯罪谋杀实施者年龄分布

美国人长期以来都对未成年人抱有同情之心。[2] 与此同时，美国的青少年犯罪情况相当严重。除了犯罪率的飙升，美国青少年实施犯罪的危害程度也越来越大，有芝加哥媒体曾报道 2 名分别为 11 岁和 10 岁的男孩因为一名 5 岁的男孩不肯为该 2 人偷窃糖果而将其从高楼推下活活摔死。这一惨绝人寰的事件引发了全美民众的广泛关注，甚至连当时任总统的克林顿也曾就这一惨剧表达了关切。[3]

---

〔1〕 See Peter A. Fehrenbach et al.，"Adolescent Sexual Offenders：Offender & Offense Characteristics"，56 *Am. J. Orthopsychiatry* 225（*1986*）.

〔2〕 See Hon. Michael A. Corriero & Franklin E. Zimring， "A Democratic Society's Response to Juvenile Crime，American Youth Violence"，65 *Brooklyn L. Rev.* 763（1999）.

〔3〕 参见 Gary Marx， "One Convicted in Boy's Death Free，Second Lives Without Hope"，Chi. Trib.（Jan. 24，2001），p. 1. http：//articles. chicagotribune. com/2001 – 01 – 24/news/0101240053_1_troubled – youths – two – youths – eric – morse/2，最后访问日期：2011 年 8 月 4 日。

二、美国未成年人犯罪的成因理论

美国相关学者就导致这种情况发生的原因进行了深入的理论分析和探索，仿效对于病人的治疗，学者试图通过挖掘导致未成年人选择实施犯罪的成因而寻找根治这样一种社会病态的救济办法，因此也围绕这一问题建构起来若干理论框架，并在这个框架当中寻找需要治疗的病因所在。

概括起来，较为具有代表性的有如下几种：

（一）认知模式理论

认知模式理论的理论前提是和心理功能相关的认知模式，这样的一种观点将攻击行为归因于错误的感知以及行为人认识失调。[1] 根据这样的一种理论，行为人会用一种为自己潜意识所扭曲了的对于现实的认知来将自己的行为加以合理化，因此允许其在不感觉到负罪或者悔恨的情况下继续自己的行为。就未成年人暴力犯罪而言，认知模式可以很好地解释那些对于受害人对于侵害是否具有同意产生了错误认识的行为人的情况。以伤害或者性犯罪为例，司法实践中的确出现过某些未成年人在实施此类犯罪时说服自己相信自己的受害人希望或者同意自己对其实施犯罪行为，从而为自己实施相关的性行为寻求正当性的情况。

虽然我们应该承认认知模式理论对于上述特定现象解释的有力性，但毕竟大多数未成年人严重暴力犯罪的实施过程并不存在所谓的此类正当化过程，也就是说，其无法为大多数普通的未成年人性犯罪提供合理的解释，因此其有效性是相当存疑的。

（二）发展障碍理论

在 20 世纪 50~60 年代，出现了以埃里克·埃里克森（Erik Erikson）为首的一批学者所提出的个人发展八阶段理论。[2] 根据这样的一种理论，一个人在幼年到成年的整个过程当中需要经历若干所谓的关键点，而如果在儿童期间由于遭受虐待或者其他生理、心理上的发展障碍，导致无法顺利经过这样的关键点，就形成了所谓的发展障碍，而这样的一种发展障碍导致后续的关键点也都无法顺利完成，从而反过来导致之前建构的心理模式的崩塌。正如明尼苏达州立大学社会学教授卡尔·P. 梦奎斯特（Carl P. Malmquist）所提出的那样，个人的异常性倾向可以追溯到儿童时代较为具有倾向性的性满足方式。在其看来，

---

〔1〕　See Earl F. Martin and Marsha Kline Pruett Winter, "the Juvenile Sex Offender and the Juvenile Justice System", 35 *Am. Crim. L. Rev.* 279 (1998).

〔2〕　See Mindy F. Mitnick, "Celebrating 100 Years of Juvenile Court in Minnesota: Developmental Pathways: From Victim to Victimizer?", 32 *Wm. Mitchell L. Rev.* 1075 (2006).

从事性犯罪的未成年人基本上可以被理解是因为童年严重的发育障碍所导致的，而其所导致的合理结论就是这些自我感知不良的未成年人避免和自己的同龄人接触，从而转向儿童来满足自己的性欲，因为这些儿童在其看来危险性更小。[1]

和认知模式一样，发展障碍理论在解释某些特定类型的未成年人性犯罪时具有很强的说服力，但关键问题是，即使我们承认相当多数的未成年人性犯罪人在童年时代遭受过性侵害或者虐待，从而可能根据这样的障碍理论而存在发展阶段上的断层，但其仍然无法解释必然存在的例外情况，即那些童年生活正常，但还是选择从事性犯罪的另外一部分未成年人的情况，见下图：

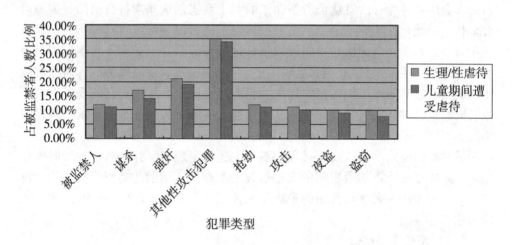

图10　1991年美国州监狱系统报告被监禁者儿童期间受虐待情况

（三）社会学习理论

社会学习理论将性越轨行为归因于道德上不断堕落的结果。在这样的一种理论看来，未成年人之所以实施性犯罪，是因为其向周遭所接触的人学习了犯罪技巧以及支持犯罪的犯罪态度所导致的结果。[2]从这种所谓的条件论或者社会学习理论来解释未成年人性犯罪，会将未成年人性犯罪行为人看做是从一个儿童受害者向有能力的犯罪实施者的转变，例如，为了迷惑自己的惩罚者从而让其误认为被惩罚对象已经取得了进步，被加以惩治的未成年人行为人会遵守

---

〔1〕　See Joseph J. Romero & Linda Meyer Williams, "Recidivism among Convicted Sex Offenders: A 10 - Year Followup Study", 28 *Fed. Prob.* 58 (1985).

〔2〕　See Larry J. Siegel, *Juvenile Delinquency: the core*, the Wadsworth (2002), p. 90.

相关的规定，并且表现良好，而这样的一种欺骗行为就可以被视为验证这些未成年人希望通过撒谎以及操纵别人来控制自己所生活的环境的佐证。

与认知模式理论以及发展障碍理论不同，社会学习理论属于社会学，而非心理学范畴，而强调学习这一社会活动也为这种理论的普遍适用性提供了较为充足的理论根据。但是，由于社会学习理论不重视行为人心理学以及生理学的相关特征，过分强调行为人和其所处社会环境之间的互动关系，也有以偏概全之嫌。

除了上述三种较为具有代表性的理论之外，针对未成年人性犯罪，还有其他的美国学者也都提出自己的主张，但是非常遗憾，还没有一种学说可以适用于所有的未成年人性犯罪现象，而不同学说相互交杂的现状也成为目前美国未成年人性犯罪理论研究的一种实态。究其原因，一方面是因为未成年人性犯罪问题涵盖范围较广，跨越社会学、犯罪学、刑法学、刑罚学、政治学等诸多学科范畴，很少能有学者可以通晓上述领域并将其有机地糅合进对于未成年人性犯罪的研究当中；另一方面，一个同样十分重要，且十分实际的问题，就是缺乏相关有效统计的基础支撑。即使在信息相对透明，各项统计相对发达的美国，也无法做到对于未成年人性犯罪相关的诸多数据的实时全面收集与更新，而关键数据的缺乏直接导致了学者们无法有效地根据相关数据加以解读以及对策的研究等。同时，从理论构建，到模型设计，到对策展开、实施，再到信息收集、整理以及再反思的整个过程历时相当长，并且伴随有数据的失真或者缺失，且这样的研究需要大量资金以及体制上的支持与配合，而这在现实研究当中又几乎成为不可能，等等。种种原因综合作用，决定了至今还没有一种理论可以有效适用的局面。

三、美国未成年人犯罪的刑事处遇

鉴于未成年人的未成年特征，美国对于其所实施的刑事处遇措施也较为具有特色，对其可以大体上从如下几个方面加以把握：

（一）处遇机构

在 1899 年之前，美国并没有独立的未成年人，或者说未成年人司法系统。[1] 在这个时期，未成年人和成年人不加区别地在同一个审判系统内被加以处理，直到伊利诺斯州于 1899 年建立了美国第一个未成年人法庭。[2] 而在 20 世纪 60 年代到 70 年代，社会各界对当时未成年法院产生了种种不满的情绪，而

---

〔1〕　See Barry C. Feld, "the Transformation of the Juvenile Court", 75 *Minn. L. Rev.* 691 (1991).

〔2〕　See Ira M. Schwartz, et al. , *Nine Lives and Then Some*：*Why the Juvenile Court Does Not Roll Over and Die*, 33 Wake Forest L. Rev. 533 (1998).

其矛头所主要指向的就是其已经无法有效、适当地处理未成年人犯罪问题，由于当时未成年人犯罪数量的激增，未成年人法院往往不加区别地将被判决的未成年人送到所谓的矫正机构而了之，而这些矫治机构因为经费与经验的缺乏，往往不能有效完成对未成年犯罪人的矫治，从而根本无法达成未成年人法院建构之初试图改造或者重塑未成年犯罪人的初衷。[1]出于对未成年犯罪人改造这种尝试的绝望，相关理念开始转向报应理论。1966 年，肯特诉美利坚合众国案（*Kent v. United States*）[2]就标志着这样的一种理念转变在司法系统的正式实施。一般认为，本案的意义在于，首先，法院承认在某些情况下，未成年人可以从未成年人法院体系当中被剔除出来，而交由普通司法体系加以审理；其次，法院也对于如何甄别这样的一种剔除行为提供了若干司法上的指导。

由此，目前美国司法实际出现了这样的一种情况，即最初，所有的未成年人犯罪，包括性犯罪，都是由未成年人法庭接手，而借由上面提到的甄别剔除模式，一部分未成年人转而交由普通司法体系处理，从而形成了未成年犯罪人由未成年人法庭以及普通法院共同处理的局面。美国大多数州对于未成年人法庭所管辖的年龄范围规定了上限以及下限。[3]下限从 6 岁到 12 岁不等，还有一些州并没有具体的年龄规定，而是要求未成年被告人具有能够承担刑事审判的足够的智力以及情感能力。而大多数州对于年龄的上限规定的大多数为 18 岁。

一般认为，未成年人法庭和普通法庭之间还是存在较为实质性的区别的，例如，一般未成年人法庭的审理是保密的，而普通法院的审理是公开的。[4]鉴于对于未成年人保护的考量，一般而言媒体对于此类案件的报告都会将未成年被告人的姓名和具体住址隐去，美国学者对此的解释是这样做可以避免未成年人在审理过程当中以及审理之后背负社会公众由于刑事审判对自己贴上的"污名化"标签。同时，未成年人法庭和普通法庭在具体量刑以及其所处理对象的具体服刑机构都有很明显的区别，这一点会在后面加以详述。

美国各司法区在其具体适用的甄别标准上区别很大，根据甄别适用主体和

〔1〕 See Eric K. Klein, "Dennis the Menace or Billy the Kid: An Analysis of the Role of Transfer to Criminal Court in Juvenile Justice", 35 *Am. Crim. L. Rev.* 371 (1998).

〔2〕 *Kent v. United States*, 383 U. S. 541 (1966), quoted from Kristin L. Caballero, "Blended Sentencing: A good idea for Juvenile sex offenders", 19 *St. John's J. L. Comm.* 379 (2005).

〔3〕 See Victor I. Vieth, "When the Child Abuser is a Child: Investigating, Prosecuting and Treating Juvenile Sex Offenders in the New Millennium", 25 *Hamline L. Rev.* 47 (2001).

〔4〕 See Danielle R. Oddo, "Note, Removing Confidentiality Protections and the 'Get Tough' Rhetoric: What Has Gone Wrong With the Juvenile Justice System?", 18 *B. C. Third World L. J.* 105 (1998).

适用标准，可以将其大体上分为如下几类[1]：①审理甄别模式；②立法甄别模式；③起诉甄别模式；④反向甄别模式等。而在这四种甄别模式当中，第一种，也就是审理甄别是最为常见的使用模式，在这种模式当中，法官根据相关的法规或者判例，享有较高程度的自由裁量权。

（二）处遇理念

和建构单独的未成年人法庭一样，一直以来美国司法理论都是推定在未成年人和成年人之间存在实质性区别。[2]而"二者是不同的"这样一种理念，作为根本性前提，决定了对于未成年犯罪人，包括性犯罪人的处遇需要区别于普通犯罪人。因为在其看来，未成年人因为心智尚未成熟，故尚未达到无药可救的地步，也就是说，还存在对其加以重塑和改造的可能。而在这个时候，社会作为承载"家长监护权"（Parens Patriae）的主体，需要对于从事了严重越轨行为的未成年人行使家长的权力和职责。[3]在这个意义上，对于未成年人加以重塑的理念要远远超越对其加以责罚和报复的考量。而这种重塑或者教化的理念肇始于20世纪初科学技术的飞速进步，并且也受到了当时人们一般认为的可以科学地对于人的行为加以研究和改变的理念。[4]

但是晚近，由于公众对于传统未成年人法庭工作的不满以及对于未成年人从事严重暴力犯罪的担心，越来越多的人开始对于教化的理念产生怀疑，转而倾向于应该对于未成年人同样采用报应的处遇理念。[5]而这种情况，到了20世纪60年代就变得愈加明显，由于需要处理的案件数量太多，而自身的经费又相对有限，导致未成年人法庭无法对于未成年犯罪进行个案处理，以及对其提供附后的教化措施，从而使其已经无法完成自己的设立初衷。应该承认，面对高涨的未成年人暴力犯罪率，以及未成年人实施暴力犯罪的残忍程度以及较高的再犯率，加之公众对于此类情况的关注和担心，对于未成年犯罪人处遇理念发生上述改变丝毫不难理解，从另一个方面，甚至可以说是实用主义理念下的必然结果。

而为了应对20世纪60年代中期之后美国出现的未成年人犯罪浪潮，立法机

---

〔1〕 See Eric J. Fritsch & Craig Hemmens, "An Assessment of Legislative Approaches to the Problems of Serious Juvenile Crime: A Case Study of Texas: 1973～1995", 23 *Am. Crim. L.* 563 (1996).

〔2〕 See Randi-Lynn Smallheer, "Sentence Blending and the Promise of Rehabilitation: Bringing the Juvenile Justice System Full Circle", 28 *Hofstra L. Rev.* 259 (1999).

〔3〕 See Barbara Margaret Farrell, "Pennsylvania's Treatment of Children Who Commit Murder: Criminal Punishment Has Not Replaced Parens Patriae", 98 *Dick. L. Rev.* 739 (1994).

〔4〕 See Julian W. Mack, "The Juvenile Court", 23 *Harv. L. Rev.* 104 (1909).

〔5〕 See Eric J. Fritsch & Craig Hemmens, "An Assessment of Legislative Approaches to the Problems of Serious Juvenile Crime: A Case Study of Texas: 1973～1995", 23 *Am. Crim. L.* 563 (1996).

构也制定了很多相应的惩罚措施来限制未成年人法庭法官的自由裁量权，并且对于刑罚的规定也开始趋重。具体而言，这种转变体现为如下几点：①降低了未成年人可以作为成年人加以起诉的年龄底限；②扩大了未成年人被加以刑事起诉的犯罪范围；③赋予检察官专属权来决定是否对于未成年性犯罪人加以甄别从而作为成年人加以处罚；④限制法官推翻检察官或者警方决定的自由裁量权。[1]

（三）处遇措施

根据佛罗里达州法，未成年人被加以处遇的时间不能长于从事了相同行为的成年人所需要承担的刑期。[2]而刑期上的差别也是未成年人处遇与普通罪犯刑罚的根本性区别之一，一般而言，未成年人所被判处的刑期不能超过未成年人法庭管辖权的适用范围，具体而言，因为未成年人法庭只能受理18岁以下或者21岁以下未成年人案件，故对于相关犯罪行为人的处罚也不能超过这样的一个时限。显而易见，相比之下未成年人可能接受的责罚从时间长度上要轻缓于普通的刑事被告。另外，出于对未成年人加以教化的考量，对于未成年犯罪人的刑期和其所从事的具体犯罪之间并不具备直接的比例关系，相反，大量适用的是和未成年人改造情况相关的不定期刑。从而凸显出其改造而非责罚的特质。而决定不定期刑的两个主要指标一个是之前我们提到的具体未成年人法庭的管辖范围，另外的一个就是未成年人的具体改造情况。[3]

另外，未成年人一般并不在普通的监狱，而是在类似于学校性质的矫治机构服刑。[4]和监狱相比，未成年人矫治机构相对较为安全，并且其主要目的并不是单纯的监禁，而是对未成年人加以改造和重塑。有研究表明，很多成年性犯罪人都是在其未成年的时候实施了第一次性犯罪行为，而性犯罪人也往往容易再犯，因此对其人格加以重塑对于实现刑罚目标以及防卫社会而言都是十分重要的。美国目前针对未成年性犯罪人的改造以及"治疗"大致可以分为通过服药以及手术等治疗方式，改变未成年人的生物学特征对其加以治疗和改变生物学模式；通过社会学习和认知，改变未成年人的情感特征，扭转其异常人格的心理学模式；以及通过强调训练未成年人的自控能力的强化模式等。另外，

---

[1] See Lisa McNaughton, "Celebrating 100 Years of Juvenile Court in Minnesota: Extending Roper's Reasoning to Minnesota's Juvenile Justice System", 32 *Wm. Mitchell L. Rev.* 1063 (2006).

[2] See Michael J. Dale, "Juvenile Law: 1998 Survey of Florida Law Fall", 24 *Nova L. Rev.* 179 (1999).

[3] See John B. Leete, "They Grow Up So Fast: When Juveniles Commit Adult Crimes: Treatment and Rehabilitation or Hard Time: Is the Focus of Juvenile Justice Changing", 29 *Akron L. Rev.* 491 (1996).

[4] See Barry C. Feld, "Juvenile and Criminal Justice Systems' Responses to Youth Violence", 24 *Crime & Just.* 189 (1998).

美国有些司法区还尝试适用所谓"社区处遇模式"（Model Community – Based Treatment Programs），即通过让未成年犯罪人重新融入社会的方式对其加以改造。[1]

第二节　美国死刑适用中被告人年龄因素的考量

如前所述，现行美国青少年司法制度的实际运行存在两种样态，部分罪行较轻，或者具有改造可能的未成年人被留置在矫治机构接受改造与教育，而大部分未成年犯罪人则被通过各种渠道移送到正常司法体系中加以审理。

一、未成年犯罪人向成人司法体系的移送途径[2]

美国目前存在三种将未成年人移送至成年人法庭的途径，分别是"司法移送"（Judicial Waiver），"法定移送"（Statutory Waiver）以及"检方移送"（Prosecutorial Waiver）。[3]司法移送是上述三种方式中最为常见的一种，主要由青少年法官根据其自由心证决定是否将未成年犯罪人移送给一般刑事司法体系加以审判。因为法官可以在听证过程中对于未成年个体特质进行具体评估，因此这种移送方式似乎也最契合青少年法庭的原旨。当然，对于法官的所谓自由裁量，成文法也多有限制，如美国联邦最高法院就曾在肯特案中明确列举了八个需要考量的因素。但司法移交方式也经常遭人诟病，因为这种方式几乎并不包括太多的客观认定标准，法官主观随意性很大，极容易导致司法擅断。所谓"法定移送"是指法律明文规定实施特定犯罪的未成年人不得进入青少年司法体系，而这些成文法往往会对于适用年龄的下限加以降低。从这个意义上，司法移送关注的是未成年犯罪行为人，而法定移送关注的是未成年犯罪本身。目前，美国绝大多数州已采取了不同形式的此类办法。当然，法定移交模式也面临强有力的批评意见，其中较为常见的指控强调法定移交虽然有法律规定，但一般都十分含混，无法有效地切割、甄别不同的未成年犯罪人。同时，这种一刀切的

---

〔1〕 See Sander N. Rothchild, "Note & Comment: Beyond Incarceration: Juvenile Sex Offender Treatment Programs Offer Youths a Second Chance", 4 *J. L. & POL'Y* 719 (1996).

〔2〕 See Amy M. Thorson, "From Parens Patriae to Crime Control: A Comparison of the History and Effectiveness of the juvenile Justice Systems in the United States and Canada", 16 *Ariz. J. Int'l & Comp. Law* 845 (1999).

〔3〕 我国有学者将这三类移送措施翻译为"裁定弃权（judicial waiver）、起诉弃权（prosecutorial direct file）和法定弃权（statutory waiver）。"参见姚建龙："美国少年司法严罚刑事政策的形成、实践与未来"，载《法律科学》2008 年第 3 期。

模式也无法对于未成年犯罪人进行个体考察。第三种方式是所谓的检方移送，这种方式虽然并不常见，但却契合目前美国青少年刑事政策转向惩戒理念的这一潮流。在适用这一模式的司法区，因为对于同一犯罪，青少年法庭与普通法庭具有共同的管辖权，而检方有权在二者中进行选择。[1]

某种意义上，未成年犯罪人的移送机制是作为整个美国青少年司法体制的"安全阀"存在的。通过移送，可以将无可救药的未成年犯罪人从青少年司法体系中剔除出去，从而避免给公众留下处置不力的印象。但这种简单的"丢包袱"，并不能从根本上解决问题，相反，却将事态复杂化，增加了对于青少年司法绩效进行客观评价与分析的难度。

二、移送未成年犯罪人的绩效评估与反思

在青少年司法系统与成人司法系统之间建立所谓的移送管道目的是在报应与预防这二种刑罚目的之间寻求平衡。

如果将"报应"与"预防"作为评价美国现行青少年司法制度，特别是移送制度的评价基准，那么，其至少在如下几个方面存在明显的不足之处：首先，移送后对于未成年人的惩罚力度不够。其次，移送后的未成年人再犯率出现反弹。很多学者进行的研究证明，被移送至成人司法体系处理的未成年犯罪人，即使被囚禁很长时间，仍然比没有移送的同类未成年罪犯具有更高的再犯可能。一项在佛罗里达州进行的研究也表明，那些被移交至成人司法系统的未成年犯罪人较之被青少年法庭处理过的同类青少年罪犯而言具有更高的再犯率。[2]再次，将未成年人投入监狱可能带来的犯罪学习等问题。美国的司法实践对于被成人司法机构审判有罪的未成年罪犯一般采取几种服刑措施，其中包括几乎不加区别的同等对待模式、逐级囚禁模式（即对于特定年龄阶段的未成年罪犯单独关押，直至其达到相关年龄要求才与成年罪犯合并监禁）以及根据年龄的不同分别关押等三种举措。无论采取何种模式，作为个体的未成年罪犯都肯定需要长期生活在监狱这个具有高度犯罪亚文化的封闭空间内，而其对于相关犯罪技能的习得几乎变得不可避免。最后，移送程序拖冗，效率很低。因为较之青少年司法的灵活性与非正式性，成人刑事审判存在严格的程序限制，因此被纳入成人司法模式的未成年被告往往需要面对较之留在青少年司法体系中的同类犯罪人更长的等待时间。有研究表明，一位实施了暴力犯罪的未成年被告的移

---

〔1〕 See John C. Lore III，"Pretrial Self – incrimination in Juvenile Court：Why a Comprehensive Pretrial Privilege is Needed to Protect Children and Enhance the Goal of Rehabilitation"，47 *U. Louisville L. Rev.* 439 (2009)

〔2〕 See Donna M. Bishop et al.，"The Transfer of Juveniles to Criminal Court：Does it Make a Difference?"，42 *Crime & Delinq.* 171(1996).

送过程平均耗时 246 天。[1]

正是因为存在如此多的弊端，因此很多学者主张，"证据显示急不可待地将未成年犯罪人移送给成人法庭审理既没有减少相关青少年犯罪，也没有能够提升社会安全水平。"[2]这一点也得到了司法者的认同。例如摩尔（Moore）法官曾指出，密歇根州批准将未成年被告移交给承认司法体系审批的做法存在根本性缺陷。[3]针对未成年犯罪人的移送实效问题，美国学界曾进行过大量实证研究，这些研究结果类似，都认为移送并没有因降低青少年再犯率而达成防卫社会的目标，相反，这样一种做法增加了青少年犯罪人的再犯可能。[4]即使对于持不同意见的学者，例如著名犯罪学家吉姆菱（Zimring）教授，也一直在追问这样一个非常尖锐的问题，即："为什么美国的立法者或者其他政治人物无视未成年人犯罪率显著下降的事实，仍然坚持针对未成年人适用严苛的刑事处罚？"（根据美国司法部的调查统计，1998 年美国青少年的犯罪率已经较之于 1994 年下降了大约 30%）。[5]

这样一种质疑显然十分切中要害。一个很自然的问题就是，既然将未成年犯罪人移送成人法庭审判的做法几乎彻底放弃了青少年司法制度建构的初衷，既然移送后也并未产生预期的阻遏犯罪的效果，为什么美国青少年司法实践仍然每年将大量的未成年犯罪人移送给成人司法系统，任由其在这部吱呀作响的刑罚机器中自生自灭？

对此，唯一一个说得通的解释只能是美国刑法学界与实务界已经对于包括青少年在内服刑人的改造丧失了信心，对于现行青少年司法处遇模式丧失了信心。而其唯一能做的，就是将更多的青少年罪犯纳入成人司法体系当中，这样做不仅可以为这些未成年人提供充分的程序性保障，更可以满足社会一般民众对于刑罚报应功能的预期与渴求，满足受害人家属的法情感，树立刑罚适用的正当性。

〔1〕 See Martin Forst et al. , "Youth in Prisons and Training Schools: Perceptions and Consequences of the Treatment – Custody Dichotomy", 40 *Juv. & Fam. Ct. J.* 1(1989).

〔2〕 Russell K. Van Vleet, "Will the Juvenile Court System Survive?: The Attack on Juvenile Justice", 564 *Annals* 203 (1999).

〔3〕 See Christine Chamberlin, "Not Kids Anymore: A Need for Punishment and Deterrence in the Juvenile Justice System", 42 *B. C. L. Rev* 391 (2001).

〔4〕 See Jeffrey Fagan, "Juvenile Crime and Criminal Justice: Resolving Border Disputes", 18 *The Future of Children* 81(2008).

〔5〕 See Franklin E. Zimring, *American Youth Violence*, Oxford University Press (1998), p. 179.

第三节 死刑语境中的"未成年人特殊论"

未成年与死刑的结合所形成的是一种几近怪诞的图景。一方面,死刑所代表的是文明社会对其成员最极端、最严苛的否定与剔除;另一方面,未成年却被一般认为心智尚未成熟,应受保护。恰恰是因为二者之间几乎绝然的对立,才催生了在美国未成年死刑是否合宪,是否应该继续保有、适用的问题。[1]

在美国历史上大约2万名已知的被执行死刑的被告当中,至少有365人在犯罪时不满18岁。1642年,北美殖民地第一次对于未成年罪犯执行死刑。从1976年美国恢复死刑算起,到2002年最后一次执行未成年人死刑,共针对未成年人执行死刑21次。[2]

2005年美国联邦最高法院在罗珀诉西门斯案(*Roper v. Simmons*)中规定对于犯罪时不满18岁的未成年人不得适用死刑[3],这个判决成为了美国青少年司法史上重要的里程碑之一。但这一判例的出现并非偶然,而是长期的司法演进与论争的结果。实际上在罗珀案之前,美国联邦最高法院就曾多次就宪法第八修正案是否禁止对于未成年适用死刑进行过讨论。[4]在这一时期,美国联邦最高法院的判决显然缺乏连续性。例如在1988年审结的汤普森诉俄克拉荷马州案(*Thompson v. Oklahoma*)中,美国联邦最高法院认为"所有未满15岁的犯罪行为人皆缺乏该当死刑的可责心态","目前一般认为未成年人较之于成年人在智识、责任感等方面皆有不足"[5]。但是一年之后,美国联邦最高法院在斯坦福德案中认定针对犯罪时年龄为16岁或者17岁的未成年适用死刑合宪。[6]更为重要的是,在本案当中,联邦最高法院明确规避了为死刑适用设定明确的最低年龄门槛这一敏感问题,而是讨巧地采取了个案分析的审查模式。

鉴于之前就此问题出现的含混与模糊,美国联邦最高法院最终在罗珀案中明确了自己的态度,不仅确定了未成年死刑的危险性,而且确定犯罪时不满18

---

[1] 如何界定"未成年人"、"青少年"等无疑十分关键,但由于对于这一问题的法理认定十分庞杂,本书只是在日常用语的层面对于这些术语加以适用。——笔者注

[2] See Edmund P. Power, "Too Young to Die: The Juvenile Death Penalty after Atkins v. Virginia", 15 *Cap. Def. J.* 93(2002).

[3] See *Roper v. Simmons*, 543 U. S. 551 (2005).

[4] See *Eddings v. Oklahoma*, 455 U. S. 104 (1982). 美国联邦最高法院认为,原审法院在量刑的时候没有考虑被告人未成年这一因素是不适当的,因此推翻了原判。

[5] *Thompson v. Oklahoma*, 487 U. S. 815 (1988).

[6] See *Stanford v. Kentucky*, 492 U. S. 361 (1989).

岁为死刑适用的最低年龄底限，从而在事实上推翻了之前其在斯坦福德案所采取的立场。从法理角度，罗珀案除却为死刑明确了最低适用年龄之外，还具有如下几个特点：

首先，在本案当中，美国联邦最高法院在界定未成年人在诸多方面表现出来的特殊性时大量引用了与之相关的自然科学以及社会科学研究成果。在此基础上，肯尼迪法官对于未成年人不得该当与成年人相同刑责这一问题的三点解释：其一，有充分的经验证明较之于成年人，未成年人在判断力与控制力等方面都有所欠缺，从而往往冲动行事，不计后果；其二，较之于成年人，未成年人更容易受到外界环境的不良影响；其三，较之于成年人，未成年人的人格处于过渡与成型阶段。[1] 从这三点理由出发，美国联邦最高法院认定未成年人具有相对较低的道德可责性，并且随着年龄的增长，具有很大的改过可能。[2]

其次，在本案当中，美国联邦最高法院在考察国内各司法区对未成年人死刑的适用情况之外，还试图通过考察国际相关司法实践，寻找相关的共识。美国联邦最高法院发现，国际法、国际专业团体、宗教团体与社会组织大多数都反对对于未成年人适用死刑。而在美国国内，在罗珀案审理之前，也只有 3 个州实际上对于未成年适用死刑。特别值得一提的是，即使在斯坦福德案允许对犯罪时 16 岁或者 17 岁的行为人适用死刑以后，美国也没有一个州通过立法降低死刑的最低适用年龄，相反，有 5 个州通过立法提高了未成年犯罪人适用死刑的年龄底限。[3]

最后，罗珀案事实上隐性地强调了"未成年人特殊论"对于死刑的高度依存。在很大程度上，虽然本案的判决建立在"未成年人特殊论"与"死刑特殊论"共同作用的基础上，但二者却不能完全等同。换句话说，"死刑特殊论"是可以除却"未成年人特殊论"而单独存在的，在死刑的语境当中，除了对于未成年该当死刑的思考之外，还存在诸如对于智力愚钝者、女性等其他相关要素的探讨。而相反，"未成年人特殊论"却远未达到"死刑特殊论"的通用地位，而其意义大体上被限定在死刑语境当中，除此之外其能在多大范围上被承认是一个仍存疑的问题。对此就有美国学者认为，"罗珀案的判决有误，但如果能将相关法理依据与分析限定在死刑语境之内，对其还可以姑且接受。"[4] 这就意

---

〔1〕 See *Roper v. Simmons*, 543 U. S. 551 (2005).

〔2〕 See Ellen Marrus & Irene Merker Rosenberg, "After Roper v. Simmons: Keeping Kids Out of Adult Criminal Court", 42 *San Diego L. Rev.* 1151 (2005).

〔3〕 See *Roper v. Simmons*, 543 U. S. 551 (2005).

〔4〕 David L. Hudson Jr., "Adult Time for Adult Crimes: Is life without parole unconstitutional for juveniles?", 95 *A. B. A. J.* 16 (2009).

味着"尽管从 19 世纪后期开始，美国司法实务界就认识到未成年犯罪人具有改造的可能性，并因此将其作有别于成年人的处遇"[1]，但只有在死刑的语境当中这样的一种区分才能最大范围地被彰显出来。联邦最高法院认为死刑是为社会上"罪不可赦"的犯罪人所保有的最后刑罚，但未成年人无论如何都无法被纳入此类，因为死刑的两大根据，即所谓的"报应"与"阻遏"[2]都无法通过将未成年犯罪人处死的方式来加以实现。

第四节　"未成年人特殊论"的司法拟制与证伪

如果说保护未成年人可以被视为建构美国青少年司法体系，并且不对其适用死刑的初衷，那么这一初衷的上位概念无疑应该就是"青少年不同于成年人"这一论断。毕竟，青少年司法制度背后的核心概念即是对于人，而非犯罪的关注。[3]如果集中关注于人，那么这就意味着需要强调对于特定青少年犯罪人个性的考察，而非普通刑罚惩戒措施那样类型化。

"未成年人特殊论"是一种司法拟制，更是一种至今仍然获得实践证明的司法拟制。美国联邦最高法院在约翰森诉德克萨斯州案（*Johnson v. Texas*）中曾指出，"常识以及科学都倾向于证明较之于成年人，青少年在整体成熟程度与责任感养成方面存在缺失。"[4]而这种司法拟制，也一度被认为是科学的。

的确，美国青少年司法制度与社会科学之间的关系十分密切，甚至可以被视为是最先融合科学与法律的司法实践之一。实证犯罪学派坚持认为儿童的智识有限，更缺乏对于刑事体系的了解。[5]

正是基于这样一种认知，最初设计独立青少年司法模式的改革派人士坚持的是一种机械的二元论。这种非此即彼的选择十分僵化。例如，在这些人看来，未成年人与成年人之间、意志自由论与意志决定论之间、刑罚与处遇之间、程

---

〔1〕　Brian R. Suffredini, "Note, Juvenile Gunslingers: A Place for Punitive Philosophy in Rehabilitative Juvenile Justice", 35 *B. C. L. Rev* 885 (1994).

〔2〕　See *Atkins v. Virginia*, 536 U. S. 304 (2002).

〔3〕　See Christine Chamberlin, "Not Kids Anymore: A Need For Punishment and Deterrence in the Juvenile Justice System", 42 *B. C. L. Rev.* 391 (2001).

〔4〕　See *Johnson v. Texas*, 509 U. S. 350, 367 (1993).

〔5〕　See Tamar R. Birckhead, "The Age of the Child: Interrogating Juveniles After Roper v. Simmons", 65 *Wash. & Lee L. Rev.* 385 (2008).

序的灵活性与非灵活性之间、司法擅断与法治之间根本无法兼容，必须加以取舍。[1]

但从某种意义来说，美国犯罪学界对于人类心智发育方面科学研究成果的痴迷几乎毫无限制。虽然不容否认的是一直以来医学界都在此方面持续努力，但目前的研究成果还无法为"人为什么犯罪"、"为什么某些人会犯罪"等关键问题提供确切答案。医学研究能够表明人类脑部发育，尤其是负责认识能力的部分在20岁前后仍在继续，[2]但这并不意味着可以用科学的方法证明人的认识能力可以在某一特定时间点上发育完成。有研究指出，儿童的认识能力，即通常意义上理解与决策的能力实际上与我们所说的成年人差别不大，换句话说，即使是儿童，也并不会认识不到自己所实施危害社会行为所可能导致的严重后果。[3]虽然可以简单地推定未成年人与成年人不同，某人或者成年，或者未成年，但这种简单的二元论并不能回答很多很现实的问题，诸如12岁的儿童与19岁的少年之间在认识能力方面是否存在巨大差别，以及同年龄阶段的未成年人之间是否在认识能力方面存在巨大差别。

随着时代与科学的进步，人们对于未成年人与成年人的认知也在发生改变，越来越多的人开始认识到人类发展的过程绝非简单的成年与未成年这两个阶段。相关医学研究结果证明，即使对于那些达到法定年龄，即大多数州所规定的18岁的青年来说，其心理与生理发展仍远未停止，而是一直处于持续完善的过程中。[4]而基于成年与未成年二元分野的青少年司法体系，无论将区分成年与未成年的标尺定在何处，都显得十分僵化，根本无法获得相应的科学支持，也根本无法应对极端复杂的犯罪情势。

青少年司法强调处遇，而成人刑事司法强调惩罚，处遇与惩罚之间的区别在于前者更多地强调决定论，即认为犯罪的产生并非个人主观意志选择的结果，而是由于其所处环境要素的作用导致。因此，对于缺乏自由选择能力的未成年人不能采取通常意义上具有污名化色彩的刑事处罚，即使对于很多未成年犯罪人来说需要在21岁之前限制人身自由，这种限制措施也往往被解释为不具有惩戒色彩，而仅仅属于执法措施。换句话说，处遇更强调个体的身心健康与发育

---

〔1〕　See Barry C. Feld, "Juvenile and Criminal Justice Systems' Responses to Youth Violence", 24 *Crime & Just.* 189 (1998).

〔2〕　See Mischief and Mayhem, "A Symposium on Legal Issues Affecting Youth in the Child Welfare and Juvenile Justice System", 14 *Cardozo J. L. & Gender* 609 (2008).

〔3〕　See Emily Buss, "Rethinking the Connection between Developmental Science and Juvenile Justice", 76 *U. Chi. L. Rev.* 493 (2009).

〔4〕　See Jay D. Aronson, "Neuroscience and Juvenile Justice", 42 *Akron L. Rev.* 917 (2009).

水平，以及未来可能的发展改造可能。与此相对，刑罚是由掌握威吓权力的国家出于报复或者阻遏目的，对于类型化的被告施加的一种足以让其不快的限制或者剥夺。刑罚权的发动需要推定行为人具有自由选择的能力，因此需要承担相应的后果。在这个意义上，处遇具有更多向前的考察向度，而刑罚则呈现出很强烈的向后看色彩。

无疑，这种将青少年司法与未成年人处遇捆绑对待的做法仍然是建立在"未成年人特殊论"的基础上，对于还属于死硬犯罪分子的青少年罪犯来说，其仍然存在可改造的空间。对于被判实施了"失范行为"的未成年人，将被有关当局留置在改造场所内进行改造，直至达到大多数司法区规定的 21 岁。[1]

强调处遇的做法其实和强调刑罚惩戒一样，都是一种二元论基础上的单一视角。这种非此即彼的逻辑存在一个无法克服的悖论，即如果承认对于未成年人只能适用处遇措施，而只能针对成年人适用惩戒措施，那么就是说只有未成年人是可以改造的，或者只有成年罪犯是该当刑罚惩戒的。

无论处遇，还是刑罚，其本身都无法同时满足纠结在一起、多元样态的社会需要、受害人需要以及被告本身的特殊需要。更为重要的是，因为强调针对未成年人处遇措施的非刑事性，因此无法对其适用宪法规定的相关程序性保障，而形式上的任意性又反过来削弱了美国青少年司法的公信力、公平性与公正性。20 世纪中后期美国联邦最高法院虽然曾对此问题做出过改革与弥补的努力，但至今美国青少年仍然无法享有接受陪审团审判的相关权利，这种不彻底的改革导致现行美国青少年司法制度显得不伦不类，也即是说，虽然具有非刑特征，却又受到刑法意义上的很多程序性保护。

综上，现行美国青少年司法制度的建构前提存在着大量可供商榷的空间，而在不同论点之间的摇摆不定直接导致了这一司法制度无论在体系建构，还是在运行实效上都无法令人满意。事实上，到了 20 世纪 90 年代，针对青少年司法，以"未成年人不同论"为核心前提而衍生出来的相关逻辑前设都已经受到挑战，甚至已被摒弃。从这个意义上来说，现行美国独立青少年司法制度已经丧失了逻辑意义上的正当性。

目前，美国社会包括官员、政客、媒体以及社会公众在内的大多数人都开始逐渐接受下列观点：[2]①没有证据证明对于未成年人的法律处遇有效；②实施严重犯罪的未成年人具有和成年犯罪人相同的可责性；③在成人法庭对于未

---

〔1〕 See Hon. Gordon A. Martin, Jr., "the Delinquent and the Juvenile Courts: Is There Still a Place for Rehabilitation?", 25 *Conn. L. Rev.* 57 (1992).

〔2〕 See Margo Schlanger, "Inmate Litigation", 116 *Harv. L. Rev.* 1555 (2003).

成年人进行起诉可以给这些人以教训，并且起到震慑作用，减少再犯率；④这一理念可以同样适用于男孩及女孩；⑤在政府负责的监管机构当中，未成年服刑人身安全可以得到保障；⑥对于大多数青少年罪犯而言，监禁都是适当的处遇方式；⑦种族歧视或者差别对待或许存在，但很难对此存在什么有效对策。

第五节　死刑的"替代刑"：针对未成年人是否适用终身监禁不得假释存在的论争

　　作为世界上极少数没有缔结《联合国儿童权利公约》的国家，美国的青少年司法规制与实践措施不仅具有多元化样态，同时还显现出苛重化特征。这一点在美国针对未成年犯罪设定的刑事罚则方面体现得尤为明显。虽然2005年美国联邦最高法院作出了对于犯罪时不满18岁的未成年罪犯适用死刑违宪的判例[1]，但却并未扭转美国青少年司法"重罚主义"倾向，各司法区开始对于未成年犯罪人大量适用诸如"终身监禁不得假释"（LWOP）等刑罚处遇措施。[2]对此，很多学者都预计美国青少年司法改革中下一具有指标性的事件将是对未成年犯罪人适用终身监禁不得假释合宪性的考辨，甚至有部分学者坚信联邦最高法院认定对于未成年罪犯适用终身监禁不得假释违反美国宪法将会是一种注定发生的连锁反应。[3]

　　这一预测似乎得到了应验。2010年5月18日，美国联邦最高法院在格莱汉姆诉佛罗里达州案（*Graham v. Florida*）中以5:4的表决结果，认定对于没有实施杀人犯罪的未成年人适用终身监禁不得假释违反宪法。肯尼迪法官作为多数派意见的代表，提出，"终身监禁不得假释将会使得未成年在牢笼之内穷其一生，无法回归社会，毫无任何希望可言。"[4]但情况远非人们所预期的那般乐观。一方面，美国联邦最高法院在格雷汉姆案中并未展现出彻底、全面废止针对未成年犯罪人适用终身监禁不得假释的明确态度，而是较为暧昧地将针对未成年犯罪人适用终身监禁不得假释的禁止范围限定在杀人罪这一狭小的范围内；

---

〔1〕　See Roper v. *Simmons*, 543 U. S. 551 (2005).

〔2〕　See Krista Gesaman, "18 And a Life To Go The U. S. is the only country that sentences juveniles to life in prison without parole. Will the Supreme Court declare it unconstitutional?", *Newsweek*, (Nov 4, 2009).

〔3〕　参见 David L. Hudson Jr., "Adult Time for Adult Crimes Is life without parole unconstitutional for juveniles?", 载 http://www. abajournal. com/magazine/article/adult_ time_ for_ adult_ crimes/，最后访问日期：2012年7月2日。

〔4〕　*Graham v. Florida*, 560 U. S. ＿ ＿ ＿ ＿ (2010).

另一方面，2010 年 5 月 17 日，美国联邦最高法院以"批准调取案卷令决定不当"为由，拒绝审理苏利文案。与格雷汉姆案类似，苏利文案所关注的是"判决一名实施暴力性侵害犯罪时年仅 13 岁的未成年人终身监禁不得假释是否违宪"[1]。本案的被告周·苏利文（Joe Sullivan）更是目前美国国内仅有的两名非因杀人犯罪而被判处终身监禁不得假释的未成年罪犯之一。[2]这种罕见的判决从某种程度上反映了这一问题的复杂性以及美国最高司法当局在面对是否全面禁止对于未成年犯罪行为人适用终身监禁不得假释这一问题时所持的游疑态度。

如果我们不窠臼于美国联邦最高法院 9 名法官之间著名的 5：4 博弈理论，如果我们不窠臼于格雷汉姆案与苏利文案在事实方面存在的细微差异，而单纯地判断美国针对未成年人适用终身监禁不得假释的合宪性，似乎绝大多数人都会支持废止此种司法实践。支撑此种态度的理由在于在否认未成年死刑适用合宪性的罗珀案中，美国联邦最高法院大法官肯尼迪再次重申了著名的"未成年特殊论"。他强调，"为人父母者皆知自己的未成年子女有异于成人。"[3]当然，这一论点绝非凭空而来，很多年之前美国联邦最高法院在强森诉德克萨斯州案中就曾指出，"常识以及科学都倾向于证明较之于成年人，未成年人在整体成熟程度与责任感养成方面存在缺失。"[4]从法理角度探究，美国联邦最高法院在罗珀案中的判决在很大程度上是"未成年特殊论"与作为刑法通识的"死刑特殊论"共同作用的结果。如果沿用这一逻辑，如果美国联邦最高法院真的审理苏利文案，那么本案的最终判决将从根本上取决于作为刑罚的"终身监禁不得假释"与"死刑"之间的类似程度。这是因为在死刑与终身监禁不得假释两种情境当中"未成年特殊论"都可适用，而"终身监禁不得假释"与"死刑"之间的类似程度将在很大程度上成为决定苏利文案判决结果的法理基础。

一、苏利文案（Sullivan）的法理分析

在罗珀案的分析当中必须强调的一点是虽然最高法院在本案中免于未成年被告人一死，却对其适用了终身监禁不得假释。[5]因此我们不禁要问：为什么在这一具体个案当中最终适用的是终身监禁不得假释，而不是死刑？逻辑十分简单，为什么在死刑语境当中我们需要考量未成年所呈现出来的种种特性，但

---

〔1〕　Petition of *Sullivan v. Florida*, p. 6.

〔2〕　Petition of *Sullivan v. Florida*, p. 6.

〔3〕　*Roper v. Simmons*, 543 U. S. 569 (2005)，维持了密苏里州最高法院对于被告西蒙斯不判处死刑而判处终身监禁不得假释的判决，并且明确认定对于犯罪时不满 18 岁的青少年适用死刑违宪。

〔4〕　*Johnson v. Texas*, 509 U. S. 350 (1993).

〔5〕　See Elizabeth Cepparulo, "Note, Roper v. Simmons: Unveiling Juvenile Purgatory: Is Life Really Better than Death?", 16 *Temp. Pol. & Civ. Rts. L. Rev.* 225 (2006).

在适用终身监禁不得假释的时候，这些所谓特性忽然仿佛蒸发、不见了？

显然，对此问题的解答需要明确一个重要前提，即终身监禁不得假释的法理地位，换句话说，终身监禁不得假释是否具有特殊性，是否具有与死刑可以等量齐观的特殊性。如果终身监禁不得假释和死刑一样特殊，那么联邦最高法院在罗珀案中的分析显然无法成立，毕竟一边承认二者的实质相同性，一边将终身监禁不得假释作为死刑的替代性显然不符合逻辑。但如果承认终身监禁不得假释不具有与死刑相同的特殊性，那么对于未成年人判处终身监禁不得假释是否因此合宪？

一个不容否认的事实是终身监禁不得假释大体上是在20世纪70年代作为废止死刑的替代刑出现的。[1]另外一个不容否认的事实是死刑的确十分特殊，而这也是美国联邦最高法院通过解读宪法第八修正案而排除的唯一刑罚类型。[2]由此所能得出的合理结论就只能是死刑是特殊的，也只有死刑是特殊的，这也是为什么美国联邦最高法院认定审查死刑合宪性时必须十分严格的原因。[3]

但在另一方面，很多人主张没有假释可能的终身监禁在实质意义上具有与死刑一样的终局性，将犯罪者关在监狱当中，不给其任何释放的机会显然只考量到了行为结果的严重性，而没有考量行为人的再犯可能或者可责性。[4]

无论如何，终身监禁不得假释是否具有特殊性，或者是否具有与死刑类似的特殊性是一个未有结论的命题。如果对此有所认同，那么是否可以合宪地将终身监禁不得假释适用于未成年人呢？从司法实践的角度来看，对于未成年人适用终身监禁不得假释并非常态。目前，全美只有大约109名犯罪人因为非杀人犯罪而被判处终身监禁不得假释，而其中也只有大约64人在犯罪时不满14岁。需要注意的是佛罗里达州、爱荷华州与路易斯安那州所判处的未成年终身监禁不得假释占所有此类罪犯的90%。[5]另外从法理角度来看，在美国联邦最高法院就未成年人的终身监禁不得假释发表意见之前，有些下级法院，如佛罗里达州上诉法院在泰特诉佛罗里达州案（*Tate v. State*）[6]中就否认对于犯罪时只

---

[1] See J. H. Wright, Jr, "Life Without Parole: An Alternative to Death or Not Much of a Life At All?", 43 *Vand. L. Rev.* 529 (1990).

[2] See *Harmelin v. Michigan*, 501 U. S. 957 (1991).

[3] See *Caldwell v. Mississippi*, 472 U. S. 320 (1985).

[4] See Barry C. Feld, "A Slower Form of Death: Implications of Roper v. Simmons for Juveniles Sentenced to Life without Parole", 22 *ND J. L. Ethics & Pub Pol' y* 9 (2008).

[5] 参见 Kristin Henning, "The Case Against Juvenile Life Without Parole: Good Policy and Good Law", Monday, October 26, 2009, 载 http://writ.news.findlaw.com/commentary/20091026_henning.html, 最后访问日期：2012年1月20日。

[6] See *Tate v. State*, 864 So. 2d. 44, 54 (Fla. 4th DCA 2003).

有 12 岁的罪犯适用终身监禁不得假释违宪。而北卡罗莱纳州最高法院在北卡罗莱纳州诉格林案（State v. Green）[1]中也维持了对于犯有一级性侵罪的 13 岁犯罪人终身监禁不得假释的判决。[2]

二、苏利文案对于未来美国未成年犯罪人适用终身监禁不得假释的可能影响

周·苏利文于 1989 年被捕，当时他年仅 13 岁。随后，他因犯性侵犯罪被起诉，法院判决罪名成立，判处其终身监禁不得假释。[3]如果跳脱具体个案的纠结，而从一个更为宏观的层面考察，在很大程度上格雷汉姆案实际所代表的是罗珀案后美国未成年刑事司法进程的另外一个重要方向标。格雷汉姆案判决之前，美国有大约 42 个州允许对于包括谋杀在内的诸多重罪适用终身监禁不得假释，而并不考虑犯罪行为人是未成年人或者成年人。[4]根据 2005 年的一项调查，全美有超过 2000 人因在 18 岁之前而实施的犯罪被判处终身监禁不得假释[5]，而其中大约 1/4 的未成年人所犯罪行为重罪谋杀。[6]

显而易见，只要苏利文案步罗珀案后尘，认定对于未成年人适用终身监禁不得假释违宪，后续的连锁反应将遂即发生，很多州将不得不修改甚至废止相关立法。但这种后果的副作用之一就是例如联邦主义与各州自主权、司法审查权与立法权之间的激烈碰撞与冲突。美国联邦最高法院已在索尔姆案中明确提倡法院应该尊重立法机构在认定犯罪与刑罚厘定方面的自主权。[7]面对如此复杂的冲突与矛盾，美国联邦最高法院应该何去何从？

单就法理分析而言，美国联邦最高法院在罗珀案中的相关分析适用的是两步走的检验方法。首先，探究是否存在反对特定刑罚的民意基础；其次，考察是否特定刑罚的适用严重背离了未成年特定可责性的该当范围。[8]而如果遵从

---

〔1〕 *State v. Green*, 502 S. E. 2d 819（N. C. 1998）.

〔2〕 See Paul G. Morrissey, "Do the Adult Crime, Do the Adult Time: Due Process and Cruel and Unusual Implications for a 13 - Year - Old Sex Offender Sentenced to Life Imprisonment in State v. Green", 44 *Vill. L. Rev.* 707（1999）.

〔3〕 See Petition of *Sullivan v. Florida*, p. 2.

〔4〕 参见 Eileen Poe - Yamagata & Michael A. Jones, "Nat'l Council on Crime & Delinquency, *And Justice for Some 5*（2007）", 载 http://www. buildingblocksforyouth. org/justiceforsome/jfs. pdf, 最后访问日期：2012 年 5 月 24 日。

〔5〕 See Adam Liptak, "Locked Away Forever After Crimes as Teenagers", *N. Y. Times*,（Oct. 3, 2005）, at A1.

〔6〕 See Brianne Ogilvie, "Is Life Unfair? What's Next for Juveniles After Roper v. Simmons", 60 *Baylor L. Rev.* 293（2008）.

〔7〕 See *Solem v. Helm*, 463 U. S. 277（1983）.

〔8〕 See *Roper v. Simmons*, 543 U. S. 551（2005）.

这一测试标准，那么苏利文案的处理结果也将取决于对于下列两个问题的回答为何：

首先，针对未成年适用终身监禁不得假释的反对是否存在广泛的民意基础。

沿用罗珀案的分析范式，民意基础可以从国内与国际两个层面加以验证。从国内层面而言，目前美国至少有 2225 名未成年人被判处终身监禁不得假释。[1]在 26 个州，如果行为人所犯罪行为一级谋杀的话，那么无论犯罪时行为人的年龄多大，都将自动被判处死刑。[2]但是苏利文辩称目前美国国内的司法实践证明并不存在对于未成年适用终身监禁不得假释的民意基础。不过如果窠臼于单纯数量的对比，显然无法得出一个压倒性的结论。事实上最佳厘定司法民意的途径应该考察立法机构的立法原意，[3]在某种程度上，明确的立法意图才是民意的最佳表征。例如，美国联邦最高法院在汤普森案对于死刑存废的民意基础就是通过评估立法目的完成的。[4]但需要承认的是，与针对未成年死刑的广泛民意反对相比，对于未成年的终身监禁不得假释的民意基础显然来得更为模糊，对此，甚至连美国联邦最高法院都在肯尼迪案[5]中明确承认对于未成年死刑的民意抵制并不当然地代表对于未成年适用终身监禁不得假释也具有类似的民意基础。

而从国际层面来看，大赦国际以及人权观察等国际组织坚持认为，"国际人权法基本上反对对于犯罪时不满 18 岁的犯罪行为人适用终身监禁不得假释。"[6]虽然如前所述，罗珀案的判决过程的确考察了国际法对于未成年死刑的态度，但整体上这样一种做法并非美国联邦最高法院案件审理的主流模式。在很多判例当中，美国联邦最高法院都似乎坚持国内法优先的理念，并以此为根据排除外来的实践或者规范。另外，美国往往并非相关国际条约的缔约国，而这也造成了国际法在美国适用的根本瓶颈。[7]但无论如何，美国目前对于未成年所适

---

〔1〕　参见 Human Rights Watch，"United States：Thousands of Children Sentenced to Life Without Parole"，载 http：//hrw. org/english/docs/2005/10/12/usdom11835. htm，最后访问日期：2012 年 2 月 23 日。

〔2〕　参见 Lisa Bloom，"Life，Without Possibility，CourtTV. com（Oct. 25，2005）"，载 http：//court-tv. com/people/bloom_ blog/102505_ juveniles _ ctv. html，最后访问日期：2012 年 4 月 12 日。

〔3〕　See *Atkins v. Virginia*，536 U. S. 304（2002）.

〔4〕　See *Thompson v. Oklahoma*，487 U. S. 815（1998）.

〔5〕　See *Kennedy v. Louisiana*，128 S. Ct. 2641（2008）.

〔6〕　Amnesty Int'l & Human Rights Watch，"The Rest of Their Lives：Life without Parole for Child Offenders in the United States"，载 http：//hrw. org/reports/2005/us1005/TheRestofTheirLives. pdf，最后访问日期：2012 年 2 月 23 日。

〔7〕　See Curtis A. Bradley，"The Juvenile Death Penalty and International Law"，52 *Duke L. J.* 485（2002）.

用的终身监禁不得假释都在形式上违反了国际习惯法的一般规定。[1]

其次，对于未成年适用终身监禁不得假释是否严重背离一般所认为的未成年的较低可责性。

在索尔姆案中，美国联邦最高法院认定对于轻微侵财犯罪的累犯适用终身监禁不得假释违反了美国宪法。最高法院在本案的分析过程中着重关注了如下三种要素：①犯罪的严重程度与刑罚的严苛程度；②同一司法区对于其他罪犯的刑罚适用；③在其他司法区对于同类犯罪的刑罚适用。[2]并且后来在哈姆林诉密歇根州案（*Harmelin v. Michigan*）中，肯尼迪大法官也附议提出，"宪法第八修正案的比例分析同样应该适用于非死刑案件。"[3]但也有学者认为罪刑相适应原则不应被滥用，而宪法第八修正案并不要求犯罪与刑罚之间的严格对应。相反，宪法第八修正案仅仅禁止罪刑之间"严重"的比例失衡。这主要是因为立法机构在刑罚规制方面具有先验的主导权，而法院仅仅应在十分有限的权限范围内对于立法机构的立法加以审查。

第六节　小　结

基于上述分析，目前美国针对未成年适用终身监禁不得假释是否严重违背了罪刑相适应原则？换句话说，将未成年囚禁在监狱中一辈子是否违反宪法？罗珀案强调"作为未成年的犯罪行为人从总体上在可责性上低于一般的成年犯罪人"。[4]因为在死刑语境中的"未成年特殊论"实质上与终身监禁不得假释语境中的"未成年特殊论"并无不同，更进一步，如果终身监禁不得假释可以实质等同于死刑的话，那么针对未成年的终身监禁不得假释当然可以顺理废止。

但终身监禁不得假释能否等同于死刑实在存疑。尽管苏利文在庭审中一再强调"终身监禁不得假释，和死刑一样，在实质上有别于其他刑罚"。[5]而在本案中如果将终身监禁不得假释适用于一名年仅 13 岁的未成年人的话，实际上是剥夺了他的人生希望，因为无论其在狱中如何努力改造自己都无济于事。

因为可以确定的是终身监禁不得假释无法百分比地与死刑等同，故二者之

---

〔1〕　See Vincent G. Levy, "Enforcing International Norms in the United States After Roper v. Simmons: The Case of Juvenile Offenders Sentenced to Life Without Parole", 45 *Colum. J. Transnat' l L.* 262 (2007).

〔2〕　See *Solem v. Helms*, 463 U. S. 277 (1983).

〔3〕　*Harmelin v. Michigan*, 501 U. S. at 994.

〔4〕　*Roper v. Simmons*, 543 U. S. 551 (2005).

〔5〕　*Hampton v. Commonwealth*, 666 S. W. 2d 737 (Ky. 1984).

间的重合程度就成为认定对于未成年人适用终身监禁不得假释是否严重未必罪刑适应原则的实质所在。尽管美国司法实践中针对死刑与非死刑的罪刑分析理论有所差别，未成年因为自身心智的特殊性而该当某种程度的减免却是一个不争的事实。[1]

但这里的问题在于，这样的工作应由法官来做，还是应由立法机构来做？

---

[1] See Barry C. Feld，"A Slower Form of Death: Implications of Roper v. Simmons for Juveniles Sentenced to Life without Parole"，22 *ND J. L. Ethics & Pub Pol'y* 9（2008）.

第九章

变量之五：精神耗弱与美国死刑

第一节 美国刑事审判中的精神状况鉴定标准：以"南顿规则"为例[1]

根据美国刑法理论，行为人神智清楚是其具有犯意的应有含义。换句话说，如果被告神智不清，那么犯罪定义当中所要求的犯意就不能存在。因此，十分明显，所谓"精神耗弱"（Insanity）[2]所表征的是先于犯意或者刑事责任等法律认定存在的事实认定。针对这种事实判断，刑法学本身并没有可独立适用的认定标准，相反，传统的常识和经验却被借用过来，在法律规则当中大量出现。因此，姑且可以这样认为，美国刑法当中并不包括描述或者判断此类丧失理智行为人的法律理念，相关的法律判断标准所指的是特定的事实情况，而这些情况的法律含义往往是通过不同的经验知识来加以认知的。[3]而从目前美国刑事审判的实践来看，"南顿规则"（M'Naghten）正是非常具有代表性，且适用最为普遍的一种事实判断规则。

一、"南顿"规则在美国刑法中的历史沿革

可以肯定的是，"南顿"规则绝对不是普通法历史当中第一个关于"精神耗

---

〔1〕 本部分亦可参见李立丰："简论美国刑法理论中的'南顿'（M'Naghten）规则"，载《刑法论丛》2007 年第 2 期。

〔2〕 对于"精神耗弱"一词，乃是笔者所拟制的一种译法，这样选择的初衷之一即在于"精神病"或者"精神失常"等用语皆带有强烈的病理学色彩，而其与刑法学中所谓缺乏认识或者意志能力的免责情况之间并不具备全然的对应关系，为了避免混淆，更为了突出这一概念的刑法学色彩，故研拟使用"精神耗弱"这种表述，或许未尽妥当，但姑且算做一种刑法专业翻译的尝试性努力。——笔者注

〔3〕 See Jerome Hall, *General Principles of Criminal Law*, Indianapolis: Bobbs-Merrill (1947), p. 158.

弱者"刑事责任的判断标准。"和其他理论一样，'南顿'规则也不是一蹴而就的。从很大程度上而言，其仅仅是历史上类似规则的归纳总结或者较为系统的说明而已。'南顿'规则是国王诉阿诺德案、佛里尔案及贝灵汉姆案等判例的综合。"[1]还有的学者认为，"后来被称之为'南顿'规则的精神耗弱检验方式可最早追溯到1582年，林肯律师学院（Lincolns' Inn）[2]的威廉·兰帕德（William Lambard）宣称，如果是天生的精神耗弱之徒在其癫狂之际，抑或根本不可能明辨是非的顽童，所实施的危害他人生命的行为不可被认为是犯罪行为，因为毕竟不能说其具有意志和理解能力。由此产生了'兽性测试'（Wild Beast Test），用以开释那些被认为丧失理智的人的刑事责任。"[3]

更有学者将其总结为，"19世纪中叶之前，精神耗弱抗辩的发展亦步亦趋于之前流行的科学以及公众对于精神疾病、责任以及可责性的论说。在'南顿'案之前，实质性精神耗弱抗辩的发展经历了如下三个阶段：即'善恶辨别测试'（Good and Evil Test），'兽性测试'[4]以及'是非辨别测试'（Right and Wrong Test）。每种测试所都反应了某种文化或者社会'神话'，某种压制了理智和智慧的迷信邪说，抑或盗用科学名义来强行推销的某种行为准则。上述观点反映了公众对于一种'不全则无'（All－or－Nothing）式的精神耗弱辨别方式的渴望。"[5]而"19世纪后期，即爱达荷一世统治时期，精神耗弱开始成为一种独立的刑事抗辩事由。"[6]

不难看出，作为一种实用性的检验标准，"南顿"规则的产生绝对不是偶然，而是某种社会文化背景和价值传统互相作用的产物，是一种在既有认识轨道上的不断前行。有点学者甚至认为"正如对前'南顿'规则时期的评论进行研究所显示的那样，'南顿'案本身并没有产生以其命名的判断规则。相反，其只

---

〔1〕 Jerome Hall, *General Principles of Criminal Law*, Indianapolis：Bobbs－Merrill（1947），p. 479.

〔2〕 "内殿、中殿、林肯和格雷是英国古代的四大律师学院，均为自愿成立、没有法人资格的自愿性组织。"——笔者注

〔3〕 D. Michael Bitz and Seipp Jean Bitz, "Incompetence in the Brain Injured Individual", 12 *Thomas Law Review* 211（1999）.

〔4〕 "布莱克顿（Bracton）于13世纪首创这个概念。其基本理念即为如果行为人缺乏辨别和推理能力，不知所为的话，那么其与动物的差别其实不大"。See Jerome Hall, *General Principles of Criminal Law*, IndianaPolis：Bobbs－Merrill（1947），*p.* 494.

〔5〕 Michael L. Perlin, "Unpacking the Myths：The Symbolism Mythology of Insanity Defense Jurisprudence", 40 *Case Western Reserve Law Review* 634（1990）.

〔6〕 Andrew M. Levine, "Denying the Settled Insanity Defense：Another Necessary Step in Dealing with Drug and Alcohol Abuse", 78 *Boston University Law Review* 80（1998）.

不过是固定了先前就已存在的若干规则而已。"[1]

无论何种观点，都不能否认判断标准（规则）和与其并生的社会主流观点和流行学说之间的互动关系。"作为精神耗弱抗辩原则出现的'南顿'公式是建构在 1843 年前后的医学知识基础之上的。"[2] 而据有关学者考证，在'南顿'规则出现之前，"骨相学（Phrenology）和偏执症（Monomania）的研究得到了发展，并且对善恶测试产生了很深的影响。"[3] 换句话说，"如果不能理解内在引领立法和司法对精神耗弱抗辩发展的社会和文化态度的话，就根本不可能理解精神耗弱抗辩的话语权。同样，不理解引领经验和行为假说的社会和文化假说的话，也就无法理解这种现象。"[4]

具体到美国而言，"美国属于普通法系国家，行事司法权的司法机构仅指法院，检察权属于行政权，附属在司法部这样一个政府部门。美国的法院有两套系统，即联邦法院系统和州法院系统。他们分别适用各自的宪法和法律，管辖不同的案件。"[5]

根植于如此复杂的司法背景之中，面临伴随工业革命而飞速发展的现代科技和医学知识，特别是急遽冲突变化着的社会文化和价值观，很自然地能够认为"南顿"规则会像其前出现过的几种判断标准一样，在变化了的社会现实和文化、法律作用之下渐渐褪色，而仅仅作为某一历史片段而存在。但事实恰恰相反，"南顿"规则不仅没有在百年之后退出历史舞台，反而仍然作为一种基本判断标准而被广泛承认，并随着时代的进步而不断发展完善。

"截至 1979 年，美国所有的 50 个州以及联邦政府都已承认精神耗弱抗辩。然而，在 1979～1983 年这一段时间内，爱达荷州、蒙大拿州和犹他州立法机构制定了成文法将精神病学证据限制于反驳起诉指控中的犯意，从而很大程度上使精神耗弱丧失了正面证据的职能。因此，截至目前，其余的 47 个州，联邦政府，英国以及模范刑法典都仍在考虑刑事责任的时候承认某些形式的精神耗弱抗辩，爱达荷等 3 个州仅仅允许运用精神耗弱证据来反驳犯意。美国司法系统现在在判断合法的精神耗弱时采用五种不同的标准：①'南顿'规则；②'不可

---

[1] Benjamin B. Sendor, "Crime as Communication: An Interpretive Theory of the Insanity Defense and the Mental Elements of Crime", 74 *Georgetown Law Journal* 1382 (1986).

[2] C R Williams, "Criminal Law: Development and Change in Insanity and Related Defenses", 24 *Melbourne University Law Review* 735 (2000).

[3] D. Michael Bitz and Seipp Jean Bitz, "Incompetence in the Brain Injured Individual", 12 *Thomas Law Review* 211 (1999).

[4] "The Borderline Which Separated You from Me: The Insanity Defense, the Authoritarian Spirit, the Fear of Faking, and the Culture of Punishment", 82 *Iowa Law Review* 1401 (1997).

[5] 郭建安："论美国的司法体制"，载《中国司法》2004 年 01 期。

抗拒冲动'（Irresistible impulse）规则；③'杜尔汉姆'（Durham）规则；④模范刑法典定义和⑤联邦成文法规则。"[1]

虽然看起来纷繁复杂，但实际上其他几种判断标准都在很大程度上都和"南顿"规则有关。或者可以说是建立在其基础之上的。

正如有点学者所言，"自其伊始，'南顿'规则就被普遍接受，同时，也被激烈反对着。"[2]"其对错型刑事责任测验模式倍受批评。很多学者和司法实务部门都认这种测试过分注意被告人的认知能力，而不考虑其行为特征及其他精神特质"[3]，具体而言，"'南顿'规则遭诟病的一个原因就是其关注认知或者说理性理解而忽视了控制要素。例如，如果行为人认识到了其行为的谬误性，但无法控制，但根据本原则，其不能被认为是精神耗弱。"[4]

尽管如此，大多数司法实务仍然在评价被告基于精神耗弱进行抗辩的有效性时沿用"南顿"规则，并不断对其进行着改良。"有些法域将'不可抗拒冲动'测试增添到'南顿'规则中来，在'不可抗拒冲动'测试中，被告即使已经意识到了其行为性质的谬误性，但由于其精神状态导致其丧失了控制从事某项犯罪冲动的能力，也可以免于刑事责任。"[5]"阿拉巴马州是屈指可数的几个对'南顿'规则加以修正的州，在帕森诉阿拉巴马州案中，法庭提出了'不可抗拒冲动'规则用以修正其所认为的'南顿'规则过于狭窄的弊端。"[6]

对精神耗弱抗辩的判断标准还有其他一些具有较强相对独立性的尝试，"1954～1972年，哥伦比亚特区联邦上诉法院采用了拜哲伦（Bazelon）法官在杜尔汉姆诉美利坚合众国案中所创规则，即行为人的非法行为如果是精神疾病或者精神缺陷所导致的话，其将被免于刑事责任。'杜尔汉姆'测试没有得到广

---

〔1〕 Andrew M. Levine， "Denying the Settled Insanity Defense：Another Necessary Step in Dealing with Drug and Alcohol Abuse"，78 *Boston University Law Review* 80（1998）.

〔2〕 Laura Reider， "Toward a New Test for the Insanity Defense：Incorporating the Discoveries of Neuroscience into Moral and Legal Theories"，46 *UCLA Law Review* 154（1998）.

〔3〕 Willie. Dudley， "The Insanity Defense：Developing Proper Standards for Use of Expert Testimony"，26 *Howard Law Journal* 1291（1983）.

〔4〕 Megan C，Hogan， "Neonaticide and the Misuse of the Insanity Defense"，6 *William and Mary Journal of Women and the Law* 270（1999）.

〔5〕 Kevin Thompson， "Criminal Appellate Procedure – Insanity Defense – The Proper Standard of Appellate Review When Reviewing a Jury Decision on Sanity"，70 *Tennes see Law Review* 1218（2003）.

〔6〕 Jessie Manchester， "Beyond Accommodation：Reconstructing The Insanity Defense to Providian Adequate Remedy for Postpartum Psychotic Women"，93 *Journal of Criminal Law & Criminology* 732（2003）.

泛适用。"〔1〕事实上只有"新罕布什维尔州采用此标准"〔2〕。

和这种适用范围较窄，但独立性较强的做法不同，另外一种也被广泛适用的判断标准是"模范刑法典规则"。其前身是美国法学会（ALI）于 1955 年提出的一个替代方案，即 ALI 标准，随后其被模范刑法典所采纳。〔3〕

最后必须要提及的是南顿案发生 100 多年之后，对于试图刺杀里根总统的约翰·辛克利（John Hinckley）的审判。此次审判显示了公众，政界以及学界对于精神耗弱相关争论的态度已经有了些许变化。辛克利被无罪开释的消息一经公布就引起了轩然大波。报纸和电视媒体对于此项判决及其依据的法律都大加口诛笔伐。稍后进行的民调显示接近九成的民众支持废除以精神耗弱为由抗辩刑事责任。很多政要，包括总检察官史密斯（Smith）和里根总统都发表声明谴责陪审团的意见以及精神耗弱抗辩本身。尽管国会对此并没有正式反应，但其司法委员会的一个下属委员会仍将陪审团成员当中的 5 人传来进行听证，用以澄清其如此判断的背景原因。迫于公众压力，很多人提出立法建议要求对精神耗弱为由的刑事抗辩进行修正或干脆加以废止。3 个州对其加以废止，也有几个州相应地做了若干修正。司法部组建了个工作小组来游说对此种抗辩进行根本性修改。而里根政府则坚称应对此加以取消。辛克利案之后两年，国会通过了《精神耗弱抗辩法修正案（1984）》（Insanity Defense Reform Act of 1984：IDRA），该法限制了此种抗辩在联邦管辖案件当中的应用范围，并重新建构了"南顿"规则。〔4〕"1984 年修正案在以下四个方面对'南顿'规则进行了修改：①被告须以一定数量的清楚无误且有说服力的证据来承担举证责任；②其第一次提出了一种类似于'南顿'规则严格解释版本的实质性检验方法，由此放弃了先前在联邦巡回法庭所普遍适用的 ALI——模范刑法典检验标准；③对于其他不能接受庭审的精神病人强制医疗以及取消强制措施的程序进行了严格规定；④严格限制了精神耗弱案件当中专家证人证言的适用范围。"〔5〕

〔1〕 Anne S. Smanuel, "Guilty But Mentally Ill Verdicts and the Death Penalty：An Eighth Amendment A-nalysis", 68 *North Carolina Law Review* 46 (1989).

〔2〕 Andrew M. Levine, "Denying the Settled Insanity Defense：Another Necessary Step In Dealing With Drug and Alcohol Abuse", 78 *Boston University Law Review* 81 (1998).

〔3〕 Kelly A. Herten, "Downward Departure under the Federal Sentencing Guidelines：Lack of Self – Control as Grounds for Departure after United States v. McBroom", 102 *Dickinson Law Review* 654 (1998).

〔4〕 Ira Mickenberg, "A Pleasant Surprise：The Guilty But Mentality Ill Verdict Has Both Succeeded In Its Own Right And Successfully Preserved The Traditional Role of The Insanity Defense", 55 *University of Cincinnati Law Review* 946 (1987).

〔5〕 Michael L. Perlin, "Unpacking the Myths：The Symbolism Mythology of Insanity Defense Jurispru-dence", 40 *Case Western Reserve Law Review* 640 (1990).

尽管当今美国社会，包括各级法院在内，对于精神耗弱抗辩微辞颇多，如"第97届国会正在考虑的几项议案反应的各种不同措施（取消精神耗弱抗辩；犯意限制解释；判处有罪但同时承认其精神耗弱以将其作为精神耗弱抗辩的一种补充；以判处有罪但同时精神耗弱来作为精神耗弱抗辩的替代；修改精神耗弱抗辩的罪责标准；举证责任转移以及修改审前程序等）"。[1]但现实情况是几乎所有的存废之争和修改意见都是围绕"南顿"规则展开的。那么，如此关键的一个规则究竟规定了些什么？为什么会对其有如此多的支持者和反对者？是什么原因能够使其在历史的发展过程中保持其重要地位并不断得到完善发展？

二、解读美国刑法中的"南顿"规则

1843年，英国根据精神病人南顿（M'Naghten）刺杀首相秘书的案例，制定了著名的南顿条例。[2]"丹尼尔·南顿，一位妄想受害症患者，企图刺杀英国首相罗伯特·皮尔（Robert Peel）爵士。尽管首相本人幸免于难，但被南顿误认为首相的首相秘书爱达荷·多蒙德（Edward Drummond）却遭其杀害。对于南顿的审判被看做具有里程碑意义，事实上在本案当中被告第一次被允许大量采用从心理学这一崭新领域当中援引的科学证据来进行无罪抗辩。"[3]

"在审判当中，辩方向陪审团大量援引作为精神病学先锋和颅相学之类伪科学批判者的伊萨克·雷（Isaac Ray）爵士的有关论说。其理论成功说服法庭接受这样一种观点，即如果没有此种精神疾患，行为人完全可以明辨是非，但影响了被告人性格中某一部分的精神耗弱却足以压制其他健康的人性特征。主审法官认为此种学说非常有力，由此授意陪审团以此为由开脱了南顿的刑事责任。"[4]具体而言，"本案中，法官引导陪审团接受这样一个意见，如果行为人能够辨别其所实施行为的对错与否，则其应当承担刑事责任。"[5]

判决一出，舆论哗然。毕竟南顿是在光天化日并有一名警察在场的情况下射杀多蒙德的。虽然"此案审判的最初目的似乎是试图在南顿的精神耗弱与枪击案之间建立某种联系。但这一切并没有到此结束，由于女王不满审判的结果，

---

〔1〕 Peter Arenella, "Reflections on Current Proposals to Abolish or Reform the Insanity Defense", 8 *American Journal of Law & Medicine* 273 (1982).

〔2〕 罗小年："认定犯罪动机在司法精神医学鉴定中的作用"，载《临床精神医学杂志》2002年第6期。

〔3〕 Ira Mickenberg, "A Pleasant Surprise: The Guilty But Mentality Ill Verdict Has Both Succeeded In Its Own Right And Successfully Preserved The Traditional Role of The Insanity Defense", 55 *University of Cincinnati Law Review* 943 (1987).

〔4〕 同上。

〔5〕 Megan C. Hogan, "Neonaticide And The Misuse of The Insanity Defense", 6 *William and Mary Journal of Women and the Law* 270 (1999).

英国普通法院的 15 名法官就将某些传统观点和做法加以发展使之成为刑事抗辩中精神耗弱的判断标准。此项原则规定了成功的精神耗弱抗辩所必需的 3 条标准：①行为人行为时必须丧失理智；②此种丧失必须由精神疾病引发；③基于理智的丧失，被告不知其在实施何种行为，或者虽然知道其实施的行为，但不知行为的性质是错误的"〔1〕。

下面这段话就是"案件中最为重要，也最为后人经常引用的部分：'如欲以精神耗弱为基础建构抗辩理由的话，就必须清楚无误地证明在行为当时，被告方正因为精神疾病而丧失理智，从而不能了解其行为的本质（Nature and Quality）；或者即使其有上述了解，仍不知所实施的行为是错的（Wrong）'"〔2〕。

以上介绍了"南顿"案件的基本史实，以及对于该案判决中包含基本语义的初步解读。那么，究竟什么又是所谓精神耗弱抗辩呢？

在回答这个问题之前，笔者认为有必要对与此紧密相关的美国刑法中犯罪成立问题加以介绍，一般认为，"美国司法领域都是通过特定要素来定义犯罪的。基本上这些要素包括自愿行为，危害结果，因果关系，行为人行为时主观心理状态及其他成文法或普通法所需要的情节要素。所有州及联邦法院都认为只有在被告人具备了构成要件的该当性之后才可以进一步讨论其刑事责任问题。并且宪法规定在定罪之前所有要素都要被排除合理怀疑。"〔3〕具体而言，Actus reus〔4〕是犯罪定义中明确的客观行为，Mens rea〔5〕是犯罪的主观状态。有些犯罪需要情节（Circumstances）〔6〕的出现来进一步廓清范围。〔7〕

围绕犯罪成立和精神耗弱抗辩之间的关系，总结起来在美国刑法理论界主要有如下四种观点：

第一，并列式。认为精神耗弱抗辩是在行为人充足该当某一犯罪包括犯意

---

〔1〕 Lowell Nygaard, "On Responsibility: Or, The Insanity of Mental Defense And Punishment", 41 *Villanova Law Review* 964（1996）.

〔2〕 Jerome Hall, "General Principles of Criminal Law", *Indianapolis: Bobbs - Merrill*（1947）, p. 479.

〔3〕 Ira Mickenberg, "A Pleasant Surprise: The Guilty But Mentality Ill Verdict Has Both Succeeded In Its Own Right And Successfully Preserved The Traditional Role of The Insanity Defense", 55 *University of Cincinnati Law Review* 951（1987）.

〔4〕 "不当行为，如果与犯意并存的话将会导致行为人的刑事责任"，参见 H. Campbell Black, *Black's Law Dictionary*（5th Edition）, West Publishing Co（1979）, p. 34.

〔5〕 "可指犯罪意图，犯罪目的，犯罪认识或犯罪意愿等"，H. Campbell Black, *Black's Law Dictionary*（5th Edition）, West Publishing Co（1979）, p. 889.

〔6〕 "附属事实、事件或者条件"，参见 H. Campbell, *Black's Law Dictionary*（5th Edition）, West Publishing Co（1979）, p. 220. 大体可以翻译为"情节"。——笔者注

〔7〕 See Lynnette S. Cobun, "The Insanity Defense: Effects of Abolition Unsupported by a Moral Consensus", 9 *American Journal of Law & Medicine* 474（1984）.

在内所有构成要件的基础上，从社会后果、刑罚必要性等方面考虑，对以构成犯罪的行为人不予责罚。这种观点与大陆刑法递进式的犯罪构成理论中犯罪构成要素该当性与有责性的规定较为类似。

如有学者认为，"首先，抗辩是建立在犯罪构成要素该当的前提之上的，也就是说如果构成要素缺失，那么被告并不构成犯罪，更无从谈及所谓的抗辩问题。其次，抗辩的成立并不能等同于社会对该行为的认同。相反，社会政策认为此特定情况下，被告不被判有罪完全是因为其行为达不到由刑事判决来体现的某种道德责难。换句话说，在某些情有可原的情况下，这些人可以被免除刑事责任。"[1]

依此种观点，"精神耗弱抗辩是一种正面抗辩，也就是说即使行为人充足具备了犯罪所有条件，仍然可以被无罪开释。尽管有些司法体系要求检方举证，但大多数情况下由被告提起此项抗辩，并因此承担举证责任，否则，其将被认为是正常人。"[2]

第二，契合式。认为精神耗弱抗辩主要针对的是犯罪构成要素中的犯意部分。即认为承认行为人实施行为时处于精神耗弱状态下，就不能在同时承认犯意的存在。最终，由于犯罪构成要件的不齐备，导致犯罪不成立。

例如有的学者认为，"基本上，由于美国刑法要求犯罪必须具备犯意，而这种要求的结果之一就是'如果行为人属精神耗弱的话，那么其就不具备犯罪所需的主观罪过这一前提要求。'[3]持此种观点者强调理解犯意要素和精神耗弱抗辩之间的微秒区别十分重要。认为"在没有精神耗弱抗辩的情况下，如果行为人有意导致他人死亡的话，其将会被以谋杀的罪名起诉，即使这种意图是基于某种妄想型的精神疾病而产生。精神耗弱抗辩为那些犯意已经被证明，但对其加以处罚没有实际意义的人提供了某种开脱理由。"[4]换句话说，"精神耗弱者被免于刑事责任的原因在于其不具备犯罪成立所需要的犯意要件。也就是说，无罪判决的理由是被告从事了危害行为，但同时其并不具备犯意，由此无罪可

〔1〕　Ira Mickenberg, "A Pleasant Surprise: The Guilty But Mentality Ill Verdict Has Both Succeeded In Its Own Right And Successfully Preserved The Traditional Role of The Insanity Defense", 55 *University of Cincinnati Law Review* 951 (1987).

〔2〕　Chet Kaufman, "Review of Florida Legislation; Comment: Should Florida Follow The Federal Insanity Defense?", 15 *Florida State University Law Review* 799 (1987).

〔3〕　Jerome Hall, *General Principles of Criminal Law*, Indianapolis: Bobbs – Merrill (1947), p. 478.

〔4〕　Chet Kaufman, "Review of Florida Legislation; Comment: Should Florida Follow The Federal Insanity Defense?", 15 *Florida State University Law Review* 799 (1987).

罚。"[1]

第三，隐含式。认为精神耗弱和未成年一样，属于一类独立的免责身份。具备了此种身份，在非例外情况下即为无刑事责任能力，而不用考虑包括犯意在内的犯罪成立问题。

有学者将精神耗弱、未成年以及醉酒通称为免责身份，认为"这些抗辩都是关于被告的整体身份特征，而与行为当时行为人的主观情况没有关系。例如受胁迫就是一种真正的免责事由，因为这种免责的尝试是建立在能够解释为什么被告人实施被禁止行为的某一特定事件或者威胁基础之上的。相反，未成年就不是一种真正的免责事由，因为这种免责事由是建立被告人的身份基础之上的。未成年人作为一个整体因为其年龄较小被认为不能实施犯罪。与之类似，非自愿醉酒构成免责事由是因为被告的醉酒状态，而不是由于无知或者欠缺其他的犯意。至于精神耗弱，对于其究竟是属于真实免责事由还是身份免责事由尚有争议。这里暂且将其归于身份免责一列"[2]。

第四，不定式。认为在考虑精神耗弱和犯罪成立之间关系的时候，不能一概而论，而应该具体问题具体分析。在某些情况下，可以适用并列式模式，有些情况下，可以适用契合式模式。

如有学者认为，"精神异常的证据可以依据特定的犯罪事实和罪名而被应用在如下两种情况当中。假设某种成文法中谋杀罪被定义为故意导致他人死亡。如果某一精神病患者误认为自己攻击的对象是鹿而不是人，从而剥夺他人生命，可能依此提出一种反向的精神耗弱抗辩：如果陪审团相信上述证据的话，检方指控的故意杀'人'就不能成立。如果精神病患者幻想上帝命令其伤害某人并且从事该行为，这并不能构成一个反向的精神耗弱抗辩：即使陪审团采纳了上述证据，但这并不影响其得出行为人意欲剥夺他人生命的结论"[3]。

无论哪种主张，基本都反映了美国刑法学理论研究的一种基本态度，即在思索精神耗弱抗辩，认识其本源，考量其社会结构的优劣，合法与否，理智与否时，"一方面要认识到精神耗弱抗辩对于这种社会张力表达的满足，但同时也要认识到其对于法律系统承受能力的考验。"[4]

---

[1] Willie Dudley, "The Insanity Defense: Developing Proper Standards for Use of Expert Testimony", 26 *Howard Law Journal* 1291 (1983).

[2] Michael S. Moore, "Causation and the Excuses", 73 *California Law Review* 1097 (1985).

[3] Daniel J. Nusbaum, "The Craziest Reform of Them All: A Critical Analysis of The Constitutional Implications of 'Abolishing' The Insanity Defense", 87 *Cornell Law Review* 1519 (2002).

[4] Michael L. Perlin, "The Borderline Which Separated You From Me: The Insanity Defense, the Authoritarian Spirit, the Fear of Faking, and the Culture of Punishment", 82 *Iowa Law Review* 1401 (1997).

除了从一个较为宏观的角度来考虑上述关系之外，作为精神耗弱抗辩的一种典型形态，对"南顿"规则本身所包含信息的研读就显得更为重要。

应该说，自"南顿"规则产生之后，基于不同的立场和需要，对其具体内容曾有过很多不同的解读。而争论的焦点也往往集中在对于本案判决中最为经常被引用的那部分[1]中某些关键词的不同理解上。而这就又涉及了一个刑法学中的基本问题，即刑法解释。美国有学者指出，"无论是法律原则还是法律规则都是主要针对那些司法官员以及法律门外汉而言的，后者作为公民不仅仅是批评者，更是案件事实的审理者。"[2]这种提法在美国这个特定的司法环境当中应当说是具有一定说服力的。陪审团成员进行判断时所主要依据的的确是某种朴素的感觉，而不是复杂精密的法律原理和逻辑推论。

笔者认为，综合美国刑法学界的不同论说，所谓的争议焦点主要集中在以下四个方面：

第一，何谓"精神疾病"（Diseases on Mind）？本规则要求被告罹患"心理疾病"，但又未对此加以详解。美国司法的实际情况是，"心理疾病通常指精神疾病，而那些患有非精神性疾病的违法者通常被认为不能提起精神耗弱之抗辩。例如暴力型变态者就不能提起精神耗弱抗辩。这种限制即是'南顿'规则的长处，又是其软肋所在。狭义解释论的支持者支持精神抗辩的限制适用，而另外有些人则主张某种宽泛的解释以包容多种精神疾病。对于究竟哪些犯罪可以被包括进入'南顿'规则之中的争论的实质部分在于如何解读规则当中的认知要素。"[3]

如今，一般认为，所谓的精神疾病本身在整个"南顿"规则中并没有实际意义，而且正如有点学者所指出的那样，"本源意义上的这种测试要求证据证明由于精神疾病或者精神缺陷导致了对于其行为本质的认知障碍。但实际上这是一个循环论论证，由于需要反过来从结果来判断作为原因出现的精神疾患是否适格，从而精神疾病的状况要通过其引发的认知结果所决定。实践中，精神疾患除了用于排除行为人自身导致的精神症状之外并没有任何独立意义。"[4]

---

〔1〕 这段判决就是前文曾着重强调过的"如欲以精神耗弱为基础建构抗辩理由的话，就必须清楚无误地证明在行为当时，被告方正因为精神疾病而丧失理智，从而不能了解其行为的本质（Nature and Quality）；或者即使其有上述了解，仍不知所实施的行为是错的（Wrong）"。——笔者注

〔2〕 Jerome Hall, *General Principles of Criminal Law*, Indianapolis: Bobbs - Merrill (1947), p. 489.

〔3〕 Laura Reider, "Toward a New Test for the Insanity Defense: Incorporating the Discoveries of Neuroscience into Moral and Legal Theories", 46 *UCLA Law Review* 352 (1998).

〔4〕 Ellen Byers, "Mentally Ill Criminal Offenders and the Strict Liability Effect: Is There Hope for a Just Jurisprudence in an Era of Responsibility/Consequences Talk?", 57 *Arkansas Law Review* 481 (2004).

第二，何为"明知"（Know）？根据唐纳德·赫曼（Donald Hermann）的学说，"1843 年版'南顿'规则中需要特别注意的是它使用了明知一词：①明知一词可采认识之意，也就是说行为人能正确地认识其行为的客观特征，如我在开枪这一行为；②明知一词可以包涵更为主观的意蕴，即行为人是否能够充分理解其认识观察的意义，即理解其所知行为。"[1] 而在刑法理论界，"有的学者认为这个规则的第一部分仅指对于行为客观情节或者结果的认知，另外一些学者则对此作了较为广义的解释，即将其看做是一种理性能力。还有学者提出'南顿'规则当中的认知能力应当包括对于行为结果的感性理解，即如果对'明知'作较为宽泛理解的话，这就意味着要求被整个人性所同化了的保护后果在内的所有知识，例如这就意味着行为人能够辨别其所意欲侵犯的受害人。"[2]

第三，何谓"行为的本质"（Nature and Quality）？司法实践中，"有法庭将本规则当中对于行为本质的认识严格解释为对于行为外在特征或者客观结果的认识。其余的有些法庭却对其作了较为宽泛的解释，使之包括诸如行为人对于自己和别人关系理解能力，理性理解行为的本质和结果的能力，理性理解行为意义的能力等。"[3]

第四，何谓"行为的罪错性（谬误性）"（Wrong）？一般认为，"'罪错'一词需要证明被告不能从一个道德观点的角度理解其行为的错误性，或者不能认识到其行为是为法律所禁止的。英国上诉法院在女王诉温德尔（R v. Windle）一案中采用了较为严格的第二种标准。在女王诉斯泰普顿（R v. Stapleton）一案中高等法院否决了女王诉温德尔一案中的相关解释，认为'罪错'的依据在于统领普通民众行为的内在根据。"[4] 更有学者对此加以细分，指出"①狭义上罪错一次可以代指某一特定犯罪；②广义上讲，罪错可以将行为人对自己行为的希望作为个人意志加以考虑。"[5]

而在美国的司法实践中，"部分法庭将'南顿'规则中的第二部分，即行为性质的谬误性的认识限制解释为对于行为非法性的认识。而其他一些法庭则将

---

〔1〕 Cynthia G. Hawkins - Leon, "Literature as Law: The History of the Insanity Plea and A Fictional Application within the Law & Literature Canon", 72 *Temple Law Review* 393 (1999).

〔2〕 Benjamin B. Sendor, "Crime as Communication: An Interpretive Theory of the Insanity Defense and the Mental Elements of Crime", 74 *Georgetown Law Journal* 1383 (1986).

〔3〕 Benjamin B. Sendor, "Crime as Communication: An Interpretive Theory of the Insanity Defense and the Mental Elements of Crime", 74 *Georgetown Law Journal* 1383 (1986).

〔4〕 C R, Williams, "Criminal Law: Development and Change in Insanity and Related Defenses", 24 *Melbourne University Law Review* 715 (2000).

〔5〕 Cynthia G. Hawkins - Leon, "Literature as Law: The History of the Insanity Plea and A Fictional Application within the Law & Literature Canon", 72 *Temple Law Review* 393 (1999).

其解释为对于行为违法性以及其悖德性的双重理解。根据后一种解释，被告可以因为没有认识到双重理解中的任何一种而被无罪开释。进一步而言，有些法庭认为应当包括对于行为谬误性的情感或者精神层面的理解，而不仅仅是僵化于字面理解本身。"[1]

三、"南顿"规则评析

正如前文所述，尽管产生于 19 世纪之前，并且所依据的是现在看来相当过时的心理学和精神病学观点，"南顿"规则却一直作为一种行之有效的精神耗弱检验方式而被沿用至今，更为重要的是，当今美国几乎所有的精神耗弱检验方式都与"南顿"规则有着直接联系，或者说都是从这个规则演化出来的。从这个角度出发，在明晰其历史沿革和基本内涵的前提下，如何对其加以评价，或者说如何理解和认识这个具有十分重要价值的精神耗弱规则呢？

第一，"南顿"规则的性质。一般认为，"南顿"规则是作为一种"正向抗辩"（Affirmative Evidence/Proof）[2]存在的。亦即其存在本身即可被认为构成了肯定或否定某种法律状态的存在。但如果进一步研究，就会发现对于"南顿"规则性质的争论基本上集中于道德说与法律说之间。

从历史的角度考察，道德说和法律说之间本身就有着千丝万缕的关系，正如有的学者指出的那样，"如果被告的精神耗弱导致了其失去辨别是非能力的话，可以免除其刑事责任。类似的论说可以追溯到布莱克顿（Bracton）和黑尔（Hale）时代，并在其后的发展过程中变化甚小。实际上，在过去的几个世纪，相关的学说不下百种，其中的绝大多数都自认为道德论说，而不是法律原则。"[3]

这里所说的道德和法律之区别，除了作为精神抗辩本身是否为某种形式的法律或者惯例所固定之外，主要还是指在"南顿"规则内部，作为认识或者明知对象的范围。

应该说，从本源意义上来讲，"南顿"规则中对于明知，或者所谓辨认的对象范围仅仅限于道德或者道义，"道义辨认能力丧失主要是指有妄想的精神病人，他们病理性地坚信自己受到迫害，出于自卫，他们伤害了妄想对象。他们这种行为，在病理的角度是道义的，因为他们一直坚信自己是受害者。南顿本

---

〔1〕 Benjamin B. Sendor, "Crime as Communication: An Interpretive Theory of the Insanity Defense and the Mental Elements of Crime", 74 *Georgetown Law Journal* 1382 (1986).

〔2〕 "在辩论中通过压倒性证据来建构事实"，参见 H. Campbell Black, *Blacks Law Dictionary* (5th Edition), West Publishing Co (1979), p. 1094.

〔3〕 Ira Mickenberg, "A Pleasant Surprise: The Guilty But Mentality Ill Verdict Has Both Succeeded In Its Own Right And Successfully Preserved The Traditional Role of The Insanity Defense", 55 *University of Cincinnati Law Review* 948 (1987).

人就是一个道义辨认能力丧失者的典型。"〔1〕

还有很多人从一个较为客观的角度出发，认为明知或者辨认的对象应当是其行为的违法性，而不是所谓的悖德性。有美国学者就这个问题指出"神智清楚是一个规范性概念，意指对于外在世界的一种理解性、规范性的能力。精神病学证据常常在庭审过程当中被提出来帮助陪审团决定被告是否神智清楚或者具有法律要求的某种意图。然而，在'南顿'规则当中对行为人对于自己行为本质谬误性的精神病学判断的依据却很大程度上在于人的自我控制的社会标准。"〔2〕这种所谓的社会准则，如果具体化而言的话就是"现代知识表明认识并不是推进社会化行为的唯一动力。进一步说，这种测试被解释为将法律知识作为判断行为谬误性的充分条件。所以即使行为人患有精神疾病，但其仍能了解其行为是被法律所禁止的，仍应对其负责。"〔3〕

笔者认为，无论是所谓的道德说还是后来出现的规范说或者法律说，都是一种基于经验产生的对于某种事实状态的判断标准的尝试，"事实上在判断究竟何为精神耗弱这一问题上并无特定的法律理论，相反，大量传统的普通法意义上的经验事实往往被作为判断标准。"〔4〕

而在美国司法实际当中，"很少有法庭会对被告人的情感因素有丝毫的重视。一般大多数法庭并不去定义什么是'明知'（Know），而将其留给陪审团和他们的常识来判断。由于情感在决定产生过程中的作用现对来说还不甚明了，要想让其在审判过程中发挥更大作用似乎不是很现实。进一步而言，认为'南顿'规则可以被无限制宽泛解读的观点也是错误的。有很多种方式可以让行为人合乎'南顿'规则中的认知要素，而同时又不能满足其暗含的理性原则。"〔5〕

如果是由陪审团来判断所谓明知或者辨别对象的话，那么在考虑"南顿"规则的性质时，就会存在这样一个先天的矛盾，一方面，陪审团必须借助精神疾病专家的意见来作出判断，但同时"精神病学者的证言往往与其被问及的行为人是否明知其行为的谬误性相关。而这样的问题就涉及了与医生的专业知识

---

〔1〕 罗小年："认定犯罪动机在司法精神医学鉴定中的作用"，载《临床精神医学杂志》2002 年第 6 期。

〔2〕 Rachel J. Littman, "Adequate Provocation, Individual Responsibility, and the Deconstruction", 60 *Albany Law Review* 1153 (1997).

〔3〕 Maya Mei-Tal, "The Criminal Responsibility of Psychopathic Offenders", 36 *Israel Law Review* 114 (2002).

〔4〕 Jerome Hall, *General Principles of Criminal Law*, Indianapolis: Bobbs-Merrill (1947), p. 478.

〔5〕 Laura Reider, "Toward a New Test for the Insanity Defense: Incorporating the Discoveries of Neuroscience into Moral and Legal Theories", 46 *UCLA Law Review* 352 (1998).

之外的价值判断问题。但同时，这恰恰又是陪审团最为关注的问题。"[1]

从一个比较极端的立场，笔者认为在讨论"南顿"规则中作为关键词存在的认知或者辨认对象的性质时，如果在一个历史区间考察，在美国刑法体制下，不可能存在一个具有绝对固定意义的性质存在。正如有些学者指出的那样，"'南顿'规则被几乎所有美国法院奉若神明超过一个多世纪，这很大程度上是因为法庭将其认为是最好的兼顾刑事责任和社会民众情感的标准。"[2]

在一个民意表达畅通，利益集团游说影响巨大的国度，不难理解上述提法的深刻性。法制和民意的妥协就意味着某种暧昧状态的存在。

第二，对于"南顿"规则的批评与改进。在研究对于"南顿"规则的优劣评断时，我们必须认识到，"对于与精神耗弱和刑事责任等问题的批评必须建立在对如下问题的认知基础之上，即对于精神之类问题加以认知的困难性，与之相关经验事实的缺乏和有限，以及相关语言的粗陋与失范。"[3]

基本上可以认为"南顿案开创了一种基于某种道德标准的狭义认知型的测试，这是一种关于对错的非黑即白型的测试。其无视意志因素，并且丝毫不同情那些虽然知道自己行为性质的谬误性，但失去控制能力的人"[4]。而这种对于行为人意志能力或者控制能力的蔑视恰恰成为其被人所诟病最多的七寸所在。"最为常见的批评就是其不现实地将认识能力缩小为一种单纯意义的认知功能。在评判者看来，这种观点太过狭隘。事实证明很多患有严重精神疾患的行为人能够理性地认识到其行为是不对的。而且很难，事实上基本不可能区分理性能力与其他非认知能力。"[5]

批评意见认为，"'南顿'规则的主要缺点在于其建构在一个过时的理论基础之上，即理智控制社会行为。当今心理学和精神病学认为人的行为更多是社会习得，而不是基于其对于其行为的理解或者掌控。"[6]在美国学者看来，"人性中的控制要素，包括动机、欲望、目的以及感情要素，如感觉、情感以及情绪

---

〔1〕　Ronald R. Inderbitzin, "Criminal Law——The A. L. I. Model Penal Code Insanity Test", 44 *Tulane Law Review* 195（1969）.

〔2〕　Michael L. Perlin, "Unpacking The Myths: The Symbolism Mythology Of Insanity Defense Jurisprudence", 40 *Case Western Reserve Law Review* 602（1990）.

〔3〕　Jerome Hall, *General Principles of Criminal Law*, Indianapolis: Bobbs – Merrill（1947）, p. 490.

〔4〕　Chet Kaufman, "Review of Florida Legislation; Comment: Should Florida Follow The Federal Insanity Defense?", 15 *Florida State University Law Review* 803（1987）.

〔5〕　Laura Reider, "Toward a New Test for the Insanity Defense: Incorporating the Discoveries of Neuroscience into Moral and Legal Theories", 46 *UCLA Law Review* 365（1998）.

〔6〕　Cynthia G. Hawkins – Leon, "Literature as Law: The History of the Insanity Plea and A Fictional Application within the Law & Literature Canon", 72 *Temple Law Review* 391（1999）.

等。意志要素的缺乏使行为人丧失了抗拒其行为性质是错误的认识能力。感情要素的缺乏是行为人不能感受某些情感体验，例如自责，自责一般能够阻止普通人从事某些危害行为。由于'南顿'规则对于上述因素较少涉及，其在缩小精神耗弱范围的有效性上的效果就被打了折扣，根据这种判断规则，有些对于具有一般理性的人来说实属患有精神疾病的人却不能被开脱。或许是迫于压力，'南顿'规则在后来增加了作为无知替代项出现的意志要素。这种修正了的'南顿'规则后来演化为另外两种测试，即'不可抗拒冲动测试'以及'美国法学会测试'（A. L. I.）。"[1]

以上尝试反应出了一种对于"南顿"规则普遍的态度，即认为其"仅限于被告对于对错的认识，而排除了被告人的主观心理状态的认识，不承认陪审团可以准确刻画被告的心理状态"。[2]

但对此也有不同声音，即认为"在对错测试中，陪审团依据被告人的行为或者其他一些证据来认定其是否罹患精神疾病或者精神缺陷。对于陪审团来说，从意志的角度出发来认定被告能否依法行事，或者是否其是由于不可抗拒冲动行事则是完全不同的另外一回事"。[3]

即使存在这样的支持意见，但美国司法界却普遍认为，"'南顿'规则本身过于狭窄，没有保护到那些丧失了控制自己行为能力的人的权利。如在格雷汉姆案中，田纳西州最高法院就认同了上述批评意见，认为处罚缺乏控制自己行为的实质能力的人丝毫无助于达成实施刑法的三个目的，即'报应'（Retribution）、'教化'（Rehabilitation）和'阻却犯罪'（Deterrence）"。[4]

"基于这些批评，有些法庭将'不可抗拒冲动'测试加到'南顿规则'当中。如此命名可能不太准确，因为即使清楚无误适用该规则的法庭也并没有明确使用过"不可抗拒冲动"这样的词句。然而总的来说，陪审团被告知如果其发现被告无法控制其自身行为的话，应当对其免于处罚。"[5]这样作旨在通过在原来"南顿"规则的基础上进行改良，即通过附加意志因素的考量，弥补原来公式中

---

〔1〕 Catherine A. Salton, "Mental Incapacity and Liability Insurance Exclusionary Clauses: The Effect of Insanity upon Intent", 78 *California Law Review* 1039 (1990).

〔2〕 Willie Dudley, "The Insanity Defense: Developing Proper Standards for Use of Expert Testimony", 26 *Howard Law Journal* 1291 (1983).

〔3〕 Harry J. Philips, Jr., "The Insanity Defense: Should Louisiana Change the Rules?", 44 *Louisiana Law Review* 175 (1983).

〔4〕 Kevin Thompson, "Criminal Appellate Procedure – Insanity Defense – The Proper Standard of Appellate Review When Reviewing a Jury Decision on Sanity", 70 *Tennessee Law Review* 1218 (2003).

〔5〕 Judith A. Morse, and Gregory K. Thoreson, "Criminal Law – United States V. Lyons: Abolishing the Volitional Prong of the Insanity Defense", 60 *Notre Dame Law Review* 189 (1984).

对于某些极端情况[1]判决不公的缺陷。

虽然后来在所谓的"不可抗拒冲动"测试之后又出现了一些其他针对"南顿"规则的修正意见，如1954年，美国哥伦比亚地区联邦上诉法院借由杜尔汉姆案提出了一种新的精神耗弱检验标准，即"杜尔汉姆"规则。其基本观点即将思维过程看做一个紧密联系的功能整体。法院认为，"被告的非法行为如果是由于其精神疾病或者精神缺陷所导致的话，那么可以免其刑事责任。"[2]而在杜尔姆案之后，很多美国司法机构开始适用创立于1962年的ALI规则。此种规则提出，如果行为当时，行为人由于精神疾病或者神智缺失，不能理解其行为的错误本质，或者不能依法行事。因此ALI标准融和了认识因素和意志因素（选择或者控制的能力）。而在'南顿'规则当中仅仅包含了认识因素。"[3]事实上，有学者总结'南顿'规则与ALI测试的区别主要在于以下三点：①ALI测试使用的是"理解"（Appreciate）而不是"明知"（Know）；理解需要对于行为谬误性的更深了解，例如，一个4岁的孩子可能知道不应该去碰火炉，但可能不能真正理解不这样做的原因在于炽热的火炉可能使其灼伤。②只有ALI测试要求被告缺乏理解其行为谬误的"实质能力"（Substantial Capacity），而南顿测试则仅要求此种能力的丧失。因此，被告人较少因为南顿规则而被认定精神耗弱。③ALI测试包括了意志要素。如果被告的精神疾病导致其丧失了使其依法行为的"实质能力"，则其可以被认为精神耗弱。而"南顿"测试则仅仅关注认知能力，也就是说行为人是否知道其行为的谬误性，而ALI测试则包含了认知要素和控制要素。[4]

在不断对以"南顿"规则为核心的精神耗弱抗辩进行修改完善的同时，也有学者尖锐地指出干脆直接取消精神耗弱抗辩了事，"在他们看来，作这样的抗辩所需社会成本过高。经常出现的情况是精神病学医生所作证据中对于精神耗弱的定义迥异与法学中的对应概念。精神耗弱抗辩也会纵容对于某些被告人的

---

〔1〕　所谓的"极端情况"，就是前文所指的某些情况下，行为人虽然意识到了自己行为性质的谬误性，但由于极其特殊的原因，导致其缺乏对于行为的控制能力，由此任由行为发展并导致危害结果的发生。一般认为，此种情况下的行为人没有刑事可责性。——笔者注

〔2〕　Judith A. Morse, and Gregory K. Thoreson, "Criminal Law – United States V. Lyons: Abolishing the Volitional Prong of the Insanity Defense", 60 *Notre Dame Law Review* 189 (1984).

〔3〕　Jessie Manchester, "Beyond Accommodation: Reconstructing the Insanity Defense to Providian Adequate Remedy for Postpartum Psychotic Women", 93 *Journal of Criminal Law & Criminology* 734 (2003).

〔4〕　Harry J. Philips, Jr., "The Insanity Defense: Should Louisiana Change the Rules?", 44 *Louisiana Law Review* 169 (1983).

相对快速开释，从而使之逃避刑法惩罚。"[1]而观察家们也指出，"联邦法院可能很快就会迫于压力而取消基于意志测试的精神耗弱抗辩请求。国会也正在酝酿通过取消意志测试并且缩小精神耗弱抗辩范围的法案。这种努力也得到了诸如ABA[2]等组织以及某些知名学者的响应和支持。"[3]具体而言，"犯罪成立中犯意的要求可以排除某些真实的意外情况。爱达荷州允许利用某种精神状态的证据来否定犯意的存在，但不承认因为某种精神状态的缺乏而产生的所谓精神耗弱抗辩。"[4]

四、"南顿"规则之反思

从上面的介绍可以看出，"南顿"规则在当今美国刑事抗辩中地位似乎尚不可撼动。基本上其后的各种适用标准都是在其基础上发展完善而来。究竟是什么使一个不属于严格精神病学范畴的判断标准得以受到如此关注，并可以使其与时俱进？

1. 笔者认为，精神病学与刑法学所处领域，所适用对象以及适用目的皆有不同，因此作为刑法学中抗辩理由出现的所谓精神耗弱判断标准与经典精神病学中的相关概念不为吻合亦可理解。"值得注意的是精神耗弱是一个法律词汇而非医学词汇。实际上，在医学术语中找不到严格意义上的'精神耗弱'这一词语。和精神耗弱意义最为接近的医学术语可能就是'精神错乱'（Psychosis），其包含的范围很广，诸如心理疾病，精神创伤和变态等。在判断时精神耗弱不应与时下流行的精神病学概念相混淆，反之亦然。在德州有很多种精神错乱没有被包含进精神耗弱的范围之内，诸如①脑外伤引发的精神疾病；②醉酒；③情感问题；④不可抗拒冲动。因此，一个人可以在医学上精神错乱，但在法学上被认为神智健全。这无疑是正确的，因为无论专家证据被如何认定，最终还是由法庭和陪审团来作最终决定。"[5]

这种不同就决定了"南顿"规则不能完全依赖于单纯意义上的精神病学，而要在很大程度上兼顾社会公众的反应，政府的政策导向等非科学要素。而这

---

〔1〕 Megan C. Hogan, "Neonaticide And The Misuse of The Insanity Defense", 6 *William and Mary Journal of Women and the Law* 271 (1999).

〔2〕 ABA, American Bar Association 的缩写，即美国律师协会。——笔者注。

〔3〕 Judith A. Morse, and Gregory K. Thoreson, "Criminal Law - United States V. Lyons: Abolishing the Volitional Prong of the Insanity Defense", 60 *Notre Dame Law Review* 189 (1984).

〔4〕 Harry J. Philips, Jr., "The Insanity Defense: Should Louisiana Change the Rules?", 44 *Louisiana Law Review* 175 (1983).

〔5〕 Katherine A. Drew, "Diminished Capacity As a Result of Intoxication and Addiction: The Capacity to Mitigate Punishment and the Need For Recognition In Texas Death Penalty Litigation", 5 *Texas Wesleyan Law Review* 14 (1998).

种非科学要素的存在从一个功利的角度而言，就决定了基于过时心理学知识的"南顿"规则可以直面各种新知的挑战并从容面对。

2. 维系"南顿"规则存在发展的内在原因。作为一种供陪审团成员适用的判断规则，"南顿"规则有其自身的优势。毕竟其简便易行，且较为符合社会公众的价值判断标准。因此，对于那些寄希望于废除精神耗弱者而言，"这种取消意志测试的尝试，似乎可以理解为法庭对于社会呼吁的一种回应。随着如此判决的做出，精神耗弱抗辩案件的数量，包括伴生于被告可责性的道德错误的数量都将随之下降。尽管可能会博得公众的满意，但法庭这样做就会导致对本应当被判无罪的人的刑罚处断。"[1]

而且，有学者认为，"但如果'南顿'规则本意与行为人的精神状态无关呢？如果其意指的是行为人和守法以及国家之前的关系呢？对于危险的理解可以帮助我们解释这个如果不这样解释就会不合理性的原则。例如立法所面临的危险：那种将精神耗弱看成一种不成理由的理由的观点，如果推而广之，将让社会容忍那些持反主流观点的人，换句话说，担心精神耗弱抗辩是一种人为的开脱不良标准的尝试。从这个角度而言，对控制或者意志因素（通常被认为是当今精神耗弱抗辩与早期抗辩的区别所在）的关注让位于社会主流标准沦丧的危险的考量。亦即，如果更关注社会主流规范的话，自然会较少关注对行为的控制能力。在一个包含上述担心的世界当中，'南顿'规则中的标准要素和认识要素就显得很有道理。不能理解社会和法律规范的被告被认为不在立法考虑的范围之内，如果对其加以考虑，就是承认了对于不良规则的保护。而对错测试恰恰就是为了确保没有规范判断包含在内。"[2]

笔者认为，目前尚没有统计数字等权威资料来证明精神病学对于刑法学中某一特定问题的准确认识程度。例如"现代心理学理论认为不能把认知因素与其他心理因素截然分开。相反，个体应当被看做一个精神整体，其所患的精神疾病会导致不同的后果，包括认知能力、情感体验以及意志控制能力等障碍。"[3]但或许真实的情况与此完全相反，或者并无相关。因此，即使有与当时精神疾病相关的背景情况出现，也不能完全认为包括"南顿"规则在内的判断标准就必须紧跟当今精神病学发展的前沿。

---

〔1〕 Judith A. Morse, and Gregory K. Thoreson, "Criminal Law - United States V. Lyons: Abolishing the Volitional Prong of the Insanity Defense", 60 *Notre Dame Law Review* 189 (1984).

〔2〕 V. F. Nourse, "Reconceptualizing Criminal Law Defenses", 55 *University of Pennsylvania Law Review* 1724 (2003).

〔3〕 Suzanne Mounts, "Malice Aforethought in California: A History of Legislative Abdication and Judicial Vacillation", 33 *University of San Francisco Law Review* 336 (1999).

相反，笔者认为，之所以"南顿"规则能够历久弥新，就是因为其在刑法学和社会学（注意不是精神病学），准确地说是社会公众意见之间寻找到了某种意义上的平衡关系。而这种微秒的平衡目前尚不能被后续出现的种种相关规则所取代。也就是说还没有其他类似规定可以在法理与人情之间达到"南顿"规则所能达到的程度。

第二节　精神耗弱对于美国死刑司法适用的影响

从逻辑的周延性判断，美国死刑适用过程中精神耗弱的影响可能会出现如下三种逻辑结果。

第一，如果根据"南顿"规则或者其他的精神耗弱检验标准，认定行为人在作案时的精神状况已经充分满足了相关标准，则可以以此作为"免责事由"（Excuse）[1]加以主张，从而不受刑事处罚。从考察犯意的角度出发，在抗辩事由这个基本上属于非实体刑法的概念范畴当中应集中注意力于免责事由，因为其基本关注的是行为人，而非行为。而在免责事由当中，应该进一步关注那些能够影响或者作为否定行为人在行为时具有特定心态的那些情状或者条件。在这种特定的情势下，包括精神耗弱在内的若干特定免责事由就首当其冲地纳入视野当中。当时美国学界一般认为，可以根据一定条件的成立从而免责的认知能力缺失通常情况追溯到某种生理上的缺陷。例如，作为精神耗弱检验标准的"南顿"规则关注的就是由于精神疾病所导致的认识性的缺陷。[2]

第二，如果实施死刑犯罪的行为人在实施犯罪的时候精神正常，但是在候审期间或者候刑期间发现其精神情况不正常，该如何认定？

第三，如果实施死刑犯罪的行为人仅仅是智力水平低下，或者在实施犯罪时罹患没有使其完全丧失认识或者意志能力的精神疾病，该如何认定？

---

〔1〕　抗辩事由一般意味着能够阻却刑事责任的情况或者条件。在美国刑法当中，能够被纳入抗辩事由这个范畴当中的概念其实不少。据不完全统计，在美国司法实务当中可以阻却刑事责任的条件或者因素包括醉酒、不在犯罪现场、执行命令或者任务、被洗脑或者精神控制、染色体异常、被害人同意、反射、外交豁免、特定监护义务、双重告诉、胁迫、警察陷阱、行政职务豁免、激动精神波动、不能犯、催眠、意识障碍、无行为能力或者无受审能力、精神耗弱、自愿或者非自愿迷醉、执法、司法豁免、立法豁免、医疗行为、精神疾病、军事命令、错误、紧急避险、诉辩交易、受激行为、自卫、梦游、时效、无意识、中止等。See Paul H. Robinson, "Criminal Law Defenses: A Systematic Analysis", *82 Columbia Law Review* 2 (1982). 对于这些林林总总的具体抗辩事由也进行了大体上的划分，虽然有所差别，但大体上都承认可以将其纳入正当化事由（Justifications）与免责事由（Excuses）两大类别当中。——笔者注

〔2〕　参见李立丰：《美国刑法犯意研究》，中国政法大学出版社2009年版，第268页。

事实上，研究精神耗弱对于美国死刑司法适用的影响，主要关注点就是后两种情况。

一、美国联邦最高法院对于死刑案件中精神耗弱因素的司法考量

从历史的发展脉络判断，精神耗弱问题对于美国死刑适用的影响呈现出一种非常奇怪的反复。一方面沿用最早可以追溯到中世纪的英国传统，从殖民地时期开始，精神异常的刑事被告就可以获得某种程度上的宽待。而 1908 年内布拉斯加州率先根据被告人的精神状况将其被判处的死刑减为终身监禁。这一理念也体现在美国模范刑法典（Model Penal Code）当中。例如，模范刑法典将"极端的心理以及情绪波动"（Extreme mental or emotional disturbance）以及"精神疾病与精神缺陷"（Mental disease or defect）都成为死刑案件审理过程中的减轻要素。[1]参照模范刑法典，至少有 20 个州将某种形式的精神异常纳入死刑成文法的减轻要素当中。[2]在美国学者看来，一个民主社会应该将行为人的精神异常作为减轻情节加以考量，特别是当其可能面临死刑的时候。而这样的一种理念的根据十分的简单，但十分的精致，即行为人具有充分的道德推理能力，因为精神上的疾病，缺陷或者失调，不应该被加以全面意义上的社会惩罚。[3]

尽管存在着这样的一种历史背景，但一个颇为吊诡的现象却是进入 20 世纪 70 年代之后，美国很多州开始限制精神耗弱抗辩在死刑案件当中的适用。从历史上来讲精神异常的人在量刑的时候具有减轻的效果，很多州现在大幅度缩减了其适用的范畴。以加利福尼亚为例，该州于 1994 年通过立法，对于可能作为精神耗弱基础的精神失常现象的种类加以严格限制，该州刑法典明确规定，"在任何刑事诉讼过程中，如果被告以精神耗弱为由提出无罪的申请，那么这样的一种抗辩不得仅仅依据个人或者感应失调、毒品滥用或成瘾、癫痫发作等事实来加以判断。"[4]

有鉴于上述混杂的实态，美国联邦最高法院在长达 20 余年的时间当中，通过一系列判例，逐渐开始廓清死刑案件审理过程中精神耗弱因素所可能产生影响的范围。

---

〔1〕 参见 MPC § 4. 02（1）. 载 http：//www. ali. org/ali_ old/stu_ mod_ pen. htm，最后访问日期：2011 年 7 月 7 日。

〔2〕 See David S. Friedman，"The Supreme Courts Narrow Majority to Narrow the Death Penalty"，28 *Human Rights* 4（2001）.

〔3〕 James S. Liebman & Michael J. Shepard， "Guiding Capital Sentencing Discretion Beyond the 'Boiler Plate'：Mental Disorder as a Mitigating Factor"，66 *Geo. L. J.* 757（1978）.

〔4〕 Cal. Penal Code 25. 5（West 1999）. See Charles M. Sevilia，"Anti – Social Personality Disorder：Justification for the Death Penalty？"，10 *J. Contemp. Legal Issues* 247（1999）.

1. 美国联邦最高法院在 1986 年审结的福特诉温端特案〔1〕中明确，对于候刑期间出现精神耗弱情况的死刑候刑者不得执行死刑。在本案中，美国联邦最高法院的多数派意见认为，对于宪法第八修正案的解读应当与社会发展的阶段相适应。而对于精神耗弱的人执行死刑这一做法在殖民地时期就已经被认为属于"野蛮、残忍"的刑罚方式，且无法满足任何刑罚目的。本案中，佛罗里达州就相关方精神状况的测试标准与测试程序也存在严重缺陷。因此，美国联邦最高法院在福特案中除了明确不得对于精神耗弱者执行死刑之外，还特别强调了符合宪法要求的精神状况认定不应该单纯地被认定为一种行政程序，而是应该被理解为一种充分保证相关方诉讼权利，包括获得律师代理，得交叉质证等的司法过程。

"上有政策，下有对策"这种现象绝非中国独有，在最高法院作出不得对于精神耗弱的死刑候刑者执行死刑的判例之后，是否就意味着这一问题就此解决了呢？如果对于罹患精神疾病的被告进行强制医疗，使其能够满足相关的死刑执行精神状况，是否可行？1990 年美国联邦最高法院审理的派瑞诉路易斯安那州案〔2〕所解决的就是这一疑难。〔3〕本案中原审法院发现被判处死刑的被告需要在接受治疗的情况才可以具有受刑能力，而为了能够满足最高法院在福特案中设定的标准，原审法官命令对于派利进行强制治疗。对于这一做法，美国联邦最高法院并未发表明确意见，而是将判决撤销，将案件发回路易斯安那州最高法院，要求其参照美国联邦最高法院在华盛顿州诉哈珀案〔4〕中作出的判决对于派瑞案进行重审。路易斯安那州最高法院在重审此案的时候认为派瑞案与哈珀

〔1〕 *Ford v. Wainwright*, 477 U. S. 399 (1986). 1974 年福特（Alvin Bernard Ford）在佛罗里达州因犯有谋杀罪而被判死刑。在候刑期间，福特的精神状况开始出现异常，1982 年，经精神科专家鉴定，福特罹患了严重的偏执性精神疾病。但该州并未因此放弃对其适用死刑的努力，因此福特提出了诉讼。——笔者注

〔2〕 *Perry v. Louisiana*, 498 U. S. 38 (1990). 派瑞（Michael Owen Perry）在路易斯安那州先后谋杀了自己的父母等亲人共 5 人。之后，派瑞潜逃，并前往美国首都华盛顿特区，密谋谋杀时任美国联邦最高法院的大法官奥康纳（Sandra Day O'Connor）等知名人士，在动手之前，派瑞落网。——笔者注

〔3〕 笔者在美攻读 LLM 期间，曾选修美国著名刑法学家，同时也是死刑问题研究权威之一的卡特教授所主讲的死刑问题，一个学期都在研读一本厚厚的死刑判例书。当时学得颇为有兴趣，却又颇是吃力。现在回头看过去，老师之所以让学生读判例，除了学习法官对于案件的分析逻辑之外，应该还有另外一层考虑。而这种考虑恰恰是普通法的存在之源。美国联邦最高法院对于案件的选择如果从一个较长的时间段来看，是具有很明显的发展脉络的。换句话说，后续案例的出现恰恰就是为了解决先前判例未解决，或者相关方为了规避先前判例而作的变通手段的合宪性问题。——笔者注

〔4〕 *Washington v. Harper*, 494 U. S. 210 (1990). 本案中一位服刑人起诉华盛顿州，认为自己被强制服用抗精神病药物的做法违反了美国宪法。美国联邦最高法院判决，如果服刑人因为精神状况不稳定而威胁到自己以及他人的人身安全，那么在违反其意志的情况下对其强行喂食抗精神病药物并不违反宪法的"适当程序"（Due Process Clause）条款。——笔者注

案存在本质的不同，后者是以治疗为目的，而前者并非以治疗，而是为了求刑的目的，因此不能将美国联邦最高法院在哈珀案中的判决适用于本案。相反，单纯为了求处死刑的目的而强制实施的治疗行为违反了路易斯安那州宪法禁止"残忍且不寻常刑罚"及保障公民隐私权的规定，因此不予支持。

2002 年，美国联邦最高法院在阿特金斯案[1]中明确，对于智力低下的犯罪行为人执行死刑违反了美国宪法第八修正案，构成了所谓"残忍且不寻常的刑罚"。[2]

2. 美国联邦最高法院在 1992 年的雷金斯诉内华达州案[3]当中将精神耗弱问题从死刑执行阶段扩展到死刑审判阶段。在本案中，美国联邦最高法院认定在死刑案件审理过程中对于被告强制进行精神科治疗违反了被告人应该享有的宪法第六以及第十四修正案所保障的权利。美国联邦最高法院的多数派意见援引了哈珀案，认定根据适当程序条款权利，接受审判者有权在审判过程中拒绝服用抗精神病药物。当然，美国联邦最高法院也承认如果内华达州最高法院为被告提供了相对和缓的替代治疗措施，或者可以证明除此治疗手段之外别无他法。换句话说，本案建构了这样一种基本原则，对于审判过程中的被告如果要进行精神治疗，其所选择的治疗措施必须在影响被告人的出庭应诉能力方面影响最低，同时对于其本人和他人的安全不构成威胁。本案的影响是深远的，例

---

〔1〕 See *Atkins v. Virginia*, 536 U. S. 304（2002）. 详情见第 1 章。——笔者注

〔2〕 针对智力低下的死刑候刑者执行死刑是否符合宪法的问题，美国联邦最高法院的态度曾出现过一定的反复。起初，美国联邦最高法院在派瑞案中认定处死智力水平低下的死囚并不违宪。2001 年，美国联邦最高法院在麦克卡文诉北卡罗莱纳州案［*McCarver v. North Carolina*, 533 U. S. 975（2001）］中重新考察这一问题，认定随着时代的发展，美国国内已经形成了较为一致的意见，即对于智力低于正常水平的死囚执行死刑违反了宪法第八修正案。但由于案件审理过程中北卡罗莱纳州修改了相关法律，因此美国联邦最高法院终止了本案的审理，转而处理另外一起与此类似的案件，即在美国死刑历史上颇具影响力的阿特金斯案。

〔3〕 *Riggins v. Nevada*, 504 U. S. 127（1992）. 雷金斯（David Riggins）被指控在内华达州抢劫并谋杀了自己的朋友。雷金斯被捕后向狱医抱怨自己幻听及失眠，并向其索要一种精神科药物，后来每天食用的量达到令人吃惊的 800 毫克。后来经过评估，雷金斯被认为有能力接受审判。雷金斯要求断药，从而可以在审判的时候让陪审团目睹自己精神失常的症状，但未获批准。后来雷金斯亲自为自己辩护，声称在杀死受害人的时候自己听到自己的脑袋里面有人告诉他要杀死他。但最终陪审团认定其罪名成立，并判处其死刑。雷金斯随即提起上诉，宣称自己没有机会将自己的真实精神状态展现在陪审团面前。但内华达州最高法院维持了原判。——笔者注

如 1993 年在黑兰案[1]中，美国联邦最高法院将雷金斯案进一步扩展，认定如果被告的精神状况符合出庭应诉的要求，那么其就应自动享有认罪或者拒绝律师辩护的权利。1996 年，美国联邦最高法院在库珀诉俄克拉荷马州案（*Cooper v. Oklahoma*）[2]中较为罕见地一致判定，如果被告在诉讼过程中表现出无法受审应诉的能力的可能性，那么对其进行的刑事审判就不应在继续进行。对此，被告无需提供之前所要求的"清楚无误的证据"（Clear and Convincing Evidence）证明自己的精神情况无法满足应诉要求，而只需提供所谓"压倒性证据"（Preponderance of the Evidence）[3]即可。值得一提的是，在处理死刑案件中的精神耗弱问题时，美国联邦最高法院往往会通过考察各司法区相关做法的方式考察所谓的"国内合意"来作为自己判决的佐证。在本案之后，如果被告表现出其极有可能没有能力继续应诉的话，那么案件的诉讼过程就不应该继续进行。

在塞尔诉美利坚合众国案（*Sell v. United States*）[4]中，美国联邦最高法院进一步完善了案件审理过程中对于被告人进行精神治疗的相关要求。根据哈珀案和雷金斯案，美国联邦最高法院认定在法律明确的范围内，可以在违背被告人意志的情况下对其进行强制精神治疗。换句话说，在满足严格条件的情况下，对于实施危险犯罪的罪犯，可以对其进行强制精神治疗，从而保证其具有出庭

---

〔1〕　*Godinez v. Moran*，509 U. S. 389（1993）．本案的被告墨兰（Richard Allan Moran）于 1984 年在内华达州抢劫并杀害了一家酒吧的服务员及顾客，后又将自己的前妻杀害。在庭审开始之前，被告人经过专业测试，被认定为虽然精神抑郁，但精神状况符合应诉能力要求。起初，被告并不认罪，但是庭审开始之后，被告要求解雇自己的律师，并且认罪。在其被判处死刑之后，墨兰提出自己应诉的时候精神状况存在问题，申请被驳回之后，其向美国联邦最高法院提出申请调卷令。——笔者注

〔2〕　*Cooper v. Oklahoma*，517 U. S. 348（1996）．本案中，库珀（Byron Keith Cooper）在 1989 年实施夜盗期间谋杀了一名老人。但是在其受审期间，其是否具备充分的应诉能力被屡次提起，虽然对其进行过精神状况的专业评估，并且其间曾经听取过相关证人的证言等，但言谈举止颇为怪异的库珀仍然被允许继续应诉，最终被判谋杀罪名成立。在量刑阶段，虽然库珀的辩护律师提出了案件审理过程中存在的此类问题，并且提出了一系列证据证明被告人在幼年时期曾经遭受过严重的虐待，但最终陪审团仍然判其死刑。后被告提出上诉，俄克拉荷马州最高法院维持了原判。被告随即向美国联邦最高法院申请调取案卷令。——笔者注

〔3〕　如前所述，美国诉讼过程中的证明标准根据案件性质的不同可以分为大体四类，即"有确凿证据"（Some Credible Evidence）、"压倒性证据"（Preponderance of the Evidence）、"清楚无误的证据"（Clear and Convincing Evidence）以及"排除合理怀疑"（Beyond Reasonable Doubt）四类。——笔者注

〔4〕　*Sell v. United States*，539 U. S. 166（2003）．本案中，被告人塞尔（Charles Thomas Sell）长期罹患幻觉性失调类的精神疾病，后因被指控犯有诈骗罪等被判监禁，保释后塞尔的精神状况未有好转，又被投入监狱，在服刑期间，塞尔被指控图谋谋杀一名联邦探员。案件开始审理之前，对于塞尔的精神状况评估显示其没有应诉能力，从而其被送医治疗，但在就医期间，塞尔拒绝配合。治疗单位基于评估，认定其具有幻想症状，如果不就医，极有可能对于自己及他人的人身安全构成威胁，因此决定对其进行强制医疗。对此塞尔表示不服未果，最后向美国联邦最高法院申请调取案卷令。——笔者注

受审的能力，在这一方面，被告所应享有的个人权利让位于公共利益。

二、死刑与精神耗弱：基于实用主义的判断与取舍

从最高法院判例的发展脉络来看，无论是对于精神耗弱被告人的司法审理，还是对于精神耗弱候刑者的死刑执行，都呈现出一种相对意义上的紧缩趋势，换句话说，美国联邦最高法院以所谓不断发展的民意为基本参照，不断缩减死刑针对精神耗弱人士的实际适用。这也就不难理解为什么美国学者在思考死刑适用中精神耗弱这一变量的时候为什么总是关注下一次美国联邦最高法院会在精神耗弱的哪个具体方面上进一步限制死刑的适用。[1]

但在另一方面，美国联邦最高法院对于精神耗弱者死刑适用的限制又是十分谨慎，甚至仅仅是形式意义的微调。一方面美国联邦最高法院并未改变精神耗弱认定标准的非法律化品行[2]，依然沿用包括"南顿"规则在内的经验判断规则。这就意味着美国刑法学本身并没有可独立适用的精神耗弱认定标准，相反，其所大量适用的是传统的常识和经验。[3]

以福特案[4]为例，本案无疑可以被视为美国联邦最高法院针对精神耗弱者死刑适用的标志性判例之一。很多人将本案理解为最高法院禁止针对精神耗弱的死刑候刑者执行死刑，但事实上本案实际关注的问题并非这一结论，而是死刑案件的被执行人是否有权借由听证程序获得对其精神状态的评价的问题。因此福特案所产生的实际影响极其有限，其没有直接导致任何人从死刑候刑者名单上被移除，也并没有禁止任何针对死刑候刑者的死刑执行，相反，福特案仅仅肯定了针对精神耗弱者适用死刑所必须遵守的某种程序上的限制。这意味着如果说这一判例还存在什么所产生的影响的话，那么这种影响仅仅是间接的，即不是直接地撤销针对精神耗弱者的死刑执行，而仅仅是为其提供了一种改变命运的可能性。根据美国学者的考证，福特案之后，绝大多数申诉都石沉大海。似乎只有福特自己才是福特案最大的获益者，至今，他还没有被执行死刑，而他的名字在还在死刑候刑者名单之上。[5]无独有偶，美国联邦最高法院针对精

---

〔1〕　See David S. Friedman, "The Supreme Court's Narrow Majority Narrow the Death Penalty", 28 *Human Rights* 4 (2001).

〔2〕　从阿特金斯案开始，各州开始各自提出针对精神耗弱的定义。See Alexis Dowling, "Post – Atkins Problems Enforcing the Supreme Court's Ban on Executing the Mentally Retarded", 33 *Seton Hall L. Rev.* 733 (2003).

〔3〕　See Jerome Hall, *General Principles of Criminal Law*, Indianapolis：Bobbs – Merrill (1947), p. 158.

〔4〕　See Ford v. Wainwright, 477 U. S. 399 (1986).

〔5〕　See Eric Tennen, "The Supreme Court's Influence on the Death Penalty in America：A Hollow Hope?", 14 *B. U. Pub. Int. L. J.* 251(2005).

神耗弱者适用死刑的另外一个关键判例，即阿特金斯案〔1〕所产生的实际效果也几乎为零。〔2〕

从总体上来看，美国联邦最高法院针对死刑适用中精神耗弱要素这一变量的总体把握还是趋向于将其作为限制死刑适用范围的一种客观要素，同时倾向于将精神耗弱要素的范围扩展到包括传统意义上的精神疾病、智力障碍等影响其应诉能力的全方位情况，将这一要素的考量扩展到死刑量刑以及死刑执行的全阶段。值得一提的是，美国联邦最高法院对此问题的态度是相对灵活，又相对谨慎的。秉持实用主义的刑事政策，美国联邦最高法院并未将精神耗弱这一变量对于死刑厘定与执行的影响建构在传统的刑罚目的等理论论说基础之上，而是将所谓"发展中的国内合意"作为其态度转折的基础性考量。姑且不考虑美国联邦最高法院对于发展中的国内合意的拟制方式是否适当，但这样的一种考量起码说明了"民意"对于死刑适用方式与范围的决定性影响。

第三节　小　结

和其他影响、加上美国死刑适用的变量类似，美国联邦最高法院承认精神耗弱这一客观变量在死刑适用过程中应予考量，并且应当将其作为限制死刑适用的基本考量这一。但值得注意的是美国联邦最高法院对于精神耗弱要素的辨识与认定并未专注于考察其如何在病理学上影响行为人的认知或者判断能力，而是将重点放在考察社会对于精神耗弱者是否该当死刑，在死刑适用过程中应该具有何种程序性权利的认知之上。〔3〕从这个角度而言，很多事情本身是什么已经变得不再重要，相反，其对于社会生活的实际影响，特别是对于这一要素的社会一般认知为何获得了实质性的权重地位。这固然属于实用主义刑事政策的具体体现，但在这个过程中民意因素的拟制与导入机制也不应被忽视。

---

　〔1〕　See Atkins v. Virginia, 536 U. S. 304 (2002).

　〔2〕　根据 *Artkins* 案被释放的死刑候刑者的比例为 0. 0%（3504 名死刑候刑者当中仅有 1 人因此免于死刑）. See Samuel R. Gross, "American Public Opinion on the Death Penalty – It's Getting Personal", 83 *Cornell L. Rev.* 1448(1998).

　〔3〕　See Richard C. Dieter, "The Death Penalty and Mental Illness：Introduction to the Presentations：The Path to an Eighth Amendment Analysis of Mental Illness and Capital Punishment", 54 *Cath. U. L. Rev.* 1117(2005).

第十章

全球化视野下美国死刑存废之争

　　死刑的存废一直是死刑问题研究似乎不可回避的问题之一，对于美国死刑问题的研究尤其如此。美国向来标榜民主、人权，而美国对于死刑的坚持适用使得很多美国学者感到困惑，并将美国这种对于死刑的痴迷视为逆世界潮流而动的异象。[1]但总结起来，既有话语存在如下几点缺漏。

　　首先，以所谓世界趋势为前提，预设结论地讨论美国死刑的废止，实际上是一种缺乏本土话语的僵化思路。事实上其他国家的做法固然可以作为参考，但是如何从本国具体的经济社会条件出发，肯定死刑存在的现实，并对其进行开放性地研讨才是一种应然的进路。其次，以司法或者立法为语境，单纯地研讨法律意义上的死刑存废，实际上是一种缺乏现实话语的片面思路。事实上，死刑的存废与其说是一个法律问题，倒不如说是一个道德问题，或者更为直接，是一个政治问题。法律的解说，只是为既定政治博弈结果提供合法性的外衣而已。因此，虽然对于未来美国死刑的发展必须纳入全球化语境当中，并且无法摆脱死刑存废的司法论证，但更为重要的是探求美国社会对于死刑的一般认知及其在未来的可能发展。

第一节　世界范围内死刑发展的一般趋势

　　近现代死刑的废止运动发端于欧洲启蒙思潮，随着1764年贝卡利亚《犯罪与刑罚》一书的出版，对于刑罚设定理念与技术的反思不仅促使突尼斯和奥地利等国先后废止了死刑，也深刻地影响到了北美大陆。事实上，宾夕法尼亚地区早在1794年就废止了除一级谋杀之外所有犯罪的死刑适用。虽然之后北美地

---

　　[1]　See Roger Hood, "The Death Penalty: The USA in World Perspective", 6 *J. Transnat'l L. & Pol'y* 517 (1997).

区的死刑适用多有反复，但总体上，在 19 世纪 50 年代，美国对于死刑的改革态度还处于国际"领先"的位置，当时密歇根州、威斯康星州，以及罗德岛甚至废除了谋杀罪的死刑适用。[1]

根据美国死刑信息中心的相关统计，截至 2010 年 12 月 31 日，世界范围内死刑适用的情况可以做如下图示，见下图：

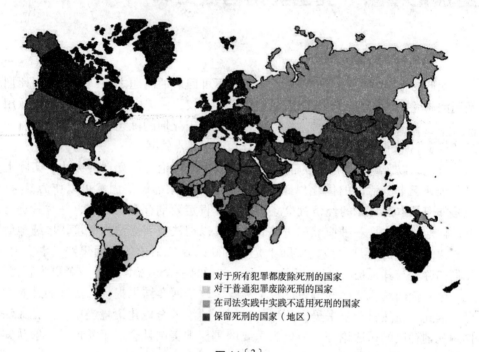

对于所有犯罪都废除死刑的国家
对于普通犯罪废除死刑的国家
在司法实践中实践不适用死刑的国家
保留死刑的国家（地区）

图 11[2]

具体而言，根据对于死刑适用的基本态度，可以将世界各国（地区）区分

---

〔1〕 据有的学者考证，西方历史上第一次围绕死刑的议会辩论发生在公元前 427 年，狄奥多图斯（Diodotus）坚持认为死刑不足以阻遏犯罪，并以此为根据，说服雅典议会放弃了之前曾作出的处死某一叛乱城市当中所有男性的做法。See Laurence A. Grayer，"A Paradox: Death Penalty Flourishes in U. S. While Declining Worldwide"，23 *Denv. J. Int' l L. & Pol' y* 555（1995）.

〔2〕 参见 http：//www. deathpenaltyinfo. org/abolitionist - and - retentionist - countries，最后访问日期：2011 年 7 月 26 日。

为如下四大类[1]：对所有犯罪都废除死刑的国家有 96 个[2]；保留死刑适用的国家（地区）共 58 个[3]；司法实践中实际已经不适用死刑的国家 34 个[4]，对于除军事犯罪等之外的普通犯罪不适用死刑的国家有 9 个。[5]

从历史的发展脉络来看，似乎可以得出死刑在世界范围内逐渐走向没落的结论。毕竟在 1965 年，仅有 12 个国家废止了死刑，而还有其他的 11 个国家已经废止了在和平时期针对谋杀和其他通常犯罪的死刑的适用。[6]

基于这样的一种简单的对比"趋势"，很多学者开始指摘潮流而动仍然保留并适用死刑的国家，并将人权与死刑挂钩。美国联邦政府，以及大多数州政府，都反对废止死刑的国际努力。但这种质疑实际禁不起推敲。

第一，概括地将适用死刑与违反人权等同的看法有太过笼统概括之嫌。一个非常简明的例子就是，如果遵照这一逻辑，那么作为西方少数仍然保留且适用死刑的国家，美国就需要面临一个非常吊诡的局面。一方面，美国一直以侵犯人权为由批评其他国家，如伊朗、中国等国家，甚至将其作为推翻其他国家

----

〔1〕 参见 http：//www.deathpenaltyinfo.org/abolitionist - and - retentionist - countries，最后访问日期：2011 年 7 月 26 日。

〔2〕 分别包括：阿尔巴尼亚、安道尔、安哥拉、阿根廷、澳大利亚、奥地利、阿塞拜疆、比利时、不丹、波黑、保加利亚、布隆迪、柬埔寨、加拿大、佛得角、哥伦比亚、库克群岛、哥斯达黎加、科特迪瓦、克罗地亚、塞浦路斯、捷克、丹麦、吉布提、多米尼加、厄瓜多尔、爱沙尼亚、芬兰、法国、加蓬、格鲁吉亚、德国、希腊、几内亚比绍、海地、梵蒂冈、洪都拉斯、匈牙利、冰岛、爱尔兰、意大利、基里巴斯、吉尔吉斯斯坦、列支敦士登、立陶宛、卢森堡、马其顿、马耳他、马绍尔、毛里求斯、墨西哥、密克罗尼西亚、摩尔多瓦、摩纳哥、黑山、莫桑比克、纳米比亚、尼泊尔、荷兰、新西兰、尼加拉瓜、纽埃、挪威、帕劳、巴拿马、巴拉圭、菲律宾、波兰、葡萄牙、罗马尼亚、卢旺达、萨摩亚、圣马力诺、圣多美和普林西比、塞内加尔、塞尔维亚、塞舌尔、斯洛伐克、斯洛文尼亚、所罗门群岛、南非、西班牙、瑞典、瑞士、帝汶、多哥、土耳其、土库曼斯坦、图瓦卢、乌克兰、英国、乌拉圭、乌兹别克斯坦、瓦努阿图、委内瑞拉。——笔者注

〔3〕 阿富汗、安提瓜和巴布达、巴哈马、巴林、孟加拉、巴巴多斯、白俄罗斯、伯利兹、博茨瓦纳、中国、乍得、科摩罗、刚果、古巴、多米尼加、埃及、赤道几内亚、埃塞俄比亚、危地马拉、几内亚、圭亚那、印度、印尼、伊朗、伊拉克、牙买加、日本、约旦、科威特、黎巴嫩、莱索托、利比亚、马来西亚、蒙古、尼日利亚、阿曼、巴基斯坦、巴勒斯坦、卡塔尔、圣卢西亚、圣文森特、沙特、塞拉利昂、新加坡、索马里、苏丹、叙利亚、台湾地区、泰国、特立尼达和多巴哥、乌干达、阿联酋、美国、越南、也门、津巴布韦。——笔者注

〔4〕 阿尔及利亚、贝宁、文莱、布基纳法索、喀麦隆、中非、刚果、厄立特里亚、冈比亚、加纳、格林纳达、肯尼亚、南韩、老挝、马达加斯加、马拉维、马尔代夫、马里、马里塔尼亚、摩洛哥、缅甸、瑙鲁、尼日尔、巴布亚新几内亚、俄罗斯、斯里兰卡、苏里南、斯威士兰、塔吉克斯坦、坦桑尼亚、汤加、突尼斯、赞比亚。——笔者注

〔5〕 玻利维亚、巴西、智利、斐济、以色列、拉托维亚、秘鲁、萨尔瓦多、塔吉克斯坦。——笔者注

〔6〕 See Laurence A. Grayer, "A Paradox: Death Penalty Flourishes in U. S. While Declining Worldwide", 23 *Denv. J. Int' l L. & Pol' y* 555 (1995).

的理由。[1]而另一方面，美国本身又始终坚持适用死刑。显然，如果仍然坚持这样的一种看法，只能得出美国的民主观是虚假的，或者双重标准的结论。死刑因为属于剥夺他人重大法益的行为，因此认定其与人权有关自然无可厚非，但事实上不仅是死刑，任何与人相关的权利都属于人权。从这个意义上，只有断绝人权与死刑之间的全然对应关系，将人权作为所有人文研究的话语背景而不是标准，才是一种较为可行的进路。

第二，将世界趋势作为左右具体国家死刑发展最终宿命的思路缺乏本土视角。很多美国学者通过研究死刑在世界范围内的发展趋势，认为美国至今仍然保有死刑的做法有悖于这一发展规律，并对于美国为什么不废止死刑保持疑惑。[2]不可否认，如果简单地将各种数据进行对比，的确可以造成一种十分具有误导性的效果。例如，2010年，全世界仅有23个国家真正执行过死刑，并且在适用数量上也存在极大差异，最多的如中国，可能超过上千起，伊朗为252起，其余的国家都只有几十起，如美国在2010年执行了46起死刑。[3]

单纯考虑数字，这样的一种表述无疑是具有迷惑性的，但对此，有美国学者曾十分深刻地提出，尽管从绝对意义上，中国每年死刑执行数量世界死刑执行总量的大多数，但考虑到中国人口总数，其每万人死刑执行比例实际上远远低于伊朗，甚至与美国相差不多。另外，所谓绝对意义的比较的荒谬性还在于对比的基础，以中国和美国为例。中国目前死刑犯罪的数量为55个，虽然适用频率不一，但却远远高于美国某些司法区仅针对谋杀犯罪适用死刑的做法。因此，如果结合人口基数，单纯对比相同个罪的死刑适用比例，所得出的相对意义结果一定不同于单纯的绝对比较。从这个意义上，美国学者所认为的"和中国一样，美国的死刑执行数量世界领先"的看法是可以成立的。[4]

第三，将世界趋势与各国死刑的未来发展捆绑在一起是有悖基本逻辑的。死刑的废止起码从形式上来讲是一个法律问题，因此死刑的存废从基本意义上应该从死刑适用的法律实效、法律成本等视角入手。但从世界范围来看，大多数国家对于死刑问题的态度却并非从死刑的法律属性与法律含义出发，而是基

---

〔1〕 目前国际人权法的一般话语认为，每个人都有绝对价值的人类尊严，即使自己也不能将其加以放弃。当然一个人可以因为某种原因牺牲自己的生命，而这被看做是英雄的行为。美国在2011年前后策动、支持、帮助中东、非洲某些国家的所谓"民主革命"即属此例。——笔者注

〔2〕 See Barbrara Bader Aldave, "The Future of Capital Punishment in the United States", 81 *Or. L. Rev.* 1(2002).

〔3〕 See http：//www. deathpenaltyinfo. org/death－penalty－international－perspective，最后访问日期：2011年7月26日。

〔4〕 See Warren Allmand, et al. , "Human Rights and Human Wrongs: Is the United States Death Penalty System Inconsistent with International Human Rights Law?", 67 *Fordham L. Rev.* 2793 (1999).

于特定政经情势所作出的一种政治选择。例如，前苏联加盟共和国摩尔多瓦废除死刑的理由就是因为要加入欧盟，而东欧解体后波罗的海国家，属于前苏联一部分的乌克兰和俄罗斯对于死刑态度的转变大致如此。而就在这些国家实质停止死刑的几年前，苏联死刑的适用数量还数倍于美国。[1]

第二节　国际法之于美国联邦最高法院

长期以来，美国一直是作为国际法的例外存在的。这种话语霸权在其对于未成年人坚持适用死刑的态度上体现的尤为明显。连美国学者也慨叹，在适用未成年人死刑的问题上，美国违反了国际人权法，而作为世界的一极，美国应该为世界其他各国设定典范，如果美国希望其他国家也遵守国际法，那么其也必须这样做。[2]美国1992年批准了《公民权利和政治权利国际公约》(ICCPR)，因此就有义务服从该公约的原则。虽然在签订条约的时候，美国针对第6条第5款[3]进行过保留，但根据该条约第5条第2款[4]与第4条第2款[5]，这种保留显然是无法成立的。[6]

作为世界范围内的超级大国，美国一直标榜法治、权利、民主，反之，很明显，如果不遵守其他国家遵守的国际法规则，美国就不会在国际社会当中得到尊重。针对死刑，美国需要进行全球化的思考而不是仅仅局限于国内政治的藩篱。事实上，美国对于死刑的态度如何也会影响到其他国家针对死刑以及人权的态度。除非美国采用措施弥补其在死刑问题上所造成的形象损失，可以确定，其作为所谓"民主棋手"的位置将会遭受质疑，甚至孤立。从这个意义上来讲，还原美国司法活动与国际法之间的动态关系就成为深入理解全球化视野中美国死刑的关键之一。

---

〔1〕　See Roger Hood, "The Death Penalty: The USA in World Perspective", 6 *J. Transnat'l L. & Pol'y* 517(1997).

〔2〕　See Roger Hood, "The Death Penalty: The USA in World Perspective", 6 *J. Transnat'l L. & Pol'y* 517(1997).

〔3〕　"对18岁以下的人所犯的罪，不得判处死刑；对孕妇不得执行死刑。"

〔4〕　"不得根据本规定而克减第6~8条（第1、2款）、第11、15、16、18条。"

〔5〕　"对于本公约的任何缔约国中依据法律、惯例、条例或习惯而被承认或存在的任何基本人权，不得借口本公约未予承认或只在较小范围上予以承认而加以限制或克减。"

〔6〕　See Carly Baetz-Stangel, "The Role of International Law in the Abolition of the Juvenile Death Penalty in the United States", 16 *Fla. J. Int'l L.* 955(2004).

一、美国联邦最高法院司法活动中的国际法

（一）国际人权法语境中的死刑观[1]

一般认为，所谓国际法专指调整国家、国际组织的行为以及二者之间关系的原则。[2] 国际法院（The International Court of Justice）作为联合国设置的独立司法机构，有权根据国际法解决有成员国提出的法律争端。而在国际法院审理国际争端时所适用的国际法来源包括：①概括或具体意义国际条约；②争议国家明确同意适用的国际习惯与原则；③国际公法的相关学说与司法判例。[3] 其中，针对国际人权，特别是国际法中限制、禁止死刑的法源，大体上可以将其分为习惯法和条约两大类。

1. 国际习惯法。国际习惯法是基于法律义务感的国家所实施的总体上且一致的司法习惯。从这个意义上判断，国际习惯法包括如下两个方面的内容：①客观要素，即世界上大多数政府或者国家的行为或者实践；②主观要素，即相关国际法主体从事或者不从事特定行为的义务感。换句话说，国际习惯法从本质而言必须要通过相关国家的司法实践以及认知来认定。进一步而言，可以上升为习惯法的实践必须持续一段时间。[4]

证明某种行为是否上升为习惯国际法的情况中，最好的证据就是国家的相关实践，即官方的文件以及其他对于政府行为的表征。除此之外，诸如国际法院的判决，乃至权威学者的意见等都可以作为具有法律效力的国际习惯法源。[5]

2. 国际条约。根据《维也纳条约法公约》，所谓国际条约是指国家间书面做出的协议，无论其是包括在一个单独的法律文件还是几个法律文件当中，也无论其被冠以何种名称。[6] 条约的成立建立在成员国对于条约内容的认可与合意基础上。根据本法第 11 条，成员国同意受特定条约的束缚必须通过签字，交换相关法律文件，接受，批准或者让步等其他表示同意的方式来明示。

---

[1] See Anthony N. Bishop, "The Death Penalty in the United States: An International Human Rights Perspective", 43 *S. Tex. L. Rev.* 1115 (2002).

[2] See William A. Schabas, "International Law and Abolition of the Death Penalty", 55 *Wash. & Lee L. Rev.* 797 (1998).

[3] See Areh Neier, "Political Consequences of the United States Ratification of the International Covenant on Civil and Political Rights", 42 *DePaul L. Rev.* 1233 (1993).

[4] See Michelle McKee, "Tinkering with the Machinery of Death: Understanding Why the United State's Use of the Death Penalty Violates Customary International Law", 6 *Buff. Hum. Rts. L. Rev.* 153(2000).

[5] See Elizabeth A. Reimels, "Comment, Playing for Keeps: The United States Interpretation of International Prohibitions Against the Juvenile Death Penalty——The U. S. Wants to Play the International Human Rights Game, but Only If It Makes the Rules", 15 *Emory Int' l L. Rev.* 303 (2001)

[6] 参见 http://www.fmprc.gov.cn/chn/pds/ziliao/tytj/t83909.htm，最后访问日期：2011 年 2 与 24 日。

　　而当美国签订双边或者多变条约后，只有在获得参议院 2/3 以上议员投票支持的情况下，才能保证条约规定的内容对于国内具有约束力。一旦获得参议院的支持，国际条约就在事实上转化为国内法，并且具有相当高层级的效力。换句话说，任何与该条约冲突的联邦法律、州法以及判例都会因此失效。

（二）美国联邦最高法院对于国际法的司法适用

　　在司法实践中，上述意义的国际法即使通过签署以及参议院通过事实上成为美国国内法，也往往无法得到具体的落实，例如美国联邦与各州政府一般很少选择将国际条约作为案件审理的依据。这其实反映出美国对于国际法的一种矛盾心态。一方面，对于包括国际刑事法院在内的国际司法机构，美国一直保持不承认的态度，但另一方面，随着时代的发展，美国很难像之前那样凌驾于国际法之上，仅仅扮演国际法的裁判员，而不扮演国际法的运动员。

　　具体到司法领域，美国联邦最高法院适用国际法解读宪法并不是革命性的创新，而是相对来说具有具有很高的自由度。事实上在美国联邦最高法院第一起具有实际影响意义的判例克里斯罗姆诉佐治亚州案（*Chisolm v. Georgia*）[1] 中，前美国联邦最高法院大法官约翰·杰伊（John Jay）观察认为美国应该在世界上占有一席之地，成为有义务遵守法治的国家。[2] 进入 19 世纪，美国联邦最高法院逐渐针对国际法发展出两大根本原则，首先，美国国会应确保立法不能与国际法相冲突，通过一系列判例，美国联邦最高法院最终认为，在美国的国内法与其签署的国际条约出现矛盾和冲突的情况下，起码不应该承认国际法有凌驾于国内法之上的强制适用效力，对于上述矛盾，应该交由立法机关解决；其次，美国联邦最高法院通过判例承认国际习惯法的存在及其适用效力，并且美国的法院有权力对其加以强制执行。例如在哈巴那案[3] 中，美国联邦最高法院即根据国际习惯法认定在战时拿获渔船的行为为非法。[4]

　　除了对于国际条约及国际习惯法的直接采信之外，更多时候美国联邦最高法院在司法活动中是将国际法作为解读宪法文本及修正案的参照来加以实现的，其中，对于宪法第八修正案的解读过程中美国联邦最高法院大法官对于外国法以及国际法的援引最为频繁，从这个意义来讲，解读时援引国际法源已经成为宪法第八修正案的标志之一。

　　在美国宪法第八修正案禁止"残忍且不寻常"刑罚条款的解读发展过程中，

---

〔1〕　See *Chisholm v. Georgia*, 2 U. S.（2 Dall.）419（1793）.

〔2〕　See Richard A. Posner, "An Economic Theory of Criminal Law", 85 *Colum. L. Rev.* 1193（1985）.

〔3〕　See Paquete Habana., The Lola, 175 U. S. 677（1900）.

〔4〕　See NOTE：Michelle McKee, "Tinkering with the Machinery of Death：Understanding Why the United State's Use of the Death Penalty Violates Customary International Law", 6 *Buff. Hum. Rts. L. Rev.* 153（2000）.

美国联邦最高法院在很多关键判例中都大量地援引了包括国际法在内的域外法。例如，在威姆士案〔1〕中，美国联邦最高法院为了确定菲律宾对于伪造公文罪的刑罚规定属于宪法第八修正案所禁止的"残忍且不寻常"刑罚，就曾引用过其他国家的相关规定。而在另外一起标志性判例特洛普诉杜尔斯案（*Trop v. Dulles*）〔2〕中，美国联邦最高法院提出对于宪法第八修正案的理解应该与时俱进，通过援引联合国进行的一项调查结果，美国联邦最高法院发现 84 个国家的国籍法当中只有两个国家，即菲律宾与土耳其将剥夺国籍作为战时逃避服役罪的刑罚，并将这一发现作为特定刑罚违反社会正当性的参照依据。

　　虽然在上述案例中美国联邦最高法院所援引的并不是本源意义上的国际法，而是一种更为宏观的域外法，但还是可以从中发现虽然对于这一系列判例中援引域外法的做法异议不大，但相关域外法仅仅是作为解读宪法文本的参照或者证明标准，而并非直接效力来源存在的。一般来说，这一点在涉及国际法是否在域内生效，如果生效，该如何解读的问题上体现的尤为明显。因此，这就演变成了对于像死刑存废这样的纯粹国内法问题，美国联邦最高法院援引国际法作为裁判依据是否具有合法性的问题。〔3〕

二、美国死刑的存废的相对独立性

（一）国际人权法语境中的死刑观

　　一般认为，当代国际法对于生命权的承认与保护始于 1948 年联合国制定的《世界人权宣言》。〔4〕虽然相关规定颇为概况，缺乏具体可执性，但还是被认为为当代国际法设定了基调。

　　在此基础上，1966 年，联合国通过了《公民权利和政治权利国际公约》，对于死刑问题作出了具体规定。〔5〕该条约第 6 条明确规定："①人人皆有天赋之生存权。此种权利应受法律保障。任何人之生命不得无理剥夺。②凡未废除死刑之国家，非犯情节最重大之罪，且依照犯罪时有效并与本公约规定及防止及惩治残害人群罪公约不抵触之法律，不得科处死刑。死刑非依管辖法院终局判决，不得执行。③生命之剥夺构成残害人群罪时，本公约缔约国公认本条不得

〔1〕　See *Weems v. United States*, 217 U. S. 349 (1910).

〔2〕　See *Trop v. Dulles*, 356 U. S. 86 (1958),

〔3〕　See Harvie Wilkinson III, "The Use of International Law in Judicial Decisions", 27 *Harv. J. L. & Pub. Pol' y* 423 (2004).

〔4〕　http: //www. un. org/chinese/work/rights/rights. htm, 最后访问日期：2011 年 8 月 5 日。《世界人权宣言》第 3 条规定，"人人有权享有生命、自由和人身安全。"

〔5〕　http: //www1. pu. edu. tw/ ~ pro0801/new/topics/people_ rights/right2. pdf, 最后访问日期：2011 年 8 月 5 日。

认为授权任何缔约国以任何方式减免其依防止及惩治残害人群罪公约规定所负之任何义务。④受死刑宣告者，有请求特赦或减刑之权。一切判处死刑之案件均得邀大赦、特赦或减刑。⑤未满18岁之人犯罪，不得判处死刑，怀胎妇女被判死刑，不得执行其刑。⑥本公约缔约国不得援引本条，而延缓或阻止死刑之废除。"

相较于《世界人权宣言》，《公民权利和政治权利国际公约》在保护生命权，尤其是在死刑适用的具体限制方面取得的进步有目共睹。但《公民权利和政治权利国际公约》对生命权的保障并非绝对，而是将承认死刑存在的合法性作为前提，仅仅对于死刑进行某种实体性或者程序性的限制。或许没有提倡完全地废止死刑是出于尽可能地在世界各国中取得最大一致意见的初衷，但肯定死刑的合法性却带来了另外另外的问题。例如，美国虽然直到1992年才签署《公民和政治权利国际公约》，但却对于该条约当中的一些条款，包括针对未成年人死刑适用等规定作出了保留。从而导致以《公民权利和政治权利国际公约》对于死刑不正当适用的现象。

对此，部分国际组织和国际法学者主张通过《公民权利和政治权利国际公约》制定补充议定书的方式，事实上取消死刑在国际范围内的适用，从而促使成员国采取一切可能的措施确保在其管辖范围内废除针对常规犯罪的死刑适用。[1]虽然这一尝试尚未取得实质性进展，也并未获得世界主要国家的支持，但还是未国际法视野中的死刑发展标明了方向。

从国际习惯法来看，除美国之外的主要西方国家都已经废止死刑，而国际上也通行所谓"死刑不引渡"原则，将被引渡者能够被判死刑作为决定是否将其引渡的前提条件等做法。限于篇幅，这里不作赘述。

（二）死刑国际法对于美国司法的影响

美国针对《公民权利和政治权利国际公约》第6条第5款，即针对未成年人禁止适用死刑的规定作出了保留。而根据美国宪法第6条规定，"本宪法及依本宪法所制定之合众国法律；以及合众国已经缔结及将要缔结的一切条约，皆为全国之最高法律；每个州的法官都应受其约束，任何一州宪法或法律中的任何内容与之抵触时，均不得有违这一规定。"换句话说，如果没有此种保留，或者这种保留不成立，那么严格限制死刑的《公民权利和政治权利国际公约》就将具有和美国宪法同一位阶的法律效力，并因此对于联邦以及各州的死刑司法发挥限制作用。

虽然有学者提出，根据相关国际法，美国的此种保留因为不符合《公民权

---

[1]　Shigemitsu Dando，"Toward the Abolition of the Death Penalty"，72 *Ind. L. J.* 7(1996).

利和政治权利国际公约》的设定目的因而无法成立。[1]但美国联邦及州法院却以存在保留为由,拒绝将该条约中禁止对于未成年人适用死刑的条款适用于其各自的司法活动。例如,在海宁诉吉布森案[2]中,美国第十巡回上诉法院就明确地否认了上诉人主张美国针对《公民权利和政治权利国际公约》中禁止对于未成年人适用死刑的保留无效的主张。在该法院看来,即使真如上诉人所言,相关保留无效,但因为《公民权利和政治权利国际公约》本身不具有自执行性,而参议院也并未对此制定专门的立法,因此仍然可以不对其加以采信。无独有偶,在普莱斯利案[3]中,阿拉巴马州最高法院和美国很多州最高法院一样,在处理《公民权利和政治权利国际公约》与各州相关死刑法的冲突时,一般都承认美国对于相关条款所提出保留的有效性,并因此不承认这一国际条约对其的约束力。

2005 年,美国联邦最高法院突然改变了对于未成年人死刑适用的态度,以5:4 的表决结果认定对于犯罪时不满 18 岁的未成年罪犯适用死刑违宪。[4]在分析过程中,以肯尼迪法官为代表的多数派意见援引了国际法及其他国家的实践做法,用以证明对于未成年人适用死刑违反了宪法第八修正案及第十四修正案。而这样的一种做法受到了保守派法官,如斯卡利亚、伦奎斯特以及托马斯等人的激烈反对。肯尼迪法官提出,"我们认定对于未满 18 岁的人适用死刑的做法揭示的残酷现实就是美国是世界上唯一一个继续对于未成年人适用这样一种刑罚的国家……《联合国儿童权利公约》第 37 条明确禁止对于不满 18 岁的未成年犯罪人适用死刑,而只有索马里和美国对此表示反对……"对此,斯卡利亚大法官持坚决的反对态度,"显然,多数派意见并没有考虑美国民众对于这一问题的态度,相反,却将其他国家或者所谓国际社会的看法至于十分重要的位置……参议员和总统——这些我们国家宪法授权缔结国际条约的人——并没有批准禁止对于未成年人执行死刑的国际公约,而这就意味着我们并没有达成对于这个问题的全国性共识。[5]

肯尼迪法官与斯卡利亚法官对于司法活动中对于国家法的适用问题所产生的不同意见绝非偶然。事实上对于像死刑存废这样的纯粹国内法问题,美国联

---

〔1〕 See Connie de la Vega & Jennifer Brown, "Can a United States Treaty Reservation Provide a Sanctuary for the Juvenile Death Penalty?", 32 *U. S. F. L. Rev.* 735 (1998).

〔2〕 See Hain v. Gibson, 287 F. 3d 1224 (10th Cir. 2002).

〔3〕 See Ex parte Pressley, 770 So. 2d 143 (Ala. 2000).

〔4〕 See Roper v. Simmons, 543 U. S. 551 (2005).

〔5〕 See John R. Crook, "Supreme Court Holds Juvenile Death Penalty Unconstitutional, Citing Treaties and Foreign Practice", 99 *A. J. I. L.* 487(2005).

邦最高法院援引国际法作为裁判依据是否具有合法性一直存在很大的争议，适用外国法以及国际法来解读美国宪法问题也是美国法学界以及司法理论界争论最多的问题之一。尽管有些法律从业人士以及评论家呼吁可以参照援引外国法以及国际法，也有很多人认为适用非美国法来解读美国宪法是不适当的。坊间甚至还出现过对于力主承认国际法司法适用效力的法官金斯伯格以及前法官奥康纳的暴力威胁。[1]

虽然美国联邦最高法院在罗珀案中参照国际法对于宪法第八修正案禁止"残忍且不寻常"刑罚条款进行了解读，但这绝对称不上一种主流做法，该案5:4的表决结果也说明了这一问题。在死刑合宪性的审查过程当中，美国联邦最高法院总体上还是将域外法视为一种较为边缘的参照，从来没有将包括国际法在内的域外法源视为从司法意义上表征社会正当性的主要指标。美国联邦最高法院对于包括国际条约在内的域外法的适用焦点集中于如何认定这些非美国法律的证据效力，一般认为这些法律对于美国国内法律问题并不具有必然的约束力。例如，前美国联邦最高法院大法官博瑞尔曾经长期鼓吹将国外法律规定作为解读美国宪法的有效参考，但连他也承认这些域外法律规定不具有强制约束力。[2]

换句话说，不能将美国联邦最高法院在某些案件中的审理过程中援引国际法理解为一种朝向超国家司法模式的理性发展。在某些学者看来，这种做法仅仅代表着某些最高法院大法官有选择地在处理争议性的问题，如死刑时用国际法来佐证自己观点的计数性策略而已。[3]但另外一个必须注意的倾向是，美国联邦最高法院在解读宪法第八修正案等宪法文本的时候开始越来越多地引用国际法源。[4]

第三节 司法语境下美国死刑未来走向的实用主义考量

一、死刑与刑罚目标

一般来说，可以将刑罚的目的区分为阻遏与报应两类。所谓阻遏是一种功

---

〔1〕 See Harvie Wilkinson III, "The Use of International Law in Judicial Decisions", 27 *Harv. J. L. & Pub. Pol'y* 423 (2004).

〔2〕 See Knight v. Florida, 528 U. S. 990 (1999).

〔3〕 See Janet Koven Levitt, "Going Public with Transnational Law: The 2002 ~ 2003 Supreme Court Term", 39 *Tulsa L. Rev.* 155 (2003).

〔4〕 See Ruti Teitel, "Comparative Constitutional Law in a Global Age", 117 *Harv. L. Rev.* 2570 (2004)

利主义的思维方式，主要放眼未来，考察刑罚适用会导致何种效用；而报应主义者则关注过去，考量刑罚的适用能否满足罪责的该当性。[1]

(一) 死刑的阻遏作用

阻遏理论考察刑罚从前瞻的角度来看具有正当性，即关注刑罚适用能否具有价值。[2]对于刑罚的阻遏作用分析的最为透彻，也最为典型的观点当属法经济学派，在这些学者看来，资本主义社会选择通过适用刑罚来威慑潜在的犯罪人。在一个市场经济社会当中，交易成本在胁迫的情况下是很低的，罪犯于是经常选择在没有经济以及刑罚制裁的情况下规避这样的一种体系。[3]和所有的经济分析一样，刑法的经济分析也假设行为人将依据最优化的选择从事行为这样的一种理论，即认为个人将理性地希望将自己收益加以最大化并且希望将自己的损失或者不良的感受加以最小化。因此，刑法主要关注通过增加其错误行为所能预期的代价减少犯罪的可能。一个可能的犯罪行为人只有在可以遇见到从事犯罪行为给自己带来的个人收益会超过可以预期的刑事制裁的时候才会从事犯罪。因此，如果代价，如制裁被设定在一个较优的严重程度，那么一个理性的罪犯将会觉得不值得，在这样的情况下，罪犯将不从事犯罪，从这个意义上，其被阻遏了。[4]虽然从历史上来讲，死刑曾被适用于除了谋杀之外的其他严重犯罪。例如，在殖民地时代的美国，强奸、绑架、通奸、叛国、鸡奸、数额巨大的盗窃、纵火等犯罪都可能被判处死刑，但这并违反法经济学的理论假设，对此的解释是在这个时候的这些人都是信仰宗教的，而其生命周期也较短，实际上任何人都相信更好的来生。因此，死亡并不被认为是像现在所看到的那样严重的刑罚。[5]

一部分学者认为，从理论上来看，保留死刑可以阻遏他人实施相关死刑犯罪，同时也可以对于该犯罪人实施特别预防。[6]20 世纪 70 年代，美国著名学者伊萨克·厄尔里奇 (Isaac Ehrlich) 对于死刑的阻遏效果进行了革命性的数据统计与分析。通过考察 1930～1970 年全美谋杀案件的发生频率，并针对相关统

---

[1] See Andrew Oldenquist, "Retribution and the Death Penalty", 29 *Dayton L. Rev.* 335 (2004).

[2] See Michael A. Cokley, "Whatever Happened to That Old Saying 'Thou Shall Not Kill?': A Plea for the Abolition of the Death Penalty", 2 *Loy. J. Pub. Int. L.* 67(2001).

[3] See Richard A. Posner, "An Economic Theory of Criminal Law", 85 *Colum. L. Rev.* 1193 (1985).

[4] See Steven Shavell, "Criminal Law and the Optimal Use of Nonmonetary Sanctions as a Deterrent", 85 *Colum. L. Rev.* 1232 (1985).

[5] See Allan D. Johnson, "The Illusory Death Penalty: Why America's Death Penalty Process Fails to Support the Economic Theories of Criminal Sanctions and Deterrence", 52 *Hastings L. J.* 1101 (2001).

[6] See Michael A. Cokley, "Whatever Happened to That Old Saying 'Thou Shall Not Kill?': A Plea for the Abolition of the Death Penalty", 2 *Loy. J. Pub. Int. L.* 67(2001).

计结果，根据其所独创的针对死刑阻遏效果的多"变量递减性分析"，厄尔里奇将死刑的阻遏效果和其他社会人口学要素产生的影响区分开来，根据这一分析结果，他宣称其研究证明在 1933～1969 年，每起死刑的执行都阻遏了七八起谋杀的发生。[1]这一观点也得到了某些调查结果的印证，有学者指出，作为美国死刑适用大州，德克萨斯州的经验证明该州死刑适用与谋杀案件发生率之间存在对应关系，相较于其他州，德克萨斯州的谋杀案件发生率下降超过44%。换句话说，一年就少出现了 1178 名谋杀的受害者。[2]

但与此同时，针对死刑的阻遏作用，理论与实务界也存在着大量的反对声音。

例如，根据阻遏或预防犯罪的观点，对于犯罪宣战可以使监管具有人身危险性的人，从而预防，或者减少其在未来实施犯罪的客观可能。那么预防犯罪相关措施的成功与否在很大程度上取决于其能否在尽可能的情况下发现犯罪苗头并介入其中。而这就很可能导致三个结果，首先，要对于尽可能多的犯罪，或者可能导致犯罪发生的普通违法行为刑罚化；其次，要对具有人身危险性的潜在犯罪人进行控制；最后，要减少刑事追诉的程序性控制，提升刑事打击的力度与效率。[3]例如很显然，如果将预防或者阻遏犯罪的理念贯彻到底，那么对于单纯的持有毒品也需要执行强制性的终身监禁，根据非常符合逻辑，首先，因为毒品会诱发神经功能、认知能力以及情绪的改变，因此吸毒者很可能因为主观认识与控制能力的脆弱而实施犯罪；其次，吸毒者为了获得毒资会不择手段地实施侵财犯罪，毒品交易会与其他暴力犯罪伴生，等等。这显然与当今社会的一般价值观相左。[4]换句话说，尽管也认为死刑主要是基于阻遏的根据，但是也需要考虑该当性。如果可以证明杀死 1 个酒后驾车并且导致受害人死亡的人可以阻遏未来 500 个无辜的人的活命的话，我们是否会这样做呢?[5]

从实证的角度来看，尽管厄尔里奇的调查曾提出死刑的适用有助于预防谋杀犯罪的发生。19 世纪 60 年代和 70 年代的死刑缓刑与凶杀案发生率实质上的增长不谋而合，至少在过去死缓的适用是与男青年数目大幅上升有关，而该类

〔1〕 See Michael L. Radelet & Ronald L. Akers, "Deterrence and the Death Penalty: The Views of the Experts", 87 *J. Crim. L. & Criminology* 1 (1996).

〔2〕 See Symposium: "The Death Penalty Debate: Panel Discussion", 36 *Harv. J. on Legis.* 505(1999).

〔3〕 See David C. Baldus, "Keynote Address: The Death Penalty Dialogue Between Law and Social Science", 70 *Ind. L. J.* 1033(1995)

〔4〕 See Markus Dirk Dubber, "Policing Possession: The War on Crime and the End of Criminal Law", 91 *J. Crim. L. & Criminology* 829 (2001).

〔5〕 See W. William Minor, "Review Essay: Reflections on the Killing of Criminals Legal Homicide: Death as Punishment in America, 1864～1982", 76 *J. Crim. L. & Criminology* 764(1985).

男性青年正处于最具有犯罪倾向的年龄阶段。巧合的是，在某一阶段，由于暴力倾向最明显的年龄段的男性青年的数目下降，犯罪率的总体下落趋势是很有希望发生的，而这一时期恰巧又与新的执行措施相一致。由于人口年龄趋向与执行率的增长不完全一致，完全理清对于暴力倾向的影响就变的十分困难，犯罪学家们大胆地将这种暴力倾向归咎于年龄，而不是威慑主义者认为的应归咎于死刑的运用的影响。[1]还有其他的研究却表明死刑或许造成了谋杀犯罪的上升。例如，通过对于纽约州1907~1963年这一区间犯罪数据的分析研究，一份调查发现在每次死刑之后谋杀率实际不降反升。在亚利桑那，在加州，杀人案件发生率，特别是陌生人实施的杀人案件发生率，在备受瞩目的罪犯被执行死刑之后急剧上升。例如，加州谋杀案件发生率在1994年备受关注的对于罗伯特·哈里斯（Robert Harris）[2]的死刑执行后上升了9%。[3]为了解释这样的一种现象，学者提出了两分法的理论，认为政府制裁使得社会对于死亡的敏感度降低，从而使得潜在的谋杀者更加不对自己加以控制。而在"9·11"之后，死刑的阻遏效果褪色的愈加明显，因为那些基地组织的"肉弹"似乎不能被阻遏。[4]因此，尽管这些研究并无法决定性地证明死刑不能阻遏犯罪，但是其还是说明如果死刑真的存在所谓的边际阻遏效应的话，那么其也是十分微小的。这是因为死刑作用的实证研究需要取决于若干根本性前提，例如，针对死刑是否具有预防作用的调查要求调查质量必须十分与保证；调查与分析方法必须具有对话的可能，而这些在目前都无法得到有效的保证。另外，如果说要确保死刑具有阻遏的效果的话，那么就需要对于相关死刑犯罪进行及时、确定的刑罚。然而，现在死刑的适用显示其所应该具有的阻遏效果十分有限。因为目前美国死刑的判决与执行周期往往超过10年，该当死刑的犯罪被实际判处死刑的比例不足1/70，死刑执行大多发生在监狱内部某处较为私密的地方，观众也少得可怜，等等。这就不难理解为什么超过90%美国犯罪学会、死刑司法科学会以及法社会协会成员都不相信死刑具有实际的阻遏效能。[5]

---

〔1〕　See Richard Lempert, "Capital Punishment in the 80s", *Refection on the Symposium*, Vol. 74. No. 3 (1983).

〔2〕　哈里斯因为在1978年谋杀了两名少年而在1992年被执行死刑，他也是加州自1967年被执行死刑的第一人。——笔者注

〔3〕　See Rudolph J. Gerber, "Survival Mechanisms: How America Keeps the Death Penalty Alive", 15 *Stan. L. & Pol'y Rev.* 363(2004).

〔4〕　See Robert Blecker, "Changes in the Law Since 9/11: Where Are We Now", 22 *N. Y. L. Sch. J. Int'l & Comp. L.* 295 (2003).

〔5〕　See Michael L. Radelet & Ronald L. Akers, "Deterrence and the Death Penalty: The Views of the Experts", 87 *J. Crim. L. & Criminology* 1 (1996).

总之，可以套用美国联邦最高法院在格雷格案[1]中所提出的观点作为总结，即针对死刑的阻遏效果并没有决定性的研究结果。

（二）死刑的报应作用

报应所指的是罪犯应该接受和其所导致的别人的损害一样程度的损失。报应论者认定是否刑罚根据从追溯的角度来看才具有正当的，换句话说，刑罚的适用取决于罪犯的该当性，而不是未来社会的有用性。对于刑罚的报应性，学界存在不同解读，但基本都承认报应性实际上指的是犯罪与刑罚之间的比例对应关系，亦即对于自愿实施危害社会行为的行为人处以与其可责性相当的刑罚。[2]

报应一般被理解为国家有义务对于犯罪人实施的，与其罪责相适应的刑罚惩戒措施。围绕罪责该当性，或者刑罚的报应性，学界存在诸多争议，传统观点一般认为，行为人实施道德过错行为的事实足以成为使其接受惩罚的根据。这就意味着报应性的刑罚是一种交流沟通意义上的刑罚，只有在让被惩罚者知道自己为什么被处以某种刑罚的情况下才具有正当性，换句话说，对于那些无法理解刑罚意义的人来说，刑罚适用是不能满足报应性理念的。但同时也有很多学者反对将报应作为刑法的核心内核。相反，这些人认为刑罚的存在是作为民主社会维持其存在而必须具备的一种自卫手段。这意味着任何实施了违反社会刑事规范的人都必须平等地被加以处罚。在理解"报应"概念时，应当注意其与通常话语中的"报复"概念之间的区别。据学者梳理，二者的区别可以体现为如下几点：①报应终结了冤冤相报，而报复却催生了这一循环；②报应要求罪刑相适应，而报复却没与如此绝对的比例关系；③报应是由政府实施的一种客观，不带感情色彩的平等适用法律的行为，而报复责任个人事实的一种非常主观的，为了满足个人报复欲望实施的私力救济；④报应仅仅适用于行为人，而报复则可能适用于任何与行为人有关的人；⑤报应关注行为人的道德意识与人性尊严，而报复却对此往往并不考虑，等等。因此，有人认为死刑防止报应的目标实现，首先，因为受刑者接受刑罚后即死亡，无法理解刑罚的意义；其次，剥夺了刑罚适用者纠正自己错误的机会。[3]

大多数人都是彻头彻尾的报应主义者，无论他们是否知道自己的观点，也不管是否支持死刑。我们相信学生该当他们所得到的分数，谦恭的人该当谦恭

---

〔1〕　See Gregg v. Georgia, 428 U. S. 153（1976）.

〔2〕　See Michael A. Cokley, "Whatever Happened to That Old Saying 'Thou Shall Not Kill?': A Plea for the Abolition of the Death Penalty", 2 *Loy. J. Pub. Int. L.* 67（2001）.

〔3〕　See Dan Markel, State, "Be Not Proud: A Retributivist Defense of the Commutation of Death Row and the Abolition of the Death Penalty", 40 *Harv. C. R. – C. L. L. Rev.* 407（2005）.

的对待等等。在报应论者看来，功利主义是无法成立的，因为单纯地考量刑罚的功利性其实是一种简单化的倾向，例如，有人或许会提出大量的努力来评价死刑的边际阻遏性，就好像这样的一种十分简明的经验性问题，杀了一个谋杀犯可以挽救多少无辜的人的生命。但是这样的一种思考问题的思路，而没有谈及任何道德基础性的功利性的问题，是不能让人满意的。[1]

　　虽然长期以来，报应论都被视为是刑罚的核心要旨，但传统的报应说与修正的报应说都存在问题。传统报应主义者将其表述为以眼还眼，以牙还牙，并将报应论的法源归结至《圣经》，但其实这样的说法是存在问题的，如果严格实施的话，我们怎么对付一名强奸犯人呢，强奸他？[2]修正的报应注意虽然不再强调同态复仇，但也仍然坚持罪责刑的适应性。进一步而言，我们从公开执行死刑到私密执行死刑，从等比例的残暴到无痛苦地执行死刑的发展，其所体现的不是一种等比例的观点，而是和内在核心价值相冲突的观点。在 2003 年，包括过失杀人在内，美国一共发生了 16 503 起杀人案，但只有 144 人被判处死刑。而在当年死刑名单上出现的 3374 个候刑者当中，仅仅有 65 个人被执行死刑。因此，不仅很少有杀人案件导致死刑的判决，而死刑的可能实际上也并不影响大多数候刑者的生命预期。实际上，死刑候刑者的最终被执行的比率仅仅相当于普通美国人日常因为意外或者暴力行为所致死率的 1 倍。[3]

　　综合起来看，无论是坚持死刑的阻遏效果，还是坚持死刑的报应效果，都存在着一种莫衷一是的混杂状态，而这种意见的分歧多少是无法调和的，并且直接影响着美国死刑司法适用过程中态度的反复与矛盾。

二、死刑与司法成本

　　研究美国死刑需要关注死刑成本。

　　因为美国特有的政治体制，导致联邦与州司法活动都需要严格遵守相关政府预算。从这个角度而言，各级财政预算对于相关司法机关的活动具有直接的制约作用。[4]事实上，司法成本占据一个小县非预算资金很大比例的情况十分

---

　　〔1〕　See Daniel D. Polsby, "Recontextualizing the Context of the Death Penalty", 44 *Buffalo L. Rev.* 527 (1996).

　　〔2〕　See Andrew Oldenquist, "Retribution and the Death Penalty", 29 *Dayton L. Rev.* 335(2004).

　　〔3〕　See John J. Donohue and Justin Wolfers, "Uses and Abuses of Empirical Evidence in the Death Penalty Debate", 58 *Stan. L. Rev.* 791(2005).

　　〔4〕　2011 年 8 月 2 日，美国国会勉强通过了临时提高债务上限的议案，但由于美国财政状况持续恶化，负债屡创新高，从而导致多家国际信用机构几十年来首次调低了美国的信用等级，对此，有美国参议员指出，这是美国历史上一个非常重要，也非常具有暗示意义的时刻。"S. &P. Downgrade Is Seen as Adding Urgency to Debt - Cutting Panel", 载 http: // www. nytimes. com/2011/08/08/us/politics/08panel. html?_ r = 1&hp，最后访问日期：2011 年 8 月 8 日。

普遍。

目前美国经济状况不佳，刑事司法体系因为缺乏资源而几近崩溃。地方政府因为通常需要承担死刑的成本而感到不堪重负，毕竟一个死刑案件就可能耗尽该州的所有司法资源。政客们在赞成死刑的时候却从来没有考虑过是否可以将有限的资源投入更为有效的犯罪抗制手段当中。为执行一名死刑罪犯而花费的上百万美金可以被投入更为有效的犯罪抗制过程当中去，诸如雇用更多的警官、加速审理的进程或者建立脱瘾项目，等等。但在目前的政治气氛当中，政客担心的是表现出对于犯罪的软弱性，因此很少出现对于死刑是否可以完成既定目标的讨论和研究，从检察官到总统，所有政治人物都在死刑的问题上采取了形式重于实质的支持态度，而竞选的需要成为了一种立法政策，而这样的一种立法政策并没有分析是否这样的成本可以对于人民带来任何的福祉。[1]

很长时间以来，有种观点认为死刑是省钱的。但这一观点明显与事实相悖。死刑的成本高于其他刑事案件的成本，也高于终身监禁不得假释的成本。在加州，死刑案件的审理比其他非死刑的谋杀案件的成本高出 6 倍。而对于德克萨斯州死刑审判的研究表明其比通常的谋杀案件审理成本高出上百万美金。[2] 由于死刑适用程序愈发严苛，诸如为死刑案件的被告人提供各种救济手段，要求检方提供包括 DNA 在内的物证鉴定，为病人进行精神状况鉴定等等，都使得死刑诉讼的成本十分高昂。例如根据 1988 年佛罗里达州的统计，该州死刑案件的诉讼与执行成本平均合计约 320 万美金。而加州死刑案件审理的平均花费达到了 900 万美金。[3]

随着人们对于税收以及政府开支的反思与批判，死刑的成本问题也变得愈发的重要。除了上面提到的相关数据之外，还与学者总结，堪萨斯州死刑的成本超过终身监禁的成本 70%，印第安纳州死刑的成本超过终身监禁不得假释成本的 38%，北卡州每起谋杀案件被告被判死刑的成本高于被判终身监禁成本约 200 万美金，佛罗里达州死刑成本为约为每起 200 万美金左右；等等。[4]

由此可见，死刑的成本显著高于其主要的替代措施，即终身监禁不得假释。死刑审判程序的繁琐，对于专家证人、陪审员的遴选，定罪和量刑两阶段审理

---

〔1〕　Millions Misspent, "What Politicians Don't Say About the High Costs of the Death Penalty"，载 http：//www. deathpenaltyinfo. org/node/599，最后访问日期：2011 年 8 月 8 日。

〔2〕　See David C. Baldus, "Keynote Address: The Death Penalty Dialogue Between Law and Social Science", 70 *Ind. L. J.* 1033(1995).

〔3〕　参见 Richard C. Dieter, "Americans' Doubts about the Death Penalty"，载 http：//www. deathpenalty. org/article. php? id = 158，最后访问日期：2011 年 8 月 1 日。

〔4〕　参见 http：//www. deathpenaltyinfo. org/FactSheet. pdf，最后访问日期：2011 年 8 月 7 日。

的要求都使得死刑审理成本颇高。[1]成本问题对于死刑适用的影响是客观且直接的。在 2002 年 8 月，一名俄亥俄州法官禁止检方对于被告提起死刑，理由就是死刑案件的审理费用超过了该县财政所能承受的范围，并且分散了对于维持日常治安，打击犯罪的资金。[2]

三、死刑与错案可能性

无辜者被处死的新闻故事经常会占据美国各大媒体的头版，充斥各大电视台的新闻节目，甚至还出现在流行文化当中，汤姆·汉克斯主演的《绿巨人》等影片都涉及了这一题材。[3]现在有证据证明一方面，在美国，有比我们想象多得多的无辜的人被执行死刑，另一方面，证明其无辜的证据大多都是在死刑执行之后才浮出水面。[4]

有学者针对 1973 ~ 1995 年所有死刑上诉案件进行研究，发现了在数以千计的案件当中，存在程序性错误的案件就占到了 60%，而很多此类错误都足以推翻原判。通过再审，不仅仅使得很多原审被判死刑的犯罪人得以死里逃生，更为重要的是证明了美国死刑案件的审理过程存在重大漏洞。[5]

除了程序上的漏洞之外，实体证据方面出现的革命性变化也使得美国死刑案件的审理备受质疑。例如，亚利桑那州承认该州错误地判处了雷·克兰（Ray Krone）死刑，克兰在监狱当中呆了 10 年，直到 DNA 证据证明其并不是其被指控的那个连环杀手。[6]克兰的整个冤狱过程不仅动摇着民众对于死刑案件审理是否正当的信心，而且也大量地耗费了纳税人的税款，浪费了有限的司法资源。从美国全国来看，大致每 70 个死刑候刑者当中就有 1 个无辜者释放。但奇怪的是，很多人都认为处死无辜者是保证刑事司法体系正常运转所必须付出的代价。[7]

自从 1973 年，超过 120 个人从死刑候刑名单上加以排除，根据其无辜的证据。

---

〔1〕 参见 Millions Misspent，"What Politicians Dont Say About the High Costs of the Death Penalty"，http：//www. deathpenaltyinfo. org/node/599，最后访问日期：2011 年 8 月 8 日。

〔2〕 See Rudolph J. Gerber，"Survival Mechanisms：How America Keeps the Death Penalty Alive"，15 *Stan. L. & Pol'y Rev.* 363（2004）.

〔3〕 参见 http：//www. deathpenaltyinfo. org/innocence – and – crisis – american – death – penalty，最后访问日期：2011 年 7 月 22 日。

〔4〕 See *United States v. Quinones*，313 F. 3d 49（2d Cir. 2002）.

〔5〕 See James S. Liebman, et al.，"Capital Attrition：Error Rates in Capital Cases, 1973 ~ 1995"，78 *Tex. L. Rev.* 1839（2000）.

〔6〕 See Hugo Adam Bedau & Michael L. Radelet，"Miscarriages of Justice in Potentially Capital Cases"，40 *Stan. L. Rev.* 21（1987）.

〔7〕 See Rudolph J. Gerber，"Survival Mechanisms：How America Keeps the Death Penalty Alive"，15 *Stan. L. & Pol'y Rev.* 363（2004）.

在 2000 年，8 个人被从死刑候刑者名单上释放出来，在 2001～2002 年，另外的 9 个人被释放，在 2003 年，12 个人被释放，在 2004 年，6 个人被释放。见下图：

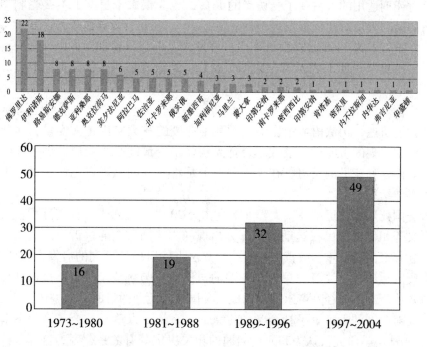

图 12 1973～2004 年全美死刑判决改判数量图[1]

　　虽然 DNA 证据的出现在某种程度上动摇了美国死刑适用的存在正当性，但这并不意味着 DNA 本身毫无问题可言。一方面，并不是每起死刑案件都会涉及 DNA 证据，在 1973 年之后的 96 起平反昭雪的死刑案件中，仅仅有少数，大约 10%，涉及了 DNA 证据。据学者统计，在所有有记载的美国死刑昭雪案件当中，仅仅 12% 涉及 DNA 证据。[2]另一方面，最近很多犯罪实验室当中出现的丑闻都表明了法医工作可能造成的危险。案件审理之前的 DNA 证据并不总是可靠的法医学信息。如果证据在犯罪现场被污染，如果在收集证据的时候警员的经验缺乏，如果物证鉴识人员在分析 DNA 证据的时候缺乏能力，或者不诚实，将

─────────────

〔1〕　http：//www. deathpenaltyinfo. org/FactSheet. pdf，最后访问日期：2011 年 8 月 7 日。

〔2〕　James S. Liebman，"The New Death Penalty Debate：What's DNA Got to Do with It？"，33 *Colum. Human Rights L. Rev.* 527（2002）.

显然无法做出科学客观的判断，这一点在休斯敦体现得最为典型。[1]

根据 2003 年盖洛普公司所作调查，将可能将无辜者判处死刑的担心作为自己反对死刑适用的人占到了受访者的 11%，成为仅次于道德上不接受剥夺他人生命的第二大反对死刑根据。[2]

第四节　小结：美国死刑的实然归宿

如前所述，司法语境中影响美国死刑存废的三大实用主义变量，如刑罚目的、错案出现的可能性以及成本，都无法就是否最终废止死刑提供一种明确的结论。而这种意见的反复，在很大程度上是将死刑问题限定在司法语境之中的一种必然结果。

美国死刑废除运动在很大程度上是作为 20 世纪五六十年代与环保主义、女权主义等相伴生的民权运动的一部分出现的。受到黑人通过诉讼的方式，通过美国联邦最高法院重新解读宪法来换取立法上的阶段性胜利的启发，长期以来，死刑废除运动都将注意力集中于死刑的司法反思与挑战，试图通过这种相对来说费效比更高的捷径一劳永逸地达成在美国取消死刑的目的。[3]

反对死刑的人借鉴了社会学的主张，一直认为谋杀是社会环境的不幸的产物。[4]社会学研究被认为和死刑问题的相关决定颇有关系，因为这部分的知识被认为是理性的，有原则的，且为事实所导引的。而当事实存在争议的时候，那么证据越多，其在争论的过程当中就愈占上风。然而，和死刑相关的问题，多数充满着纷争，也被认为是在对于事实的通常理解——这些被学者们称之为

---

〔1〕　http：//www.nytimes.com/2003/02/09/us/houston – s – troubled – dna – crime – lab – faces – growing – scrutiny.html.休斯敦 DNA 实验室的创始人和领导者詹姆士·伯丁（James Bolding）在大学时代数和几何都不及格，从来没有学习过统计学，没有能够在德克萨斯西南大学获得博士学位，最后，在休斯敦警察局长建议将其解雇之后，主动辞职。他领导下的实验室问题频出，例如，犯罪实验室的工作机会往往提供给那些并没有学习过相关课程的毕业生，例如那些专业是化学或者是动物学的人。他的雇员当中有两个人来自动物园。一个人的上一份工作是清理大象笼子，而另外一个人虽然从事了 DNA 的研究，但是也主要是从事虫类研究。另外，该实验室还雇用了约瑟夫·楚（Joseph Chu），尽管其上一任雇主对他的评价是在交谈上存在困难，而这一能力对其出庭作证十分关键。楚在申请工作的资料上蹩脚的英文随处可见，而其在工作当中，尤其是在一起死刑案件当中也犯了很明显的错误。

〔2〕　http：//www.gallup.com/poll/1606/death – penalty.aspx，最后访问日期：2011 年 8 月 7 日。

〔3〕　See Wayne A. Logan，"When the State Kills：Capital Punishment and the American Condition. By Austin Sarat"，100 *Mich. L. Rev.* 1336（2002）.

〔4〕　See John C. McAdams，"Wisconsin Should Adopt the Death Penalty"，79 *Marq. L. Rev.* 707（1996）.

常识——和社会学所作的专业研究和统计之间的争论。[1] 但另一方面非常吊诡的是，这部分人虽然坚持杀人的社会性成因，却在废除死刑的路径上丝毫不考虑司法之外的其他途径。

可见，既存死刑问题研究的话语无论正反，仍然大部集中于司法语境之中。但在可以预见的将来，最高法院将不会废止死刑，然而，其或许会继续禁止某种类型的案件，其或许会坚持量刑的陪审团在死刑和终身监禁不得假释之间进行选择，而这样的缩减死刑的适用范围的做法具有明显的效果，其实际上会使得很多人的生命得以幸免，但是一个法官的变更就可能导致美国死刑的很大变化。[2]

换句话说，如果继续将死刑未来发展的方向决定权寄托在少数几位法官主观态度之上，不仅极其容易造成这种预期的不可预测性及易变性，更为重要的是会使得死刑本身缺乏民意的直接支撑，丧失合法性。

以美国联邦最高法院法官为代表的非民选法官，在诸如死刑存废等敏感、争议案件中往往会自觉、不自觉地拟制民意，并将自己作为民意的拟制中介。例如，在福尔曼案中，前美国联邦最高法院大法官马歇尔就认为如果亚利桑那州民众知道死刑适用的真实情况的话，是不会对于死刑表示支持的，并将其作为自己支持废除死刑的根基。但根据日后的研究，民众对于死刑适用过程中存在的问题是否知情并不会实质影响其对于死刑的支持态度。在最近的一次民调当中，很多美国人并没有因为死刑适用过程中存在的种族歧视或者阶层歧视而反对死刑。[3]

因此，这些案件一直被用来固化公众对于死刑的支持，法院希望继续通过自己的判决来平息公众的不满情绪，并进一步影响对于死刑的民意。如果民意认定对于特定类型的人或者说特定类型的犯罪不应适用死刑，假设法院允许这样的实践继续的话，或许公众会改变自己的看法。还有很多学者认为，虽然认为对于废止死刑存在很大意义上的民意反弹，但死刑适用过程所体现出来的种族歧视、阶级歧视，特别是死刑适用可能会导致无辜的人被判处死刑这一现实可能仍然要求对于死刑的反思与考察要理性、务实，而从现实的情况出发，采

---

〔1〕 See David C. Baldus, "Keynote Address: The Death Penalty Dialogue Between Law and Social Science", 70 *Ind. L. J.* 1033(1995).

〔2〕 See David S. Friedman, "The Supreme Court's Narrow Majority to Narrow the Death Penalty", 28 *Human Rights* 4 (2001).

〔3〕 See Samuel R. Gross, "American Public Opinion on the Death Penalty – It's Getting Personal", 83 *Cornell L. Rev.* 1448(1998).

取一种较为折衷的态度，即暂时停止死刑的适用是较为可取的。[1]

公众对于死刑的支持或许会发生改变。事实上，美国民众对于死刑的态度一直以来都有所反复。民调作为民意拟制的重要途径，其结果容易受到人为的影响与操弄。而且，对于死刑替代措施的支持有迹象表明在日益增加，在1986年进行的一项民调当中，在终身监禁不得假释作为替代措施的前提下，死刑的支持率下降了19%。与此类似，纽约州1989年进行的民调显示62%支持终身监禁不得假释且赔偿损失而不是死刑。[2]

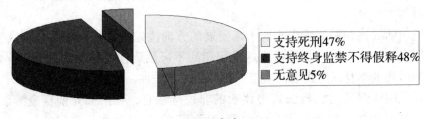

图 13[3]

公众对于死刑的支持在1995年上升到高峰之后开始下降。然而，在阿特金斯案和林格案之后，死刑的支持率又开始上升。或许通过否定特定的实践最高法院增强了其对于死刑的支持，但是这样的一个要素本身并不是决定性的，相反，其或许有助于解释公众观点反复。简言之，这些死刑限制判例的效果和我们直觉上认知的相反，死刑废除主义者在死刑限制上每点进步都欢欣鼓舞，但是通过进一步的观察，我们或许会发现这样的一种欢呼其实并不是正确的，每种对于死刑的法律限制导致都是其适用范围的扩展，当最高法院做出死刑限制的决定的时候，其仅仅是对于早已经成立的一般实践做法的反映。而不是突然出现了死刑废除主义的胜利。其可以被认为是个体争论的胜利，但是其也是这样的一种迹象，即整体上对于死刑的抗争很难获胜。[4]

---

〔1〕 See Thomas F. Geraghty, "Book Review: Trying to Understand American's Death Penalty System and Why We Still Have It: Franklin E. Zimring, The Contradictions of American Capital Punishment", 94 *J. Crim. L. & Criminology* 209(2003).

〔2〕 参见 "Sentencing for Life: Americans Embrace Alternatives to the Death Penalty", http://www.deathpenaltyinfo.org/sentencing - life - americans - embrace - alternatives - death - penalty，最后访问日期：2011年8月8日。

〔3〕 参见 http://www.deathpenaltyinfo.org/FactSheet.pdf，最后访问日期：2011年8月7日。

〔4〕 See Eric Tennen, "The Supreme Courts Influence on the Death Penalty in America: A Hollow Hope", 14 *B. U. Pub. Int. L. J.* 251 (2005).

　　事实上，美国死刑的应然进路应该跳脱传统的司法话语，摆脱过去几十年当中美国死刑研究一直徒劳地试图通过政府杀人这种行为的道德性发起总攻的做法。传统观点认为关于死刑最为重要的争议问题就是死刑的公正性，而不是对于谋杀犯的同情，是对于法律遵守的关注，而不是对于罪犯的关注。我们不能让我们的民主的中心和法律的价值受到侵蚀，从而我们可以对于那些邪恶的人加以处罚。[1]

　　死刑与其说是一个法律问题，不如说是一个政治问题。

　　在美国，将死刑作为政治竞赛的一部分已经达到了一个白热化的程度并且产生出了足以摧毁司法体系的效果。尽管死刑的适用需要政治的介入并不是最近才出现的事情，但是旨在加速死刑执行的政治努力现在却变得愈发的迫切。不仅仅那些竞争立法职位的候选人在死刑问题上大加渲染，即使法官和地方的检察官都将自己送上断头台的人数作为政治资本。[2]

　　法官并不是唯一被纳入死刑政治这一问题上的人，总检察长，检察官以及州赦免委员会的成员都被纳入了这一以人命为代价的政治运动当中。而这样的一种对于死刑的政治意义上的促动都干预到了死刑的公正审理并且增加了无辜的人被处死的可能。而很多这些支持死刑的人不仅仅单纯地倡导死刑，而且还试图将死刑扩展到新的犯罪之上，减少上诉，减少死刑候刑者能够获得的司法资源。法官，通常是那些最终决定他人生死的人，通常需要服从于选举，任命或者其他必须通过死刑执行而体现对待犯罪的强硬态度的政治程序。检察官，这些在是否求死刑方面具有几乎绝对的自由裁量权的人，也很明显希望通过求死刑来表达自己对待犯罪的强硬态度。[3]

　　强调死刑问题的政治性与国际性[4]是理解死刑本质的关键步骤。其实，死

---

　　〔1〕　See Austin Sarat, "*The Killing State: Capital Punishment in Law, Politics, and Culture*", Oxford University Press (2001), pp. 251~252.

　　〔2〕　现在有 38 个州允许死刑的执行，而在 32 个州当中法官是由选举产生的。几乎一直以来如果有法官根据法律推翻死刑判决的话，就会被认为是对于犯罪的一种软弱的态度。公众被引导认为任何对于死刑造成干扰的规范都是所谓技术派的观点。对于一位法官而言，如果遵守法律和宪法的话导致的结果可能是毁灭性的。See John J. Donohue and Justin Wolfers, "Uses and Abuses of Empirical Evidence in the Death Penalty Debate", 58 *Stan. L. Rev.* 791(2005).

　　〔3〕　http://www.deathpenaltyinfo.org/node/379, 最后访问日期：2011 年 8 月 7 日。

　　〔4〕　欧洲现在对于死刑的看法主要围绕如下三点：①死刑从根本上是一个人权问题，而不是一个单独的刑事政策问题；②正是如此，死刑政策不应该仅仅是国内政治的考量，而是应该遵守国际人权的最低标准并且；③因为根据国际人权标准不存在死刑的正当化根据，所以欧洲的公民，组织以及政府都有根据要求所有政府终结死刑的执行。现在，死刑已经成为一个人权问题，并且从国内政治转变为一个国际问题。See Christa Schuller, "The Death Penalty in the United States and its Future", 81 *Denv. U. L. Rev.* 547 (2003).

刑一直是作为一种"仪式"存在的。如果一位死刑候刑者在监狱当中试图自杀，那么监狱当局通常会尽一切努力来挽救其生命，而后在其恢复之后将其处以死刑。是否这样的一种做法从阻遏或者功利的角度具有任何意义？从这个角度来讲，对其加以处死的仪式反而被认为具有十分重要的意义与作用。为了认识死刑的这样一种象征性仪式性的意义，事实上对于死刑的理解来说具有核心性的意义，而和死刑的阻遏或者报应作用并没有太多联系。[1]

其实，决定死刑前途的最佳办法莫过于就死刑问题进行全民公决，直接由民意决定死刑的前途。次优选择才是借由民调结果，由立法机关对于死刑进行立法废除。与之相对，目前美国联邦最高法院试图通过司法审查的方法决定死刑未来走向的做法缺乏民意的有效支撑，不仅容易造成针对死刑问题民意的失真，还很有可能因为司法意见与民意之间的差距过大，动摇其本身的合法性。

---

[1] See Donald L. Beschle, "Why Do People Support Capital Punishment?: The Death Penalty as Community Ritual", 33 *Conn. L. Rev.* 765 (2001).

第十一章

死刑的限制与"替代"

第一节 死刑与"替代刑"

死刑不存在替代刑。

事实上，任何刑罚方式，在被设计出来并且加以实施的过程当中，都是独一无二的。没有什么可以替代生命，就像没有什么可以替代自由，替代肢体，替代尊严一样。进一步而言，生命与生命，自由与自由之间难道亦可以等同对待么？但是，从刑罚的制定以及适用者，亦即国家的角度衡量，作为"刑罚"这种服务的提供者，从执行效率与执行成本的角度出发，自然会将大体一类的惩罚方式做同质对待，由此"刑罚个别化"也已成为空谈。[1]

而集约化刑罚服务模式的直接结果之一就是对于上述被"同质化对待"的不同刑罚方式进行排序，亦即所谓"刑罚的阶梯"[2]。无疑，这种划分和排序需要建立在两个前提基础之上，首先，刑罚方式可以被以某种标准加以区分；其次，被区分了的不同刑罚之间可以根据某种统一的标准加以排序。

---

〔1〕 从受害人角度看，只有其所自行实施的私力救济才可以最大化地满足自身的报复要求。但是随着社会与国家的产生，受害人在将自身所具有的私力救济权利让渡给某特定的社会组织时，就已经注定了后者所提供的规模化刑罚服务与其自身对于危害行为人所希望达到的责罚程度之间的分离。更为核心的变化是对于报应方式以及报应强度判断标准由个体判断转为群体判断，由主观判断转变为拟制的客观判断。——笔者注

〔2〕 所谓阶梯，绝对不是形同金字塔一样的梯形结构，而是单一排序的线性结构。也就是说，同一层级被放置的特定刑罚种类都是单一的。这是一种经验的总结，但同时也是一种预设前提的必然逻辑结果。这是因为不同刑罚存在位阶的前提是这些刑罚是本质不同的，否则就会产生逻辑上的混乱。另外，刑罚适用过程当中所经常出现的所谓"并处罚金"，"并处剥夺政治权利"等做法也从另外的一个角度证明了刑罚的这种线性位阶结构。而在《替代》一文所提出的"'替代'死刑的方法，必然与死刑相当甚至更为残酷"这种观点所隐含的前提就是不承认死刑作为最高位阶的刑罚的排他性，亦即属于否认刑罚线性结构的主张。参见张明楷："死刑的废止不需要终身刑替代"，载《法学研究》2008 年第 2 期。——笔者注

非常遗憾，对于这两个前提，总是存在着不同的意见。的确，生命、自由与金钱之间究竟是否加以明确区隔，尤其是是否可以加以某种价值上的排序是存疑的问题。但是无论持何种观点，都必须承认既存的特定刑罚层级这一现实，也必须在这个语境当中进行话语。

我国有学者提出，"在废止死刑的过程中，是否需要设定终身刑以替代死刑，是刑法理论长期争论的问题"。从中不难看出，此类观点的论证前提是死刑与所谓"终身刑"之间是否某种"替代"关系。但依笔者看来，这样的一种提法其实有待商榷。毕竟，死刑与"终身刑"之间必然是不同质的两种刑罚，二者之间存在的竖向的位阶关系，而非横向的替代关系。其实这种观点最终要论证的是一旦废止死刑，是否将"终身刑"置于刑罚阶梯的最高位阶之上这一问题。至少从避免歧义的角度出发，论者主张摒弃"替代"这一提法[1]。而厘定刑罚体系最高位阶的归属的内在之意为：首先，对于刑罚体系的最高位置，存在不同的"竞争者"；其次，和其他位阶的刑罚类似，刑罚的最高位阶也是具有排他性的，也就是说，只能有某种单一的刑罚占据这一位置。

一、死刑、无期徒刑与"终身刑"的区隔

相比较而言，死刑与无期徒刑和"终身刑"之间较为容易进行区分，毕竟前者关注的是生命，后二者关注的是自由。而至于无期徒刑与终身刑之间的区隔，则显得较为复杂。目前国内主流观点对此的尝试似乎并不能令人满意。

根据持这类观点学者的分析，"终身刑与无期徒刑并非同一概念"。[2]而对此的解释却存在较多问题。首先，其一方面指出，"可以假释的终身刑大体等同于重无期徒刑"[3]，同时又指出，"即使是有假释的终身刑，其应当执行的刑期，也远远长于无期徒刑"[4]。根据其对所谓"终身刑"的定义，"本书所称终身刑，既包括绝对终身刑，也包括相对终身刑。文中的终身刑有的时候可能仅指绝对的终身刑，有时可能包括二者。"因此可以认为，本书当中的终身刑与无期徒刑之间唯一的区别即为实际服刑期间的长短。

可以认为，在这些学者看来，所谓重无期徒刑是指"经过 20 年左右服刑可

---

〔1〕　所谓"替代"，大体上来自英文当中的"Alternative"，而这个词在美国刑法当中讨论 LWOP（Life Sentence Without Parole），即终身监禁不得假释与死刑关系的时候经常出现。但从词意角度而言，Alternative 的含义着力点在于一种择一性的选择，是"二者选其一"的意思。由此可见，其于本书作者所一直主张的所谓刑罚线性结构，刑罚最高位阶等观点相契合。——笔者注

〔2〕　张明楷："死刑的废止不需要终身刑替代"，载《法学研究》2008 年第 2 期。

〔3〕　张明楷："死刑的废止不需要终身刑替代"，载《法学研究》2008 年第 2 期。

〔4〕　张明楷："死刑的废止不需要终身刑替代"，载《法学研究》2008 年第 2 期。

以假释的刑罚"〔1〕，而所谓的相对终身刑，是指经过"很长时间（如25年或者30年）的服刑才能假释的终身刑"〔2〕。

笔者认为，单纯以实际执行年限来对于刑罚性质加以界定是存在很大问题的。这些学者强调，相对终身刑的实际执行年限为25年甚至更长，而重无期徒刑的实际执行年限为20年左右，二者之间最近仅差5年。而以5年这一格差作为区分不同刑种之间的标准是否合适，显然存疑。因为如果这样的一个标准成立，那么实际执行了20年的重无期徒刑与执行上限为20年的有期徒刑之间如何界别？更何况这里所指的是所谓的重有期徒刑。对此，这些学者也承认，"被判处无期徒刑的人，一般经过10~15年的服刑，就被释放，此即为普通无期徒刑。"〔3〕这样一来，反倒出现了有期徒刑在刑期上与无期徒刑倒挂的现象。同时，所谓相对的终身刑是否必须执行较长时间也并不是没有问题。根据美国不同州法的规定，可以假释的无期徒刑最低执行年限可为20年。〔4〕对于这些州而言，根据上述定义，所谓的重无期徒刑与相对终身刑之间无疑发生了重叠。

笔者还认为，其实上述重叠从本质上是无法避免的，而这正是因为所谓的"终身刑"本身并非一个独立的刑罚种类，而是传统意义上的终身监禁，或者我们通常所说的无期徒刑的一种执行结果。〔5〕可以想见，如果没有假释等具体刑罚执行方式的参与，那么所有被判处终生监禁或者无期徒刑的罪犯都将在监狱当中度完余生，而这，在实然角度正表现为所谓的"终身刑"。

正是由于赦免、假释、监外执行等特殊刑罚执行方式的加功，刑法条文所规定的不同刑罚在实际操作过程当中呈现出来不同的样态，但绝对不能将执行后果与刑罚本身混为一谈，毕竟糅杂了相对独立的刑罚执行方式的执行后果只能在部分上与作为其执行根据的刑罚本身加以等同。具体到所谓的"终身刑"，其实际上应该被视为是无期徒刑这种刑种与假释这种刑罚执行方式的杂交体。

---

〔1〕 张明楷："死刑的废止不需要终身刑替代"，载《法学研究》2008年第2期。
〔2〕 张明楷："死刑的废止不需要终身刑替代"，载《法学研究》2008年第2期。
〔3〕 张明楷："死刑的废止不需要终身刑替代"，载《法学研究》2008年第2期。
〔4〕 根据美国相关统计数据，北卡罗莱纳州与俄亥俄州对于可以假释的终身监禁规定最低执行年限为20年，而弗吉尼亚的相关年限为21年。参见"Richard C. Dieter, Sentencing for Life: Americans Embrace Alternatives to the Death Penalty"，见 http://www.deathpenaltyinfo.org/article.php? scid = 45&did = 481，最后访问日期：2008年6月4日。
〔5〕 而以张明楷老师为代表的学者所持观点却大致与此相异，他们认为终身刑是与无期徒刑相异，但等质的刑种。如其认为相关学者提倡的"永不赦免的无期徒刑"、"关押终身"，实际上是一种不同于无期徒刑的终身刑。——笔者注

二、死刑、无期徒刑与"终身刑"的位阶关系

对于死刑，无期徒刑以及作为无期徒刑执行正常结果出现的所谓"终身刑"之间的位阶关系，存在实然与应然的两种研究向度。从实然的角度而言，各国的一般做法都是将生命的剥夺作为刑罚的第一位阶，而将肢体，自由，公民权利与财产利益等置于其下位。对于这样的一种安排结果，从应然的角度当然可以提出支持与反对的不同看法。

目前国内一种较为通行的看法认为"终身刑是侵犯人格尊严，比死刑更为残酷的惩罚方式"[1]。暂且不论这样的一种看法与实然状态下将死刑列为最高刑罚这一做法的明显差异，但就其将不同性质的刑罚之间进行绝对意义上的比对本身，论者尚持异议。

论者认为，不同本质的刑罚之间似乎不能进行脱离了现实背景的纯粹意义上的价值比较。死刑之于自由刑，其实本质上是一种"生死"之间绝对排他的关系，或生，或死。而正是这种决然的性质差别，使得二者各成一体。而程度比较只能在同质事物之内展开，具体到刑罚的语境当中，"生"与"死"在各自范围内，是可以进行程度比较的。车裂、枭首、绞刑、枪决、电椅、注射，作为死刑的执行方式，所彰显的是"死"在程度上的不同。而动辄被判几百年监禁，到终身监禁不得假释，到可假释的终身监禁，到长期监禁，到短期监禁等，则幻化的是"生"的范围内某种程度上的差别。另一方面，不同质的事物之间进行所谓程度的对比，则并不存在一个类似于同质事物程度比较的相对稳定答案。死刑与所谓"终身刑"之间的程度差别，就如苹果与橘子何者更为好吃一样，不同的判断个体自然会得出截然不同的看法。而这种缺乏共同话语背景的争辩显然不存在较强的说服力。简言之，明明是"生"与"死"这种不同性质的问题，却一定要用"生不如死"这种观点来加以排序，无论其论证过程多么精妙，所得出的结论也仅仅是社会一般认知的相反注解而已。[2]一般而言，从实然分析的层面，对于这种异质问题的价值排序，应该以社会一般判断为话语背景，否则基于不同视角的思辨也仅能停留在纯粹思辨的范畴，无法突围。

---

〔1〕　张明楷："死刑的废止不需要终身刑替代"，载《法学研究》2008 年第 2 期。

〔2〕　例如张明楷老师在其《死刑的废止不需要终身刑替代》一文当中就引用了贝卡里亚以及利文斯顿等人的观点来说明所谓的"生不如死"。——笔者注

第二节　"终身刑"与死刑的废止

一、死刑废止的去法律化理解

如果说死刑在实质上是一个法律问题，那么死刑的废止在实质上则是一个非法律问题。

死刑之所以会被认为构成了一个法律问题，是因为在一个现代意义的国家当中，死刑作为刑罚的一种，其本身的设定是由立法机构根据一定程序进行的，而就导致了死刑本身、死刑的适用对象、适用主体、适用程序、适用是由、适用方式等方方面面都是法律所明文规定。而死刑的整个过程需要在一个法律规定的背景当中动态展开。而在形式上理解，死刑的设定与废止也需要经过特定的法律程序，因此，也具有所谓的法律性。

但透过这层法律的面纱，和其他形式的刑罚一样，催生死刑产生，维持其存在运转，导致其改变以及消亡的力量又是什么呢？对于这种潜在的根据，学界聚讼已久，但大体上都属于"体制内"的话语，即从死刑的刑罚根据——报应与预防等方面展开。[1]但就上述两点根据，都存在诸多无法解决的问题。针对死刑的预防功能，一方面缺乏较为系统全面的经验数据对此加以证明，而另一方面，根据既有的相关调查，死刑的预防功能并不突出，甚至于其他刑罚并无本质的区分。如有研究指出，"必须杀死100人才可能防止出现一位未来可能再犯的罪犯"[2]。而对于另外的一个根据，即所谓报应，显然十分有力，但作为几乎所有刑罚设定的根据，其本身更多的是一个道德问题，而非经验问题。

很明显，无法用一种较为客观的标准说明为什么对于特定犯罪适用死刑而非无期徒刑抑或是罚金刑才可以更好地满足报应的需求，无疑，这种标准也是模糊的。但无论如何，报应即便被纳入了法律体制范围内，作为刑罚根据存在，仍然无法抹杀其本质上所具有的道德性质，而这种道德性质在所谓法律语境当

---

〔1〕　死刑的刑罚根据，与其他类型刑罚类似。例如有的观点认为，"刑罚的根据在于其可以：①将罪犯与社会大众相隔离；②对于罪犯加以惩戒；③对于罪犯加以改造。"See Alan M. Dershowitz, "Criminal Sentencing in the United States：An Historical and Conceptual Overview", *Annals of the American Academy of Political and Social Science*, Vol. 423, *Crime and Justice in America*：1776 ~ 1976（1976）, pp. 117 ~ 132。也有学者认为刑罚的根据在于"①满足正义的要求；②阻遏他人犯罪；③改造犯罪行为人；④为了公益。"See Thomas M. Kilbride, "Probation and Parole in Their Relation to Crime", *Journal of the American Institute of Criminal Law and Criminology*, Vol. 7, No. 2, 173（1916）.

〔2〕　Michael L. Radelet, "The Role of Organized Religions in Changing Death Penalty Debates", 9 *Wm. & Mary Bill of Rts. J.* 201（2000）.

中显得尤为突出。有学者对于刑罚的这种道德属性加以深化，进一步提出了"维护人的人格尊严，是法秩序的最高要求，也是最基本要求"[1]这样的观点。应该承认，这种观点将笼统的道德加以具体化，从中抽象出"人格尊严"这一标准，有利于对于特定刑罚适当性的评判。但对于这种提倡尊重犯人的所谓人格尊严的观点，似乎存在如下几点值得商讨之处：

1. 刑罚与其他法律处遇措施，如侵权责任的核心区别之一就是前者对于导致危害结果发生的行为人所施加的所谓"污名"或者负面评价的社会标签。而这显然与在刑罚中强调对于犯罪行为人所谓"人格尊严"之间形成了一种无法调和的矛盾与对立。如何能在对于特定社会个体加以道德贬低以及污名化处理的同时保持其所谓"法秩序最高要求"的人格尊严呢？这些学者提到"使犯有重罪的人丧失听力、视力、语能和双手，并且不予关押，由其家属照顾。这种惩罚方法，可以有效地实现特殊预防，可以满足被害人的报复感情。然而，任何国家都不会设置这种刑罚，因为侵害身体的肉刑残忍地侵害了犯人的人格尊严。"[2]但这样一种提法在逻辑上以及事实上都存在问题。

应该说，因为对于肉刑的废止，促进了犯人的人格尊严。对于这点，笔者也并不持异议，但这些学者显然颠倒了这个正确命题的充分条件与必要条件，即认定是因为尊重犯人的人格尊严，才导致了肉刑的废止，而这，显然是不成立的。[3]这是因为事实上，肉刑的废止并非始于今时今日。早在我国汉代，汉文帝就曾应缇萦之为父请命，废除过肉刑。很难想象汉文帝此举是为了尊重其臣民的所谓人格尊严。从根本意义而言，对于肉刑的废除最主要的还是为了维护其自身的统治地位。因为肉刑的废除，一方面可以安抚民意，体恤民情，更为重要的是可以为当时的农业生产提供较为充沛的劳动力，促进社会生产。而到近现代，毛泽东也曾几次谈及废除肉刑的问题，但其所提倡的肉刑是因为"废止肉刑，方才利于斗争"[4]。或许阶级分析的方法已不再时髦，但废止肉刑背后的实用主义考量却并未因此而变得无力。

---

[1]　张明楷："死刑的废止不需要终身刑替代"，载《法学研究》2008年第2期。

[2]　张明楷："死刑的废止不需要终身刑替代"，载《法学研究》2008年第2期。

[3]　根据基本逻辑规律，命题与逆反命题是等价命题，而与逆命题、否命题等为非等价命题。——笔者注

[4]　毛泽东：《毛泽东选集》第1卷，《废止肉刑问题》，而其还曾提出，"从理论上讲，资产阶级民主主义就主张废止肉刑，那末我们无产阶级的共产党就更应该废止肉刑，封建主义才采取肉刑。1929年12月作了这个决议，1930年12月就打AB团，我们讲不要搞肉刑，结果还是搞了。那时候杀了许多人，应该肯定地说，许多人都杀错了。后来我们作了总结，重申废止肉刑，不要轻信口供。因为不废止肉刑，轻信口供，就要出乱子，一打一逼就供，一供就信，一信就搞坏了。"参见毛泽东：《在中国共产党第七次全国代表大会上的结论》（1945年5月31日）。

2. 这些学者亦承认，"犯罪发生之后，形成了三种关系"[1]。并且认为，"人们现在混淆了三者的关系，本应由国家承担的使被害人恢复的使命，无形地转变为对被告人的严厉处罚。"[2]或许就是据此，持此种观点的学者才着力主张维护人，尤其是犯罪人的所谓"人格尊严"问题。但本书作者认为，犯罪发生后所发生的三种关系之间并不等价。换句话说，在被害人，国家以及犯罪人三者关系当中，居于主导性的关系是，且应该是被害人与国家之间的关系。如前所述，刑罚是国家作为社会群落所提供给其组成个体的一种服务，前者以放弃私力救济的权利并且提供赋税为代价换取国家的这种服务。二者之间的提供与满足关系是刑罚存在的基础。作为刑罚基础的报应，其实是社会个体对于国家所提供的这种刑罚服务的一种期望值，而在这个互动过程当中，并不存在犯罪人的个人尊严问题。虽然在国家与犯罪人之间的关系当中，国家有义务为被惩罚的社会个体提供不违背当时社会最低道德底线的某种痛苦，但这种提供与满足关系在逻辑以及程度上，都要从属于国家与被害人之间的关系。因此，犯罪人的"人格尊严"没有理由成为刑罚问题当中的主导性考量。

论者认为，与死刑的运行过程不同，对于死刑的存废，都要，也只能作"去法律化"的理解。因为法律的价值在于逻辑，而法律的力量在于经验。死刑的废止与否以及是否以某种"替代刑"去而代之，其答案都不在于法律本身，而在于法律的最终决定者。而在当代社会，基本意义上的法律最终决定者不应该是立法机构成员，而是社会成员的合意。从这个意义上而言，包括死刑在内的刑罚存废抑或者变更，都是一个政治问题，而非法律问题。

和所谓"人格尊严"不同，民众的合意与死刑的报应期待之间并不具有明显的逻辑悖论，相反，被剥夺了个性，而被拟制，抽象出来的民众合意可以相对真实地反映社会个体对于包括死刑在内的特定刑罚执行的满意度，而这种满意度的有无以及大小则会间接地通过法律的立、改、废而加以表达。

从这个意义上而言，死刑的存废与否以及是否用另外一种刑罚替代死刑，都不在于这些刑罚本身设定的科学与否，更不在于这些刑罚的所谓"苛重"程度，而在于被拟制了的国民合意对于这些刑罚以及其相互关系的期待以及满意程度。而这种所谓"体制外"的去法律化思考，或许可以为我们更好地理解现时条件下死刑与相关刑罚的实然互动提供更好的解读方案。

二、"终身刑"之鼓吹有利于废止死刑

国内有学者指出，"终身刑的这一'优点'（有利于减少和废止死刑），并

---

[1] 张明楷："死刑的废止不需要终身刑替代"，载《法学研究》2008年第2期。
[2] 张明楷："死刑的废止不需要终身刑替代"，载《法学研究》2008年第2期。

不能成为设置终身刑的理由。"[1]，并且还经过研究提出，"废止死刑的国家都没有终身刑"[2]。但事实上，从真实的历史发展轨迹而言，死刑的产生与消亡（起码是曾经的消亡）在时间维度上是先于"终身刑"出现的。而在死刑视域当中真正最早开始规模化适用"终身刑"的美国，在20世纪初到20世纪70年代，所谓终身监禁不得假释，也就是真正意义上的"终身刑"并不存在。[3]直到1972年，当美国联邦最高法院在福尔曼案[4]当中推翻了当时所有的死刑成文法的时候，其才作为补救方案之一出现。本案当中，美国联邦最高法院认定，佐治亚州的死刑成文法因为其适用过程当中出现的任意性而被认定为属于残忍其非寻常的刑罚。而这个判决所直接导致的结果就是美国联邦以及各州不得不面对三种不同的选择。概括起来，无外乎：①通过重新立法，设定符合宪法相关要求的死刑成文法；②适用传统意义上的终身监禁，同时这也意味着被判处此种刑罚的罪犯有可能被加以假释；③其他的解决办法。而针对第一种解决办法，即制定新法，由于从立法，到适用，再到被最高法院通过判例证明符合宪法需要一个较长的过程，故无法立刻产生明显的效果。而在这段空白期当中，由于民众对于可以假释的终身监禁一直持有不满情绪，刑罚的提供者迫切需要一种可以满足各方需求的应急手段。

以美国阿拉巴马州为例，该州在20世纪70年代第一次采用了终身监禁不得假释这个概念。[5]而导致这种结果产生的主要原因被认为是公众不满于谋杀罪犯被判处徒刑，并且有可能被加以假释这种死刑废止背景下的司法现实。[6]据此，我们可以得出如下两点结论。首先，所谓"终身刑"的提出与死刑本身无关，也就是说，二者之间至少在本原状态并不存在直接的实质性比较关系。"终身刑"的最初提出，完全是为了满足死刑缺位之后公众对于最为严重犯罪的报应需求。只是在死刑被再一次合法适用之后，既成事实的"终身刑"才被用来

---

〔1〕　张明楷："死刑的废止不需要终身刑替代"，载《法学研究》2008年第2期。

〔2〕　张明楷："死刑的废止不需要终身刑替代"，载《法学研究》2008年第2期。

〔3〕　See "Note: A Matter of Life and Death: The Effect of Life – Without – Parole Statutes on Capital Punishment", 119 *Harv. L. Rev.* 1838(2006).

〔4〕　See Furman v. Georgia, 408 U. S. 238 (1972).

〔5〕　See Julian H. Wright, Jr, "Life – Without – Parole: An Alternative to Death or Not Much of a Life at All?", 43 *Vand. L. Rev.* 529(1990).

〔6〕　"假释，是美国对于刑罚科学做出的最为伟大的贡献之一"。See Clair Wilcox, "Parole: Principle and Practice", *Journal of the American Institute of Criminal Law and Criminology.* Vol. 20. No. 3 (Nov. , 1929), p. 345. 但是，由于其所扮演的所谓"旋转门"这一角色，导致社会公众担心被判处刑罚的犯罪人，尤其是那些犯有严重暴力犯罪的罪犯会借由这样的一种方式逃避刑罚的打击，并且对社会造成新的危害。正是由于这样一种担心，和阿拉巴马州类似，在20世纪70年代美国死刑被事实废止之后，很多其他的州，如伊利诺斯与路易斯安娜等，都在没有先例的情况下适用了终身监禁不得假释。

作为那些呼吁最终废止死刑的力量所最为倚重的工具。其次，"终身刑"之所以能够成为一种较为有力的主张，最重要的就是因为其在满足社会公众针对特定犯罪人的报应感受上达成近似死刑的效果。但是国内的主流话语似乎对于民意颇以为然。一方面，其将"精英意识"与"大众意识"做对立处理，并在二者关系当中将前者置于当然的首要位置。如其提出"既然学者们可以不顾及多数人的反对而主张削减乃至废止死刑，就不宜以多数人赞成终身刑为由主张设置终身刑。"[1]另一方面，其认为"民意"不仅易变，故不容易把握。[2]并且进一步认为司法机构如果过于迁就易陷入"狂热"的民意，那么司法独立就会受到危害。[3]

事实上，民意是被拟制出来的社会公众对于特定事件或者行为的一种态度。市民社会当中的民意和真理本身无关，而是一种根据特定政治程序所产生的特定的情绪表达。在这个过程当中，最为通常适用的判断或者厘定标准是通过直接或者间接投票的方式进行的一种选择性判断。从核心意义而言，在被政治程序固定化之前，主体民意一定是多元、动态、原始、庞杂，甚至情绪化的。就像这些学者所认识到的"个案中的被害人及其家属的感情并不具有普遍性"[4]一样，所谓"精英意识"或则"学界观点"等都是这种多元意见当中的一元，也不具有普遍性。如果不承认被害人及其家属的感情，那么对于学界观点或者精英意识到推崇显然也应存疑。因为对于最终民意结果的政治化定型，起决定作用的绝对不是所谓"真理"这种意见的质量，而是可能被某种力量操纵，影响而产生的占"相对多数"意见的数量。或许民意在某些"理性人"眼里看来是狂热的，但只要具有拟制程序的正当性，那么这种所谓狂热的民意也就应该被承认。

司法独立并不是一种颠扑不破的先验性真理，而也仅仅是通过上述拟制过程所产生出来的一种民意表达。因此二者之间占据上位概念位置的应该是民意，而非司法独立。如果说被拟制出来的民意真的存在严重问题的话，那么只能说在拟制之前，对于民意的操纵与影响阶段，"真理"并没有占据上风，而这，才是对此持不同意见的人所真正应加以反思之处。另外，这些学者对于"舆论调查"的说服力与准确性颇有怀疑。主要根据就是认为"这种调查结论永远是不真实的"。[5]但如前所论，民意本身真实与否其实并不重要，不仅仅因为是否存

[1]　张明楷："死刑的废止不需要终身刑替代"，载《法学研究》2008年第2期。
[2]　张明楷："死刑的废止不需要终身刑替代"，载《法学研究》2008年第2期。
[3]　张明楷："死刑的废止不需要终身刑替代"，载《法学研究》2008年第2期。
[4]　张明楷："死刑的废止不需要终身刑替代"，载《法学研究》2008年第2期。
[5]　张明楷："死刑的废止不需要终身刑替代"，载《法学研究》2008年第2期。

在对于民意所谓正确的认识就是存疑的，而且从实质角度来看，能够对于民意产生事实上决定影响的是特定程序中某种类同性观点的数量。包括美国在内，也包括对于死刑在内，类似民意调查之类的意见统计与估计自然存在很多问题，如受到像《替代》一文当中所指出的"发达媒体对于犯罪的频繁报道"[1]等因素的影响等，但由于其在数量上所占据的优势是确定的。而同样可以确定的是，这样的一种民意拟制方式是所有已知方式当中对于类同意见数量评估最为准确的。

正是因为民调所具有的这种优势，其应该可以被作为对于民意的一种有效拟制，而根据这种拟制所产生出来的特定意见，也应该被视为是民意的一种结论性表达。正如连这些学者也承认的那样，"终身刑"的提出"类似于死刑，甚至更能满足他们的报复欲望"[2]。而相关统计数字以及现实经验告诉我们，虽然"终身刑"的提出是为了填补死刑废止之后出现的空白，但根据美国的经验，在"终身刑"已经是一种事实，或者是一种十分可行的备选方案时，其对于死刑的冲击是巨大的。

美国联邦最高法院在 1976 年格雷格案[3]当中重新肯定了死刑的合宪性，而这种死刑态度上的反复为检验终身监禁不得假释，也即所谓的"终身刑"对于死刑的遏制与消减作用提供了一个绝佳的检验机会。根据相关统计，"20 世纪70 年代后期起步，在 20 世纪八九十年代逐渐成形的终身监禁不得假释运动事实上已经成为了一种死刑废止运动"[4]。随着终身监禁不得假释成文法的出台，美国死刑判决与死刑执行数量的都开始大幅度下降。"在美国，死刑判决数量从1996 年的 317 件下降到 2004 年的 125 件，而被执行死刑的人数也开始下降，较之 1999 年高峰期下降了 40%。"[5] "2006 年死刑数量还会降低，已经接近死刑恢复 30 年来的最低点。其他的参数也和死刑下降这一趋势吻合。在 1999 年美国执行了 98 起死刑，在 2006 年共有 53 起死刑执行，降低了 47%，而这个数字在2007 年将进一步下降，估计到 40 起左右，而其也是接近 20 年来的最低点。"[6]

---

〔1〕 张明楷："死刑的废止不需要终身刑替代"，载《法学研究》2008 年第 2 期。

〔2〕 张明楷："死刑的废止不需要终身刑替代"，载《法学研究》2008 年第 2 期。

〔3〕 Gregg v. Georgia, 428 U. S. 153 (1976).

〔4〕 William J. Bowers & Benjamin D. Steiner, "Death by Default: An Empirical Demonstration of False and Forced Choices in Capital Sentencing", 77 *Tex. L. Rev.* 605 (1999).

〔5〕 Julian H. Wright, Jr, "Life – Without – Parole: An Alternative to Death or Not Much of a Life at All?", 43 *Vand. L. Rev.* 529 (1990).

〔6〕 Richard C. Dieter, Americans' Doubts about the Death Penalty: A Death Penalty Information Center Report Based on A National Opinion, June 2007. http://www.deathpenaltyinfo.org/CoC.pdf, 最后访问日期：2008 年 6 月 8 日。

与此同时，即使连那些国内学者也承认，在"终身刑"存在的情况下，民众对于死刑的支持率发生了显著的下降。而二者之间显然并不是完全独立的单独事件，而是具有相互联系的因果事件。恰恰是因为民意对于死刑存在种种问题的不满，以及"终身刑"作为可能选择的存在，才导致了死刑在判决与执行上的最终下降。

综上，有理由认为，在以死刑废止为目标的语境当中，鼓吹"终身刑"的好处，满足民众一般的法情感与法期待，才能最终有效地影响到立法机构的立法活动，最终从政治层面，而非法律层面消解死刑。民意是被拟制的，更是可以被影响的。学者的作用在于在庞杂的民意当中脱颖而出，招引认同，操纵民意，最终通过持类同观点的民意数量来影响相关刑罚的立法修改与立法存废。对于"终身刑"的鼓吹因此在这个意义上具有了正当性。

第三节 "终身刑"与刑罚根据

一、"终身刑"与报应理念

国内有学者明确地指出"终身刑不具备实现报应，满足社会对于正义的预期。"[1]但支持其观点的依据却并不十分具有说服力。且不论这种观点对于"终身刑"的定义其实并不是单纯的刑罚种类，而是刑罚种类与特定刑罚执行方法的复合体，亦即终身监禁的"正常"执行结果。这种杂交体是否可以适用传统刑罚根据的衡量本身就是一个存疑的问题。而即使我们假定真的存在"终身刑"这样一种刑罚，那么判断其是否符合报应理念的根据也绝对不应该是这些学者所指出的"洗练"的报应刑观念。[2]

所谓洗练，似强调对所谓"等同报应法"的摒弃，而目的在于限制惩罚程度。这种限制，突出体现在对于犯人的尊重和刑罚的宽容方面。但其实等同报应本身就是一个拟制的概念，绝对等同的报复至少在现代社会十分罕见。但同时，罪刑之间的平衡却又是一个刑罚设定的基本理念。这些学者所强调的报应基准随着时代的变化而变化，但这种变化的朝向以及发展的程度去应该是一个本土化语境判断的问题，更应该是一个有限的变动过程，也就是说，必须根据特定的国民情感，在不违背罪刑之间基本的平衡关系的情况下进行演变。事实上，之所以报应一直成为刑罚的首选根据，是因为在受害人，国家与犯罪人之

---

〔1〕 张明楷："死刑的废止不需要终身刑替代"，载《法学研究》2008 年第 2 期。
〔2〕 张明楷："死刑的废止不需要终身刑替代"，载《法学研究》2008 年第 2 期。

间的三角关系当中，占据核心位置的永远，也应该是受害人与国家之间的互动关系，毕竟国家掌握刑罚权的前提是社会个体对于自身所具有的报复权的让渡。同时，国家的重要职能之一就是针对特定危害行为，提供令一般国民满意度刑罚服务。反之，不考虑本国国民的一般法感受，过分强调其他国家的做法，过分强调对于犯罪人的"尊重"或者宽容，无疑会动摇国民对于国家刑罚服务的满足度与信心。

这些学者还强调，"终身刑与时效制度相冲突"。但这一点也不成立，一种刑罚种类与一种刑罚执行方式之间如何能够产生冲突？如果说终身刑与时效制度冲突，那么时效制度与死刑，与无期徒刑是否具有冲突？时效制度其实是国家在无法提供百分百刑罚服务时所提出的一种借口或者托辞，而这种托辞的有力注解这一就是国家在刑罚服务提供时需要考虑到的成本与效益之间的关系。

但从核心意义而言，类似追诉时效这种"投机取巧"的做法一直得以存续的根本原因则是国民对于这种做法的容忍。持此类观点的学者提出，"既然最高刑为死刑的犯罪经过 20 年就推测行为人已经改善，那么经过 20 年监狱改造的犯人，当然也已改善。"[1]但事实上，姑且不论我国刑法规定在报请最高人民检察院核准的情况下，如果 20 年以后认为必须追诉的，仍然可以对与特定的犯罪人加以追诉。单就其进行的上述类比，显然存在十分致命的问题。可以想见，一个处于正常社会生活当中，具有人身自由的犯罪实施者能在 20 年的时间内未从事任何其他犯罪行为，自然可以判断其本身社会危害性以及人身危险性的降低。但能否因一个人被监禁 20 年就得出与此类似的结论呢？

　　二、"终身刑"与功利理念

没有一种刑罚可以完美地满足刑罚的所有根据，亦即所谓的报应考量以及功利考量，因为从本质而言，这两种刑罚根据之间存在十分明确的矛盾。既存的刑罚都只是在二者之间的游走与折衷而已。

如上说述，事实证明"终身刑"在满足国民一般报应的法情感方面表现的十分出色，因此其已经具有了作为某种特定刑罚种类的主要根据，即使其无法满足所谓预防犯罪的功利要求，也不能因此动摇其存在的地位与根基。况且，将犯人关在监狱一辈子的做法造成了犯罪行为人与社会的隔离，自然可以避免其实施新的犯罪。有学者担心，"由于判处犯人终身刑，犯人由于没有出狱的希望，也可能实施杀人、伤害等犯罪。"[2]这种忧虑看似合理，但其忽略了一方面，可能被判处"终身刑"的罪犯都是那些实施了最为严重犯罪的人，其即使

---

〔1〕　张明楷："死刑的废止不需要终身刑替代"，载《法学研究》2008 年第 2 期。
〔2〕　张明楷："死刑的废止不需要终身刑替代"，载《法学研究》2008 年第 2 期。

在监狱当中也会被加以单独监禁或者其他严密的监管措施。同时更为重要的是，虽然被判"终身刑"的罪犯看似可以毫无顾忌，为所欲为而不担心自己的刑罚升格或者加期，但是由于监狱内部的非刑罚惩戒手段的存在，如禁闭，降低或者剥夺监狱内部相关权利等，可以十分有效地震慑这些犯罪人，使其在监狱内部不至于成为所谓的"超级罪犯"。相反，"有些专家甚至认为终身监禁不得假释的罪犯其实是监狱当中表现最为良好的罪犯。如在美国的阿拉巴马州，被判处终身监禁不得假释的罪犯人均违反监狱规定的比例要比其他类型的罪犯低50%。"[1]另外，是否在监狱内部从事违法犯罪行为其实与罪犯所被判处刑期之间并没有必然的因果关系，因此，认定被判处"终身刑"的罪犯一定或者很有可能在监狱内实施违法犯罪是没有根据的。

刑罚的一般预防功能都是存疑的。

事实证明，即使刑罚体系历经争辩与修正，但是成百上千年的人类历史证明了单纯以刑罚作为犯罪一般预防手段的失败。在这点上，不仅仅是"终身刑"，包括死刑在内的几乎所有既存刑罚都概莫如此。因此，不能因为根据某些调查结果所体现出来的长期监禁在一般预防的无力，就以此认定"终身刑"的一般预防功能的失效，更不能因"终身刑"一般预防的失效，来作为否定其存在的主要根据。

需要指出的是，张明楷老师在"替代"一文对此所引用的相关调查并不是特别有说服力。其所援引的北京、福建以及山东等地监狱管理部门某一特定年份的调查结构所能体现的仅仅是再犯组成当中实施前一犯罪所被判处不同长度刑罚所占比例。但就相关统计数字而言，给人表面印象的确为监禁时间愈长，即使不监禁终身，亦可完成一般预防的任务。但监禁时间长短与再犯可能之间的正比关系其实还存在其他可能的解释。毕竟一方面，在整个犯罪组成当中，能够被判处长期监禁的严重犯罪所占比例本身较低，而占犯罪人整体少数的这部分严重犯罪人在未来再次实施犯罪的可能性又不是百分之百，故其在再犯比例当中的比例一定很低；另一方面，调查并没有表明其所持续的周期，而事实上严重犯罪实施者由于被监禁时间较长，故很可能调查的期间没有如此宽泛，因此导致调查的结果不具有代表性和典型性。

即使承认"终身刑"和其他刑罚一样，在一般预防的层面并不是十分的出色，也不妨碍其作为刑罚的一种在功利层面的正当性。因为除了所谓预防功能之外，刑罚最重大的功利基础在于其所具有的某种象征性功能。

---

〔1〕 See Julian H. Wright, Jr, "Life - Without - Parole: An Alternative to Death or Not Much of a Life at All?", 43 *Vand. L. Rev.* 529(1990).

的确，"刑罚一直以来都具有某种象征性的功能"[1]。在很大程度上，和宗教一样，通过甚至可能是任意地选定少数个体作为对立面，刑罚可以通过实际的杀戮，或者通过象征性地重新对于相关行为加以界定来实现社会的稳定。[2]而在这些学者看来，两种情况下的这种规制都受到了十分严格的限制。其必须由那些为社会所授权的机构进行，同时也必须以规定的方式进行。而如果超越了上述规范，那么相关的尝试不仅仅无效，而且将在道德上受到唾弃。

如果认识到了刑罚所具有的这种象征性的功能，就可以更好地理解为什么包括死刑在内的刑罚体系与刑罚执行存在如此多的问题，但仍然有那么多人对其坚信不疑。正是因为刑罚执行本身所具有的这种象征性功能，即表达了社会主流群体对于特定行为或者对象的集体性摒弃，才使得刑罚具有了正当性。对此，很明显的事例就是几乎在当今世界所有适用死刑的国家，当死刑犯被执行死刑之前实施了自杀行为的时候，监狱都会对其加以尽心救治，而不会因为其迟早要被判处死刑而对其置之不理。有人会将其解释为对于被监管人生民权的尊重，但从实然角度而言，更为恰当的解释应该是需要保留其生命，从而使其能够最终完成死刑执行这一社会"仪式"。

因此，从所承载的象征性功能而言，在死刑废止的情况下，只要"终身刑"这样继续完成死刑所具有的绝对否定性评价功能，那么其就具有了功利上的合理性。

第四节 "终身刑"与刑罚体系、刑罚执行

一、"终身刑"与报应理念

很多学者对于终身刑与法定刑体系结构之间的关系主要着眼于所谓的"格差"。[3]但格差只适用于同类别刑罚之间。在不同类别刑罚之间不存在所谓格差的问题。就像很难评价死刑与监禁刑之间的格差是多少一样，很难评价"终身刑"与长期监禁的格差。因此，从格差的角度评价"终身刑"与刑罚体系的关系显然是不适当的。

事实上，对于从上面对于"终身刑"与刑罚根据的讨论当中不难得出，应

---

〔1〕 Alan M. Dershowitz, "Criminal Sentencing in the United States: An Historical and Conceptual Overview, Annals of the American Academy of Political and Social Science", *Vol.* 423, *Crime and Justice in America*: 1776 ~ 1976 (1976).

〔2〕 See Donald L. Beschle, "Why Do People Support Capital Punishment?: The Death Penalty as Community Ritual", 33 *Conn. L. Rev.* 76 (2001).

〔3〕 张明楷:"死刑的废止不需要终身刑替代"，载《法学研究》2008 年第 2 期。

该基于社会一般民众对于特定刑罚种类的认同与感知来作为其是否具有存在正当性的根据。由于死刑与终身监禁不得假释，即"终身刑"之间在民众认同度上较为接近，故如果不废止死刑，当然可以将死刑自身作为满足一般民众法情感的标志。但如果是以死刑废止为背景，那么在现时条件下，无疑导致了某种群体性"仪式"层级的缺失。没有了死刑的刑罚体系，缺乏能够表达社会群体最为强烈唾弃与疏离的方式，而这种象征功能的缺乏所直接导致的就是民众对于国家所提供的刑罚服务的不满，正像这些学者所承认的那样，会导致"一旦发生恶性案件，民众要求死刑的呼声必然高涨"[1]。

而对此最佳的解决办法就是用一种类似能够满足民众对于最为严重犯罪否定评价的法定刑来填补死刑消失后留下的空白。无疑，"终身刑"的提出，不仅可以具有与死刑类似的象征意义，而且可以避免死刑最为致命的弊端，即不可恢复性。

另外需要指出的是，刑罚发展没有趋势，只有历史。刑罚作为国家公权力的典型标准，具有强烈的排他性与本土性。即使面对同一问题，由于文化、历史，特别是国民感知到不同，也会产生出不同的解决方法。而最为关键的是，评价一个国家刑罚体系建构是否科学的标准也应该是本国国民的感知。无疑，其他国家相关经验可以为我所用，但这种影响必然是间接性质的，亦即必须经过国民一般感受到过滤，才能进一步影响到刑罚的变革与发展。民意是可以被影响的，如果学者们真的相信某种刑罚设定模式是可取的，那么其就应该尽力向国民鼓吹这样的观点。

二、成本："终身刑"执行的无关要素

一些学者对"终身刑"持否定观点的根据之一就是关注其所可能导致的国家监禁成本增加的问题。[2]

的确，将罪犯终身囚禁在监狱当中的一个自然结果就是随着被监禁人员年龄的老化，不仅需要对其支付相关的生活费用，而且可能需要支付相关的医疗费用。国家的刑罚资源是稀缺的，这是一个确定的前提，但是在分配此种稀缺司法资源的时候，应该优先保证最为严重的刑罚得以惩治，故无论"终身刑"的成本如何，其都是应该被满足的。从这个意义上而言，在考虑"终身刑"的存废与否时，成本因素并不应成为一个主要的思考对象。

目前我们并没有能力获知我国无期徒刑以及死刑在整个国家司法资源当中所占据的比例以及二者之间的大小关系，但是根据美国的相关统计，终身监禁

---

〔1〕 张明楷："死刑的废止不需要终身刑替代"，载《法学研究》2008 年第 2 期。
〔2〕 张明楷："死刑的废止不需要终身刑替代"，载《法学研究》2008 年第 2 期。

不得假释的成本低于死刑的执行成本。"因为死刑要经历繁琐的上诉程序，因此代价高昂，而通常情况下终身监禁不得假释的成本不足100万美金。以佛罗里达为例，该州通常情况下的死刑案件的审理费、律师费以及对于死刑候刑者的监禁费用平均每起320万美金，而该州终身监禁的费用为70万美金。"[1] 无疑，即使从成本角度出发，"终身刑"的成本显然也远远低于死刑，从而凸显了其在死刑废止语境当中的优势。

三、方式："终身刑"的实质内核

由于"终身刑"与死刑之间在民众感知度上的近似性，故在死刑存在的情况下，在立法上不宜加以规定，以免造成感知上的混淆以及资源上的浪费。但如果是在死刑将被废止的语境当中讨论，那么就应该鼓吹设定"终身刑"，从而保证死刑废止之后公民的法感情不至于徒然落空，也可以为那些最为严重的犯罪留有一个终结的负面评价手段。

而在死刑废止语境下对于"终身刑"的鼓吹过程当中，应提倡对于"终身刑"的纯粹化。这个提纯的过程主要关注的是两个方面：首先，将刑罚种类与刑罚执行方式相剥离。即排除所谓"终身监禁不得假释"这样的混杂性定义模式，而将终身刑规定为诸如"囚禁终身"这样传统的刑罚设定模式。而在特定刑罚执行方式，如减刑，假释等定义当中进行排除性规定，及将"囚禁终身"这种刑罚排除出其执行范围之外。其次，将刑罚格差与刑法种类相剥离。即将"规定了最低执行年限方可假释或者减刑"之类的理解排除出被纯粹化了的"终身刑"之外。这样，避免了刑罚种类与刑罚执行方式之间的混淆，也避免了同种刑罚之间格差与不同种类刑罚之间性质差别之见的混淆。而且，被纯粹化了的"终身刑"一方面可以更加明确地彰显出民众对于缺乏死刑的刑罚体系当中最为严重犯罪的否定性评价，另一方面还可以进一步缩小"终身刑"的适用范围，从而避免其滥用，节约司法成本与资源，保护可能的错判，误判给被告人带来的损害。

第五节 小 结

死刑的废止对于中国而言即使不是一个事实，但也已经成为一种具有实然性质的可能。在这种可能的背景下讨论和鼓吹"终身刑"，不仅仅有利于民众对

---

[1] Comment, "The Cost of Taking a Life: Dollars and Sense of the Death Penalty", 18 *U. C. Davis L. Rev.* 1221 (1985).

于死刑的存废持较为理想的态度，而且可以弥补死刑废止后司法体系与民众感知上出现的空白。通过对于"终身刑"的深入理解与讨论，更可以加深对于刑罚与民意之间互动关系的理解，进而为科学地引导民意、科学地制定刑罚提供建言。

结论：

死刑的未来——一场民意与司法的博弈

"在一个寒冷的深夜，一艘船触礁沉没。一名精疲力竭的水手在海上漂流了一夜，挣扎求生。第二天凌晨，他终于在一个不知名的海滩登陆，放眼所及，所看到的仅仅是一个绞刑架，但他却暗自庆幸，'感谢上帝，这里还有文明。'"[1]

的确，从实质角度判断，与其说死刑是一个法律问题，倒不如说是一个文化问题，或者更准确地，一个政治问题。死刑和人类社会一道获得了通向文明阶段的准生证。无论是死刑的流变，亦或是死刑的存废；无论是对于死刑的褒奖，亦或是对于死刑的坚持，都仅仅是一种与民意相关的政治选择。

应该承认，所有目前与死刑问题相关的争论或者反思都可以在历史上寻找到类似的影踪。唯一不同的是，当今社会的民意表达相较于之前，更为直接、更为多元、更为自由、更为有力。现在，决定死刑这种人类行为方式最终走向的力量已经不再是某位高高在上，睿智或者昏庸的君王，而是被媒体、利益集团所加持，甚至臆造出来的民意。

但吊诡的是，民意本身又并非作为实体概念存在的。换句话说，民意是被一种被拟制出来的，极易受到人为操纵，仅能在有限空间与时间存在的相对概念。将死刑未来发展的方向维系在这样一种民意之上固然是危险的，但又是所谓"民主"社会所不得不支付的一种代价。

以美国为例，基于该国特殊的政经体制与文化背景，美国死刑的实际运行与最终发展实际上就是民意与司法的一场博弈。美国联邦最高法院借由宪法赋予的司法审查权，获得了与美国民意对抗的筹码，继而维持了美国死刑司法适用的相对稳定。

---

[1] Walter Berns, *For Capital Punishment: Crime and the Morality of the Death Penalty* (1979). Quoted from Richard A. Devine, "Book Review: The Death Penalty Debate: A Prosecutor's View: Scott Turow, Ultimate Punishment: A Lawyer's Reflections on Dealing with the Death Penalty", 95 *J. Crim. L. & Criminology* 637 (2003).

谁掌控了民意，谁就可以决定美国死刑的未来。

谁掌控了美国联邦最高法院，谁就可以决定美国死刑的未来。

问题是，这个人，或者这群人，究竟是谁？

附录:

福尔曼诉佐治亚州案[1]

FURMAN v. GEORGIA
No. 69 – 5003

美国联邦最高法院
408 U. S. 238; 92 S. Ct. 2726; 33 L. Ed. 2d 346; 1972 U. S. LEXIS 169

1972 年 1 月 17 日法庭辩论
1972 年 6 月 29 日审结

美国联邦最高法院 9 名大法官分别独立发表了各自的意见

意见:

根据《佐治亚州法典》第 26 条第 1005 款(1969 年 6 月 1 日之前适用),第 69 – 5003 号案件的申诉人在佐治亚被判谋杀罪名成立,并被判处死刑。[2]根据《佐治亚州法典》第 26 条第 1302 款(1969 年 6 月 1 日之前适用)第 69 – 5030 号案件的申诉人在佐治亚被判强奸罪名成立,并被判处死刑。[3]根据《德克萨斯州刑法典》第 1189 条,第 69 – 5031 号案件的申诉人在德克萨斯州被判强奸罪名成立,并被判处死刑。[4]美国联邦最高法院针对如下问题批准调取案卷令:"这些案件中死刑的厘定与执行方式是否违反了宪法第八修正案禁止'残忍且不

---

〔1〕 本书在编译过程中对于原文的某些表述与注释进行了技术性修改。
〔2〕 案件编号 225 Ga. 253, 167 S. E. 2d 628 (1969).
〔3〕 案件编号 225 Ga. 790, 171 S. E. 2d 501 (1969).
〔4〕 447 S. W. 2d 932 (Ct. Crim. App. 1969).

寻常刑罚'条款?"〔1〕美国联邦最高法院认定这些案件涉及的死刑适用与执行方式违反了宪法第八修正案禁止"残忍且不寻常刑罚"条款。因此，这些案件所做出的死刑判决不能成立，全案发回重审。

此判。

　　道格拉斯大法官、布里南大法官、斯图尔特大法官、怀特大法官以及马歇尔大法官分别就上述判决提出了各自的支持意见。布莱克曼首席大法官、鲍威尔大法官以及伦奎斯特大法官分别就上述判决提出了各自的反对意见。

附议法官：道格拉斯大法官、布里南大法官、斯图尔特大法官、怀特大法官以及马歇尔大法官。

道格拉斯大法官之附议：

　　我们这次审理的三起死刑案件中一起涉及谋杀犯罪，两起涉及强奸犯罪。对于这些案件是否适用死刑，抑或者适用其他较轻刑罚，应交由各州的法官或者陪审团依据其所享有的自由裁量权加以厘定。这三起案件的最终判决皆由陪审团作出。因此，美国联邦最高法院仅就在这些案件中适用死刑是否构成违反宪法第八修正案禁止"残忍且不寻常刑罚"这一问题批准了申请调取案卷令。〔2〕对此，我选择支持推翻这三起案件的原判，理由是在这些案件中适用死刑违反了宪法第八修正案及第十四修正案。

　　议员贝因汉姆在提出宪法第十四修正案的时候，曾经提出，宪法第十四修正案所保证的美国公民享有的权利就包括不受所谓"残忍且不寻常刑罚"：

　　"在这个国家的很多州，都曾出现过借由州立法部门所实施的压迫与不公，从而严重地侵犯了美国公民应该享有的权利，但对此，美国联邦政府依据法律却不能进行任何的修正或者补偿。其中，针对犯罪及其他公民义务，州法中大

---

　　〔1〕　403 U. S. 952 (1971).

　　〔2〕　佐治亚州最高法院在编号为 225 Ga. 253, 167 S. E. 2d 628 一案中维持了对于弗里曼犯有谋杀罪及对其适用死刑的原审判决；在编号为 225 Ga. 790, 171 S. E. 2d 501 一案中维持了对于杰克森犯有强奸罪及死刑适用的原审判决；德克萨斯州刑事上诉法院在编号为 447 S. W. 2d 932 一案中维持了对于布兰奇犯有强奸罪及对其适用死刑的原审判决。美国联邦最高法院在 *Louisiana ex rel. Francis v. Resweber*, 329 U. S. 459, 463 (1947) 案及 *Robinson v. California*, 370 U. S. 660, 667 (1962) 案中明确了宪法"适当程序"条款禁止"残忍且不寻常刑罚"。同时，美国联邦最高法院还在 *Weems v. United States*, 217 U. S. 349, 378 – 382 (1910) 案中进一步明确，"禁止残忍且不寻常刑罚"条款不仅禁止司法机关适用此类刑罚，而且还禁止立法机关制定类似的刑罚。

量规定明显有悖美国宪法的'残忍且不寻常的刑罚',对此,美国联邦政府却束手无策。"[1]

这就意味着无论是否侵犯了公民权利,无论是否遵从了适当程序,结果都不会出现不同。

在之前的判决中,美国联邦最高法院曾认定如果死刑的执行方式不有悖人性,过分残忍,那么死刑本身并不属于所谓残忍的刑罚。[2]此外,美国联邦最高法院还在判例中提出,对于"残忍且不寻常刑罚"构成的理解不能僵化,而应该随着社会公众对于人类正义不断发展的理解中获得含义。[3]正如美国联邦最高法院在特洛普案[4]中所明确的那样,对于宪法第八修正案的解读"必须与标志着一个成熟社会不断进步的正当性标准保持与时俱进"。

与死刑使用相关的概括性是一回事,但书本上所说的,与法律在实践中的适用可能完全是两回事。

如果说仅仅因为被告人的种族、宗教信仰、财富、社会地位或者所处社会阶层而歧视性地对其适用死刑,或者死刑适用程序存在导致上述歧视性适用的空间,那么就可以认定这样的一种死刑适用是"不寻常"的。

有证据表明,宪法第八修正案的法源,即英国1689年《权利法案》中禁止"残忍且不寻常"刑罚的规定主要关注于残忍刑罚的选择性或者恣意性适用,因此,其本质应该在于禁止具有残忍本质刑罚的歧视性适用。[5]

"随着1066年诺曼人征服英格兰,传统的保持罪刑相适应的刑罚体系瞬间荡然无存。等到系统性的法律文档开始建立的时候,罪刑失衡的局面几乎已经注定了。除了对于少数特定犯罪规定了死刑或者放逐之外,之前的罚金制度已经被法官可以自由裁量的财产刑所取代。虽然这样的一种任意褫夺财产的刑罚可以满足个案情况的特殊性,但也为法官将这一刑罚用作压迫工具创造了条件。

因为当时这种恣意滥罚的判决非常普遍,以至于《英国大宪章》中有三章都与此相关。梅特兰[6]曾指出,如果没有规定第14章,那么大宪章将不能被认为是为了民众福祉而存在的。大宪章第14章明确规定禁止与犯罪显著失衡的刑罚:

---

[1] Cong. Globe, 39th *Cong.*, 1*st Sess.*, 2542.

[2] *In re Kemmler*, 136 U. S. 436, 447 (1890).

[3] *Weems v. United States*, *supra*, at 378.

[4] *Trop v. Dulles*, 356 U. S. 86, 101 (1958).

[5] Granucci, "'Nor Cruel and Unusual Punishments Inflicted': The Original Meaning", 57 *Calif. L. Rev. 839*, 845 ~ 846 (1969).

[6] Maitland.

"除非与犯罪的危害程度相适应，否则对于自由民实施的轻微犯罪不得褫夺财产；对于自由民实施的严重犯罪，在对其不适用死刑的情况下，得根据犯罪的严重程度对其实施财产刑；对于商人实施的上述犯罪，应该保留其所有商品；对于运输行业者实施的上述犯罪，应该保留其运输工具。只有在得到邻里中有威望人士佐证的情况下，才可以对于被告人实施罚金刑。"

1689 年 12 月 16 日，《权利法案》生效，其中明确规定"不得适用过高的保释金，不得适用过高的罚金刑，不多适用残忍且不寻常的刑罚"。[1]而这就是美国宪法第八修正案文本的来源所在。事实上相似的规定还出现在弗吉尼亚 1776 年宪法[2]以及其他几个州的宪法文本当中[3]。13 个州组成的邦联所制定的《西北敕令》也包括禁止残忍且不寻常刑罚的规定。[4]但美国第一届国会在制定权利法案的辩论期间却对此规定并未太过深究。目前所知的仅是下列记载：[5]

北卡州代表史密斯先生反对"残忍且不寻常刑罚"这一表述，认为其太过不确定。

立沃莫尔先生认为，这一条款彰显着人性光辉，对此我深信不疑，但我认为这一规定本身空洞无物，因此毫无实际意义。什么是所谓过高的保释金？谁应该作为判断保释金是否过高的裁判者？过高罚金刑的含义是什么？让法院来决定这一切？如果在未来推行禁止残忍且不寻常的刑罚，但某些情况下绞死某人是十分有必要的，对于那些恶棍更该狠狠鞭笞，甚至应该将他们的耳朵都割下来，但未来我们会因为这些刑罚是残酷的就必须将上述做法束之高阁？如果未来可以发明某种更为宽仁的抗制、矫治犯罪的方式，那么立法机关应该毫不犹豫地对其加以适用，但在一切还没有眉目之前，我们不应该自缚手脚，放弃既有的刑罚措施。

所谓"残忍且不寻常"的刑罚当然包括那些具有残酷性的刑罚。但是至少从英国权利宪章类似规定旨在禁止选择性适用残忍刑罚的初衷考虑，这样的表述表明死刑，或者其他刑罚，只有在选择性地针对社会中少数族裔、不受欢迎的群体时才属于"残忍且不寻常"的刑罚，除此之外，社会可以接受死刑所具

〔1〕 1 W. & M., Sess. 2, c. 2; 8 *English Historical Documents*, 1660 ~ 1714, p. 122 (A. Browning ed. 1953).

〔2〕 7 F. Thorpe, Federal & State Constitutions 3813 (1909).

〔3〕 Delaware, Maryland, New Hampshire, North Carolina, Massachusetts, Pennsylvania, and South Carolina. 1 Thorpe, *supra*, n. 4, at 569; 3 id., at 1688, 1892; 4 id., at 2457; 5 id., at 2788, 3101; 6 id., at 3264.

〔4〕 Set out in 1 U. S. C. XXXIX – XLI.

〔5〕 1 Annals of Cong. 754 (1789).

有的残酷性。[1]塔托法官在诺瓦克诉贝托案[2]中非常明确地提出,单独监禁在某些情况下都属于"残忍且不寻常"刑罚。[3]

美国联邦最高法院在麦克瓜德诉加利福尼亚州案[4]中指出,美国建国之初就致力于扭转英国对于所有谋杀犯都强制适用死刑的僵化做法。因此采取的第一步限制措施即在于提出所谓"预谋杀人"这一概念。[5]但陪审员将法律的最终决定权掌握在自己手中,往往选择拒绝认定死刑犯罪的被告有罪。[6]

为了解决陪审团选择认定被告无罪的难题,立法机关改变了之前选择细化死刑犯罪的做法,转而直接承认陪审团事实上所实施的在认定事实方面的自由裁量权。[7]

法院认为,"从历史、经验及人类认识水平的限制出发,我们认为,陪审团在死刑案件中享有决定生死的自由裁量权;并不违反宪法。"[8]

---

〔1〕 "鉴于英国法律对于犯罪的规定过于僵化,导致定罪困难的前车之鉴,我们认为法律应该并需要修正应该作为一条准则存在。事实上英国陪审团拒绝认定被告有罪的做法是对于法律残暴性的一种无言抗争。例如,在英国,伪造货币也被规定为死罪。一旦指控的罪名成立,那么一切都将无济于事。但陪审员不愿承认应对于被告作出明显过重的刑罚谴责,但又无法减轻对其所适用的刑罚处遇,因此干脆认定其无罪。因此,如果对于伪造货币犯罪规定了除死刑之外的其他较轻刑罚,就可以有效地打击此类犯罪,不至于使其逍遥法外。恰恰是陪审员这种拒绝适用恶法的权力,才使得对于英国很多类似的法律进行修正成为必要,从而导致了一个非常重要的结果,即那些和民意相悖的法律将无法继续在英国适用。" W. Forsyth, *History of Trial by Jury* 367~368 (2d ed. 1971).

〔2〕 *Novak v. Beto*, 453 F. 2d 661, 673~679 (CA5)

〔3〕 Cf. Ex parte Medley, 134 U. S. 160; *Brooks v. Florida*, 389 U. S. 413 (1967).

〔4〕 *McGautha v. California*, 402 U. S. 183, 198 (1971).

〔5〕 *McGautha v. California*, 但这一改革措施却并没有获得其他国家的一致赞同。在19世纪早期,英国法律规定盗窃五个先令以上财产的罪犯就可以被判处死刑。3 W. & M., c. 9, § 1. 在1813年,英国上议院讨论是否废除这一刑罚的时候(相关修正案最终被修订,见1827, 7 & 8 Geo. 4, c. 27),上议院议员艾伦巴勒就曾提出:"如果各位同侪认真思考我们所面对的这份修正案,我不禁要问,现在这样一种堪称典范的,可以用来防止侵财犯罪发生的刑罚是否可以被保留下来,是否在某些情况下不应被适用?如果通过了修正案,如何能够保护对于英国而言至关重要的工业化财产?如何能够保护那些贫苦的农民,防止他们发现当他和他的妻子外出劳作之后回到家里时,除了随身携带的工具之外,家里所有的财物,包括家具、衣物等都被洗劫一空?通过对于此种侵财犯罪规定死刑,并由国王根据具体情况决定是否对于罪犯适用这种刑罚,我对于其适用的实效感到满意,并且坚信在座各位也会认同我的看法。现行法律被人描绘为血腥残酷,我对此并不接受。除了那些少数依据本法被处死的人之外,是否还有人会认同这样的一种看法?各位都知道,事实上根据本法被处死的人数极其有限,而这并不能作为废除本法的理由和根据。我想拜托各位拨冗想象一下那些自己的家在黑夜被盗贼闯入,财产和生命遭到威胁的人们。总之,保护财产对于英国这样一个商业国家来说至关重要,我无法接受任何改变现行法律的做法。" Debate in House of Lords, Apr. 2, 1813, pp. 23~24 (Longman, Hurst, Rees, Orme, & Brown, Paternoster – Row, London 1816).

〔6〕 Id. , at 199.

〔7〕 Id.

〔8〕 Id. , at 207.

另外，法院并未支持应对陪审团可以决定被告人生死的自由裁量权加以限制的主张。[1]

最近，厄恩斯特·冯·海格在第92届国会第二会期司法委员会出席听证会作证时说[2]："任何刑罚，包括罚金，监禁或者死刑都可能在适用的过程中出现有悖公正的情况。但导致这种不当情况出现的原因并不在于刑罚本身，而在于刑罚的适用程序，无论刑罚本身的种类和程度为何，只要是对于无辜的人适用，或者在同等罪责的犯罪人之间适用了不均衡的刑罚，就是不公正。"[3]

有一种十分天真的观点，认为通过法院适用的死刑，与残暴无涉。[4]但像兰帕德与罗布思[5]、施帕德医生[6]等人却从未被判死刑，相反，是那些社会地位低下，那些贫穷或者少数族裔的人才最终走上了刑场。

这种观点忽视了前面提到的麦克瓜德案。事实上我们目前还无法摆脱麦克瓜德案的影响。陪审员（某些情况下是法官）享有决定他人生死的自由裁量权。[7]

菲尔德法官在奥尼尔诉佛蒙特州案[8]中提出了自己不同于多数法官的反对意见，"实际上，州立法机关完全可以规定哪怕是饮用了一滴酒，也可以对其施以监禁刑，但如果在司法过程中细数杯子里有多少滴酒，并逐个累加直至无限，就属于我们充耳未闻的残酷刑罚了。"立法机构没有对于所有犯罪类型进行系统

---

〔1〕 Id. , at 207～208.

〔2〕 众议院议员赛勒在第92届国会第一会期时提出，应该废止美国联邦及各州的死刑。后又提议，应该暂停美国联邦及各州的死刑适用，并思考下列问题：国会认定，应该对于下列问题进行严肃认真的思考——①死刑的适用是否违反了宪法第八修正案及第十四修正案禁止残忍且不寻常刑罚的规定；②是否死刑的使用对于社会中的少数族裔造成了歧视，从而违反了宪法第十四修正案，同时，在个案的情况下，国会是否有权根据宪法第十四修正案第5款的规定禁止适用死刑？

〔3〕 Id. , at 116～117. （Emphasis supplied. ）

〔4〕 Henry Paolucci, *New York Times*, May 27, 1972, p. 29, col. 1.

〔5〕 兰帕德毕业于密歇根大学，罗布思就读于芝加哥大学，二人家境富裕，并被指控在1924年谋杀14岁的罗伯特·弗兰克斯，最终，二人被判终身监禁。——笔者注

〔6〕 施帕德医生所涉及的谋杀案件争议颇大。1954年，其被判谋杀自己的妻子罪名成立，但1966年，施帕德医生的判决被推翻，案件得以重新再审。——笔者注

〔7〕 我们今天案件判决的结果与 *McGautha* 案结果直接的冲突彰显出布里南法官及我本人在 *McGautha* 案中所持不同意见的正确性。402 U. S. , at 248. 我本来应该认为如果宪法第八修正案、第十四修正案禁止对于申诉人适用死刑的原因是因为这些人是被随机选出来作为死刑适用对象的少数几个人，如同斯图尔特法官所言那样，at 309～310，或者因为如怀特法官所言那样，在这些适用死刑的案件与不使用死刑的案件之间没有任何明确的区分标准，at 313，对此，我深表认同，宪法第十四修正案适当程序条款的立法宗旨即在于禁止死刑厘定程序的设置为不同案件死刑适用的差异性与随机性提供选择机会。*McGautha v. California*, 402 U. S. 183, 248 (1971) (BRENNAN, J. , dissenting).

〔8〕 *O' Neil v. Vermont*, 144 U. S. 323, 340 (1892).

性或者整齐划一的规定，那么法官或者陪审团更不能基于偏见而对于社会族群中的一部分进行差别对待。

目前，越来越多的人开始认识到禁止"残忍且不寻常"刑罚条款的含义之中蕴藏着"平等保护"的意涵。如果刑罚的适用具有歧视性，或者具有恣意性，那么就可以认定这种刑罚适用是非常见的。[1]将那些很少适用的死刑成文法付诸实践的做法就带有恣意的意味。[2]执法与司法委员会主席近期曾提出[3]，"归根结底，有证据证明死刑的使用及执行具有歧视性的范式。换句话说，死刑的适用对象大多数集中在那些贫困者、黑人以及不受欢迎的群体之中。"

一份针对 1924~1968 年德克萨斯州死刑执行情况的调查报告显示[4]："死刑的适用具有不平等性，大多数被执行死刑的罪犯或者年少无知、或者贫困。"

"根据德克萨斯州相关法律，在 460 起涉及共同犯罪的案件当中，有 75 件分别进行了审理。在几起涉及黑人与白人共同犯罪的案件中，黑人被判处死刑，但白人却获得无期徒刑。"

"在针对强奸案件的审理过程中，也发现了种族差异。实施了强奸犯罪的黑人更容易被判处死刑，而实施了类似犯罪的白人及拉美裔却更容易被判处监禁刑。"

在北岛编著的《美国死刑》一书中，有下表：[5]

终审阶段被告种族分布表

终　审	黑　人		白　人		总　计	
	人数	百分比	人数	百分比	人数	百分比
执　行	130	88.4	210	79.8	340	82.9
减　刑	17	11.6	53	20.2	70	17.1
总　计	147	100.0	263	100.0	410	100.0

"尽管在决定上述刑罚分配的过程中除了种族还存在其他因素，但导致结果中存在种族差异的原因绝非偶然"。基于上述研究，似乎无法指摘司法或者检察

---

〔1〕　Goldberg & Dershowitz, "Declaring the Death Penalty Unconstitutional", 83 *Harv. L. Rev.* 1773, 1790.

〔2〕　Id., at 1792.

〔3〕　*The Challenge of Crime in a Free Society* 143 (1967).

〔4〕　Koeninger, "Capital Punishment in Texas, 1924~1968", 15 *Crime & Delin.* 132, 141 (1969).

〔5〕　H. Bedau, *The Death Penalty in America* 474 (1967 rev. ed.).

机关应该为死刑适用过程中存在的种族差异负责；也无法推定从最开始赦免机制就对于黑人持有歧视态度。目前，我们还无法厘清导致上述情况出现的确定性因素。然而，因为从统计学的角度来看，黑人与高度死刑执行频率之间的联系是客观存在的，因此无法避免对于死刑适用过程中存在种族歧视的合理怀疑。如果不存在上述联系，那么这怀疑就无从谈起，但如果存在这样的一种对应关系，就可以推定存在着某种意义上的种族歧视。[1]

沃顿·路易斯曾经提出[2]："死刑不仅仅本身的合法性存在问题，而且没有哪种刑罚像死刑这样遍布缺陷。对于富人和穷人，死刑的适用结果是不同的。换句话说，富人从来不用上电椅，或者上绞刑架。虽然陪审团公正无涉，法律从理论上也不偏不倚，但富人有资源动用一切手段收集对于自身有利的证据，而穷人却只能寄希望于法庭给自己指派的律师。而在很大程度上，法庭指派的律师并无死刑审理的经验。"

前美国总检察长克拉克曾说，"只有那些赤贫、积弱、无知、无势的人才最终被处死。"[3]调查显示那些有影响力的群体从未受到死刑的影响，例如兰帕德与罗布思等人最多也只被判入监服刑，而非死刑。

黑人杰克逊在自己21岁的时候被指控强奸了一名白人妇女。一名由法庭指派的精神科医生作证，认为杰克森的智力水平与受教育程度都属于中等，并无任何精神疾患，杰克森所表现出来的症状是环境使然，他有能力出庭应诉。据称，杰克森在受害人丈夫离开后闯入其家中，用剪刀抵住受害人的胸口索要钱财，未果后受害人与杰克森发生了冲突，并最终被制服，并被其强奸。在这个过程中，杰克逊始终将剪刀抵在受害人的胸口处。尽管受害人似乎没有受到这次伤害的长期影响，但也在搏斗过程中身体多处淤伤。杰克逊本人是逃犯，之前因为盗窃汽车被判处三年监禁。后来在外出服苦役的过程中脱狱，并在被抓获之前的三天时间里犯下了多起罪行，包括夜盗，伤害等。

黑人福尔曼在夜间试图闯入一户人家的过程中隔着禁闭的房门，射杀了屋主。案发时，福尔曼26岁，小学六年级毕业。在候审期间，福尔曼申请对自己进行精神鉴定，佐治亚中心医院精神科一致认为，"可以继续认定该人目前罹患中等水平智力缺陷的诊断结果，并伴生有共济失调症状。"医生认为，"目前病人虽然没有明显的发病症状，但显然无法与律师配合完成庭审准备工作。"同

---

〔1〕 后者可见一项针对宾夕法尼亚州1914~1958年死刑候刑者的调查研究，参见 Wolfgang, Kelly, & Nolde and printed in 53 *J. Crim. L. C. & P. S.* 301（1962），或参见 Hartung，"Trends in the Use of Capital Punishment"，284 *Annals* 8，14~17（1952）.

〔2〕 *Life and Death in Sing Sing* 155~160（1928）.

〔3〕 *Crime in America* 335（1970）.

时，医生还坚信"福尔曼需要接受进一步的入院治疗"。随后，法庭所指派的调查人员报告，虽然福尔曼罹患中等程度的智力缺陷，并伴生有共济失调，但福尔曼目前并无发病症状，且能与辩护律师配合完成抗辩的准备工作。

黑人布兰奇闯入一名65岁白人老妇家中，使用暴力手段制控制受害人，并实施了强奸行为，随后，在长达三十分钟的时间里，布兰奇强迫受害人交出财物，并最终得手若干。临行时，布兰奇威胁受害人如果将事情告发，将回来灭口。从已有的庭审记录看，没有任何关于受害人受到身体伤害的证据。

布兰奇曾经犯有重罪盗窃，并被认定存在智力上的缺陷，他的智力水平稍低于德克萨斯州服刑犯平均水平。布兰奇曾经上过五年半学，被认为是一个蠢笨的学生，成绩始终维持在年级最后的4%。

我们不能从上述记录当中断定被告因为是黑人，所以才被判处死刑。并且我们的职责也并不是发掘促使对于这些人适用死刑背后的动机所在。相反，我们需要处理的是授权法官或者陪审团自由决定对于实施了相关犯罪的嫌疑人是否适用死刑的法律体系或者司法体系的问题。根据目前的法律，对于死刑的适用没有任何标准和限制。人的生与死，完全取决于1个人或者12个人的一念之间。

艾维颖·勃兰特曾经对于英国查尔斯二世统治时期及詹姆士二世统治初期所施行的残暴统治有过细致刻画：

"没有人知道在梦梅斯试图篡位未果之后到底有多少人在根本无辜或者罪行未获证实的情况下被送上了断头台。当局势稳定下来，已经有很多人被执行了死刑。另外还有1260人在等待被处死。在暴动期间没有呆在家中即被视为有罪的证据。对于那些围在绞刑架前围观的民众来说，单纯的死刑已经属于一种宽恕的刑罚。当时对于执行死刑的人发布的要求是准备一柄斧子，一把菜刀，一套炉具及一口水锅，用来蒸煮死刑犯人的头颅和内脏，并在煮沸之后，每名被控阴谋造反的叛国者喝下半蒲式耳，准备足够的长矛，沿路插上之后悬挂叛国者的头颅和躯体残块。"

很多美国人都熟知上述故事，因此希望借由宪法对于包括叛国罪在内的犯罪规定禁止适用残忍且不寻常的刑罚措施。但所有这些催生美国宪法禁止残忍且不寻常刑罚规定的事件，都无法与对于悉尼的审判与死刑执行相提并论。当时英国司法机构实施的成百上千司法谋杀似乎都可以视而不见，唯独不能让美国民众释怀的是悉尼仅仅因为将建构共和政体的设想写在纸上，并放在自己的抽屉里而被定有罪并被处死。可以想见，如果没有宪法的保护，任何一个和当权者意见向左的人士都有可能遭此厄运。[1]

　　宪法第八修正案的起草者知道前辈因为一个不平等，充满歧视性的体系所付出的代价。当时，歧视的对象还不是穷人或者黑人，而是政治上反对政府专制、鼓吹议会治国、反对政教合一的异议人士。[2] 但死刑作为工具仍然用来作为抗制反对统治的不受欢迎者。任何熟读历史的人都会了解对于平等的渴望就隐含在宪法第八修正案禁止残忍且不寻常刑罚的规定之中。

　　在一个致力于维护平等的国家法律当中，不能存在所谓的等级之分。[3] 但是我们也知道法官和陪审团在适用死刑过程中所享有的自由裁量权会选择性地对于那些贫困无助，政治上缺乏靠山的人适用死刑，而对于那些政治上的特权阶层不适用死刑。在古印度教法中，婆罗门是可以免于死刑处罚的，[4] 根据该法，"总体上，刑罚制裁的严苛程度与社会地位成反比。"[5] 因此，我担心如果任由法官或者陪审团的死刑自由裁量权不受控制，很可能重蹈覆辙。

　　宪法第八修正案禁止残忍其不寻常刑罚条款的规定要求立法机关在立法时必须保持中立，保证法律本身不具有任何选择性或者歧视性。同时，还要求法官在适用法律的过程中不得对于社会中处于劣势或者边缘的群体选择性的适用法律。

　　如果法律规定任何收入超过 5 万美金的人可以免于死刑处罚，那么这样的法律规定明显是无法成立的。同样，任何规定黑人、受教育程度在 5 年以下、年收入不满 3000 美金，或者那些生活不稳定的罪犯该当死刑的法律也无法具有正当性。虽然法律没有如此规定，但在适用效果上与此类似的法律也无法成立。[6]

---

〔1〕　*The Bill of Rights* 154～155（1965）.

〔2〕　Id. , at 155～163.

〔3〕　See Johnson, "The Negro and Crime", 217 *Annals* 93（1941）.

〔4〕　See J. Spellman, *Political Theory of Ancient India* 112（1964）.

〔5〕　C. Drekmeier, *Kingship and Community in Early India* 233（1962）.

〔6〕　Cf. B. Prettyman, Jr. , *Death and The Supreme Court* 296～297（1961）. "死刑案件中出现的这种种族差异使得我们开始质疑死刑本身。如果詹姆士·艾维瑞可以因为自己聘请律师及时在遴选陪审员过程中就具体方式提出质疑并最终导致其免于死刑（345 U. S. 559），而埃博拉·威廉姆斯却因为完全相同的程序而被处死（349 U. S. 375），那么我们不得不质疑死刑适用方式存在严重的不平等性。" "或许有人会对此反对说，律师辩护的问题并不总和经济条件相关，而是和律师的能力相关，穷人也可以聘请有能力的律师。的确，富人和赤贫者往往会受到很好的律师服务，对于那些无力支付律师费用的人来说，法庭往往会指派十分出色的律师为其辩护。但对于大多数中产阶级来说，虽然有钱聘请律师，却往往无力聘请最为出色的律师。恰恰是这个群体，容易处于劣势。" 可以肯定的是，法庭为威廉·菲克思（352 U. S. 191）指派的律师要和他的家族倾尽全力才能聘请的律师一样出色。"并且，这里涉及的不仅仅是律师的能力问题。必须能够找到一个可以为一个没有任何收益，或者受益很少的案件付出大量宝贵时间的律师。公众往往无视律师为经济上贫困的当事人辩护时所付出的精力和时间。对于死刑案件而言，当事人的生命已经成为律师付出努力的很大一个回报。"

因此，这些包括有自由裁量权的成文法在运行中违反了宪法。因为这些法律适用过程中对于社会下层的歧视性运用导致其违反了宪法对于平等保护及禁止残忍且不寻常刑罚的规定。

任何表面上不具有歧视性，但以歧视性方式适用的法律也违反了宪法第八修正案及第十四修正案。[1]而强制性死刑成文法就属于此类，在适用过程中，社会精英人士会得到与罪行相适应，甚至更为轻缓的处罚，而较低阶层的人却会面临严苛的刑罚。是否强制性死刑成文法会在某种情况下合宪这个问题，我在此并未涉及。

我附议支持法庭在此案中的判决。

布里南法官之附议：

本案所涉及的问题其实就是当今死刑作为一种刑罚是否属于"残忍且不寻常"，因此违反了宪法第八修正案及第十四修正案，且超越了州权所能自治的范围。[2]

一个世纪之前，美国联邦最高法院提出，"要想准确地定义禁止'残忍且不寻常'刑罚需要面临很多困难"[3]。大约15年前，最高法院再一次承认尚未就禁止"残忍且不寻常"刑罚条款进行过详尽解读。[4]和其他重要条款一样，禁止"残忍且不寻常"刑罚条款是否可以被精确把握一度存疑。但我们知道这一条款所蕴含的价值与理念却是我们这个国家赖以存在的基础。同时我们还知道美国联邦最高法院有义务在适当问题出现的时候来认定被指控的刑罚，无论是什么刑罚，本身的合宪性。在这些案件当中，"我们必须直面问题，责无旁贷。"[5]

I

对于宪法缔造者试图通过包括禁止"残忍且不寻常"刑罚等权利法案来限制政府权力的初衷我们不甚了了。证据的缺乏，使得我们只能通过几个州在批准这一规定时所进行的辩论来对其窥以一斑。在马萨诸塞州，霍尔姆斯先生曾

---

〔1〕 *Yick Wo v. Hopkins*, 118 U. S. 356（1886）.

〔2〕 宪法第八修正案规定，"不得要求过多的保释金，不得处以过重的罚金，不得施加残酷和非常的惩罚。"根据宪法第十四修正案适当程序条款，这一规定同样适用于各州。*Robinson v. California*, 370 U. S. 660（1962）；*Gideon v. Wainwright*, 372 U. S. 335, 342（1963）；*Malloy v. Hogan*, 378 U. S. 1, 6 n. 6（1964）；*Powell v. Texas*, 392 U. S. 514（1968）.

〔3〕 *Wilkerson v. Utah*, 99 U. S. 130, 135～136（1879）.

〔4〕 *Trop v. Dulles*, 356 U. S. 86, 99（1958）.

〔5〕 Id. , at 103.

经指出：

"对于这样的一种规定更加让人感到惶惶不安的是，国会应该明确指出对于被判有罪的人适用何种刑罚。至于国会创制我们闻所未闻的残酷刑罚则权力则未作任何宪法上的制衡，对于国会而言，绞刑架或许仅仅是一种非常平和的制裁手段而已。"[1]

霍尔姆斯对于国会享有不受限制的厘定刑罚权的担心也得到了弗吉尼亚州制宪大会代表派崔克·亨利的呼应：

"国会从其本身的权力配置看完全有权进行立法，在刑事案件中，他们可以针对包括叛国罪到普通盗窃的全系列犯罪设定刑罚。在规定犯罪过程当中，我相信国会成员会较好地履行职责。但是刑罚的厘定过程，却缺乏必要的规制和限度，完全取决于议员个人。对于弗吉尼亚州权利法案中所规定的'不得要求过多的保释金，不得处以过重的罚金，不得施加残酷和非常的惩罚'的规定能说些什么？难道你想让这些议会成员在没有这样一种限制的情况下厘定刑罚？如果是这样的话，你就将背离权利法案的初衷，就将背离这个国家的精神。"

"在立法问题上，如果立法者不受'不得要求过多的保释金，不得处以过重的罚金，不得施加残酷和非常的惩罚'的限制，那么我们如何与之前那些不承认酷刑或者残忍刑罚的人相区分？"[2]

这两处表述在某种程度上说明了宪法起草者试图通过禁止"残忍且不寻常刑罚"所要表达的意味。霍尔姆斯将其解释为"最为残酷且闻所未闻的刑罚"，亨利将其表述为"折磨身心、残忍且痛苦的刑罚"。但这并不意味着宪法的起草者只关注禁止具有残酷性的刑罚方式。霍尔姆斯和亨利坚持必须规定权利法案，并将其用来作为反对立法机构享有毫无限制的厘定刑罚权的根基。

除此之外，很明显，霍尔姆斯和亨利所关注的重点集中于对于立法权的限制。因为他们认识到国会必须明确、提出并且认定对于犯有特定犯罪的行为人适用何种刑罚。他们坚持认为国会规制刑罚权的权力必须加以限制。因此，他们呼吁建构一种"宪法性的制衡措施"从而确保在刑罚规定上建构起限制，并

---

〔1〕 2 *J. Elliot's Debates* 111 (2d ed. 1876).

〔2〕 3 id., at 447. 亨利还认为："但是国会或许可以提出将大陆法置于较之普通法优先的顺位。他们可以引入法国、西班牙或者德国的做法——通过酷刑得到犯罪嫌疑人的认罪。或者他们可以从英国之类国家学习经验，宣称穷兵黩武，适用酷刑，刑罚严苛等。如果是这样，我们将失去这个国家赖以存在的根基。3 *J. Elliot's Debates* 447~448 (2d ed. 1876). 尽管这些证据被用来证明美国宪法的起草者只将十分凶残的刑罚视为"残忍且不寻常"刑罚，但很明显亨利在这里是将酷刑用做从特定的犯罪嫌疑人处获取口供。乔治·梅森认为使用酷刑违反了弗吉尼亚州权利法案中禁止自证有罪的规定。

且不将其完全交由议员个人决断。[1]

　　另外能够证明宪法起草者意图的证据来自于美国第一届国会在通过权利法案时留下的辩论记录。[2]如美国联邦最高法院在威姆士案[3]中所言，对于禁止"残忍且不寻常刑罚"并未出现太多争论。具体可见两位众议院议员对于这一条款的反对意见：

　　"来自南卡罗莱纳州的史密斯先生，因为禁止'残忍且不寻常刑罚'条款规定地太过模糊，难以定义而对其表示反对。"

　　"立沃莫尔先生认为，宪法第八修正案似乎似乎展现出很大的人性考量，对此，我完全赞同，但因为这样的规定太过空洞，我因此认为似乎完全没有必要这样规定……禁止'残忍且不寻常刑罚'；对于某些人执行绞刑是完全必要的，而暴民也该当鞭笞，甚至某些时候该将这些人的耳朵割下来。但是否未来我们会因为这样的刑罚太过残酷而将其束之高阁？如果有其他更为人性，更为宽仁的足额犯罪的刑罚方式，立法机构固然应该对其加以采用；但在我们还没有完全发展这样的一种刑罚方式之前，我们必须保存必要的刑罚手段。因此，才规定了宪法第八修正案，并且大多数人也对此表示赞同。"[4]

　　因此，立沃莫尔认同了霍尔姆斯与亨利所提出的禁止"残忍且不寻常刑罚"条款应被用来限制立法权的解读。然而，和霍尔姆斯及亨利不同，立沃莫尔反对禁止"残忍且不寻常刑罚"条款，理由并不是因为刑罚的属性可能是残忍的，而是因为这样的条款或许在未来会阻碍立法机构规制最为常见，且最为必要的

---

　　[1]　乔治·尼古拉斯对于亨利观点的回应十分简单，权利法案本身根本无法有效的限制立法权："但这位先生认为，根据这样一部宪法，议员有权规制犯罪和刑罚，从而我们将不可避免地面临酷刑的厄运。如果我们除了弗吉尼亚宪法规定的权利法案之外没有任何制衡酷刑滥用的危险，那么我们将马上面临遭受酷刑的命运。" 3 *J. Elliot's Debates, supra*, at 451. 但乔治·梅森错误地解读了尼古拉斯对于亨利的回应：乔治·梅森先生对于亨利先生的回应在其认为弗吉尼亚宪法不禁止死刑这一点上存在错误，因为这一法案明确地规定公民有权不自证有罪，任何人都知道，在适用死刑的国家，证明犯罪嫌疑人有罪的证据来自于犯罪嫌疑人本身。Id., at 452. 尼古拉斯再次明确了自己的观点：尼古拉斯承认弗吉尼亚权利法案包括这样的一种禁止性规定，并且的确在那些适用酷刑的国家，证明犯罪嫌疑人有罪的证据来自于犯罪嫌疑人本身。尽管如此，证据证明宪法本身依然无法有效抗制酷刑的适用。Ibid. 这就意味着对于限制立法权这一问题并无异议，争议重点在于权利法案本身是否具有现实的制衡效果。宪法的起草者明显认为权利法案具有这样的一种制衡效果。

　　[2]　我们没有发现任何其他州在通过权利法案时就禁止"残忍且不寻常"刑罚进行过的任何其他辩论记录。

　　[3]　*Weems v. United States*, 217 U.S. 349, 368 (1910).

　　[4]　1 *Annals of Cong.* 754 (1789). 立沃莫尔曾提出，"何谓过高的保释金？谁将作为认定这些问题的裁判者？怎么理解过高的罚金？所有的一切都交由法庭来解决。"因为立沃莫尔并没有完全从字面上反思宪法第八修正案，因此还不清楚是否对于该条款的反对根据在于认为宪法第八修正案没有意义。

刑罚——死刑、鞭笞、割耳。[1]从立沃莫尔的观点中能推断出大多数人准备承担这样的一种风险。两院议员没有人提出这一条款的目的仅仅是为了禁止酷刑。

从宪法禁止"残忍且不寻常刑罚"条款的发展历史中可以得出如下几点结论。我们知道宪法起草者所关注的是立法权的运用。他们在权利法案中加入禁止"残忍且不寻常刑罚"条款的目的在于否则立法机关将具有规制犯罪与刑罚的全权。然而，我们现在还无法准确获知宪法起草者对于禁止"残忍且不寻常刑罚"条款含义的理解。当然，可以肯定他们希望禁止残酷性的刑罚，但既有证据还无法证明美国宪法的起草者认为仅仅需要排除具有残酷性的刑罚。正如立沃莫尔所评论的那样，宪法起草者充分地认识到这一条款不应仅限于对于残暴性刑罚的规制。宪法起草者也没有想将这样的一种禁止性规定局限在宪法起草当时被人们认定为"残忍且不寻常"的刑罚。这一条款的真正意义恰恰在于其规定的不明确性。宪法条款的制定是来自经验的积累，但其立法规制不能局限在对于这种经验的简单反映。时间流逝，新的情况与新的需要都会产生。因此，具有重要性的原则应该具有更为宽泛的适用性。[2]

距离第一次美国联邦最高法院有机会解读这一条款已经过去了80年。[3]但这些早期的判例，正如美国联邦最高法院在威姆士案当中所提到的那样，并没有为"残忍且不寻常刑罚"条款提出穷尽性的解读。这些案件的大多数都通过考察这一条款的所谓原意，[4]认定如果现行的某种刑罚与权利法案通过时禁止的某种残酷刑罚存在较高的类似性，即可以作出其属于宪法禁止的刑罚这一结论。[5]例如，在维尔克森诉犹他州案[6]中，法院认定，可以肯定具有残酷性的刑罚，以及其他具有不必要残酷性的刑罚，是应该被禁止的。这里所说的具有残酷性的刑罚，是指那些罪犯在生命尚存期间被砍头、分尸或者肢解的情况。[7]与此类似，在凯默尔案[8]中，法院提出，如果各州规定的刑罚十分残

---

[1] 实际上，第一届国会起草的首部联邦刑事成文法曾规定对于一般盗窃犯，鞭笞39下，对于伪证罪，戴一个小时颈首枷。Act of Apr. 30, 1790, 16～18, 1 Stat. 116.

[2] *Weems v. United States*, 217 U. S., at 373.

[3] *Pervear v. The Commonwealth*, 5 Wall. 475, 479～480 (1867).

[4] Id., at 377.

[5] 很多州法院都认为应该受到立法原意的束缚。*Weems v. United States*, 217 U. S. 349, 376 (1910). 其中一个法院表达了这样的一种观点，即宪法规定并不适用于罚金刑或者监禁，而是适用于类似于鞭笞、火刑，车裂等刑罚。Ibid. 另外一个法院认为，通常情况下这样的一种表述意味着有违人性，极其残忍。有判例将英国早期暴力统治时期所适用的刑罚用来作为说明的例证。Id., at 368.

[6] *Wilkerson v. Utah*, 99 U. S., at 136.

[7] Id., at 135.

[8] *In re Kemmler*, 136 U. S. 436, 446 (1890).

酷，如活活烧死、车裂、肢解等，那么法院有义务对其加以禁止适用。随即，最高法院引用维尔克森案中适用的"明显残忍且不寻常"测试，即当刑罚涉及酷刑或者持续时间过长的致死过程，那么这种刑罚就是残忍且不寻常的；但从宪法的意义来看，死刑本身并不残忍。换句话说，残忍且不寻常刑罚意味着某种超越单纯终结生命之外的非人性处遇。[1]

如果对于"残忍且不寻常刑罚"条款的历史性解读方法被广泛采用，那么这一条款将在事实上被排除出权利法案之外。正如美国联邦最高法院在维尔克森案[2]中所指出的那样，这样的一种解读方法使得很多人认为对于一个民主政府而言，这样的一种规定完全没有必要，因为几乎没有一个政府部门会制定或者推行这样的一种残忍性刑罚。库雷也在自己的著作当中指出，"很明显，这种远古时代的相关做法在当前这个时代基本上没有任何存在的可能。"[3]从这个意义上，司法机关对于这样的一种看法推崇备至也就不足为奇了。正如某州法院在肯定鞭笞刑合宪性时所提出的那样，"和分尸、阉割等残忍刑罚相比，鞭笞刑罚的残酷性显得微不足道。"[4]

但是美国联邦最高法院在威姆士案中明确否定了对于"残忍且不寻常刑罚"条款的历史性解读方法。通过探求宪法起草者的初衷，美国联邦最高法院认为，基于宪法起草的条件，宪法的起草者知道基于宪法，人民所组建的政府不能效法任意的独裁者。实际上，对于权力的滥用不能在规定及实践上引发公众的震惊。[5]因此，这样的一个条款主要用来抗制权力的滥用。和维尔克森案以及凯默尔案中表明的观点不同，禁止"残忍且不寻常刑罚"条款所禁止的不限于斯图尔特王朝时期所适用的刑罚。[6]尽管权利法案的反对者肯定地认为民主精神是值得信赖的，立法活动只能推行，而不能减损这种理念。[7]但宪法的起草者却持相反意见：

亨利及持相同看法的人的观点是不能成立的。他们基本上所持的观点都是不相信权力的政治性倾向，并且坚持应该对于权力的使用加以限制。可以肯定，这些人的担心并不是简单地源于斯图尔特王朝时期权力的滥用，也可以肯定这样一种对于权力的质疑和担心并非毫无根据。这些人所持的观点十分实际，而

---

〔1〕 136 U. S. , at 447.

〔2〕 *Weems v. United States*, *supra*, at 371.

〔3〕 Id. , at 375.

〔4〕 Id. , at 377.

〔5〕 Id. , at 375.

〔6〕 217 U. S. , at 372.

〔7〕 Ibid.

非空穴来风，他们一定认为除了单纯制造身体痛苦的法律之外，还存在其他具有残忍性的刑罚措施。如果赋予立法机构认定行为人行为犯罪以及规定不定期性的权力，那么赋予立法机构的权力是否可能导致刑罚的残忍性？这些人认为权力倾向于残忍。而这也是宪法修正案规定这一条款的初衷。如果这样认为，就不能将对于酷刑的认定局限在斯图尔特王朝时期的认知，或者简单地禁止与历史上相关刑罚类似的刑罚适用。我们无法想象可以无视其他具有残酷性的刑罚方式。[1]

因此，美国联邦最高法院在威姆士案中承认，"对于立法机构的限制具有十分重要的意义，对于维持个人民主及国家法治而言至关重要。"[2]因此，法院有责任执行禁止"残忍且不寻常刑罚"这一条款。[3]通过参照那些"赋予立法机构认定犯罪和刑罚权力"的案件，美国联邦最高法院认为：

"在大多数情况下，我们承认其他机关行使权力。只有在对于权力的行使遭遇宪法性限制的情况下，我们才对于立法机构的立法权进行司法抗制。在这种情况下，我们行使的并不是权力，而是一种义务。"[4]

简言之，美国联邦最高法院最终认定，宪法起草者的意见是将禁止"残忍且不寻常刑罚"这一条款理解为一种"宪法性制衡措施"，从而确保"刑罚适用时，没有太大的自由裁量幅度，并且不取决于任何个人的主观意愿。"而这，也是实际上唯一契合宪法精神的理解。如果对于"残忍且不寻常刑罚"的司法认定完全取决于对于特定刑罚的谴责，那么，和其他宪法规定一样，这样一种规定的唯一用途只能是对于其他部门之前提出观点的合法化。我们都知道宪法的起草者并没有对于人权的基本保障持如此狭义的看法。[5]免受残忍且不寻常刑罚适用的权利，和其他权利法案所保障的权利一样，并不取决于投票或者选举。权利法案的核心要旨在于将特定议题从政治纷争中剥离出来，使其拜托多数暴

---

〔1〕　Id., at 372～373.

〔2〕　Id., at 376～377.

〔3〕　美国联邦最高法院之前在凯默尔案［*In re Kemmler*, 136 U. S. 436（1890）］中曾经提出过对于禁止"残忍且不寻常刑罚"这一条款的历史性解读方法："英国权利宣言曾经谈及英国政府中的行政及司法部门，但在纽约州宪法中使用的语言却特别强调立法机构的权力，尤其是其对于犯罪与刑罚的排他性规定权。因此，如果州法中规定的刑罚明显地残忍且不寻常，那么司法机关就有义务对其适用宪法性禁止。我们认为这样的一种逻辑同样适用于美国国会。" Id., at 446～447（emphasis added）.

〔4〕　Id., at 378. 实际上，美国联邦最高法院在威姆士案中曾拒绝就几起州法院的判决发表评论，理由是这些案件中州法院的量刑根据不是立法机关的立法，而是基于之前的司法判例。217 U. S., at 377.

〔5〕　Goldberg & Dershowitz, "Declaring the Death Penalty Unconstitutional", 83 *Harv. L. Rev.* 1773, 1782（1970）.

政，转而交由法院将其确定为一种法律原则。[1]

当然，司法机关对于这一条款的执行无法规避这样一个基本现实，即立法机构有权对于犯罪设定刑罚。而这也恰恰是禁止"残忍且不寻常刑罚"这一条款出现在权利法案中的原因。当立法机构对于刑罚的规定被确定属于"残忍且不寻常"的时候，确定司法机关应该适用的法律原则就变得困难重重。在确定这一法律原则的时候，必须避免所谓"司法智慧"。[2]然而，我们不能借由"司法限制主义"的外衣，不履行保障权利法案的义务。如果我们这样做，那么宪法将沦为虚名，其所建构的宪法性原则也将失去意义，宪法所保障的权利将只存在于纸面之上。[3]如果是这样，那么禁止"残忍且不寻常"刑罚的规定也将仅仅是一种美好的奢望。[4]

II

如果美国联邦最高法院法官的任务仅仅是对比被质疑的刑罚与那些历史上早已被摒弃的刑罚加以简单对比，那么无疑要简单的多。禁止"残忍且不寻常"刑罚这一条款的含义早已超越了19世纪的传统理解。今天我们所面临的任务十分复杂。我们知道"这一条款的语言表述不甚精准，范围也不确定"。因此，我们知道对于这一条款的解读必须与标志着城市社会发展进步的正当性标准保持与时俱进。[5]当然，这样的一种把握也仅仅是探求这一条款含义的发端。

在特洛普案[6]中，美国联邦最高法院提出，"本案的核心问题在于是否对于被告所适用的刑罚使其面临宪法禁止残忍且不寻常刑罚条款所努力防止的宿命。"同时，对于被质疑刑罚的考察必须参照这一条款所包括的基本价值。[7]具体而言："这一条款背后的核心价值即在保障人享有基本的尊严。尽管国家有权制定并使用刑罚，但其必须被限制在人类文明所能接受的范围之内。"[8]

至少，禁止"残忍且不寻常"刑罚条款反对适用任何非人性、有违文明标准的刑罚。因此，国家在惩罚其公民的时候必须承认其作为人应该享有的基本价值。因此，如果某种刑罚违反了人性尊严的话，就应该被认定为"残忍且不寻常"。

---

[1] *Board of Education v. Barnette*, 319 U. S. 624, 638（1943）.

[2] *Weems v. United States*, 217 U. S. , at 379.

[3] Id. , at 373.

[4] *Trop v. Dulles*, 356 U. S. , at 104.

[5] Id. , at 100 ~ 101. 对于这一条款的解读因此必须保持与时俱进，不能被束缚在某些过时的僵化理解之上，而是应该从不断发展的人类正义观念中获得根据。*Weems v. United States*, 217 U. S. , at 378.

[6] *Trop v. Dulles*, supra, at 99.

[7] Id. , at 100 n. 32.

[8] Id. , at 100.

当然，这样的一种认知本身还无法为评价具体的刑罚提供可供实践的标准。然而，即使法院没有机会赋予这一条款以具体含义，判例以及宪法条文仍赋予我们以充分的权力认定某种具体的刑罚是否属于"残忍且不寻常"的刑罚。

首要的原则在于刑罚的严苛程度不能达到毁损人性尊严的程度。判决一定会带来痛苦。严重的刑罚处遇往往伴随着肉体上的痛苦。[1]然而，宪法的起草者也深知"除却肉体上的痛苦与折磨之外，还可能存在其他形式的残忍性刑罚。"[2]即使"那些不涉及肉体折磨或者酷刑的刑罚"[3]严重的精神摧残也可能本身属于一种残忍的刑罚。[4]因此，美国联邦最高法院多数法官才会在特洛普案中认定褫夺国籍也属于"残忍且不寻常"的刑罚。[5]而对于"监禁苦工"给受刑人带来的精神折磨也成为美国联邦最高法院在威姆士案中认定其属于"残忍且不寻常"的刑罚的根据所在。[6]

然而，在对于刑罚的极度残忍性判断时不仅仅是因为存在痛苦才使得其有悖人类尊严。历史上曾经受到谴责的残忍刑罚包括那些伴随着极度痛苦的铁鞋刑、车裂刑、枷刑等。[7]但当反思这些刑罚受到谴责的原因的时候，我们认识到其所涉及的痛苦并不是唯一的原因。而这些刑罚的意义在于其对于人的处遇实属非人。因此，此种刑罚与宪法的基本重要前提，即最为可恶的罪犯也应该享有人类尊严相互冲突。

像威姆士案之前美国法院对于极度残忍刑罚的适用实际上反映出一种态度，

---

〔1〕 See *Weems v. United States*, 217 U. S. , at 366. "对于痛苦所具有的残酷性似乎不应忽视。例如受刑人可能日夜都需要戴着镣铐，可能需要长期服苦役，类似这样的痛苦是无法准确衡量的。但，其在程度上一定超越了单纯的苦役。"

〔2〕 Id. , at 372.

〔3〕 *Trop v. Dulles*, *supra*, at 101.

〔4〕 *Weems v. United States*, *supra*, at 366. "12 年之后，受刑人终于被释放，不用再戴着镣铐。但同时，显而易见，这个人的民主权利将不再完整。他将永远生活在之前犯罪的阴影之中，永远都被打上犯罪人的烙印，永远都会时刻注意是否周围存在着监视。他或许无法在其他场合，在其他人群中，重新找回之前的感受。"

〔5〕 "这样的一种刑罚与宪法的基本原则产生了冲突。公民个人慑于刑罚的淫威，终日惴惴。每个人都不知道国家会用什么手段，在何时，以什么名义来惩罚自己。每个人都有可能面对某种被世界上民主国家所反对的灾难性刑罚处遇。" *Trop v. Dul - les*, 356 U. S. 86, 102 (1958). Cf. id. , at 110 ~ 111 (BRENNAN, J. , concurring): "可以想见，申诉人所面临的后果不仅无法预测，而且可能会十分严重。实际上，他今后的生活可能会面临诸多不便。然而，无法否认的是，褫夺国籍的惩罚可能是十分严苛的，在这个意义上，构成了有违道德的惩罚。这种不确定性，以及其所导致的心理上的伤害，都将伴随这个人，使之成为自己生活土地上的一个异类。"

〔6〕 "这种刑罚的残酷性在于其对于渐进性的过度适用，以及过度监禁所带来的相关痛苦，并且这种刑罚从本质上就是不寻常的。这种刑罚应该受到权利法案的谴责。" *Weems v. United States*, 217 U. S. , at 377.

〔7〕 *O'Neil v. Vermont*, 144 U. S. 323, 339 (1892) (Field, J. , dissenting).

即罪犯不应被作为人来加以对待。而这种态度，或许并不取决于刑罚本身的严苛程度。例如，在弗兰克斯诉莱斯淮伯案[1]中，失败的电刑，虽然会造成身体和心理的巨大伤痛，但却仅属于一种不可预见的事故。然而，如果这种情况是有意为之，那么像酷刑之类的刑罚就属于有悖人类尊严的行为。实际上，某种刑罚可能仅仅因为其本身是一种刑罚而侵犯了人类尊严。换句话说，对于精神疾病患者、麻风病患者或者性病患者施以刑罚施以刑罚即属此类。[2]仅仅因为是病人而对其进行刑事处罚显然是将其视为一种疾病，而不是一个生病的人。从这个意义上，刑罚本身是否严苛，是否残忍已经并不重要，因为感冒监禁感冒患者哪怕一天，也构成了残忍且不寻常的刑罚。[3]最后，某种刑罚当然可能因为其严苛程度而有违人格。其中一个典型的例子就是褫夺国籍，而这一刑罚的严苛程度超越了酷刑[4]，因为这种刑罚剥夺了一个人在社会中生存的资格。[5]

在判断某种刑罚是否有悖人类尊严的时候，我们还可以借助于该条款隐含的另外一个原则——国家不能恣意使用残忍刑罚。这一原则的产生根据在于国家不能没有根据地随意选择适用或者不使用某种刑罚。实际上，禁止"残忍且不寻常"刑罚的表述本身就包括对于残忍刑罚的恣意适用。我们现在知道，英国历史上的这一条款[6]已经彰显出其对于刑罚恣意适用的关注。[7]

---

〔1〕 *Louisiana ex rel. Francis v. Resweber*, 329 U. S. 459, 464（1947）.

〔2〕 *Robinson v. California*, 370 U. S. 660, 666（1962）.

〔3〕 Id. , at 667.

〔4〕 *Trop v. Dulles*, 356 U. S. , at 101.

〔5〕 "或许会存在不具有肉体苦痛的不当刑罚。虽然如此，却仍然可以剥夺一个人在一个有组织社会中的存在身份，因为这种刑罚可以剥夺公民个人的政治存在。这种刑罚剥夺了公民在国内及国际社会的存在本身。尽管或许某个国家会赋予其某些权利，姑且可以假设只要他还生活在美国，会享有某些和外国人类似的待遇，但这一切都是可有可无的，因为他是一个没有国籍的人。进一步而言，随着驱逐出境，他可能享有的与外国人类似的权利也将被随时终结。简而言之，褫夺国籍使得受刑人丧失了获得权利的权利。"*Trop v. Dulles*, 356 U. S. , at 101～102.

〔6〕 "我国宪法中的相关表述直接取自1689年英国权利法案", Id. , at 100.

〔7〕 See Granucci, "Nor Cruel and Unusual Punishments Inflicted: The Original Meaning", 57 *Calif. L. Rev.* 839, 857–860（1969）. "引发这一规定的历史性导火索之一即是1685年对于缇图斯·奥的斯（Titus Oates）的伪证罪审判。对于奥的斯适用的任何刑罚都算不上是酷刑，在本案中，所谓残忍且不寻常刑罚仅仅是因为相关的刑罚并非立法机构授权，也非法院有权适用。See Granucci, "Nor Cruel and Unusual Punishments Inflicted: The Original Meaning", 57 *Calif. L. Rev.* 839, 859（1969）. 因此，"奥的斯所遭受的处遇是非常罕见的。" Goldberg & Dershowitz, "Declaring the Death Penalty Unconstitutional", 83 *Harv. L. Rev.* 1773, 1789 n. 74（1970）. 尽管英国权利法案中的相关规定意图限制司法及立法权，这一原则，当然是用于美国，即使其主要目的在于限制立法权。

美国在很多判例中也开始承认这一原则。[1]在维尔克案[2]中，美国联邦最高法院考察了很多与军事法相关的条约，从而确定根据战争习惯法，枪决是否属于一种较为常见的死刑执行措施。对此，法院提出：

"宪法禁止'残忍且不寻常'刑罚，但和军事法相关的条约显示对于一级谋杀适用枪决并不属于宪法禁止的范畴。对于军人实施的死刑犯罪，大量判例都普遍使用枪决。"[3]

因此，美国联邦最高法院认为从现在的角度来看，枪决属于一种十分常见的刑罚执行方式。[4]

如维尔克森案所表明的那样，如果很多案件中都适用了某种非常严苛的刑罚，那么其在适用过程中被恣意适用的机会就会降低。然而，如果在类似情况中某种残酷刑罚的适用方式与常态不同，[5]那么就存在违反宪法，恣意适用这一刑罚的实质可能性。而这一原则在如今显得更为重要。因为在美国这样的民主国家规定十分残忍刑罚的可能性不高，因此，防止刑罚恣意滥用才是这一条款的重点所在。

从上述陈述可以可以明确，是否"不寻常"这种表述与是否"残忍"之间

---

〔1〕 在一起发生在菲律宾的案件中，美国联邦最高法院推翻了与美国立法机构无关的立法。*Weems v. United States*, 217 U. S., at 377. 通过审查案件中适用的刑罚，根据美国及菲律宾法律，美国联邦最高法院认定相关司法实践表明对于司法的宪法限制与不受限制的司法权之间的冲突。Id., at 381. 在 *Trop v. Dulles* 案中，国会对于战时逃避服役的人规定了褫夺国籍的刑罚被认定为违反宪法，并提出世界民主国家都认为褫夺国籍并不是一种对于犯罪的刑事处罚。Id., at 102. 如果某种刑罚在其他地方并未被适用，或者当更为严重的犯罪发生时适用的是较为轻缓的刑罚，并由此可以推定国家对于权力的行使具有任意性，具有不受限制性。

〔2〕 *Wilkerson v. Utah*, 99 U. S., at 133~134.

〔3〕 Id., at 134~135.

〔4〕 在威姆士案中，美国联邦最高法院对于其之前在维尔克森案中的观点总结如下："法院认为，死刑本身不属于残忍且不寻常刑罚，其在这片土地上已经适用了多年，枪决根据军事法也十分常见。因此，可以认定，这样的一种刑罚执行方式不属于宪法所禁止的残忍且不寻常刑罚。"

〔5〕 *Trop v. Dulles*, 356 U. S., at 101 n.32. 在特洛普案中，美国联邦最高法院承认很少有机会考虑这一条款的含义，在刑罚的残忍性与普遍性之间并没有一条明晰的界限。如果不寻常刑罚与残忍性刑罚之间存在不同含义，那么其仅仅是指某种不太常见的做法。在其他判例中，所谓不寻常的含义还被认定为具有其他含义，在 *Pervear v. The Commonwealth*, 5 Wall. 475, 480 (1867) 案中，法院认为，"我们认为本案判处的刑罚十分常见，人类所适用的刑罚不仅罕见，而且十分残忍。" 在 *O'Neil v. Vermont*, 144 U. S. 323, 340 (1892) (Field, J., dissenting) 案中，"刑罚的本质是罕见的"。在 Weems v. United States, *supra*, at 377 案中，"本案适用的刑罚一定是罕见的。" 在 *United States ex rel. Milwaukee Social Democratic Pub. Co. v. Burleson*, 255 U. S. 407, 430 (1921) (Brandeis, J., dissenting) 案中，法院提出 "本案适用的刑罚不仅仅是罕见的，而且在美国历史上没有先例。"Id., at 435. "需要肯定的是，监禁90天本身，如果不考虑其他因素，不属于残忍且不寻常刑罚。"*Robinson v. California*, 370 U. S., at 667.

是否存在实质不同的含义还无法明确。[1]这一问题在任何情况下都不具有太大意义，因为美国联邦最高法院从来没有试图通过说文解字来厘清这一条款的含义。

这一条款的第三个隐含性原则在于当今社会不能接受具有残忍性的刑罚。而社会所不能接受也强烈地表明这样的一种刑罚有悖于人类尊严。然而，在适用这一原则的时候，我们必须明确司法认定应该尽可能地客观。[2]因此。例如威姆士案及特洛普案都表明了一个和目前本案不同的刑罚的认定，而维尔克森案也表明另外一个反思刑罚适用历史的因素。[3]特洛普案合并了目前所承认的"死刑在美国的历史上被广泛普遍地适用，在其仍被广为接受的时候，就不能认为其违反了宪法禁止残忍且不寻常刑罚条款。"在罗宾逊诉加利福尼亚州案[4]中，美国联邦最高法院对于瘾君子适用刑罚问题解读时对此更进一步，提出"从目前人类的认识水平来看，对于这样的一种疾患适用刑罚显然违反了宪法禁止残忍且不寻常刑罚条款。"

因此，根据这一原则，问题其实演变为是否存在一种法院可以采用的认定某种刑罚构成了残忍且不寻常刑罚的客观标准。因此，司法机关的任务就是通过考察被质疑刑罚的适用历史来考察目前这种刑罚的使用情况。当然，立法本身不能用来作为社会对其加以认同的根据。从这个角度来看，判断某种刑罚是否残忍的根据不在于是否存在这种刑罚，而在于其是否被使用。

该条款内含的最后一个原则即在于某种具有残酷性的刑罚不能被滥用。刑罚滥用是指在不必要的情况下适用该刑罚：如果适用刑罚的目的单纯的是为了导致没有意义的痛苦，那么这样的一种刑罚使用就是滥用。如果可以通过残酷程度较低的刑罚达成特定的刑罚目的，[5]那么使用残酷程度较高的刑罚就属于不必要，因此也属于滥用。

---

[1] *Trop v. Dulles*, *supra*, at 100 n. 32.

[2] 如果思考的问题是"是否某种刑罚挑战了开化民众最为敏感的神经"，Louisiana ex rel. Francis v. Resweber, *supra*, at 473（Burton, J., dissenting），或者是否"任何一颗良善的心灵会受到折磨"O'Neil v. Vermont, *supra*, at 340（Field, J., dissenting）等主观色彩颇浓的问题，那么问题就会变得相当严重。弗兰克佛特法官在 Louisiana ex rel. Francis v. Resweber 案中的反对意见颇具说服力，他警告"应该反对从个人的好恶，或者以个人的观点代表社会的普遍民意，在违反宪法适当程序的情况下对于这一问题进行主观判断。" Id., at 471. 他认为，"我无法让自己相信该州的量刑程序违反根植于民众良心的原则, Id., at 470 也无法相信这违反了人类的良知。" Id., at 471. 但在这些意见当中却无法解释其如何得出上述结论。

[3] Cf. Louisiana ex rel. Francis v. Resweber, *supra*, at 463："美国法崇尚人性的传统禁止在死刑过程中造成任何不必要的痛苦"。

[4] *Robinson v. California*, 370 U.S., at 666.

[5] cf. *Robinson* v. *California*, *supra*, at 666; id., at 677（DOUGLAS, J., concurring）; *Trop v. Dulles*, *supra*, at 114（BRENNAN, J., concurring）.

这一原则首先由菲尔德法官在奥尼尔案[1]中作为反对意见提出[2]：

"这一原则不仅仅用来抗制本身具有残忍性的刑罚，而且用来抗制那些与罪行严重程度显失平衡的刑罚，因此，应该禁止所有被滥用的保释金、罚金或者刑罚。"[3]

尽管认定刑罚滥用或许根据的是其与犯罪的严重程度之间不存在比例关系，[4]但更为重要的根据则在于相较于更为轻缓的刑罚，某种较为苛重的刑罚无法有效地实现刑罚目的。美国联邦最高法院在威姆士案中也明确地承认了这一原则。在本案中，通过审查对于伪造公文所适用的残酷刑罚，美国联邦最高法院认定，"对于伪造公文，妨害政府部门提供真实政府文件的犯罪设定高达数千美金的罚款，与其对于伪造公共账户行为的处罚之间差距颇大"[5]，通过这种对比，[6]法院认定对于伪造公文所设定的刑罚不能有效地实现刑罚目的。[7]

综上，在判断某种刑罚是否构成"残忍且不寻常"刑罚的时候，有 4 个原则可供选择。我认为，其中最为重要的一个原则就是刑罚的适用不得侵犯人类尊严。违反这一原则的刑罚一定是宪法所禁止的。然而，现在美国不太可能通过立法适用这样的一种刑罚。[8]

实际上，美国联邦最高法院尚未接触到任何一种此类刑罚。对于其他几个原则，情况亦然。很难遇到一种全然恣意的刑罚适用方式，没有哪个州会从事暴力统治。因此，美国联邦最高法院所面临的问题绝对不是全社会所共同摒弃的残忍且不寻常的刑罚，事实上也没有哪个立法机构会制定此种刑罚。美国联邦最高法院也不会有机会审查完全没有必要性的刑罚，因为没有哪个州会采用无谓的刑罚。简而言之，我们不会有机会去审查完全有悖于上述原则的刑罚方式。

---

〔1〕 *O'Neil v. Vermont*, 144 U.S., at 337. 23.

〔2〕 事实上，类似的观点出现的可能更早。在珀威尔案中，美国联邦最高法院提出，"该条款的目的在于保护社会免受明显失当的刑罚处遇。本案中相关方采取的对于无照销售酒类制品的活动处以刑罚的规定普遍适用于所有各州，因此完全属于州立法机关的自由裁量权管辖之下"。从这个角度来看，刑罚的合理性在很大程度上与其使用目的相关。

〔3〕 Id., at 339~340.

〔4〕 虽然菲尔德法官也承认，刑罚的严重程度显著超越了任何人类法律的理解范围，但其还是直觉地将显失公平的判断基点设置在行为人的主观罪过上。*O'Neil v. Vermont*, 144 U.S., at 340. Cf. *Trop v. Dulles*, 356 U.S., at 99："因为战时逃避服兵役是死罪，因此褫夺国籍与犯罪的严重程度之间显然不成比例。"

〔5〕 Id., at 381.

〔6〕 Ibid. 25. See *Trop v. Dulles*, 356 U.S., at 111~112（BREN-NAN, J., concurring）. 26.

〔7〕 "对此，政府权力并未遭受任何损失。一旦达成刑罚的设定目的，那么罪刑相当，就可以有效地预防再犯。"*Weems v. United States*, 217 U.S., at 381. 当然，具有严酷性的刑罚不能被滥用的原则意味着某种严酷刑罚不能仅仅因为是必要的就具有合宪性。例如现在各州不得在何种必要的情况下适用已经被历史证明为残忍且不寻常，有违人类尊严的刑罚。这里仅仅表明的是不必要地制造痛苦有违人类尊严。

〔8〕 *Robinson v. California*, 370 U.S., at 666.

自从权利法案通过，美国联邦最高法院仅仅将三种刑罚方式列为"残忍且不必要"刑罚之列。[1]当然，这三种刑罚方式都侵犯了人类尊严，但却很难认定其违反了其他几个原则。相反，所谓禁止"残忍且不必要"刑罚条款杂糅着这些原则，并在实践中需要合并起来进行思考。这丝毫不令人感到奇怪。因为这些原则存在的目的即在于帮助法庭判断某种刑罚是否属于侵犯人类尊严的刑罚。因此这些原则互相关联，在大多数情况下，满足了这些原则，就可以认定某种刑罚属于"残忍且不必要"刑罚。换句话说，如果某种刑罚"残忍且不必要"，如果某种刑罚的适用十分恣意，如果某种刑罚为社会所普遍摒弃，如果没有理由认为某种刑罚可以较之更为轻缓的刑罚有效地服务于刑罚目的，那么这种刑罚就违反了宪法禁止"残忍且不必要"刑罚的规定。

III

本案所涉及的刑罚是死刑。当然，死刑属于一种较为"传统"的刑罚方式。[2]历史上，死刑曾被长期适用，因此，非常有必要考察死刑的宪法背景。

首先，需要从权利法案文本入手。宪法第五修正案明确，对于死刑犯罪，被告有权获得程序性的救济与保护。[3]我们由此可以推断，宪法的起草者承认死刑作为一种通常刑罚的存在。然而，我们不能进一步推定宪法的起草者不想让死刑在未来接受宪法禁止"残忍且不寻常"刑罚条款的检验。[4]围绕该条款的讨论也无法得出死刑不在讨论范围内的结论。事实上，正如立沃莫尔所言，死刑恰恰应该成为未来这一条款的检验对象。[5]最后，必须承认，宪法起草者提出权利法案时并未坚持随即废止死刑，也未坚持随即废除目前已经被摒弃的很多肉刑。[6]

---

〔1〕 See *Weems v. United States*, 217 U. S. 349（1910）（12 年监禁苦役）；*Trop v. Dulles*, 356 U. S. 86（1958）（褫夺国籍）；*Robinson v. California*, 370 U. S. 660（1962）（对于瘾君子适用监禁刑）.

〔2〕 *Trop v. Dulles*, *supra*, at 100.

〔3〕 宪法第五修正案规定，"无论何人，除非根据大陪审团的报告或起诉，不得受判处死罪或其他不名誉罪行之审判，但发生在陆、海军中或发生在战时或出现公共危险时服现役的民兵中的案件，不在此限。"

〔4〕 没有人会将宪法第五修正案中禁止对于被告人身体造成伤害的规定解读为禁止包括鞭笞或者割耳等肉刑，这些肉刑在权利法案通过的时候十分普遍。But cf. n. 29, infra. 如加利福尼亚州最高法院在解读该州宪法的时候所言的那样，"宪法明确禁止残忍且不寻常刑罚，但不能认为宪法的起草者因为死刑在当时十分普遍，就希望将死刑从宪法审查的范围排除出去。" *People v. Anderson*, 6 Cal. 3d 628, 639, 493 P. 2d 880, 887（1972）.

〔5〕 See *supra*, at 262.

〔6〕 Cf. *McGautha v. California*, 402 U. S. 183, 226（1971）（Separate opinion of Black, J.）: "禁止残忍且不寻常刑罚条款，在我看来，不能用来作为认定死刑违宪的根据。因为死刑在权利法案通过时十分普遍，因此我无法想象宪法的起草者会试图通过权利法案来排除死刑。在我看来，任何在 1791 年时普遍适用的刑罚方式，都不得再对其进行合宪性审查。"

另外，美国联邦最高法院还在三个案例中对于刑罚适用方式的合宪性进行了认定。在维尔克森案[1]及凯默尔案[2]中，美国联邦最高法院明确放弃了对于禁止"残忍且不寻常"刑罚的历史性解读方法，认定枪决和电椅方式执行死刑合宪。在维尔克森案中，美国联邦最高法院认定枪决属于十分普遍的死刑执行方式[3]，在凯默尔案中，认定这一条款不适用于各州。[4]在弗兰克斯案中，美国联邦最高法院认为在第一次电刑失败之后，可以进行第二次。虽然宪法第十四修正案禁止各州以残忍的方式执行死刑，但首次尝试失败不能用来作为认定后续执行构成一般意义上的残忍刑罚的根据。[5]这三个判例因此表明美国联邦最高法院尽管对于死刑使用方式的合宪性进行了司法审查，但其前提仍然是坚持死刑本身的合宪性。[6]但这些过去的推定并不能阻止我们今天对于死刑本身的合宪性进行审查。美国联邦最高法院首次接触到死刑本身的合宪性问题，同时不能因为之前没有此类判例就对此问题予以回避。

因此，问题演化成了是否今天继续适用死刑侵犯了宪法所致力保护的人类尊严。我将通过上面设定的几个原则来对于这个问题进行分析：如果各州恣意地将某人置于社会所不能接受的残忍刑事处罚之下，且相较于更为轻缓的刑罚不能更为有效地服务于刑罚目的，那么这样的一种刑罚适用即违反了人类尊严。而从这些原则来看，目前，死刑已经属于"残忍且不寻常"刑罚。

在美国，死刑属于一种非常特别的刑事处罚方式。对于美国这个尊重生命的国家来说，死刑无疑具有极刑的性质。我们每个人都珍惜生命。因此，围绕死刑出现的争论要比针对其他刑罚，包括监禁刑在内，热烈得多。与此同时，也没有任何其他类型的刑罚受到比死刑更多的限制，更没有哪个州像废除死刑那样废除监禁刑。陪审团当然也将死刑是为一种具有特殊性的刑罚，同样，州长针对死刑得享有减刑权。"所有执业律师都清楚，对于死刑案件的辩护，唯一

---

〔1〕 *Wilkerson v. Utah*, 99 U. S. 130 (1879).

〔2〕 *In re Kemmler*, 136 U. S. 436 (1890).

〔3〕 美国联邦最高法院明确死刑本身的合宪性不受质疑。*Wilkerson v. Utah*, 99 U. S. , at 136～137. 实际上，或许只能提出，在缺乏法律制裁的情况下，法院无权规制死刑执行的具体方式。*Id.*, at 137.

〔4〕 Cf. *McElvaine v. Brush*, 142 U. S. 155, 158～159 (1891)："我们在凯默尔案中认定，纽约州立法机构所认定的典型不违反宪法禁止残忍且不寻常死刑执行方式的看法成立。我们认为，州法中的此类规定并没有侵犯公民适当程序权。"

〔5〕 虽然也曾经提出宪法虽然禁止残忍且不寻常的刑罚，但却不禁止与终结人类生命所必然伴生的痛苦。329 U. S. , at 464. 对此，并无明显出处，且进行此类区分并无太大意义。

〔6〕 在并非涉及死刑的特洛普案中，美国联邦最高法院曾提出，在死刑还普遍使用的几天，是不能质疑死刑的合宪性的。356 U. S. , at 99 (Emphasis added). 当然，这样的一种说法也为今后认定死刑的合宪性留下了空间。

的目标就是让当事人免于一死。"[1]对于死刑案件的程序设计，某些州专门规定了定罪与量刑阶段的分离，死刑案件自动上诉等措施。"世界范围内刑事司法的一个共同经验就在于对于死刑被告予以特别照顾"[2]，美国联邦最高法院也在司法实践中将死刑案件作为单独的一类进行处理。[3]死刑对于司法程序所带来的影响与后果也是其他种类刑罚所无法比拟的。

对此，唯一的解释只能是死刑的残酷性。当今，死刑无疑是一种较为罕见的残酷刑罚，无论是从其所导致的痛苦，还是从其终结性，以及其严苛性来看都是如此。在导致的肉体及心理创伤方面，至今还没有哪种刑罚能够与死刑相提并论。虽然信息相对有限，但在我们看来，目前还没有哪种死刑可以保证无痛、瞬间地致死被告。[4]自从鞭刑被认定违宪之后[5]，死刑就成为仅有的可能导致严重肉体痛苦的刑罚。除此之外，我们还知道死刑不可避免地会伴随着严重的心理折磨，而在被判处死刑到被执行死刑的漫长过程都成为让死刑候刑者备感煎熬的时期。[6]正如加利福尼亚州最高法院所指出的那样，"等到死刑执行

---

〔1〕 *Griffin v. Illinois*, 351 U. S. 12, 28 (1956) (Burton and Minton, JJ. , dissenting).

〔2〕 See *Williams v. Florida*, 399 U. S. 78, 103 (1970) (所有各州对于死刑案件都要求由 12 人组成的陪审团进行审理).

〔3〕 "建构特别程序的根基当然在于死刑案件对于生命的剥夺。而关乎生命也成为区分死刑案件与非死刑案件的重要根据之一。"*Williams v. Georgia*, 349 U. S. 375, 391 (1955) (Frankfurter, J.). "当可能的刑罚是死刑的时候，我们和州法院法官一样，我们都倾向于从严审理，从而给那些被告一个机会。"*Stein v. New York*, 346 U. S. 156, 196 (1953) (Jackson, J.). "在死刑案件中，应该坚持适用存疑有利于被告的观点" *Andres v. United States*, 333 U. S. 740, 752 (1948) (Reed, J.). 哈兰法官曾经十分有力地提出，"我不承认死刑案件与非死刑案件被告享有的适当程序是相同的。这种区别既不是今天才有的，也不是可有可无的，而是一种关乎生死的区别。" *Reid v. Covert*, 354 U. S. 1, 77 (1957) (Concurring in result). 当然，很多年来，在死刑案件中美国联邦最高法院对于辩护律师的要求也不同于非死刑案件。参见 *Powell v. Alabama*, 287 U. S. 45 (1932); *Betts v. Brady*, 316 U. S. 455 (1942); *Bute v. Illinois*, 333 U. S. 640 (1948).

〔4〕 See *Report of Royal Commission on Capital Punishment* 1949 ~ 1953, *paras.* 700 ~ 789, *pp.* 246 ~ 273 (1953); *Hearings on S.* 1760 *before the Subcommittee on Criminal Laws and Procedures of the Senate Committee on the Judiciary*, 90th Cong. , 2d Sess. , 19 ~ 21 (1968) (Testimony of Clinton Duffy); H. Barnes & N. Teeters, *New Horizons in Criminology* 306 ~ 309 (3d ed. 1959); C. Chessman, *Trial by Ordeal* 195 ~ 202 (1955); M. DiSalle, *The Power of Life and Death* 84 ~ 85 (1965); C. Duffy & A. Hirschberg, 88 *Men and 2 Women* 13 ~ 14 (1962); B. Eshelman, *Death Row Chaplain* 26 ~ 29, 101 ~ 104, 159 ~ 164 (1962); R. Hammer, *Between Life and Death* 208 ~ 212 (1969); K. Lamott, *Chronicles of San Quentin* 228 ~ 231 (1961); L. Lawes, *Life and Death in Sing Sing* 170 ~ 171 (1928); Rubin, "The Supreme Court, Cruel and Unusual Punishment, and the Death Penalty", 15 *Crime & Delin.* 121, 128 ~ 129 (1969); "Comment, The Death Penalty Cases", 56 *Calif. L. Rev.* 1268, 1338 ~ 1341 (1968); Brief amici curiae filed by James V. Bennett, Clinton T. Duffy, Robert G. Sarver, Harry C. Tinsley, and Lawrence E. Wilson 12 ~ 14.

〔5〕 *Jackson v. Bishop*, 404 F. 2d 571 (CA8 1968).

〔6〕 Cf. Ex parte Medley, 134 U. S. 160, 172 (1890).

的过程对于候刑者而言几近残酷与羞辱，而其可以构成一种精神上的酷刑。"[1]诚如弗兰克佛特法官所言，"在死刑候刑期间发疯并不十分罕见"[2]。随着死刑执行日期的临近，[3]那种恐惧与沮丧的与日俱增只有死刑候刑者能够深刻体会。[4]

通常情况下，死刑的残酷性可以从其所具有的不可逆性加以发现。从这个角度来看，死刑是独一无二的，是具有特殊性的。例如，褫夺国籍，是通过消灭公民赖以发展的政治存在，剥夺其在国家及世界当中的法律身份，从而使其处于十分危险的境地。[5]"简而言之，褫夺国籍是剥夺获得其他权利的权利。"[6]然而，褫夺国籍显然没有像死刑那样严厉。[7]尽管死刑和褫夺国籍一样，剥夺了公民在"有组织社会"中的"政治性存在"，更为严重的是，死刑干脆剥夺了"公民个体的肉体存在"。被褫夺国籍的人未来有可能再次获得法律身份，但被执行死刑的人却丧失了这种可能性。

死刑当然属于一种"很炫"的刑罚。国家对于受刑者生命的剥夺实际上是否定了被执行者的人格。这一点，可以通过其与在监狱中服刑罪犯的际遇的对比加以感知。服监禁刑的罪犯往往还具有"获得其他权利的权利"，还具有信仰宗教的自由，具有不受残忍且不寻常刑罚处遇的权利，具有宪法保障的适当程

[1] *People v. Anderson*, 6 Cal. 3d 628, 649, 493 [＊＊2752] P. 2d 880, 894 (1972). See Barnes & Teeters, supra, at 309～311 (3d ed. 1959); Camus, *Reflections on the Guillotine, in A. Camus, Resistance, Rebellion, and Death* 131, 151～156 (1960); C. Duffy & A. Hirschberg, supra, at 68～70, 254 (1962); Hammer, supra, at 222～235, 244～250, 269～272 (1969); S. Rubin, *The Law of Criminal Correction* 340 (1963); Bluestone & McGahee, "Reaction to Extreme Stress: Impending Death by Execution", 119 *Amer. J. Psychiatry* 393 (1962); Gottlieb, Capital Punishment, 15 *Crime & Delin.* 1, 8－10 (1969); West, *Medicine and Capital Punishment, in Hearings on S.* 1760 *before the Subcommittee on Criminal Laws and Procedures of the Senate Committee on the Judiciary*, 90th Cong., 2d Sess., 124 (1968); Ziferstein, "Crime and Punishment", The Center Magazine 84 (Jan. 1968); "Comment, The Death Penalty Cases", 56 *Calif. L. Rev.* 1268, 1342 (1968); "Note, Mental Suffering under Sentence of Death: A Cruel and Unusual Punishment", 57 *Iowa L. Rev.* 814 (1972).

[2] *Solesbee v. Balkcom*, 339 U. S. 9, 14 (1950) (Dissenting opinion).

[3] *Trop v. Dulles*, 356 U. S., at 102,

[4] 当然，各州并没有有意通过死刑候刑期来对于死刑候刑者进行折磨。对于导致死刑候刑期十分漫长的原因还不清楚，基本上可能是因为被告需要主张各种法律救济权利。不受非人对待的权利当然不能用来抗辩主张适当程序的权利。因此，即使是在违反当事人意愿的情况下，也要在死刑执行之前穷尽所有的救济程序。

[5] Id., at 101.

[6] Id., at 102.

[7] Id., at 125 (Frankfurter, J., dissenting). 美国联邦最高法院在特洛普案中承认褫夺国籍在严苛程度上不及死刑。356 U. S., at 99. 然而，死刑和其另外一点不同在于死刑在当时的普遍适用性。Ibid.

序及平等保护等权利。因此，仍然属于人类的一员。更为重要的，还具有寻求司法救济的权利。从常识出发，一定存在对于无辜者适用死刑的情况，我们还知道很多死刑案件的审理从现在来看是违反宪法的。死刑的适用本身在某些情况下也是违宪的，[1]但因为死刑的不可逆性，对于上述缺陷，根本没有办法加以补救。因此，被执行死刑的罪犯丧失了获得权利的权利。正如一位19世纪死刑支持者所言，"当一个人被绞死，他和我们的关系就告终结，我们通过死刑告诉他，你不再属于这个世界，去其他地方看看有没有机会吧。"[2]

通过和当前适用的其他刑罚的对比，我们可以发现死刑适用就是在侵犯人性尊严。我忍不住想说，如果不是美国长期适用死刑，仅凭这一点，死刑就属于宪法禁止的残忍且不寻常刑罚。因此，我在这里想提出第二个原则，即国家对于具有残酷性的刑罚适用不得具有恣意性。

目前，美国死刑适用的特点之一就在于其适用的低频率性。从这一点，死刑并不是对于任何犯罪而言都普遍适用的刑罚。

20世纪30年代以降，也是在同一时期，第一次出现了较为可靠的统计数字。在20世纪30年代，每年死刑执行数量平均为167人；在20世纪40年代，年死刑执行数量平均为128人；到了20世纪50年代，年死刑执行数量平均为72人；而在20世纪的最初两年，年平均执行数量为48人。1963～1964年，已经执行了36人。[3]与此同时，在过去的40年当中，美国人口及死刑犯罪的数量都在急剧增加。因此，目前美国死刑适用数量的低迷实际上是一个长期下降趋势的终结。这种死刑适用的罕见性可以从1961～1970年，也就是相关数据存在的最后10年死刑适用情况对此加以认知。在此期间，每年死刑执行数量平均为106人。[4]但这些人中大多数都因为减刑而没有被最终执行死刑，[5]这些被

---

〔1〕　*Witherspoon v. Illinois*, 391 U. S. 510 (1968).

〔2〕　Stephen, "Capital Punishments", 69 *Fraser's Magazine* 753, 763 (1864).

〔3〕　From 1930 to 1939: 155, 153, 140, 160, 168, 199, 195, 147, 190, 160. From 1940 to 1949: 124, 123, 147, 131, 120, 117, 131, 153, 119, 119. From 1950 to 1959: 82, 105, 83, 62, 81, 76, 65, 65, 49, 49. From 1960 to 1967: 56, 42, 47, 21, 15, 7, 1, 2. Department of Justice, *National Prisoner Statistics* No. 46, *Capital Punishment* 1930～1970, p. 8 (Aug. 1971). 这一阶段美国最后一次死刑执行发生在1967年6月2日。Id. , at 4.

〔4〕　1961年——140人；1962年——103人；1963年——93人；1964年——106人；1965年——86人；1966年——118人；1967年——85人；1968年——102人；1969年——97人；1970年——127人。Id. , at 9.

〔5〕　每年的死刑减刑数量大致为18起。1961年——17起；1962年——27起；1963年——16起；1964年——9起；1965年——19起；1966年——17起；1967年——13起；1968年——16起；1969年——20起；1970年——29起。Ibid.

减刑的人或者因为精神失常而被送交给精神病医院，[1]还有一部分人被改判，或者因为自杀、自然原因等非正常死亡。[2]截至1961年1月1日，死刑候刑者为219人，到了1970年12月31日，这个数字发展到608人，在这个期间，共有135次死刑执行。[3]因此，如果名单上增加了的这389人都被执行死刑，那么年平均死刑执行数量约为52人。[4]简而言之，这个国家最多每个星期执行一次死刑。事实上，死刑执行的数字远远低于这一预期。即使在1967年死刑暂停执行之前，1961年执行总数为42起，1962年死刑执行总数为47起，因此并未达到每周一起的水准。而这个数字在1963年下降到21起，1964年下降到15起，1966年，只发生1起。1967年，发生了2起。[5]

美国人口共有2亿人，而每年死刑执行数量不足50起，足以发现死刑执行的非常见性。换句话说，美国死刑的执行可能非常不公平。而要改变这种印象，就需要明确地证明死刑适用的非任意性。

尽管没有准确的统计数字，但我们都知道美国每年发生的死刑犯罪数以千计。因此，一个不可否认的事实就是死刑适用频率非常罕见，即仅仅适用于很少一部分死刑犯罪。那么，美国死刑的执行究竟有多罕见呢？

当死刑仅仅适用于死刑犯罪的很少一部分时，一个必然的结论将会是死刑的适用一定是任意。实际上，这多少类似于一种博彩体系。对此，各州认为并没有任何证据证明死刑的适用是任意的，只能说明死刑适用具有选择性，即仅仅适用于那些最为严重的犯罪。

当然，所谓高度选择性，并非没有任何价值可言。然而，假设各州在每年

---

〔1〕 每年大约有3名死刑候刑者被移交给精神病医院。1961年——3人；1962年——4人；1963年——1人；1964年——3人；1965年——4人；1966年——3人；1967年——3人；1968年——2人；1969年——1人；1970年——5人。Ibid.

〔2〕 上述几种情况每年大概发生44起左右。1961年——31起；1962年——30起；1963年——32起；1964年——58起；1965年——39起；1966年——33起；1967年——53起；1968年——59起；1969年——64起；1970年——42起。Ibid. 从1967年开始的具体统计数字。改判：1967年——7起；1968年——18起；1969年——12起；1970年——14起。再审并改判：1967年——31起；1968年——21起；1969年——13起；1970年——9起。原判被推翻：1967年——12起；1968年——19起；1969年——33起；1970年——17起。因为自杀或者其他原因死亡：1967年——2起；1968年——1起；1969年——5起；1970年——2起。National Prisoner Statistics No. 42, Executions 1930～1967, p. 13（June 1968）；National Prisoner Statistics No. 45, Capital Punishment 1930～1968, p. 12（Aug. 1969）；*National Prisoner Statistics*, *supra*, n. 40, at 14～15.

〔3〕 Id., at 9.

〔4〕 在这10年当中，共有1177人被判处死刑，其中包括120名被移送给精神治疗机构的人。共有653人可能被真正执行死刑，而其中共有135人实际遭到了执行。Ibid.

〔5〕 Id., at 8.

执行 10 人、执行 5 人，甚至只执行 1 人的时候，是否还可以作出类似的主张？当美国死刑执行比例很低的时候，很难让人信服地得出死刑适用仅仅针对那些罪行极其严重的犯罪分子的结论。目前，对于那些被判处死刑，以及大多数被判处监禁刑的情况，还无法给出一个让人满意的区分标准。对于犯罪和罪犯进行何种划分都无法解释为什么只有如此少数的罪犯被执行死刑。可以肯定的是，现行刑法中并未进行此种划分，只是提出死刑只适用于"极端"犯罪。事实上也不存在一种可行的区分标准。例如，如果福尔曼或者他所实施的犯罪可以被认为是极端的，那么几乎所有谋杀犯及其实施的犯罪都可以被称之为是极端的。[1]进一步而言，目前美国死刑的适用程序，非但无法为死刑适用选择出作为极端的适用对象，反而对于刑罚擅断毫无制约机制。因为连美国联邦最高法院都曾经提出，陪审团在是否适用死刑问题上得享有毫无限制的自由裁量权。[2]换句话说，现行死刑司法程序并不是用来抗制对于死刑判决的高度随机性选择。

尽管很难想象还需要用何种事实来佐证我的同侪，斯图尔特法官所认为的死刑适用高度任意性的观点，我并不能断定死刑适用的任意性如此明显。但死刑适用任意性的高度盖然性，加之其他原则的印证，可以用来得出对于这一刑罚是否合宪的最终判断。

如果存在某种刑罚适用高度任意的盖然性，那么我们一定会寄希望于社会会反对这样的一种刑罚适用。因此，我现在转而求助于之前提到的第三个原则。

通过考察死刑在历史上以及当前美国的适用，我们可以得出这样的一个结论，即当今美国社会几乎完全摒弃了这样的一种做法。

之前，我的同侪马歇尔法官已经对于英国及美国的死刑适用历史进行过鞭辟入里的分析。然而我强调，从历史当中，我们可以得出一个结论。从我们这个国家建国之初，死刑就一直饱受争议。尽管经常有人从实用主义角度提出支持或者反对的看法，对于这样一个饱受争议问题的解决不能寄希望于单纯的政府政策。归根溯源，这是一个道德问题。这个国家曾经就是否处死自己的同胞违反人类尊严，而其也具有至高无上的价值，进行过争论。美国和其他西方国

---

〔1〕 在福尔曼试图夜间闯入受害人家中实施盗窃的过程中，被害人被惊醒。在逃离现场的过程中，福尔曼隔着厨房的门，开枪打死了受害人。在庭审过程中，福尔曼提出，"他们让我承认我犯有谋杀罪。我承认自己去了那户人家，那些人试图抓住我，我从后门逃了出来，我并没有杀人的意思，我不知道门后面有人，枪走了火，直到被抓住，我才知道有人死了。"App. 54～55. 而佐治亚州最高法院认为，"经过公开审理，本庭认为被告人所涉及的是一起在受害人家中发生的刑事案件。因为被绊，被告人的枪支击发，导致受害人死亡，根据相关证据，可以认定被告谋杀罪名成立。" *Furman v. State*, 225 Ga. 253, 254, 167 S. E. 2d 628, 629 (1969). 陪审团对于福尔曼的情况知之甚少，只知道他是黑人，案发时 26 岁，有份工作。陪审团合议了一个半小时后，认定被告人有罪，并且判处其死刑。Id. , at 64～65.

〔2〕 *McGautha v. California*, 402 U. S. 183, 196～208 (1971).

家一样，"围绕刑罚的适用，总是在一方面长久以来的报应理念，一方面对于个人价值和尊严的尊重之间的斗争，同时，坚信通过18、19世纪的积累及科技手段，可以了解行为动机，"[1]而道德冲突则构成了催生死刑历史发展及现行样态的基石。

随着时间的流逝，我们对于死刑的实践，尤其是死刑的执行措施，也在发生变化。尽管美国从来没有使用过类似于早期英国那些残忍的死刑执行方式，但长期以来，主要依靠枪决与绞刑。基于刑罚执行人性化的考量，19世纪出现了电椅，20世纪出现了注射。而枪决与死刑几乎绝迹。[2]而且，我们对于正当性与尊严的关注也迫使死刑执行随着情况的改变发生改变。美国已经放弃了死刑的公开执行，而这种公开执行的方式曾一度被认为有助于阻遏公众实施犯罪。而现在，我们将公开执行死刑视为对于人类整体的一种羞辱。

与此同时，适用死刑犯罪的种类也发生了戏剧性的减少。虽然形式上还存在大量的死刑犯罪，但从1930年开始，谋杀犯罪与强奸犯罪占到了每年死刑判决数量的19%，而谋杀占到了总数的87%。[3]除此之外，死刑谋杀的数量也在降低。正如美国联邦最高法院在麦克瓜德案[4]当中所指出的那样，美国已经摒弃了普通法传统中针对所有谋杀致死犯罪都适用死刑的传统做法。起初，这样的一种做法开始于对于谋杀犯罪进行细分，仅仅对于一级谋杀处以死刑。然而，这样的一种试图通过建构所谓"事先恶意"而对于谋杀犯罪进行阶段划分的做法被事实证明并不成功。不仅这样的一种区分具有混淆型及不确定性，而且对于一级谋杀的审理，仍然取决于陪审团：如果他们感觉到死刑是一种不当的刑罚，那么他们就干脆不认定被告有罪。[5]而陪审团所享有的这种权力也在很大程度上抵消了强制性死刑适用的影响。鉴于这一现实，"立法机构并没有像之前那样试图对于谋杀犯罪进行修正，反而转向承认陪审团在适用刑罚方面享有不受干涉的自由裁量权。"[6]实际上，目前所有死刑的适用都具有任意性。最后，

[1] T. Sellin, *The Death Penalty*, *A Report for the Model Penal Code Project of the American Law Institute* 15（1959）.

[2] 目前有8个州仍然将绞刑作为死刑执行方式，而犹他州居然仍然保持枪决。但1930年之后，这9个州的死刑执行数量仅占到全美死刑总数的3%。*National Prisoner Statistics*, *supra*, n. 40, at 10~11.

[3] Id., at 8.

[4] *McGautha v. California*, 402 U.S., at 198.

[5] Id., at 199.

[6] Ibid.

值得一提的是，目前有 9 个州已经决定在任何情况下都不适用死刑，[1] 有 5 个州只在极少数情况下适用死刑。[2]

　　因此，尽管历史上曾经长期适用死刑，[3] 但历史上死刑也是长期受到限制的。一度普遍适用的死刑，随着道德争论的不断继续，其适用显得十分罕见。而这一现象作为美国的一个"特色"，越来越成为美国民众良心深处的一个隐痛。而这一运动的结果就是目前的死刑司法使得死刑适用变得十分罕见。当然，我们，美国人民，应该为死刑的执行与使用承担责任。作为社会群体的代表，[4] 陪审团每年在成千上万起死刑判决中仅仅选择了其中的 100 起左右决定适用死刑。我们选举出来的州长，也会对于很多死刑判决予以减刑。我们这个社会一致坚持贯彻适当程序，认为没有人可以被不公正地执行死刑。总之，死刑目前已经十分罕见。

　　死刑适用的不断缩减，其目前适用的罕见性，都说明越来越多的人开始非常认真地质疑目前死刑适用的适当性。很多州对此提出，立法机构并未停止对于某些犯罪规定死刑，民调显示仍然有很多人支持死刑。然而，存在于这样立法授权，以及民调结果，只是用来作为作证死刑存在合法性的证据，而这恰恰说明了目前社会对于死刑的质疑。如果某种刑罚通过了立法授权，但因为社会的反弹，导致其很少适用，就可以推断出社会对于是否适用这种刑罚存在疑虑。实际上，恰恰是因为适用的罕见性，才导致至今很多人仍然支持死刑，因此，社会对于某种刑罚的态度是通过其对于该种刑罚的适用态度实现的，目前，美国社会仅仅选择对于极少一部分该当死刑的案件适用死刑。至少，我可以认为目前美国社会对于死刑的态度是存疑的。

　　最后，如果某种具有残酷性且不常见的刑罚如果可以满足刑罚适用目的，因此可以不被视为滥用或者过度。而这一原则和其他原则是相互关联的。换句话说，如果某种刑罚的适用是任意的，那么就很有可能这种刑罚无法比较为轻

---

　　[1]　阿拉斯加、夏威夷、爱荷华、缅因、密歇根、明尼苏达、俄勒冈、西弗吉尼亚以及威斯康星州废除了死刑。Id., at 50. 除此之外，加利福尼亚最高法院还曾经在判例中认定该州死刑成文法违宪。*People v. Anderson*, 6 Cal. 3d 628, 493 P. 2d 880 (1972).

　　[2]　新墨西哥、纽约、北达科他、罗德岛以及佛蒙特州可以被认为事实废除死刑的州。*National Prisoner Statistics*, supra, n. 40, at 50. 其中，北达科他州与罗得岛在 1930 年之后就没有使用过死刑，纽约州、佛蒙特以及新墨西哥州也分别于 1965 年、1965 年及 1969 年之后事实不再实行死刑。Id., at 10～11. 从 1971 年 1 月 1 日开始，上述 5 个州没有一名死刑犯。Id., at 18～19. 除此之外，从 1930 年开始，爱达荷、蒙大拿、内布拉斯加，新罕布什尔州、南达科他以及怀俄明州总共才执行了 22 起死刑，截至 1971 年 1 月 1 日，这 6 个州总计只有 3 名死刑犯。Id., at 18～19. 因此，这些州平均每 10 年执行一次死刑。

　　[3]　*Trop v. Dulles*, 356 U. S., at 99.

　　[4]　*Witherspoon v. Illinois*, 391 U. S., at 519,

缓的刑罚更能有效地满足刑罚目的。

对此，或许有反对意见认为死刑要比其他刑罚可能有效地抗制或者预防相关死刑犯罪的发生。这种观点首先包括对于死刑的适用可以有效地防止该犯罪人未来继续实施犯罪。但如果要防止实施死刑犯罪的犯罪人未来继续实施犯罪，对于社会构成威胁，那么除了适用死刑，还可以通过对其判处监禁，并且剥夺其获得假释或者减刑的机会来实现这一目的。

除此之外，更为有力的观点认为，死刑的存在可以阻遏那些监禁刑不足以阻遏的潜在犯罪人实施相关犯罪。但正如我的同侪马歇尔法官所提出的那样，目前的证据表明，至少死刑的阻遏效果不比监禁刑明显多少。然而，反方观点会坚持认为人类的常识、经验的重要性，从常识来看，死刑的阻遏效果要强于监禁刑。因为根据常识，人最怕死，从而死刑应该具有最强的阻遏效果。

对此，一个不容置疑的结论是起码绝大多数死刑犯罪都可以通过监禁刑来加以阻遏。这种观点只适用于那些理性的潜在犯罪人，对于这些人来说，不仅需要考虑刑罚的危险，而且要区分死刑与监禁刑。换句话说，这种观点导致的结果是一位理性的犯罪人，如果发现自己想要实施的犯罪是死刑，就会选择放弃犯罪，如果发现自己实施的犯罪是监禁性，就会铤而走险。但从这个层面上来看，这种观点也是无法成立的。

在任何情况下，都不能抽象地对于上述观点进行评价。我们目前没有接触到用来判断某种刑罚是否具有阻遏效果的具体条件，我们所关注的是目前美国用死刑来作为对于某些罪犯的惩罚这一问题。如果要支持死刑，就必须承认死刑的适用必须一贯、无差别地适用这一结论。而目前美国的死刑适用明显不满足这两个条件。一位谋划实施杀人犯罪或者强奸犯罪的理性人面对的将不是迅捷审理的死刑，而是几乎不太可能，适用机会颇为低下的死刑适用可能，与之相比，长期监禁具有高度的现实可能性。简言之，无论理论上死刑作为有效的阻遏犯罪手段多么成立，都没有理由相信目前对于死刑的适用可以有效地阻遏犯罪。只有在所有该当死刑的罪犯都被及时处决的时候才可以讨论死刑是否具有比监禁更为有效的阻遏效果。[1]

或许还有一种支持死刑的观点认为死刑对于防卫社会是必要的。在这种观点看来，死刑的适用表达了社会对于特定犯罪的愤慨与痛恨。因此，死刑有助

---

〔1〕 有少数学者认为死刑对于那些已经被判处监禁刑，但又实施了严重犯罪的人来说十分必要。对于这些人而言，因为如果没有死刑，那么对于这些服监禁刑的人来说，就没有什么忌惮，而对他们来说，死刑是唯一的阻遏手段。但事实上终身监禁不得假释的出现几率非常低，大多数罪犯都有被假释的机会。因此，这些人担心的局面出现的可能性不大。而且，如果这种观点如果是认为死刑的震慑效果优于终身监禁不得假释，那么还是没有证据支持这一观点。

于维护社会的道德水准，固化对于违反基本价值观犯罪的道德否定。同时，死刑不仅表达了对于社会群体价值的教化，而且也满足了社会公众要求对于令人发指罪行的道德谴责，从而预防了私刑等私力救济。

但真正的问题不在于死刑能否满足上述目标，而在于死刑是否能够更为有效地满足上述目标。没有证据表明死刑要比监禁刑能够更有效地实现上述目的。但可以肯定的是，即使存在这样的一种危险，那么每年仅仅执行少数死刑也不足以实现预防的目的。主张死刑本身足以表达对于死刑犯罪的谴责的观点也面临同样的问题，如果死刑犯罪需要适用死刑才能为强化社会道德观提供保证，那么因为死刑适用的选择性与罕见性，社会道德是被削弱，而不是被加强。进一步而言，国家适用死刑能否强化社会道德本身也是一个存疑的命题。如果故意终结他人生命具有实际效果，只能导致我们不再继续尊重人的生命价值。这也是为什么美国不再公开执行死刑的原因。在任何情况下，这种观点唯一的目的即在于表达社会对于犯罪的否定。为了实现这一目的，我们所设计的法律根据犯罪的严重程度配置不同严苛程度的法律。而这种观点不能用来支持认定某种特定的刑罚具有更高的严苛性的根据。

因此，如果以目前的执行方式判断，死刑不足以作为防卫社会的手段。除此之外，唯一一个值得一提的目标在于所谓的报应。简而言之，报应是指这些罪犯该死。

尽管很少有人会承认自己信奉赤裸裸的同态复仇[1]，但那些支持死刑的州提出，根据成文法，对于实施谋杀致死的犯罪人处以死刑从报应的角度具有正当性。过去，根据法律的规定，死刑还适用于伪造货币。[2]很明显，正义观念是不断改变的。换句话说，没有哪种一成不变的道德规范要求对于谋杀犯和强奸犯必须适用死刑。主张死刑的正当性必须参照特定的社会信念。死刑必须满足社会对于刑罚正当性的认知。但目前美国死刑的适用却无法被作为一种具有正当性的报应手段。当大多数实施了死刑犯罪的罪犯都没有被判处死刑的时候，无法认为死刑比监禁刑更有效地服务于刑罚目标。认为所有谋杀犯与强奸犯都该死的社会信念与只有少数死刑犯被处死的现实严重不符。从我们国家刑罚适用的历史来看，适用死刑绝对不是为了单纯的复仇，而是为了预防犯罪。

总之，死刑无法兼容上述四个原则：死刑属于一种残忍且不寻常的刑罚；死刑的适用具有高度任意性；当今社会大众已经开始摒弃死刑；没有理由认为死刑比监禁刑更为有效地实现刑罚目的。这些原则的功能在于保证法院可以认

---

〔1〕　*Trop v. Dulles*, 3 56 U. S. , at 112（BRENNAN, J. , concurring）.

〔2〕　*Act of April* 30, 1790, § 14, 1 Stat. 115.

定某种是否符合人性尊严，显然，死刑侵犯了人类尊严。

IV

美国建国伊始，斯图尔特王朝式的残暴依然存在，肉刑十分普遍。因此，当时死刑并不特别。因此，处死罪犯是一种常见的刑罚方式，社会也接受这一做法。事实上，因为当时没有健全的监狱体系，因此事实上也不存在可能的替代方式。但之后，对于死刑的适用，一直存在着大量的争论，并且开始逐渐限制死刑的适用。现在，死刑已经属于一种残忍且不寻常的刑罚。如果适用刑法禁止"残忍且不寻常"刑罚条款检验，死刑显然有悖人性尊严。因此，死刑不应继续被加以适用。非但不是任意地选择少数几个罪犯杀掉，应该将其加以监禁。"这样做，政府的权力并未受到任何减损，同时满足了刑罚的设定目的，罪刑相当，可以有效地防止再犯，罪犯也获得了重生的希望。"[1]

我附议支持法庭在此案中的判决。

斯图尔特大法官之附议：

死刑不仅在程度上，而且在性质上不同于其他刑罚。死刑的独特性在于其所具有的不可逆性。死刑的独特性在于其完全放弃了教化犯罪人这一刑事司法的基本目标。最后，死刑的独特性在于其摒弃了我们赋予人性的所有含义。

基于这样或者那样的根据，已经有两位同侪认定死刑违反了宪法第八与第十四修正案。但我认为在本案中没有涉及这个带有根本性的问题。[2]

今天很多法官都对于宪法第八修正案禁止残忍且不寻常刑罚条款以及死刑[3]的发端及司法流变进行了细致入微的梳理。[4]因此我这里没有必要再行赘述，这里仅就我自己的看法作以简述。

立法机构——无论是州还是联邦——都曾规定对于特定类型的犯罪规定了强制性的死刑。例如，美国国会曾经规定战时充当敌方间谍的，处死刑。[5]罗

---

〔1〕 *Weems v. United States*, 217 U. S. , at 381.

〔2〕 *Ashwander v. Tennessee Valley Authority*, 297 U. S. 288, 347 (Brandeis, J. , concurring).

〔3〕 See Dissenting opinion of THE CHIEF JUSTICE, post, at 380; Concurring opinion of MR. JUSTICE BRENNAN, ante, at 282~285; concur-ring opinion of MR. JUSTICE MARSHALL, post, at 333~341; dissenting opinion of MR. JUSTICE POWELL, post, at 421~424.

〔4〕 See Dissenting opinion of THE CHIEF JUSTICE, post, at 376~379; concurring opinion of MR. JUSTICE DOUGLAS, ante, at 242~244; concurring opinion of MR. JUSTICE BRENNAN, ante, at 258~269; concurring opinion of MR. JUSTICE MARSHALL, post, at 316~328; dissenting opinion of MR. JUSTICE BLACKMUN, post, at 407~409; dissenting opinion of MR. JUSTICE POWELL, post, at 421~427.

〔5〕 10 U. S. C. § 906.

得岛立法机构也规定对于被判终生监禁的罪犯实施谋杀行为的，处死刑。[1]马萨诸塞州立法机关规定任何实施强奸过程中实施杀人行为的，处死刑。[2]俄亥俄州立法机构对于刺杀州长或者美国总统的人适用死刑。[3]

如果我们考察此类死刑法，那么我们就需要对于所有情况下的所有犯罪的合宪性加以认定。我们将需要判断州或者联邦立法机构是否合宪地认定特定的犯罪行为具有足够大的社会危害性，从而超越了对于犯罪人进行改造或者教化的机会，同时，尽管证据尚不充分，[4]但只有死刑才能提供最大限度的阻遏可能。

在此，我想重申，我不认为报应是宪法所不能容忍的刑罚要素。报应是人性的组成部分，而通过刑事司法疏导这样的一种本能对于维护法治社会的稳定至关重要。当人们开始相信一个有组织的社会无意或者不能让罪犯罪有应得的时候，就会播下无政府的种子——私刑，私力救济。

但我们需要解决的并不是抽象意义上死刑的合宪性。例如，佐治亚州与德克萨斯州的立法机构都没有规定所有被判强奸罪的罪犯都应该被处以死刑。[5]佐治亚州的立法机构也没有规定所有谋杀犯都必须被处以极刑。[6]换句话说，该州立法机构并没有希望对于所有实施谋杀或者强奸的罪犯处死，也不因为没有适用死刑而感到沮丧。[7]

相反，我们所需要面对的问题是司法系统对于死刑的适用，而这也正是宪法第八修正案禁止残忍且不寻常刑罚的核心所在，借由宪法第十四修正案，这

---

[1]　R. I. Gen. Laws Ann. § 11－23－2.

[2]　Mass. Gen. Laws Ann. , c. 265, § 2.

[3]　Ohio Rev. Code Ann. , Tit. 29, § § 2901. 09 and 2901. 10.

[4]　很多统计结果——对比有无死刑司法区的犯罪率，及特定司法区废除死刑前后的犯罪率——已经证明死刑的阻遏效果即使存在，也是微不足道的。See H. Bedau, *The Death Penalty in America* 258～332 (1967 rev. ed.). 但问题的困难之处在于对比过程中无法对于诸多变量加以控制。See "Comment, The Death Penalty Cases", 56 *Calif. L. Rev.* 1268, 1275－1292. See Dissenting opinion of THE CHIEF JUSTICE, post, at 395; concurring opinion of MR. JUSTICE MARSHALL, post, at 346～354.

[5]　在编号为 No. 69－5030 案件被告受审时，佐治亚州法规定陪审团在定罪与量刑期间有权选择适用死刑、终身监禁、或者强制牢役 1 年以上 20 年以下。Ga. Code Ann. § 26－1302 (Supp. 1971) (Effective prior to July 1, 1969). 而佐治亚州法中对于强奸罪的处罚规定于此与此类似。Ga. Crim. Code § 26－2001 (1971 rev.) (Effective July 1, 1969). 在编号为 No. 69－5031 案件被告受审时，德克萨斯州法规定被判强奸罪的被告可以被判处死刑，终身监禁，或者 5 年以上徒刑。Texas Penal Code, Art. 1189.

[6]　在编号为 No. 69－5003 案件被告受审时，佐治亚法规定，陪审团有权选择适用死刑或者终身监禁。Ga. Code Ann. § 26－1005 (Supp. 1971) (Effective prior to July 1, 1969). 现行佐治亚州法也规定了此类选择权。Ga. Crim. Code § 26－1101 (1971 rev.) (Effective July 1, 1969).

[7]　Post, at 311.

一条款可以适用于州。[1]首先，死刑是"残忍"的，因为死刑在质与量方面都十分严苛，因此超越了州立法机构认为必要的限度；[2]其次，死刑也是不寻常的，因为死刑对于谋杀犯的适用也不是普遍的，对于强奸罪的适用则更为罕见。[3]但我的观点不仅于此。

和被雷击致死一样，死刑的适用也是残忍且不寻常的。对于在1967年和1968年被判强奸罪与谋杀罪名成立的罪犯而言，[4]很多人的罪行都堪比申诉人，但申诉人却被随机选出作为死刑适用的对象。[5]对于本案持支持意见的同侪们已经提出，如果有什么根据可以解释为什么对于这些被告适用死刑，那么唯一的解释只能是宪法为不能允许的种族因素。[6]但种族歧视却一直没有得到证实。[7]对此，我不作评论。我只是提出，宪法第十四修正案及第八修正案不能容忍对于死刑这种非常特殊的刑罚如此任意地加以适用。

我附议支持法庭在此案中的判决。

怀特大法官之附议：

本案我们所需要解决的问题看似讨论对于一级谋杀，对于某种限制类型的谋杀或者对于强奸适用死刑的宪法性。我支持美国联邦最高法院在本案中的判决，但我不认为死刑本身是违宪的，也不认为没有任何死刑执行方式能够满足宪法第八修正案的相关要求。

这一问题，如我的同侪老布所言，并不是本案需要解决的问题，也不需要通过本案加以解决。

---

[1] *Robinson v. California*, 370 U. S. 660.

[2] *Weems v. United States*, 217 U. S. 349.

[3] See Dissenting opinion of THE CHIEF JUSTICE, post, at 386 ~ 387, n. 11; concurring opinion of MR. JUSTICE BRENNAN, ante, at 291 ~293.

[4] 申诉人布兰奇于1967年6月26日在德克萨斯被判处死刑。申诉人福尔曼于1967年12月20日在佐治亚州被判处死刑。申诉人杰克森在1968年12月10日在佐治亚被判处死刑。

[5] 前美国总检察长在国会作证时承认，有一少部分人被选择出来适用死刑。大多数被犯有相同犯罪的人则被判处监禁。"Statement by Attorney General Clark in Hearings on S. 1760 before the Subcommittee on Criminal Laws and Procedures of the Senate Committee on the Judiciary", 90th Cong. , 2d Sess. , 93. 在 *McGautha v. California*, 402 U. S. 183 案中，法院主要处理宪法第十四修正案适当程序条款，以及平等保护条款。在这一案件中，美国联邦最高法院明确表示不考虑禁止残忍且不寻常刑罚条款的申请。See 398 U. S. 936 (Limited grant of certiorari).

[6] See Concurring opinion of MR. JUSTICE DOUGLAS, ante, at 249 ~ 251; concurring opinion of MR. JUSTICE MARSHALL, post, at 366 n. 155. See *McLaughlin v. Florida*, 379 U. S. 184.

[7] Cf. Note, "A Study of the California Penalty Jury in First – Degree – Murder Cases", 21 *Stan. L. Rev.* 1297 (1969); dissenting opinion of THE CHIEF JUSTICE, post, at 389 ~390, n. 12.

　　我认为，本案真正涉及的问题是①立法机构对于谋杀或者强奸罪规定死刑是否符合宪法；②立法机关本身并没有规定死刑的强制适用（所谓立法机关不会因为死刑从未适用而感到沮丧），而是授权给法官或者陪审团作出决定是否适用死刑是否违宪；③法官及陪审团并没有对于所有谋杀犯或者强奸犯适用死刑，而是非常随机地选择适用，是否符合宪法。因此，本案讨论的问题其实是对于这几位申诉人判处死刑，是否违反宪法第八修正案。

　　首先，我认为一个较为准确的提法是：因为死刑适用的罕见性，因此死刑已经无法继续成为刑事司法体系中一种可靠、可操作的阻遏手段。同样，无论对于强奸犯或者谋杀犯死刑适用的多么不规律，但死刑与这些犯罪人的刑责该当性之间并没有显失公平。通过适用死刑，这些犯罪人也将在未来无法继续实施谋杀或者强奸或者任何其他犯罪。但是如果死刑适用的几率过低，那么其是否能够继续实现刑罚报应的目的就成为一个值得怀疑的问题。同样，对于少数人适用死刑进行特殊预防，对于其他大多数类似情况的犯罪人却判处监禁刑是否必要也无法让人信服，总之，如此罕见地适用死刑也无法用来强化群体价值。

　　更为重要的，刑法的主要目标——通过适用刑罚阻遏犯罪——在刑罚适用罕见的情况下也无法实现，因为其无法对于他人的行为产生震慑效果。从这个角度来说，我认同通过惩罚别人来对于他人产生影响的道德性和有效性。我也同时概括性地接受刑罚的有效性，承认死刑较之于其他刑罚更具阻遏效果。但常识和经验告诉我们，如果法律很少适用，那么其对于人类行为的控制能力将降低，因此，如果死刑很少被真的适用，那么将对于那些死刑犯罪很少有什么阻遏效果。

　　从字面理解，死刑的适用与执行当然十分残忍。但是这种残忍并不是宪法意义上的，因为死刑可以用来服务于社会需要与刑罚目的。然而，如果死刑从现实角度不再能够满足这一目的，因此一个自然而然的问题就变成了在这种情况下适用死刑是否违反了宪法第八修正案。如果只能在边际意义上实现社会意义，那么再继续处死他人就完全没有必要。换句话说，如此微薄的回报，使得死刑成为宪法第八修正案所禁止的残忍且不寻常的刑罚。

　　本案所涉及的死刑适用方式就属于这种情况。虽然很难证明无论如何执行，死刑都要比监禁刑更为有效地服务于刑罚目的。但是无论情况如何，我都认为目前我们所审查的成文法，死刑执行的罕见性导致其根本无法服从于实质的刑事正义。我无意重复老布观点中的数据和事实，我也没有数据支持自己的结论。但和老布不同，基于自己10年来几乎天天接触到的成千上百涉及死罪的刑事案件的审理经验，我必须提出自己的观点。这一结论，如我所言，对于那些残忍的犯罪适用死刑的罕见性，因此没有理由去区分我们所审理的这些案件，以及其他残忍的犯罪。问题就在于赋予陪审团量刑权——陪审团量刑的初衷在于减轻法律的严酷性，对于罪与非罪，以及应该判处何种刑罚进行民意拟制—在我们目前审理的案件当中在完成这一目标方面，在法律限制范围内是有效的。

从定义上来看，司法审查通常涉及针对宪法含义立法机关与司法机关的不同理解。在这一方面，我们目前考察的宪法第八修正案也不例外。可以肯定，宪法修正案要求司法机关承担判断某种刑罚宪法性进行司法判断。因此，不可避免的结果就会导致我们与联邦或者州立法机关对于刑罚合宪性出现意见分歧。就连美国联邦最高法院内部对此也存在不同声音。不幸的是，我们目前所审查的问题即属此类。但是在我看来，我们所处理的案件除了影响更为深远之外，与之前的那些案件并没有太大区别。

在这一方面，我只想补充一点，从目前陪审团享有量刑权，陪审团基于自身享有的自由裁量权，在不违反公民对其信任及法律规定的情况下，无论案件的具体情节，可以拒绝适用死刑的这一现实来看，过去以及现在针对死刑的立法判断都已经失去了意义。从这个意义上，立法"政策"因此不仅需要根据立法授权，而且需要根据陪审团或者法官的自由裁量权来加以定义。而我认为，这样的一种做法违反了宪法第八修正案。

我附议支持法庭在此案中的判决。

马歇尔大法官之附议：

我们所面对的这三个案件涉及的问题是死刑是否属于美国宪法第八修正案所禁止的"残忍"且"不寻常"的刑罚。[1]在编号为 No. 69 - 5003 的案件中，福尔曼因为自己在凌晨潜入受害人家中被发现而枪杀了这个 5 个孩子的父亲。编号为 Nos. 69 - 5030 以及 69 - 5031 的案件中，被告被指控犯有强奸罪。杰克森被指控在受害人家中实施抢劫犯罪的过程中又实施了强奸犯罪，整个犯罪过程中，杰克森一直用一把剪刀抵住受害人的咽喉。布兰奇在受害人家中实施了强奸犯罪，虽然没有使用任何武器，但使用，或者威胁使用了暴力。

我们所看到的犯罪行为无疑是丑陋的、邪恶的，应受惩罚的。因此，对于这些行为的残暴性不容抹杀。但是，我们现在所做的并不是宽恕犯罪行为，而是考察适用于 3 名申诉者的刑罚并且认定其是否违反了宪法第八修正案。因此，

---

〔1〕 美国联邦最高法院曾经批准四起案件的调取案卷令，但加利福尼亚最高法院在 *Aikens v. California*，No. 68 - 5027 案中认定死刑违反该州宪法，因此这一案件都调取案卷令被撤销。406 U. S. 813. See *People v. Anderson*，6 Cal. 3d 628，493 P. 2d 880，cert. denied，406 U. S. 958（1972）. 加利福尼亚州最高法院的判决使得至少 100 名死刑候刑者得以减刑。

本案所涉及的问题不是是否宽恕强奸犯或者谋杀犯，我们绝对不想宽恕，而是死刑是否属于我们已经无法接受的刑罚类型，进而是否违反了宪法第八修正案。[1]

我们所需要考察的宪法修正案内容并不确定，因此存在过分解读，或者限制解读的危险性。[2]因此，在回答这一问题的时候我们必须万分谨慎。[3]首先，通过考察宪法第八修正案的历史沿革以及过去美国联邦最高法院对于这一修正案的解读历史，同时考察美国死刑适用的历史与伴生特征，我们才能以一种较为可观，较为克制的态度回答这一问题。

对于这样的一种探究，开诚布公十分重要。对于所有相关的材料都必须加以梳理并且客观地予以检验。对于我们将要适用的标准不仅需要精确理解，而且需要根据这些标准来检验相关的资料。

既然要开诚布公，那么我就需要承认对我来说，本案涉及的问题是一个关于生死的问题。本案不仅涉及申诉人的生与死，而且还涉及美国 600 多名死刑候刑者的生死。虽然这一事实并不能作为影响我们判断的根据，但是也提醒我们在审查本案的过程中容不得半点马虎。

I

宪法第八修正案禁止残忍且不寻常刑罚条款发端自英国法。1853 年，大主教约翰·维特齐福特将高等委员会转变为一个宗教法庭，并开始通过酷刑从被怀疑犯有某些罪行的人口中逼取证据。[4]对此，虽然罗伯特·比尔爵士表示反对，认为其违反了大宪章中禁止残忍且不寻常酷刑的规定，但并未产生任何效果。[5]所谓残忍的刑罚并不局限在犯罪嫌疑人身上，也同样适用于已经被判有罪的罪犯。对此，布莱克斯通曾经详尽地记录了对于大量犯罪的实施者所进行

---

〔1〕 268 *Parl. Deb.*, *H. L.* (5th ser.) 703 (1965) (Lord Chancellor Gardiner).

〔2〕 Compare, e. g., *Louisiana ex rel. Francis v. Resweber*, 329 U. S. 459, 470 (1947) (Frankfurter, J., concurring), with F. Frankfurter, Of Law and Men 81 (1956). See *In re Anderson*, 69 Cal. 2d 613, 634～635, 447 P. 2d 117, 131～132 (1968) (Mosk, J., concurring); cf. *McGautha v. California*, 402 U. S. 183, 226 (1971) (Separate opinion of Black, J.); *Witherspoon v. Illinois*, 391 U. S. 510, 542 (1968) (WHITE, J., dissenting).

〔3〕 See Generally Frankel, "Book Review", 85 *Harv. L. Rev.* 354, 362 (1971).

〔4〕 Granucci, "'Nor Cruel and Unusual Punish‐ments Inflicted': The Original Meaning", 57 *Calif. L. Rev.* 839, 848 (1969).

〔5〕 Ibid. 比尔的观点后来传到北美，最早由负责起草马萨诸塞地区民主宪章的罗纳德·沃德写进法律。该宪章第 46 条规定，"对于肉刑，我们禁止任何非人、残忍或者暴虐的刑罚。" 1 B. Schwartz, *The Bill of Rights: A Documentary History* 71, 77 (1971).

的各种各样残忍刑罚的细节，[1]其中，当然包括死刑。[2]

1685 年针对叛国者的审判——史称"血腥审判"——主要针对的是某位公爵流产政变展开的，而其也在刑罚残暴性方面达到了顶点，以至于很多历史学家认为这一事件最终导致禁止残忍且不寻常刑罚这一条款被规定在权利法案当中。[3]当时上议院首席大法官杰弗瑞在上述案件中的表现被后人描述为一种基于詹姆士二世国王命令的"对于残忍的贪婪"。[4]因为这一系列审判影响范围极广，因此势必对于权利法案禁止残忍且不寻常刑罚条款的出台产生了某种影响。但是，1689 年英国权利法案的立法史表明，这些审判对于相关条款的立法并没有我们所想象的那么关键。在威廉跨越英吉利海峡进攻英格兰之后，詹姆士二世流亡，当时的国会被召集起来，并且指派了一个专门委员会起草一份宣言，内容主要包括"对于更好捍卫宗教、法律和自由至关重要的那些因素"[5]。权利法案的草案禁止"非法"刑罚，但后续文本中考虑到詹姆士二世统治时期所适用的"残忍且不寻常"刑罚的教训，从而对于"残忍且不寻常"刑罚加以禁止。[6]一般认为，最终版本中对于"不寻常"这一概念的使用并非有意为之。

这段历史至少让以为法律史学家认定，"1689 年英国权利法案中禁止残忍且不寻常刑罚条款首先反对的是未经法律规定，或者在司法管辖范围之外的刑罚适用，其次，强调英国反对罪刑不适应刑罚的态度。"[7]而并非是一种对于英国"血腥审判"时期严刑峻法的激烈反应。

无论英国权利法案对于残忍且不寻常刑罚的禁止被解读为对于过度或者非法刑罚的反对，还是对于残忍刑罚执行方式的唾弃，抑或二者兼具，一个可以确定的结论是从英国权利法案中借鉴这一规定，美国宪法的起草者意图反对残

---

[1] 4 W. Blackstone, *Commentaries* 376～377. 亦参见 1 J. Chitty, *The Criminal Law* 785～786（5th ed. 1847）; Sherman, "... Nor Cruel and Unusual Punishments Inflicted," 14 *Crime & Delin.* 73, 74（1968）.

[2] 因为不满意于将死刑作为报复犯罪的手段，英国还规定将褫夺财产，消灭法律人格作为死刑的伴随后果。根据这一规定，对于被判处死刑的人，也将没收其所合法具有的所有财产。被消灭法律人格的人不得继承财产，也不得让其他人继承自己的财产。4 W. Blackstone, *Commentaries* 380～381.

[3] E. g.，2 J. Story, *On the Constitution* § 1903, p. 650（5th ed. 1891）.

[4] 2 G. Trevelyan, *History of England* 467（1952 reissue）.

[5] Granucci, *supra*, n. 5, at 854.

[6] Id.，at 855.

[7] Id.，at 860. 对于这一观点的得出，格兰切尼教授主要依据的是对于奥的斯审判作为禁止残忍且不寻常刑罚条款出台的导火索。奥的斯作为英国教会的一名牧师，宣称存在刺杀英国国王查尔斯二世的阴谋。后来，奥的斯被判伪证罪，罚金 2 000 马克，终身监禁，鞭笞，每年戴 4 次颈手枷，褫夺神职人员身份。奥的斯不服，向上议院提出申诉。虽然上议院拒绝了奥的斯的申诉，但也有部分上议院议员认为国王没有权利剥夺申诉人的神职身份，并且其他的刑罚也太过残忍。Id.，at 857～859. 同时，该学者还根据 17 世纪对于残忍的字典解释，即意味着严酷或者残忍，来佐证自己的观点。Ibid.

忍且不寻常的刑罚。[1]

　　1776 年 6 月 12 日，弗吉尼亚《权利宣言》中首次出现了与宪法第八修正案的文本完全类似的规定，该宣言第 9 条规定，"不得要求过多的保释金，不得处以过重的罚金，不得施加残酷和非常的惩罚。"[2]显然，这一规定原封不动地照搬了 1689 年英国权利法案的相关规定。除此之外，其他一些州也规定了类似的条款[3]，有证据显示很多州批准宪法的会议上都要求仔细检查是否遗漏了禁止残忍且不寻常刑罚这一条款。[4]

　　对于宪法起草者对于禁止残忍且不寻常刑罚的理解，可以通过弗吉尼亚州制宪会议窥以一斑。对于乔治·梅森提议通过权利法案的主张，派崔克·亨利提出附议：

　　"根据这样一部宪法，很多对于保障人权来说至关重要的规定已经被抛弃。是否有其他理由支持通过权利法案？……国会有权立法。而在刑事领域，国会有权针对从叛国罪到一般轻微盗窃的行为设置罪名。国会有权规定犯罪与刑罚。在规制犯罪问题上，我相信国会会从应有的良心出发行事。但说到刑罚问题，不应留有太多空间，也不能依赖于国会代表的所谓良心。我们所要求的权利法案应该包括哪些内容？'不得要求过多的保释金，不得处以过重的罚金，不得施加残酷和非常的惩罚。'你难道不想让这些组成议会的先生们依据这一原则规制犯罪和刑罚么？如果是这样，那么你就会让他们为所欲为，就会背离这个国家的精神……"

　　"（如果是这样）在立法问题上，国会议员将失去'不得要求过多的保释金，不得处以过重的罚金，不得施加残酷和非常的惩罚'条款的限制。这种做法违反了你们对于保护权利的呼声，如果是这样，如何能让我们与我们的前辈相互区分——他们不承认有什么残忍或者残暴的刑罚。如果是这样，国会就有可能超越普通法传统，转而借鉴大陆法系的做法。他们将会照搬法国、西班牙与德国的做法——通过酷刑来获得口供。他们或许还会告诉你，将依据英国的经验，

---

　　[1]　大多数解读禁止残忍且不寻常刑罚条款的历史学家都认为其属于一种对于非人刑罚处遇的反对。格兰切尼教书认为宪法的起草者对于英国历史的解读出现了误解，并且错误地依据了布莱克斯通的观点。Granucci, *supra*, n. 5, at 862~865. 然而，十分明确的是，对于之前相关修正案的设计表明需要抗制残忍刑罚的态度。See n. 6, *supra*, and accompanying text.

　　[2]　Granucci, *supra*, n. 5, at 840; 1 Schwartz, *supra*, n. 6, at 276, 278.

　　[3]　See e. g., *Delaware Declaration of Rights* (1776), *Maryland Declaration of Rights* (1776), *Massachusetts Declaration of Rights* (1780), and *New Hampshire Bill of Rights* (1783). 1 Schwartz, *supra*, n. 6, at 276, 278; 279, 281; 337, 343; 374, 379.

　　[4]　See 2 *J. Elliot's Debates* 111 (2d ed. 1876); 3 id., at 447~481. See, 2 Schwartz, *supra*, n. 6, at 629, 674, 762, 852, 968.

通过严刑峻法来强化政府的统治，通过酷刑来得到认罪，通过残暴的刑罚来惩罚、报复罪犯。如果是这样，我们都将迷失自己。"[1]

亨利的这番陈述表明他希望确保宪法禁止毫无限制的残忍刑罚。而其他首届国会议员针对宪法第八修正案所提出的观点也表明他们同意亨利提出的需要禁止残忍且不寻常刑罚条款的观点。[2]

因此，这一条款的历史明确地表明美国宪法的起草者希望禁止残忍且不寻常的刑罚。进而我们需要通过考察相关判例从而发现这一条款中"残忍"这一概念的具体含义。

II

尽管之前在某些案件中对此有所涉及[3]，但美国联邦最高法院一直到维尔克森案[4]首次直接解读宪法第八修正案。在维尔克森案中，美国联邦最高法院一致认为对于实施预谋杀人的罪犯，可以适用公开枪决。对此，前美国联邦最高法院大法官克利福德曾提出：

"对于宪法禁止残忍且不寻常刑罚条款的适用范围进行宪法厘定无疑是十分困难的；但是可以肯定的是，酷刑，以及其他与之实质类似的不必要刑罚，是宪法所禁止的。"[5]

由此可以认为，在美国联邦最高法院看来，比不要的刑罚和酷刑具有等价性。在认定该案中所适用刑罚是否属于不必要的残酷刑罚的时候，美国联邦最高法院考察了犹他州的相关立法历史，并将这一死刑实践与其他国家的做法相比较。十分明显，美国联邦最高法院认为不应仅仅依据历史，而应该从发展的眼光来看待这一问题。

11 年之后，美国联邦最高法院再次有机会审查依据宪法第八修正案所提出的质疑。在凯默尔案[6]中，前首席大法官富勒代表其他法官，对于电椅执行死

---

〔1〕 3 Elliot, supra, n. 17, at 446 ~ 448. 乔治·梅森针对他人给自己和亨利观点的评判的一次误读也进一步地证明了当时宪法起草者希望禁止残忍且不寻常刑罚的态度。Id., at 452.

〔2〕 1 *Annals of Cong.* 782 ~ 783 (1789). 应该承认，对于宪法第八修正案的理解不应该僵化，而是应该随着时代与社会的发展而不断发展。最终导致禁止某些这一修正案出台时还被允许的刑罚。Ibid. (Remarks of Mr. Livermore of New Hampshire). 同样，还有证据显示在宪法第八修正案通过的时候，其意图禁止任何"明显不必要"的刑罚。W. Bradford, "An Enquiry How Far the Punishment of Death is Necessary in *Pennsylvania* (1793)", *reprinted in* 12 *Am. J. Legal Hist.* 122, 127 (1968).

〔3〕 See, e. g., *Pervear v. Common - wealth*, 5 *Wall.* 475 (1867).

〔4〕 *Wilkerson v. Utah*, 99 U. S. 130 (1879).

〔5〕 99 U. S., at 135 ~ 136.

〔6〕 *In re Kemmler*, 136 U. S. 436 (1890).

刑的合宪性进行了阐述。尽管法院明确宪法第八修正案不适用于各州，但很明显，这一刑罚的本质需要根据宪法第十四修正案的适当程序条款来加以判断。法院认定这一刑罚合乎宪法。现在，凯默尔案得出的结论就是某种刑罚只要立法机构在选择适用的时候基于人性的考虑，那么就不会因为其不常见而违反宪法。[1]

两年之后，在奥尼尔案[2]中，美国联邦最高法院再次肯定宪法第八修正案不适用于州。本案的被告被认定 307 次违反佛蒙特州禁酒法，对其适用罚金 6140 美金（20 美金一次），以及起诉费用（497.96 美金）。在缴纳罚金之前，被告被投入监狱。审理该案的佛蒙特法院判定，如果被告始终无法缴纳，就将其监禁大约 54 年，对此，三位法官——菲尔德、哈兰及博瑞尔对此表示反对。他们不仅认为宪法第八修正案也可以适用于州法，而且对于被告的刑罚也违反了宪法第八修正案。菲尔德法官提出：

"的确，宪法第八修正案通常情况下适用于类似酷刑、铁鞋、分尸等残忍的肉刑，这些肉刑都伴随着剧烈的痛苦与折磨……但这一修正案不仅仅适用于上述刑罚，还适用于那些与犯罪的严重程度显失公平的过度刑罚。从这个角度来讲，这一规定禁止的是刑罚的滥用。"[3]

在霍华德诉弗雷明案[4]中，美国联邦最高法院实际上已经开始接纳奥尼尔案中持反对意见法官的观点。法院认为，对于共谋欺诈的罪犯而言，10 年监禁不属于残忍且不寻常的刑罚，而在论证过程中，美国联邦最高法院考察了犯罪的本质、法律的意图以及刑期的长短。

后来，美国联邦最高法院在具有里程碑意义的威姆士案[5]中沿用了这一逻辑。本案中，一位美国海岸警卫队官员被判伪造政府公文罪，并被判处 15 年带枷苦役，褫夺公民权且监视居住。对此，美国法院认为这一判决已经属于宪法禁止的残忍且不寻常刑罚。[6]法院强调，宪法并不是僵化的，或者只适应过去情况的法律。[7]而是随着时间的流逝，不断补充新的条件与目的。[8]因此，在

---

〔1〕　纽约州上诉法院承认电椅作为死刑执行方式的非普遍性，但却同时指出立法机构在适用电椅的初衷是在减少受刑者所遭受的痛苦。

〔2〕　*O'Neil v. Vermont*, 144 U. S. 323 (1892)

〔3〕　Id. , at 339～340.

〔4〕　*Howard v. Fleming*, 191 U. S. 126 (1903).

〔5〕　*Weems v. United States*, 217 U. S. 349 (1910).

〔6〕　和威姆士案相关的禁止残忍且不寻常刑罚的规定也出现在菲律宾权利法案中。但其借鉴自美国宪法，因此与其具有类似含义。217 U. S. , at 367.

〔7〕　Id. , at 373.

〔8〕　Ibid.

适用宪法的时候，不应向后看，而是应该向前看。[1]

在分析过程中，美国联邦最高法院考察了与犯罪相关的刑罚设置，对比了不同司法区类似犯罪间刑罚的不同种类，由此认定对于被告的刑罚适用违反了宪法第八修正案。[2]怀特法官与霍尔姆斯法官对此表示反对，认为宪法第八修正案仅仅禁止其通过时被禁止的刑罚。[3]

威姆士案具有里程碑意义是因为在本案中，美国联邦最高法院首次就一具体犯罪是否符合宪法第八修正案进行了肯定性适用。也是在本案中，美国联邦最高法院明确，和本质残忍刑罚一样，任何与罪行显失公平的刑罚不具有合宪性。因此，很明显，奥尼尔案中持反对意见法官的观点在本案中已经成为主流观点。

威姆士案之后出现的两个案例，并没有对于明确宪法第八修正案禁止残忍且不寻常刑罚条款的适用范围起到太大帮助。[4]此时，另外一个非常重要的案件弗兰克斯案出现了。[5]

弗朗西斯被控谋杀罪名成立，判处死刑，并执行电刑。在第一次执行过程中，机械出现了故障，没有执行成功。因此，弗朗西斯试图阻止再次执行电刑，认为第二次电刑构成了残忍且不寻常的刑罚。在本案中，8 名美国联邦最高法院法官同意将宪法第八修正案适用于州法[6]，虽然法官一直认定当代美国法尊重人权的传统禁止任何导致无谓痛苦的刑罚，[7]但就弗朗西斯在这种情况下是否遭受了任何不必要的痛苦意见不统一。其中占据相对多数的 5 名法官将本案视为与凯默尔案类似的处理，认为电刑的目的是出于人道，因此，不能因为在某

---

〔1〕 Ibid.

〔2〕 Id. , at 381.

〔3〕 Id. , at 389 ~ 413. 对此，布莱克法官曾经在麦克瓜德案中表达过类似看法。

〔4〕 *Badders v. United States*, 240 U. S. 391 (1916), and *United States ex rel. Milwaukee Social Democratic Publishing Co. v. Burleson*, 255 U. S. 407 (1921). 巴德斯被指控凡有多起邮件诈骗罪。在 *United States ex rel. Milwaukee Social Democratic Publishing Co. v. Burleson*, 255 U. S. 407 (1921) 案中，一份报纸曾对于美国在第一次世界大战中的表现做虚假报道，影响到了美国人对于自己国家的忠诚度，美国联邦最高法院维持了对其判处剥夺第二辑邮政特权的判决。对此，持不同意见的布兰德里斯法官认为这一判决违反了威姆士案. 但这两个案件都没有改变或者增加 Weems 案的基本观点。

〔5〕 *Louisiana ex rel. Francis v. Resweber*, 329 U. S. 459 (1947).

〔6〕 弗兰克佛特法官是唯一一名对此持反对意见的法官。然而，和富勒法官在凯默尔案中的做法一样，他试图根据宪法第十四修正案中的适当程序条款对此进行解决。329 U. S. , at 471. 正如鲍威尔法官所言，弗兰克佛特法官的分析与布里南法官的分析方式异曲同工，从本质上看，他所采取的检验标准与其他法官的检验标准并没有太大区别。

〔7〕 Id. , at 463.

一具体情况下可能导致的不必要的痛苦而否定其本身的合宪性。[1]另外四位法官认为应该发回再审,从而补充事实。

和威姆士案一样,美国联邦最高法院法官在本案中关注的依然是罪刑相适应问题。更为重要的是,之前在奥尼尔案中的少数派意见到目前为止已经成为美国联邦最高法院的共识。

特洛普案[2]标志着美国联邦最高法院在解读禁止残忍且不寻常刑罚时另外一个关键发展阶段。本案的被告因为战时逃避服役而被军事法庭判决褫夺国籍。华伦法官代表多数派法官认定,对于公民权的剥夺属于宪法第八修正案所禁止的残忍且不寻常刑罚。[3]

在本案中,前首席大法官强调了"残忍且不寻常"意义的灵活性,"宪法修正案的含义必须与标准成熟社会发展进步的社会正当性保持与时俱进。"[4]他所采取的分析方式与威姆士案中适用的分析方式类似:首先考察与犯罪相对应的刑罚的严厉程度,考察其他民主国家对于类似犯罪的处遇做法,从而认定这种非自愿性地褫夺国籍构成了违宪。对此,弗兰克佛特法官持反对意见,认为剥夺国籍算不上刑罚,即使属于刑罚,也绝对不算十分残忍的刑罚。但他对于宪法第八修正案所采取的分析方式却与多数派法官所采取的分析方法一致。

虽然在特洛普案中多数派法官在是否褫夺国籍属于残忍且不寻常刑罚这一问题上没有达成一致意见,但4年之后,多数派法官却在罗宾逊案[5]中明确对于吸毒成瘾者判处90天监禁违反了宪法,属于残忍且不寻常的刑罚。代表多数派意见的斯图尔特法官在本案中重申了最高法院在威姆士案以及特洛普案中的观点——即禁止残忍且不寻常刑罚这一条款并不是一个僵化的概念,而是必须根据当代人类指示加以不断检验的概念。[6]本案所涉及的刑罚仅为90天监禁,从而也说明即使某种刑罚广泛适用且为人所接受,美国联邦最高法院仍然希望对其加以仔细检查,从而确保既定案件中的刑罚处遇不被滥用。[7]

---

　　[1]　英国法律规定如果第一次死刑执行失败,应该进行第二次尝试。L. Radzinowicz, *A History of English Criminal Law* 185~186 (1948).

　　[2]　*Trop v. Dulles*, 356 U. S. 86 (1958),

　　[3]　布里南法官支持法院的判决,同时提出规定褫夺公民权的立法超越了国会的立法权限。356 U. S. , at 114.

　　[4]　Id. , at 101.

　　[5]　*Robinson v. California*, 370 U. S. 660 (1962).

　　[6]　370 U. S. , at 666.

　　[7]　*Robinson v. California*, 370 U. S. 660 (1962) 案消除了任何对于宪法第八修正案是否适用于州法的疑惑。*Powell v. Texas*, 392 U. S. 514 (1968).

我们在这里认为应该将罗宾逊案与鲍威尔案[1]区分开来，在鲍威尔案中，我们认定在公共场合醉酒属于犯罪，对其判处罚金 20 美金也不违背宪法。但有四位法官对此表示反对，并认为应该适用罗宾逊案的逻辑。虽然在两个案件中法庭的推理类似，只有结论不同。而鲍威尔案也成为迄今美国联邦最高法院最后一次有机会解读禁止残忍且不寻常刑罚条款的含义。

从这些判例中，我们可以发现用来作为照耀我们思考现在这个案件灯塔的几个原则。

III

在分析"残忍且不寻常"条款时最为重要的原则就是之前联邦最高法院在上述判例中一再重申的："宪法修正案的含义必须与标准成熟社会发展进步的社会正当性保持与时俱进。"[2]因此，历史上曾经合乎宪法的某种刑罚方式到了今天未必依然如此。

因此，无论是联邦最高法院，还是某个法官个人，过去曾经表达的认定某种刑罚具有合宪性的观点今天未必依然有效。平心而论，对于维尔克森案、凯默尔案件、弗兰克斯案的解读能够表明最高法院在审理这些案件的时候对于死刑是持支持态度的。也有几位法官曾经单独表达过对于死刑合宪性的肯定态度。[3]同时，也有其他法官在当时表达了对于死刑合宪性的关切。[4]宪法第八修正案的核心含义一直存在，遵从前例的原则必须让位于不断变化着的价值观，因此，特定历史时期死刑是否合宪应该是一个未有定论的问题。

现在承认死刑违反宪法并不违背遵从前例原则。上一次美国联邦最高法院隐形承认死刑合宪还是在特洛普案。而这一意见不仅仅具有参照效力，而且其也承认随着民意的改变，死刑是否合宪应该得到进一步的重新检验。特洛普案过去了已经 15 年，在这 15 年间，很多事情都发生了变化。然而，鲍威尔法官认为，美国联邦最高法院近期在维泽斯普恩案[5]以及麦克瓜德案[6]中暗示了死

---

[1] *Powell v. Texas*, 392 U. S. 514 (1968).

[2] *Trop v. Dulles*, 356 U. S. 86, 101 (1958). See *Weems v. United States*, 217 U. S., at 373; *Robinson v. California*, 370 U. S., at 666. See n. 19, supra.

[3] E. g., *McGautha v. California*, 402 U. S., at 226 (Separate opinion of Black, J.); *Trop v. Dulles*, supra, at 99 (Warren, C. J.), 125 (Frankfurter, J., dissenting).

[4] See, e. g., *Louisiana ex rel. Francis v. Resweber*, 329 U. S., at 474 (Burton, J., dissenting); *Trop v. Dulles*, supra, at 99 (Warren, C. J.); *Rudolph v. Alabama*, 375 U. S. 889 (1963) (Goldberg, J., dissenting from denial of certiorari); F. Frankfurter, *Of Law and Men* 81 (1956).

[5] *Witherspoon v. Illinois*, 391 U. S. 510 (1968).

[6] *McGautha v. California*, 402 U. S. 183 (1971).

刑的合宪性，因为如果以其他方式解读，那么这些案件就没有任何实际意义。在我看来，这种观点曲解了美国联邦最高法院决定对于哪些案件批准调卷令，以何种次序审理这些案件的“四人决定制”。[1]因为为什么至少有四位最高法院法官决定对于特定案件进行司法审查的原因是多方面的，虽然我不愿意在这里对于这些原因加以详述，但我也绝不认为可以从中推断出我们现在审理的这个案件已经盖棺定论。

面对未有定论的问题，我们必须能够建构起一种判断标准。上面的判例可以让我们发现，在判断一种刑罚是否属于残忍且不寻常刑罚时，应该参考如下四个方面的因素：

1. 开化民众所无法容忍的那些能够带来巨大肉体痛苦或者疼痛的刑罚——如车裂、拶手指等。[2]对此，无论民众对于特定案件，或者特定历史时期某种刑罚是否属于此类的看法为何，宪法对此一律禁止。

2. 非常罕见的刑罚，即对于特定犯罪而言极少被适用的刑罚处遇。[3]之前的那些判例都没有为如何解读“不寻常”提供线索。我之前曾提到1689年英国使用这一概念的时候出于无心，而宪法第八修正案的历史当中也从来没有对于这一概念进行过说明。鉴于较少存在对此情况的历史记载，因此我们推定如果一种新出现的刑罚在程度上不及之前的刑罚，那么就应该认定其符合宪法的规定。我们在这里不考虑这一问题，但死刑绝对不是一种新晋出现的刑罚方式。

3. 如果某种刑罚无法满足任何有效的刑罚目的，并且超越了罪刑间的平衡关系，就可以认定其属于残忍且不寻常的刑罚。[4]之前提到的大量案例都充斥着认为残忍且不寻常条款的主要功能在于防止过度或者不必要的刑罚。[5]对此，即使民意支持，也仍认定其违反宪法。鲍威尔法官等人试图无视，或者降低法院之前判决在这方面的影响，但自从菲尔德法官率先提出“禁止残忍且不寻常刑罚条款的主要目的就是禁止过度滥用的刑罚。”[6]只要某种刑罚属于没有必要的残忍，那么就可以认定其违宪。这一理念就是宪法缔造者的意愿，也是我们美国人所坚信宪法第八修正案所应有之意，也是我们作为审理罗宾逊案、特洛

---

〔1〕 *United States v. Generes*, 405 U. S. 93, 113 (1972) (DOUGLAS, J., dissenting).

〔2〕 See *O' Neil v. Vermont*, 144 U. S., at 339 (Field, J., dissenting).

〔3〕 *In re Kemmler*, 136 U. S., at 447; *Louisiana ex rel. Francis v. Resweber*, 329 U. S., at 464

〔4〕 *Weems v. United States*, *supra.*

〔5〕 E. g., *Wilkerson v. Utah*, 99 U. S., at 134; *O' Neil v. Vermont*, 144 U. S., at 339 ~ 340 (Field, J., dissenting); *Weems v. United States*, 217 U. S., at 381; *Louisiana ex rel. Francis v. Resweber*, *supra.*

〔6〕 *O' Neil v. Vermont*, 144 U. S., at 340.

普案以及威姆士案的基础。[1]需要注意的是，宪法第八修正案中所使用的禁止残忍且不寻常刑罚的表述还与过高的保释金与罚金并列，简言之，即禁止一切过度的刑罚。

4. 如果某种刑罚服务于某种刑罚目的，并且并没有与罪行显失比例，但如果与民意冲突，仍然因该被禁止。例如，死刑可以用来满足法律目标，但如果民众认为死刑与道德相违背，就应该予以废止。民众对于某种刑罚的抵制情绪，可以在事实上等同于宪法第八修正案通过时即被禁止的刑罚。虽然美国联邦最高法院从来没有以这个原因为由推翻哪种刑罚，但强调价值演变的概念就证明承认这样一种概念的存在。

非常明显的是，因为死刑并不是一个新生事物，因此如果说死刑违宪，或者说其不必要，或者说起违反了当前的道德价值。下面，我们将简要考察下死刑在美国的发展历史。

IV

自从进入文明时代，死刑就被用与多种犯罪的惩罚方式。虽然死刑的发端较难考证，但基本上可以认为其始于部落时期同态复仇。[2]因此，可以认为死刑的适用与私力救济相关。[3]

随着个人逐渐放弃个人自治权，国家开始将惩罚罪犯作为自己主权的一部分。私力复仇让位于国家复仇，死刑成为公共服务的一部分。[4]很多国家都适用死刑[5]，也曾出现过很多令人感到毛骨悚然的死刑执行方式。[6]

在亨利二世统治期间（1154～1189年），英国法首次承认犯罪不仅仅是行为人与受害人之间的私事。[7]麦克瓜德案[8]对于英国的死刑法历史进行了梳理，这里不再赘述。

---

〔1〕 See W. Bradford, "An Enquiry How Far the Punishment of Death is Necessary in Pennsylvania (1793)", reprinted in 12 *Am. J. Legal Hist.* 122, 127 (1968).

〔2〕 Ancel, *The Problem of the Death Penalty, in Capital Punishment* 4～5 (T. Sellin ed. 1967); G. Scott, *The History of Capital Punishment* 1 (1950).

〔3〕 Scott, *supra*, n. 38, at 1.

〔4〕 Id., at 2; Ancel, supra, n. 38, at 4～5.

〔5〕 汉莫拉比法典是最早承认以眼还眼概念的法典，并将死刑作为杀人罪的刑罚。E. Block, And May God Have Mercy . . . 13～14 (1962).

〔6〕 Scott, supra, n. 38, at 19～33.

〔7〕 Id., at 5. 在此之前，阿尔弗雷多法律（871～901）规定，在特定情况下，那些故意伤害他人的人应被处死。3 J. Stephen, *History of the Criminal Law of England* 24 (1883). 但刑罚大体上来自于私力救济。

〔8〕 *McGautha v. California*, 402 U. S. 183, 197～200 (1971).

截至 1500 年，英国法共承认 8 种死刑犯罪：叛国、杀夫、谋杀、盗窃、抢劫、夜盗、强奸与纵火。[1]都铎与斯图尔特王朝期间，死刑犯罪的数量得到增加，截至 1688 年，死刑犯罪种类已经接近 50 个。[2]乔治二世（1760~1820 年）统治期间增加了 36 个死刑犯罪，乔治三世又增加了 60 个新死刑犯罪。[3]

大约在 19 世纪初，死刑的种类超过 200 个，不仅包括侵犯人身、财产的犯罪，而且还包括危害公共安全的犯罪。虽然从现在的角度来看，英国当时的做法颇为残忍，但布莱克斯通却认为，当时的英国如果和其他国家相比，已经相当进步。[4]

在殖民地初期，死刑并没有如此普遍。1636 年，马萨诸塞海湾地区的殖民地规定了《新英格兰地区死刑法》，该法也是北美殖民地第一部死刑法。其中包括：行巫、偶像崇拜、亵神、鸡奸、通奸、法定强奸、强奸、伪证、叛乱、行凶。每种犯罪都伴随着《旧约》的相关出处。[5]目前还不准确知道这些法律是如何制定的，以及如何执行的。[6]我们的确知道其他殖民地对于相关刑罚严重性的跨度。[7]

截至 18 世纪，死刑犯罪的规定理论性增强，世俗性增强。每个殖民地的死刑犯罪数量平均约 12 个。[8]相较于英国，北美殖民地的死刑犯罪数量显然相对较少，导致这种情况出现的原因之一也在于当时北美地区严重缺乏劳动力。[9]但是，当时北美地区死刑执行数量却不少，主要原因就在于当时该地区监狱系统极不完善，而控制犯罪人口最好的办法就是罚金或者处死。[10]

即使到了 17 世纪，在某些殖民地还是会出现对于死刑的反对声音。威廉·

---

[1] T. Plucknett, *A Concise History of the Common Law* 424~454 (5th ed. 1956).

[2] Introduction in H. Bedau, *The Death Penalty in America* 1 (1967 rev. ed.).

[3] Ibid.

[4] 4 W. Blackstone, *Commentaries* 377. 有多少人被执行死刑目前不得而知。See Bedau, supra, n. 45, at 3; L. Radzinowicz, *A History of English Criminal Law* 151, 153 (1948); Sellin, "Two Myths in the History of Capital Punishment", 50 *J. Crim. L. C. & P. S.* 114 (1959). 当时教士所享有的特权可以在某种程度上减轻刑罚。这种冲突起源于当时教会与国家的冲突，由此，教士可以得到宗教审判的权利。最终，所有的初犯都可以享受这一权利。Bedau, *supra*, at 4.

[5] G. Haskins, *The Capitall Lawes of New - England*, Harv. L. Sch. Bull. 10~11 (Feb. 1956).

[6] Compare Haskins, supra, n. 48, with E. Powers, *Crime and Punishment in Early Massa - chusetts*, 1620~1692 (1966). See Bedau, *supra*, n. 45, at 5.

[7] Id. , at 6.

[8] Filler, "Movements to Abolish the Death Penalty in the United States", 284 *Annals Am. Acad. Pol. & Soc. Sci.* 124 (1952).

[9] Ibid.

[10] Ibid. (Footnotes omitted).

潘在他于 1682 年提出的《伟大法案》中提议废除除了叛国与谋杀之外其他犯罪的死刑，[1]但这一改革注定是短命的。[2]

在 1776 年，费城监狱改革协会成立，11 年后被费城公立监狱改革委员会取代。[3]而这些团体一直致力于给当局施压，要求改革包括死刑在内的整个刑事司法体系。本杰明·罗斯博士起草了美国历史上第一部系统反对死刑的理论著作《刑罚对于罪犯与社会影响效果探微》[4]，1793 年，时任宾夕法尼亚州总检察长，也就是后来美国总检察长威廉·布莱德福德，起草了《宾州死刑能走多远》[5]一文，质疑死刑的必要性，并提出在进一步调查之前，应该取消除叛国罪与谋杀罪之外一切犯罪的死刑。[6]

罗斯与布莱德福德对于死刑废止的努力当时并没有产生很大影响。[7]但是到了 19 世纪初，几任纽约州州长，包括乔治、克林顿与汤姆金斯等人试图在纽约州废除死刑未果。同一时期，列温斯顿，后来杰克逊总统时期的国务卿，以及后来的驻法大使，被指派为路易斯安那州起草新刑法典。而他起草的文本最为核心的特征就在于废除死刑。[8]在立法说明稿中，列温斯顿系统地逐条反驳了支持死刑的种种观点。虽然这部起草于 1824 年的法典草稿直到 1833 年才公诸于众，但却为后来死刑废除运动提供了强大动力。

在 19 世纪 30 年代，美国出现了反对死刑的浪潮。1834 年，宾夕法尼亚州废除了死刑的公开执行。[9]两年之后，为缅因州立法机构准备的死刑报告出版，并导致一部禁止行政机构在死刑判决后一年内签发死刑执行令的法律。这种几乎全然自由裁量的规定与之前的做法存在明显冲突。"缅因法"并未有效地加功于死刑。这点毫不奇怪，因为立法机关的想法是通过这样的法律来授权州长在

---

〔1〕 Ibid. ; Bedau, *supra*, n. 45, at 6.

〔2〕 基于某种不为人所知的原因，宾夕法尼亚州在威廉·潘死后就效仿英国采用了一种更为严苛的刑法典。但没有证据显示在 1682 ~ 1718 之间犯罪率有所提升。Filler, *supra*, n. 51, at 124. 在 1794 年，宾夕法尼亚废除了除一级谋杀之外的所有死刑，对于一级谋杀，死刑是强制适用的刑罚。Pa. Stat. 1794, c. 1777. 弗吉尼亚级其他州随即加以效尤。

〔3〕 Filler, *supra*, n. 51, at 124.

〔4〕 Id. , at 124 ~ 125.

〔5〕 Reprinted in 12 *Am. J. Legal Hist.* 122 (1968).

〔6〕 而他的建议在很大程度上得到了落实。See n. 55, *supra*.

〔7〕 一位学者提出，美国早期死刑废除运动缺乏一位具有政治影响力的领军人物。Bedau, *supra*, n. 45, at 8.

〔8〕 Ibid. ; Filler, *supra*, n. 51, at 126 ~ 127.

〔9〕 Filler, *supra*, n. 51, at 127.

案件审理一年之后才能批准死刑执行，从而有效地阻遏州长批准执行死刑。[1]在新英格兰地区，这一规定迅速推广，导致1846年密歇根州率先在美国废除死刑。[2]

到了19世纪40年代，反对死刑的情绪继续滋生，当时学界观点提出应该考量被谴责的罪犯的感受，并且报应无法弥补犯罪带来的伤害，真正的报应并非来自于恐惧，而是来自于与自然的和谐。[3]

1850年，马萨诸塞、纽约、宾夕法尼亚、田纳西、俄亥俄、阿拉巴马、印第安纳以及爱荷华州都存在废除死刑的组织。[4]在1852年，罗得岛效法密西根州，部分废除了死刑。[5]第二年，威斯康星州完全废除了死刑。[6]那些没有废除死刑的州也开始大幅度限制死刑适用的范围，除了南部各州，只有少数几个北方州保留了除叛国罪与谋杀罪之外的死刑。[7]

但美国内战遏制了这股废止死刑的浪潮。一位历史学家曾经提出，"在内战之后，人们对于处死自己同类的感触被模糊化"[8]。某些之前对于废除死刑的关注被转移到监狱改革方面。然而，废除死刑的努力仍然存在。1876年，缅因州废除死刑，1883年恢复，1887年再一次废除；爱荷华州在1872～1878年期间废除了死刑，科罗拉多州事实废除死刑之后于1872年开始恢复死刑适用；1872年开始，堪萨斯州实际废除死刑，并于1907年立法废除死刑。[9]

死刑废除运动最为成功的一个时期出现在1830～1900年期间。这一期间最为显著的特征在于几乎完全废除了强制性的死刑适用。在立法机构规定陪审团享有适用死刑与否的自由裁量权之前，陪审团在某些情况下为了不适用强制死刑而拒绝认定被告有罪的情况时有发生。[10]田纳西州是第一个承认陪审团享有自由裁量权的州。[11]随即，来自纽约州的联邦众议员克提斯的提案于1897年变成联邦法律，将死刑犯罪由60多个减少为3个（叛国、谋杀与强奸）并赋予陪

---

〔1〕 Davis, "The Movement to Abolish Capital Punishment in America, 1787～1861", 63 *Am. Hist. Rev.* 23, 33 (1957).

〔2〕 Filler, *supra*, n. 51, at 128. 除叛国罪之外，其他犯罪皆不可判处死刑。该法于1846年制定，但直到1847年才生效。

〔3〕 Davis, *supra*, n. 64, at 29－30.

〔4〕 Filler, *supra*, n. 51, at 129.

〔5〕 Id. , at 130.

〔6〕 Ibid.

〔7〕 Bedau, *supra*, n. 45, at 10.

〔8〕 Davis, *supra*, n. 64, at 46.

〔9〕 堪萨斯州于1935年废除死刑。See Appendix I to this opinion, *infra*, at 372.

〔10〕 See *McGautha v. California*, 402 U. S. , at 199.

〔11〕 Tenn. Laws 1837～1838, c. 29,

审团在谋杀与强奸案件中的自裁量权。[1]

到了 1917 年，已经有 12 个州废除了死刑。[2]但在一战阴影的笼罩下，这些州当中又有 4 个开始恢复死刑，死刑废止运动的发展受到了一定程度的遏制。[3]而在一战结束后，死刑废除运动一蹶不振。

不清楚为什么死刑废除运动的突然式微。可以肯定的是，当时社会的关注焦点已经转移到了大萧条及二战。另外，本来作为轰动的公共事件的死刑执行在当时已经变得相对私密。随着死刑执行方式的改变，公众对于死刑的恐惧也随之降低。[4]

在近些年，对于死刑改革的兴趣重新出现，纽约州开始倾向于废除死刑，[5]其他几个州也出现了这一苗头。[6] 1967 年，参议院曾经考虑过废除全部死刑犯罪的提案，但最终未果。[7]

截止目前，有 41 个州，以及哥伦比亚特区和美国联邦都至少规定了一种以上的死刑犯罪。想要在这里对于不同司法管辖区对于死刑的规定进行梳理无疑是不现实的。[8]但可以肯定的是，谋杀是最为常见的死刑犯罪，其次分别是绑架和叛国罪。[9]目前，联邦司法区和 16 个州将强奸罪规定为死刑犯罪。[10]

---

〔1〕 Filler, supra, n. 51, at 133. See *Winston v. United States*, 172 U. S. 303 (1899). 从 20 世纪 30 年代开始，美国超过 90% 的死刑成为选择性适用的刑罚。Bedau, "The Courts, the Constitution, and Capital Punishment", *Utah L. Rev.* 201, 204. 1968

〔2〕 See n. 72, *supra*.

〔3〕 Filler, *supra*, n. 51, at 134.

〔4〕 Sellin, *Executions in the United States*, in Capital Punishment 35 (T. Sellin ed. 1967); United Nations, *Department of Economic and Social Affairs*, Capital Punishment, Pt. II, paras. 82 ~ 85, pp. 101 ~ 102 (1968).

〔5〕 "New York authorizes the death penalty only for murder of a police officer or for murder by a life term prisoner", N. Y. Penal Code § 125. 30 (1967).

〔6〕 See generally Bedau, *supra*, n. 74. 阿拉斯加、夏威夷、爱荷华、缅因、密歇根、明尼苏达、俄勒冈、西弗吉尼亚和威斯康辛等九个州废止了所有犯罪的死刑。波多黎各与弗吉尼亚没有任何死刑犯罪 Bedau, *supra*, n. 45, at 39. 严格限制死刑的州法如下：新墨西哥，N. M. Stat. Ann. § 40A - 29 - 2. 1 (1972); 纽约，N. Y. Penal Code § 125. 30 (1967); 北达科塔，N. D. Cent. Code § § 12 - 07 - 01, 12 - 27 - 13 (1960); 罗德岛，R. I. Gen. Laws § 11 - 23 - 2 (1970); 佛蒙特，Vt. Stat. Ann., Tit. 13, § 2303 (Supp. 1971). 加利福尼亚州是唯一一个通过司法审查认定死刑违宪的州。参见 n. 1, *supra*.

〔7〕 See "Generally Hearings on S. 1760 before the Subcommittee on Criminal Laws and Procedures of the Senate Committee on the Judiciary", *90th Cong.*, *2d Sess.* (1968).

〔8〕 对于各州死刑犯罪的具体介绍参见 Bedau, supra, n. 45, at 39 ~ 52 and in the Brief for the Petitioner in No. 68 - 5027, App. G (*Aikens v. Calfornia*, 406 U. S. 813 (1972)). 曾经有学者试图对于死刑犯罪进行分类。Finkel, *A Survey of Capital Offenses*, in *Capital Punishment* 22 (T. Sellin ed. 1967).

〔9〕 Bedau, *supra*, n. 45, at 43.

〔10〕 Ibid. See *Ralph v. Warden*, 438 F. 2d 786, 791 ~ 792 (CA4 1970).

上述历史表明死性犯罪是从欧洲传到北美地区，但是在北美地区，死刑的发展出现了新的变化。从历史上来看，北美地区曾经长期存在废除死刑的倾向。虽然从未没有获得完全成功，任何时候都只有不超过 1/4 的州废除死刑，但这也应该算得上部分胜利，特别是在减少死刑犯罪，用司法自由裁量却带法定强制适用，研发更为人性化的死刑执行方式等方面进展更为突出。

而这，就是历史发展的必然趋势。现在我们面临的问题就是是否已经发展到了死刑废除已经不再是草根阶级的呐喊，而是可以用宪法第八修正案加以解决的历史时刻。要回答这一问题，我们首先必须考察现在的死刑是否已经属于一种显示公平，被恣意滥用的过度刑罚。

V

评价某种刑罚是否属于不必要或者过度的刑罚，就需要考察立法机构为什么会将其规定为一种或者几种犯罪的法定刑，同时考察是否一种较为轻缓的法定刑可以满足同样的立法目的。如果可以，那么死刑就属于不必要的残忍刑罚，就违反了美国宪法。

死刑一般被认为可以服务于六大立法目标：报应、阻遏、预防再犯、鼓励坦白与诉辩交易、经济、有利于人种改良。下面，对于上述问题逐一讨论：

1. 报应是刑事司法理论中最常被误解的一个概念。主要的混淆产生于在处理这一问题的时候，大多数人都没有区分"为什么人们实际上适用刑罚"与"人类行使刑罚权的根据"这两个问题。[1]虽然一个人接受惩罚的根据可能有很多，但刑罚违法者在道德上站得住脚的根据就在于其符合道德正当性。因此，可以认为违法是刑罚的根据，或者换句话说，我们只能容忍惩罚那些违反了刑罚规则的人。

国家选择对于哪些违法者施以报应绝对不意味着报应是其动用刑罚的唯一理由。美国刑法理论一般接受所谓概括预防、特殊预防、教化改造等刑罚目标。[2]单纯的报应或者复仇通常情况下在一个民主社会当中是不受欢迎的。

将刑罚作为报应的手段长久以来就受到了学者的批评，[3]而美国宪法第八

---

〔1〕 See Hart, "Murder and the Principles of Punishment: England and the United States", 52 *Nw. U. L. Rev.* 433, 448 (1957); *Report of Royal Commission on Capital Punishment*, 1949 ~ 1953, Cmd. 8932, paras. 52 ~ 53, pp. 17 ~ 18 (1953). See Generally, Reichert, "Capital Punishment Reconsidered", 47 *Ky. L. J.* 397, 399 (1959).

〔2〕 *Trop v. Dulles*, 356 U. S., at 111 (BRENNAN, J., concurring).

〔3〕 See e. g., C. Beccaria, *On Crimes and Punishment* (tr. by H. Paolucci 1963); 1 Archbold, *On the Practice, Pleading, and Evidence in Criminal Cases* § § 11 – 17, pp. XV – XIX (T. Waterman 7th ed. 1860).

修正案本身也被用来防止出现与同态复仇类似的刑罚。

在威姆士案[1]中，美国联邦最高法院在认定针对本案被告适用的刑罚违反宪法第八修正案的过程中，将其与其他犯罪规定的刑罚相对比，并认定：

"这种对比结果表明存在一种截然相反的立法判断，甚至还不止于此。这彰显出一种毫无限制的权力与谨遵宪法理念的行为方式之间的冲突，通过对于犯罪适用公正而不是暴虐的刑罚，不仅仅可以防止再犯，而且可以赋予被告人以希望，这样做，国家并没有损失任何权力。"

很明显，美国联邦最高法院在本案中传达了一个明确的信息，即宪法第八修正案禁止单纯的报应刑。如果禁止"残忍且不寻常"刑罚存在任何意义的话，那么这就是唯一可能的解读。不可否认，报应肯定应该是处罚某些犯罪的基本考量，但对于某种犯罪实施惩罚绝对不意味着可以适用任何类型的刑罚。如果可以将报应作为唯一的刑罚适用根据，那么立法机关所选择的任何刑罚都可以被用来表征社会对于特定行为的道德态度。如果是这样，那么宪法禁止"残忍且不寻常"刑罚的规定就没有任何意义，而像亨利等建国之父担心的情况就将变成现实。

为了保持宪法第八修正案本身的完整性，美国联邦最高法院一直致力于将报应理解为一种应该承认的刑罚目标。[2]社会当中有很多的确想报复那些实施了犯罪的人，某些时候我们也听到了要求对于被判有罪的人实施报应的呼声。[3]但宪法第八修正案要求我们不能意气用事。禁止残忍且不寻常刑罚条款建构了一种疏导报应情绪的渠道。如果不是这样的话，那么这一规定就毫无意义，类似于车裂等暴刑也将会重新上演。

斯托里法官曾经提出，宪法第八修正案禁止那些对于一个自由民主社会来说好不必要的刑罚，因为对于一个这样的政府而言，似乎不太可能出台任何如

---

[1] *Weems v. United States*, 217 U. S. , at 381.

[2] See e. g. , *Rudolph v. Alabama*, 375 U. S. 889（1963）（Goldberg, J. , dissenting from denial of certiorari）; *Trop v. Dulles*, 356 U. S. , at 97（Warren, C. J. ）, 113（BRENNAN, J. , concurring）; *Morissette v. United States*, 342 U. S. 246（1952）; *Williams v. New York*, 337 U. S. 241（1949）. *In Powell v. Texas*, 392 U. S. , at 530, "美国联邦最高法院从来没有认为宪法要求刑事制裁的唯一目的就是单纯的报复……换句话说，阻遏犯罪也应该被视为正当的刑罚目标之一", E. g. , *Trop v. Dulles*, supra, at 111（BRENNAN, J. , concurring）. 鲍威尔案的审理结果绝对不能被理解为单纯的报应是一种合法的刑罚目标。

[3] See e. g. , Vellenga, *Christianity and The Death Penalty*, in Bedau, supra, n. 45, at 123 ~ 130; Hook, *The Death Sentence*, in Bedau, supra, at 146 ~ 154. See Ehrenzweig, "A Psychoanalysis of the Insanity Plea——Clues to the Problems of Criminal Responsibility and Insanity in the Death Cell", 73 *Yale L. J.* 425, 433 ~ 439（1964）.

此残忍的刑罚。[1]

因此，我提出一种相反的结论——只有在一个自由的社会，才会承认自身存在的弱点，并且试图通过宪法来对于这样的弱点加以补偿。

从历史来看，宪法第八修正案仅仅支持这样一个结论，即单纯的报复或者报应是不适当的。

2. 对于死刑来说，争论最多的问题莫过于终生监禁是否是相较于死刑来说更好的预防犯罪的手段。[2]尽管存在不同意见，[3]但我仍然认为死刑比终生监禁更为残酷。当然，或许有些人宁愿被处决也不愿意在监狱中苟延残喘。但他们应该能够选择死刑作为一种替代刑与我们现在讨论的问题无关——也就是说，国家是否可以将死刑作为一种刑罚来加以适用。死刑是不可逆的，但终生监禁却不同。死刑也当然意味着教化改造的不可能，但终生监禁却不同。简而言之，死刑一直以来都被视为一种极刑，而这种看法从长远的角度来看，也应该是成立的。[4]

必须牢记的是，目前我们讨论的问题并不是死刑是否具有阻遏或者预防效果，而是死刑是否相较于终生监禁具有更好的预防效果。[5]

对于死刑的预防效果的判断无疑是一个极其困难的问题。"当谋杀犯罪实施完毕，死刑的阻遏作用明显已经失败。我们可以历数这种失败。但是我们不能历数死刑在预防犯罪方面所取得的成绩。没有人真的知道有多少人因为惧怕死

---

[1]　2 J. Story, *On the Constitution* § 1903, p. 650 (5th ed. 1891).

[2]　"Note, The Death Penalty Cases", 56 *Calif. L. Rev.* 1268, 1275 (1968); "Note, Justice or Revenge?", 60 *Dick. L. Rev.* 342, 343 (1956); Royal Commission, *supra*, n. 84, para. 55, at 18.

[3]　Barzun, *In Favor of Capital Punishment*, in Bedau, *supra*, n. 45, at 154, 163; Hook, *supra*, n. 87, at 152.

[4]　See *Commonwealth v. Elliott*, 371 Pa. 70, 78, 89 A. 2d 782, 786 (1952) (Musmanno, J., dissenting); F. Frankfurter, *Of Law and Men* 101 (1956). 认为终生监禁比死刑更为残酷的观点经常需要面对激烈的反对与质疑。因此，我对于现在还有人提出这样的看法深表震惊。如果说这样的一种看法还有什么意义的话，那么只能认为其证明了死刑适用背后的报应动机的不成立。对此，一个非常好的范例可以参见前宾夕法尼亚州最高法院大法官莫斯门诺在宾西法尼亚州诉艾略特案（*Commonwealth v. Elliott*, supra, at 79～80, 89 A. 2d, at 787）中提出的反对意见："有基层法院的法官曾指出，在他看来，终生监禁和死刑相比并不属于某种更为轻缓的刑罚，对此，我并不认同。一个可以肯定的事实就是在一般情况下，没有人愿意去死。在某种情况下，某些人会因为精神或者肉体上的痛苦，如无法忍受的疾病折磨而表现出寻思的意念，但这种意念并非完全发自内心。对于那些身处险境的人来说，没有人会不奋力挣扎，争取哪怕是片刻的喘息机会。尽管生命曲折，世事难料，但生还是意味着幸福，死刑却永远意味着残酷。"同样需要重视的还包括史蒂芬爵士在上文中所作的假定。Infra, at 347～348.

[5]　See Bedau, "Deterrence and the Death Penalty: A Reconsideration", 61 *J. Crim. L. C. & P. S.* 539, 542 (1970).

刑而没有选择实施死刑犯罪。"[1]这才是问题的核心，苦于缺乏相关的实证数据，更加使得问题变得艰困起来。但和其他国家相比，美国还是幸运的，因为美国各方面的统计数据相对发达。[2]

支持死刑具有预防犯罪效果的两种最为有力的观点都属于缺乏实证支持的逻辑推理，因此不具有说服力。第一种观点以詹姆士·史蒂芬爵士为代表，其在 1864 年曾经提出：

"没有任何刑罚能够在预防犯罪方面发挥比死刑更好的效能。虽然这一论断非常难以被证明，但这仅仅是因为这是一个显而易见的问题。或许那些提出反对意见的人态度十分真诚，但仅此而已。人类经验与其背道而驰。在那些想要取得立竿见影成效的时候，以死相要挟一直是最为必要的选择……除了被强制之外，没有人会自己找死。换句话说，绝对不会有被判处死刑并且马上面临处决的罪犯会拒绝对于自己的减刑决定。理由很简单，任何人都渴望活着。任何其他刑罚，无论多残酷，都为受刑者留有希望，但死就是死，其所具有震慑力毋庸置疑。"[3]而这一假设和将死刑用来作为阻遏犯罪的手段密切相关。第二个假设认为"如果终生监禁是对于谋杀罪的最高刑罚，那么对于已经被判处终生监禁的人来说，就不存在阻遏其实施再次杀人的任何意义。"[4]根据这一假设，在某些极端情况下，终生监禁的阻遏效果十分有限。

支持废除死刑的人士试图通过提供数据表明在犯罪活动与死刑存否之间并不存在任何联系。几乎所有的这些数据都涉及了谋杀犯罪，因为在大多数司法区谋杀都被规定为死刑犯罪。[5]而自从 1930 年以来，超过 90% 的死刑执行都是针对谋杀犯进行的。[6]

索思坦·赛林教授作为死刑问题权威，曾经提出，如果死刑具有阻遏谋杀犯罪发生的效果，那么必须证明下列前提为真：

"①在其他情况近似的情况下，废除死刑的州的杀人案件发生频率应该高于保留的州，当然这种对比必须在各方面情况，包括人口构成、经济社会条件等都近似的州之间进行，从而避免可能影响谋杀犯罪发生的其他变量的存在；

---

　〔1〕　Royal Commission, *supra*, n. 84, para. 59, at 20.

　〔2〕　United Nations, *supra*, n. 77, para. 134, at 117. 美国在死刑问题研究方面的一大优势即在于其从地理、经济以及文化的州废除或者保留死刑的实践加以数据采集。

　〔3〕　Reprinted in Royal Commission, *supra*, n. 84, para. 57, at 19.

　〔4〕　United Nations, *supra*, n. 77, para. 139, at 118.

　〔5〕　See Bedau, *supra*, n. 45, at 43.

　〔6〕　T. Sellin, *The Death Penalty, A Report for the Model Penal Code Project of the American Law Institute* (ALI) 5 (1959); "Morris, Thoughts on Capital Punishment", 35 *Wash. L. Rev. & St. Bar J.* 335, 340 (1960).

②在同一个州，死刑废除前后谋杀案件的发生频率应该有相应的变化；③在发生死刑的地区如果告知当地民众死刑的适用，将会使得死刑的阻遏效果达到最大化。④在保留死刑的州，对于执法人员的谋杀行为的发生几率应该低于废除死刑的州。"[1]

赛林认为，证据表明上述四个前提无一为真。然而，赛林所依赖的证据也存在一定问题。其中一个问题就是缺乏准确的死刑罪犯数量，而只有杀人罪的发生数量，而杀人罪当中也包括大量没有被判处死刑的现象；[2]第二个问题在于某些谋杀被错误地定性为意外死亡或者自杀；第三个问题在于犯罪黑数，无法准确掌握。尽管存在这些问题，但大多数有权机关仍然认为谋杀或者杀人案件的发生几率是相对稳定的，[3]从而确定了杀人案件的相关统计结果可以用来作为分析的对象。

赛林的统计分析表明在谋杀案件的发生比率与是否存在死刑之间没有对应关系。对于情况类似的州加以对比，赛林发现无论各州对于死刑的态度为何，其谋杀案件的发生情况类似。例如，在新英格兰地区，死刑执行与否与谋杀案件数量[4]和杀人案件[5]数量之间没有对应关系。中西部地区情况亦然。[6]其他地区也不例外。联合国[7]和英国[8]对于赛林的上述分析都表示认同。

赛林同时还认定死刑存废与否对于相关各州的杀人案件发生不产生明显影响。[9]这一结论也得到了进行类似调查的其他学者，[10]以及其他国家经验的证

---

[1] Sellin, *supra*, n. 98, at 21.

[2] 没有被判处死刑的杀人犯罪包括由疯子或者未成年人实施的杀人行为。Id. , at 22；*The Laws, The Crimes, and The Executions*, in Bedau, *supra*, n. 45, at 32, 61.

[3] "Sutherland, Murder and the Death Penalty", 15 *J. Crim. L. & Crim.* 522 (1925)；ALI, *supra*, n. 98, at 22；Bedau, *supra*, n. 45, at 73.

[4] 之所以选择死刑执行数量，是因为死刑的阻遏效果完全取决于对其是否执行。

[5] See Appendix II to this opinion, *infra*, at 373.

[6] See Appendix III to this opinion, *infra*, at 374.

[7] United Nations, supra, n. 77, *para.* 134, at 117.

[8] Royal Commission, *supra*, n. 84, at 349 ~ 351. "Accord, Vold, Extent and Trend of Capital Crimes in United States", 284 *Annals Am. Acad. Pol. & Soc. Sci.* 1, 4 (1952).

[9] Sellin, *supra*, n. 98, at 34.

[10] See e. g. , Guillot, *Abolition and Restoration of the Death Penalty in Missouri*, in Bedau, *supra*, n. 45, at 351, 358 ~ 359；Cobin, *Abolition and Restoration of the Death Penalty in Delaware*, in Bedau, *supra*, at 359, 371 ~ 372.

明。[1]尽管在统计方面存在问题，[2]但赛琳的研究成果也已经被国际死刑研究大量应用。[3]

统计数据表明死刑的阻遏效果在那些执行死刑的地区和没有执行死刑的地区没有差别。[4]实际上，有证据表明死刑的适用实际鼓励犯罪，而不是阻遏犯罪。[5]并且，尽管警方和执法官员是死刑的最有力捍卫者，[6]证据显示警方聚居的社区的安全情况未必比那些不支持死刑社区要好多少。[7]

有大量的数据表明死刑的存在对于监狱中杀人案件的发生比率没有实际影响。[8]大多数被判处死刑的人都是谋杀犯，而谋杀犯通常情况下都是模范服刑者。[9]

---

〔1〕 *Sellin, supra,* n. 98, at 38 ~ 39; Royal Commission, supra, n. 84, at 353; United Nations, *supra,* n. 77, paras. 130 ~ 136, at 116 ~ 118.

〔2〕 另外的一个问题在于19世纪的统计尤其存在问题，某些情况下陪审团拒绝适用死刑适用的情况在很多情况下被理解为事实废除死刑，从而使得统计数据出现了混淆。某几个州的统计口径也不是杀人案件法律发生率，而是杀人案件的判决率。

〔3〕 Royal Commission, *supra,* n. 84, para. 65, at 23; 346 ~ 349; United Nations, *supra,* n. 77, para. 132, at 117.

〔4〕 Hayner & Cranor, "The Death Penalty in Washington State", 284 *Annals Am. Acad. Pol. & Soc. Sci.* 101 (1952); Graves, "A Doctor Looks at Capital Punishment", 10 *Med. Arts & Sci* 137 (1956); Dann, *The Deterrent Effect of Capital Punishment,* Bull. 29, *Friends Social Service Series, Committee on Philanthropic Labor and Philadelphia Yearly Meeting of Friends* (1935); Savitz, "A Study in Capital Punishment", 49 *J. Crim. L. C. & P. S.* 338 (1958); United Nations, *supra,* n. 77, para. 135, at 118.

〔5〕 Graves, *supra,* n. 112; Hearings, supra, n. 80, at 23 (Testimony of C. Duffy), 126 (statement of Dr. West); T. Reik, *The Compulsion to Confess* 474 (1959); McCafferty, "Major Trends in the Use of Capital Punishment", 25 *Fed. Prob.,* No. 3, p. 15 (Sept. 1961). 死刑可以为自杀的倾向提供释放的出口。

〔6〕 See e. g., Gerstein, "A Prosecutor Looks at Capital Punishment", 51 *J. Crim. L. C. & P. S.* 252 (1960); Hoover, *"Statements in Favor of the Death Penalty"*, in Bedau, supra, n. 45, at 130; Younger, *Capital Punishment: A Sharp Medicine Reconsidered, 42 A. B. A. J. 113* (1956). But See "Symposium on Capital Punishment, District Attorneys' Assn. of State of New York", Jan. 27, 1961, 7 *N. Y. L. F.* 249, 267 (1961) (Statement of A. Herman, head of the homicide bureau of the New York City District Attorney's office).

〔7〕 Sellin, supra, n. 98, at 56 ~ 58; Koeninger, "Capital Punishment in Texas", 1924 ~ 1968, 15 *Crime & Delin.* 132 (1969); Sellin, *Does the Death Penalty Protect Municipal Police,* in Bedau, *supra,* n. 45, at 284; United Nations, *supra,* n. 77, para. 136, at 118.

〔8〕 L. Lawes, *Life and Death in Sing Sing* 150 (1928); McGee, "Capital Punishment as seen by a Correctional Administrator", 28 *Fed. Prob.,* No. 2, p. 11 (June 1964); 1950 *Survey of the International Penal and Penitentiary Commission,* cited in Sellin, *supra,* n. 98, at 70 ~ 72; Sellin, *Prisons Homicides,* in Capital Punishment 154 (T. Sellin ed. 1967); cf. Akman, *Homicides and Assaults in Canadian Prisons,* in Capital Punishment, *supra,* at 161 ~ 168. 可以这样认为，那些被认为具有再犯倾向的谋杀犯被执行死刑。然而，没有证据表明选择生死的陪审团会对于那些不再会实施犯罪的人适用终身监禁。

〔9〕 E. g., United Nations, *supra,* n. 77, para. 144, at 119; B. Eshelman & F. Riley, *Death Row Chaplain* 224 (1962). 同样也有大量的证据证明那些被释放的谋杀犯再犯率也很低。Royal Commission, supra, n. 84, App. 15, at 486 ~ 491; Sellin, supra, n. 98, at 72 ~ 79; United Nations, supra, n. 77, para. 144, at 119.

　　总之，对于死刑而言唯一的力量支持在于我们偶尔会听到的死刑阻遏特定的犯罪人完成犯罪的故事。[1]但这些所谓特别防卫的故事往往是虚幻的。[2]同时，死刑容易激发其他犯罪的情况却相当突出。[3]

　　联合国死刑问题特别委员会发现，"无论是死刑的支持者，还是死刑的反对者，基本都同意一个关于死刑阻遏效果的研究，即死刑的存在与死刑犯罪的发生不存在对应关系。"[4]

　　虽然死刑废除主义者没有能够排除合理怀疑的证明，但还是有足够的证据显示死刑对于社会预防犯罪来说毫不必要。而这就已经足够。如果我们接受现存的数据，还要求进一步证据的话，我们就是在推诿自己所应承担的责任。我们现在所具有的证据已经是对于这个问题进行研究的话所能拥有的全部。但是，尽是还会出现新的证据，我认为也不会超过我们目前所具有的相关证据。

　　在1793年，布莱德福德通过研究宾夕法尼亚州死刑适用情况之后认为，死刑应该没有太大的阻遏效果，但还需要进一步的证据。[5]爱达荷·列温斯顿1833年在路易斯安那州进行的相关研究得到的结果与此类似。[6]实际上之前的所有研究所得结果大多类同。[7]

　　从目前我们掌握的大量证据出发，我认为只能得出这样的结论，即死刑无

---

　　〔1〕　See e. g. , *The Question of Deterrence*, in Bedau, *supra*, n. 45, at 267.

　　〔2〕　*Ibid.* and n. 11; Note, "The Death Penalty Cases", 56 *Calif. L. Rev.* 1268, 1282 ~ 1283 (1968).

　　〔3〕　See n. 113, *supra*.

　　〔4〕　United Nations, *supra*, n. 77, para. 159, at 123.

　　〔5〕　See nn. 58 and 59, *supra*, and accompanying text.

　　〔6〕　See n. 62, *supra*, and accompanying text.

　　〔7〕　Graves, "A Doctor Looks at Capital Punishment", 10 *Med. Arts. & Sci.* 137 (1956); Royal Commission, *supra*, n. 84, para. 60, at 20 ~ 21; Schuessler, "The Deterrent Influence of the Death Penalty", 284 *Annals Am. Acad. Pol. & Soc. Sci.* 54 (1952); United Nations, *supra*, n. 77, para. 142, at 119; M. Wolfgang, *Patterns in Criminal Homicide* (1958). 或许我们会推定如果死刑有助于阻遏，那么对于预谋杀人，或者受雇充当杀手的犯罪份子震慑作用更大，但这些人往往自认为自己被抓获的机会极低，即使不幸落网，也不会被判处死刑。这种预期实际上是相当合理的，因为一般来说警方获悉的100起谋杀犯罪中只有1起会最终被判处死刑。Hart, Murder and the Principles of Punishment: England and the United States, 52 *Nw. U. L. Rev.* 433, 444 ~ 445 (1957). 如果死刑真的具有阻遏效果，那么其就必须属于某种特定的犯罪结果，cf. Ex parte Medley, 134 U. S. 160 (1890). 但事实却并非如此。并且必须在犯罪完成后立即实现，但这并不符合我们的适当程序司法体系。See e. g. , *The Question of Deterrence*, in Bedau, supra, n. 45, at 258, 271 ~ 272; DiSalle, "Trends in the Abolition of Capital Punishment", 1969 *U. Toledo L. Rev.* 1, 4. 令人感到讽刺的是，那些我们最希望通过死刑阻遏犯罪的人恰恰是那些对于刑罚适用最为不屑，最铁了心犯罪的人。Sellin, "Address for Canadian Society for Abolition of the Death Penalty", Feb. 7, 1965, in 8 Crim. L. Q. 36, 48 (1966); *Proceedings of the Section of Criminal Law of the ABA*, Aug. 24, 1959, p. 7 (M. DiSalle).

法从阻遏性上获得根据。[1]

3. 死刑作为预防再犯的根据十分显明——如果处死了谋杀犯，那么他就不会再实施其他犯罪。但事实是，谋杀犯在服刑期间，或者在释放之后，再次实施谋杀犯罪的可能性都非常低。[2]他们当中大部分人都是首犯，被释放之后往往都会成为模范市民。[3]进一步而言，大多数实施了死刑犯罪的人都没有被处死。对于那些判处死刑的罪犯，陪审团在判决时也不会太过考虑这些人是否会再犯。从上述事实出发，如果死刑的存在根据就是为了防止再犯，那么就因该认定这样的一种刑罚是不必要的，是滥用的，是过度的；没有任何理由将所有死刑犯都消灭掉。

4. 作为死刑适用根据的最后几个理由——鼓励认罪与诉辩交易、减少政府支出、优化人口质量等，在此只能一带而过。如果死刑被用来鼓励诉辩交易，因此防止犯罪嫌疑人行使宪法第六修正案所保证的权利，那么这是违反宪法的。[4]并且，废除死刑也不会影响到犯罪嫌疑人要求诉辩交易的热情，因为那些被威胁判处终身监禁的犯罪嫌疑人也会希望通过此种交易换取对于自己更为有利的判决。

而且，说到死刑有助于鼓励认罪及诉辩交易，这似乎并不符合刑罚目的。换句话说，这样的一种刑事司法体系的目的就从将死刑作为阻遏手段变成了换取犯罪嫌疑人的认罪。从这个意义上，因为终身监禁就足以满足换取犯罪嫌疑人认罪的目的，因此再适用死刑就属于一种过度滥用的刑罚。

从之前对于阻遏问题的讨论来看，任何认为死刑有助于人口质量优化的观点明显是不成立的。[5]如我上面提到的那样，死刑犯更容易成为再犯这个命题根本上是不存在的。目前还没有任何测试标准使得我们能够判断某人是无可救药的。另一方面，适当程序似乎要求我们在执行死刑之前通过某种手段明确死刑犯的无可救药，同时，平等保护条款似乎要求所有无可救药的死刑犯都应被处决。[6]另外，禁止"残忍且不寻常"刑罚条款似乎认为终身监禁、治疗或者

---

[1] 在得出这一结论的过程当中，我坚持认为史蒂芬所提出的假设，即相对于终身监禁，罪犯更害怕死刑。如前所述，死刑是十分严厉的刑罚，但这一假设的错误之处在于其所考察的是那些已经被判决的罪犯在犯罪之前必须认真思考自己犯罪之后可能被判处何种刑罚，但这在现实当中发生的几率非常低。即使真的如此，之前的论述也已经说明这样的思想不具有任何阻遏效果。

[2] See n. 117, *supra*.

[3] See e. g., Royal Commission, supra, n. 84, App. 15, at 486~491.

[4] *United States* [*356] *v. Jackson*, 390 U. S. 570 (1968). *Jackson applies to the States under the criteria articulated in Duncan v. Louisiana*, 391 U. S. 145, 149 (1968).

[5] See e. g., Barzun, *In Favor of Capital Punishment*, in Bedau, *supra*, n. 45, at 154.

[6] *Skinner v. Oklahoma*, 316 U. S. 535 (1942).

绝育等措施从优化人口质量的角度来看存在不足性。更为重要的是,美国从来没有承认过所有优化人口的目标,并且似乎并不认同这样一个目标。如果优化人口质量是美国刑罚适用的目标,那么立法机关就应该光明正大地承认这样一个目的,并且设定于此相关的程序。但至少从目前来说,我还无法相信美国立法机关承认死刑可以用来实现优化人口质量的目的。[1]

对于那些认为死刑相较于终身监禁可以节省司法成本的观点,即使是成立的,在此也是不正确的。目前,用于监狱的资金当中有相当大的一部分花在了死刑候刑者身上。[2]虽然死刑犯也是我们当中的一员,但却不具有任何生产力,[3]死刑的执行成本也十分高昂。[4]以为死刑案件的上诉都是必经程序,因此法院要在这个过程当中投入颇多资源。[5]

死刑案件的审判过程中,对于陪审员的遴选费时费力。[6]辩护律师也需要穷尽所有可能来为自己的当事人辩护,无论需要耗时多久。

从判决到执行,针对死刑判决会出现各种各样的质疑或者挑战,从而试图获得赦免或者减刑,而所有的这些努力都需要耗费时间、金钱以及政府的服务。还有大量的报告指出很多死刑候刑者在等待死刑的过程中会发疯。[7]因为一般来说,对于发疯的人,不执行死刑,[8]因此需要花费大量资源诊断、治疗这些病人,从而执行死刑。[9]因为没有人愿意负责,因此病人往往会在不同医生与执行机关之间被踢皮球,整个过程耗费颇巨。[10]

---

〔1〕 See e. g., *Death as a Punishment*, in Bedau, supra, at 214, 226 ~ 228; Caldwell, "Why is the Death Penalty Retained?", 284 *Annals Am. Acad. Pol. & Soc. Sci.* 45, 50 (1952); Johnson, Selective Factors in Capital Punishment, 36 Social Forces 165, 169 (1957); Sellin, "Capital Punishment", 25 *Fed. Prob.*, *No. 3*, *p. 3* (Sept. 1961). 对于优化人口质量这一论调缺乏支持毫不奇怪。没有证据显示实施死刑犯罪的精神病人与其他精神病人有什么不同,或者这部分精神病人无法治疗。Cruvant & Waldrop, "The Murderer in the Mental Institution", 284 *Annals Am. Acad. Pol. & Soc. Sci.* 35, 43 (1952).

〔2〕 Caldwell, *supra*, n. 130, at 48; McGee, *supra*, n. 116.

〔3〕 McGee, *supra*, at 13 ~ 14; Bailey, *Rehabilitation on Death Row*, in Bedau, *supra*, n. 45, at 556.

〔4〕 T. Thomas, *This Life We Take* 20 (3d ed. 1965).

〔5〕 *Stein v. New York*, 346 U. S. 156, 196 (1953) (Jackson, J.); *cf. Reid v. Covert*, 354 U. S. 1, 77 (1957) (Harlan, J., concurring in result).

〔6〕 See e. g., *Witherspoon v. Illinois*, 391 U. S. 510 (1968).

〔7〕 Slovenko, "And the Penalty is (Sometimes) Death", 24 *Antioch Review* 351 (1964).

〔8〕 See e. g., *Caritativo v. California*, 357 U. S. 549 (1958).

〔9〕 对于这些人来说,这种时间措施似乎是一种非常奇怪的花钱方式。See e. g., T. Arnold, *The Symbols of Government* 10 ~ 13 (1935).

〔10〕 Slovenko, *supra*, n. 136, at 363.

从上面的角度来看，无疑死刑的成本要高于终身监禁。[1]

5. 从上述事实只能得出一个结论——死刑是违反宪法第八修正案的过度且不必要的刑罚。虽然相关的统计数据还无法排除合理怀疑的程度，但却颇具说服力。现在是时候让司法机关告诉大家经过 200 年的实践，人类已经证明死刑不比终身监禁更为有效地服务于刑罚目的，相反，终身监禁在这方面更为成功。这一点来说，没有太多相反的证据。现在是时候承认一味屈从于立法机构的做法实际上违背了法官作为宪法最终评判者的角色定位。我们都知道对于立法合宪性的推断已经让位于对于这些立法的现实司法审查。目前，已经有足够的证据支持法官有权判断立法的基础是否理性的时候。因此，认定死刑是过度的刑罚是合理的。因此，可以认定其违反了宪法第八修正案。[2]

VI

除此之外，即使死刑不属于过度的滥用刑罚，其也违反了宪法第八修正案，因为现在的死刑已经违背了美国社会的主流道德标准。

在判断某种既定刑罚是否具有道德上的正当性，大多数法庭都认为如果某种刑罚违背了"民众的理性与正义观"，就丧失了道德上的正当性。[3]

---

〔1〕 B. Eshelman & F. Riley, *Death Row Chaplain* 226 (1962); Caldwell, *supra*, n. 130, at 48; McGee, *supra*, n. 116, at 13; Sellin, *supra*, n. 130, at 3 (Sept. 1961).

〔2〕 这一分析多少类似于根据宪法第十四修正案实质性适当程序推翻相关立法的分析过程。参见 Packer, "Making the Punishment Fit the Crime", 77 *Harv. L. Rev.* 1071, 1074 (1964). 但也存在一定差别。死刑的违宪性是因为其属于残忍且不必要的刑罚方式，而不是因为其本身不具有合理性。因为残忍且不寻常刑罚条款与实质性适当程序条款之间存在实质的类似性，因此二者在如下情况时可能会发生重合：因为死刑剥夺了个人的根本性权利（也就是说，生命权），*Johnson v. Zerbst*, 304 U. S. 458, 462 (1938), 国家需要有压倒性的利益来证明其存在的正当性。See "Note, The Death Penalty Cases", 56 *Calif. L. Rev.* 1268, 1324 ~ 1354 (1968). 虽然这样说，实质性适当程序实际上强调的是宪法第八修正案所要保护的内容。换句话说，对于保护特定的合法利益来说，不需要不必要的刑罚。如果我们认为死刑因为存在不必要性而违反宪法的话，就必须认定 10 年监禁而不是 5 年监禁是否违宪，或者罚款 10 美金的效果要好于罚款 5 美金。或许这样的看法是正确的，但提出这一观点的人需要承担证明这一观点的巨大责任。人类用 200 年的历史进行争论和实验，我认为支持废除死刑的人已经完成了相关的证明责任。

〔3〕 *United States v. Rosenberg*, 195 F. 2d 583, 608 (CA2) (Frank, J.), cert. denied, 344 U. S. 838 (1952). See *Kasper v. Brittain*, 245 F. 2d 92, 96 (CA6), cert. denied, 355 U. S. 834 (1957) ("Shocking to the sense of justice"); *People v. Morris*, 80 Mich. 634, 639, 45 N. W. 591, 592 (1890) ("Shock the moral sense of the people"). In *Repouille v. United States*, 165 F. 2d 152 (CA2 1947), and *Schmidt v. United States*, 177 F. 2d 450, 451 (CA2 1949), 罗纳德·汉德法官曾经提出，《国籍法》中规定的"良好道德品行"的规定需要通过考察当今社会广泛接受的道德规范来加以判断。165 F. 2d, at 153. 弗兰克法官却持相反的态度，认为正确的标准应该是所谓道德领袖的态度。165 F. 2d, at 154. 从 *Rosenberg* 案来看，弗兰克法官本来应该在认定某种刑罚属于残忍且不寻常刑罚之前进行更为基本的道德反思，而不是单纯地根据立法的道德品行标准。

弗兰克法官曾经提出这种衡量标准所内含的一个问题：法院在认定某种刑罚属于"残忍且不寻常"刑罚之前，必须有足够的理由确定这种刑罚违反了一般道德理性。但在通常情况下，所谓社会态度，或者一半道德标准，是无法探知的。对于社会大多数人的感知很难加以判断。对此，即使精心组织的民调也无法准确地得出结论。[1]

虽然在某种情况下民调有助于见证公众对于特定刑罚的支持或者反对，[2]但其作用其实不大。这是因为刑罚是否残忍并且不寻常在很大程度上不仅取决于其是否违反了"民众的理性与正义观"，而且还取决于公众是否被充分告知刑罚的适用目的，以及其需要承担发现某种刑罚违反道德标准、不公正以及不可接受的责任。[3]

换句话说，我们需要处理的问题不是大多数美国民众如果今天民调的话，是否会认为死刑属于违反宪法的残忍且不寻常刑罚，而是是否基于现有的信息，会做出这样的一个判断。

这并不是说在检验是否合宪的时候，人们被要求一定要理性，人是无法理性的。在判断是否违反宪法第八修正案的时候，需要考察的应该是一个被充分告知信息的公民所可能做出的理性主观判断的预测。[4]

美国民众对于死刑知之甚少。[5]而上面我们提到的很多问题都对于死刑的道德判断至关重要：例如，死刑在预防犯罪方面的能力不比终身监禁强，被判死刑的罪犯很少被真正执行，而是服监禁刑，谋杀犯通常情况下是模范服刑人，释放之后也能成为守法公民，死刑执行费用超过终身监禁的成本，在监狱期间，死刑候刑者与终身监禁服刑人没有太大区别，死刑量刑过程中很少考虑其的再

---

〔1〕 *United States v. Rosenberg*, supra, at 608.

〔2〕 See *Repouille v. United States*, supra, at 153. 在 *Witherspoon v. Illinois*, 391 U. S., at 520 案中，法院引用了民调，显示超过 42% 的美国民众支持死刑，而大约 47% 反对死刑。但民调显示支持或者反对的官带你往往波动很大。See *What Do Americans Think of the Death Penalty?*, In Bedau, supra, n. 45, at 231~241.

〔3〕 主张死刑的合宪性与否取决于民众是否充分知情的观点也有不足，因为立法机关就是民意的合法代表，因此其对于死刑的态度也就代表着人民的意愿。在过去的几十年中，美国死刑判决与执行的罕见性应该引发一般美国民众的警觉。缺乏充分信息容易造成对于死刑无所畏的态度，而无所畏又容易导致维持现状。或许可以认为，通过选择保持无所畏的心态，民众是将死刑是为一种功利性的问题，而非道德性的问题。虽然这种观点看似有力，但却无法成立，因为这就要求选择无知的前提是成立的。反过来，这又应该是一个基于充分信息的判断。因此，从宪法的角度来看，推断一个重新掌握相关信息的选民可能的观点就成为必然。

〔4〕 Cf. Packer, "Making the Punishment Fit the Crime", 77 *Harv. L. Rev.* 1071, 1076 (1964).

〔5〕 E. g., Gold, "A Psychiatric Review of Capital Punishment", 6 *J. Forensic Sci.* 465, 466 (1961); A. Koestler, *Reflections on Hanging* 164 (1957); cf. C. Duffy & A. Hirshberg, 88 *Men and 2 Women* 257~258 (1962).

犯可能，被判处死刑实际上往往会激发其他犯罪。

上述信息可以说服一个普通美国人相信死刑的不明智性，但问题在于能否说服其相信死刑违反了基本道德标准。

问题的根源在于公众对于报应的渴望，虽然报应无法用来作为支持死刑正当性的唯一根据，但却可以影响民众对于死刑道德性的判断。解决这一问题的答案在于没有人会真正地将报应作为美国社会刑罚的合法目的。支持死刑的人一直将不承认阻遏或者其他刑罚目的。这一点毫不奇怪。但美国率先在世界提出改造犯罪人的主张，并将其作为刑罚的目的之一。我不认为在这一阶段，美国人民曾经明确地支持过单纯的报应。因此，我认为大多数美国民众会认为死刑是一种不道德，因此违宪的刑罚。

但如果补充了下列事实的话，我认为最为保守的人也会相信死刑不应属于一种刑罚：美国死刑针对特定的人群存在歧视性，有证据证明，无辜的人在被证明无辜之前被处死，这样的死刑也动摇了整个美国司法体系，下面就针对每个事实做如下讨论：

针对歧视性，曾有人提出，死刑的适用对象通常针对的都是穷人、文盲、少数族裔等劣势人群——因为这些人没有其他的资源，只能依赖于政府指定的律师，从而成为待宰的羔羊。[1]实际上，考察死刑执行的统计方式就足以揭示这样的一种歧视。1930年之后被处死的3859人当中，1751人是白人，2066人是黑人。[2]在这些死刑执行过程中，3334人是谋杀犯，1664人是白人，1630人是黑人。[3]455名被处死的强奸犯中，48人是白人，405人是黑人。[4]很明显，和人口比例相比，黑人被处死的几率要远远高于白人，因此，种族歧视的证据毋庸置疑。[5]存在种

〔1〕 Hearings, *supra*, n. 80, at 11 (statement of M. DiSalle).

〔2〕 *National Prisoner Statistics* No. 45, Capital Punishment 1930~1968, p. 7 (Aug. 1969).

〔3〕 Ibid.

〔4〕 Ibid.

〔5〕 Alexander, *The Abolition of Capital Punishment*, *Proceedings of the 96th Congress of Correction of the American Correctional Association*, Baltimore, Md., 57 (1966); *Criminal Justice: The General Aspects*, in Bedau, supra, n. 45, at 405, 411~414; Bedau, "Death Sentences in New Jersey", 1907~1960, 19 *Rutgers L. Rev.* 1, 18~21, 52~53 (1964); R. Clark, *Crime in America* 335 (1970); "Hochkammer, The Capital Punishment Controversy", 60 *J. Crim. L. C. & P. S.* 360, 361~362 (1969); Johnson, "The Negro and Crime", 217 *Annals Am. Acad. Pol. & Soc. Sci.* 93, 95, 99 (1941); Johnson, "Selective Factors in Capital Punishment", 36 *Social Forces* 165 (1957); United Nations, *supra*, n. 77, para. 69, at 98; Williams, "The Death Penalty and the Negro", 67 *Crisis* 501, 511 (1960); M. Wolfgang & B. Cohen, *Crime and Race: Conceptions and Misconceptions* 77, 80~81, 85~86 (1970); Wolfgang, Kelly, & Nolde, "Comparison of the Executed and the Commuted Among Admissions to Death Row", 53 *J. Crim. L. C. & P. S.* 301 (1962). *MR. JUSTICE DOUGLAS explores the discriminatory application of the death penalty at great length*, ante, at 249~257.

族或者其他方面的歧视并不奇怪。在麦克瓜德案[1]中,美国联邦最高法院提出"陪审团在死刑判决中享有不受限制的自由裁量权并不违反宪法。"而这,就成为为种族歧视的泛滥开启了大门。

同时,还有大量证据证明死刑适用过程中存在性别歧视。自从1930年,只有32名女性被执行死刑,而同时,有3827名男性被执行死刑。[2]因为死刑面前男女平等,因此很难理解为什么在死刑适用方面,在男性和女性之间存在如此大的差异。[3]

同时,证据现实适用死刑的对象通常经济状况不佳,通常目不识丁,通常属于社会中的最底层。[4]但也正是这些穷人,这些社会中的少数群体,在是否应该废除死刑问题上没有任何发言权。正是因为无足轻重,才导致其成为刑罚适用的牺牲品,而那些生活优渥,能够聘请好的辩护人的罪犯,虽然罪行与上述少数族群相当,但仍然可以免于一死。因此,只要死刑被适用于社会中被遗忘的那部分人,立法者就可以满足现状,因为一旦有所改变,就会吸引对于这一问题的注意力,就会被迫有所改进。

正是因为美国人对于谁被处死知之甚少,因此也对于处死无辜者所能导致的政治后果毫无认识。我们都知道刑事司法过程中所谓排除合理怀疑的证明标准目的就是保护无辜者免受刑事惩罚,但我们也知道这并不是一个十分简明的原则。很多研究都证明存在大量事后被证明无罪,但已经被处死的无辜者。[5]

---

[1] *McGautha v. California*, 402 U. S. , at 207.

[2] *National Prisoner Statistics* No. 45, Capital Punishment 1930~1968, p. 28 (Aug. 1969).

[3] 男性实施谋杀行为的频率大概是女性的4倍至5倍。See Wolfgang, *A Sociological Analysis of Criminal Homicide*, in Bedau, *supra*, n. 45, at 74, 75. 因此,如果被处以死刑的男性数量不是女性的4~5倍,那么情况就不正常。但显然,二者之间存在严重的差别。United Nations, *supra*, n. 77, para. 67, at 97~98.

[4] *Criminal Justice: The General Aspects*, in Bedau, supra, at 405, 411; Bedau, "Capital Punishment in Oregon", 1903~64, 45 *Ore. L. Rev.* 1 (1965); Bedau, "Death Sentences in New Jersey", 1907~1960, 19 *Rutgers L. Rev.* 1 (1964); R. Clark, *Crime in America* 335 (1970); C. Duffy & A. Hirshberg, 88 *Men and* 2 *Women* 256~257 (1962); Carter & Smith, "The Death Penalty in California: A Statistical and Composite Portrait", 15 *Crime & Delin.* 62 (1969); Hearings, supra, n. 80, at 124~125 (Statement of Dr. West); Koeninger, "Capital Punishment in Texas, 1924~1968", 15 *Crime & Delin.* 132 (1969); McGee, supra, n. 116, at 11~12.

[5] See e. g. , E. Borchard, *Convicting the Innocent* (1932); J. Frank & B. Frank, *Not Guilty* (1957); E-. Gardner, *Court of Last Resort* (1952). 这三本书都着重研究了被判处死刑的无辜者的问题。根据Bedau的研究,自1893年,已经证实存在74起无辜者被误判并被处死的案例,而这些被告都是根据排除了合理怀疑的证据加以证明的,并且,判决都在上诉过程中被维持。*Murder, Errors of Justice, and Capital Punishment, in Bedau, supra*, n. 45, at 434, 438. See Black, "The Crisis in Capital Punishment", 31 *Md. L. Rev.* 289 (1971); Hirschberg, "Wrongful Convictions", 13 *Rocky Mt. L. Rev.* 20 (1940); Pollak, "The Errors of Justice", 284 *Annals Am. Acad. Pol. & Soc. Sci.* 115 (1952).

在陪审团作出有罪判决之后再去试图证明被告人无罪是十分困难的。虽然上诉法院会考虑针对死刑判决本身的各种反对意见，但对于原审陪审团对于证据的解读却很少过问。情况也应该如此。但如果某位无辜者被认定有罪并被判处死刑，那么他就只能寄希望于检察官办公室本着职业道德洗刷自己的罪名。但很显然，检察官不会乐见于自己推翻自己付出大量努力所获得的有罪判决，因此，罪犯与检察官之间在这方面的合作十分罕见。[1]

无论负责案件审理的法官多么小心，总还是存在伪证、证明失真或被错误解读，以及其他人类可能会犯的错误的可能。[2]我们虽然无法准确获知曾经有多少无辜的人被处死，但却可以肯定这种情况的存在。对此，因为对于案情的真实情况最为清楚的被指控者已经被处死，从而我们最终无法厘清真相，获得对于上面这个问题的答案。但需要指出的是，死刑保留一天，这种危险或者可能就存在一天。

尽管很难准确判断因为死刑的歧视性适用导致多少无辜的人被处死，但对于死刑却存在一个被广为接受的结论，即其存在干扰了刑事司法的正常运行。[3]正如弗兰克佛特法官所言："我强烈反对死刑……，当审判涉及生死问题时，就使得整个审判过程变得丧失了理性，我认为这对于陪审团，对于律师，对于公正乃至司法所产生的影响都是十分恶劣的。我认为从科学的角度来看，所谓阻遏的观点站不住脚。无论其具有何种所谓的功能，都无法弥补其使得审判丧失理性这一损失。"[4]死刑所产生的负面影响也超越了审判本身的范围。例如，"死刑的存在不可避免地干扰、破坏了对于犯罪人的改造计划"。[5]简而言之，"死刑的存在，使得整个刑事司法体系犹如恶魔附体，严重地动摇了对于犯

---

〔1〕 E. Gardner, *Court of Last Resort* 178（1952）.

〔2〕 道格拉斯法官认识到了这一问题，他提出："对于刑事审判稍加留意，就可以发现在很多情况下罪与非罪之间的平衡是十分微妙的。一位拒绝死刑暂停执行的法官总是会暗自担心是否将一位无辜的人送上了黄泉"。"之所以存在这样的一种困惑是因为美国司法体系并不是一架运行精确、高效的机器——无辜的人也会被施以刑罚，甚至被处死""我们相信，宁愿让十个有罪的人逍遥法外，也不应该让一个无辜的人被不当受罚"。"然而，可悲的是，刑罚机器经常失灵，经常出错，那些背负生杀予夺大权的人，警官、证人、检察官、陪审员，甚至法官，对于伸张正义太过狂热。从而在证人和警方之间出现了一种病态的合作关系。"Foreword, J. Frank & B. Frank, *Not Guilty* 11~12（1957）. 在当代调查手段的进步与发展和其在刑事案件的适用过程中存在显著的之后。虽然存在现代的调查方法，并且检方有能力，有资源适用上述方法，但辩方往往没有条件接触到这些资源。从而增加了出错的几率。Lassers, "Proof of Guilt in Capital Cases——*An Unscience*", 58 *J. Crim. L. C. & P. S.* 310（1967）.

〔3〕 Ehrmann, "The Death Penalty and the Administration of Justice", 284 *Annals Am. Acad. Pol. & Soc. Sci.* 73, 83（1952）.

〔4〕 F. Frankfurter, *Of Law and Men* 81（1956）.

〔5〕 B. Eshelman & F. Riley, *Death Row Chaplain* 222（1962）.

罪和罪犯的处遇与改造"[1]。

如果了解到上述事实，在我看来，任何一个具有理性的公民都将认为死刑严重地违背了自己对于理性以及司法的道德观感。[2]但就从这一点来看，死刑就无法继续存在。

我发自内心地认同我的同侪，鲍威尔法官所提出的法官不能因为自己认定某种刑罚有悖道德就将其加以推翻的看法。但我认为他所提出的法官不应该去考察社会民众对于某种刑罚是否违背道德的看法不能苟同。和某些人的看法不同，法官不能与世隔绝，脱离人类生活的一般经验，而是必须和其他人，其他生活方式，其他哲学思想交流，必须学会和人民分享共同的道德理念。如果从自身的经验以及大多数民众的看法之中发现自己面对的法律问题的看法，那么法官应该可以知道民众认定某种特定的刑罚缺乏存在的根据，而这样的一种看法是可以成立的。[3]

法官在判断自己是否客观，而非主观方面还存在其他的辅助判断标准，即通过考察被人们认为属于"道德标杆"的人的看法。[4]

我必须同时承认对于鲍威尔法官试图针对社会中弱势群体所发表的观点感到困惑。如果他的意思是法官不可能通过审理案件来解决所有社会问题，那么我对此表示赞同。但是如果他的意见是只有穷人、文盲或者少数族裔被处死，而这种做法是用来满足社会对于报应的渴望，因此对此种情况毫无在意，那么我无法对此认同。

我们这个国家充斥着太多的犯罪，太多的杀戮，太多的仇恨。如果立法者能够通过死刑将上述问题一扫而光，那么这无疑是一个合法的理由，人民也会对此表示支持，因此，死刑具有合宪性。然而，正如鲍威尔法官所言，死刑已经适用很长一段时间，究竟满足了什么立法意图呢？证据现实死刑毫无作用。我不能相信美国民众都是铁石心肠，即使是那些最为禽兽的人也知道死刑只不过是一种血腥复仇。这绝对不是我们美国人的经验价值。相反，我认为美国民

---

[1] McCafferty, "Major Trends in the Use of Capital Punishment", 25 *Fed. Prob.*, No. 3, pp. 15, 21 (Sept. 1961) (Quoting Dr. S. Glueck of Harvard University).

[2] 鲍威尔法官认为，这样的一种结论仅仅是一种推测，而这种观点无疑是成立的。但承认这种观点并非否定我们的判断。因为鲍威尔法官本人也承认，我们应该能够确认某种刑罚已经不再被我们这个社会所接受。例如，在罪犯身上烙印痕迹以及颈手枷等。那么，这种认知从何而来？这种认知就是来自于我们对于社会一般民众不再接受上述刑罚的一种直觉。

[3] See Frankel, "Book Review", 85 *Harv. L. Rev.* 354 (1971).

[4] See *Repouille v. United States*, 165 F. 2d, at 154 (Frank, J., dissenting).

众希望自己的刑事司法体系能够具有意义，从而确保其具有道德正当性。[1]

VII

如果要认定死刑违反了宪法第八修正案，显然不是一蹴而就的过程。我们需要接触，需要分析的信息相当惊人。然而，我十分肯定地坚信，我们对于应当坚持的原则一以贯之。

当历史上美国街头充斥着恐惧与绝望，而不是骄傲与希望的时候，很难去保持对于美国民众的客观关注。但是，美国的伟大之处在于始终没有丧失解决问题的信心。世界上还没有哪个国家即使在艰困痛苦的时候仍然如此崇尚正义，捍卫法律面前人人平等。美国，在乱世中仍然坚守道德高地，捍卫核心价值，珍视宪法传承，摒弃与民主价值理念冲突的治标之策。

推翻死刑的合宪性，美国联邦最高法院并没有破坏三权分立的政体。相反，对于维护这一政体颇为有益。只有在这样一个自由社会当中，才会在危难之刻仍然捍卫权利，仍然推动文明进步。通过承认我们自己应该具有的人性特质，我们作出了自己最大的贡献。因此，在远离残暴的文明进程中夯下了一块最为重要的里程碑。[2]从而，和世界上其他70多个废除死刑的国家一道欢庆对于文明以及人性的认同。[3]

我附议支持法庭在此案中的判决。

美国废除死刑各州之情况（1846～1968）
以时间发生先后排序[4]

州　名	部分废除 死刑时间	死刑废除 年份	死刑恢复 年份	死刑再次 废除年份
纽　约	1965[5]			

[1] See Arnold, *The Criminal Trial As a Symbol of Public Morality*, in *Criminal Justice In Our Time* 137 (A. Howard ed. 1967).

[2] R. Clark, *Crime in America* 336 (1970).

[3] 某些国家实质废除了死刑，某些在法律上废除了死刑。Id., at 330; Hearings, supra, n. 80, at 9~10 (statement of M. DiSalle). See Generally Patrick, "The Status of Capital Punishment: A World Perspective", 56 *J. Crim. L. C. & P. S.* 397 (1965); United Nations, *supra*, n. 77, paras. 10~17, 63~65, at 83~85, 96~97; Brief for Petitioner in No. 68-5027, App. E (*Aikens v. California*, 406 U. S. 813 (1972)).

[4] Based on *National Prisoner Statistics* No. 45, Capital Punishment 1930~1968, p. 30 (Aug. 1969).

[5] 对于杀害执行公务的执法人员，对于被判处终生监禁的罪犯脱狱过程中谋杀监狱管理人员的罪犯，保留死刑。

（续表）

州 名	部分废除死刑时间	死刑废除年份	死刑恢复年份	死刑再次废除年份
佛蒙特	1965〔1〕			
西弗吉尼亚		1965		
爱荷华		1872	1878	1965
俄勒冈		1914	1920	1964
密歇根	1847〔2〕	1963		
达拉威尔		1958	1961	
阿拉斯加		1957		
夏威夷		1957		
南达科塔		1915	1939	
堪萨斯		1907	1935	
密苏里		1917	1919	
田纳西	1915〔3〕		1919	
华盛顿		1913	1919	
亚利桑那	1916〔4〕		1918	
北达科塔	1915〔5〕			
明尼苏达		1911		
科罗拉多		1897	1901	
缅因		1876	1883	1887
威斯康辛		1853		
罗德岛	1852〔6〕			

〔1〕 对于实施了一级谋杀之后又再次实施另外谋杀犯罪的人，及谋杀执法官员或者监狱管教人员的人保留死刑。

〔2〕 对于叛国保留死刑。1846 年对于死刑废止与否进行了表决，但 1847 年才最终生效。

〔3〕 对于强奸保留死刑。

〔4〕 对于叛国保留死刑。

〔5〕 对于叛国，被判处终生监禁的犯罪人服刑期间实施谋杀行为的，保留死刑。

〔6〕 对于被判处终生监禁的犯罪人服刑期间实施谋杀行为的，保留死刑。

异议法官：伯格法官、鲍威尔法官、布莱克姆法官以及论奎斯特法官。

伯格大法官为代表之异议：

首先，必须强调的是只有两位大法官，即布里南大法官以及马歇尔大法官二人认定死刑违反宪法第八修正案。道格拉斯大法官认为死刑虽然也提出死刑虽然有悖宪法第八修正案，但却没有提出要因此废除死刑。[1] 基于下列一至五部分提出的观点，我认为宪法禁止残忍且不寻常刑罚条款并不能被解读为禁止死刑适用。

斯图尔特大法官与怀特法官提出对于申诉人的死刑判决必须被取消，因为这样一种司法实践活动不符合宪法第八修正案。基于第四部分给出的理由，我认为这一观点错误地理解了宪法第八修正案的真正含义，并且与美国联邦最高法院一向所持态度不符。

I

如果我们真的拥有立法权，那么我会毫不犹豫地认同布里南大法官及马歇尔大法官所持观点，起码将死刑适用限制在最为严重的犯罪。然而，我们对于宪法的解读必须摆脱个人对于死刑道德或者有效性的理解，只能针对宪法第八修正案的含义与适用范围展开。显然，对于宪法条文的解读不应自以为是，宪法中最为重要的条款，禁止残忍且不寻常刑罚条款十分难以把握这两个问题都属常识。本案中围绕宪法第八修正案的解读出现的巨大分歧说明围绕宪法的相关要求所存在的种种误解。然而，但作为美国联邦最高法院的法官，我们必须保证不在解读宪法条文的过程中夹杂任何个人色彩。

尽管从字面上来看，宪法第八修正案禁止即"残忍"又"不寻常"的刑罚，但历史告诉我们宪法禁止的是极端残暴的刑罚方式。而并不考虑其是否常见。

对于英国议会通过 1689 年《权利法案》，同时也是宪法第八修正案的直接法源的权威研究表明，所谓禁止残忍且不寻常刑罚，是指禁止未经立法，并且超越司法权限的严苛罚则。从这个意义上，如果说在英国版权利法案中所谓不常见有什么意义的话，那么其仅指不具有合法性。[2]

---

〔1〕 See n. 25, infra.

〔2〕 See Granucci, "Nor Cruel and Unusual Punishments Inflicted: The Original Meaning", 57 *Calif. L. Rev.* 839, 852 ~ 860 (1969). 权利法案的草稿中相关的表述为"残忍且非法"，一般认为，最终文本中所谓"残忍且不寻常"的表述并不是有意为之。Ibid. 相关历史沿革参见 MR. JUSTICE MARSHALL, ante, pp. 316 ~318.

道格拉斯大法官在自己的附议中首先提出英国权利法案中所谓"不寻常"的规定意思是指对于刑罚的歧视性适用。然而，对于相关立法历史的考察可以发现，在1689年权利法案通过前后，对于这一部分的规定从来没有介入所谓平等保护的问题。从查理一世到1826年，英国对于除盗窃罪之外的一切重罪，包括叛国罪，适用死刑，只是在后期出现了所谓教士特权，将这一部分人交由教会法庭而不是世俗法庭审判。后来，这一豁免扩展到教士的助手，1689年，最终扩展至任何具有阅读能力的男性。尽管在1689年之前，很多犯罪都认为不受教士特权的保护，但在18世纪之前，对于有文化和没有文化的罪犯之间，刑罚适用还是存在很大差别。[1]

从一切迹象来看，宪法第八修正案的起草者都没有试图赋予这一条款任何不同于英国权利法案文本意义的初衷。从几个州制宪会议的记录来看，当时起草者的本意只是禁止任何具有酷刑特质的刑罚。[2]在"残忍性"与"不寻常性"之间的联系并没有太多讨论，但在辩论中没有迹象表明起草者会接受那些虽然法律批准，较为常见，但同时十分残暴的刑罚。

而根据宪法第八修正案所审结的判例也与上述历史考证相符。在维尔克森案[3]中，美国联邦最高法院认为枪决并不是宪法所禁止的死刑执行方式。在谈及禁止残忍且不寻常刑罚条款的时候，美国联邦最高法院提出，"可以肯定的是这一宪法修正案禁止的是酷刑以及与其类似的残酷刑罚。"[4]在这里，美国联邦最高法院并没有谈及"不寻常"概念的任何意义。

在凯默尔案[5]中，美国联邦最高法院提出宪法第八修正案不适用于州法，并且提出："因此，如果某州针对具体犯罪规定的刑罚明显是残忍且不寻常的，如车裂、火刑、分尸等，美国联邦最高法院有义务将其解释为违反该州宪法，同样的情况也可以适用于对于宪法第八修正案的解读。"

"……如果某种刑罚涉及肉体折磨，或者非迅疾地致死，那么就可以认定该刑罚属于违反宪法的残酷刑罚。这意味着其属于非人地残忍，不仅仅单纯结束生命的刑罚。"[6]

同样，这还表明宪法第八修正案紧紧关注极端的残忍刑罚。美国联邦最高法院曾经在肯定纽约州电刑做法的时候指出，虽然电刑在当时并不常见，但却

〔1〕　See 1 J. Stephen, *History of the Criminal Law of England* 458 et seq. (1883).
〔2〕　See 2 *J. Elliot's Debates* 111 (2d ed. 1876); 3 id., at 447~448, 451~452.
〔3〕　*Wilkerson v. Utah*, 99 U. S. 130 (1879).
〔4〕　Id., at 136.
〔5〕　*In re Kemmler*, 136 U. S. 436 (1890).
〔6〕　Id., at 446~447.

没有必要讨论这种不常见性的宪法意义。

后续判例中将极端残忍解读为宪法第八修正案的核心内容。[1]如华伦法官在特洛普案[2]中指出："是否'不寻常'这个概念与'残忍性'这个概念存在不同还不得而知。在极少数情况下，美国联邦最高法院曾经讨论过这一表述的含义，但似乎并没有严格区分二者之间的关系。"[3]这些案例清楚地表明，最高法院在审理涉及宪法第八修正案条款的刑罚时，并不会考虑所谓的不寻常性，而仅仅会关照于刑罚是否有违人性。

我并不是说宪法第八修正案中的"不寻常"规定没有任何意义，或者与认定某种刑罚违反宪法第八修正案没有任何关联。但是在像我们考察死刑这种在历史上被长期适用，被立法机关所明确规定的刑罚时，如果还认定所谓"不寻常"是决定司法审查后果的标准就明显违背了宪法第八修正案的立法历史。相反，我认为上述判例都说明"残忍性"才是解读宪法第八修正案的关键所在。因此，所谓"不寻常"这一规定不能被解读为限制"残忍性"的定语，或者用来扩展"残忍性"含义的标准。从这个原因来看，我无法认同这样一种似是而非的结论，即因为死刑在任何情况下都是残忍的，并且因为其适用频率的低下，因此构成了"残忍且不寻常"的刑罚。

II

申诉方的律师也承认，死刑在宪法第八修正案通过的时候并不是宪法所不能接受的残忍刑罚。从现存的资料来看，不仅修正案的起草者十分注意防止酷刑的出现，而且宪法本身也明确地表明宪法的起草者无疑废除死刑。宪法第五修正案开篇就明确提出，"无论何人，除非根据大陪审团的报告或起诉，不得受判处死罪或其他不名誉罪行之审判。"宪法第五修正案中规定，任何人不得因同一罪行而两次遭受生命或身体的危害，与此类似，适当程序条款也要求对于剥夺他人生命、自由与财产时，应该保证其享受适当法律程序的权利。因此，宪法条文明确肯定了适用死刑的态度，宪法也从未明示或者暗示地承认自从1791年之后被认定为残忍的任何一种刑罚。因为宪法第八修正案与宪法第五修正案于1791年同一天生效，因此死刑绝对不是当时宪法意义上的残忍刑罚。

宪法第八修正案通过迄今已经181年，美国联邦最高法院从来没有质疑过

---

〔1〕 See *O'Neil v. Vermont*, 144 U. S. 323, 339~340 (1892) (Field, J., dissenting); *Weems v. United States*, 217 U. S. 349, 372~373 (1910); *Louisiana ex rel. Francis v. Resweber*, 329 U. S. 459, 464 (1947).

〔2〕 *Trop v. Dulles*, 356 U. S. 86, 100 n. 32 (1958).

〔3〕 See *Weems v. United States*, *supra*; O'Neil v. Vermont, *supra*; Wilkerson v. Utah, *supra*.

死刑的合宪性。在否定对于死刑具体执行方式的合宪性质疑过程中，美国联邦最高法院不止一次地否认将死刑视为一种违反宪法的残忍刑罚。[1]

就在14年前，华伦大法官还曾经明确无误地指出："无论从道德角度，还是从法律目的角度对于死刑进行的何种批判多么有力，死刑仍然一直被适用，并且在其仍然为民众所广泛接受的时候，就不能被认为违反了宪法禁止残忍性刑罚的规定。"[2]

一年之前，布莱克大法官也曾经提出："宪法第八修正案禁止残忍且不寻常刑罚条款在我看来并不能被解读为排除死刑的根据，因为死刑自从宪法第八修正案通过之时起一直被沿用至今。对我来说无法相信宪法的起草者会希望通过这一修正案排除死刑的适用。"[3]

在过去的4年当中，美国联邦最高法院还曾两次直接在批准调取案卷令申请时对于申诉方根据宪法第八修正案提出的要求进行限制。[4]在这两起案件当中，美国联邦最高法院将注意力集中于死刑的程序性问题，从而暗示承认死刑本身的合宪性。然而，现在美国联邦最高法院却被突然要求认定这样一种在宪法第八修正案通过时不被认定为违宪，至今仍然受到大多数人支持的刑罚违宪！

在承认这样一种急剧变化之前，应该思考是什么因素导致了死刑的合宪性在过去和现在出现如此大的不同。很明显，宪法意义和刑罚本身的属性都没有发生改变。甚至20世纪死刑执行方式较之于从前更加减少了受刑人的生理痛苦，尽管死刑候刑者在等待死刑执行期间会遭受精神上的折磨[5]，但不可否认的是，尽管目前上诉审理程序更为严谨，更为费时，但这种痛苦绝对不比1791年宪法第八修正案通过时严重多少。可以肯定，认定对于罪犯的处罚是残忍的想法一定来自于所有痛苦都是残忍的观念。但是如果宪法的起草者意图防止任何会导致严重精神创伤的刑罚，那么1791年宪法当中就该废除死刑。

然而，调查还不能止步于此。因为残忍性概念本身并没有发生含义上的巨大变化，因此宪法第八修正案禁止残忍且不寻常刑罚条款不能被局限在宪法第八修正案通过时被认定为残忍且不寻常的刑罚。那些我们需要进行司法审查的

---

〔1〕 *Wilkerson v. Utah*, 99 U. S. 130 (1879); *Louisiana ex rel. Francis v. Resweber*, 329 U. S. , at 464. *In re Kemmler*, 136 U. S. 436 (1890) (Dictum).

〔2〕 *Trop v. Dulles*, 356 U. S. , at 99.

〔3〕 *McGautha v. California*, 402 U. S. 183, 226 (1971) (Separate opinion).

〔4〕 *Witherspoon v. Illinois*, cert. granted, 389 U. S. 1035, rev'd, 391 U. S. 510 (1968); *McGautha v. California*, cert. granted, 398 U. S. 936 (1970), aff'd, 402 U. S. 183 (1971).

〔5〕 But See Bluestone & McGahee, "Reaction to Extreme Stress: Impending Death by Execution", 119 *Am. J. Psychiatry* 393 (1962).

所谓非常残忍的刑罚，只是被当时的社会认定为如此的刑罚。虽然判断极端残忍的标准并不是单纯描述性的，但却必须是一种道德判断。虽然标准本身保持稳定，但对于标准的适用却必须随着社会价值体系的变化而发生改变。这一点对于宪法第八修正案的解读来说并不新鲜。在威姆士案[1]中，美国联邦最高法院支持了这样的一种看法，"宪法文本的解读……因此或许应该与时俱进，而不应局限于某种僵化的教条，而是应该从不断进化的人类正义观中寻找意义。"华伦大法官代表美国联邦最高法院在特洛普案中发表的意见中指出，"修正案必须从标志着成熟社会进步的正当性标准保持与时俱进"[2]。然而，美国联邦最高法院迄今还从来没有因为某种改变了的社会道德观而认定某种刑罚违反宪法禁止残忍且不寻常刑罚条款的先例，同样，也从来没有厘定过任何衡量社会价值观变动的标准。

美国联邦最高法院之所以在这个问题上保持沉默，恰恰是因为在一个民主社会，是立法机关，而不是法院，应该承担对于民意或者社会道德做出反映的义务。从这个愿意出发，很多人都认为禁止残忍且不寻常刑罚条款是一种可有可无的规定。[3]正如申诉方所提出的那样，"从宪法与现实的角度来看，应该由立法机关，而不是法院，来考察民意以及与之相关的社会正当性。"[4]

因此，例如枭耳、刺字等刑罚虽然在宪法通过时十分常见，但因为后来这些刑罚方式违反了社会一般道德，并且立法机关也因此有所动作，从而司法机关并未介入。

毫无疑问，如果我们今天要对于死刑进行司法审查，如果我们能够完全肯定社会民意认为死刑属于一种非常奇怪的刑罚方式，我们当然可以认定死刑属于宪法禁止的残忍且不寻常刑罚。然而，法院对于此种刑罚具有何种预期却并不重要。关键的问题在于法院从来没有认定过某种经过民主立法机制制定的刑罚因为残忍且不寻常而违反了社会基本的正当性。[5]

在大多数情况下，对于宪法所不允许的残忍刑罚的认定针对的是监狱官员，

---

〔1〕 *Weems v. United States*, 217 U. S. 349 (1910).

〔2〕 356 U. S. , at 101.

〔3〕 See 2 J. Story, *On the Constitution* § 1903 (5th ed. 1891); 1 T. Cooley, Constitutional Limitations 694 (8th ed. 1927). See "Joseph Story on Capital Punishment" (ed. by J. Hogan), 43 *Calif. L. Rev.* 76 (1955).

〔4〕 Brief for Petitioner in Aikens v. California, No. 68 - 5027, p. 19 〔Cert. dismissed, 406 U. S. 813 (1972)〕. See post, at 443 n. 38. 而这也正是布莱克大法官在麦克瓜德案（1971）（Separate opinion）中意见的根据。

〔5〕 Cf. Weems v. United States, *supra.*

而非立法者。[1]缺乏推翻立法规制的刑罚的判例的现实说明在美国，应该由立法机关负责反映社会民意。

我并不是说在宪法第八修正案的语境下，立法者规制的刑罚对于法院来说没有司法意义，相反，因为立法的优先性，从而为司法审查设定了基本范围。无论是否可证，无论是否永远正确，在一个民主社会，立法判断一般被认为代表着当时社会主流价值观与正当性。

III

没有明显的迹象表明死刑对于社会理性的违反达到了必须放弃一直以来对于立法权的尊重的程度。死刑与所有人都认为的违反人类理性的火刑不同。而死刑也并不是只有少数立法机构才加以保留的异端。有 40 多个州，哥伦比亚特区以及美国联邦都规定了死刑[2]，在过去的 11 年当中，美国国会 4 次增补死刑犯罪，[3]这明白无误地表明了当今美国社会对于这一问题的态度。

一个被承认的立法机关让渡自己针对社会价值的拟制权的场合就是所谓民调，而在过去的十几年，针对死刑曾经出现过多次民调。在不评价这种民调的可靠性的情况下，或者考察任何曾经依据民调的司法判决，只需要注意一点，对于死刑并不存在一致的谴责意见就足以说明立法机构并没有在死刑问题上与民意脱节。[4]

申诉人的律师依据的是另外一套统计数字。他们认为和可以适用死刑的案件数量相比，死刑适用数量的低下说明公众开始不接受死刑，因为如果是相反，

---

〔1〕 See e. g. , *Jackson v. Bishop*, 404 F. 2d 571（CA8 1968）；*Wright v. McMann*, 387 F. 2d 519（CA2 1967）.

〔2〕 See Department of Justice, *National Prisoner Statistics* No. 46, Capital Punishment 1930～1970, p. 50（Aug. 1971）. 这一报告发表之后，加利福尼亚州通过司法审查废止了死刑，*People v. Anderson*, 6 Cal. 3d 628, 493 P. 2d 880, cert. denied, 406 U. S. 958（1972）. 不再适用死刑的州包括阿拉斯加、加利福尼亚、夏威夷、爱荷华、缅因、密歇根、明尼苏达、俄勒冈、西弗吉尼亚以及威斯康辛。

〔3〕 See *Act of Jan. 2*, 1971, *Pub. L.* 91～644, *Tit. IV*, § 15, 84 *Stat.* 1891, 18 *U. S. C.* § 351; *Act of Oct.* 15, 1970, *Pub. L.* 91～452, Tit. XI, § 1102（a）, 84 *Stat.* 956, 18 *U. S. C.* § 844（f）（i）; *Act of Aug.* 28, 1965, 79 *Stat.* 580, 18 *U. S. C.* § 1751; *Act of Sept.* 5, 1961, § 1, 75 *Stat.* 466, 49 *U. S. C.* § 1472（i）. *See Opinion of MR. JUSTICE BLACKMUN*, post, at 412～413.

〔4〕 1966 年的民调显示 42% 的人支持死刑，47% 的人反对死刑，11% 的人没有意见。1969 年的一份民调 51% 支持死刑，40% 反对死刑，9% 的人没有意见。See Erskine, "The Polls: Capital Punishment", 34 *Public Opinion Quarterly* 290（1970）.

死刑适用的数量应该大幅度增加。通过陪审团或者法官的选择,[1]死刑实际适用的数量只为可能适用数量的一半。[2]但如果由此认定死刑的适用比例非常低,那么这种假设显然是不成立的。尽管存在这样的一种事实,但这也绝对不意味着死刑现在可以被视为一种社会所无法忍受的残忍且不文明刑罚。

在这些陪审团不建议适用死刑的案件,这些陪审员表现出了了对于文明价值的尊重,从而事实上否认了立法对于死刑的规定。与此同时,而对于那些陪审团适用死刑的情况,这些人行为恣意,且违反了社会一般正当性。这种对于死刑适用不多发的解读与事实不符,且不符合美国联邦最高法院对于死刑案件中陪审团运作的认定。

在麦克瓜德案中,美国联邦最高法院认定宪法第十四修正案并不强制要求法官指令陪审团适用死刑判决。考虑到传统上陪审团在死刑适用过程中所具有的自由裁量权,同时注意到建构具有可操作性的法律指导意见的难度,美国联邦最高法院决定,不需要确保陪审团一定做出有罪判决。但这一判决从来没有为陪审团恣意审判提供背书,相反,这一判决的前提在于肯定陪审团会恪尽职守,本着负责的精神审理案件。[3]

对于美国刑事司法体系当中陪审团对于死刑案件的审理在维泽斯普恩案当中体现的尤为明显:"陪审团在决定是否对于被告适用死刑的问题上只能表达对于这一问题社会群体的理性看法"。"陪审团在作出这样一个选择时所发挥的最为重要的功能在于确保刑事司法体系与当前社会价值之间存在对应关系——而这种对应关系确保刑罚的适用能够反映一个成熟社会进步的社会正当性标准保

---

〔1〕 在美国死刑适用过程中,陪审团在死刑判决方面起到了举足轻重的作用。现存的证据表明在法官决定刑罚的时候,死刑使用的几率高于陪审团审理的情况。H. Kalven & H. Zeisel, *The American Jury* 436 (1966).

〔2〕 在1961~1970年这10年,美国每年判处死刑的数量为106人,其中最少的一年是1967年,为85人,最高的一年为1961年,为140人。1970年,127人被判处死刑。Department of Justice, National Prisoner Statistics No. 46, Capital Punishment 1930~1970, p. 9. See Bedau, "The Death Penalty in America", 35 *Fed. Prob.*, No. 2, p. 32 (1971). 尽管准确的数字难以估计,但大体上在那些保留死刑的州,有大约15%到20%的死刑犯罪被判处死刑。See e. g., McGee, "Capital Punishment as seen by a Correctional Administrator", 28 *Fed. Prob.*, No. 2, pp. 11, 12 (1964); Bedau, "Death Sentences in New Jersey 1907~1960", 19 *Rutgers L. Rev.* 1, 30 (1964); Florida Division of Corrections, *Seventh Biennial Report* (July 1, 1968, to June 30, 1970) 82 (1970); H. Kalven & H. Zeisel, *The American Jury* 435~436 (1966). 在几个州,对于强加以及其他犯罪适用死刑的比例也相对较低。See e. g., Florida Division of Corrections, Seventh Biennial Report, supra, at 83; Partington, "The Incidence of the Death Penalty for Rape in Virginia", 22 *Wash. & Lee L. Rev.* 43~44, 71~73 (1965).

〔3〕 402 U. S., at 208.

持与时俱进。"〔1〕

因此，陪审团是否选择适用死刑，其实应该被理解为对于死刑的法律规定的一种肯定，而不是违反。立法机关规定了死刑的适用范围，并且扮演社会良心的角色，也正是因此才被授权审理死刑这种非常严重的刑事案件。陪审团在做出死刑判决的过程当中无疑要受到多方面因素的影响。行为人是否具有杀人动机、伤害的程度以及受害人的情况，犯罪实施的情节，等等。考虑到死刑已经不再是所有死刑犯罪的通常适用结果，因此也就不难理解为什么陪审团在适用死刑方面显得非常谨慎。但是从死刑适用的不经常性就得出只有贱民才被处死的结论，显然是对于陪审体系的一种玷污。

当然，如果认为陪审团在选择死刑适用方面具有完全的一致性也是不现实的，没有人可以如此完美。或许在不同的州，在不同的陪审团面前，同样一起案件的被告人会面临不同的审理结果。从这个意义上，死刑被告人的命运取决于一种机会。然而，这种机会的存在并不能用来作为否认死刑案件中陪审制度或者个案中陪审团判决的正当性。没有证据显示陪审团像有人所指摘的那样，在死刑适用过程中没有遵照社会价值行事。〔2〕

另外，大量数据被用来证明死刑适用过程中存在种族歧视。这些证据试图证明，起码从历史角度来看，黑人要比白人更容易被判处死刑，特别是在不同种族之间强奸犯罪问题上。〔3〕如果对于特定犯罪适用特定刑罚的自由裁量权在个案中构成了对于被告人的歧视，如果这种情况只能通过特定类型的强奸案件加以证明，那么无疑宪法第十四修正案的平等保护条款会禁止这样的一种做法。〔4〕如果要证明某种法律规定的刑罚与平等保护条款不相符，那么不能仅仅提出其在历史上的适用情况。这些数据大体上适用于种族隔离时期，当时黑人还不能大规模参与陪审制度。因此，最近的相关数据才更为重要。〔5〕

虽然没有证据显示存在死刑适用过程中的种族歧视证据，但可以从相关的事实得出一种较为具有说服力的结论。

---

〔1〕 391 U. S. , at 519 and n. 15 (Emphasis added).

〔2〕 申诉人的辩护律师认为，"那些被处死的人往往十分贫困，在社会中处于劣势地位，因为人格问题为社会所不能接受。" Brief for Petitioner in No. 68 – 5027, p. 51. 然而，这种观点显然没有考虑到一个前提问题，即陪审团只在极端情况下适用死刑。一份研究蓝领与白领犯罪人的报告当中显示，陪审团在死刑适用的过程当中相当理性。Note, "A Study of the California Penalty Jury in First – Degree – Murder Cases", 21 *Stan. L. Rev.* 1297 (1969). See H. Kalven & H. Zeisel, *The American Jury* 434~449 (1966).

〔3〕 See e. g. , Koeninger, "Capital Punishment in Texas", 1924~1968, 15 *Crime & Delin.* 132 (1969); Note, Capital Punishment in Virginia, 58 *Va. L. Rev.* 97 (1972).

〔4〕 Cf. *Yick Wo v. Hopkins*, 118 U. S. 356 (1886); *Gomillion v. Lightfoot*, 364 U. S. 339 (1960).

〔5〕 See *Maxwell v. Bishop*, 398 F. 2d 138, 148 (CA8 1968), vacated, 398 U. S. 262 (1970).

　　必须注意的是任何与平等保护条款相关的指控都与本案关于宪法第八修正案的司法审查相去甚远。死刑适用存在歧视性的证据并不能用来证明一种特定刑罚的适用违反了宪法第八修正案。死刑适用的几率无法用来证明联邦及40多个州无视于不断发展的社会正当性标准。因此，如果在这些案件当中拒绝适用死刑，也就意味在有一些案件选择适用了死刑。没有证据证明对于死刑的选择性适用违反了当前的主流道德，因此，对此并不适用宪法第八修正案。

　　在这些案件中，我们曾两次被要求对于强奸犯适用死刑是否违反宪法第八修正案这一问题进行判断。[1]的确，在少数几个州，死刑犯罪除了谋杀还包括强奸，[2]甚至在这些州，对于强奸犯的死刑判决要高于对于谋杀犯的死刑判决。[3]但根据鲍威尔法官提出的相关理念，我不认为这种区别可以上升为一种宪法第八修正案意义上的问题。宪法第八修正案这种概括地禁止无法被细化到可以对于立法机关所设定的犯罪类型进行精细区分的程度。

IV

　　有批评称死刑无法满足宪法第八修正案的目的，因此属于违宪的不必要的残忍刑罚。从纯粹政策层面来看，这样的一种观点似乎颇为有力，但这种观点强加给宪法第八修正案某种其从来没有想过拥有的含义，也从事了一种美国联邦最高法院从来没有尝试进行的分析方式。

　　如前所述，宪法第八修正案被包括在权利法案之中的原因是用其防止出现残忍、非人的刑罚，而不是那些功能有限的刑罚。那些反对宪法第八修正案的人往往承认用酷刑来阻遏犯罪起码在某些时候是必要的。[4]而在那些支持这一修正案的人看来，一种极端残酷的刑罚在什么情况下也不能作为权宜之计而被加以适用。宪法第八修正案论证的核心观点认为刑罚目的无法为使用极端残忍刑罚来达成上述目标提供根据。[5]

　　主张所谓"不必要的残忍性"的观点始见于维尔克森案："试图精细界定宪法禁止残忍且不寻常刑罚条款的适用范围的努力必将伴随着巨大困难，但可以

---

[1]　*Jackson v. Georgia*, No. 69–5030; *Branch v. Texas*, No. 69–5031.

[2]　强奸罪在16个司法区被规定为死刑犯罪，而美国联邦也规定在美国特定管辖区与管辖海域实施强奸都属于死刑。18 U.S.C. § 2031. 将强奸规定为强奸罪的州包括阿拉巴马、阿肯色、佛罗里达、佐治亚、肯塔基、路易斯安娜、马里兰、密西西比、密苏里、内华达、北卡罗来纳、田纳西和弗吉尼亚。

[3]　See n. 11, *supra*.

[4]　1 *Annals of Cong.* 754 (1789) (Remarks of Rep. Livermore).

[5]　Cf. *Rochin v. California*, 342 U.S. 165, 172~173 (1952).

肯定，酷刑，以及其他类似本质的刑罚，都是宪法所禁止的。"〔1〕

将某种表述从其语境当中剥离出来，现在又将其作为评估刑罚满足刑罚目的价值的强制性标准，无疑是一种刻意的曲解，因为在之前的语境中，没有任何地方提及刑罚目的。因此对于这种表述的正当解读应该是与酷刑类似的刑罚为宪法第八修正案所禁止。美国联邦最高法院在弗兰克斯案〔2〕中，曾经提及死刑执行过程中导致不必要的痛苦因此违反宪法第八修正案。这一判例充分说明美国联邦最高法院不赞成适用任意造成肉体痛苦的刑罚，而不是对于立法机关设定的刑罚进行功利主义的分析。〔3〕

在这些孤立适用的"不必要"规定之外，所有案例都没有任何迹象表明美国联邦最高法院对于刑罚有效性或者目的性的认定。美国联邦最高法院在威姆士案中做出的判决也不例外。在本案中，美国联邦最高法院认定，菲律宾法律当中对于伪造公文罪规定的刑罚是15年戴枷劳役、褫夺选举权及监视居住、因此违反了宪法第八修正案要求罪刑相适应的基本原则。〔4〕最高法院的很多观点都主要作为对于刑罚本身适用方式的反应存在的。〔5〕

无论对于这一观点进行何种定性，其实际显示的是法院对于特定犯罪适用特定刑罚的强烈义务感，这实际上是一种道德判断，而不是对于刑罚目标是否达成的判断。美国联邦最高法院曾经明确否定"宣称某一判决有悖法律预期的权利。"〔6〕因此，虽然美国联邦最高法院在威姆士案中对于犯罪以及刑罚之间的关注，但是这一判例并未背离在很大程度上没有被详细讨论的极度残忍性标准。虽然这种标准很难把握，但这也是宪法第八修正案所真正关注的问题。这种宪法的规定并不关乎社会有用性，因此并不要求适用犯罪学或者刑法学所通常适用的原则。

通过适用必要性原则，更加彰显出这种观点已经超越了宪法第八修正案的

---

　〔1〕　99 U. S. , at 135～136 (Emphasis added).

　〔2〕　*Louisiana ex rel. Francis v. Resweber*, 329 U. S. , at 463, 464.

　〔3〕　本案申诉人因为谋杀罪被判处死刑，并适用电椅执行死刑。在第一次死刑执行过程中，因为机械故障，死刑没有执行成功。随即有关部门签发了第二次执行死刑的命令。美国联邦最高法院认为再次执行死刑不违反宪法禁止残忍且不寻常刑罚条款，或者禁止双重告诉条款。

　〔4〕　在这些案件中，并没有对于罪刑严重失衡的指控。谋杀与强奸通常情况下一直被视为最为严重的犯罪。不能认为死刑与这些犯罪显失公平。最高法院在罗宾逊案中对于宪法第八修正案要求罪刑相适应原则进行了扩展。法院认为对于毒品成瘾者施加以监禁刑违反了罪刑相适应原则。实际上，美国联邦最高法院认为毒瘾者作为一种身份，并不是犯罪，因此，对于这种情况规定任何刑罚都违反了罪刑相适应原则。对此，美国联邦最高法院并没有分析将监禁作为遏制毒品成瘾的工具的必要性。

　〔5〕　See Packer, "Making the Punishment Fit the Crime", 77 *Harv. L. Rev.* 1071, 1075 (1964).

　〔6〕　217 U. S. , at 378.

适用范围。通常情况下死刑与两大刑罚目标相关——报应与阻遏。一般被认为报应应该被排除，因为报应正是宪法第八修正案所希望排除的。但没有任何有权解释表明宪法第八修正案要排除报应目的，美国联邦最高法院也往往希望将报应作为刑罚的一个合法维度。[1]进一步而言，负责人的法学家长期以来就报应问题的社会学与哲学层面进行过探讨，但却根本无法说服彼此。[2]因此，如果认为宪法第八修正案不包括报应考量，将必须对于这一部分的条款进行扩张性解读。

另外一个较为正常，但同样充满争议的问题在于死刑可否被用来作为一种十分有效的犯罪预防手段。支持废止死刑的人认为对此毫无证据证明，[3]而那些支持保留死刑的人从直觉出发提出死刑应该成为最为有效的阻遏犯罪的手段，并且认为对此没有证据否认。[4]在摆脱这种僵局的过程中，有观点认为办法只能是让国家承担证明责任，因为无法证明，因此死刑相较于终身监禁而言并不属于一种更为有效的阻遏手段。对于这种举证责任的安置，曾经存在很多佐证，并且看似颇为有力。但这些观点都没有建立在既定的宪法原则基础上，而是发端于对于一个无法解决的事实问题规避考量。[5]所谓相对意义上的阻遏性本身无法精确界定，因此，将举证责任转移，其实是试图对于一个难题进行似是而非的解答。如果让政府承担证明死刑具有阻遏效果的责任，那么我们还需要其证明终身监禁等刑罚的阻遏效果。然而我们知道根本没有证据证明终身监禁要比监禁 20 年，或者罚款 10 元比罚款 5 元更具有阻遏效果。事实上，已经开始有人直接质疑刑罚是否真的具有阻遏犯罪的作用。[6]如果政府无法提供反驳上述观点的有力证据，那么是否意味着其余的所有刑罚都面临着被称之为残忍且不

---

〔1〕 See *Williams v. New York*, 337 U. S. 241, 248 (1949); *United States v. Lovett*, 328 U. S. 303, 324 (1946) (Frankfurter, J. , concurring).

〔2〕 See Hart, "The Aims of the Criminal Law", 23 *Law & Contemp. Prob.* 401 (1958); H. Packer, *The Limits of the Criminal Sanction* 37 ~ 39 (1968); M. Cohen, *Reason and Law* 41 ~ 44 (1950); *Report of Royal Commission on Capital Punishment*, 1949 ~ 1953, Cmd. 8932, para. 52, pp. 17 ~ 18 (1953); Hart, "Murder and the Principles of Punishment: England and the United States", 52 *Nw. U. L. Rev.* 433, 446 ~ 455 (1957); H. L. A. Hart, *Law, Liberty and Morality* 60 ~ 69 (1963).

〔3〕 See e. g. , Sellin, *Homicides in Retentionist and Abolitionist States*, in Capital Punishment 135 et seq. (T. Sellin ed. 1967); Schuessler, "The Deterrent Influence of the Death Penalty", 284 *Annals* 54 (1952).

〔4〕 See e. g. , Hoover, "Statements in Favor of the Death Penalty, in H. Bedau", *The Death Penalty in America* 130 (1967 rev. ed.); Allen, "Capital Punishment: Your Protection and Mine", *in The Death Penalty in America*, *supra*, at 135. 亦参见 Hart, 52 *Nw. U. L. Rev. supra*, at 457; Bedau, *The Death Penalty in America*, *supra*, at 265 ~ 266.

〔5〕 See *Powell v. Texas*, 392 U. S. 514, 531 (1968) (MARSHALL, J.) (Plurality opinion).

〔6〕 See e. g. , K. Menninger, The Crime of Punishment 206 ~ 208 (1968).

寻常刑罚的危险？相反，我认为强调"必要性"的观点不在宪法第八修正案考虑的范围内。

V

今天，美国联邦最高法院并没有认定死刑本身违反宪法第八修正案，同时，其也没有规定死刑不得适用于某一类特定犯罪。作为支持多数派意见的斯图尔特法官于怀特法官并没有在这些问题上发表意见。因此，我认为这次最高法院判决的实际适用范围还不甚清晰。然而，至少可以明确的是，如果立法机关继续对于某些犯罪规定死刑，陪审团或者法官也不许再像从前那样对于这些犯罪适用死刑。[1]这样的一种观点——并没有出现在口头辩论及相关法律文书当中——错误地解读了宪法禁止残忍且不寻常刑罚的本质，无视具有约束力的判例法，并迫使死刑案件的审理出现令人感到不安的改变。

如前所述，宪法第八修正案禁止残忍且不寻常的程度违反了社会文明标准的刑罚。这一修正案并不禁止被证明在控制犯罪方面存在必要性的刑罚。因此，宪法第八修正案并不关注在具体案件中刑罚的厘定方式。并且宪法第八修正案也肯定没有谈及限制立法机构赋予陪审团自由裁量权，从而将所有刑罚都借由立法固定。

斯图尔特法官与怀特法官的附议中非常关键的一个因素在于死刑适用的罕见性。但这种现象不能用来作为反应社会敌意死刑的证据，只能作为证明死刑量刑体系存在问题的证据。如果说要将申诉方的死刑判决撤销的话，那么根据也不是因为死刑本身是宪法所禁止的残忍其不寻常刑罚，而是因为陪审团或者法官没有以一种可以被接受的方式行使自由裁量权。

需要确定的是，这种观点一再强调宪法第八修正案中的一个概念，即认为死刑是残酷的，因为死刑超越了立法机构对于任何犯罪所认为必要的程度。[2]同时，申诉人所受刑罚是罕见的，因为死刑在很多案件中并不适用。[3]对于宪法第八修正案文本的适用表明如果死刑适用频率上升，那么死刑就会满足宪法第八修正案的规定，而其似乎意味着立法机构建构的由陪审团或者法官执行的灵活量刑体系的适用超越了宪法第八修正案的范围。

---

〔1〕 道格拉斯法官的附议意见中也十分类似地提出，是死刑量刑制度，而不是死刑本身存在问题。然而，这种观点也表明，在最高法院审理麦克瓜德案前夕，量刑程序的有效性问题已经不再是一个可以质疑的问题。

〔2〕 See Concurring opinion of MR. JUSTICE STEWART, ante, at 309～310; Concurring opinion of MR. JUSTICE WHITE, ante, at 312.

〔3〕 See Concurring opinion of MR. JUSTICE STEWART, ante, at 309～310; cf. Concurring opinion of MR. JUSTICE WHITE, ante, at 312.

这样的一种看法暗含着某种内在的矛盾。例如，如果根据这样一种对于宪法第八修正案的解读标准，那么在维泽斯普恩案[1]中对于死刑案件陪审员的排除就只能回溯地认为违反了标志着一个成熟社会进步的不断发展的社会正当性。[2]

这样一种对于宪法第八修正案的创新解读——尽管从满足我们批准调卷令所设定的审查范围角度颇为必要——但且并不是附议法官意见的核心观点。事实上多数派法官的核心观点，并不属于宪法第八修正案的文本范围，应该是现行的死刑自由裁量程序违反了司法公正，问题并不在于很少有人被处死，而在于选择死刑适用对象的时候缺乏理性程序。[3]认为死刑适用恣意的观点不仅仅缺乏经验证据，[4]而且也没有能够证明死刑属于一种残忍且不寻常的刑罚方式。

权利法案中包括的宪法第八修正案目的在于确保特定类型的刑罚不被适用，而不是关注与量刑程序。因此，大多数附议观点与宪法第八修正案没有关系，只能算作是一种与适当程序有关的主张。

多数派意见的根据也是错误的。大概一年之前，在麦克瓜德案中，美国联邦最高法院肯定了死刑案件中量刑程序的合法性，法院认为，"从历史、经验以及人类知识的有限性出发，我们认为不能说赋予陪审团决定生死的自由裁量权违反了宪法。"[5]

在达成这一结论的过程中，法院考察了大量的案件简报、口头辩论以及6个月的仔细研讨。这也可以通过长达130页的判决书加以证明。但作为多数派意见的观点与事实认定都是美国联邦最高法院在一年之前所摒弃的。麦克瓜德案是一个非常疑难的案件，任何一个有理性的人都可能对于该案的结果表示反对，但法院还是做出了自己的判决，如果说遵从先例原则还有什么意义的话，那么就应该认为麦克瓜德案的判决应该适用于本案。

尽管从技术上来讲，麦克瓜德案的判决应该局限在宪法第十四修正案所涉及的问题，而不是所有宪法第十四修正案与州法的宪法第八修正案所涉及的问题，但如果说本案没有推翻麦克瓜德案的判决，显然是一种掩耳盗铃式的谎言。虽然在涉及死刑等敏感重大社会问题时使用遵从先例原则是适当的，当同时也必须认识到外部的情况较之于去年并没有明显变化。从这个意义上来讲，本案

---

[1] *Witherspoon v. Illinois*, 391 U. S. 510 (1968).

[2] *Trop v. Dulles*, 356 U. S. , at 101.

[3] 这一观点主要为斯图尔特法官所强调。然而，因为怀特法官主张对于被精细定义的死刑犯罪中的一类适用强制性死刑，因此似乎他更关注与对于量刑过程的规范，而不是死刑适用的数量。

[4] See n. 12, *supra*.

[5] 402 U. S. , at 207.

的判决不利于人们对于司法稳定性的信心。

尽管我不想就今天法庭判决可能产生的影响下结论，但可以想见，如果各州希望继续保留死刑的话，就需要对于现行法律进行大幅度的修改。因为多数派意见当中有两名法官认为现行死刑适用方式存在随意性和不可预测性，因此，各州的立法机构可以通过为陪审团或者法官设定死刑量刑具体指导原则，或者将死刑犯罪进行进一步限制的方式实现上述目的。[1]如果能够设定出上述标准，或者对于死刑犯罪进行进一步严格限制，结果仍然不确定。然而，哈兰法官在麦克瓜德案中提出的观点明确无误地指出，之前的经验表明，"任何试图在事件发生之前对于刑罚加以认定的尝试被证明都是失败的"[2]。其中的一个问题就在于在具体案件中认定死刑是否属于适当刑罚的根据太过复杂，根本无法通过简单的立法规定来加以涵盖。[3]正如最高法院在麦克瓜德案中所指出的那样，"案件情况的不确定性以及个案的具体性使得任何概括性的标准或者在陪审团适用过程中被束之高阁，或者太过明显而无需赘言"[4]。但是即使假定可以建构这样一种指导原则，可以肯定的是只要赋予陪审团决定是否使用死刑的权力，那么其在对其加以具体适用的过程当中也一定会对其加以改变，毕竟陪审团在之前的司法活动中从未受到过此种限制。因此，除非法院在麦克瓜德案中对于历史进行了误判，否则没有理由相信任何量刑规则会在实质上改变目前死刑量刑过程中的自由裁量情况。或许这种体制存在诸多缺陷，但很难认为任何不同的司法体系会产生出更为令人满意的结果。

如果立法机构以这样的一种方式规定了强制性死刑适用模式，从而否决陪审团判处较轻刑罚的机会，那么一定会产生真正的变革。根据这样的一种体系，避免死刑适用只能采取认定被告人无罪的办法。而如果这是立法机关能够完全满足今天美国联邦最高法院判决的唯一路径，那么我宁愿干脆废止死刑的适用。

对我而言，十分重要的是要相信一般人组成的陪审团作为美国刑事司法体系基石的信心，而其也是所有判决中最为敏感，最为重要的部分。我认为如果建构一种强制性死刑量刑制度，取消陪审团的介入与影响，那么这样的一种死刑厘定方式才是违背宪法的恣意且残酷的刑罚。死刑适用的罕见性恰恰说明陪审团在适用死刑的过程当中十分谨慎，只对于极端恶劣的罪犯适用死刑。我认

---

〔1〕 美国联邦最高法院在麦克瓜德案中提出，这两种替代方案具有同等效力。402 U. S. , at 206 n. 16.

〔2〕 402 U. S. , at 197.

〔3〕 *Report of Royal Commission on Capital Punishment*, 1949 ~ 1953, Cmd. 8932, para. 498, p. 174 (1953).

〔4〕 402 U. S. , at 208.

为历史清楚地证明，正如我们一年之前在麦克瓜德案中所明确的那样，美国人拒绝接受普通法中对于所有谋杀犯适用死刑的强制性规定。[1]诚如马歇尔法官在附议当中所提倡的那样，19世纪废除强制性死刑运动标志着量刑程序的一种启蒙运动。换句话说，这种运动承认个人可责性并不一定与犯罪的位阶成正比。而这也被认为是一种更为人性化的过程。[2]我实在弄不懂为什么这段历史会被忽视，以及为什么对于宪法第八修正案的解读会消除标志着量刑程序灵活性的自由裁量权。

总体来讲，在美国，刑罚概念的发展并没有太大进步，更不能说已经取得成功。如果说在刑事司法谱系当中有什么新的观点值得认真思考的话，那么量刑与交织体系无疑首当其冲。但一个被广泛接受的概念就是对于犯罪的强制性死刑无法满足刑罚目的，但是，在经历了长期对于特定犯罪适用特定刑罚的历史实践之后，我们所面临的情况是立法机构将认定没有陪审团或者法官介入的死刑量刑程序不能成立。这种观点危及刑罚改革的进步，并且很可能导致其出现重大的倒退。

VI

因为对于最根本的问题，即死刑本身的合宪性，美国联邦最高法院并没有达成一致意见，因此，美国死刑未来的进路还不可知。非但不是为基本的宪法问题提供一种明确的解释，法庭多数派法官的意见却迫使各州立法机构进行一种盲目的立法变革。虽然我无法认同今天判决的讨论过程以及其对于立法机关的影响，但我也同意这样赋予立法机关一次机会，也是无可避免的责任，来重新充分评估死刑的所有方面。如果说今天法庭的观点有什么意义的话，就是告诉立法机关，他能比法院做得更多。

在不受宪法第八修正案约束的情况下，立法机关可以自由地取消某些犯罪的死刑适用，或者对于保留具体的死刑适用。立法机关能够，并且应该对于死刑的一般预防与特殊预防效果进行评估，如果立法机关对于死刑的有用性存疑，那么可以全面废除，或者选择性地废除死刑。如果新的证据证明这样做是不正确的，那么可以在条件成熟的时候重新选择恢复死刑。显然，受到宪法第八修正案的制约，法官在死刑问题上的态度和做法无法如此地灵活。

世界范围内现在存在着一股限制死刑的潮流，对于这点，我们必须重视，

---

[1] 402 U. S., at 198.

[2] See *Winston v. United States*, 172 U. S. 303（1899）；cf. *Calton v. Utah*, 130 U. S. 83（1889）. See *Andres v. United States*, 333 U. S. 740, 753（1948）（Frankfurter, J., concurring）.

但却无法通过解读既定宪法的司法部门来对此加以改变。相反，需要通过针对个案审理结果以及针对具体犯罪设定刑罚的立法来对此加以改变。[1]事实上，因为宪法第八修正案规定的相当概括，因此很难依次进行什么深刻的实质性变革。目前美国司法机关对于死刑进行的这种贸然改革很可能打乱立法机关的渐进改革步调，并且使得死刑研究中的诸多重要问题被湮灭。

和宪法第八修正案本身具有的这种限制性不同，立法的优先性还体现在司法机关往往没有办法参与最核心问题的讨论。反对死刑的案件并不是立法疏漏导致的，而是基于案件事实，而这种争议并不是能够通过司法机关对于法律的解读加以解决的。事实上今天法庭多数派的五名法官在很多问题上都没有达成一致，但他们却似乎都愿意在缺乏相关证据支撑的情况下对于死刑在美国适用的有效性进行一种事实判断。与此相对，立法机关拥有司法机关所不具备的资源与工具，可以对于上述观点进行客观分析与判断。

司法义务的最高境界需要承认司法权的受限性，并且借由民主机制在司法权范围外解决问题。但霍尔姆斯所言的内在压力迫使司法机关超越司法权限行事，[2]却只在极少数情况下才为立法判断留有空间。

布莱克姆大法官之异议：

我支持首席大法官鲍威尔以及伦奎斯特大法官对于本案的反对意见，下面就本案发表我个人的一些看法。

1. 类似于本案的案件让我精神上痛苦万分。我和任何人一样，对于死刑可能给受刑人带来的肉体痛苦与心灵折磨感同身受，发自内心地对此表示同情，甚至对于死刑有不屑与抵触。这种不屑也受到了认为死刑无法满足刑罚设定目标观点的佐证。对我来说，死刑违反了我所受的教育以及生活经验，也和我一直以来的哲学信条不同。死刑与我所坚信的生命至上原则相冲突。如果我是立法者，我将投票反对死刑，并且用今天几位多数派法官的观点作为自己的根据。

2. 我所生活的州长期以来并没有死刑，[3]事实上明尼苏达州在1911年就已

〔1〕 See Patrick, "The Status of Capital Punishment: A World Perspective", 56 *J. Crim. L. C. & P. S.* 397 (1965). 例如，在1957年，英国通过立法将死刑限制在谋杀、叛国、海盗、纵火以及一些军事犯罪当中。1965年死刑废除法基于之前试行的经验废除了针对谋杀罪的死刑适用。2 *Pub. Gen. Acts*, c. 71, p. 1577 (Nov. 8, 1965). 1969年，死刑废止运动达到顶点。See 793 *Parl. Deb.*, *H. C.* (5th ser.) 1294~1298 (1969); 306 *Parl. Deb.*, *H. L.* (5th ser.) 1317~1322 (1969). 加拿大也在5年试验的基础上进行了相似的死刑改革。*Stats. of Canada* 1967~1968, 16 & 17 Eliz. 2, c. 15, p. 145.

〔2〕 *Northern Securities Co. v. United States*, 193 U. S. 197, 401 (1904) (Dissenting opinion).

〔3〕 Minn. Stat. § 609.10 (1971).

经事实废除了死刑，[1]该州最后一起死刑执行出现在 1906 年 2 月 13 日。[2]因此，我的生活中从来没有死刑这个概念。作为一个没有死刑的州，我印象中的明尼苏达在治安方面不能算最好，但也不是最坏。这点似乎也印证了多数派法官认为死刑没有明显阻遏效果的观点。

3. 我本人或许也是审理本案法官中唯一一个和本案之前的司法程序有关的人。作为当时美国巡回上诉法院的一名法官，我曾经在费居尔诉美利坚合众国案[3]中对于死刑问题阐述过自己的观点。本案的被告很可能是联邦死刑适用的最后一人。在代表法院发表推翻原判意见的过程中，我一直隐忍没有发表自己的评论。[4]在杰克森案[5]我毫不犹豫地认为阿肯色州监狱管教人员对于服刑者进行鞭笞的行为违反了宪法第八修正案。当然，本案涉及的是监狱内部的惩戒措施。

4. 附议大法官们承认，也必须承认，到目前为止，死刑仍然是一种被广为接受的刑罚，并且本身并不违反宪法第八修正案或者第十四修正案。最高法院在很多案件中明示或者暗示过此类意见。[6]

但突然，本案的判决通过提出目前社会的发展已经达到了某种成熟的阶段，因此突然改变了这一脉络。这种观点，虽然看似十分有力，但却并不具有实质

〔1〕 Minn. Laws 1911, c. 387.

〔2〕 See W. Trenerry, *Murder in Minnesota* 163~167 (1962).

〔3〕 *Feguer v. United States*, 302 F. 2d 214 (CA8 1962), cert. denied, 371 U. S. 872 (1962).

〔4〕 *Pope v. United States*, 372 F. 2d 710 (CA8 1967), 根据 *United States v. Jackson*, 390 U. S. 570 (1968) 案的精神以检方存在重要错误为由推翻了原判。最后，根据下文所提到的根据推翻了麦克斯维尔案的原判。在这个过程中，我深感沮丧。398 F. 2d, at 153-154. "我们认为，很明显，本案上诉方的努力应该到此为止，本案事实上并不是一起死刑案件，而是一起关于终身监禁的案件。因此，这对于本案的裁量者来说颇为头疼。本案的被告被判处死刑，而其质疑死刑作为刑罚的有效性。我们认为联邦针对强奸案件规定的死刑应该成立。" 18 U. S. C. § 2031; 10 U. S. C. § 920 (a).

〔5〕 *Jackson v. Bishop*, 404 F. 2d 571 (CA8 1968) 案中.

〔6〕 *Wilkerson v. Utah*, 99 U. S. 130, 134~135, 1879; *In re Kemmler*, 136 U. S. 436, 447, 1890; *Weems v. United States*, 217 U. S. 349, 1910; *Louisiana ex rel. Francis v. Resweber*, 329 U. S. 459, 463~464, 471~472, 1947; *Trop v. Dulles*, 356 U. S. 86, 99, in 1958; "首先，让我们将死刑作为宪法所能允许适用刑罚的一端，无论基于道德，或者基于刑罚目的的实现角度对于死刑进行何种质疑，无论这种质疑多么有力，死刑在历史上一直存在，并且为人所广泛接受，因此无法被认为违反宪法第八修正案禁止残忍其不寻常刑罚。"在拒绝伦道夫案申请人申请调取案卷令的裁定当中布里南法官和古德博格法官本来认为应该对于被判处单纯强奸的罪犯适用死刑是否违宪进行司法审查。布莱克法官在1971年刚刚审结的麦克瓜德案中，提出，"宪法第八修正案禁止残忍且不寻常刑罚条款不能被解读为可以据此认定死刑违宪，因为死刑的使用并不罕见，并且在很多国家都保留适用。同时，在宪法第八修正案建构的时候死刑就存在。对我来说，无法相信宪法的起草者试图通过宪法第八修正案来终结死刑。尽管某些人认为最高法院可以通过解读的方式对于宪法加以修正，从而使其可以适应时代的变化，但我认为，非经选举产生的终身制法官没有这种权力。"

的说服力。毕竟麦克瓜德案仅仅过去了 1 年，伦道夫案过去 14 年，而弗兰克斯案才过去了 25 年，在这一阶段，我们没有任何证据证明美国社会发生了实质性的变化。但通过本案，美国联邦最高法院还是裁定是时候推翻死刑了。或许美国联邦最高法院在判决上述判例时有过多种考量，但在本案援引这些判例的时候，却对此只字不提。

我认同美国联邦最高法院提出的，宪法禁止残忍且不寻常刑罚条款必须从人类的正义观中寻找含义。[1] 前首席大法官华伦也曾提出所谓标志着成熟社会不断进步的社会正当性概念。[2] 对此，杰弗逊曾经有过类似的表述。[3]

然而，我的问题在于美国联邦最高法院在本案中突然认为美国社会的一般价值观以及对待死刑的态度在如此短的时间内发生了如此大的变化。

5. 选择遵从上述判例当然是相对容易的选择。更为容易的是支持废除死刑。起码从思维的角度来看，这种态度是让人容易接受的——死刑对于一个成熟的文明社会而言属于一时冲突的产物，因此，禁止死刑是在道德上是正确的，废除死刑，标志着这这我们向人类社会的正当性标准又迈进了一步，我们珍惜生命，即使这些被我们珍惜生命的人曾经剥夺过他人的生命。因此，和 1879 年，或者 1890 年，或者 1910 年，或者 1947 年，或者 1958 年，或者 1963 年，或者一年之前的 1971 年，也就是维尔克森案，凯默尔案，威姆士案，弗兰克斯案，特洛普案，伦道夫案以及麦克瓜德案都来得更加人性，更不残忍。

对我来说，这种观点有些意义。但这种观点的意义仅仅存在于立法或者行政语境，而非司法语境。如我上面所言，如果我是立法者，我将竭尽全力投票支持废除死刑。如果我是政府的行政首脑，我将毫不犹豫地像阿肯色州州长洛克菲勒那样赦免死刑犯。从联邦或者州的立法层面，以及行政层面来看，存在这样行动的权力和责任。而这种权力不能由司法部门以宪法第八修正案的名义所篡夺。

然而，我的角色并非是要体现选民意愿的立法者，而是司法者，司法者的

---

[1] *Weems v. United States*, 217 U. S. , at 378.

[2] *Trop v. Dulles*, 356 U. S. , at 101.

[3] "某些人认为宪法至高无上，高不可及。在他们看来，宪法制定者是神，而不是人。我就生活在这个时代，是这些人中的一员，我知道真实的情况是什么。其实过去和现在没有什么两样，40 年的政府服务经验宛如一部需要阅读终身的书。我认为，法律或者体制必须与人类进步保持步调一致。人类的行为方式与观念会随着情况的变化而发生变化。我们不能让一位成年人还每天穿着孩童时期的服装，文明社会也不能仍然恪守本属于残暴统治的留存。我们不应该盲目地相信自己的先辈要比自己强大，我们应该从自己所面临的现实与经验出发，并且勇于面对、改正之前那些立意良善，但却可能与现实脱节的东西。最终，让我们赋予宪法与时俱进的机会。" Letter to Samuel Kercheval, July 12, 1816, 15 *The Writings of Thomas Jefferson* 40 ~ 42（Memorial ed. 1904）.

主要职责是对于经合法程序立法，但受到挑战的法律的合宪性进行审查。这是最高法院法官的唯一职责。我们决不能因为个人对于立法部门行为明智与否的好恶来影响自己的判断。当然，超越上述界限的诱惑是十分强大的。事实上，从今天的判决来看，这种诱惑似乎根本无法抗拒。

6. 在我看来，法庭今天的判决受到了之前加利福尼亚州最高法院认定死刑违反宪法第八修正案的很大影响。[1]但在我看来，这是历史上死刑首次被司法否定。[2]事实上，加利福尼亚州的死刑问题积弊难返，该州的死刑候刑者比任何其他的州都要多。但从联邦主义的角度来看，该州最高法院当然可以对于自己州宪法进行解读。但这种解读不应影响到联邦层级。

7. 我相信法庭充分地认识到自己试图通过今天这一案件的审理表达什么。不仅 39 个州，以及哥伦比亚特区的死刑法会因此被推翻，而且联邦法中所有与死刑相关的部分也会因此丧失效力。因此，我怀疑对于叛国罪[3]、刺杀总统副总统的行为[4]，或者刺杀国会议员的行为[5]、间谍罪[6]、在战区内实施强奸行为[7]、破坏飞行器等交通工具致人死亡的行为[8]、实施爆炸罪致人死亡的行为[9]、颠覆列车的行为[10]、劫持飞机的行为[11]等都不再适用死刑。同样面临威胁的还包括军事法中关于死刑的相关规定。[12]所有的这些立法都在丝毫不关注这些法律通过的原因考量的情况下被一股脑地推翻，哪怕其中的某些是最近才制定通过的。

8. 有必要在这里提出几个关于最近联邦死刑立法的相关投票表决事实：

（1）1961 年 10 月 5 日，《劫持航空器法》[The Aircraft Piracy statute, 49 U. S. C. § 1472 (i)] 通过。参议院表决结果为 92:0。虽然当时有几名参议员缺席，但据信这几个人对此也表示支持。因此，实际上当时的投票结果应该是100:0。[13]

---

[1] *People v. Anderson*, 6 Cal. 3d 628, 493 P. 2d 880 (Feb. 18, 1972).
[2] Cf. *Ralph v. Warden*, 438 F. 2d 786, 793 (CA4 1970), cert. denied, post, p. 942.
[3] 18 U. S. C. § 2381.
[4] 18 U. S. C. § 1751.
[5] 18 U. S. C. § 351.
[6] 18 U. S. C. § 794.
[7] 18 U. S. C. § 2031.
[8] 18 U. S. C. § 34.
[9] 18 U. S. C. § § 844 (d) and (f).
[10] 18 U. S. C. § 1992.
[11] 49 U. S. C. § 1472 (i).
[12] 10 U. S. C. § § 885, 890, 894, 899, 901, 904, 906, 913, 918, and 920.
[13] 107 Cong. Rec. 15440.

众议院的表决结果不详，但也顺利通过该法。[1]

（2）《刺杀领导人法》（The Presidential Assassination Statute, 18 U. S. C. § 1751）1965 年 8 月 28 日通过，没有投票记录。[2]

（3）《1970 年犯罪全面控制法》1971 年 1 月 2 日通过，在该法的第 4 部分当中补充了刺杀国会议员出死刑的规定，即上面提到的联邦法典 18 U. S. C. § 351。当时，众议院表决结果为 341 人赞成，26 人反对，63 人没有参与投票，62 人弃权。[3]参议院的表决结果为 59∶0。41 人没有参与投票，但其中的 21 人明确对于该法表示支持。[4]

对我来说很难相信参众两院当中很多律师出身的议员——其中很多人是杰出的领袖，甚至可能会竞争更高的职位——对于此类立法的宪法含义毫无体察。答案就在于 1961 年、1965 年以及 1970 年分别是议会的选举年，因此，这一时期对于时代的脉动、成熟社会的道德标准以及人类尊严的当代渴求都会比深锁在最高法庭之内的我们来的更为迫切。因此，我相信很多议员会吃惊于法庭今天所作判决跨度如此之大。

9. 如果真的像斯图尔特法官所担心的那样，只要死刑是强制性适用的，就可以满足宪法性要求，那么我担心结果将导致立法机构在修改立法的时候将死刑规定为特定犯罪唯一的刑罚，而不对其规定任何较为轻缓的替代刑罚。对我来说，这样的一种观点实际上是在鼓励立法机构返回头重蹈覆辙，不承认刑罚适用过程中应当存在宽恕的情况。而这点，早已经被犯罪学所抛弃。

10. 需要注意的是，虽然附议法官承认申诉人犯罪的严重性与邪恶性，但他们始终没有考虑到犯罪对于受害人及其家庭、生活的社区所带来的毁灭性影响。在口头辩论过程当中支持申诉人的观点也没有提及这一方面的内容。虽然这样的一种考量容易被理解为对于报应的强调。[5]然而，对于无辜者被执行死刑担心才使得申诉人将案件提交至美国联邦最高法院。我认为，不能忽视这一判决可能给我们这个国家很多城市街道上行走的人们所带来的恐惧和阴霾。现在，我们只能祈祷经历了本案，美国社会会从这种宽宏大量的行为当中有所裨益，能够帮助人们摆脱担心成为受害人的恐惧与担心。

尽管我个人对于本案的结果感到欢欣鼓舞，但却无法从宪法，或者法律，或者历史的角度接受这一结果。我担心在本案中美国联邦最高法院不当超越了

---

[1] 107 Cong. Rec. 16849

[2] 111 Cong. Rec. 14103, 18026, and 20239.

[3] 116 Cong. Rec. 35363 ~ 35364.

[4] 116 Cong. Rec. 35743.

[5] See *Williams v. New York*, 337 U. S. 241, 248 (1949).

自己的司法界限，先入为主地对于案件进行了审理。

鲍威尔大法官代表首席大法官布莱克姆以及伦奎斯特大法官发表之异议：

  本庭对于这几起案件批准调卷令的目的在于对于死刑是否仍然可以作为宪法运行实施的刑罚这一问题进行审查。[1]有五位大法官认为目前美国死刑的规制与适用违反了宪法第八修正案禁止残忍且不寻常刑罚条款。这五位大法官分别提出了自己的理由。但在我们看来，这些根据都无法支持认定死刑违反宪法这一结论。

  道格拉斯大法官认为死刑与宪法第八修正案所暗含的平等保护原则不符。布里南大法官将自己的结论主要建立在死刑与人类尊严相冲突这样命题基础上。斯图尔特大法官认为死刑的适用方式太过恣意。怀特大法官认为死刑适用的罕见性使得其已经违反了宪法第八修正案的相关规定。马歇尔大法官认为死刑因为不具有道德上的可接受性，且没有适用的必要，因此属于宪法所无法承认的刑罚形式。

  尽管申诉人认为，死刑本身违反宪法，但上述五位大法官中只有两位明确同意这一主张。布里南大法官与马歇尔大法官主张完全废止现行各州及联邦的所有死刑成文法。他们同时认为，未来也不可能构建出满足宪法第八修正案的死刑成文法。虽然其他三位法官的态度对此较为暧昧，但其大多承认立法机关可以通过修改死刑适用程序来达到宪法第八修正案的要求。[2]这些观点表明虽然多数派法官并没有完全接受申诉人的主张，但起码部分承认了这一观点。基于之前持反对意见的法官所发表的意见，以及其他一些思考，我认为主张死刑本身不违反宪法，但目前死刑执行方式本身违反宪法的规定也是无法成立的。因为在我看来这些观点不具有说服力，因此在这里我仅针对申诉人观点的基础进行批判，因而，这种反对意见也可以同样适用于上述五种具体观点。在这里，就不一一详述。在这里，我也不想预测何种死刑执行方式在未来会满足多数派法官对于目前死刑适用方式的指摘。上述多数派意见中并没有对于这一难题给

---

  [1] 403 U. S. 952 (1971).

  [2] 道格拉斯大法官认为，宪法第八修正案要求立法者在规制相关法律的过程中能够公平公正、使得死刑适用不具有选择性，不具有恣意性，要求法官秉持即使对于社会当中的少数族裔适用死刑，也应该不滥用司法权。Ante, at 256. 这一根据的最为重要之处在于尽管所有既存的法律都必须被推翻，但起码从理论上各州或者联邦国会可以通过修改相关法律满足宪法第八修正案的相关要求。斯图尔特法官指出，如果成文法对于死刑的规定是强制性的，或者提供了其他防止死刑滥用的机制，将会导致其他十分严重的问题。怀特法官认为，基于其他考量，即使是强制性的死刑适用在某种情况下也是可以接受的。但这些观点，显然并没有充分地对于其自身的观点中包括的那些十分深刻的学界观点进行归纳和概括。我在这里仅仅就相关观点中的关键部分进行则要介绍。

予回答，而这一任务只有通过进一步的研究才可以得出答案。

虽然尚无法得出定论，但今天这一判决势必会产生出如下几点后果，其重要性不言而喻。根据这一判决，目前在各州及联邦司法区等待死刑的 600 余人都将免于死刑。至少从现在的角度来看，各州与联邦也都不能对于那些犯有死刑之罪的罪犯判处死刑。但这些也仅仅是本案所能导致的具体结论指引。但更为重要，也更为隐蔽的是这一判决对于尊重先例原则、联邦主义、司法限制等原则的影响。

美国联邦最高法院在本案当中拒绝承认美国宪法的缔造者与美国宪法第十四修正案的起草者认为宪法并不禁止适用死刑。美国联邦最高法院在本案中也没有尊重之前判例从未质疑的死刑合宪性。正是因为申诉者要求对于死刑的宪法性进行推翻，也正是因为多数派的 5 位大法官在某种程度上支持了这样的一种看法，因此很多州法与联邦死刑法都会因此应声倒下。39 个州〔1〕以及哥伦比亚特区的死刑成文法都因此无法继续适用。除此之外，美国刑事法典及军事法典中的一些规定也会受此影响。这一判决不仅推翻了现行法律，而且也会影响到国会在未来制定新的立法及制定刑事政策。实际上，我们当中的两位大法官就明确表示，应该否认各州对于特定犯罪规制死刑犯罪的权力。

在对于宪法的影响方面，法庭在本案中的判决影响更为深远，因为这一判决触及了传统被认为属于立法权力规制的领域——无论是州立法机构还是联邦立法机构——即保护公民免受不适当刑罚惩罚的适用。而此类规制恰恰是立法机构之所长，司法机制之所短。纵观历史，美国联邦最高法院的大法官都十分重视通过司法判例推翻立法的严重后果，并以此告诫坐在审判席上的九名大法官在适用宪法适当程序条款以及禁止残忍且不寻常刑罚条款的时候能够相当自控。在我的印象当中，美国联邦最高法院还从未以决定宪法问题的名义如此凌驾于联邦及地方民主机制之上。在谈及申诉人所主张的，也部分得到多数派法官支持的死刑属于宪法禁止的残忍且不寻常刑罚这一观点之前，我首先列出那些申诉方律师提出的有违美国联邦最高法院相关判例的原则。

I

宪法本身构成了否认申诉人所主张的死刑本身违反宪法的首要障碍。与这一结论相关的部分包括宪法第八修正案、第十四修正案以及第五修正案。这些

---

〔1〕 尽管有 40 个司法区针对某些犯罪规定了死刑，但这些法律是否符合联邦宪法还并没有定论。参见 Concurring opinions by MR. JUSTICE STEWART and MR. JUSTICE WHITE. 因为罗得岛唯一死刑犯罪是——被判处终身监禁的罪犯实施谋杀的需被强制判处死刑——因此并不受本案的影响。

条款规定，"无论何人，除非根据大陪审团的报告或起诉，不得受判处死罪或其他不名誉罪行之审判"，"任何人不得因同一罪行为而两次遭受生命或身体的危害；不得在任何刑事案件中被迫自证其罪；不经正当法律程序，不得被剥夺生命、自由或财产"。"不得要求过多的保释金，不得处以过重的罚金，不得施加残酷和非常的惩罚。""不经正当法律程序，不得剥夺任何人的生命、自由或财产；对于在其管辖下的任何人，亦不得拒绝给予平等法律保护。"

因此，联邦权力需要受到限制，从而确保被检方指控犯有死刑犯罪的被告只有通过适当程序且借由大陪审团审判才能定验。宪法第十四修正案虽然在权利法案通过 77 年之后才获得通过，但却将宪法第五修正案适当程序条款适用于各州规定死刑权力的审查。

宪法第八修正案，与第五修正案同时通过，禁止残忍且不寻常刑罚。在试图寻找这一规定含义的过程中，大多数人关注于美国联邦最高法院对此问题的历史看法。[1]在此，对于相关历史毋庸赘述，因为无论宪法起草者意图通过这一修正案禁止适用何种残忍刑罚，肯定都不包括死刑。[2]很明显，宪法第五修正案在三处曾经提及死刑。实际上提供宪法第八修正案的立法草案的机构同时也起草了《1790 年美国犯罪法》，并在其中对若干犯罪规定了死刑。[3]

当然，权利法案中的禁止性规定主要关注的是对于权力行使的限制，并不是对于相关权力的直接肯定。因此，我不认为这样的一种规定永久排除了美国联邦最高法院对于死刑是否属于违反宪法的残忍且不寻常刑罚的任何可能。同时，对于残忍且不寻常刑罚以及适当程序的理解不能被僵化于其立法规制之时。而是应该动态地从其所适用的具体情况当中入手，而这些情况在很大程度上并未被相关修正案的起草者考虑在内。尽管在适用这些非常宽泛的概念是颇为灵活是我们这样一个国家司法体系的特色之一，但美国联邦最高法院在解读过程中也并能超越相关文本字意的语义范围。从这个方面来看，宪法第五修正案、第十四修正案以及宪法第八修正案的历史都确凿无疑地证明死刑被认为是一种具有合宪性的刑罚措施。然而，历史上也的确存在针对特定死刑执行方式的残暴性，或者对于某种刑罚与犯罪比例关系严重失衡的相关判例。往往在作出上述判断的过程当中，美国联邦最高法院都会考察当时社会的相关道德标准。虽

---

〔1〕 对于禁止残忍且不寻常条款的历史考证，参见马歇尔大法官的相关意见。Or See *Weems v. United States*, 217 U. S. 349, 389 ~ 409 (1910) (White, J., dissenting); *O'Neil v. Vermont*, 144 U. S. 323, 337 (1892) (Field, J., dissenting); Granucci, " 'Nor Cruel and Unusual Punishments Inflicted'：The Original Meaning", 57 *Calif. L. Rev.* 839 (1969).

〔2〕 *McGautha v. California*, 402 U. S. 183, 226 (1971) (Separate opinion of Black, J.).

〔3〕 1 *Stat.* 112.

然根据宪法第八修正案对于某种刑罚是否违宪进行个案分析符合历史与相关判例，但却不是本案申诉人的诉讼请求。他们唯一的目的就是通过司法暴力来废除死刑。

II

申诉人提出，宪法问题永远未有定论，因此不应受到遵从先例的羁绊。他们认为之前的若干个与宪法第八修正案相关的判例就没有禀白于这一原则。但我不认为可以如此轻易地置相关的判例于不顾。美国联邦最高法院之前曾在很多判例当中明示或者暗示过死刑的合宪性。而这样的一种认定是可以用来作为审理本案的根据的。虽然这些判例关注的主要是特定死刑执行方式是否违反宪法，但这种问题前提却恰恰是肯定死刑本身的合宪性。

在宪法第八修正案被首次适用的死刑案件维尔克森诉犹他州案[1]当中，就公开枪决是否构成宪法所不允许的死刑执行方式问题，美国联邦最高法院一致认为，死刑本身和其执行方式无关，并不属于残忍且不寻常的涵盖之列。法院还认为"宪法禁止残忍且不寻常刑罚，但是相关证据表明枪决作为对于一级谋杀犯死刑的执行方式"[2]。

11 年之后，在凯默尔案[3]当中，美国联邦最高法院又一次需要面对死刑执行方式的合宪性质疑。在本案中，当时仅被纽约州采用的电刑作为死刑执行方式是否违反了宪法第八修正案成为正义的焦点。[4]以前首席大法官福勒在内的最高法院支持了这一做法的合宪性。因为纽约州的立法机构通过仔细调查，选择了电刑作为迄今为止最为人道的死刑执行措施。[5]在本案中，美国联邦最高法院明确地将死刑与其执行方式区分开来：

---

[1] *Wilkerson v. Utah*, 99 U. S. 130 (1879).

[2] Id. , at 134 ~ 135.

[3] *In re Kemmler*, 136 U. S. 436 (1890)，

[4] 美国联邦最高法院指出，宪法第八修正案仅仅适用于联邦层级，而不适用于各州。美国联邦最高法院在处理与各州事物相关的事物时权力应该被限制在确保宪法第十四修正案规定的适当程序范围之内。而从适当程序角度来看，标准在于考察是否州对于权力的行使"没有超越作为美国民主政体基础的根本民主与正义价值的范围" 136 U. S. , at 448. 在编号 No. 69 - 5003 以及 No. 69 - 5030 的案件中，佐治亚州始终强调美国联邦最高法院在 *In re Kemmler*, 136 U. S. 436 (1890) 案中的讨论，从而认为本案应该依据适当程序条款，而不是禁止残忍且不寻常刑罚条款，如果不考虑美国联邦最高法院曾提出的二者兼容说 [参见 *Robinson v. California*, 370 U. S. 660 (1962)；*Powell v. Texas*, 392 U. S. 514 (1968)]，显而易见，二者的分析方式颇为类似。Compare Mr. Justice Frankfurter's test in *Louisiana ex rel. Francis v. Resweber*, 329 U. S. 459, 470 (1947) (Concurring opinion), with Mr. Chief Justice Warren's test in *Trop v. Dulles*, 356 U. S. 86, 100 ~ 101 (1958).

[5] Id. , at 444.

"如果刑罚涉及酷刑或者人为地延长致死过程，那么就应被认定为属于残忍的刑罚；但是从宪法角度来看，死刑本身并不残忍。残忍的刑罚意味着某些超越单纯地终结生命之外的残忍特质。"[1]

50年之后，在弗兰克斯案[2]中，美国联邦最高法院需要考察在因为机械故障而第一次执行未果的情况下，可否对于死刑犯进行第二次死刑执行的问题。申诉人认为，第二次死刑执行构成了宪法禁止的残忍且不寻常刑罚。美国联邦最高法院拒绝了申诉方的诉讼请求。在本案中美国联邦最高法院还是针对的死刑的执行方式，而并非死刑本身。

"本案中我们需要考察的问题就是死刑……当今美国社会对人道的要求禁止死刑的执行过程伴随不必要的痛苦。"

"宪法所禁止的残忍性刑罚禁止被判有罪的人遭受存在内在残忍性的刑罚方式，禁止超越单纯地终结生命之外的不必要的痛苦。"[3]

弗兰克佛特大法官代表美国联邦最高法院认为本案并不属于宪法第八修正案所禁止的范围，并根据适当程序条款批准了第二次死刑执行。他认为，"如果各州处理犯罪的方式违反了社会普遍接受的社会正当性标准，那么就可以认定其违反了宪法适当程序。"[4]

四位持不同意见的大法官，尽管认为第二次执行死刑属于宪法所无法容忍的残忍刑罚，但也承认死刑的有效性："在判断某种量刑程序是否违宪的时候，我们应该将其与合法的电刑加以对比。而电椅，如果能够瞬间致死，那么就应该认定其符合适当程序"。"重要的考量在于死刑执行应该迅即，并且应该尽可能地减少致死所需程度之外的痛苦。"[5]

上述这些判例都涉及基于宪法第八修正案而对于死刑的挑战，而每次美国联邦最高法院也都维持了死刑的合宪性。在这三起案件当中，共有五种独立观点，代表了23名美国联邦最高法院大法官的意见。尽管从狭义角度来讲，这些案件都没有直接挑战死刑本身的合宪性，因此这些判决也都是对于死刑合宪性的隐含性承认。而各州适用死刑的权力也再三得到承认。

除了这些将死刑的合宪性作为判决基础的判例之外，那些要求美国联邦最

---

〔1〕 Id. , at 447.

〔2〕 *Louisiana ex rel. Francis v. Resweber*, 329 U. S. 459 (1947).

〔3〕 Id. , at 463~464.

〔4〕 Id. , at 469~470.

〔5〕 Id. , at 474（Original emphasis）.

高法院废除死刑的人还必须否定其他推定死刑合宪性的判例。[1]

美国联邦最高法院在特洛普案中的多数派意见尤其值得注意,因为在其看来,在很大程度上,其被用来作为本案质疑死刑合宪性的根据。[2]认为申诉方所主张的检验标准——标志着不断发展的成熟社会的社会正当性标准[3]——应该产生于一个与申诉人所持观念截然相反的司法判决。华伦大法官直截了当地提出:

"首先,我们将死刑作为宪法所允许适用的刑罚的一极。无论对于死刑存在何种道德或者实用主义的批判,无论这种批判多么有力,死刑在历史上都被长期适用,只有死刑作为一种刑罚还被社会上大多数人所接受,就不应认定死刑违宪。"[4]

特洛普案所涉及的问题是对于战时逃避服役的人员褫夺公民权是否构成了宪法禁止的残忍且不寻常刑罚。在审查这种相对新鲜的刑罚时,[5]在本案中,华伦大法官区分了"传统"与"不常见"的刑罚:"尽管国家有刑罚权,但宪法第八修正案要求刑罚权的行使必须被限制在文明社会能够接受的范围之内。罚金、监禁甚至死刑必须和犯罪本身的严重程度成正比,任何超越上述传统刑罚的处罚都有违宪之嫌。"[6]

本案的多数派法官一直否认对于死刑本身的质疑不能被认为是一种看似随意的意见表达,因为其是用来反驳弗兰克佛特大法官所坚持认为的褫夺国籍对于众所周知的死刑犯罪而言不属于显失公平的刑罚的不同意见的。[7]

美国联邦最高法院最近做出的判例维泽斯普恩案与麦克瓜德案也在很大程度上建立在死刑合宪性的基础上。虽然两个案件所涉及的问题表面上看只是关

---

〔1〕 *Trop v. Dulles*, 356 U. S. 86, 99, 100(1958);*Weems v. United States*, 217 U. S. 349, 382, 409(1910)(White, J., joined by Holmes, J., dissenting)。怀特大法官曾经提出:"死刑是人们所熟知的刑罚执行方式,并且伴有苦痛,从这一意义上来说,死刑是残酷的。虽然宪法第八修正案禁止残忍且不寻常刑罚条款对于残忍的规定可以被解读为禁止任何超越单纯结束生命程度之外的痛苦,但死刑所具有的痛苦性显然不属于此类。"217 U. S., at 409. See *McGautha v. California*, 402 U. S., at 226(Separate opinion of Black, J.);*Robinson v. California*, 370 U. S. 660, 676(1962)(DOUGLAS, J., concurring)。

〔2〕 See Part III, infra.

〔3〕 356 U. S., at 101.

〔4〕 Id., at 99.

〔5〕 In footnote 32, at 100~101,多数派法官指出,直到1940年,剥夺国籍才首次被适用,并且从来没有被审查过自身的合宪性。

〔6〕 Id., at 100.

〔7〕 "自从美国独立以来,对于死刑犯罪适用剥夺公民权就不被认为属于宪法第八修正案所禁止的不适当刑罚。难道宪法的辩证法如此空洞,以至于剥夺公权可以被解读为比死刑更严重的刑罚。"Id., at 125.

于陪审员选择以及死刑量刑程序[1]，但如果当时美国联邦最高法院法官决心认定死刑违宪的话，这些问题就完全丧失了其存在的意义。[2]这一点在哈兰大法官在麦克瓜德案中经过考察死刑的历史所得出的结论吻合，哈兰认为，"我们认为如果说在死刑量刑过程中赋予陪审团以无限制的自由裁量权违反宪法规定是不能成立的。"[3]

或许过去百余年美国联邦最高法院对于这一悬而未决的问题的观点有了较为充分的说明。实际上任何一次涉及死刑本身的合宪性的时候，美国联邦最高法院都给出了肯定的答案，或者技术性的回答，美国联邦最高法院不处理这一问题。在今天这一判决之前，美国联邦最高法院中没有任何一名大法官曾经违背过这种较为连贯的对于宪法的解读。对此，申诉人并不能简单地通过指出没有与死刑本身合宪性相关的判例就规避了事。如果遵从先例还是美国司法原则之一的话，那么在存在如此完整的一系列判例的情况下当然应该适用。[4]尽管这种对于死刑本身合宪性的重复强调不足以作为直接驳回申诉方诉讼请求的根据，但这种观点在漫长的时间内得到了历任美国联邦最高法院 29 名大法官的支持，因此也应该值得尊重。[5]

III

尽管存在有悖宪法、有悖先例的现象，但申诉方提出的相关主张也存在一些值得反思之处。申诉方的观点实质上就是被本案多数派法官所概括的对于禁止残忍且不寻常刑罚的动态理解。即对于这种表述的理解不能局限在 1791 年的理解，相反，用华伦大法官在特洛普案[6]中所提出的那样："宪法第八修正案的文本并不具体，但其含义却并不僵化，而必须从标志着城市社会不断进步的

---

〔1〕 398 U. S. 936 (1970)；402 U. S. ，at 306 (BRENNAN, J. , dissenting). 虽然死刑本身的合宪性看起来没有任何问题，但目前美国联邦最高法院内部某些大法官开始倾向于考察具体犯罪死刑适用的合宪性。*Rudolph v. Alabama*, 375 U. S. 889 (1963) (Dissent from the denial of certiorari).

〔2〕 Brief for Respondent in *Branch v. Texas*, No. 69 – 5031, p. 6.

〔3〕 Id. , at 207. 尽管在麦克瓜德案中存在这样的一种隐性推定，对于那些要求完全废止死刑的人来说，将死刑作为刑罚的一种仍然是不可接受的，对于那些将宪法第八修正案视为一种程序性禁止原则的法官来说，这还涉及如何处理遵从先例原则的问题。道格拉斯大法官提出死刑不被接受的原因在于其适用程序存在的任意性和歧视性。斯图尔特大法官认为本案并不是宪法第八修正案相关的案件，而是与适当程序相关的案件。怀特大法官认为死刑不能接受的理由在于死刑的执行程序，从而也没有参照 *McGautha* 案。Ante, at 399 ~403.

〔4〕 *Green v. United States*, 356 U. S. 165, 189 ~193 (1958) (Frankfurter, J. , concurring).

〔5〕 这一数字包括所有参与 *Wilkerson v. Utah*, 99 U. S. 130 (1879) 案，*Kemmler* 案以及 *Louisiana ex rel* 案的大法官，弗朗西斯大法官以及其他审理 Trop 案的大法官。

〔6〕 *Trop v. Dulles*, 356 U. S. , at 100 ~101.

社会正当性中寻找含义。"

但这一准则并不新鲜。这一观点首见于麦肯南大法官在威姆士案[1]中作出的相关表述。作为多数派法官的代表,麦肯南认为,对于这一条款的解读必须保持发展的眼光,而不能被束缚在某种过时的概念基础上,应当从人性正义的基础上获得含义。[2]弗兰克佛特大法官在弗兰克斯案[3]中也提出了类似观点,他认为宪法第十四修正案不能将宪法第八修正案充分地适用于州法,而是认为适当程序条款禁止以一种不被普遍接受的刑罚方式适用刑罚。

无论将这个问题视为适当程序问题,还是将其视为宪法第八修正案问题,但问题的实质都是一致的。[4]因此,这里所涉及的一个重要的前提问题就应该是什么是"残忍且不寻常"的刑罚,或者"适当程序"的发展意味着什么?

国会或者州立法机构现在都无法容忍颈手枷、刺字、枭耳等残忍刑罚——这些刑罚在殖民地时期也都存在。[5]如果任何此类的刑罚真的被立法规定的话,那么法院也肯定不会将其加以适用。[6]与此类似,也没有任何法院会批准涉及不必要残忍性的刑罚。对于特定犯罪的死刑适用也要随着时代发展而不断出现变化。[7]

但是在本案中,我们需要思考的问题与死刑的执行方式无关,我们所需要思考的问题也不是死刑是不是对于特定死刑犯罪而言过于苛重的刑罚。如果是上述两种提法,就需要分别考察死刑适用过程中是否存在歧视性,或者死刑与犯罪之间是否存在比例关系。在本案中,申诉方的主张已经超越了传统的个案分析层面,而坚持一种史无前例的禁止死刑适用的宪法结论。通过要求法院认定死刑违反了标志成熟社会不断发展进步的社会正当性,申诉人迫使美国联邦最高法院放弃之前一贯遵循的对于宪法第八修正案的解读分析模式。这种观点实质上意味着渐进性发展道路突然终结,本来应该由时间解决的问题被一下子彻底解决完毕。

之前美国联邦最高法院的判例已经明确无误地说明了为什么最高法院法官不应该违背先例,承担这种决断的角色。首先,宪法规则本身存在灵活解释的空间,而这也是社会政策所倚重之处,因此,存在将个人意愿解读进去的高度

---

[1] *Weems v. United States*, 217 U. S. 349 (1910).

[2] Id. , at 378.

[3] *Louisiana ex rel. Francis v. Resweber*, 329 U. S. , at 469.

[4] 参见 n. 4, *supra*.

[5] 参见 e. g. , *Ex parte Wilson*, 114 U. S. 417, 427～428 (1885).

[6] *Jackson v. Bishop*, 404 F. 2d 571 (CA8 1968).

[7] 参见 *McGautha v. California*, 402 U. S. , at 242 (DOUGLAS, J. , dissenting).

风险。很容易将个人对于社会政策的主管判断认为就是社会正当性的代表。[1]

其次，要求司法部门恪守自身权限的根据还在于立法部门与司法部门之间的权力配属。对于犯罪规定刑罚恰恰专属于州或联邦立法部门。[2]在可能侵犯立法权的情况下，美国联邦最高法院法官都被告诫应该格外谨慎。在执行宪法的过程当中，对于立法选择的审查才是如霍尔姆斯法官所言，"法院应该履行的最为重要，也最为微妙的义务。"[3]

可以想见，我们没有被要求对于个案中针对具体犯罪适用死刑的正当性，而是被要求推翻超过40个州以及联邦的死刑立法时承担的义务的严肃性。难道可以这样做的时候多数派大法官可以像其在威姆士案那样宣称，最大限度地尊重了立法机关调整刑法从而使其适应根据犯罪的形式及频率适用刑罚的权力？[4]我并不这样认为。对于立法权与司法权的分野，以及司法权的限制，弗兰尼佛特大法官在特洛普案中发表的不同意见体现的十分明确。他认为，法院推翻国会以及45个州相关立法的做法违反了对于司法权的传统预期。

"一个基本的事实就是挑战国会制定法律权力是对于立法权进行司法审查的适当理解……当挑战国会立法权的时候，法院需要考察立法权的行使是否超越了宪法授权，或者应该授权的界限。在进行此种认定的时候，法院需要从自身的权限出发，对于另一部门的行为进行判断——判断行为必须遵照宪法。"

"对于权力分配及适当行使的限制的严格遵守——在权力问题与谨慎性之间——要求对于具有决定性的这两对概念间的联系与区别保持敏感。同时，还要求坚持这样的一种区分。很容易会突破限制，为所欲为，毫不考虑正当的行为方式。但应牢记，法院应该谨记司法权的限制，而不应该贸然涉足立法政策问题。这种谨慎小心歧视是在捍卫司法的尊严，排除将司法意愿作为判断是非的标准。法院不对于立法或者行政部门相关行为指手画脚也是宪法所一再强调的。"[5]同样的观点还可以参见怀特大法官在威姆士案[6]中的意见。

〔1〕 See *Trop v. Dulles*, 356 U. S. , at 103 (Warren, C. J.), 119 ~ 120 (Frankfurter, J., dissenting); *Louisiana ex rel. Francis v. Resweber*, 329 U. S. , at 470 ~ 471 (Frankfurter, J., concurring); *Weems v. United States*, 217 U. S. , at 378 ~ 379 (McKenna, J.).

〔2〕 See e. g., *In re Kemmler*, 136 U. S. , at 447; *Trop v. Dulles*, 356 U. S. , at 103.

〔3〕 *Blodgett v. Holden*, 275 U. S. 142, 147 ~ 148 (1927) (Separate opinion).

〔4〕 217 U. S. , at 379.

〔5〕 356 U. S. , at 119 ~ 120.

〔6〕 *Weems v. United States*, 217 U. S. , at 382.

IV

尽管对于具体犯罪设定刑罚属于立法权限，但权利法案中禁止残忍且不寻常刑罚条款也要求在个案情况下，法院可以对于立法机关的立法是否违反宪法进行司法审查。借由宪法第十四修正案的适当程序条款，美国联邦最高法院也可以对于州立法机关的立法活动进行类似的审查。但是，履行这样一种宪法义务的前提是必须承认之前我们提到的几点：宪法对于死刑的肯定；遵从先例原则；避免侵犯立法权的司法限制主义。

从上述考量出发，如果美国联邦最高法院要坚持认定死刑本身违反宪法，就必须从客观证据出发。但寻找具有如此压倒性的证据来证明如此困难的问题几乎是不可能的。从这一点来看，我认为，反对死刑的观点无法成立。

如上所述，申诉者的前提建立在一个长期以来都成立的观点，即对于宪法第八修正案以及第十四修正案的理解是不断进步的。申诉方非常小心且富有技巧地列出了一系列被认为将不断发展的社会主流正当性的客观标志，并将此作为要求美国联邦最高法院一劳永逸废除死刑的根据。

概括起来，这些所谓主流正当性的客观标志包括：①世界范围内对于死刑的弃用；[1]②对于死刑观念更新的学界主张大体从道德层面反对死刑的适用[2]；③在过去 40 年当中死刑执行数量的锐减[3]；④相对于该当死刑犯罪而

---

〔1〕 e. g. , T. Sellin, *The Death Penalty*, *A Report for the Model Penal Code Project of the American Law Institute* (1959) ; United Nations, *Department of Economic and Social Affairs*, *Capital Punishment* (1968) ; 2 *National Commission on Reform of Federal Criminal Laws*, Working Papers, 1351 n. 13 (1970).

〔2〕 对于死刑道德问题的讨论可谓汗牛充栋，相关综述参见 H. Bedau, *The Death Penalty in America* (1967 rev. ed.), 以及 Royal Commission on Capital Punishment, *Minutes of Evidence* (1949 – 1953).

〔3〕 Department of Justice, *National Prisoner Statistics* No. 46, Capital Punishment 1930 ~ 1970 (Aug. 1971) (20 世纪 60 年代共执行 191 人, 1967 年 6 月 2 日以后就没有再出现过死刑执行) ; President's Commission on Law Enforcement and Administration of Justice, *The Challenge of Crime in a Free Society* 143 (1967) (死刑的残忍性在于其适用的罕见性). 申诉方承认, 也必须承认, 不能过分依赖于近些年死刑执行数量的低下。因为目前存在一个事实上的 5 年死刑执行暂停期, 从而让法院对于死刑判决进行复核。McGautha v. *California*, 402 U. S. 183 (1971) ; *Witherspoon v. Illinois*, 391 U. S. 510 (1968). 而在此之前美国死刑执行数量不高的原因也在于法院赋予死刑被告充分的程序性保障权利。E. g. , *Miranda v. Arizona*, 384 U. S. 436 (1966) ; *Mapp v. Ohio*, 367 U. S. 643 (1961). 除此之外, 美国联邦最高法院在 20 世纪 60 年代初期的判决扩展了死刑犯申请人身保护令的几率与范围, 从而可以有效地减少死刑执行数量。E. g. , *Fay v. Noia*, 372 U. S. 391 (1963) ; *Townsend v. Sain*, 372 U. S. 293 (1963). 无论是对于程序性的保护, 还是对于救济措施的完善, 都使得很多死刑犯最终没有被执行死刑。

言死刑判决的罕见性[1]；⑤通过死刑的非公开执行，说明民众对于死刑的厌恶感[2]。上述概括虽然不甚完整，但却触及了申诉人观点的核心部分。另外，申诉方还强调两点非客观的依据。首先，他们认为死刑能够免受一直谴责的原因仅仅在于其适用并不常见，且较为任意，具有歧视性。其次，对于死刑现在也已经不存在任何合法性根据。因为这些主张看似颇为有力，且得到了一部分大法官的支持，因此将在后面专门予以回应。在此之前，我着重就所谓客观标准问题进行反驳。

任何试图对于正当性的客观标准进行认定的时候都必须考虑几个被申诉方无视或者忽视的要素。在一个民主政体当中，衡量民众态度的最重要手段就是通过代议制所选举出来的立法机关进行的立法活动。在马歇尔法官的意见当中就包括了这种无声的证言。40 个州[3]，哥伦比亚特区以及美国联邦都对于相当数量的犯罪适用死刑，而这一数字自从一战结束后就保持相对稳定。然而，这并不意味着死刑已经成为立法领域被人遗忘的角落。就在一年之前的 1971 年1 月，国会通过立法，规定刺杀国会议员的行为为死罪。[4] 1965 年国会立法将刺杀总统、副总统规定为死罪。[5] 除此之外，1961 年通过的立法将劫持航空器也规定为死罪。[6] 对此，布莱克姆法官的反对意见中对于和这些案件相关的典

---

〔1〕 法官或者陪审团所判决的死刑数量很难统计。但是根据全国罪犯统计（NPS）数字能够对于各级死刑判决的数量有所认识。然而，这一数字并不能解释那些一审被判死刑而等待上诉的未决犯。如果将这一数字作为基础，据估计，20 世纪 60 年代美国死刑的判决数量应该为 1057 人。从全美口径统计，对于该当死刑犯罪的死刑判决率没有一个统计数字。在口头辩论阶段，申诉方的律师认为这一比例应该在 12 或者 13 比 1. Tr. of Oral Arg. in *Furman v. Georgia*, No. 69 – 5003, p. 11. 另外对此还有更高的估计。参见 McGee, Capital Punishment as seen by a Correctional Administrator, 28 *Fed. Prob.*, No. 2, pp. 11, 12 (1964)（加州死刑犯罪死刑判决率为 20%）；Bedau, "Death Sentences in New Jersey 1907 ~ 1960", 19 *Rutgers L. Rev.* 1 (1964)（从 1916 ~ 1955 年，新泽西州 652 名被指控谋杀的罪犯中有 157 人被判处死刑。比例约为 20%，从 1956 ~ 1960 年，61 名被指控谋杀的罪犯中有 13 人被判处死刑，比例约为 20%）；H. Kalven & H. Ziesel, *The American Jury* 435 ~ 436 (1966)（20 世纪 50 年代相关年份的抽样调查，111 起谋杀案件共有 21 人被判处死刑）；亦参见 Koeninger, "Capital Punishment in Texas", 1924 ~ 1968, 15 *Crime & Delin.* 132 (1969).

〔2〕 See e. g. , *People v. Anderson*, 6 Cal. 3d 628, 493 P. 2d 880, cert. denied, 406 U. S. 958 (1972)；Goldberg & Dershowitz, "Declaring the Death Penalty Unconstitutional", 83 *Harv. L. Rev.* 1773, 1783 (1970). But See F. Frankfurter, *Of Law and Men* 97 ~ 98 (1956) (Reprint of testimony before the Royal Commission on Capital Punishment).

〔3〕 纽约州的死刑废除并未通过司法机关。See H. Bedau, supra, n. 17, at 39. 而加利福尼亚州也成为唯一一个通过司法途径废除死刑的州。*People v. Anderson, supra.*

〔4〕 18 U. S. C. § 351.

〔5〕 18 U. S. C. § 1751.

〔6〕 49 U. S. C. § 1472 (i).

型案例进行了分类排序。反过来，一个要求废除所有联邦死刑犯罪的议案在1967年被提交国会审议，但最终未获通过。[1]

在这里我要提出另外一个问题，即我搞不懂为什么申诉方会将纽约州死刑改革的相关经验用来作为支持要求最高法院废除死刑的根据。和加拿大[2]以及英国[3]的情况类似，纽约州对于死刑适用范围的限制是一种立法限制，即并不是基于死刑属于残忍且不寻常刑罚而将其完全废除，而是将其限制在与公共利益相关的少数犯罪之上。而这种立法灵活性显然是法院所不具备的。[4]

除了纽约州的相关经验之外，近些年还有其他的一些州对于死刑进行了反思。有4个州对于死刑进行了全民公决，而这种方式可以被理解为一种较为可观的厘定民意标准的方式。在俄勒冈，1958年试图废除死刑的公民投票虽然以失败告终，但1964年，这种尝试终获成功。[5]2年之后，科罗拉多州针对死刑适用的全民公决以支持派的大获全胜而告终。[6]1970年，伊利诺斯州有超过64%的公民投票支持死刑。[7]除此之外，联邦刑法改革委员会的报告称马萨诸塞、宾夕法尼亚、马里兰州的立法机构建议废除死刑，而纽约州与佛罗里达州的立法机关却建议恢复死刑。[8]北岛教授在自己的研究成果中对于其他州的死刑立法观点进行了梳理："大约20个州的立法机关在近年来曾经收到过要求修改死刑法的议案，并且在大多数情况下，这种议案都被提交表决。但上述议案只有在达拉维尔州过关成为法律。基本上此类议案的表决结果都证明保留死刑的观点占据绝对上风。"[9]因此，从立法活动的历史来看，申诉方的观点是无法成立的。

---

〔1〕 "Hearings on S. 1760 before the Subcommittee on Criminal Laws and Procedures of the Senate Committee on the Judiciary", 90th Cong., 2d Sess. (1968). 纽约州最近重新修改了其死刑法，将死刑犯罪局限在杀害执法官员以及被判终身监禁的罪犯在监狱当中杀害管教人员的犯罪。N. Y. Penal Code § 125. 30 (1967).

〔2〕 加拿大最近进行了一次历时5年的试验，与英国的类似，即对于大多数犯罪取消死刑 Stats. of Canada 1967~1968, 16 & 17 Eliz. 2, c. 15, p. 145. 然而，对于谋杀警员以及监狱管理人员，叛国，海盗等犯罪仍然保留了死刑。

〔3〕 英国在经历了长期争论之后，与1965年进行废除死刑的司法实验。Murder (Abolition of Death Penalty) Act 1965, 2 Pub. Gen. Acts, c. 71, p. 1577. 尽管这一实验在1969年底告一段落，并且废除了谋杀罪的死刑适用，但却导致英国的死刑犯罪被进一步限制在叛国、海盗以及纵火等犯罪。

〔4〕 25 See n. 62, infra.

〔5〕 See Bedau, *supra*, n. 17, at 233.

〔6〕 *Ibid.* （支持死刑的比例为65%）.

〔7〕 See Bedau, "The Death Penalty in America", 35 *Fed. Prob.*, No. 2, pp. 32, 34 (1971).

〔8〕 National Commission, *supra*, n. 16, at 1365.

〔9〕 Bedau, *supra*, n. 17, at 232. See e. g., *State v. Davis*, 158 Conn. 341, 356~359, 260 A. 2d 587, 595~596 (1969). 在本案中，康涅狄格州最高法院指出该州立法机构分别于1961年、1963年、1965年以及1967年和1969年分别明确地拒绝了废除死刑的议案。

第二点反映民意的信息渠道是陪审团。在维泽斯普恩案〔1〕中，斯图尔特法官等人对于陪审团在量刑过程中的历史作用做如下概括："陪审团在死刑量刑过程中享有不受限制的生杀大权，而在决定过程中陪审员自己对于死刑的看法无疑将起到很大作用"，"一个反对死刑的人，和支持死刑的人一样，都可以在行使法律赋予其的自由裁量权的时候仍然恪尽职守，因为无论是死刑判决，还是非死刑判决，都表达了社会对于该犯罪人的具体价值判断"。"陪审团进行此种判断的重要功能之一在于维系社会价值观与刑事司法体系之间的联系——没有这种联系，刑事司法无法反映标志着成熟社会进步的不断发展的正当性标准。"〔2〕

因此，任何考察主流社会正当性的尝试都必须仔细考察陪审团对于死刑问题的反映。在20世纪60年代，陪审团曾经做出过1000余起死刑判决，基本上一星期两起。无论对于死刑犯罪的死刑判决率不足10%的预测是否成立，〔3〕都无法用来支持申诉者所提倡的"死刑已经被当代社会的理性所一致摒弃。"〔4〕

事实上，过去的10年当中，死刑判决数量一直保持相对稳定，去年，也就是1970年的死刑判决数量居这几年之首，达到127起。〔5〕的确，随着犯罪率的上升，死刑判决数量也应该保持上升趋势才对〔6〕，因此，有人提出，这代表着陪审团对于很多该判死刑的案件没有判处死刑。但认为陪审团较少适用死刑的做法代表着社会对于死刑本身的否定却是没有任何根据的。〔7〕

因此，我们必须认定，和申诉人的诉讼请求相反，最能代表民意的指标——立法、公决以及陪审团——都不支持申诉人所提出的死刑违反了不断发

---

〔1〕 *Witherspoon v. Illinois*, 391 U. S. 510 (1968).

〔2〕 391 U. S. , at 519 and n. 15. See *McGautha v. California*, 402 U. S. , at 201 ~ 202；*Williams v. New York*, 337 U. S. 241, 253 (1949) (Murphy, J. , dissenting) ("美国刑事司法体系中陪审团发挥着民众代表的作用")；W. Douglas, *We the Judges* 389 (1956)；Holmes, "Law in Science and Science in Law", 12 *Harv. L. Rev.* 443, 460 (1899).

〔3〕 See n. 19, *supra*.

〔4〕 Tr. of Oral Arg. in *Aikens v. California*, No. 68 – 5027, p. 21. 虽然本案申请调卷令的主张后被驳回，但值得一提的是，该案的律师同时也是代理本案的律师，而其在两案当中的诉讼请求几乎毫无二致。

〔5〕 National Prisoner Statistics, *supra*, n. 18.

〔6〕 FBI, *Uniform Crime Reports*——1970, pp. 7 ~ 14 (1971).

〔7〕 "民调显示，尽管不存在直接的联系性，但还是可以从立法行为以陪审团审理中发现针对死刑的态度是充满分歧的。" *Louisiana ex rel. Francis v. Resweber*, 329 U. S. , at 470 (Frankfurter, J. , concurring). See e. g. , *Witherspoon v. Illinois*, 391 U. S. , at 520 n. 16 (1996年民调显示42%的人支持死刑，47%的人反对死刑)；*Goldberg & Dershowitz, supra*, n. 20, at 1781 n. 39 (1969年的民调结果与1960年一致，有61%的民众支持死刑)；H. Bedau, *The Death Penalty in America* 231 ~ 241 (1967 rev. ed.)；Bedau, "The Death Penalty in America", 35 *Fed. Prob.* , No. 2, pp. 32, 34 ~ 35 (1971).

展的社会正当性这一主张。[1]实际上，证据表明，很少有人会真的支持完全废除死刑这种激情畅想。但无论对于如流水般的民意如何评估，这样的一种评估都只停留在表面，而没有深入问题的核心，即对于一个宪法问题的司法处理过程。而对于民意的把握，实际上也应该是立法机关，而非司法机关应该处理的问题。

V

申诉方还是通过论证死刑执行的罕见性与歧视性来佐证自己提出的死刑遭遇公众反对的观点。申诉方告诉我们，死刑只适用于那些处于劣势的少数族群——"贫苦者、个性丑陋者，以及那些社会所无法接受的人群"[2]。因为存在这样的一种歧视性适用，因此社会公众中大多数对于死刑适用或者不知情，或者不关心，从而没有办法用社会一般道德标准来衡量这一问题。

而这样一种观点显然在某种程度上承认了我们在第四部分提出的没有客观证据显示社会公众反对死刑的观点。因此，申诉方现在主张的并不是死刑本身违反了民意，而是转而提出死刑的执行方式具有歧视性，并试图通过这一主张让民众认识到围绕死刑的道德正当性问题。这就使得我们在进行司法审查的时候依据的不是客观的标准，而是基于拟制前提的虚无缥缈的主观预测。

除了将判断标准建立在如此一种主观判断基础上存在问题之外，申诉方的

---

〔1〕 如果如申诉方所言，司法机关本身代表着社会正当性的主流标准，那么就非常有必要谈一下近些年来州法院对于死刑问题的态度。仅从过去 5 年来看，因为出现了事实上的死刑暂停适用，有 26 个州的上诉法院维持了宪法第八修正案意义下的死刑合法性，而这些州的宪法与联邦宪法之间没有实质性区别。除了加州最高法院在加州诉安德森案中认定该州死刑违宪之外，没有其他州通过司法途径认定死刑本身违宪。阿拉巴马（1971）；亚利桑那（1969）；科罗拉多（1967）；康涅狄格（1969）；达拉维尔（1971）；佛罗里达（1969）；佐治亚（1971）；伊利诺斯（1970）；堪萨斯（1968）；肯塔基（1971）；路易斯安娜（1971）；马里兰（1971）；密苏里（1971）；内布拉斯加（1967）；内华达（1970）；新泽西（1971）；新墨西哥（1969）；北卡罗来纳（1972）；俄亥俄（1971）；俄克拉荷马（1971）；南卡罗来纳（1970）；德克萨斯（1971）；犹他（1969）；弗吉尼亚（1971）；华盛顿（1971）. 尽管这些州法院的判决当中对此问题的论述十分简约，但还是有些观点提出应该参照不断发展的标准。See e. g. , *State v. Davis*, 158 Conn. 341, 356 ~ 359, 260 A. 2d 587, 595 ~ 596 (1969) ; *State v. Crook*, 253 La. 961, 967 ~ 970, 221 So. 2d 473, 475 ~ 476 (1969) ; *Bartholomey v. State*, 260 Md. 504, 273 A. 2d 164 (1971) ; *State v. Alvarez*, 182 Neb. 358, 366 - 367, 154 N. W. 2d 746, 751 ~ 752 (1967) ; *State v. Pace*, 80 N. M. 364, 371 ~ 372, 456 P. 2d 197, 204 ~ 205 (1969). 所有上诉联邦法院都没有认定死刑本身违宪。See e. g. , *Ralph v. Warden*, 438 F. 2d 786, 793 (CA4 1970) ; *Jackson v. Dickson*, 325 F. 2d 573, 575 (CA9 1963) , cert. denied, 377 U. S. 957 (1964).

〔2〕 Brief for Petitioner in No. 68 - 5027, p. 51. 虽然阿特金斯案已经不再是我们需要关注的问题，但本案的申诉人通过注释将该案的诉讼请求纳入了本案当中。See Brief for Petitioner in No. 69 - 5003, pp. 11 ~ 12; Brief for Petitioner in No. 69 - 5030, pp. 11 ~ 12.

观点还存在其他问题。如果像他们所言的那样，我们真的去臆断这种主观感受，那么假设某州死刑执行数量和20世纪30年代一致，民众对此的主观感受未必如申诉方所预期。[1]而公众的反应，在很大程度上并不取决于一种抽象的支持或者反对，而取决于案件的具体事实和情节。

在座的各位大法官都知道，从我们所处理的案件来看，经常能够遇到令人感到不安的惨绝人寰的谋杀犯罪。事实上，在美国，只有那些最为耸人听闻的谋杀犯罪才会引起公众的注意。很难想象在任何一起如此吸引公众关注的案件当中——无论是震惊全国的行刺案件，还是臭名昭著的连环杀手——公众曾经表达过任何对于死刑的反感。我们知道的实际情况下公众的呼声恰恰相反。进一步而言，也不能因此推断对于那些低曝光率的杀人案件，公众的反应会因此有所不同。如果说公众会因为犯罪手段的残忍而支持处死这些被曝光的谋杀犯，而不支持处死那些没有被曝光的谋杀犯，这显然无法成立。同时，也没有根据提出因为谋杀犯本身的富有或者有地位，有影响力就会被最终免于一死。对于那些杀害穷人的富人来说，往往需要面临更大的被处死压力。尽管在某些情况下，某些案件中，对于被告人的死刑判决可能会引发社会的不安，但这种对于具体案件的不安无法被解读成为对于全面废除死刑的呼吁。

上面所进行的推测并不意味着我认为这与案件的裁定相关。而主要是用来表明司法判决无法建立在这种推断基础之上，而无论这种推断本身多么有力。

但主张死刑适用存在歧视性的主张并不仅仅用来作为针对死刑适用问题民意的表征，在很大程度上其还被用来作为证明死刑主要影响社会当中的劣势群体，主要是指少数族裔。从此，可以引出如下两点：首先，这应该属于申诉人所采取的主观臆断的一种延伸，换句话说，因为死刑没有影响到占据人口大多数的中产阶级，因此对于美国民众来说，死刑的存废无关痛痒。

正如今天马歇尔大法官所提出的那样，这样的一种观点还会导致另外一个让人感觉不安的结果。在他看来，如果公众认识到死刑只适用于那些"贫苦者、个性丑陋者，以及那些社会所无法接受的人群"，那么他就会认为这样的死刑违反了他的理性与正义观，就会不再支持死刑。而这种观点与所谓无动于衷说类似，都需要法庭进行进一步的推测。而这也恰恰彰显出本案判决根据的不稳固性。实际上，这两种观点其实是相互矛盾，相互冲突的。无动于衷说认为因为

---

〔1〕 1935年的数据表明共有184名谋杀犯被执行死刑，同时也创下了历史高点。NPS, supra, n. 18. 因此，申诉方以此为例，提出，如果1971年也处死184人的话，那么毫无疑问，美国的公民情感与理性良知将会被严重侵犯。由此带来的恐惧将导致死刑被立即废止。Brief for Petitioner in No. 68 – 5027, p. 26 (See n. 38, *supra*).

死刑适用对象在社会中不属于强势，因此大多数不受死刑适用影响的社会公众会对于死刑保持容忍的态度。而马歇尔的观点，从另一方面，建立在公众不知情的情况下，一旦公众知情，就会反对死刑的适用。两种观点都没有准确地对于公众态度进行刻画和把握，因为对于某些铁石心肠的人来说，死刑事不关己，可以高高挂起，而对于另外一部分人来说，因为无知，所以对于死刑没有态度，对于这些观点，我认为都存在根本性的问题。

这样一种观点的成立前提在于刑事制裁，包括死刑，主要适用于社会中的贫困人群，或者劣势人群。但那些一无所有的人一直是犯罪人的主要来源，而对于这些人的相关限制一直较少。而这属于社会与经济剥削的一种悲剧性产物，但却并不是一种可以基于宪法第八修正案、第十四修正案的宪法性问题。因为同样的歧视性观点也应该适用于监禁刑和其他刑罚措施。适当程序条款不区分剥夺"生命"与剥夺"自由"的刑罚，如果说歧视性的影响足以使得死刑成为宪法所禁止的残忍且不寻常刑罚，那么大多数刑罚都将因此被废止。实际上，不能因为刑罚适用对象较多地适用于社会当中的劣势群体，就应该废除这些刑罚条款。导致这种情况出现的原因不在于刑罚本身，而在于社会与经济的剥削，历史上，没有一个完美的社会能够根除贫困，防止社会当中少数族裔处于劣势。[1] 而导致这种局面出现的原因显然也不属于法院所能考虑的宪法问题的范畴。

最后，多数派法官的意见当中大多都在很大程度上倚重于死刑歧视性适用所能导致的不当后果。和之前认为死刑与社会正当性不符的观点不同，道格拉斯法官认为死刑以为适用的"恣意性"而违反宪法禁止残忍且不寻常刑罚条款的规定。在他看来，宪法第八修正案中隐含性包括的平等保护原则在陪审团适用死刑过程中过于恣意，过于歧视的过程中被侵犯。尽管斯图尔特大法官并没有明确地将平等保护原则作为自己观点的基础，但也在很大程度上将死刑适用任意性作为支持自己观点的根基。无论他们所提到的陪审团死刑适用方面是否存在恣意性，都需要重新反思美国联邦最高法院在麦克瓜德案[2]当中所设定的标准。前大法官哈兰明确梳理的历史已经证明陪审团相关自由裁量权在历史当中一直被肯定的事实，因此很难理解为什么在本案中美国联邦最高法院会突然

---

〔1〕　并不是所有的谋杀，也不是所有的犯罪都是由这些被标定位劣势族群的人实施的。很多暴力犯罪是由那些以此为业的职业罪犯实施的。而且，所谓劣势或者贫困本身定义起来就十分困难，且具有较为强烈的相对性。

〔2〕　*McGautha v. California*, 402 U. S. 183 (1971).

认为这一量刑程序存在宪法第八修正案意义上的根本缺陷。[1]因此，在我看来，主张死刑适用过程存在歧视的观点并无太大意义，起码从我们目前所需要解决的问题角度来看是如此。

尽管申诉人没有提出，但如果从平等保护条款出发，他们本还可以提出另外一个主张。例如，如果黑人可以证明自己这个种族被刻意挑选出来作为某种严苛刑罚的适用对象，似乎可以认定存在某种违反宪法之处。而这一观点也出现在麦克思维尔诉毕绍普案[2]中，在本案中，美国第八巡回上诉法院被要求对于一名因强奸罪而被判处死刑的黑人死刑犯签发人身保护令。申请人提出了大量证据试图证明在阿肯色，以及其他南部各州，因强奸罪判处死刑的黑人显失比例地高。虽然这一证据没有被作为非法证据排除，但却被认为不足以作为对其签发人身保护令的根据。当时还是美国联邦第八巡回上诉法院法官的布莱克姆大法官认为，"申诉人的观点颇为值得玩味，而且我们也不能说这些证明没有任何证明力，然而，我们认为这一主张与本案无关"。"我们还没有准备好依据针对阿肯色州相关统计数据来对于每起黑人实施的强奸案件进行该判。""我们并不是说没有任何理由怀疑针对强奸罪的死刑适用过程中存在黑人的种族歧视迹象。事实上有此迹象。但过去州司法体系的不当做法不能作为推翻现在审理的具体个案结果的根据。"[3]

我同意不能将死刑适用在过去存在歧视性的事实作为推翻死刑现在作为相关犯罪适用刑罚的根据。但我想通过提麦克思维尔案表达的意思在于死刑适用存在歧视性这一问题本来可以以一种更好的方式，作为适当程序意义下的问题提出，而不是像本案多数派法官所认为的那样，将其作为一个宪法第八修正案意义上的问题来加以看待。

对于死刑适用歧视性问题的最后评价是在死刑犯罪的审理和量刑程序中，过去可能存在种族歧视的迹象。但在过去的10年当中，种族隔离制度已经被逐渐取消，因此以前全部由白人组成陪审团的历史已经过去。因此，和之前相比，公平审判愈发成为可能。因为当今刑事审判的程序设计更加倾向于保护被告，因此，死刑适用过程中的歧视性可能已经不高。

---

〔1〕 与此类似，怀特大法官认为没有办法对于适用死刑的案件与不适用死刑的案件加以区分。布里南大法官以及马歇尔大法官对于歧视性观点的态度与申诉人相当，并以此要求完全废除死刑。

〔2〕 *Maxwell v. Bishop*, 398 F. 2d 138（CA8 1968）.

〔3〕 Id. , at 146～148.

VI

在编号为 No. 69 - 5031 的布兰奇诉德克萨斯州案中，申诉人还提出，死刑之所以违反宪法禁止残忍且不寻常刑罚条款，是因为死刑本身不能满足任何有效的刑罚目的。在对此观点进行反驳之前，我先预设下自己观点的语境：

首先，我认为根据宪法，以及美国联邦最高法院的判例，还从来没有任何刑罚因为不能满足所谓刑罚学上的目的而被整个否定。尽管根据判例，美国联邦最高法院可以禁止那些具有非人的残忍性的刑罚（如 *Wilkerson v. Utah*, 99 *U. S.*, *at* 135 ~ 136; *In re Kemmler*, 136 U. S., *at* 447），以及那些与犯罪的严重程度显失比例关系的刑罚，但没有任何判例因为某种刑罚不如较之更为轻缓的刑罚在实现所谓刑罚目的上效力的缺失而将其加以否定。

其次，如果我们如此随意地对于死刑适用的根据加以质疑，那么这些质疑立法机构规制刑罚的合理性的人就应该承担证明的责任。美国联邦最高法院长期以来都认为应该推定立法机关立法的合理性。[1]

我现在基于上述两点保留，对于申诉方的相关观点进行反驳。报应论，尽管长期以来一直颇为流行，并且为文明社会所逐渐不能接受。然而，美国联邦最高法院从来没有摒弃这一理念。在威廉姆斯诉纽约州案中，布莱克大法官认为，"报应不属于刑罚的最重要目标，因此，对于犯罪人的改造与教化应该被视为是刑罚理论的核心目标。"[2]

同样很显然，美国联邦最高法院并没有完全摒弃报应。相关记录显示审理本案的原审法院法官审理此案的原因就在于他对于案件令人发指的情节的反感。[3]尽管这种动机无疑是具有报应性的，但美国联邦最高法院还是维持了这一判决。[4]与此类似，马歇尔大法官在鲍威尔案[5]中提出，"宪法从未要求刑

---

〔1〕 See e. g., *Trop v. Dulles*, 356 U. S., at 103; *Louisiana ex rel. Francis v. Resweber*, 329 U. S., at 470 (Frankfurter, J., concurring); *Weems v. United States*, 217 U. S., at 378 ~ 379; *In re Kemmler*, 136 U. S., at 449.

〔2〕 Id., at 248.

〔3〕 Id., at 244.

〔4〕 在莫罗塞特诉美利坚合众国案 ［*Morissette v. United States*, 342 U. S. 246 (1952)］中，杰克森大法官认为，"目前用预防与教化作为替代报应理念的刑罚根据尚未完成"，Id., at 251. 他还提出，对于侵犯财产权的刑罚应该与公众所呼吁的程度相当。Id., at 260.

〔5〕 *Powell v. Texas*, 392 U. S. 514, 530 (1968).

罚建构的唯一目标仅仅是为了实现教化的效果。"〔1〕

尽管报应本身似乎从道德的角度缺乏正当性，但是通过报应来获取社会对于某种刑罚的支持却十分有效。丹宁勋爵曾经就此问题在英国皇家死刑改革委员会作证，"很多人倾向于认为刑罚的有效性就在于其阻遏的功用：但这样的一种观点太过狭隘。刑罚体现的是对于某种刑罚的社会摒弃，因此，为了保证人们遵守法律，应该保持对于严重犯罪进行充分的惩罚，从而彰显社会公众对于这种行为的唾弃。因此，单纯地认为刑罚的目的在于预防犯罪，或者震慑犯罪分子，显然是不对的。如果是这样，那么我们就不用再对于交通肇事的犯罪人判处监禁，而只需要剥夺这些人的驾驶资格即可。但对此，公众显然无法满意。事实上对于很多残忍犯罪而言，对于其惩罚仅仅是因为犯罪人该当这种刑罚，而并不考虑刑罚是否具有阻遏效果。"〔2〕这一观点后来为皇家死刑改革委员会所采信，从而承认了死刑的报应作用。〔3〕在今天的判决当中，斯图尔特法官也发表了类似的看法，即在量刑过程当中体现出人的报复本能是维持一个法治社会稳定性的重要目标。同样，美国法理学界也支持这样的一种看法〔4〕，当然，对此还存在相反的观点。〔5〕

各方都承认，在某些情况下，案件情节非常骇人听闻，因此需要对于实施此种犯罪的罪犯适用死刑。

与此相比，阻遏或者震慑虽然在理解上各有不同，但却是更为具有吸引力的刑罚适用根据。实际上，阻遏问题也恰恰属于死刑存废论争的核心。〔6〕支持废除死刑的学者依据相关统计数字，认为和较为轻缓的刑罚相比，死刑的震慑

〔1〕 See *Massiah v. United States*, 377 U. S. 201, 207 (1964)（WHITE, J., dissenting）（对于刑罚的目的应该是惩罚、改造还是教育，存在不同的看法）；*Robinson v. California*, 370 U. S., at 674（DOUGLAS, J., concurring）；*Louisiana ex rel. Francis v. Resweber*, 329 U. S., at 470~471（弗兰克佛特法官认为不应对于州法院坚持报应的理念简单地加以否定）；*United States v. Lovett*, 328 U. S. 303, 324 (1946)（Frankfurter, J., concurring）（对于犯罪的刑罚来说，并不仅仅是用来指称何种行为应该称之为犯罪，而且还应被用来指称对于何种犯罪行为应该做出报应）。

〔2〕 Royal Commission on Capital Punishment, *Minutes of Evidence* 207 (1949~1953).

〔3〕 *Report of Royal Commission on Capital Punishment*, 1949~1953, Cmd. 8932, para. 53, p. 18.

〔4〕 M. Cohen, *Reason and Law* 50 (1950); H. Packer, *The Limits of the Criminal Sanction* 11~12 (1968); Hart, "The Aims of the Criminal Law", 23 *Law & Contemp. Prob.* 401 (1958).

〔5〕 "Comment, The Death Penalty Cases", 56 *Calif. L. Rev.* 1268, 1297~1301 (1968). 反对意见也在于 *National Commission on Reform of Federal Criminal Laws*, supra, n. 16, at 1358~1359. 相关文献亦参见 Dr. Karl *Menninger in The Crime of Punishment* 190~218 (1966).

〔6〕 See e. g., H. Bedau, *The Death Penalty in America* 260 (1967 rev. ed.); National Commission, supra, n. 16, at 1352.

效果并不突出。[1]但对此也存在不同意见,[2]认为这些研究并未否定死刑阻遏犯罪发生的作用。基于现有的学说研究,我个人认同英国皇家死刑改革委员会对此问题的结论"在认真研究既有的相关证据材料之后,针对死刑的阻遏效果,我们发表如下意见。从形式判断,死刑比任何一种其他犯罪都更加震慑性,并且也有此方面的证据。但这种震慑效果并非放之四海皆准,对于某些特定的犯罪人来说,死刑的震慑作用是非常有限,甚至可以忽略不计的。因此,对于死刑的震慑作用需要正确评价,而不能对于死刑作为阻遏犯罪工具的作用过分夸大。"[3]

直到最近,美国联邦最高法院还在被要求对于罚金刑或者监禁刑所具有的阻遏效果进行审查。在鲍威尔案[4]中,美国联邦最高法院拒绝认定德克萨斯州相关法律因为不能满足刑罚目的而违宪,马歇尔法官代表法院提出,"长期以来,针对刑事制裁的阻遏有效性的争论还没有得出一个明确的答案,从而无法确定具体刑罚在具体案件的适用过程当中一定有效,或者行为人可以明确地感知行为后果。"[5]

如前所述,针对特定刑罚的有效性的立法判断一般被推定为合宪,因此不能因为法院认为某种替代刑罚更为有效就依据宪法第八修正案而对于立法机关制定的刑罚加以否定。即使司法机关真的有权这样做,那么申诉方也没有能够明确无误地证明在这些案件中相关的立法没有任何根据。[6]

尽管对于立法机关来说,申诉方对于死刑无效的观点颇为有说服力,但司法机关却没有权利宣称立法机关的相关立法缺乏理性。

VII

我们今天审理的案件当中有两起案件针对的是对于强奸犯的死刑判决。[7]

---

〔1〕 See Sellin, *supra*, n. 16, at 19~52.

〔2〕 相关反对意见参见 National Commission, *supra*, n. 16, at 1354; Bedau, *supra*, n. 48, at 265~266; Hart, "Murder and the Principles of Punishment: England and the United States", 52 *Nw. U. L. Rev.* 433, 455~460 (1957).

〔3〕 *Report of the Royal Commission*, *supra*, n. 45, para. 68, at 24.

〔4〕 *Powell v. Texas*, 392 U. S. 514 (1968).

〔5〕 Id. , at 531.

〔6〕 需要强调的是,之前在麦克瓜德案中,美国联邦最高法院的所有大法官一致认为作为申诉方核心观点的缺乏合法性立法根据的观点无法成立。该案主要根据适当程序条款,指控不受限制的陪审团自由裁量权违反宪法。正如布里南大法官所言,这些都与作为死刑根据的预防与报应无关。Id. , at 284. 而如果不存在这样的标准,那么麦克瓜德案就没有任何意义。

〔7〕 *Jackson v. Georgia*, No. 69 - 5030; *Branch v. Texas*, No. 69 - 5031.

而申诉方要求我们同意，死刑作为刑罚的一种属于违反宪法的残忍且不寻常刑罚的一种。而这种观点的依据在于美国联邦最高法院曾经提出，宪法第八修正案不仅仅禁止残忍且非人的刑罚，而且还禁止罪刑显著失衡的刑罚。这种观点首见于菲尔德法官针对奥尼尔案[1]中发表的不同意见。本案的被告因为违反了禁酒法，而被判处6600美金罚款，如果无法支付，将会被判入狱服刑54年。虽然多数派法官拒绝适用宪法第八修正案来思考这一问题，但反对派法官通过考察宪法第八修正案以及第十四修正案的历史演进，认为佛蒙特州相关法律因为罪刑关系的严重失衡而违反了宪法第八修正案。[2]

美国联邦最高法院在威姆士案[3]中采纳了菲尔德大法官的看法，在本案中，被告被指控伪造了政府文件，因此被判处15年苦役、褫夺公权等刑罚。美国联邦最高法院因此认为菲律宾的相关法律违反宪法，刑罚与犯罪的严重性之间显失公平最近也得到了最高法院的持续支持。[4]

这些案例，一方面为对于强奸犯罪适用死刑的合宪性进行质疑提供了合理根据，同时也表明需要对于司法功能的必要限制。在上述意见当中，随处可见对于测试标准加以限制的表述——严重过度、显失公平——意味着法院在认定某种刑罚属于不必要刑罚的时候需要格外谨慎。

如前所述，历史上司法机关通过适用禁止残忍且不寻常刑罚条款来作为推翻立法规制的刑罚的根据的现象极少出现。美国联邦最高法院无权对于申请调卷令的案件本身进行审理，并将法官个人对于刑罚适当角色的观点纳入进来。这样做无疑篡夺了立法机构的权力，并且超越了司法机关的权属。

基于这些限制，我认为不太可能认定死刑对于强奸犯罪来说属于显失公平的刑罚。强奸被广泛地认为属于最为严重的犯罪，共有16个州对于强奸规定了死刑，几乎所有州都对其规定了终身监禁。[5]强奸为什么属于最为严重的犯罪，理由包括：强奸行为严重侵犯了受害人的尊严与隐私；强奸犯罪不能在过失或者意外的情况下发生，亦即必须故意实施；受害人往往会受到严重的生理伤害，

---

〔1〕　*O'Neil v. Vermont*, 144 U. S. 323, 337（1892）.

〔2〕　Id., at 339~340. 哈兰大法官以及博瑞尔大法官也都分别发表了类似看法。Id., at 371.

〔3〕　*Weems v. United States*, 217 U. S. 349（1910）.

〔4〕　See *Robinson v. California*, 370 U. S., at 667；*Trop v. Dulles*, 356 U. S., at 100；See *Howard v. Fleming*, 191 U. S. 126, 135~136（1903）.

〔5〕　除了那些将强奸规定为死刑犯罪的州之外，还至少有28个州将强奸规定为可最高处终身监禁的犯罪。除此之外，即使在那些废除死刑的州当中也几乎都将强奸罪的刑罚设置为与一级谋杀罪一致。统计数字甚至表明强奸犯罪的服刑期间要长于谋杀犯的服刑期限。J. MacDonald, *Rape——Offenders and Their Victims* 298（1971）.

并且很有可能带来精神上的伤害。[1]基于上述原因，认为死刑过度苛重的观点无法否认将死刑规定为强奸犯罪适用刑罚的合理性。

认为对于强奸罪规定死刑缺乏合理根据的观点认为对于此类犯罪，存在较为轻缓，但同时能够满足刑罚目标的替代刑罚方式。[2]但对于强奸罪适用监禁刑的实际震慑价值还缺乏明确的证据。[3]而且，围绕报应刑的讨论也可以同样适用于强奸犯罪。很多情况下强奸犯罪所涉及的邪恶本质、对于人性的泯灭与凌辱，对于肉体和精神的摧残，都需要对其进行严厉的谴责。在美国的历史当中，强奸犯罪的法律概率正在逐步增加，[4]联邦政府剥夺州对于强奸犯罪适用死刑的权力显然是一个非常重大的历史事件。

针对罪刑相适应原则，还存在其他一些不太具有说服力的表述。最近，美国第四巡回上诉法院在拉尔夫诉华顿案[5]中认为只有在受害人的生命受到威胁的情况下，对于强奸犯适用死刑才符合罪刑关系。海因沃斯法官对此表达了不同意见，在他看来，作为死刑适用正当性的根据并不在于受害人的生命是否受到威胁，而在于受害人是否真的遭受了严重的生理或者心理伤害。[6]

对我而言，这些测试标准都背离了最高法院设定的既定原则，因此可能导致非常严重的问题。如何能够区分受害人的生命遭到威胁与没有遭到威胁的案件？强奸罪的定义当中就包括了严重的身体伤害，而受害人在这个过程当中一定会受到暴力或和暴力的威胁。而这样一种测试标准也不会为本案的申诉人提供多达的帮助。两起案件中，强奸行为都是在实施暴力的情况下完成的。杰克森将一把剪刀抵在受害人的脖颈，布兰奇则轻而易举地制服了65岁的受害人，而两个人都威胁要杀死受害人。另外一种测试措施，将死刑限制在受害人遭受了生理或者心理伤害的情况，会在使用过程中造成更大的困难。虽然肉体伤害更为客观，但精神伤害却很难加以准确衡量。而在审判之前，对于精神伤害的判断几乎也不太可能。

虽然我拒绝此种试图建构针对某种犯罪死刑应该被认定为过度刑罚的尝试，但我也认为这样的一种做法也不属于适当地适用宪法第八修正案的方法。虽然

---

〔1〕　Id. , at 63 ~ 64; Packer, "Making the Punishment Fit the Crime", 77 *Harv. L. Rev.* 1071, 1077 (1964).

〔2〕　See Part VI *supra*.

〔3〕　See MacDonald, *supra*, n. 55, at 314; Chambliss, "Types of Deviance and the Effectiveness of Legal Sanctions", *Wis. L. Rev.* 703. (1967).

〔4〕　FBI, Uniform Crime Reports——1970, p. 14 (1971) (20 世纪 60 年代强奸犯罪上升了 121%).

〔5〕　*Ralph v. Warden*, 438 F. 2d 786 (1970).

〔6〕　Id. , at 794. See *Rudolph v. Alabama*, 375 U. S. 889 (1963) (Dissent from the denial of certiorari).

我认为罪刑失衡测试不能被用来否定针对强奸罪适用死刑的根据，也不能用来作为将美国联邦最高法院视为量刑适当性的工具，但其还是可以适用于对于具体案件中具体刑罚适用的死法审查。因此，只有对于那些虽然形式上属于死刑适用的范畴，但在事实上却不属于立法者适用死刑的对象范围的极少数情况当中。可以想见，在特定的强奸或者谋杀案件中，案件的具体情节可能使得死刑适用变得过分严苛。尽管个案审查的方式效力较低，并且无法满足那些认为法院应该扮演积极立法角色的人的预期，但却实际上符合三权分立的基本理念以及司法区的自我限制。而这种方式对我来说才是符合宪法第八修正案的适当审查方式。

VIII

现在，针对本案的核心问题：美国联邦最高法院是否能够根据宪法的规定废除美国死刑的适用。需要注意，在本案中美国联邦最高法院态度的改变是十分巨大的。根据本案的判决，不仅仅成百条联邦以及州法会因此无效，而且还剥夺了立法机构在未来合法设定死刑的权力。要想改变这一判决，唯一的办法只能是修改宪法修正案。同时，这一判例也排除了任何灵活性。通常的民主程序，以及各州通过全民公决表达意愿的机会都被关闭。[1]

进行如此规模的司法改变的不利后果就在于美国联邦最高法院判决的普遍性与深远性。立法行为的优点在于其和民主过程的对应性，并且可以及时改正相关的错误。在英国[2]和加拿大[3]，所有的选择都在权衡所有观点之后借由立法进行，而这可以引以为鉴。[4]

1967年，总统特别设立的一个委员会曾经就是否在全国范围废止死刑进行过专门研讨，并得出如下结论："是否保持死刑应该交由各州决定，如果保持死刑，应该严格限制死刑的适用范围，并且保证死刑适用过程中不出现歧视，程序公平合理。如果不能保证以公平的形式适用死刑，不能保证死刑使用的有效

---

〔1〕 See Text accompanying nn. 27 & 28, *supra*.

〔2〕 See n. 24, *supra*.

〔3〕 See n. 23, *supra*.

〔4〕 最近纽约州的相关立法就说明了司法机关对于立法机关权限的尊重。1965年，纽约州废除了针对谋杀的死刑，只保留了少数针对特定犯罪的死刑适用。1972年4月27日，该州立法机构针对是否恢复死刑的议案了投票，最终以4票的微弱劣势，议案没有最后通过。之所以通过7年才完成这一过程，原因在于1965年的改革是通过民主立法程序进行的，而7年之后，对于死刑问题的修改还应该通过民主立法过程进行。而对于死刑的废除，哪怕仅仅是部分废除，不应从司法活动来进行。

性，就应该废除死刑。"〔1〕

改革委员会的建议的核心在于这一问题属于各州立法管辖的问题，而不应该由司法部门负责。

联邦刑法改革委员会也反思了死刑问题。在该委员会提交的报告引言部分当中提出，在死刑问题上，委员会内部出现了尖锐的分歧，但多数意见倾向于废止死刑。〔2〕但对于该委员会内部针对死刑的这种争论，乃至美国内部针对死刑的不同看法的解决都不能通过美国联邦最高法院的判决来加以解决。〔3〕在此之前，各州对于死刑存废的解决办法或者采用立法专门委员会，或者采取的是全民公决。〔4〕

因为在诸位法官中间存在针对死刑问题存在诸多意见分歧，我认为在此问题上应该保持司法的自我限制。在此之前，还没有任何案件在影响力以及复杂性上可以与本案媲美。〔5〕我认为本案的判决反映出法官对于民主程序的不信任。包括我在内的很多人都对于立法机关没有能够更有效，更坦诚地面对问题，解决问题感到遗憾。很多人因此呼吁完全或者部分废除死刑，或者限制死刑的适用。但是对于立法机关拖冗的不耐烦，乃至对于其不负责任的愤怒，都不能作为司法机关超越自身权属的根据。在这个时候，美国联邦最高法院更应该谨遵前大法官霍尔姆斯的衣钵，如弗兰克佛特法官在特洛普案中所言："霍尔姆斯法官在担任最高法院大法官的 30 年当中，一贯坚持的就是司法权的自我约束，这就一直在告诫我们不应该滥用宣告立法无效的权力。"〔6〕

---

〔1〕 President's Commission on Law Enforcement and Administration of Justice, *The Challenge of Crime in a Free Society* 143 (1967) (Chaired by Nicholas Katzenbach, then Attorney General of the United States). 这份报告指出，死刑存废一直是备受争议的话题之一，适用死刑能否有效地减少犯罪也不是定论。无论其是否存在阻遏犯罪出现的效果，其对于刑事司法体系的影响是不可否认的。目前在很多州，死刑的执行方式都令人无法接受。

〔2〕 *Final Report of the National Commission on Reform of Federal Criminal Laws* 310 (1971).

〔3〕 美国联邦最高法院在历经多年研究之后，决定不对于死刑问题发表官方态度，但该委员会执行委员会在是否废除死刑的表决结果为 18 比 2. 但这些委员也都认为各州是否保留死刑应该由其自行解决。ALI, Model Penal Code 65 (Tent. draft No. 9, 1959).

〔4〕 See Text accompanying nn. 26 through 30, *supra*.

〔5〕 *Blodgett v. Holden*, 275 U. S. 142, 148 (1927) (Separate opinion of Holmes, J.). 亦 See *Trop v. Dulles*, 356 U. S., at 128 (Frankfurter, J., dissenting): "法院所具有的认定立法无效的权力受到了其自身对于权力行使的严格限制。法院司法审查权的行使必须十分谨慎。"

〔6〕 356 U. S., at 128.

伦奎斯特大法官之异议：

今天美国联邦最高法院在本案中的判决推翻了一种自从美国建国之日就立法适用的刑罚。道格拉斯大法官、布里南大法官以及马歇尔大法官如此迅即地推翻40个州的立法，并且依据这样几个非典型案例推翻针对谋杀、海盗、劫持人质等多种犯罪的死刑适用。斯图尔特法官以及怀特法官基于更为限缩的根据——法官以及陪审团在实际适用死刑时的罕见性——也加入了多数派。无论如何，今天的判决都彰显出这样的一个问题，即在一个民主社会当中如何理解司法审查这一根本问题。一个由代议制民主所组成的国家如何和一个联邦司法的权力共存，联邦法官可以与民意相脱节，二者如何兼容？

对此，答案可以在汉默尔顿的联邦党文集以及马歇尔大法官在马布里诉麦迪逊案[1]中的经典表述来得到解决。治权最终在于人民，在于人民制定书面宪法，以及增加修正案的方式，宪法授予了国家某些权力，剥夺了联邦及各州的某些权力。法院的权力范围应该严格遵守宪法第3条的设置，考察特定的立法是否属于宪法的规定范围，以及其是否违反了宪法的规定。

从这个意义来说，人们通过宪法来表达自己的意愿，而立法机构仅仅是民意的代表机制。美国的建国者试图鱼和熊掌兼得，保证从民主体制中获益，同时保证个人的权利不受国家权力的剥夺。

法院在审理此类案件的时候对于立法机关依据法律规制的法律是否合宪进行审查。但是就是因为法院，在本案中是美国联邦最高法院，对于这类问题具有最后的发言权，因此我们必须牢记斯通法官在美利坚合众国诉布特尔案中告诫我们的："尽管行政与立法权的行使受到司法限制，但唯一能够作为权力限制的手段只能是我们的自我克制。"[2]

对于司法权的限制非常重要，因为法官和其他人一样，不可避免地将个人对于善恶、对错、正义等理念纳入自己的判断当中，和常人唯一不同的是，法官有权力推行自己的意愿。而这也是为什么在过去的两个世纪当中很少使用这一权力的原因。对于相关判例的解读说明，宪法第十四修正案以及建国者都没有赋予美国联邦最高法院基于自身多数派法官的道德观而突然改变立法。宪法的起草者无疑将认同英国政治学者约翰·斯图尔特·密尔所言："无论是统治者，还是一般民众作为人类进行的判断，都试图将自己的理念作为他人的行为原则，都积极地将人性中最好的部分以及人性中不好的部分作为自己的佐证，

---

[1] *Marbury v. Madison*, 1 Cranch 137 (1803).

[2] 297 U. S. 1, 78～79 (1936).

而这一切，都是对于权力的渴望作祟。"[1]

尊重立法判断的另外一个原因在于司法行使宪法权的时候不可避免地出现错误的可能性。法官作为饮食男女，一定会犯错。但是这种错误并不是肯定违反宪法，错误剥夺个人民主自由的立法的宪法性，而是在于肯定个人指控立法有效性的观点成立。因为这样的一种做法撤销了经合法立法程序而被制定的法律，而用法庭多数派法官的司法暴政绑架了民意，虽然联邦法官并不能代表民意。

虽然不能据此逃避履行宪法第 3 条赋予法官的宪法义务，但在履行义务的同时必须真诚、谦卑地尊重立法判断。今天废除死刑的判决我认为恰恰缺乏这种态度。基于包括布莱克姆以及鲍威尔法官之前提出的相关理由，我认为今天认定死刑违宪的判决并不是司法行为，而是一种意愿行为。其完全无视 40 多年前霍尔姆斯法官在鲍德温诉密苏理州案中所说的箴言："我感到十分揪心的是宪法第十四修正案赋予法院日益扩张地干涉各州宪法权力的权力。如现在我们所审理的案件那样，司法审查权的限度只是法庭多数派法官基于某种理由认为其不成立即可。我不认为宪法修正案赋予了法官将自己对于社会或者经济的道德信念作为做出禁止性规定的理由。然而，我却看不出任何其他的理由可以用来作为这些判决的根据。当然，所谓适当程序，如果从字面理解，并不适用于本案，虽然现在才承认适当程序被人为地赋予了扩展了太多含义，但我们还是应该牢记宪法在限制州权方面所应该尽到的充分谨慎义务，因此，在行使宪法第十四修正案时应该进行严谨解读。"[2]

在 20 年前，杰克森大法官针对美国联邦最高法院限制州刑事立法权做出了类似的评估："通过适当程序剥夺各州保护社会免受犯罪侵扰的权力，就好像希望通过司法审查的权力进行社会或者经济实验那样危险和微妙。"[3]

宪法的核心原则，也是《联邦党文集》当中所充分阐述的原则，是三权分立与制衡原则。宪法的起草者充分认识到掌权者尽可能地扩大自身权力的渴望。从而，希望通过建立建构完善的分权与制衡原则来防止这种情况的出现。

这一点可以通过麦迪逊在《联邦党文集》第 51 章中表现的尤为明确："在建构一个由人统治人的政府的时候，最难之处在于：首先，你必须能够保证政府能够有效掌控被统治者；其次，政府能够控制自己。"

麦迪逊的观察不仅仅适用于行政与立法机构，同样还适用于司法机构。虽

---

〔1〕 On *Liberty* 28 (1885).

〔2〕 281 U. S. 586, 595 (1930) (Dissenting opinion).

〔3〕 *Ashcraft v. Tennesseen*, 322 U. S. 143, 174 (1944) (Dissenting opinion).

然立法权与行政权力的扩张会危及宪法所保护的个人权利，但司法权力的扩张也将同样牺牲个人权利。宪法修正案中规定的适当程序条款与平等保护条款从来不意味着意图剥夺各州管理自己的权力。[1]

如前美国联邦最高法院大法官斯通所表达的那样，司法审查的本质是的法院可以不局限在麦迪逊所提出的制衡原则，同时在必要的时候对其加以突破。从这个角度来讲，自我限制一定是司法审查成立的，起码是隐性条件。但法庭今天在本案中的判决，完全突破了这样的条件。

REFERENCES

Federal constitutional guaranty against cruel and unusual punishment.

21 Am Jur 2d, Criminal Law 613.

US L Ed Digest, Criminal Law 82.

ALR Digests, Criminal Law 181.

L Ed Index to Anno (Rev ed), Criminal Law.

ALR Quick Index, Capital Cases; Cruel and Unusual Punishment.

Federal Quick Index, Capital Punishment; Cruel and Unusual Punishment.

Annotation References:

Federal constitutional guaranty against cruel and unusual punishment. *33 L Ed 2d 932.*

Manner of inflicting death sentence as cruel or unusual punishment. *30 ALR 1452.*

Length of sentence as violation of constitutional provisions prohibiting cruel and unusual punishment. *33 ALR3d 335.*

Beliefs regarding capital punishment as disqualifying juror in capital case——post – Witherspoon cases. *39 ALR3d 550.*

What provisions of the Federal Constitution's Bill of Rights are applicable to the states. *18 L Ed 2d 1388, 23 L Ed 2d 985.*

---

〔1〕 Black, J., in *Oregon v. Mitchell*, 400 U. S. 112, 126 (1970).

References

参考文献

一、中文著作

1. 李立丰：《美国刑法犯意研究》，中国政法大学出版社 2009 年版。
2. 杨寿堪、王成兵：《实用主义在中国》，首都师范大学出版社 2002 年版。
3. 刘仁文等译：《美国刑法典及其评注》，法律出版社 2005 年版。
4. ［苏］斯·勒·齐扶斯：《美国刑法的反动本质》，李浩培译，法律出版社 1955 年版。
5. ［日］村上春树：《当我跑步时我谈些什么》，施小炜译，南海出版公司 2010 年版。
6. ［美］威廉·詹姆士：《实用主义》，陈羽伦、孙端禾译，商务印书馆 1979 年版。
7. ［美］威廉·詹姆士：《彻底的经验主义》，庞景仁译，上海人民出版社 1965 年版。
8. ［美］约翰·杜威：《确定性的寻求》，傅统先译，上海世纪出版集团 2005 年版。

二、中文期刊

1. 李立丰："上帝与死囚：基督教视野中的美国死刑问题"，载《世界宗教研究》2010 年第 5 期。
2. 李立丰："美国青少年性犯罪若干重要理论问题简析"，载《青少年犯罪问题》2009 年第 1 期。
3. 李立丰："简论美国刑法理论中的'南顿'（M'Naghten）规则"，载《刑法论丛》2009 年第 2 期。
4. 李立丰："终身刑：死刑废止语境下一种话语的厘定与建构"，载《刑事法评论》2012 年第 30 卷。
5. 李立丰："论完善中国刑法学研究方法的一种选择：以美国实用主义法学理论为视角"，载《清华法治论衡》2012 年第 15 辑。
6. 李立丰："青少年刑罚的科学建构：以美国青少年终身监禁不得假释实践为视角"，载《青少年犯罪问题》2012 年第 4 期。
7. 李立丰："独立青少年司法模式的应然废止：以美国实践为摹本的前提批判与经验分析"，载《当代法学》2012 年第 2 期。
8. 黄明东："试析实用主义思想对美国教育立法的影响"，载《法学评论》2003 年第

6 期。

9. 姚云旺："美国怀俄明州刑法述评——以比较法为视角"，载《安徽警官职业学院学报》2005 年第 2 期。

10. 姚建龙："美国少年司法严罚刑事政策的形成、实践与未来"，载《法律科学》2008 年第 3 期。

11. 郭建安："论美国的司法体制"，载《中国司法》2004 年 01 期。

12. 罗小年："认定犯罪动机在司法精神医学鉴定中的作用"，载《临床精神医学杂志》2002 年第 6 期。

13. 张明楷："死刑的废止不需要终身刑替代"，载《法学研究》2008 年第 2 期。

14. ［美］埃尔伯特·阿苏兰德："美国刑事陪审制度简史"，李立丰编译，载《社会科学战线》2010 年第 10 期。

三、外文著作

1. Adam Jay Hirsch, *The Rise of the Penitentiary*: *Prisons and Punishment in Early America*, Yale University Press, 1992.

2. Arthur S. Link, *American Epoch*: *A history of The United States since 1890s*, Knopf, 1962.

3. Aharon W. Zorea, *In the Image of God*: *A Christian Response to Capital Punishment*, University Press of America, 2000.

4. Austin Sarat, *The Killing State*: *Capital Punishment in Law*, *Politics*, *and Culture*, Oxford University Press, 2001.

5. Brian K. Landsberg, *Free at Last to Vote*: *The Alabama Origins of the 1965 Voting Rights Act*, University Press of Kansas, 2007.

6. Christopher B. Mueller, Laird C. Kirkpatrick, "Evidence", *Aspen Treatise Series*, 2009 4th ed.

7. Deborah B. McGregor, Cynthia M. Adams, *The International Lawyer's Guide to Legal Analysis and Communication in the United States*, Wolters Kluwer, 2008.

8. Franklin E. Zimring, *American Youth Violence*, Oxford University Press, 1998.

9. Glenn H. Stassen, *Biblical Teaching on Capital Punishment*, *in Capital Punishment*: *A Reader*, Pilgrim Press, 1998.

10. George Lee Haskins, *Law and Authority in Early Massachusetts*: *A Study in Design and Tradition*, MacMillan, 1960.

11. Harry Potter, *Hanging in Judgment*: *Religion and the Death Penalty in England*, Continuum Intl Pub Group, 1993.

12. H. Campbell Black, *Black's Law Dictionary*, West Publishing Co, 1979 5th ed.

13. James J. Megivern, *The Death Penalty*: *An Historical and Theological Survey*, Paulist Press, 1997.

14. Jack Greenberg, *Race Relations and American law*, Columbia University Press, 1959.

15. Jeffrey Toobin, *The Nine: Inside the Secret World of the Supreme Court*, Anchor, 2008.

16. Jerome Hall, *General Principles of Criminal Law*, Indianapolis: Bobbs – Merrill, 1947.

17. Linda E. Carter, Ellen Kreitzberg, *Understanding Capital Punishment Law*, West Publishing, 2004.

18. Larry J. Siegel, *Juvenile Delinquency: the core*, the Wadsworth, 2002.

19. Joshua Dressler, *Understanding Criminal Law*, Matthew Bender & Co 2001, 4th ed.

20. Kathleen A. O'Shea, *Women and the Death Penalty in the United States, 1900 ~ 1998*, Praeger Publishers, 1999.

21. Michael Meranze, *Laboratories of Virtue: Punishment, Revolution, and Authority in Philadelphia, 1760 ~ 1835*, University of North Carolina Press, 1996.

22. Mortimer R. Kadish and Sanford H. Kadish, *Discretion to Disobey: A Study of Lawful Departures from Legal Rules*, Stanford University Press, 1973.

23. R. Bohm, Deathquest: *An Introduction to the Theory and Practice of Capital Punishment in the United States*, Anderson Publishing, 1999.

24. Randeall Coyne and Lyn Entzeroth, *Capital Punishment and the Judicial Process*, Carolina Academic Press, 2006.

25. Stuart Banner, *The Death Penalty: An American History*, Harvard University Press, 2003.

26. Sandra Beatriz, *The Discourse of Court Interpreting: Discourse Practices of the Law, the Witness and the Interpreter*, John Benjamins publishing, 2004.

27. Scott E. Sundby, *A Life and Death Decision: A Jury Weighs the Death Penalty*, Palgrave Macmillan, 2005.

28. V. A. C. Gatrell, *The Hanging Three: Execution and the English People, 1770 ~ 1868*, Oxford University Press, 1996.

29. Walter Berns, *For Capital Punishment: Crime and the Morality of the Death Penalty*, Temple University Press, 1990.

四、外文期刊

1. Aid Parush, "The Courtroom as Theater and the Theater as Courtroom in Ancient Athens", 35 *Israel L. Rev.* 118 (2001).

2. Allan D. Johnson, "The Illusory Death Penalty: Why America's Death Penalty Process Fails to Support the Economic Theories of Criminal Sanctions and Deterrence", 52 *Hastings L. J.* 1101 (2001).

3. Amy M. Thorson, "From Parens Patriae to Crime Control: A Comparison of the History and Effectiveness of the juvenile Justice Systems in the United States and Canada", 16 *Ariz. J. Int'l & Comp. Law* 845 (1999).

4. Arnold H. Loewy, "Religious Neutrality and the Death Penalty", 9 *Wm. & Mary Bill of Rts. J.* 191 (2000).

5. Anthony E. Cook, "The Death of God in American Pragmatism and Realism: Resurrecting the Value of Love in Contemporary Jurisprudence", 82 *Geo. L. J.* 1431 (1994).

6. Anthony. Granucci, "'Nor Cruel and Unusual Punishments Inflicted': The Original Meaning", 57 *Cal. L. Rev.* 839 (1969).

7. Andrew Hammel, "Diabolical Federalism: A Functional Critique and Proposed Reconstruction of Death Penalty Federal Habeas", 39 *Am. Crim. L. Rev.* 1 (2002).

8. Andrew Oldenquist, "Retribution and the Death Penalty", 29 *Dayton L. Rev.* 335 (2004).

9. Anthony N. Bishop, "The Death Penalty in the United States: An International Human Rights Perspective", 43 *S. Tex. L. Rev.* 1115 (2002).

10. Andrea Shapiro, "Unequal Before the Law: Men, Women and the Death Penalty", 8 *Am. U. J. Gender Soc. Pol'y & L.* 42 (2000).

11. Andrea E. Girolamo, "Punishment or Politics?: New York State's Death Penalty", 7 *B. U. Pub. Int. L. J.* 117 (1998).

12. Andrew M. Levine, "Denying the Settled Insanity Defense: Another Necessary Step in Dealing with Drug and Alcohol Abuse", 78 *Boston University Law Review* 80 (1998).

13. Anne S. Smanuel, "Guilty But Mentally Ill Verdicts and the Death Penalty: An Eighth Amendment Analysis", 68 *North Carolina Law Review* 46 (1989).

14. Areh Neier, "Political Consequences of the United States Ratification of the International Covenant on Civil and Political Rights", 42 *DePaul L. Rev.* 1233 (1993).

15. Allan D. Johnson, "The Illusory Death Penalty: Why America's Death Penalty Process Fails to Support the Economic Theories of Criminal Sanctions and Deterrence", 52 *Hastings L. J.* 1101 (2001).

16. Barnett, Randy, "The Original Meaning of Judicial Power", 12 *Supreme Court Economic Review* 115 (2004).

17. Brian Z. Tamanaha, "Pragmatism in U. S. Legal Theory: Its Application to Normative Jurisprmative Jurisprudences, Socio legal Studies, and the Fact – Value Distinction", 41 *Am. J. Juris* 315 (1996).

18. Brian R. Suffredini, "Juvenile Gunslingers: A Place for Punitive Philosophy in Rehabilitative Juvenile Justice", 35 *B. C. L. Rev* 885 (1994).

19. Barry Friedman, "The History of the Countermajoritarian Difficulty, Part Four: Law's Politics", 148 *U. Pa. L. Rev.* 971 (2000).

20. Bradley W. Miller, "A Common Law Theory of Judicial Review", 52 *Am. J. Juris.* 297 (2007).

21. Barry C. Feld, "the Transformation of the Juvenile Court", 75 *Minn. L. Rev.* 691 (1991).

22. Barry C. Feld, "Juvenile and Criminal Justice Systems' Responses to Youth Violence", 24 *Crime & Just.* 189 (1998).

23. Barry C. Feld, "A Slower Form of Death: Implications of Roper v. Simmons for Juveniles Sentenced to Life without Parole", 22 *ND J. L. Ethics & Pub Pol' y* 9 (2008).

24. Barbara Margaret Farrell, "Pennsylvania's Treatment of Children Who Commit Murder: Criminal Punishment Has Not Replaced Parens Patriae", 98 *Dick. L. Rev.* 739 (1994).

25. Barbrara Bader Aldave, "The Future of Capital Punishment in the United States", 81 *Or. L. Rev.* 1 (2002).

26. Brianne Ogilvie, "Is Life Unfair?: What's Next for Juveniles After Roper v. Simmons", 60 *Baylor L. Rev.* 293 (2008).

27. Benjamin B. Sendor, "Crime as Communication: An Interpretive Theory of the Insanity Defense and the Mental Elements of Crime", 74 *Georgetown Law Journal* 1382 (1986).

28. Carly Baetz – Stangel, "the Role of International Law in the Abolition of the Juvenile Death Penalty in the United States", 16 *Fla. J. Int' l L.* 955 (2004).

29. Comment, "The Cost of Taking a Life: Dollars and Sense of the Death Penalty", 18 *U. C. Davis L. Rev.* 1221 (1985).

30. Cass R. Sunstein, "Naked Preferences and the Constitution", 84 *Colum. L. Rev.* 1689 (1984).

31. Catharine Pierce Wells, "Why Pragmatism Works For Me", 74 *S. Cal. L. Rev* 347 (2000).

32. Charles A. Beard, "The Supreme Court – Usurper or Grantee?" 27 *Pol. Sci. Q.* 1 (1912).

33. Charles Walter Schwartz, "Eighth Amendment Proportionality Analysis and the Compelling Case of William Rummel", 71 *J. Crim. L. & Criminology* 378 (1980).

34. Chevron "U. S. A. Inc. v. Natural Resources Defense Council", 467 *U. S.* 837 (1984).

35. Chet Kaufman, "Review of Florida Legislation; Comment: Should Florida Follow The Federal Insanity Defense? " 15 *Florida State University Law Review* 799 (1987).

36. Chris Baniszewski, "Supreme Court Review of Excessive Prison Sentences: The Eighth Amendment's Proportionality Requirement", 25 *Ariz. St. L. J.* 930 (1993).

37. Christy A. Visher, "Juror Decision Making: The Importance of Evidence", 11 *Law & Hum. Behav.* 1 (1987).

38. Chilton Williamson, "Property, Suffrage and Voting in Windham", 25 *Vt Hist* 135 (1957).

39. Christine Chamberlin, "Not Kids Anymore: A Need for Punishment and Deterrence in the Juvenile Justice System", 42 *B. C. L. Rev* 391 (2001).

40. C R Williams, "Criminal Law: Development and Change in Insanity and Related Defenses", 24 *Melbourne University Law Review* 735 (2000).

41. Curtis A. Bradley, "The Juvenile Death Penalty and International Law", 52 *Duke L. J.* 485 (2002).

42. Charles M. Sevilia, "Anti – Social Personality Disorder: Justification for the Death Penalty?", 10 *J. Contemp. Legal Issues* 247 (1999).

43. Cynthia G. Hawkins – Leon, "Literature as Law: The History of the Insanity Plea and A Fictional Application within the Law & Literature Canon", 72 *Temple Law Review* 393 (1999).

44. Connie de la Vega & Jennifer Brown, "Can a United States Treaty Reservation Provide a Sanctuary for the Juvenile Death Penalty?", 32 *U. S. F. L. Rev.* 735 (1998).

45. Christa Schuller, "The Death Penalty in the United States and its Future", 81 *Denv. U. L. Rev.* 547 (2003).

46. Danielle R. Oddo, "Removing Confidentiality Protections and the 'Get Tough' Rhetoric: What Has Gone Wrong With the Juvenile Justice System?", 18 *B. C. Third World L. J.* 105 (1998).

47. David L. Hoeffel, "Ohio's Death Penalty: History and Current Developments", 31 *Cap. U. L. Rev.* 659 (2003).

48. David M. Gold, "The Tradition of Substantive Judicial Review: A Case Study of Continuity in Constitutional Jurisprudence", 52 *Me. L. Rev.* 355 (2000).

49. David V. Baker, "A Descriptive Profile and Socio – Historical Analysis of Female Executions in the United States: 1632 ~ 1997", 10 *Women & Crim. Just.* 57 (1999).

50. David L. Hudson Jr. , "Adult Time for Adult Crimes: Is life without parole unconstitutional for juveniles?", 95 *A. B. A. J.* 16 (2009).

51. David C. Baldus, "Keynote Address: The Death Penalty Dialogue Between Law and Social Science", 70 *Ind. L. J.* 1033 (1995).

52. David S. Friedman, "The Supreme Courts Narrow Majority to Narrow the Death Penalty", 28 *Human Rights* 4 (2001).

53. Davison M. Douglas, "God and the Executioner: The Influence of Western Religion on the Death Penalty", 9 *Wm. & Mary Bill of Rts. J.* 137 (2000).

54. Douglas A. Berman, "Appreciating Apprendi: Developing Sentencing Procedures in the Shadow of the Constitution", 37 *Crim. Law Bull.* 627 (2001).

55. Donna M. Bishop et al. , "The Transfer of Juveniles to Criminal Court: Does it Make a Difference?", 42 *Crime & Delinq.* 171 (1996).

56. Damien P. Horigan, "Of Compassion and Capital Punishment: A Buddhist Perspective on the Death Penalty", 41 *Am. J. Juris.* 271 (1996).

57. Danielle E. Finck, "Judicial Review: The United States Supreme Court Versus the German Constitutional Court", 20 *B. C. Int'l & Comp. L. Rev.* 123 (1997).

58. Daniel S. Reinberg, "The Constitutionality of the Illinois Death Penalty Statute: The Right to Pretrial Notice of the State's Intention to Seek the Death Penalty", 85 *Nw. U. L. Rev.* 272 (1990).

59. Daniel J. Nusbaum, "The Craziest Reform of Them All: A Critical Analysis of The Constitutional Implications of 'Abolishing' The Insanity Defense", 87 *Cornell Law Review* 1519 (2002).

60. Daniel D. Polsby, "Recontextualizing the Context of the Death Penalty", 44 *Buffalo L. Rev.* 527 (1996).

61. D. Brooks Smith, "Judicial Review in the United States", 45 *Duq. L. Rev.* 379 (2007).

62. D. Michael Bitz and Seipp Jean Bitz, "Incompetence in the Brain Injured Individual", 12 *Thomas Law Review* 211 (1999).

63. Deborah L. Rhode, "Ethical Perspectives on Legal Practice", 37 *Stan. L. Rev.* 589 (1985).

64. Dan Markel, "State, Be Not Proud: A Retributivist Defense of the Commutation of Death Row and the Abolition of the Death Penalty", 40 *Harv. C. R. – C. L. L. Rev.* 407 (2005).

65. Donald L. Beschle, "Why Do People Support Capital Punishment? The Death Penalty as Community Ritual", 33 *Conn. L. Rev.* 765 (2001).

66. Earl F. Martin and Marsha Kline Pruett Winter, "the Juvenile Sex Offender and the Juvenile Justice System", 35 Am. Crim. L. Rev. 279 (1998).

67. Edward L. Rubin and Malcolm Feeley, "Federalism: Some Notes on a National Neurosis", 41 *UCLA L Rev* 903 (1994).

68. Edmund P. Power, "Too Young to Die: The Juvenile Death Penalty After Atkins v. Virginia", 15 *Cap. Def. J.* 93 (2002).

69. Erwin Chemerinsky, "The Rehnquist Court and the Death Penalty", 94 *Geo. L. J.* 1367 (2006).

70. Erwin S. Barbre, "Annotation, What Felonies Are Inherently or Foreseeably Dangerous to Human Life for Purposes of Felony – Murder Doctrine", 50 *A. L. R. 3d* (1973).

71. Eric K. Klein, "Dennis the Menace or Billy the Kid: An Analysis of the Role of Transfer to Criminal Court in Juvenile Justice", 35 *Am. Crim. L. Rev.* 371 (1998).

72. Eric J. Fritsch & Craig Hemmens, "An Assessment of Legislative Approaches to the Problems of Serious Juvenile Crime: A Case Study of Texas: 1973 ~ 1995", 23 *Am. Crim. L.* 563 (1996).

73. Eric Tennen, "The Supreme Court's Influence on the Death Penalty in America: A Hollow Hope?", 14 *B. U. Pub. Int. L. J.* 251 (2005).

74. Elizabeth A. Reimels, "Playing for Keeps: The United States Interpretation of International Prohibitions Against the Juvenile Death Penalty——The U. S. Wants to Play the International Human Rights Game, but Only If It Makes the Rules", 15 *Emory Int'l L. Rev.* 303 (2001).

75. Elizabeth Marie Reza, "Gender Bias in North Carolina's Death Penalty", 12 *Duke J. Gender L. & Pol'y* 179 (2005).

76. Elizabeth Rapaport, "Equality of the Damned: The Execution of Women on the Cusp of the

21st Century", 26 *Ohio N. U. L. Rev.* 581 (2000).

77. Elizabeth Rapaport, "The Death Penalty and Gender Discrimination", *Law & Society Review*, Vol. 25, No. 2 (1991).

78. Elizabeth Cepparulo, "Roper v. Simmons: Unveiling Juvenile Purgatory: Is Life Really Better than Death?", 16 *Temp. Pol. & Civ. Rts. L. Rev.* 225 (2006).

79. Ellen Marrus & Irene Merker Rosenberg, "After Roper v. Simmons: Keeping Kids Out of Adult Criminal Court", 42 *San Diego L. Rev.* 1151 (2005).

80. Ellen Byers, "Mentally Ill Criminal Offenders and the Strict Liability Effect: Is There Hope for a Just Jurisprudence in an Era of Responsibility/Consequences Talk?", 57 *Arkansas Law Review* 481 (2004).

81. Emily Buss, "Rethinking the Connection between Developmental Science and Juvenile Justice", 76 *U. Chi. L. Rev.* 493 (2009).

82. Frank B. Cross, "Shattering the Fragile Case for Judicial Review of Rulemaking", 85 *Va. L. Rev.* 1243 (1999).

83. Frankel, "The Search for Truth: An Umpiral View", 123 *U. Pa. L. Rev.* 1031 (1975).

84. Gerald F. Uelmen, "Justice Thurgood Marshall and the Death Penalty: A Former Criminal Defense Lawyer on the Supreme Court", 26 *Ariz. St. L. J.* 403 (1994).

85. Gerald F. Uelmen, "Catholic Jurors and The Death Penalty", 44 *J. Cath. Leg. Stud.* 355 (2005).

86. Guy Goldberg and Gena Bunn, "Balancing Fairness & Finality: A Comprehensive Review of the Texas Death Penalty", 5 *Tex. Rev. Law & Pol.* 49 (2000).

87. Guyora Binder, "Felony Murder and Mens Rea Default Rules: A Study in Statutory Interpretation", 4 *Buff. Crim. L. R* 32 (2000).

88. Gary Goodpaster, "Symposium on Current Death Penalty Issues: Judicial Review of Death Sentences", 74 *J. Crim. L. & Criminology* 786 (1983).

89. Gary J. Simson & Stephen P. Garvey, "Knockin' on Heaven's Door: Rethinking the Role of Religion in Death Penalty Cases", 86 *Cornell L. Rev.* 1090 (2001).

90. G. Edward White, "The Lost Origins of American Judicial Review", 78 *Geo. Wash. L. Rev.* 1145 (2010).

91. Gordon S. Wood, "The Origins of Judicial Review Revisited, or How the Marshall Court Made More Out of Less", 56 *Wash. & Lee L. Rev.* 787 (1999).

92. Craig S. Lerner and Nelson Lund, "Judicial Duty and the Supreme Court's Cult of Celebrity", 78 *Geo. Wash. L. Rev.* 1255 (2010).

93. Harvie Wilkinson III, "The Use of International Law in Judicial Decisions", 27 *Harv. J. L. & Pub. Pol'y* 423 (2004).

94. Herbert L. Packer, "The Model Penal Code and Beyond", 63 *Colum. L. Rev* 594 (1963).

95. Harry J. Philips, Jr. , "The Insanity Defense: Should Louisiana Change the Rules?", 44 *Louisiana Law Review* 175 (1983).

96. Herbert Wechsler, "Toward Neutral Principles of Constitutional Law", 73 *Harv. L. Rev.* 1 (1959).

97. Hertz & Weisberg, "In Mitigation of the Penalty of Death: Lockett v. Ohio and the Capital Defendants' Rights to Consideration of Mitigating Circumstances", 69 *Cal. L. Rev.* 317 (1981).

98. Hon. Michael A. Corriero & Franklin E. Zimring, "A Democratic Society's Response to Juvenile Crime, American Youth Violence", 65 *Brooklyn L. Rev.* 763 (1999).

99. Hugo Adam Bedau & Michael L. Radelet, "Miscarriages of Justice in Potentially Capital Cases", 40 *Stan. L. Rev.* 21 (1987).

100. Irene Merker Rosenberg & Yale L. Rosenberg, "The Erroneous Invocation of 'Eye for Eye' in Support of the Death Penalty", 35 *Crim. L. Bull.* 3 (1999).

101. Ira M. Schwartz, et al. , "Nine Lives and Then Some: Why the Juvenile Court Does Not Roll Over and Die", 33 *Wake Forest L. Rev.* 533 (1998).

102. Ira Mickenberg, "A Pleasant Surprise: The Guilty But Mentality Ill Verdict Has Both Succeeded In Its Own Right And Successfully Preserved The Traditional Role of The Insanity Defense", 55 *University of Cincinnati Law Review* 946 (1987).

103. Jay D. Aronson, "Neuroscience and Juvenile Justice", 42 *Akron L. Rev.* 917 (2009).

104. James E. Harrison, "The Juvenile Death Penalty in Florida: Should Sixteen – Year – Old Offenders Be Subject To Capital Punishment?", 1 *Barry L. Rev.* 159 (2000).

105. James S. Liebman, "The Overproduction of Death", 100 *Colum. L. Rev.* 2030 (2000).

106. James S. Liebman, et al. , "Capital Attrition: Error Rates in Capital Cases, 1973 ~ 1995", 78 *Tex. L. Rev.* 1839 (2000).

107. James S. Liebman, "the New Death Penalty Debate: What's DNA Got to Do with It?", 33 *Colum. Human Rights L. Rev.* 527 (2002).

108. James J. Tomkovicz, "The Endurance of the Felony – Murder Rule: A Study of the Forces That Shape Our Criminal Law", 51 *Wash. & Lee L. Rev* 37 (1994).

109. James R. Acker & C. S. Lanier, "The Dimensions of Capital Murder", 29 *Crim. L. Bull.* 379 (1993).

110. James R. Acker & Charles S. Lanier, "Matters of Life or Death: The Sentencing Provisions in Capital Punishment Statutes", 31 *Crim. L. Bull.* 19 (1995).

111. James S. Liebman & Michael J. Shepard, "Guiding Capital Sentencing Discretion Beyond the 'Boiler Plate': Mental Disorder as a Mitigating Factor", 66 *Geo. L. J.* 757 (1978).

112. Jenna Bednar, "The Dialogic Theory of Judicial Review: A New Social Science Research Agenda", 78 *Geo. Wash. L. Rev.* 1178 (2010).

113. Janet Koven Levitt, "Going Public with Transnational Law: The 2002 – 2003 Supreme Court

Term", 39 *Tulsa L. Rev.* 155 (2003).

114. Jeffrey Fagan, "Juvenile Crime and Criminal Justice: Resolving Border Disputes", 18 *The Future of Children* 81 (2008).

115. Jill M. Cochran, "Courting Death: 30 Years Since Furman, Is the Death Penalty Any less Discriminatory? Looking at the Problem of Jury Discretion in Capital Sentencing", 38 *Val. U. L. Rev.* 1399 (2004).

116. John L. Bowers, Jr., & J. L. Boren, Jr., "The Constitutional Prohibition Against Cruel and Unusual Punishment – Its Present Significance", 4 *Vand. L. Rev.* 680 (1951).

117. Joan Howarth, "Deciding to Kill: Revealing the Gender in the Task Handed to Capital Jurors", 1994 *Wis. L. Rev.* 1345 (1994).

118. John P. Rutledge, "The Definitive Inhumanity of Capital Punishment", 20 *Whittier L. Rev.* 283 (1998).

119. Joan W. Howarth, "Executing White Masculinities: Learning from Karla Faye Tucker", 81 *Ore. L. Rev.* 183 (2002).

120. Joyce Lee Malcolm, "Whatever the Judges Say It Is? The Founders and Judicial Review", 26 *J. L. & Politics* 1 (2010).

121. John Brigham, "New Federalism: Unusual Punishment: The Federal Death Penalty in the United States", 16 *Wash. U. J. L. & Pol'y* 195 (2004).

122. John H. Blume and Sheri Lynn Johnson, "Killing the Non – Willing: Atkins, the Volitionally Incapacitated, and the Death Penalty", 55 *S. C. L. Rev.* 93 (2003).

123. John H. Blume & Sheri Lynn Johnson, "Don't Take His Eye, Don't Take His Tooth, and Don't Cast the First Stone: Limiting Religious Arguments in Capital Cases", 9 *Wm. & Mary Bill Rts. J.* 59 (2000).

124. John H. Garvey & Amy V. Coney, "Catholic Judges in Capital Cases", 81 *Marq. L. Rev.* 303 (1998).

125. John Blume, "Theodore Eisenberg & Martin T. Wells, Explaining Death Row's Population and Racial Composition", 1 *J. Empirical L. Stud.* 165 (2004).

126. John J. Donohue and Justin Wolfers, "Uses and Abuses of Empirical Evidence in the Death Penalty Debate", 58 *Stan. L. Rev.* 791 (2005).

127. John C. McAdams, "Wisconsin Should Adopt the Death Penalty", 79 *Marq. L. Rev.* 707 (1996).

128. John C. Lore III, "Pretrial Self – incrimination in Juvenile Court: Why a Comprehensive Pretrial Privilege is Needed to Protect Children and Enhance the Goal of Rehabilitation", 47 *U. Louisville L. Rev.* 439 (2009).

129. John B. Leete, "They Grow Up So Fast: When Juveniles Commit Adult Crimes: Treatment and Rehabilitation or Hard Time: Is the Focus of Juvenile Justice Changing", 29 *Akron*

L. Rev. 491 (1996).

130. Jonathan R. Sorensen & James W. Marquart, "Prosecutorial and Jury Decison – Making in Post – Furman Texas Capital Cases", 18 *N. Y. U. Rev. L. & Soc. Change* 743 (1991).

131. Joseph Margulies, "Tinkering Through Time: A History of America's Experiment with the Death Penalty", 92 *Geo. L. J.* 369 (2004).

132. Joseph W. Singer, "Should Lawyers Care About Philosophy?", 1989 *Duke L. J.* 1752 (1990).

133. Joseph M. Farber, "Justifying Judicial Review: Liberalism and Popular Sovereignty 2003", 32 *Cap. U. L. Rev.* 65 (1993).

134. Joseph J. Romero & Linda Meyer Williams, "Recidivism among Convicted Sex Offenders: A 10 – Year Followup Study", 28 *Fed. Prob.* 58 (1985).

135. Julian W. Mack, "The Juvenile Court", 23 *Harv. L. Rev.* 104 (1909).

136. Julian H. Wright, "Jr. , Life – Without – Parole: An Alternative to Death or Not Much of a Life at All?", 43 *Vand. L. Rev.* 529 (1990).

137. Jennifer L. Czernecki, "The Double Jeopardy Clause of the Pennsylvania Constitution Does Not Bar the Death Penalty upon Retrial After the Trial Judge Grants a Life Sentence on Behalf of a Hung Jury: Commonwealth v. Sattazahn", 40 *Duq. L. Rev.* 127 (2001).

138. Janice L. Kopec, "Avoiding a Death Sentence in the American Legal System: Get a Woman to Do It", 15 *Cap. Def. J.* 353 (2003).

139. Jenny E. Carroll, "Images of Women and Capital Sentencing Among Female Offenders: Exploring the Outer Limits of the Eighth Amendment and Articulated Theories of Justice", 75 *Tex. L. Rev.* 1413 (1997).

140. J. H. Wright, "Jr. , Life Without Parole: An Alternative to Death or Not Much of a Life At All?", 43 *Vand. L. Rev.* 529 (1990).

141. Jessie Manchester, "Beyond Accommodation: Reconstructing The Insanity Defense to Providian Adequate Remedy for Postpartum Psychotic Women", 93 *Journal of Criminal Law & Criminology* 732 (2003).

142. Judith A. Morse, and Gregory K. Thoreson, "Criminal Law – United States V. Lyons: Abolishing the Volitional Prong of the Insanity Defense", 60 *Notre Dame Law Review* 189 (1984).

143. Kathryn Ann Farr, "Aggravating and Differentiating Factors in the Cases of White and Minority Women on Death Row", 43 *Crime & Delinq.* 260 (1997).

144. Keith E. Whittington, "Judicial Review of Congress before the Civil War", 97 *Geo. L. J.* 1257 (2009).

145. Kenneth A. Shepsle, "Congress is a 'They,' Not an 'It': Legislative Intent as Oxymoron", 12 *Int'l Rev. L. & Econ.* 239 (1992).

146. Kennedy, "Form and Substance in Private Law Adjudication", 89 *Harv. L. Rev.* 1685 (1976).

147. Kronman, "Forward: Legal Scholarship and Moral Education", 80 *YALE L. J.* 955 (1981).

148. Kristin L. Caballero, "Blended Sentencing: A good idea for Juvenile sex offenders", 19 *St. John's J. L. Comm.* 379 (2005).

149. Kevin McNally, "Race and the Federal Death Penalty: A Nonexistent Problem Gets Worse", 53 *DePaul L. Rev.* 1615 (2004).

150. Kevin M. Doyle, "Catholics and the Death Penalty Penal Discussion", 44 *J. Cath. Leg. Stud.* 297 (2005).

151. Kevin Thompson, "Criminal Appellate Procedure – Insanity Defense – The Proper Standard of Appellate Review When Reviewing a Jury Decision on Sanity", 70 *Tennessee Law Review* 1218 (2003).

152. Kelly A. Herten, "Downward Departure under the Federal Sentencing Guidelines: Lack of Self – Control as Grounds for Departure after United States v. McBroom", 102 *Dickinson Law Review* 654 (1998).

153. Katherine A. Drew, "Diminished Capacity As a Result of Intoxication and Addiction: The Capacity to Mitigate Punishment and the Need For Recognition In Texas Death Penalty Litigation", 5 *Texas Wesleyan Law Review* 14 (1998).

154. Larry D. Kramer, "The Supreme Court 2000 Term, Foreword: We the Court", 115 *Harv. L. Rev.* 4 (2001).

155. Larry Alexander and Lawrence B. Solum, "The People Themselves: Popular Constitutionalism and Judicial Review", 118 *Harv. L. Rev.* 1594 (2005).

156. Larry Alexander & Frederick Schauer, "On Extrajudicial Constitutional Interpretation", 110 *Harv. L. Rev.* 1359 (1997).

157. Laura E. Little, "Envy and Jealousy: A Study of Separation of Powers and Judicial Review", 52 *Hastings L. J.* 47 (2000).

158. Laura Reider, "Toward a New Test for the Insanity Defense: Incorporating the Discoveries of Neuroscience into Moral and Legal Theories", 46 *UCLA Law Review* 154 (1998).

159. Laurence H. Tribe, "The Puzzling Persistence of Process – Based Constitutional Theories", 59 *Yale L. J.* 1063 (1980).

160. Laurence Claus, "The Antidiscrimination Eighth Amendment", 28 *Harv. J. L. & Pub. Pol'y* 119 (2004).

161. Laurence A. Grayer, "A Paradox: Death Penalty Flourishes in U. S. While Declining World-wide", 23 *Denv. J. Int'l L. & Pol'y* 555 (1995).

162. Lori L. Outzs, "A Principled Use of Congressional Floor Speeches in Statutory Interpretation", 28 *Colum. J. L. & Soc. Probs.* 297 (1995).

163. Louis Michael Seidman, "Acontextual Judicial Review", 32 *Cardozo L. Rev.* 1143 (2011).

164. Leff, "Law And", 87 *Yale L. J.* 989 (1978).

165. Linda S. Lichter, "Who Speaks for Black America?", 84 *Pub. Opin.* 43 (1985).

166. Lowell Nygaard, "On Responsibility: Or, The Insanity of Mental Defense And Punishment", 41 *Villanova Law Review* 964 (1996).

167. Lisa McNaughton, "Celebrating 100 Years of Juvenile Court in Minnesota: Extending Roper's Reasoning to Minnesota's Juvenile Justice System", 32 *Wm. Mitchell L. Rev.* 1063 (2006).

168. Lynnette S. Cobun, "The Insanity Defense: Effects of Abolition Unsupported by a Moral Consensus", 9 *American Journal of Law & Medicine* 474 (1984).

169. Maya Mei – Tal, "The Criminal Responsibility of Psychopathic Offenders", 36 *Israel Law Review* 114 (2002).

170. Mark Peffley and Jon Hurwitz, "Persuasion and Resistance: Race and the Death Penalty in America, American Journal of Political Science", *Vol.* 51, *No.* 4 (2007).

171. Michael Millemann and Gary W. Christophe, "Preferring White Lives: The Racial Administration of the Death Penalty in Maryland", 5 *RRGC* 1 (2005).

172. Margaret Vandiver & Michel Coconis, "'Sentenced to the Punishment of Death': Pre – Furman Capital Crimes and Executions in Shelby County, Tennes", 31 *U. Mem. L. Rev.* 861 (2001).

173. Margo Schlanger, "Inmate Litigation", 116 *Harv. L. Rev.* 1555 (2003).

174. Megan C, Hogan, "Neonaticide and the Misuse of the Insanity Defense", 6 *William and Mary Journal of Women and the Law* 270 (1999).

175. Markus Dirk Dubber, "Policing Possession: The War on Crime and the End of Criminal Law", 91 *J. Crim. L. & Criminology* 829 (2001).

176. Michael S. Moore, "Philosophy of Language and Legal Interpretation: Article: A Natural Law Theory of Interpretation", 58 *S. Cal. L. Rev.* 279 (1985).

177. Michael S. Moore, "Causation and the Excuses", 73 *California Law Review* 1097 (1985).

178. Michael Kuhn, "House Bill 200: The Legislative Attempt to Reinstate Capital Punishment in Texas", 11 *Hous. L. Rev.* 410 (1974).

179. Michael Kent Curtis, "History Teaching Values: William E. Nelson, Marbury v. Madison: The Origins and Legacy of Judicial Review", 5 *Green Bag 2d* 329 (2002).

180. Michael J. Zydney Mannheimer, "When the Federal Death Penalty Is 'Cruel and Unusual'", 74 *U. Cin. L. Rev.* 819 (2006).

181. Michael J. Songer and Isaac Unah, "The Effect of Race, Gender, and Location on Prosecutorial Decisions to Seek the Death Penalty in South Carolina", 58 *S. C. L. Rev.* 161 (2006).

182. Michael A. Cokley, "Whatever Happened to That Old Saying 'Thou Shall Not Kill?': A Plea

for the Abolition of the Death Penalty", 2 *Loy. J. Pub. Int. L.* 67 (2001).

183. Michael A. Simons, "Born Again on Death Row: Retribution, Remorse, and Religion", 43 *Catholic Law.* 311 (2004).

184. Michael L. Radelet & Ronald L. Akers, "Deterrence and the Death Penalty: The Views of the Experts", 87 *J. Crim. L. & Criminology* 1 (1996).

185. Mischief and Mayhem, "A Symposium on Legal Issues Affecting Youth in the Child Welfare and Juvenile Justice System", 14 *Cardozo J. L. & Gender* 609 (2008).

186. Michael L. Radelet, "The Role of Organized Religions in Changing Death Penalty Debates", 9 *Wm. & Mary Bill of Rts. J.* 201 (2000).

187. Michael L. Perlin, "Unpacking the Myths: The Symbolism Mythology of Insanity Defense Jurisprudence", 40 *Case Western Reserve Law Review* 634 (1990).

188. Michael L. Perlin, " 'The Borderline Which Separated You From Me': The Insanity Defense, the Authoritarian Spirit, the Fear of Faking, and the Culture of Punishment", 82 *Iowa Law Review* 1401 (1997).

189. Michael J. Dale, "Juvenile Law: 1998 Survey of Florida Law Fall", 24 *Nova L. Rev.* 179 (1999).

190. Michele Cotton, "Back With a Vengeance: The Resilience of Retribution as an Articulated Purpose of Criminal Punishment", 37 *Am. Crim. L. Rev.* 1313 (2000).

191. Michelle McKee, "Tinkering with the Machinery of Death: Understanding Why the United State's Use of the Death Penalty Violates Customary International Law", 6 *Buff. Hum. Rts. L. Rev.* 153 (2000).

192. Melanie Wachtell & David Thompson, "An Empirical Analysis of Supreme Court Certiorari Petition Procedures", 16 *Geo. Mason U. L. Rev.* 237 (2009).

193. Melinda E. O'Neil, "Note, The Gender Gap Argument: Exploring the Disparity of Sentencing Women to Death", 25 *New Eng. J. On Crim. & Civ. Comment* 213 (1999).

194. Matthew C. Stephenson, " 'When the Devil Turns ... ' : The Political Foundations of Independent Judicial Review", 32 *J. Legal Stud.* 59 (2003).

195. Matthew D. Adler, "Judicial Restraint in the Administrative State: Beyond the Countermajoritarian Difficulty", 145 *U. Pa. L. Rev.* 759 (1997).

196. Malvina Halberstam, "Judicial Review, A Comparative Perspective: Israel, Canada, and the United States", 31 *Cardozo L. Rev.* 2393 (2010).

197. M. Minow and E. Spelman, "In Context", 63 *S. Cal. L. Rev* (1990).

198. Miguel Schor, "Squaring the Circle: Democratizing Judicial Review and the Counter – Constitutional Difficulty", 16 *Minn. J. Int' l L.* 61 (2007).

199. Margaret Jane Radin, "Cruel Punishment and Respect for Persons: Super Due Process for Death", 53 *S. Cal. L. Rev.* 1143 (1980).

200. Monroe H. Freedman, "Atticus Finch——Right and Wrong", 45 *Ala. L. Rev.* 473 (1994).

201. Murray L. Schwartz, "Ethical Perspectives on Legal Practice: Comment", 37 *Stan. L. Rev.* 322 (1985).

202. M. H. Hoeflich, "Legal Ethics in the Nineteenth Century: The 'Other Tradition'", 47 *Kan. L. Rev.* 793 (1999).

203. Mindy F. Mitnick, "Celebrating 100 Years of Juvenile Court in Minnesota: Developmental Pathways: From Victim to Victimizer?", 32 *Wm. Mitchell L. Rev.* 1075 (2006).

204. Martin Forst et al., "Youth in Prisons and Training Schools: Perceptions and Consequences of the Treatment – Custody Dichotomy", 40 *Juv. & Fam. Ct. J.* 1 (1989).

205. Nancy Keir, "Solem v. Helm: Extending Judicial Review Under The Cruel and Unusual Punishments Clause to Require 'Proportionality' of Prison Sentences", 33 *Cath. U. L. Rev.* 479 (1984).

206. Norman J. Finke, "Prestidigitation, Statistical Magic, and Supreme Court Numerology in Juvenile Death Penalty Cases", 1 *Psych. Pub. Pol. and L.* 612 (1995).

207. Note, "What is Cruel and Unusual Punishment?", 24 *Harv. L. Rev.* 54 (1910).

208. Note, "Disproportionality in Sentences of Imprisonment", 79 *Colum. L. Rev.* 1119 (1979).

209. Note, "The Cruel and Unusual Punishments Clause and the Substantive Criminal Law", 79 *Harv. L. Rev.* 635 (1966).

210. Note, "A Matter of Life and Death: The Effect of Life – Without – Parole Statutes on Capital Punishment", 119 *Harv. L. Rev.* 1838 (2006).

211. NOTE, "Michelle McKee, T inkering with the Machinery of Death: Understanding Why the United State's Use of the Death Penalty Violates Customary International Law", 6 *Buff. Hum. Rts. L. Rev.* 153 (2000).

212. Orrin Hatch, "Legislative History: Tool of Construction or Destruction", 11 *Harv. J. L. & Pub. Pol' Y* 43 (1988).

213. Owen M. Fiss, "Objectivity and Interpretation", 34 *Stan. L. Rev.* 739 (1982).

214. Paul Campos, "That Obscure Object of Desire: Hermeneutics and the Autonomous Legal Text", 77 *Minn. L. Rev.* 1065 (1993).

215. Paula C. Johnson, "At the Intersection of Injustice: Intersection of Injustice: Experience of African American Women in Crime and Sentencing", 4 *Am. U. J. Gender & Law* 1 (1995).

216. Paula M. Cooey, "Women's Religious Conversions on Death Row: Theorizing Religion and State", 70 *J. Am. Acad. Religion* 699 (2002).

217. Paul G. Morrissey, "Do the Adult Crime, Do the Adult Time: Due Process and Cruel and Unusual Implications for a 13 – Year – Old Sex Offender Sentenced to Life Imprisonment in State v. Green", 44 *Vill. L. Rev.* 707 (1999).

218. Patrick M. Garry, "Judicial Review and the 'Hard Look' Doctrine", 7 *Nev. L. J.* 151

(2006).

219. Patricia A. Cain, "Feminist Jurisprudence: Grounding the Theories", 4 *Berkeley Women's L. J.* 191 (1989-90).

220. Patrick J. Callans, "Sixth Amendment——Assembling A Jury Willing To Impose The Death Penalty: A New Disregard For A Capital Defendant's Rights: Wainwright v. Witt", 105 *S. Ct.* 844 (1985).

221. Peggy M. Tobolowsky, "What Hath Penry Wrought: Mitigating Circumstances and the Texas Death Penalt", 19 *Am. J. Crim. L.* 345 (1992).

222. Peter J. Henning, "Supreme Court Review: Foreword: Statutory in Interpretation And The Federalization of Criminal law", 86 *J. Crim. L. & Criminology* 1167 (1996).

223. Peter A. Fehrenbach et al., "A Adolescent Sexual Offenders: Offender & Offense Characteristics", 56 *Am. J. Orthopsychiatry* 225 (1986).

224. Peter Arenella, "Reflections on Current Proposals to Abolish or Reform the Insanity Defense", 8 *American Journal of Law & Medicine* 273 (1982).

225. Prakash, "Saikrishna, and Yoo, John, "The Origins of Judicial Review", 70 *U. Chicago Law Review* 887 (2003).

226. Philip Hamburger, "A Tale of Two Paradigms: Judicial Review and Judicial Dut", 78 *Geo. Wash. L. Rev.* 1162 (2010).

227. Philip P. Frickey and Steven S. Smith, "Judicial Review, the Congressional Process, and the Federalism Cases: An Interdisciplinary Critique", 111 *Yale L J* 1707 (2002).

228. Philip B. Kurland, "Judicial Review Revisited: 'Original Intent' and 'The Common Will'", 55 *U. Cin. L. Rev.* 733 (1987).

229. Rachel J. Littman, "Adequate Provocation, Individual Responsibility, and the Deconstruction", 60 *Albany Law Review* 1153 (1997).

230. Randi-Lynn Smallheer, "Sentence Blending and the Promise of Rehabilitation: Bringing the Juvenile Justice System Full Circle", 28 *Hofstra L. Rev.* 259 (1999).

231. Richard A. Rosen, "Felony Murder and the Eighth Amendment Jurisprudence of Death", 31 *B. C. L. Rev.* 1103 (1990).

232. Richard A. Posner, "Law and Literature: A Relation Reargued", 72 *Va. L. Rev.* 1351 (1986).

233. Richard A. Posner, "An Economic Theory of Criminal Law", 85 *Colum. L. Rev.* 1193 (1985).

234. Richard K. Sherwin, "Nomos and Cinema", 48 *UCLA L. Rev.* 1519 (2001).

235. Richard T. Bowser, "A Matter of Interpretation: Federal Courts and the Law", 19 *Campbell L. Rev.* 209 (1997).

236. Richard Lempert, "Capital Punishment in the 80s, Refection on the Symposium",

Vol. 74. *No.* 3 （1983）.

237. Rory K. Little, "Myths and Principles of Federalization", 46 *Hastings L. J.* 1029 （1995）.

238. Rory K. Little, "The Federal Death Penalty: History and Some Thoughts about the Department of Justice 's Role", 26 *Fordham Urb. L. J.* 347 （1999）.

239. Robert A. Burt, "Disorder in the Court: The Death Penalty and the Constitution", 85 *Mich. L. Rev.* 1741 （1987）.

240. Robert Woll, "The Death Penalty and Federalism: Eighth Amendment Constraints on the Allocation of State Decision making Power", 35 *Stan. L. Rev.* 787 （1983）.

241. Roger Hood, "The Death Penalty: The USA in World Perspective", 6 *J. Transnat' l L. & Pol' y* 517 （1997）.

242. Robert C. Post and Reva B. Siegel, "Equal Protection by Law: Federal Antidiscrimination Legislation after Morrison and Kimmel", 110 *Yale L J* 441 （2000）.

243. Robert P. George, "Colloquium Natural Law: Colloquium Natural Law, the Constitution, and the Theory and Practice of Judicial Review", 69 *Fordham L. Rev.* 2269 （2001）.

244. Robert M. Bohm, "Toward an Understanding of Death Penalty Opinion Change in the United States: The Pivotal Years, 1966 and 1967", 16 *Human. & Soc' y* 524 （1992）.

245. Robert Blecker, "Changes in the Law Since 9/11: Where Are We Now", 22 *N. Y. L. Sch. J. Int' l & Comp. L.* 295 （2003）.

246. Ronald C. Den Otter, "Democracy, Not Deference: An Egalitarian Theory of Judicial Review", 91 *Ky. L. J.* 615 （2002 / 2003）.

247. Ronald J. Tabak, "The Death Penalty, Religion, & the Law: Is our Legal System's Implementation of Capital Punishment Consistent with Judaism or Christianity?", 4 *Rutgers J. Law & Relig.* 1 （2002 / 2003）.

248. Ronald R. Inderbitzin, "Criminal Law——The A. L. I. Model Penal Code Insanity Test", 44 *Tulane Law Review* 195 （1969）.

249. Rebecca L. Brown, "Accountability, Liberty, and the Constitution", 98 *Colum. L. Rev.* 531 （1998）.

250. Ruth Anna Putman, "Justice in Content", 63 *S. Cal. L. Rev* （1990）.

251. Ruth Colker and James J. Brudney, "Dissing Congress", 100 *Mich L Rev* 80 （2001）.

252. Rudolph J. Gerber, "Death Is Not Worth It", 28 *Ariz. St. L. J.* 335 （1996）.

253. Rudolph J. Gerber, "Survival Mechanisms: How America Keeps the Death Penalty Alive", 15 *Stan. L. & Pol' y Rev* 363 （2004）.

254. Russell K. Van Vleet, "Will the Juvenile Court System Survive?: The Attack on Juvenile Justice", 564 *Annals* 203 （1999）.

255. Ruti Teitel, "Comparative Constitutional Law in a Global Age", 117 *Harv. L. Rev.* 2570 （2004）.

256. Saikrishna B. Prakash and John C. Yoo, "The Origins of Judicial Review", 70 *U. Chi. L. Rev.* 887 (2003).

257. Sotirios A. Barber, "Judicial Review and The Federalist", 55 *U. Chi. L. Rev.* 836 (1988).

258. Suzanne Shale, "The Conflicts of Law and the Character of Men: Writing Reversal of Fortune and Judgment at Nuremberg", 30 *U. S. F. L. Rev.* 991 (1996).

259. Scott W. Howe, "The Failed Case for Eighth Amendment Regulation of the Capital – Sentencing Trial", 146 *U. Pa. L. Rev.* 795 (1998).

260. Scott Graves and Paul Teske, "State Supreme Courts and Judicial Review of Regulation", 66 *Alb. L. Rev.* 857 (2003).

261. Scott M. Noveck, "Is Judicial Review Compatible with Democracy?", 6 *Cardozo Pub. L. Pol' y & Ethics J.* 401 (2008).

262. Stuart Banner, "Tinkering Through Time: A History of America's Experiment with the Death Penalty", 92 *Geo. L. J.* 369 (2004).

263. Shawn Gunnarson, "Using History to Reshape the Discussion of Judicial Review", 1994 *B. Y. U. L. Rev.* 151 (1994).

264. Sheila J. Kuehl, "Why a Women's Law Journal / Law Center Experience: Episode XV / The Sequel / The Movie / Film at 11: 00", 1 *Ucla Women's L. J.* 11 (1991).

265. Samuel W. Cooper, "Note, Considering 'Power' in Separation of Powers", 46 *Stan. L. Rev.* 361 (1994).

266. Samuel J. Levine, "Capital Punishment and Religious Arguments: An Intermediate Approach", 9 *Wm. & Mary Bill of Rts. J.* 179 (2000).

267. Samuel R. Gross, "American Public Opinion on the Death Penalty – It's Getting Personal", 83 *Cornell L. Rev.* 1448 (1998).

268. Stephen Gillers, "1986 Survey of Books Relating to the Law: II. The Legal Process and Profession: Can A Good Lawyer be a Bad Person?", 84 *Mich. L. Rev.* 1011 (1986).

269. Stephen B. Bright, "Advocate in Residence: The Death Penalty as The Answer to Crime: Costly, Counterproductive and Corrupting", 35 *Santa Clara L. Rev.* 1211 (1995).

270. Sander N. Rothchild, "Note & Comment: Beyond Incarceration: Juvenile Sex Offender Treatment Programs Offer Youths a Second Chance", 4 *J. L. & Pol' Y* 719 (1996).

271. Suzanne Mounts, "Malice Aforethought in California: A History of Legislative Abdication and Judicial Vacillation", 33 *University of San Francisco Law Review* 336 (1999).

272. Shigemitsu Dando, "Toward the Abolition of the Death Penalty", 72 *Ind. L. J.* 7 (1996).

273. Steven Shavell, "Criminal Law and the Optimal Use of Nonmonetary Sanctions as a Deterrent", 85 *Colum. L. Rev.* 1232 (1985).

274. Tamar R. Birckhead, "The Age of the Child: Interrogating Juveniles After Roper v. Simmons", 65 *Wash. & Lee L. Rev.* 385 (2008).

275. Thomas C. Grey, "Holmes and Legal Pragmatism", 41 *Stan. L. Rev.* 787 (1989).

276. Thomas F. Geraghty, "Book Review: Trying to Understand American's Death Penalty System and Why We Still Have It: Franklin E. Zimring, The Contradictions of American Capital Punishment", 94 *J. Crim. L. & Criminology* 209 (2003).

277. Thomas F. Cotter, "Legal Pragmatism and the Law and Economics Movement", 84 *Geo. L. J.* 2071 (1996).

278. Tom R. Tyler, "Public Trust and Confidence in Legal Authorities: What Do Majority and Minority Group Members Want from the Law and Legal Institutions?", 19 *Behav. Sci. & L.* 215 (2001).

279. Tsvi Kahana, "The Easy Core for Judicial Review", 2 *J. of Legal Analysis* 227 (2010).

280. Trubek, Sarat, Felstiner, Kritzer, & Grossman, "The Costs of Ordinary Litigation", 31 *U. C. L. A. L. Rev.* 72 (1983).

281. Theodore Eisenberg, "Stephen P. Garvey and Martin T. Wells, Forecasting Life and Death: Juror Race, Religion, and Attitude Toward the Death Penalty", 30 *J. Legal Stud.* 277 (2001).

282. Victor Streib, "Gendering the Death Penalty: Countering Sex Bias in a Masculine Sanctuary", 63 *Ohio St. L. J.* 433 (2002).

283. Victor L. Streib, "Death Penalty for Female Offenders", 58 *U. Cin. L. Rev.* 845 (1990).

284. Victor L. Streib, "Women as Perpetrators of Crime: Rare and Inconsistent: The Death Penalty for Women", 33 *Fordham Urb. L. J.* 609 (2006).

285. Victor I. Vieth, "When the Child Abuser is a Child: Investigating, Prosecuting and Treating Juvenile Sex Offenders in the New Millennium", 25 *Hamline L. Rev.* 47 (2001).

286. Vincent G. Levy, "Enforcing International Norms in the United States After Roper v. Simmons: The Case of Juvenile Offenders Sentenced to Life Without Parole", 45 *Colum. J. Transnat' l L.* 262 (2007).

287. V. F. Nourse, "Reconceptualizing Criminal Law Defenses", 55 *University of Pennsylvania Law Review* 1724 (2003).

288. Warren Allmand, et al., "Human Rights and Human Wrongs: Is the United States Death Penalty System Inconsistent with International Human Rights Law?", 67 *Fordham L. Rev.* 2793 (1999).

289. Walter C. Long, "Karla Faye Tucker: A Case For Restorative Justice", 27 *Am. J. Crim. L.* 117 (1999).

290. Wayne A. Logan, "When the State Kills: Capital Punishment and the American Condition. By Austin Sarat", 100 *Mich. L. Rev.* 1336 (2002).

291. Willie. Dudley, "The Insanity Defense: Developing Proper Standards for Use of Expert Testimony", 26 *Howard Law Journal* 1291 (1983).

292. William S. Fields, "Assessing the Performance of the Burger Court: The Ascent of Pragmatism", 129 *Mil. L. Rev* (1990).

293. William N. Eskridge, Jr., "Dynamic Statutory Interpretation", 135 *U. Pa. L. Rev.* 1479 (1987).

294. William Simon, "Ethical Discretion in Layering", 101 *Harv. L. Rev.* 1083 (1988).

295. William A. Schabas, "International Law and Abolition of the Death Penalty", 55 *Wash. & Lee L. Rev.* 797 (1998).

296. William J. Bowers & Benjamin D. Steiner, "Death by Default: An Empirical Demonstration of False and Forced Choices in Capital Sentencing", 77 *Tex. L. Rev.* 605 (1999).

297. Wallace Mendelson, "The Influence of James B. Thayer Upon the Work of Holmes, Brandeis, and Frankfurter", 31 *Vand. L. Rev.* 71 (1978).

298. Willie Dudley, "The Insanity Defense: Developing Proper Standards for Use of Expert Testimony", 26 *Howard Law Journal* 1291 (1983).

299. W. William Minor, "Review Essay: Reflections on the Killing of Criminals Legal Homicide: Death as Punishment in America, 1864 ~ 1982", 76 *J. Crim. L. & Criminology* 764 (1985).

300. Youngjae Lee, "The Constitutional Right Against Excessive Punishment", 91 *Va. L. Rev.* 677 (2005).

301. Yeemee Chan, "Abolishing Capital Punishment: A Feminist Outlook and Comparative Analysis of the Death Penalty Using Equal Protection and Gender Discrimination Law", 31 *Nova L. Rev.* 339 (2007).

五、判例

1. *Atkins v. Virginia*, 536 U. S. 304 (2002).

2. *Apprendi v. New Jersey*, 530 U. S. 466 (2000).

3. *Arizona v. White*, 815 P. 2d 869 (1991).

4. *Brown v. Board of Education of Topeka*, 347 U. S. 483 (1954).

5. *Baze v. Rees*, 553 U. S. 35 (2008).

6. *Bush v. Gore*, 531 U. S. 98 (2000).

7. *Batson v. Kentucky*, 476 U. S. 79 (1986).

8. *Caldwell v. Mississippi*, 472 U. S. 320 (1985).

9. *Coker v. Georgia*, 433 U. S. 584 (1977).

10. *Cooper v. Oklahoma*, 517 U. S. 348 (1996).

11. *Chisholm v. Georgia*, 2 U. S. (2 Dall.) 419 (1793).

12. *Dred Scott v. Sandford*, 60 U. S. 393 (1857).

13. *Eddings v. Oklahoma*, 455 U. S. 104 (1982).

14. *Enmund v. Florida*, 458 U. S. 782 (1982).

15. *Eldridge v. Williams*, 424 U. S. 319 (1976).

16. *Ex parte Pressley*, 770 So. 2d 143 (Ala. 2000).

17. *Furman v. Georgia*, 408 U. S. 238 (1972).

18. *Ford v. Wainwright*, 477 U. S. 399 (1986).

19. *Graham v. Florida*, 560 U. S. _ _ _ _ (2010).

20. *Gregg v. Georgia*, 428 U. S. 153 (1976).

21. *Green v. Bock Laundry Mach. Co.*, 490 U. S. 504 (1989).

22. *Godinez v. Moran*, 509 U. S. 389 (1993).

23. *Harmelin v. Michigan*, 501 U. S. 957 (1991).

24. *Hampton v. Commonwealth*, 666 S. W. 2d 737 (Ky. 1984).

25. *Hain v. Gibson*, 287 F. 3d 1224 (10th Cir. 2002).

26. *In re Kemmler*, 136 U. S. 436 (1890).

27. *Johnson v. Texas*, 509 U. S. 350, 367 (1993).

28. *Jurek v. Texas*, 428 U. S. 262 (1976).

29. *Kennedy v. Louisiana*, 554 U. S. 407 (2008).

30. *Kirchberg v. Feenstra*, 450 U. S. 455 (1981).

31. *Knight v. Florida*, 528 U. S. 990 (1999).

32. *Marbury v. Madison*, 5 US (1 Cranch) 137 (1803).

33. *McCarver v. North Carolina*, 533 U. S. 975 (2001)

34. *Murray v. Giarratano*, 492 U. S. 1 (1989).

35. *McCleskey v. Kemp*, 481 U. S. 279 (1987).

36. *Proffitt v. Florida*, 428 U. S. 242 (1976).

37. *Paquete Habana.* ; *The Lola*, 175 U. S. 677 (1900).

38. *Penry v. Lynaugh*, 492 U. S. 302 (1991).

39. *People v. Payton*, 839 P. 2d 1035 (Cal. 1992).

40. *People v. Lewis*, 28 P. 3d 34 (Cal. 2001).

41. *Rudolph v. Alabama*, 375 U. S. 889 (1963).

42. *Ring v. Arizona*, 536 U. S. 584 (2002).

43. *Roper v. Simmons*, 543 U. S. 551 (2005).

44. *Rummel v. Estelle*, 445 U. S. 263 (1980).

45. *Reed v. Reed*, 404 U. S. 71 (1971).

46. *Riggins v. Nevada*, 504 U. S. 127 (1992).

47. *State v. Green*, 502 S. E. 2d 819 (N. C. 1998).

48. *Spaziano v. Florida*, 468 U. S. 447 (1984).

49. *Stanford v. Kentucky*, 492 U. S. 361 (1989).

50. *Snyder v. Massachusetts*, 291 U. S. 97（1934）.

51. *Strickland v. Washington*, 466 U. S. 668（1984）.

52. *Swain v. Alabama*, 380 U. S. 202（1965）.

53. *Skipper v. South Carolina*, 476 U. S. 1（1986）.

54. *Solem v. Helm*, 463 U. S. 277（1983）.

55. *Sell v. United States*, 539 U. S. 166（2003）.

56. *Trop v. Dulles*, 356 U. S. 86（1958）.

57. *Tate v. State*, 864 So. 2d. 44, 54（Fla. 4th DCA 2003）.

58. *Thompson v. Oklahoma*, 487 U. S. 815（1988）.

59. *Tison v. Arizona*, 481 U. S. 137（1987）.

60. *Thiel v Southern Pacific Co.*, 328 US 217（1946）.

61. *Tompkins v. State*, 774 S. W. 2d 195（Tex. Crim. App. 1987）.

62. *United States v. Carolene Products Co.*, 304 U. S. 144（1938）.

63. *United States v Virginia*, 518 US 515（1996）.

64. *United States v. Ball*, 163 U. S. 662（1896）.

65. *United States v. Quinones*, 313 F. 3d 49（2d Cir. 2002）.

66. *Virginia Supreme Court in James v. Commonwealth*, 442 S. E. 2d 396（Va. 1994）.

67. *Walton v. Arizona*, 497 U. S. 639（1990）.

68. *Weems v. United States*, 217 U. S. 349（1910）.

69. *Witherspoon v. Illinois*, 391 U. S. 510（1968）.

70. *Washington v. Harper*, 494 U. S. 210（1990）.

71. *Zorach v. Clauson*, 343 U. S. 306（1952）.

六、网络资源

1. http：//www. deathpenaltyinfo. org/home.

2. http：//www. fbi. gov/about – us/cjis/ucr/ucr.

3. http：//topics. nytimes. com/top/reference/timestopics/subjects/c/capital _ punishment/index. html? scp = 1 – spot&sq = death%20penalty&st = cse.

4. http：//www. washingtonpost. com/wp – dyn/content/article/2011/03/09/AR201103090 0319. html.

5. http：//www. deathpenaltyinfo. org/history – death – penalty.

6. http：//www. deathpenaltyinfo. org/history1. html.

7. http：//www. drc. state. oh. us/public/capital. htm.

8. http：//www. deathpenaltyinfo. org/documents/StruckByLightning. pdf.

9. http：//www. deathpenaltyinfo. org/article. php? did = 126.

10. http：//www. nytimes. com/2000/12/12/opinion/death – penalty – doubts. html.

11. http：//www. deathpenaltyinfo. org/federal – laws – providing – death – penalty.

12. http：//naacpldf. org/files/publications/DRUSA_ Fall_ 2010. pdf.

13. http：//bjs. ojp. usdoj. gov/content/pub/pdf/cp09st. pdf.

14. http：//naacpldf. org/files/publications/DRUSA_ Fall_ 2010. pdf.

15. http：//www2. law. columbia. edu/instructionalservices/liebman/.

16. http：//ezekiel33. powweb. com/ThomasJefferson. htm.

17. http：//www. library. unt. edu/govinfo/assets/images/judicialorg. gif/image_ view_ fullscreen.

18. http：//www. ncsconline. org/d_ research/csp/2003_ Files/2003_ SCCS_ Charts1. pdf.

19. http：//www. deathpenaltyinfo. org/node/984.

20. www. deathpenaltyinfo. org/Oxfordpaper. pdf.

21. http：//www. deathpenaltyinfo. org/us – death – penalty – and – international – law – us – compliance – torture – and – race – conventions.

22. http：//www. supremecourt. gov/about/biographies. aspx.

23. http：//query. nytimes. com/gst/fullpage. html? res ＝ 990CE2DD113AF931A35754C0 A9639C8B63.

24. http：//www. abanet. org.

25. http：//www. deathpenaltyinfo. org/FemDeathDec2007. pdf.

26. http：//www. deathpenaltyinfo. org/part – ii – history – death – penalty.

27. http：//www. deathpenaltyinfo. org/FactSheet. pdf.

28. http：//www. law. onu. edu/facultystaff/facultyprofiles/FemDeathJune2006. pdf.

29. http：//www. deathpenaltyinfo. org/article. php? did ＝ 230&scid ＝ 24#facts.

30. http：//www. fbi. gov/ucr/cius2007/index. html.

31. http：//www. nytimes. com/2011/07/09/opinion/09dow. html.

32. http：//naacpldf. org/files/publications/DRUSA_ Fall_ 2010. pdf.

33. http：//www. gallup. com/poll/113533/Americans – Believe – Religion – Losing – Clout. aspx.

34. http：//www. ewtn. org/JohnPaul2/writings/encyclicals. htm.

35. http：//www. vatican. va/archive/ENG0015/_ _ P7Z. HTM.

36. http：//pewforum. org/deathpenalty/resources/transcript3. php.

37. http：//bjs. ojp. usdoj. gov/content/pub/pdf/SOO. PDF.

38. http：//articles. chicagotribune. com/2001 – 01 – 24/news/0101240053_ 1_ troubled – youths – two – youths – eric – morse/2.

39. http：//www. abajournal. com/magazine/article/adult_ time_ for_ adult_ crimes/.

40. http：//writ. news. findlaw. com/commentary/20091026_ henning. html.

41. http：//www. buildingblocksforyouth. org/justiceforsome/jfs. pdf.

42. http：//hrw. org/english/docs/2005/10/12/usdom11835. htm.

43. http：//courttv. com/people/bloom_ blog/102505_ juveniles _ ctv. html.

44. http：//hrw. org/reports/2005/us1005/TheRestofTheirLives. pdf.

45. http：//www. deathpenaltyinfo. org/abolitionist – and – retentionist – countries.

46. http：//www. deathpenaltyinfo. org/death – penalty – international – perspective.

47. http：//www. fmprc. gov. cn/chn/pds/ziliao/tytj/t83909. htm.

48. http：//www. un. org/chinese/work/rights/rights. htm.

49. http：//www1. pu. edu. tw/ ~ pro0801/new/topics/people_ rights/right2. pdf.

50. http：//www. nytimes. com/2011/08/08/us/politics/08panel. html? _ r = 1&hp.

51. http：//www. deathpenaltyinfo. org/node/599.

52. http：//www. deathpenalty. org/article. php? id = 158.

53. http：//www. deathpenaltyinfo. org/innocence – and – crisis – american – death – penalty.

54. http：//www. nytimes. com/2003/02/09/us/houston – s – troubled – dna – crime – lab – faces – growing – scrutiny. html.

55. http：//www. gallup. com/poll/1606/death – penalty. aspx.

56. http：//www. deathpenaltyinfo. org/sentencing – life – americans – embrace – alternatives – death – penalty.

代后记

自白：谁，偷走了我的青春

> "……至于那位老师何以挑选他如此深恶痛绝的田纳西·威廉斯的作品当教材，我自是无从知晓。也许是想趁机在众人面前把对方批得体无完肤，或者自己本来不愿意上课而硬被上头强加于己……当然，到了这时回头看去，心里不难明白：那只是老师的个人意见，不同看法世上也是有的。对于艺术作品的评价并非仅有一种。再说大学老师里面也多少有几个（有不少、有很多）怪人。"
>
> ——村上春树：《村上朝日堂是如何锻造的》

或许在有些人看来，我，多少也算是一个"怪人"吧。

当然，这算不上一个传统意义上的褒义评价。翻看很多年前写的一封情书，发现自己行为或者思想的怪诞早有端倪。"……一直以来，都认为自己在未来的某一天会精神分裂的，如果自己一种沉迷于这种双重生活当中。在我生命中的大多数时间，我都是一个甚至可以用冷漠来形容的人，但，偶尔迸放出来的激情，抑或是放纵，让我自己也感到眩晕。"

童年的记忆片断早已支离破碎。但挥之不去的，永远是记不得几岁的我躺在院子里的一架板车上望天的感觉。哪怕现在闭上眼，那个把双手枕在脑袋后面，仰面望天的我似乎就在那里。曾经努力回忆自己当时在想什么，却怎么也想不起来。但无论如何，当时的我，应该是寂寞的吧。很多年后，读到李泽厚幼年时因为目睹花草消隕，痛感生命短暂，弃学几日的往事，才明白自己终究是一个庸人，始终有感无悟，宛如敷不上墙的烂泥，缺乏出人头地的灵性。

笨拙本是绝大多数人的常态，我自然不能例外。但痛苦的事情对于这个事实，我始终不愿意承认，于是一方面将自己封闭起来，生怕被别人窥到自己内心的虚弱；另一方面丧心病狂的挣扎，对于一切可能或者不可能的事情，都拼命地尝试。

这，是一种病态。几乎。

学生时代，为了掩饰自己天分的缺失，于是将自己幻想成一架风车，开始不停旋转。

一天的编年史

N 年前：凌晨1：25

是该睡觉的时候了吧。合上柯耀程的《变动中的刑法思想》，关上了桌子上那盏昏黄的灯。

一下子屋子里变得很黑，而透过窗帘的缝隙，暗夜却变态地分外明亮起来。

坐在椅子上，试图总结这一天，闭上的眼睛有些疼，像刚刚被炽热的阳光灼伤一样。

突然感到有些恐惧，因为无论我如何努力，却仍不能回忆起在我将眼睛覆盖住之前这一天，这几天，这一周，这几周到底在我的周遭到底发生了什么。

我好像被从一个抽象的空间突然拉到了一个巨大而空旷的舞台。无垠的空间中没有背景，没有观众，没有……什么都没有。

只有我自己。

凌晨1：40 左右

我像条受惊的狗一样，爬在床上开始祈祷。

其实，相对于我之外的林林总总而言，我甚至连条狗都不如。

……平躺在床上，滴在眼睛里的眼药水部分从紧闭的眼角流淌出来，另一部分渗透进了鼻子里面，接着流进了喉咙，苦苦的。

早7：20

丝毫没有困难地机械地起来，昨晚滴在眼睛里面的药水幻化成了眼屎，将睫毛粘在一起，使我不得不用手将他们分开。

没有洗脸，坐在计算机旁边作 LSAT 新题。

……成绩离我的预期总是隔着那么一段若有若无的距离。

几近绝望。

早10：15

用代理上网，先登陆 Radio America，在线听老美的广播，然后是 NYtimes，CNN，Jane's，最后开 263 的邮箱，登陆西祠。

午12：30

全身赤裸，只在腰间围着那条还是在南京买的浴巾，踢踢沓沓地从洗澡间里出来，ugly。

我曾经送给我的第一个女朋友一个黑色的皮猴子作为生日礼物，她给它取名叫 Ugly。

她今年 9 月 20 号结婚。

午12：45

这个城市的秋天已经无可救药地到来。

分明有些凉意。

记不清这是连续第几天中午吃盐煎肉了，食堂的炒菜实在让我没有勇气进行新的尝试。

吃饱了之后，我通常变得很空，或者说，没有理想。

来到光大银行对面的 Supermarket 买了可乐，喝来喝去，比起健怡来说，还是这个红色的小东西让我感到满足。

午4：20

刚才上厕所的时候，又有鲜红的血流出来。滴在白色陶瓷便池上，有些刺眼。

这种令人尴尬的状况最近一直没有任何改善。

尽管我仍然每天服用那种让自己小便变得黄黄的多元维生素，但还是没有明显改善我的某些表面症状。

如果不是为了让自己清醒一下，通常我不会来上厕所的。

我没有选择。

晚9：20

电台公鸭嗓的那个男 DJ 仍然喋喋不休。

我前面的那个女生很嚣张地把手伸进了她男友的衣服。

我去～

晚10：30

事实上最后几分钟我是数着过来的。

从 1 点到现在，我在这张椅子上坐了好久了吧。

但，现在我想上厕所，可是卫生纸用完了。但，如果提前离开的话，我想我会很不爽的。

我对习惯的打破有本能的恐惧。

晚 11：05

做完了 3 组俯卧撑，每组 20 个。

能感到汗液的渗出。

0：00

看着电话上的时间，我想是新的一天的开始，或者是旧的一天的结束了吧。

那究竟是开始，还是结束呢。

我决定给一个目光呆滞的女孩发一个短信。我给她取了个外号，白痴小铁锅。

在这个奇怪的时间。

说些莫名其妙的话。

凌晨 1：25

是该睡觉的时候了吧。合上柯耀程的《变动中的刑法思想》，关上了桌子上那盏昏黄的灯。

一下子屋子里变得很黑，而透过窗帘的缝隙，暗夜却变态地分外明亮起来。

坐在椅子上，试图总结这一天，闭上的眼睛有些疼，像刚刚被炽热的阳光灼伤一样。

突然感到有些恐惧，因为无论我如何努力，却仍不能回忆起在我将眼睛覆盖住之前这一天，这几天，这一周，这几周到底在我的周遭到底发生了什么。

我好像被从一个抽象的空间突然拉到了一个巨大而空旷的舞台。无垠的空间中没有背景，没有观众，没有……什么都没有。

……

就这样，徒劳地挣扎了很多年。徒劳地生活在自己给自己拟制的那个特别的生活当中。工作、结婚、生子、生活……

直到有一天。

一个人在某个十字路口边听车载 CD，边等红灯的时候，突然想起村上春树在《国境以南，太阳以西》那本书中写下的那段话，"在手握宝马方向盘、耳听舒伯特《冬日之旅》、停在青山大街等信号灯的时间里，我蓦然浮起疑念：这不大像是我的人生……"

瞬间，多年来精心营造的那个幻象世界訇然崩塌。

我，终于发现，其实，我只是一个在复制别人生活的，再普通不过的普通人。我，并不特别。

之前的所有挣扎，都是徒劳。而我，在那一瞬间努力回想自己的过往，却没有丝毫回忆的片断。

　　谁，偷走了我的青春？

　　绿灯亮起，是该向左，还是向右？

　　感谢《法苑》张、柳两同学的悉心准备与访谈提纲。想必我的回答与这两位同学的提问颇有差距，但的确是我的有感而发。我的生活平庸无奇，并无多少谈资，但却慢慢体悟到青春逝去的无力感。我的青春，就埋葬在这片校园，但却没有留下任何标记，混杂在林立的坟冢里。我，偷走了自己的青春。你们这些小朋友有的，也是仅有的，只是青春。不要挥霍，不要让任何人，包括自己，偷走自己的青春。

　　说到这儿吧。〔1〕

李立丰

2012 年 12 月

---

　　〔1〕 本书的出版，除了要感谢家人，特别是妻子的默默支持之外，还要感谢吉林大学法学院刑法学国家重点学科的李洁教授、徐岱教授、张旭教授等老师，一路走来，各位先生多有提携，一直铭记在心。同时感谢中国政法大学出版社诸君，尤其是彭江兄，虽从未谋面，但神交已久。感谢。

图书在版编目（CIP）数据

民意与司法：多元维度下的美国死刑及其适用程序 / 李立丰著. －北京：中国政法大学出版社，2013.2
ISBN 978-7-5620-4577-9

Ⅰ.民… Ⅱ.李… Ⅲ.死刑－研究－美国 Ⅳ.D971.24

中国版本图书馆CIP数据核字（2013）第023343号

书　　名　　民意与司法：多元维度下的美国死刑及其适用程序
　　　　　　Minyi yu Sifa Duoyuan Weidu xia de Meiguo Sixing jiqi Shiyong Chengxu

出版发行　　中国政法大学出版社（北京市海淀区西土城路25号）
　　　　　　北京 100088 信箱 8034 分箱　邮编 100088
　　　　　　http://www.cuplpress.com（网络实名：中国政法大学出版社）
　　　　　　58908325（发行部）　58908334（邮购部）

编辑统筹　　综合编辑室　010-58908289　zonghebianjishi@gmail.com

承　　印　　固安华明印刷厂

规　　格　　720mm×960mm　　16 开本　　27 印张　495 千字

版　　本　　2013 年 3 月第 1 版　　2013 年 3 月第 1 次印刷

书　　号　　ISBN 978-7-5620-4577-9/D·4537

定　　价　　59.00元